总 主 编 简 介

朱崇实，1982年2月毕业于厦门大学经济系，获经济学学士学位；1990年5月毕业于南斯拉夫贝尔格莱德大学国际经济系，获经济学博士学位。现为厦门大学校长、厦门大学法学院教授、经济法学专业博士生导师，兼任中国法学会经济法研究会副会长。主要著作9部（含合著），发表论文40余篇。主持或参与国家级、部省级科研课题10项，科研成果先后获"孙冶方经济科学奖"、"国家首届人文社科优秀成果奖"和"福建省社会科学优秀成果奖"等。

执行总主编简介

朱福惠，湖南娄底人，1961年7月生。武汉大学法学博士，现为厦门大学法学院教授，宪法与行政法专业硕士生、博士生导师，厦门大学社科处处长、中国法学会宪法学研究会常务理事、中国比较法学会理事。主要学术成果有：《宪法与制度创新》(法律出版社2000年版)，《宪法至上——法治之本》(法律出版社2000年版)，《宪法学专论》(与刘连泰、周刚志合著，科学出版社2007年版)，《宪法学原理》(主编，中信出版社2005年版)。

主 编 简 介

关今华，别名关三法，男，福建人。厦门大学五年本科毕业，1985年参加首届国家法官学院三年严格法律专业学习并经考试毕业；1988年通过全国律师资格统一考试。先后就职于福建省高级人民法院、福建社会科学院法学所等。因科研成果突出，两次被破格晋升为副研究员和研究员。2003年被福建师范大学以优惠条件引进为教授和法学所所长、研究生导师。兼任福建省法学会副会长、学术委员会委员，担任执业律师和仲裁员。主要学术成果：在《法学研究》、《中国法学》、《法学》、《法律科学》等刊物发表各类论文100多篇；出版精神损害赔偿法系列专著5部，人权保障法系列专著3部，主编《通用经济法》和参编多部著作。

林鸿，男，1971年05月出生，福建永泰人。中南政法学院（现为中南财经政法大学）法学学士、厦门大学法学硕士、福建江夏学院法学副教授、福建信得律师事务所兼职律师、福建省公证协会理事、福建省国际私法协会理事。研究方向为律师法学和民商法学。长期从事《律师与公证》、《民法》、《经济法》、《国际经济法》等课程教学，办理过大量的民事、商事、刑事、行政等诉讼或非诉讼案件，担任多个公司常年法律顾问，并具备公司经营管理经验。公开发表民商法学类和律师法学类论文等十多篇，《外贸出口代理实践和法律若干问题思考》一文被中国人民大学书报资料中心复印报刊资料全文转载。

高等学校**法学精品**教材系列

朱崇实 总主编

律师与公证

（第三版）

Lawyer and Notary

关今华 林　鸿 / 主　编
江钦辉 蓝潮勇 / 副主编

撰稿人（按章节顺序）

关今华	林　鸿	缪　妙	周章金
张文锋	李　智	王书娟	肖义方
官玉琴	蓝潮勇	李　佳	郭　剑
郑春芳	关山虹	江钦辉	

厦门大学出版社
XIAMEN UNIVERSITY PRESS

高等学校法学精品教材系列编委会

主　　任：朱崇实

执行主任：朱福惠

编　　委：（按姓氏笔画）

朱崇实　朱福惠　刘瑞榕　汤玉枢
许步国　李绍平　吴国平　陈训敬
陈泉生　陈晓明　陈福郎　林旭霞
林秀芹　柳建闽　廖益新

秘　　书：施高翔

厦门大学出版社

总　序

　　中国的改革开放要求建立一个法治社会。与这样的一个宏伟目标相适应，自1979年以来中国的法学教育蓬勃发展，截至2006年，全国已经成立了法律院校600多所，在读大学生数十万人（尚不包括大中专及夜大、成人教育的学生人数）。应该承认，我国法学教育在迅速发展的同时也存在教育质量参差不齐、不能完全适应社会发展需要等方面的问题。因而，积极推进教学方式改革，促进法学课程体系的完善，努力培养"宽口径、厚基础"的复合型法律人才，已经成为法学教育界的共识。为达成此种目的，法学教育中的课程建设及其相关的教材编写，在当前法学教育大调整的格局中显得尤其重要。基于上述考虑，我们特组织福建省各高等法律院校的主要学术骨干编写了这套教材，各部教材的主编均是福建省高等学校法学院的主要学科带头人。例如，《国际经济法》主编廖益新教授、《民法总论》主编蒋月教授、《环境法》主编陈泉生教授、《宪法学》主编朱福惠教授、《刑法总论》主编陈晓明教授和《法理学》主编宋方青教授等，都是在本学科领域颇有建树，得到同行认可并深受学生喜爱的优秀教师。其他参与教材编写的也都是教学第一线的中青年骨干教师，具有良好的法学教育背景，许多人兼通中西法学。由于众多优秀教师参与编写，使这套教材的质量有了可靠的保障。

　　厦门大学法学院在编写这套教材中发挥了积极的作用。厦门大学是国内最早开设法科的高校之一，从事法学教育已经有八十多年的历史。改革开放以来，法学院在1986年即获得博士学位授予权，2006年获得法学博士授权一级学科，现设有国际法、经济法、民商法、宪法与行政法、诉讼法、法理学和刑法学七个博士点，拥有法学博士后流动站。国际法是国家重点学科，民商法、经济法、宪法与行政法是福建省重点学科。在学科建设取得重大成就的同时，法学院适应我国法制发展的需要，为国家和社会培养了大批优秀的法律人才，成为我国重要的法学研究和人才培养的基地。为了推动我国法学教育事业的发展，厦门大学法学院联合福建省各主要高校的法学院系编写了这套教材，其目的在于整合福建省高校法学教学资源，加强各高校法学教师的联系，总结教学经验，为福建省乃至全国的法学教育作出更多有益的贡献。

高等学校法学精品教材系列

这套教材具有如下几个特色：

第一，依据法学本科教育的特点和规律，吸收我国法学理论界近年来最新的、较为成熟的研究成果。我们认为，本科教学以培养初级法律人才为直接的教育目标，因而必须注重基本概念、基本原理与基本制度的讲解与传授，而不能一味求新求奇，更不能以个别专家的学术观点取代理论界已经形成的共识。我国处于社会转型时期，改革开放事业日新月异的发展，国家的法律制度的变革十分迅速，法学理论的发展更有"一日千里"之势。为了确保本科教育的培养质量，我们在教材内容的甄选方面，努力做到既注重基本知识、理论共识，又注意吸纳理论界近年来最新的、较为成熟的研究成果。

第二，依据法律人的思维范式编撰教学内容，寓"德育"于法律知识教育之中。如前所述，法学教育的总目标在于培养社会主义法治国家的"治国之才"。新时代的法律人才不仅应当具备扎实的法学知识理论功底，而且还应当具有牢固的法律信仰和优秀的道德品质。法律人所具有的这种独特的信仰和道德，与其独特的知识背景和思维范式联系在一起，共同构成法律人所特有的人文精神。如欲培养法律人的道德品质，空洞的道德说教无济于事。唯有依据法律人独特的思维范式、将公平正义的法律理念融汇在教学内容中，学生才能在学习的过程中逐渐自觉地确立法律信仰，法律道德的培养才能初具成效。基于这种认识，我们依据法律人的思维范式编撰教学内容，力图寓"德育"于法律知识教育之中。

第三，依据当代中国社会对于法律人才的要求，努力建构完善的课程体系与教学内容体系。要培养合格的法律人才，建构完善的法学课程体系至关重要。我们根据本科教学的要求，首先组织编写十四门核心课程的教材，对法学上的基本概念和基本原理作了较为清晰的阐释。除此之外，还组织编写了房地产法、证券法、公证与律师制度和知识产权法等与市场经济发展密切相关的法学教材。希望我们这一套教材能够为本科法学教材体系的发展作出微薄的贡献。

由于我们的水平有限，缺点和错误在所难免，敬请读者批评指正。

2007年8月1日

三版前言

2006年8月29日,当我们与"高等学校法学精品教材系列"编委会签订组稿协议时,巧遇出现了与本书著作有密切关联的两件新事:一是《中华人民共和国公证法》于2005年8月29日通过、2006年3月1日施行,原《公证暂行条例》废止,与之相配套的法规、文件也相应作了修改,或者另行出台;二是针对1996年5月通过、1997年1月施行、2001年12月个别条款修改的《中华人民共和国律师法》实践多年后,已不能适应中国深入改革开放发展的需要,2004年司法部启动了《律师法》的修改程序,出台了"修改草案",2007年6月提交全国人大审议。一些学者专家参加了修改工作,并申请和完成了《〈律师法〉修改中重大理论问题研究》(简称《律师法修改理论研究》)的课题,提出了新的"修改草案"。第一次修改的《中华人民共和国律师法》已由中华人民共和国第十届全国人民代表大会常务委员会第三十次会议于2007年10月28日修订通过,自2008年6月1日起施行。

这两件新事,为我们著述本书提供了新的契机,增加了新的难度,提出了新的挑战。原有许多涉及"公证法"、"律师法"的著作、教材,不少已过时,难以参考和引用。因此,我们不得不要求参著者开展创新思维,对本书进行新的写法,我们不能再引用、模仿旧版本的写法,避免出现"新瓶装旧酒"或"旧瓶装新酒"。为此,其一、我们重新编写了区别他人的写作提纲;既要考虑本书的重点需要,又要考虑本书的全面需要,尽量面面俱到,详略得当。其二、参著者大都是从事法律实务工作的律师,又从事教学研究的工作,必须突出实践与理论相结合,从实践中提升理论,又以理论去评析实践,突出实务经验的操作性和总结性。写出"新瓶装新论"的著作。不再写成纯粹的实践之作如《律师与公证实务》,也不再写成偏重理论性之作,如《律师与公证法学》;其三,吸收最新的研究成果,为本书所用,以便突出本书的前瞻性、长效性和理论性。本书吸收了不少中国律师论坛和中国青年律师论坛的最新研究成果,也吸收了不少中外专家、律师的最新研究成果,显示了新的特点;其四、本书涵盖了中外律师法和公证法的主要内容,突出中国法的立法例和主要内容,以便为中国学子所需,同时让读者进行中外比较研究学习,从中悟出面对WTO入世后挑战之道,品出如何"与国际接轨"之味,更好地学好本书,以适应21世纪法学专业培养应用型和研究型相结合的法律人才的需求,为社会为人类为世界人权事业奉献自己的努力。其五、打破现存公证书的旧体例,以新《公证法》建立新的结构体系,展示新颖性和先进性。

本书的作者来自本省多所法律院校和律师事务所等实务单位,均具有理论结合实践的教学经验,具体的写作分工如下(以撰写章节先后为序):

关今华:福建师范大学法学院教授、研究员,法学研究所所长、研究生导师;执业律师;福建省法学会副会长,本书主编。撰写第一、二章、第三章第一节、第四章第四节;第十五章第一节、第四节,第十九章,第二十二章;参加共同撰写有关章节。

林鸿:法学硕士,福建省江夏学院法学系副教授、福建省公证协会理事、福建省国际法学会理事,执业律师,本书主编。撰写第三章第二、三、四、五节、第四章第一、二、三、五节、第六章、第七章、第十二章第一、二节。

缪妙:法律硕士,福建农林大学人文学院法学系副教授,执业律师。撰写第五章、第八章第四节、第十三章第五、六节。

周章金:法律硕士,福建师范大学法学院副教授、执业律师。撰写第八章第一、二、三节,第十三章第二节,第十五章第三节;参加共同撰写有关章节。

蓝潮勇:法律硕士,福建漳州师范学院政法系教授,执业律师。兼任漳州市法学会副会长、学术委员会副主任兼经济法律专业委员会主任;漳州市律师协会业务委员会副主任兼行政法律委员会主任;漳州市人事争议仲裁委员会仲裁员,本书副主编。撰写第八章第五节、第十三章第三、四节。

张文锋:法律硕士,福建师范大学法学院副教授、执业律师。撰写第九章第一、二、三节。

李智:法学博士,福州大学法学院副教授,执业律师,撰写第九章第四、五节。

王书娟:法律硕士,福建省江夏学院法学系讲师,执业律师。与关今华共同撰写第十章。

肖义方:法学硕士,福州大学阳光学院讲师,执业律师。撰写第十一章第三、四节;与周章金共同撰写第十一章第一、二节和第十三章第一节。

关山虹:法律本科,福建师范大学基建处工程师。撰写第十二章第三、四节。

官玉琴:法律硕士,福建工程学院法学系副教授,执业律师。撰写第十四章。

李佳:福建师范大学法学院硕士生,执业律师。与郭剑、关今华共同撰写第十五章第二节、第五节。

郭剑:大学本科,福建竞盛律师事务所执业律师。与李佳、关今华共同撰写第十六章;与关今华共同撰写第二十章。

郑春芳:大学本科,福建竞盛律师事务所执业律师。与关今华共同撰写第十七、十八章、第二十一章第二节。

江钦辉:法学硕士;(新疆)喀什师范学院法政系讲师,执业律师,本书副主编。与关今华共同修改第八章、撰写第二十一章第一、三、四、五、六节。

全书各章节全部由关今华修改、整理、统稿和定稿。林鸿、蓝潮勇、关山虹、冯

三版前言

家昌予以好多帮助,在此表示谢意。三版主要由关今华修改、整理;林鸿对前七章做了文字修改和内容补充;江钦辉主要修改第八章。尽管尽了最大的努力,但由于近年来律师与公证改革中出现了很多新做法、新经验和新问题,加上作者的水平、能力所限,本书的不足之处在所难免,恳请读者批评指正,以便将来修订时改进。

关今华

2012 年 8 月

目 录

上编 律师制度与实务

第一章 律师制度与实务的更新发展 ……………………………………… 3
   第一节 西方律师制度的确立与发展 ……………………………………… 3
   第二节 各国律师制度与中国的若干比较研究 …………………………… 9
   第三节 中国香港、澳门、台湾三地律师制度与内地的特色比较 ……… 17
   第四节 律师制度与实务的更新发展概述 ………………………………… 21
   司法考试真题链接 …………………………………………………………… 26

第二章 中国大陆律师制度发展变化与未来进步战略 ………………… 28
   第一节 中国大陆律师制度的起源与曲折发展 …………………………… 29
   第二节 中国大陆律师制度的成效回眸与存在问题 ……………………… 34
   第三节 完善和改革中国律师制度的主要工作 …………………………… 39
   第四节 中国律师制度的发展战略 ………………………………………… 44
   司法考试真题链接 …………………………………………………………… 48

第三章 律师制度的基本理论 …………………………………………… 50
   第一节 律师概念、特征和分类 …………………………………………… 50
   第二节 律师的性质和职能 ………………………………………………… 65
   第三节 律师资格 …………………………………………………………… 70
   第四节 律师执业证、业务范围和基本原则 ……………………………… 75
   第五节 律师执业权利和执业义务 ………………………………………… 79
   司法考试真题链接 …………………………………………………………… 87

第四章 律师执业机构 …………………………………………………… 89
   第一节 律师执业机构概述 ………………………………………………… 89
   第二节 律师事务所概念和分类 …………………………………………… 92
   第三节 律师事务所事务管理 ……………………………………………… 95

第四节　律师服务收费 ……………………………………………………… 100
　　第五节　律师事务所的规模化、专业化和规范化 ………………………… 102
　　司法考试真题链接 …………………………………………………………… 108

第五章　律师及其执业工作机构管理体制 …………………………………… 110
　　第一节　律师及其执业工作机构管理体制 ………………………………… 110
　　第二节　司法行政机关的行政管理体制 …………………………………… 116
　　第三节　律师协会的行业管理体制 ………………………………………… 120
　　司法考试真题链接 …………………………………………………………… 124

第六章　律师业务素质和执业技能 …………………………………………… 126
　　第一节　律师业务素质 ……………………………………………………… 126
　　第二节　律师执业技能 ……………………………………………………… 133
　　第三节　律师业务经验的实例分析 ………………………………………… 141
　　司法考试真题链接 …………………………………………………………… 145

第七章　律师及其执业机构的职业道德、执业纪律、
　　　　　　行为规范及职业责任 ………………………………………………… 147
　　第一节　律师职业道德 ……………………………………………………… 147
　　第二节　律师执业纪律 ……………………………………………………… 150
　　第三节　律师执业行为规范 ………………………………………………… 152
　　第四节　律师职业责任 ……………………………………………………… 155
　　司法考试真题链接 …………………………………………………………… 160

第八章　刑事案件中的律师实务 ……………………………………………… 162
　　第一节　律师辩护制度的概述 ……………………………………………… 163
　　第二节　律师提供刑事法律帮助 …………………………………………… 166
　　第三节　律师进行刑事辩护 ………………………………………………… 172
　　第四节　中国律师辩护制度的现状、存在问题和完善构想 ……………… 180
　　第五节　刑事案件中的律师代理 …………………………………………… 187
　　司法考试真题链接 …………………………………………………………… 193

第九章　民事案件中的律师代理 ……………………………………………… 195
　　第一节　民事案件律师代理制度概述 ……………………………………… 195
　　第二节　民事案件律师代理的职责和权限 ………………………………… 204
　　第三节　民事案件律师代理的基本工作 …………………………………… 208

第四节　民事案件涉外程序中的律师代理 …………………… 222
　　第五节　律师代理民事案件应注意的问题 …………………… 226
　　司法考试真题链接 ……………………………………………… 230

第十章　行政案件律师实务 …………………………………………… 232
　　第一节　律师代理行政案件概述 ……………………………… 232
　　第二节　律师代理行政复议案件 ……………………………… 236
　　第三节　律师代理行政诉讼案件 ……………………………… 241
　　第四节　律师代理其他行政案件 ……………………………… 259
　　司法考试真题链接 ……………………………………………… 265

第十一章　仲裁案件律师实务 ………………………………………… 266
　　第一节　仲裁案件律师实务概述 ……………………………… 266
　　第二节　民商事纠纷仲裁律师代理 …………………………… 268
　　第三节　律师劳动争议仲裁代理 ……………………………… 275
　　第四节　律师人事争议仲裁代理 ……………………………… 280
　　司法考试真题链接 ……………………………………………… 285

第十二章　法律顾问律师实务 ………………………………………… 287
　　第一节　法律顾问概述 ………………………………………… 287
　　第二节　法律顾问律师的业务范围 …………………………… 292
　　第三节　法律顾问律师工作原则和方式 ……………………… 299
　　第四节　法律顾问律师工作应注意的问题 …………………… 302
　　司法考试真题链接 ……………………………………………… 304

第十三章　非诉讼律师事务 …………………………………………… 305
　　第一节　非诉讼律师事务概述 ………………………………… 306
　　第二节　律师见证 ……………………………………………… 311
　　第三节　律师代理非诉讼调解 ………………………………… 313
　　第四节　非诉讼律师合同事务 ………………………………… 317
　　第五节　法律咨询律师实务 …………………………………… 319
　　第六节　代写法律文书律师实务 ……………………………… 324
　　司法考试真题链接 ……………………………………………… 327

第十四章　法律援助及其律师义务 …………………………………… 329
　　第一节　法律援助的含义 ……………………………………… 329

第二节　中国法律援助制度概况 ………………………………… 331
　　第三节　中国法律援助制度的内容 ………………………………… 332
　　第四节　法律援助的法律责任和律师义务 ………………………… 338
　　司法考试真题链接 ……………………………………………………… 341

下编　公证制度与实务

第十五章　公证制度与实务更新发展 ……………………………… 345
　　第一节　公证制度概述 ……………………………………………… 345
　　第二节　外国公证制度的产生与发展 ……………………………… 355
　　第三节　公证法概述 ………………………………………………… 358
　　第四节　公证实务概述 ……………………………………………… 361
　　第五节　中国公证制度的建立变化和发展 ………………………… 363
　　司法考试真题链接 …………………………………………………… 368

第十六章　中国公证必须遵循的原则 ……………………………… 369
　　第一节　公证的基本原则 …………………………………………… 369
　　第二节　公证的其他原则 …………………………………………… 374

第十七章　公证员 …………………………………………………… 380
　　第一节　公证员概念、法律地位及其构成要件 …………………… 380
　　第二节　公证员具备条件和限制条件 ……………………………… 383
　　第三节　公证员的任免、权利和义务 ……………………………… 386
　　司法考试真题链接 …………………………………………………… 392

第十八章　公证机构 ………………………………………………… 394
　　第一节　公证机构的性质和特征 …………………………………… 394
　　第二节　公证机构的设置 …………………………………………… 398
　　第三节　公证机构的设立条件和程序 ……………………………… 400

第十九章　公证机构的证明业务 …………………………………… 404
　　第一节　公证机构的证明业务的分类概述 ………………………… 404
　　第二节　法律法规规定应当公证事项 ……………………………… 406
　　第三节　可以办理的"公证事项" …………………………………… 407
　　第四节　可以办理的"法律事务" …………………………………… 411
　　第五节　涉外公证和涉港澳台公证 ………………………………… 414
　　司法考试真题链接 …………………………………………………… 416

第二十章　公证效力及其异议处理 …… 418
　第一节　公证效力的学理概述 …… 418
　第二节　公证证据效力 …… 420
　第三节　强制执行效力 …… 423
　第四节　公证作为法律行为成立要件的效力 …… 424
　第五节　公证效力的异议处理 …… 426

第二十一章　公证程序 …… 431
　第一节　公证程序概述 …… 431
　第二节　公证管辖 …… 434
　第三节　公证的普通程序 …… 437
　第四节　公证的特别程序 …… 442
　第五节　涉外公证和涉港澳台公证程序 …… 445
　第六节　公证书效力的复查程序 …… 451

第二十二章　公证员及公证机构管理体制、职业道德、执业纪律和法律责任 …… 454
　第一节　公证员及公证机构管理体制 …… 454
　第二节　公证员的职业道德 …… 458
　第三节　公证员的执业纪律 …… 459
　第四节　公证的法律责任 …… 460
　司法考试真题链接 …… 466

律师制度与实务

上编

第一章 律师制度与实务的更新发展

【引 例】

1978年1月25日,最高人民法院院长、特别法庭庭长江华宣读对林彪、江青反革命集团10名主犯的量刑决定。9名曾经分别担任中共中央副主席、政治局委员、国务院副总理、人民解放军正副总参谋长的"大人物",因犯有对国家和人民危害严重的罪行,被特别法庭分别判处死刑(缓期两年执行)、无期徒刑和16年至20年的有期徒刑,并且该判决是终审判决,不得上诉。这一判决标志着"无法无天"的时代的结束,也是依法治国的新时代的开端。但是,许多人当时不明白:林彪、江青集团的人犯下如此罪行,为什么还要有律师进行法庭辩护?为什么被判"死缓"的主犯江青在法庭上没有指定辩护律师?当时中国是否存在律师制度?

第一节 西方律师制度的确立与发展

律师制度,指的是国家关于律师性质、任务、权利和义务及律师活动原则、组织结构、管理体制、法律责任、业务范围等法律规范的总称。律师制度与司法制度、检察制度等一样,以律师、法官、检察官为代表,相应的法律职业之间具备同质性而无行业属性,因此多数国家规定担任律师、法官、检察官须通过专门培养、训练并取得资格,但它们具有不同法律职业内涵和外延。律师制度源远流长,随着历史的车轮滚滚向前,不断更新发展。在各国各民族的兴衰跌宕的更新轮回中,律师制度与民众生活和社会各行各业紧密相关,与法律的产生和发展息息相关,与各国的文明进步和社会变革同呼吸,与世界的人权运动和社会的公平正义共命运。律师制度适应法学发展、时代进步、法治更新、人权保障和追求世界幸福大同的需要而发展变化。

引例中为什么被判死缓的江青在法庭上没有指定辩护律师?这与当时"没有

真正意义上"的律师制度有关。当时江青估计自己会被判死刑,就主动提出要请律师辩护。官方指定的辩护律师组组长张思之[①]和华东政法学院(现为华东政法大学)的朱华荣一起去会见了江青,了解作为当事人的江青是否真的需要他们担任辩护律师,但江青予以拒绝,并说:"我是要律师,但我要找史良[②],找周建人,找刘大杰,找毛主席的女儿李敏,你们肯定是叶剑英、邓小平派来的"。后来,人们在电视上看到江青自行进行辩护。对此,我们不得不反思我国当时的律师制度!按世界上存在死刑刑罚的国家的律师制度的通例,必须为可能被判"死缓"以上刑罚的人指定辩护律师。新中国的律师制度经历了建立、取消、恢复与发展几个时期。1959年,因"反右派斗争",律师制度彻底地遭到了破坏,各地的律师机构全部被撤销。文革时期(1966—1976年)是"无法无天"的时代。开始改革开放后的1978年,中国虽然有一些允许存在的律师,但律师制度还没有真正恢复,真正明确宣布恢复律师制度是司法部于1979年12月9日发出了《关于律师工作的通知》。1980年8月26日,第五届全国人大常委会第15次会议通过并颁布了《律师暂行条例》。

一、律师制度起源和确立于古代奴隶制欧洲

(一)律师制度的起源

考察较发达国家律师制度的产生、确立和发展历程,通说认为,律师制度源于西方。西方的律师制度的起源,可以追溯到古罗马。公元前6世纪,古希腊已出现"辩护士",律师制度开始萌芽。"辩护士"也被称为"雄辩家"(有点儿类似于现代的诉讼代理人),接受当事人委托撰写发言稿,并在法庭上为其辩论。公元前5世纪,古罗马出现了一种"职业法律家",专门从事法律职业。公元前3世纪,古罗马出现"保护人"制度。保护人陪同被保护人出席法庭,在法庭审理时提供意见与帮助,代表被保护人进行诉讼,可称得上真正意义上的律师制度的起源。直到"阿多克梯斯"(Adocatus,即辩护士)产生,"标志着罗马时代的律师已有了专业化分工"。[③]

古罗马后半期,罗马经济生活迅速发展,各种社会矛盾异常尖锐,原有的法律规范已不能适应新形势。统治阶级为了缓和社会矛盾,维护其统治秩序,制定和颁布了大量法律、法令和规定。这一时期,法学家的活动十分活跃,不仅从事法学研究、著书立说,而且解答法律上的疑难问题,为诉讼当事人提供咨询意见等。法学家的一系列活动,迎合了统治阶级的需要。法律顾问、律师和法学研究人员"三位

[①] 张思之被誉称中国第一律师,并被尊为代表中国律师界的荣耀和良心,江平评价他是"一身胆气,不畏权势,只向真理低头"。

[②] 史良是新中国成立前与国民党斗争的著名革命律师。

[③] 谭世贵主编:《律师法学》,法律出版社2005年版,第15页。

一体"的崇高地位得以确立。后来,古罗马皇帝又以诏令的形式承认了诉讼代理制度,律师可以为平民解答法律咨询,法律也允许他人委托和聘请律师从事诉讼代理活动,而且国家还通过考试来遴选具有完全行为能力、法律知识丰富的善辩之人担任诉讼代理人,并规定他们代理诉讼可以获得报酬。由此,人类历史上第一批职业律师正式诞生,律师制度的某种模式得以成型。

(二)古罗马律师制度的主要特点

1. 实行"二元制"的律师制度。古罗马的律师分为从业律师和候补律师。古罗马统治阶级出于多种考虑,将全国分为若干司法管辖区,每一司法管辖区都有从业律师数量限制,不得超过此限。当出现从业律师名额空缺时,候补律师才能予以替补。这样一种"二元制"的律师替补制度,保证了从业律师具有较高的社会地位。

2. 取得律师资格的条件相当严格。古罗马公民要成为律师必须具备相当的条件,主要包括:(1)必须具有完全行为能力。根据罗马法规定,完全的行为能力以权利能力为前提。公民要享有权利能力必须具有"人格",而人格又由自由权、市民权和家属权三种身份构成。依此规定,排除了未成年人、精神病人、奴隶以及异邦人。(2)必须是男性公民。(3)必须具备相当的法律知识。古罗马的法学教育比较发达,在历史上首创了五年制大学法律教育。是否受过专门的高等法律教育,成为国家任免司法官吏、遴选律师的先决条件。因此,古罗马取得律师资格的条件相当严格,律师基本上是法学家或长期从事法律教育和研究的人。

3. 律师业务范围较为广泛。古罗马律师业务范围很广,包括:参与诉讼代理和辩护;代写合同、诉讼和其他法律文书;解答司法、行政官员和公民提出的各种法律问题;指导辩护人进行法庭辩论;研究法律、著书立说、从事法律教育工作。

4. 律师的社会地位较高。古罗马律师一般都学识渊博、口才出众,在社会上很受尊重和推崇。他们成立了律师团体,形成了社会特殊阶层,接受执政官的领导和监督。而且,不少政界人士是律师出身。

(三)律师制度产生的动因

律师制度起源和确立于古罗马,是一种历史的必然,而不是一种偶然现象。首先,在经济上,律师的活动有利于促进古罗马奴隶制经济的发展。古罗马社会经济繁荣,手工业和商业已经比较发达,市场贸易和产品交换中的契约行为日益增多,诉讼纠纷也随之增多。另外,随着商业的发展和古罗马征服地区的扩大,古罗马公民与异邦人以及被征服地区广大居民间关于适用法律的矛盾越来越突出,从而需要律师在众多的纠纷和矛盾中发挥作用,以促进奴隶制经济的发展。其次,在法律上,既有法律规范已无法调整社会中层出不穷的各种法律关系。为此,古罗马统治阶级颁布了大量法律、法规和规定,并将法律分为"公法"和"私法",以此来适应奴隶制经济发展和维护统治秩序。再次,在政治上,律师活动有利于统治阶级利益奴隶主阶级本身作为统治者和经济活动的参与者,不可能通晓所有的法律规范。为及时解决各种纠纷,需要借助熟知法律的人士帮助,而职业律师的出现恰好迎合了这种需要。最后,在实务上,古罗马采用辩论式诉讼结构模式,使职业律师的出现成为原则。被控诉人享有与控诉人相同的权利,双方诉讼地位平等,均可以在法庭上充分陈述自己的意见,提出证据,反驳对方,法庭依双方的辩论结果作出裁判。这样,在辩论式诉讼中,一方面,当事人被允许委托他人代理诉讼,从而使律师的出现成为可能;另一方面,由于诉讼的结果取决于双方的辩论,通晓法律并善辩的律师经常给法庭裁判带来影响,促使当事人愿意花钱聘请律师代理诉讼。

二、西欧封建制时期律师制度的发展变化

中世纪时期,由于封建等级制度和教会权力的膨胀,使得欧洲律师制度的发展受到了严重的限制。公元 5 世纪,西罗马帝国灭亡,欧洲大陆进入封建社会。此时,多数国家为适应封建政治需要,废除了古典的辩论式诉讼,代之以纠问式诉讼。在民事诉讼中,当事人的诉讼权利受到很大限制,不能聘请诉讼代理人提供法律帮助或参加诉讼。在刑事诉讼中,刑讯逼供盛行,不准当事人抗辩。当事人成为被审讯、拷问的对象,没有任何诉讼权利。法官主动询问当事人和证人,审判一般不公开进行,实行书面审理或间接审理。宗教势力的膨胀,使得诉讼制度具有浓厚的神秘主义色彩。在这种条件下,传统的律师事务无法开展,这一时期的律师制度不可避免地走向衰落。比如,在法国,虽然保留了律师制度,但当事人聘请律师受到种种限制。

之后,随着国王权力的上升和教会权力的下降,律师制度才逐步恢复和发展变化,各国先后建立了律师组织。律师组织的产生和发展,进一步促进各国律师制度的更新发展。13 世纪末,法国国王腓力四世因向教会领地征收土地税,和教皇卜尼法八世发生冲突,结果教会权力被大大削弱,僧侣在世俗法院执行律师职务被禁止,代之以受过封建法律教育、经封建统治者严格挑选和严密监督的律师,律师制度开始恢复和发展起来。13 世纪以后,英国禁止僧侣在世俗法院从事律师业务。14 世纪初,英国成立了格雷、林肯、内殿、中殿四大学院和其他一些较小的法学院,专门负责培训律师。此后,律师行业开始兴旺起来。16 世纪,英国律师开始划分为大律师和事务律师,形成延续至今的英国律师等级制度。

三、资本主义时期的律师制度的更新发展

(一)律师制度更新发展得力于资产阶级人权运动的兴起

资产阶级革命促使资本主义律师制度的产生。启蒙思想家不仅在政治方面提出了反对封建的口号,在司法制度方面,也针对专横封建司法制度,提出了"罪刑相等"、"无罪推定"和"法律面前人人平等"的人权保护原则,主张用辩论式诉讼代替纠问式诉讼,被告人有权为自己辩护,也有权聘请律师或其他人为其辩护。由此促进了律师制度的更新发展。

封建社会末期,资本主义经济萌芽也开始迅速发展,资产阶级同封建专制的等级制度、宗教特权和司法专横之间的矛盾异常尖锐。当时的资产阶级思想家和启蒙学者,如英国的李尔本、洛克,法国的伏尔泰、孟德斯鸠、狄德罗、卢梭等,无情地夹击封建社会的政治制度和法律制度,提出"天赋人权"、"主权在民"、"民主"、"自由"、"平等"、"博爱"等口号,主张建立资本主义政治制度和法律制度。洋溢着资本主义精神的法律理论也广泛传播,洛克的《政府论》、孟德斯鸠的《论法的精神》、贝卡利亚的《论犯罪与刑罚》等著作,成为人们争相传阅的作品。17世纪中期,英国发生资产阶级革命并影响其他国家,随着欧美资产阶级相继掌握国家的统治权,资产阶级开始建立起律师制度。

例如:1679年,英国国王查理二世签署公布了《人身保护法》。这是资产阶级第一个包含律师法色彩的法律文件,明文规定诉讼中实行辩论原则,承认被告人有权获得辩护。1695年,英王威廉四世颁布法令规定,不论任何案件,被告人都享有受法庭律师辩护协助的权利。1971年颁布的《美利坚合众国宪法》修正案即《权利法案》第6条规定,刑事案件被告人享有受法庭律师辩护协助的权利。1789年,法国制宪会议法令规定,从追究被告人犯罪时起,就允许辩护人参加诉讼。1793年,法国《雅各宾宪法》规定,国家要有"公设辩护人"。1808年,拿破仑《刑事诉讼法典》系统地规定了律师制度。日本明治维新以后,1876年颁布实行的《代言人规则》,在其历史上第一次规定了律师制度的基本内容。德国在16世纪末17世纪初引进了罗马的律师制度,1878年颁布《国家律师法》,奠定了近现代德国律师制度的基础。这些国家律师制度的更新与资产阶级提出人权保护密切相关,人权运动兴起推动了律师制度的发展。

(二)律师制度不断发展成为资本主义法律制度的重要组成部分

资本主义国家的律师制度一经确立,便以空前的速度向前发展。现在,它已成为资本主义法律制度的重要组成部分。律师在社会中的地位越来越高,活动范围越来越广。从主要在法院参加刑事、民事诉讼发展到在社会生活各个领域,包括从对外战争到家庭纠纷,为政府、企业、社会团体和个人提供各种各样的法律服务。律师人数也急剧增长,队伍不断扩大。有关律师的法律法规也越来越多,日趋复杂完善,由原来单纯调整律师在诉讼、管理中的权利义务相关的法律法规,发展为大量出台有关职业道德和执业纪律、行为标准、法律援助、责任赔偿等方面的法律法规。现在,资本主义国家的律师制度又出现了新的发展趋势。例如,律师事务所开始向公司化、大型化发展,律师业务中非诉讼业务比重大幅度上升,专业化色彩日益突出,律师的跨国服务也逐渐增多等。①

包括旧中国在内的其他国家的律师制度,都在不同时期在不同程度地发展变化着。总的趋势是:随着时代的发展、文明的进步和人权保障的需要,律师制度在不断地更新向前。其中,值得一提的是律师组织形式(执业形式)的发展。

(三)律师执业形式的发展是律师制度改革和创新发展的需要

几个世纪以来,世界各国的律师主要以单独执业和合伙执业为主要形式。典型者如早期美国律师的执业形式都是单独开业,19世纪后期,非诉讼法律业务的发展促进了律师的组合,一些大城市开始出现由多名甚至数十名律师共同开办的合伙事务所。② 在20世纪五六十年代,传统律师事务所是一种一般合伙制,在该制度下所有的合伙人共同承担律师执业所带来的利益和责任。律师之间有着一种相同程度的专业化。但是,随着这一时期法律体系变得日益复杂,律师们常常会发现在几个不同的领域中熟练执业越来越难,因而就产生了收缩执业领域、提高专业化程度的趋势了。

由于经济全球化,导致法律的商业化需求增强,同时,传统的普通合伙制使得合伙人责任重大,限制了律师事务所的规模拓展。20世纪70年代后,美国先后出现了有限责任公司(LLC)律师事务所,有限责任合伙(LLP)律师事务所以及有限责任有限合伙(LLLP)律师事务所,逐步形成了现今7种律师事务所的组织形式,即个人开业、普通合伙、普通公司、专业公司、有限合伙、有限责任公司和有限责任合伙。③ 组织形式的多样化,使得美国的律师业迅猛发展。1980年,美国最大的250家律师事务所每所平均有律师95人,到2001年,每所的平均律师人数增长到417人,并且,此种增长在大型律师事务所中更为显著,全美20家最大律师事务所平均拥有律师1220人。④ 律师执业形式的发展是律师制度改革和创新发展的需要。2008年,贝克·麦肯思国际律师事务所有2732名律师,以在几乎每一商法领域(如银行与金融、公司与证券、房地产、薪酬与雇用、知识产权、信息技术与电子商

---

① 陈卫东主编:《中国律师学》,中国人民大学出版社2003年版,第14～17页。
② 岳鸿:《论律师执业机构组织形式的变迁与发展》,载《中国司法》2005年第7期。
③ 李仁真:《中国法律服务业的现状及未来发展》,载《中国律师》2004年第9期。
④ 李仁真:《中国法律服务业的现状及未来发展》,载《中国律师》2004年第9期。

第一章 律师制度与实务的更新发展

务、诉讼、税务以及国际商法等)的丰富资源和经验而著称,主要从事企业并购(M&As)、破产与重组等业务。2012年,贝克·麦肯思国际律师事务所在全球已设有60多个分所,其中有11个分所设在北美,在北京和上海设有代表处,从事中国业务已20余年。

执业形式的发展是律师制度改革和创新发展的需要。美国今天的大型律师事务所与六十年代的典型事务所没有什么共同之处,最显而易见的差别在于大多数现代律师事务所都是庞然大物(behomeths)——几百个合伙人分布在全世界的办公处所之中以及总计大约有一千名甚至更多的律师。在某种意义上,今天大型律师事务所的成长只不过是日益增长的可获得法律事务总量和已经出现的日益增长的专业化的产物而已。这些大型事务所为他们的客户在许多法律领域提供完全的服务。相比之下,中等规模和更小的事务所则转向精品化,专门从事诉讼或者一个或几个法律领域,而不是像大型律师事务所那样提供全范围的服务。

第二节 各国律师制度与中国的若干比较研究

在研究中国律师制度的同时,很有必要对具有代表性的外国律师制度进行若干比较研究,总结别国的经验,吸取别国的教训,取他人之长补己之短,并以他人之短引以为戒,以推动有中国特色律师制度的发展和完善。由于所涉问题和方面较多,以下仅就其中较为重要、典型的几个方面对几国律师制度进行比较研究。

一、律师资格取得条件的比较

1. 美国

在英美法系的美国,由于律师享有较高的社会地位,因此相应地,美国对律师资格的取得就规定了相当严格的条件。作为联邦制国家的美国,其法律制度实行"双轨制",即不仅联邦有自成一体的法律和司法机构,各州也有独立的法律和司法机构,所以律师资格的取得条件也由各州自行确定。

虽然各州对律师资格取得条件的具体规定不完全相同,但大致都规定应具备下列类同条件:(1)必须是成年人;(2)必须从美国律师协会认可的美国法学院毕业,具有硕士学位;(3)必须经过品行考察证明没有劣迹,即具有良好的道德品质,无不良品行;(4)必须通过州的律师资格考试。在美国,律师资格考试由各州最高法院任命的主考人组成的考试委员会负责主持,主考人一般是本州具有权威的法官或律师。考试主要是检验考生发现问题、分析问题、解决问题的能力和技巧,以及对法律的了解和熟悉程度。虽然各州可以自己决定考试内容,但通常都是采用美国律师协会考试中制作的试卷,且一般均包括四个方面的考试内容,即法律专业知识考试(包括联邦法律和州法律)、律师职业道德规范考试、作文考试、能力考试。考试通过后,由考试委员会发给律师资格证书。

但是,在一个州取得律师资格,该资格也仅在本州有效,并不意味着绝对得到其他州的承认,对此各州的规定不一,有的承认有的不承认,但多数州均规定如果在另一州从事律师工作,应重新参加另一州的律师资格考试或专门为此类人设立的特别考试。

2. 英国

在英国,取得律师资格均必须参加全国统一的律师资格考试。由于英国的律师分为大律师和事务律师,因此对大律师和事务律师分别有不同的资格条件要求。首先,由于大律师含有名誉公职性质,其社会地位较高,所以取得大律师资格必须具备下列四个严格的条件:(1)必须受过一定的高等教育;(2)必须参加四个大律师组织即林肯律师学院、内殿律师学院、中殿律师学院、格雷律师学院之一学习,成为该学院的学生,完成学术与职业训练并取得法学学士以上的学位,参加学院内举行的一定的餐会次数;(3)必须提交品格良好的证明书;(4)法学院学习期满后,必须在有经验的大律师的指导下,担任见习大律师一年,并须签署入会誓言。

而根据1974年颁布的《英国事务律师法》的规定,取得事务律师资格必须具备下列条件:(1)必须是英国公民,性别、民族不限;(2)必须年满21周岁;(3)必须经法律社评议会吸收为法律社的学生,经过一定时间的学习,通过专业考试;(4)必须在律师事务所实习两年。具备了上述四个条件并向法律社缴纳了印花税、常年执照费及准备赔偿当事人损失费后,就由法律社录于事务律师名册而取得事务律师资格。

3. 日本

在大陆法系的日本,律师资格分为积极资格和消极资格。积极资格即具备哪些条件才能取得律师资格,在这方面,要求必须在大学法律系毕业,参加由国家统一组织的司法官考试合格后,到政府主办的司法研修所学习两年,期满考试合格后,才能取得候补辩护律师资格,从事律师辅助性工作,其后还必须在司法机关、政府或法院工作5年以上,才能取得正式律师资格。但也存在一般律师资格的例外情况,即下列人员可不经过司法官考试和司法研修而授予律师资格:(1)曾任最高法院审判官5年以上者;(2)从事法律公务员工作5年以上,经司法官考试可免司法研修;(3)曾任大学法学教授或副教授5年以上者;(4)律师法颁布之前已取得律师资格者。消极资格即具有哪些情况的人不能取得或不予承认其律师资格,包括:(1)被判处过监禁以上刑罚者;(2)受过惩戒处分,被开除、免职未满3年者;(3)破产还未恢复权利者。

4. 德国

在德国要取得律师资格并非易事,必须通过两次国家考试。学生们在大学法律系学习5年后,参加第一次国家考试,考试通过后,被称为实习文官,参加为期两年半的实习。实习除必修律师、法官、检察官业务外,还要在公司、银行和政府的工资实习中任选两项。在两年半的实习中,一共参加8次笔试和8次口试,考试全部合格并顺利完成实习者,可参加司法部举办的第二次国家考试。这次是口试,考官由法学教授、资深法官和政府官员组成,轮流向考生发问,内容都是实践问题,主要是具体案例所涉及的法律规定和解决办法。两次考试都通过者可申请律师资格。这种担任司法职务的资格条件要求,对于公诉人、法官、公证人员,以及公共部门的法律人员也是必需的。申请律师资格须向州司法部提出,一般来说,州司法部都会批准律师资格。

5. 中国

在中国,根据1996年制定的、2001年修订的《律师法》(以下简称旧《律师法》或旧法)的规定,取得律师资格有两种途径:一是考试,即具有高等院校法律专业本科以上学历,或者高等院校其他专业本科以上学历具有法律专业知识的人员,经国家司法考试合格的,由国务院司法行政部门授予兼职律师资格;二是考核,即具有高等院校法学本科以上学历,从事法学研究、教学等专业工作并具有高级职称或者具有同等专业水平的人员,申请律师执业的,经国务院司法行政部门按照规定的条件考核批准,授予律师资格。由此可见,中国《律师法》现在对律师资格的要求较之1996年规定的"法学专科、非法学本科"的要求有了很大程度的提高,趋向严格,逐渐与其他国家的相关条件要求相接轨。2007年10月28日第二次修订的《律师法》(以下简称新法或新《律师法》)规定兼职律师还必须通过国家统一司法考试,这样由原来的"从宽"变成"从严"条件了。而"考核制"适用于特例的"两类人员",一是紧缺的"法律服务领域",二是具有高级职称或者同等专业水平并且具有相应的专业法律知识人员,他们只能申请"专职律师"。

比较主要国家与中国的律师资格取得条件:(1)共同点一般都有经过统一的资格考试,但考试的范围和严格程度有所不同。其中德国和日本最为严格(二次考试),其次美国(到另一个州还须再考),英国和中国只要经过一次全国性考试即可。(2)取得律师资格的条件严宽不同。其中英国取得大律师的条件最为严格,事务律师的条件低了许多;其次是德国和日本,考试合格后研习若干年,期满考试合格后,还须实践工作若干年,方为正式律师。如日本,考试合格后研习两年,期满考试合格后,取得候补律师资格,还须实践工作5年,方为正式律师。中国和美国只要考试通过合格后,即获得律师资格证书了。(3)考试后研习、工作期限不同。其中日本的期限最长,共需7年时间的研习和实践工作才能取得正式律师资格。其次是德国,必须经历2年半的实习。中国最短,由原来的2年改为1年的实习期。(4)学历要求不同,国外要求较高,大多必须是法学本科以上的学历(学士学位)才能具备考试条件;中国要求较低,法律大专毕业生(限定在某些地区)和非法律本科毕业生也可以报考。(5)律师资格取得的例外情况,即不必经司法考试但具有一定条件即可,如日本和中国。中国新《律师法》第8条规定:"具有高等院校本科以上学历,在法律服务人员紧缺领域从事专业工作满十五年,具有高级职称或者同等专业水平并具有相应的专业法律知识的人员,申请专职律师执业的,经国务院司法行政部门考核合格,准予执业。具体办法由国务院规定。"但是,经考核授予律师资格的工作自2003年7月起至今仍处于暂停状态。

二、律师组织机构的比较

1. 美国

在美国,律师的执业机构是律师事务所,并且主要分为三种:一是个人经营律师事务所,它受理全部案件,但遇到重大或特殊案件时可以委托专家;二是联合经营律师事务所,它虽然共同雇佣办事员,但在财务上却各自独立,每个律师单独向其各自的委托人负责;三是合伙经营律师事务所,它一般由4至5名律师组成,多的可达百人以上,必要时还可雇佣其他律师和一般工作人员。近年来,美国律师事务所大有发展,已有七种多样化的组织形式。前文已述,不再重复。

美国的律师组织是律师协会,在联邦有联邦的律师协会,在州有州的律师协会,在县有县的律师协会,但联邦和州的律师协会并没有上下级隶属关系。律师协会的任务主要是制定《律师守则》并监督律师执行,组织律师进修和研究法律,受理公民对律师的控告,对社会进行法律宣传教育等。除了在个别州加入律师协会是强制性的外,在大多数州,加入律师协会是自愿的。

2. 英国

在英国,大律师只能单独开业,视为个人律师事务所,不能合伙开业。但事务律师一般不单独开业,而习惯于合伙开业,组成大小不等的律师事务所,又称律师行。合伙律师行由合伙人管理,大型律师行还将合伙人分为高级合伙人和初级合伙人,律师行所设的执行经理由高级合伙人轮流担任,且一些重大事项如律师行的发展、提职提薪、合伙人分红等也均由高级合伙人集体讨论决定。大型律师行下设如诉讼部、公司部、私人信托部等业务部,各业务部又下设专业组,使律师的专业化分工很细。英国有四个大律师组织,均设在伦敦的高等法院附近,即前述的林肯律师学院、内殿律师学院、中殿律师学院、格雷律师学院。这四个学院均没有法人资格,且互不隶属,基本上是自由的社会团体,其成员包括正在该院学习的学生及已从该院毕业的大律师,其职责主要是训练和考核大律师,监督大律师的活动,对大律师实行惩戒,决定大律师资格的授予和免除等。

而事务律师的管理机关是法律社,它自设学校,负责培养和教育事务律师,有权对事务律师实行奖惩及制订事务律师酬金,此外,还有授予事务律师资格权和颁发事务律师行业执照权。

3. 日本

在日本,律师的执业机构是法律事务所。由于日本的律师属于自由职业者,所以有不少个人法律事务所,其名称均为法律事务所前冠以律师的名字。有的个人法律事务所的办公地点甚至直接设在律师自己家中。此外,还有数人合伙办的法律事务所,由于其竞争力较强,律师综合业务水平较高,颇受公民信任,所以近年来它增长速度很快。

日本的律师组织分为日本律师联合会(也称日本辩护士联合会)和律师会两种。日本律师联合会是全国性的律师组织,其主要职责是对律师资格进行审查,对律师和律师会进行监督指导和业务联系,对违法律师进行惩戒,对立法和司法工作的改善进行调查研究,从事维护人权的活动等。而律师会是日本律师的地方性组织,它是法人组织,设立在每一地区裁判所辖区,目前除东京设有三个律师会外,其余律师会的成员均为本辖区内所有的律师。律师会在日本律师系统中起承上启下的作用,它接受日本律师联合会的指导和监督,同时在日常负责审查律师资格、指导律师开展业务、对律师活动实行直接监督等。

4. 中国

在中国,社会执业律师的执业机构和法定工作场所是律师事务所。新《律师法》第14条规定:"律师事务所是律师的执业机构。设立律师事务所应当具备下列条件:(一)有自己的名称、住所和章程;(二)有符合本法规定的律师;(三)设立人应当是具有一定的执业经历,且三年内未受过停止执业处罚的律师;(四)有符合国务院司法行政部门规定数额的资产。"目前,律师事务所主要分为国家出资设立的律师事务所、合伙律师事务所和个人律师事务所三种形式。

作为社会团体法人的律师协会是中国律师的自律性组织,是律师的行业管理机关。全国设立中华全国律师协会,省、自治区、直辖市设立地方律师协会;设区的市根据需要可以设立地方律师协会。中国律师必须加入所在地的地方律师协会,同时也成为中华全国律师协会的会员。中国各律师协会的主要职责包括:保障律师依法执业,维护律师的合法权益;总结、交流律师工作经验;组织律师业务培训;进行律师职业道德和职业纪律的教育、检查和监督;组织律师开展对外交流;调解律师执业活动中发生的纠纷等。此外,律师协会还有权按照章程对律师给予奖励或处分等职权。

比较主要国家的律师工作机构都有事务所,叫法有点差异,如律师行、律师事务所和法律事务所。与中国的主要差别在于:(1)外国的律师工作机构以个人执业为主,合伙所为次,但其竞争力和团体力量较强,近年来大有发展,有望由次变主的可能。中国目前逐步取消国资所,以合伙所为主要的执业机构,个人所虽也合法存在,但数量较少。各地出现的以律师个人命名的律师事务所,并不一定是个人所。(2)中国各地在司法局和乡镇政府机构里设立的"法律事务所",与日本的不同,不是由律师组成的事务所,是一种具有"中国特色"的"法律服务组织",该组织内存在并不需要通过国家统一司法考试的"法律工作者"。近年,对它予以取消的呼声颇高,有待改革之中。

至于律师的管理组织机构,各国都有律师协会,性质都是自律性组织,一般是律师自愿参加(美国除个别州强制性之外);其职能基本上是指导律师开展业务,培训学习、对律师活动实行监督、奖戒、处分等。与中国不同的是,中国律师都是强制性加入各地律师协会,受双重的监督管理,即所谓司法行政机关和律师协会的行政和行业"两结合"的管理,而不是像其他大多数国家那样实行单一的行业管理。在中国,未加入律师协会或被取消会员资格的,则不能成为执业律师。

三、律师业务范围的比较

1. 美国

在美国,律师的业务活动范围是非常广泛的。在社会的各个领域,如竞选总统、租赁房屋、买卖住房、订立遗嘱、处理财产、设立公司等,一切有法律事务的地方基本上都是律师的工作领域,都有律师活动。律师业务也从早期的刑事辩护发展到兼任法律顾问、提供咨询、代写诉讼、办理非诉讼法律事务等。可以说律师已逐渐渗透到社会生活的各个方面。但在律师业务活动中最有影响力的还是给政府担任法律顾问。美国的各级政府均有律师担任法律顾问。尤其是国务院设置了一个国务卿直接领导的由律师组成的法律顾问团,负责政府的法律咨询工作。其工作范围具体包括参与国际条约的草拟、审核与修改;为处理重大涉外经济纠纷、海商海事提出法律意见;参与涉及国家原子能技术、建立军事基地等重大合作项目的谈判、合同草签及最终执行等。而在政府其他部门供职的律师除了担任法律顾问外,还负责替政府部门出面应对官司或丑闻,为即将出台的重要政策制造舆论,起政府导向作用等。

在立法方面,美国律师还是法律起草委员会的重要成员。由此可见,美国律师在政治上的影响力越来越巨大,这也使得他们成为了重要公职人员的预备班。

在美国的44位总统中,有过律师职业经历的有23位。律师成为政治精英,俨然成为美国政治文化中的一个现象。美国为何能有如此众多的律师成为总统?有人将原因归为美国的自由、民主、法治,也有人将原因归为法律人独有的政治家理想,一种带领他们冲破商业化迷津、不断朝前奋斗的理想。

美国律师对刑事案件审判有很强的制约作用。如:从刑事案件的侦察阶段开始当事人就要请律师代理,任何人未经律师代理都不得被监禁,通常情况下没有律师出庭作辩护人的刑事审判为无效审判等。此外,美国律师在经济领域也起着越来越重要的作用,越来越多的律师被工业、保险、银行等公司聘请为常年法律顾问,跨国律师事务所也与日俱增,这些都使得美国律师成为了美国经济发展的一大支柱。

2. 英国

在英国,大律师和事务律师的业务范围是不一样的,但两者具有一定的业务关系。

(1)大律师的业务范围。在英国,大律师一般都是精通某门法律或某类案件的专家,不仅通过辩护为当事人提供法律服务,而且回答事务律师们提出的疑难问题。大律师办理的法律事务一般分为两部分:一部分是衡平法方面,包括信托、转移迁户、遗嘱、公司法、财产、税收等事务;一部分是普通法方面,包括契约法、侵权行为法、刑法、亲属法等事务。近年来,大律师队伍中也出现了专业化的倾向,如有些大律师专门处理商事、专利、税务、海商等方面的法律事务。

(2)事务律师的业务范围。事务律师的业务活动范围远比大律师广泛,他们既可以担任政府、公司、银行、商店、公私团体的法律顾问,也可以在下级法院如治安法院、郡法院和验尸官法院执行代理和辩护职务,还可以处理非诉讼案件,为当事人起草法律文书和解答一般法律问题。

(3)大律师和事务律师的业务关系。大律师一般是在上级法院或高等法院执行律师职务,但并不直接接受当事人的委托,而是接受事务律师的委托。反之,事务律师一般只在下级法院及诉讼外执行律师职务,但可以直接与当事人打交道,直接与当事人签订合同并收取当事人的酬金,直接接受当事人的委托办理法律事务。据此,如果事务律师接受的案件须在王室法院以上的高等法院进行诉讼,就必须先对案件进行必要的调查和初步的审阅研究,再将案件事实要点及争论点作一个扼要的简报交给大律师,并附上证据、证人名单和诉讼费。大律师接受简报后,就负有处理该案件一切法律事务的权责。

3. 日本

在日本,律师的职务主要有:参与诉讼案件,为公民、机关团体代理诉讼,为刑事被告人进行辩护;在非诉讼案件中为社会提供法律帮助;充任税务代办人等。根据日本刑事诉讼法和律师法的规定,刑事诉讼采取律师辩护强制主义原则,即一般人不能在法庭上担任辩护人或代理人,只有律师才能在法庭上进行诉讼活动;但民事诉讼不采取律师辩护强制主义原则,即允许当事人自行陈述和申辩。随着社会经济的发展,日本律师的业务活动范围也越来越广泛。根据日本《律师法》第 1 条的规定,律师肩负两个使命:其一是拥护基本人权,实现社会正义;其二是在诚实执行职务的基础上,努力维持社会秩序及改善法律制度。日本律师界为了完成上述律师使命,在积极维护人权与公民合法权益、维持社会秩序、参与立法和司法的审议、改善法律制度等方面做了大量的工作,受到日本国民拥护。

4. 中国

在中国,随着律师事业的不断发展,律师的业务活动范围逐步扩大和拓宽,律师业务已逐渐深入到社会生活的各个方面。目前,除诉讼业务外,非诉讼业务已涉及贸易、投资、金融、期货、证券、保险、知识产权、房地产、公司改制、税务代理、环境保护等诸多领域,并承办了大量的新业务如涉外法律业务。最近几年来在美国、欧盟等国,中国律师从事反倾销、反垄断等各类涉外案件,取得相当的成效。尤其在社会主义市场经济快速发展的条件下,中国律师大力开拓与市场经济发展相关的业务领域,积极承办生产、分配、交换、消费各环节中的法律事务,已成为社会主义市场经济法制建设的一支重要力量。

此外,中国律师大力开展法律顾问工作,有力地促进了各级政府依法决策和依法行政,推动了依法治理工作的进一步深入。毋庸置疑,律师的业务活动渗透到社会生活的方方面面,是国际社会发展的大趋势,但较之其他国家,目前中国律师相对地仍只在有限的领域发挥作用。我们应当看到,要使律师业务活动渗透到社会和经济生活的各个方面,在中国还需要一个艰苦努力的过程,其中也包括人们思想观念的转变和习惯的改变。

比较美国、英国等主要国家与中国的律师业务范围共同点,都逐渐渗透到社会生活的各个方面,既有诉讼业务,又有非诉讼事务,分工逐渐细致,专业化的倾向越来越明显,在社会的影响越来越大,在法治建设中作用越来越强。不同点在于:(1)美国律师的地位和作用最大,其业务范围可以说,"不论事无巨细,都须律师介入。"大至立法、政府工作,小至日常生活纠纷,其都具有很强的制约作用。相较之下,中国的律师地位不高,所起的作用有限,而且很多场合成为执法、司法机关的"附庸"。(2)英国的律师有大律师和事务律师之分,业务水平有高低之别,因此他们的业务范围有所不同。而中国律师不论职称高低,基本没有区分业务范围,没有明确分工,尽管有的律师对专业有所侧重。(3)中国律师的业务比较接近日本律师的业务,业务活动范围也越来越广泛,但独立性和作用尚不如日本律师。

四、律师惩戒的比较

1. 美国

在美国,设有统一律师协会的州,律师惩戒由统一律师协会纪律委员会具体负责,但决定权在最高法院;除此之外,其他州的律师惩戒由最高法院的律师管理机构负责。此外,美国律师协会职业道德和惩戒办公室还设有一个统计中心,专门负责收集和统计全美律师职业道德情况,但律师协会没有权力对律师直接作出惩戒。美国对于违反职业道德和职业纪律的律师通常有不公开批评、公开批评、暂停执业、取消律师资格四种处罚。

2. 英国

在英国,律师的自治组织制定的《律师组织规章》,虽然不是法律,但却起着规范律师行为的作用。如英国的林肯、格雷、内殿和中殿四所律师学院也是律师自治组织,负有是对律师实行惩戒、维护纲纪等职责。

3. 日本

在日本,律师惩戒分为警告、在三年以内停止业务、命令退会、开除四种。其中,最为严重的处罚是命令退出律师协会和开除。惩戒由该律师所属的律师会依据惩戒委员会的决议执行,但日本律师联合会认为有必要由自己进行惩戒的,也可以执行惩戒。受到惩戒的律师可以向日本律师联合会提出审查请求,或进一步对日本律师联合会的处罚向东京高等法院起诉。而申请对律师进行惩戒的人如果对所属律师会的处理不服,也可以向日本律师联合会提出异议。

4. 中国

在中国,为使律师惩戒工作有章可循,中国《律师法》对违反律师纪律给予处罚的情况予以规定。据此规定,司法行政机关根据情节严重程度和涉及范围,可以给予律师警告、停止执业、没收违法所得、吊销律师执业证书等行政处罚。这与世界各国对律师实行严格惩戒的通行做法是相接轨的。[①]同时,律师协会对律师违反律师职业道德和执业纪律的行为可予以纪律处分,具体包括训诫、通报批评、公开谴责、取消会员资格四种。

比较主要国家与中国律师在惩戒方面的异同,相同方面都由某组织根据律师违法乱纪的不同情节和其他情况,分不同等级予以处罚;不服处罚,可向上一级机构提起申诉。不同方面表现在:(1)执行处罚的机构不同。美国一般由律师的自律组织实行惩戒。而中国律师的惩戒主要由各地政府的司法行政机关负责处理,各地的律师协会起配合作用。(2)处罚的等级和具体内容有所不同。

第三节 中国香港、澳门、台湾三地律师制度与内地的特色比较

内地和港澳台虽同属中国,但法律制度不一,构成四个法域。在律师制度方面也表现出各自鲜明的特色。

一、中国内地律师制度的特色

1. 内地律师资格的"两种方式"

内地律师是"为社会提供法律服务的执业人员"。内地律师资格的取得有考试、考核两种方式。在考试方面,内地 1986 年开始实行律师资格统一考试(首次为司法部系统内部考试,对外不公开),具有高等院校法学专科以上学历或者同等专业水平,以及高等院校其他专业本科以上的人员,经律师资格考试合格的,由国务

---

① 官玉琴、张禄兴主编:《律师法学》,福建教育出版社 2006 年版,第 29~35 页。

院司法行政部门授予律师资格。1988年实行全国统一律师考试,2002年开始实行国家统一司法考试,在学历要求方面门槛进一步提高,具有高等院校法律专业本科以上学历,或者高等院校其他专业本科以上学历并具有法律专业知识的人员,方可报考。但是,各省、自治区、直辖市所辖自治县(旗),各自治区所辖县(旗),各自治州所辖县;国务院审批确定的国家扶贫开发工作重点县;西藏自治区所辖市、地区、县、县级市、市辖区,可以将报名的学历条件放宽为高等院校法律专业专科学历。考试内容包括理论法学、应用法学、现行法律规定、法律实务和法律职业道德。尽管该考试被视为内地"组织严密、程序严谨、标准严格、纪律严明"和"最权威、最规范、最严密、最廉洁"的考试,但目前还是应试能力的考试,不能通过该考试充分考察考生的分析能力、应用能力、文字能力及法律思维等方面,所以存在许多非法律专业人员经过短期突击学习法律便可能通过考试的现象。2004年,根据《香港特别行政区和澳门特别行政区居民参加国家司法考试若干规定》(司法部令第94号)规定,内地开始允许香港和澳门居民报名参加国家司法考试,作为内地法律服务业对香港、澳门开放的措施之一。2008年,司法部部务会议审议通过并发布施行《台湾居民参加国家司法考试若干规定》,大陆开始允许台湾居民报名参加国家司法考试。在考核方面,旧《律师法》规定,具有高等院校法学本科以上学历,从事法律研究、教学等专业工作并具有高级职称或者具有同等专业水平的人员(简称"两类高职称人员"),申请律师执业的,经国务院司法行政部门按照规定的条件考核批准后授予律师资格。但实际上,以前通过考核批准后授予律师资格的上述两类正式人员为数不多,而通过"开后门、走关系"的非"两类高职称人员"为兼职律师的为数不少。最终新《律师法》作出了所有兼职律师都必须通过统一的司法考试才能获得批准的新规定。而"考核制"适用于特殊领域、特殊人员和申请专职律师的人员。(见新《律师法》第8条)

2. 内地律师执业发展的"两种倾向"

取得律师资格后,应取得律师执业证方可以律师名义执业。但要取得律师执业证,应先在律师事务所实习满1年。实习期满后再按照《律师法》和司法部的有关规定,向拟聘其执业的内地律师事务所所在地的省级司法行政机关申请,才可能被批准成为执业律师。内地执业律师按不同标准可分为专职律师和兼职律师,又可分为一级律师、二级律师、三级律师、四级律师,还可分为社会律师、公职律师、军队律师、公司律师等。另外,律师要从事证券或专利法律业务,需另外考取证券律师或专利律师资格。内地律师虽有分级,但没有明确的分工,且可在内地任何地域和任何一级法院为当事人提供法律服务。少数个性化的律师朝专业化的方向发展;绝大部分社会律师有案就接,属"万金油"式律师,专业化不强,个中原因复杂,认为内地实行成文法而非判例法,也应是其原因之一。执业律师权利受到较多限制,律师权利保障不足是一个客观存在的问题,而要解决该问题,是一个系统的工程(在此限于篇幅不再赘述)。另外,律师执业方面虽初步建立了回避制度,但还很不完善,这也是产生司法腐败的原因之一。

3. 内地律师管理的"两结合模式"

内地律师必须加入地方律师协会,同时是中华全国律师协会会员。目前,对律师管理采用的是司法行政和律师协会"两结合"的管理模式。另外,执业机构对律师还进行内部管理。内地对律师的惩戒在行政处罚方面视情节轻重分为警告、停止执业3个月以上1年以下、没收违法所得、吊销律师执业证书四种;在纪律处分方面分为训诫、通报批评、公开谴责、取消会员资格四种。

二、香港律师制度的特色

1. 香港律师性质和身份的复杂性

香港律师在法律上是高等法院的"人员",接受法院的监督,是香港法官的候选人,却又游离于法院管理系统之外。香港不同律师资格的取得条件不同,特别想成为大律师,则须在大律师办公室实习一年,期满后申请为大律师。事务律师申请大律师资格的,至少应在申请时的三年前已在香港获得事务律师资格。由大律师转而申请为事务律师的,至少应在香港、英国和北爱尔兰取得大律师资格且执业五年以上。由海外人士或海外律师申请香港事务律师资格及执业证书的,除了应符合一定的学历、经历和品行等条件外,还需通过香港律师会设立的"海外律师资格考试"。所有具备律师资格的人都要经过有关专业团体考核批准,然后向香港最高法院申请,由该法院法官在一简单仪式中承认申请人为律师或大律师,再由有关专业团体颁发执业证书。另外,执业10年以上的大律师,可申请晋升为资深大律师(旧称御用大律师或皇家大律师)。香港律师经中华人民共和国司法部委托,可成为委托公证人(又称公证事务律师)。香港律师又可分为执业律师、政府律师和公司律师等。

2. 香港律师执业和办公的区别性

香港律师分工较明确,事务律师多处理有关法律文件和准备开庭前工作,且只被允许承办区域法院和裁判法院(高等法院以下)管辖的诉讼案件和非诉讼事务。事务律师可以合伙成立律师行,也可以受雇于律师事务所。大律师多处理在法庭上公开审讯的工作,擅长盘诘证人和陈词辩论,并研究法律的适用和推理。大律师可在香港各级法院出庭担任当事人的辩护人,且在法庭上有很大的主动权,甚至可以引导法庭上讨论问题的方向,而诉讼结果主要是抗辩双方陈词的结果。但是,大律师也受到一定的限制,不可直接从当事人处接案,只可由事务律师将客户转聘给他们,且不可拒绝转聘,对当事人没有选择权。大律师只可以自己的名义单独挂牌,或者与其他大律师合署办公。大律师的执业机构叫大律师事务所或大律师办公室。

三、澳门律师制度的特色

1. 澳门执业律师取得的严格化

澳门律师资格的取得，首要条件是要在澳门大学法学院或澳门地区认可的其他法学院取得法学士学位，其次要完成律师业实习。如果是非澳门大学法学院或澳门地区认可的其他法学院的法学士，那么就得到澳门大学法学院修读"澳门法律导论课程"，然后才可报名参加"律师业实习课程"的录取考试，获得录取，方可参加实习。其实习课程为期18个月，分为"理论"和"实务"两个部分。理论部分旨在加强学员在专业方面的知识，"实务"部分则是在导师的指导下，处理各种刑事、民事诉讼或法律咨询等事务。在整个实习过程中的上课部分，每一门科目完成后，均要进行笔试。在实务方面，学员需旁听15宗刑事案件、30宗民事案件，并需亲自为法院指派的20宗案件中的当事人进行辩护。上述的旁听和为当事人辩护，需法官在一张实习律师出席表上签名，以作证明。学员也要为每一宗旁听过的案件写一篇报告。实习完成后，学员需提交一份由导师作出的评核报告和本人就某一法律专题而做的一篇论文。律师公会经审查上述报告与各科目考试成绩后，便安排该名实习律师接受公会委任的典试委员会的评核，合格后的实习律师方可注册为可在澳门执业的律师。

2. 澳门律师行业管理双重化

澳门律师实行行业管理，其管理机构有两个：一个是澳门律师公会，另一个是澳门律师业高等委员会。在澳门律师公会注册的律师才允许从事律师业务。澳门律师公会的职责主要是规范律师执行职务的准则，审批和授予律师及实习律师的职业资格。律师业高等委员会主要是监管律师职业纪律与操守。在对律师进行纪律处分方面，澳门律师制度也有其鲜明的特点，如果律师在执行职务时不遵守或违反《律师职业道德守则》，律师业高等委员会有权对违纪律师或实习律师采取纪律处分。处分分4种：警告、谴责、最高至10万元澳门币罚款、中止执业10日至15年。被罚中止执业6个月以上的处分需在澳门政府公报上公布以及在澳门葡文和中文报章上刊登。

四、台湾律师制度的特色

1. 台湾律师资格取得的"两种方式"

台湾法学界和律师界普遍认为台湾律师是"在野法曹"，这一点和日本一样。台湾律师资格的取得有考试和检复两种方式。在考试方面，台湾的律师资格考试属于专门职业及技术人员高等考试之一。公立或经立案的私立专科以上学校，或经"教育部"承认的境内外专科以上学校法律系科毕业，获有证书者；经高等检定考

试相当类科及格者;经普通考试或法院书记官考试及格者;凡在法院担任书记官,连续担任审判记录或检察处书记官,连续担任侦查记录4年以上有证明文件者,均可参加专为其设的普通考试。考试科目并无法律规定,通常由"考试院"征询各有关法律学校和司法机关的意见而制定。但考试题难度较大,较注重考察考生的法律思维、分析方法及论证方法等,通过率亦较内地低。而在检复方面,曾任法官或检察官者;曾任公设辩护人6年以上者;曾在公立或经立案的私立大学、独立学院法律学系或法律研究所专任教授2年、副教授3年、讲授主要法律科目3年以上者;曾在公立或经立案的私立大学、独立学院法律学系毕业,或经军法官考试及格,现任相当于荐任职军法官6年以上者,可以申请律师资格检复。该检复指通过复核一定人员的学历、资历、证件,检测其是否已达到律师资格的水准。由"考试院"考选部设律师资格检复委员会,办理审查律师资格检复诸事项。

2. 台湾执业律师获得的"两道门槛"

取得律师资格后,必须先行在法院登录及加入律师公会组织,才可以成为执业律师。律师登录机关为其将要从事律师工作所在地的法院检察处,每个律师必须向4个地方法院及其直接上级高等法院或其分院申请登录。律师应完成职前训练方可登录,但曾任法官、检察官、公设辩护人、军法官不在此限。如果律师与其将要登录的法院院长或首席检察官有配偶关系、五亲等内的直系或旁系血亲、三亲等的姻亲关系时,应回避,不应在该法院登录。另外,充任商务仲裁人的律师向商务仲裁协会登录,充任专利代理人的律师则须向专利掌理机构登录。

3. 对台湾律师惩戒的"两个委员会"

对律师实施惩戒的机关包括对惩戒案进行初审的律师惩戒委员会和对惩戒案进行复审的律师惩戒复议委员会。对律师的惩戒分为警告、申诫、停止执行职务2个月以上至2年以下、除名4种。律师公会仅象征性地被授予"惩戒移送权",律师惩戒权仍操在高等及最高行政法院所组成的惩戒委员会。[①]

第四节　律师制度与实务的更新发展概述

一、律师制度与实务的产生与发展

律师实务,简单地讲,就是指以律师名义开展业务活动的具体方式、步骤、技巧

[①] 林鸿:《内地和港澳台律师制度发展与特色及借鉴探析》,载《台湾法研究》2004年第4期。

等操作性事务的总称,也就是律师执业的实际操作过程。全球经济一体化和人权运动的日益发展,使得国家之间联系加强,国际竞争激烈和国际业务增长,昭示着律师事务所和律师实务的国际化发展趋势。近年来,律师职业越来越受到人们的关注,律师在世界变革和社会发展过程中所起的作用也越来越大。

随着中国社会主义市场经济体制的逐步确立,人们民主观念和法治意识日益增强,法律调整的社会关系不断复杂多样,法律保障的领域更加广泛,那么,社会对法律的需求将日益增强,法律服务的领域将日渐拓展,律师实际业务范围也将越来越广。律师业务由恢复初期单纯的刑事辩护,发展到民事、行政、涉外经济、金融、房地产、证券、高科技、知识产权等市场经济的各个领域,其内容涉及国家的政治、经济和社会生活等方方面面。中国律师已经成为一种不可缺少的社会主体融入社会,律师职业也成为建立社会主义法治国家必须具备的一种职业;律师参与国家经济建设,参与社会主义民主法制建设,为依法治国方略的实现作出了积极的贡献。律师在现今社会司法制度民主化的进程中发挥着极其重要的作用,其发展状况是一个国家文明程度和法治程度的重要标志。

律师开展业务活动必须针对当事人委托的事项,运用法律进行实际业务操作和处理,具有较强的法律性。律师是为社会提供法治服务,律师工作的特点决定了它的社会性,律师对社会负责,对法律负责,不隶属于任何组织和机构。律师的行为不代表国家和政府。律师的权利来自于法律的规定和当事人的委托。律师的业务活动具有服务性质,不具有强制性。律师的法律意见书、法庭辩论意见等都只有参考性,不具有公权属性。律师的工作性质和职业特点,决定了它的专业性和实践性,律师除了必须具备较高的法学知识、较广博的社会经验外,还应当具备较强的实务能力。

在世界范围内,国家和法律的出现已经有6000多年的历史,而律师的出现至今仅有2000多年的历史。这是由于当时的社会生产力低下,社会分工不发达,经济关系简单,国家生活简单所决定的。随着社会经济的发展,律师业务在西方经济发达国家得到了较快的发展,诉讼业务和非诉讼业务的实务工作不断增多,律师在国家政治、经济、社会生活中所起的作用越来越大。就历史而言,中国的律师实务发展较西方国家缓慢。但就近三十多年研究,发展不可谓不快。

中国几千年的封建社会,没有产生过现代实质意义上的律师,只有"讼师"。1906年,清政府时期的法学家沈家本修订的《大清刑民事诉讼法》因遭各省巡抚的反对未能实行,但它却是中国首次在立法上规定律师制度。1910年清政府又以德、日等国的诉讼法为蓝本,分别编成了《刑事诉讼法草案》和《民事诉讼法草案》,再次规定律师条文,并准备实行律师制度,但因清朝政府被推翻也未及审议颁行。北洋军阀政府时期,参照《大清刑事民事诉讼法》中有关律师制度的规定,颁布了《律师暂行章程》、《律师登录暂行章程》,这是中国历史上第一部关于律师制度的成文法。从此,中国开始实行律师制度。中国近代法制转型过程中的南京国民政府

第一章 律师制度与实务的更新发展

时期的律师制度,是在清末律师制度和北洋政府律师制度的基础上逐渐形成和发展起来的。1941年1月11日,国民政府公布实施《律师法》。为配合《律师法》的实施,南京国民政府相继制定了与律师制度相关的一系列法规。南京国民政府时期的律师制度以法律形式正式确立,标志着中国近代的律师制度走向成熟。

新中国成立后,1956年国务院正式批准了司法部《关于建立律师工作的请示报告》,从此律师实务在全国各地普遍推广。但在1957年至1979年期间,由于受"法律虚无主义"和极"左"思潮的影响,中国处于没有律师和律师制度的空白时期。

改革开放以后,随着法制的不断健全,律师实务工作越来越受到人们的重视。1980年通过了《律师暂行条例》,从此律师实务工作得到了前所未有的发展,渗透到国家的政治、社会和经济的各个领域,渗透到人们工作和生活的各个方面。1996年的《律师法》,为律师开展实务活动提供了强有力的法律保障。其中,关于律师的业务范围,《律师法》第25条规定:"律师可以从事下列业务:(1)接受公民、法人和其他组织的聘请,担任法律顾问;(2)接受民事案件、行政案件当事人的委托,担任代理人,参加诉讼;(3)接受刑事案件犯罪嫌疑人的聘请,为其提供法律咨询,代理申诉、控告,申请取保候审,接受犯罪嫌疑人、被告人的委托或者人民法院的指定,担任辩护人,接受自诉案件自诉人、公诉案件被害人或者其近亲属的委托,担任代理人,参加诉讼;(4)代理各类诉讼案件的申诉;(5)接受当事人的委托,参加调解、仲裁活动;(6)接受非诉讼法律事务当事人的委托,提供法律服务;(7)解答有关法律的询问、代写诉讼文书和有关法律事务的其他文书。"这些律师的业务领域还是较为广泛的,其后修订的《律师法》规定的律师业务范围亦是如此。

二、律师实务开拓

执业律师除了必须具有较高的法律理论水平外,还需要有开拓律师业务市场的能力。因为律师是为社会提供法治服务的人员,律师业务是实践业务,发展的前提是要能被市场需要和接受。因此,我们应重视律师对业务市场开拓能力的培养。成功地开拓业务,应当注意如下几方面的问题:

(一)应当使自己的专业知识和业务水平提高到较高的层次

较高的专业知识和业务水平,才能满足社会分工日益细化后对律师的要求。通俗地说,当你接触到相关的案件材料后,首先,要能够看懂材料,尤其是涉及许多专业领域,如国际贸易中的单证交易、金融领域的票据运行规则等等。其次,要能够运用法律理论知识将其中的法律关系理顺,能够客观、全面地分析案件中对自己当事人有利的因素和不利的因素,能够将自己的想法通过准确的表述让当事人了解你的大致思路。总之,你要让当事人知道你是能胜任此案的代理工作,这样你才能拿到案子。其实,缺乏案源的律师,往往不乏前往咨询的当事人,但你不能将当事人留住,你就没有案源。

(二)要把握社会经济发展的脉搏,敏感地捕捉法律服务市场的新需求

律师业务范围会随着社会发展而变化发展,只要捕捉到市场需求,就可揽到业务。因此,不能墨守成规,带着传统业务范围的观念去寻找律师业务,而对潜在的市场需求视而不见。此外,要从当事人处获知服务需求。只要当事人需要,且法律不禁止,律师就可以为当事人提供服务。

(三)要采取多种形式宣传自己,"推销"自己

律师不能整天坐在办公室等案源,不能"守株待兔",而是要想办法采取措施宣传自己、"推销"自己。你总得让人家认识你,知道你的能力,知道你能为当事人做什么。常见方法有以下几种:

1. 直接上门"推销"自己。既然没有业务,你就完全可以抽空到一些大公司、大企业去看看,与他们的领导接触、交谈,了解企业的情况和需求,同时也介绍自己,介绍自己的事务所,宣传法律知识,让当事人知道法律顾问的重要性。也许不少大公司、大企业已有律师担任常年法律顾问,不要紧的,我们是来交朋友的,宣传法律知识,而且,让当事人多认识律师也是有好处的,这样可以有个对比,说不定人家认为"我"更适合。

2. 向企业、事业单位、政府部门和社会团体发出"自荐函"。可以设计一份介绍自己或者律师事务所的"自荐函",通过邮政局广为散发,也可以通过电子邮件发送到在网络上可以找到的单位,让更多的单位知道自己。自荐函主要是让接收单位认识律师的作用,可以介绍律师的简历、律师事务所的情况、律师业务范围等等。无论写自荐函还是印制名片,都要遵守律师行业规章制度,不得做夸大的、虚假的宣传,不能贬损其他律师同行,不能以律师的其他社会身份或关系去达到招揽业务的目的。根据《律师职业道德和执业纪律规范》规定,不能在名片中印上律师职称等级或其他社会身份。

3. 经常搞一些义务法律咨询服务。可以在星期天等假期,在街上开展法律宣传工作和义务咨询服务,以扩大自己的影响。在进行义务咨询活动时,应精心制作一些醒目横幅,制作一些板报之类的宣传栏,同时准备一些宣传资料。义务法律咨询还可以通过与报纸等新闻媒介联系,设立律师信箱等形式来进行,还可以通过发放书面宣传资料的方式进行。一些重要的新法律法规实施,可向企业单位发放、邮寄一些宣传资料,给企业提个醒。如1995年10月1日,《中华人民共和国担保法》生效,规定抵押必须办理登记才有效,你可以通过书面的形式向企业提个醒。长期坚持多种形式的法律宣传和义务咨询服务,既可在社会上树立自己的形象,又可通过这些工作扩大自己的知名度。

4. 与媒体联系,通过媒体宣传自己或者自己的律师事务所。现在法律、法制宣

传是媒体的一个大热点,大多数报刊、广播电台、电视台都设有法制宣传栏目,如有些报纸开设有"律师信箱",解答群众和读者来信中的法律问题;有些广播电台开设"律师热线",现场接受和解答听众的电话法律咨询;有些电视台开设有"今日说法"、"与法同行"及"以案说法"之类的节目,将社会上有影响的、有典型意义的案例进行解说等等。没有开设的,律师可以与其取得联系,说服其开设类似的栏目;只要你的建议有足够的说服力,不难被采纳。已开设的,律师应当积极参与,律师在法庭上能够滔滔不绝,在新闻媒体面前绝不会怯场的。参与的形式有多种多样。如,可以提供典型案例给电视台,自己作为被采访对象,也可以作为被邀嘉宾做节目。律师还可积极撰稿写文章,通过发表文章扩大自己的知名度。

5.利用网络建立律师事务所网站或者个人主页。随着电脑的普及和网络技术的发展,人们到网络的依赖越来越大,作为执业律师如果不懂得利用信息、网络技术为自己开拓业务,可以预言,这样的律师将很快被市场淘汰出局。美国是信息技术发展最早的国家,美国律师协会会长赖利早在1984年就预言,先进的电子信息技术"将使数以千计的律师在全国范围内开业,而不受时间、资金、交通的限制。这种通讯技术将最终通过电子计算机把法院和律师联在一起。今后,两个不同城市的律师可以在另一个城市的法院提起诉讼和进行辩论,而不必在约定时间和地点进行诉讼。这既可节省时间,又可减低诉讼费用。"①因此,利用网络技术建立律师事务所或者律师个人主页,进行业务开拓,是一个最有效和最具前景的手段,尤其是刚出道的律师,可以通过个人主页以最快的手段宣传自己,扩大自己的影响。在建立个人主页时,除注意其内容新颖、关注社会热点外,还应当注意随时更新,并通过义务解答法律咨询,保持与网民的沟通。随着网上支付、网上盖印章等技术的普及,律师不但可通过网页开拓业务,而且可以直接通过网络接受当事人委托,此前景相当诱人。

(四)要学习、了解甚至掌握相关的科学技术和多学科交叉的知识来武装自己,为开拓律师实务服务

当今社会进入科学技术日新月异、网络信息不断"膨胀爆炸"的时代,律师实务中的案件知识往往与它们息息相关,不学习、了解和掌握是不行的,这为越来越多的律师实务所证实,实例亦不少。

以上仅是开拓业务的几种具体方式,但远不限于这些。当然,律师在开拓业务的同时,应当注重维护自己的信誉,努力办好每一件案,在社会上树立良好的形象,在当事人中建立较好的口碑。同时,更重要的是在接受到业务后,一定要注意客户的维护,建立自己稳定的案源,这样才不至于顾此失彼,使自己的业务越来越多。②

---

① 转引自陈宝林、穆夏华著:《现代法学》,重庆出版社1990年版,第145页。
② 官玉琴、张禄兴主编:《律师法学》,福建教育出版社2006年版,第227页。

司法考试真题链接

1. 关于司法制度与法律职业的表述，下列哪一选项不能成立？（2010年司法考试真题）

   A. 为了客观、中立、公正地进行事实判断、解决纷争，在组织技术上，司法机关只服从法律，不受上级机关、行政机关的干涉

   B. 根据检察权统一行使原则，我国各级检察机关构成不可分割的统一整体，其特点是在行使职权、执行职务时实行"上命下从"；每个检察机关和检察官的活动是检察机关全部活动的有机组成部分，均需依照法律赋予的权力进行

   C. 法律职业以法官、检察官、律师为代表，法律职业之间具备同质性而无行业属性，因此多数国家规定担任法官、检察官、律师须通过专门培养和训练

   D. 法律职业道德的基本原则是指法律职业道德的基本尺度、基本纲领和基本要求。法律职业道德的基本原则主要包括忠实执行宪法和法律、互相尊重互相配合、清正廉洁遵纪守法等方面

2. 王律师为扩大业务范围采用的下列哪一做法是错误的？（2007年司法考试真题）

   A. 在晚报上发布介绍自己专业范围、所在律师事务所和联系方法的广告

   B. 加入当地的企业家协会并免费提供法律咨询服务

   C. 向所有的同学发函，承诺给介绍案源者10%的回报

   D. 参加房地产专题研讨会，在会上发表"按揭"法律问题研究报告，并向与会者派发名片

3. 下列关于我国审判制度、检察制度和律师制度的哪些表述存在错误之处？（2006年司法考试真题）

   A. 凡是职务犯罪和重案都是检察院自侦的；只有检察院才有批捕权、公诉权；检察院还可以对民事案件进行抗诉

   B. 法院实行审判公开，除非法有例外规定，记者都可以采访报道案件；除非法有例外规定，没有在庭上口头调查过的证据，一律不能作为定案的证据

   C. 律师可以为犯罪嫌疑人提供法律咨询，代理申诉、控告，申请取保候审；检察院应当保证律师的会见权和阅卷权

   D. 在审判制度中实行"两审终审制"，从来没有过"一审终审"的情况

4. 社会主义法治理念是中国特色社会主义理论体系的组成部分，这个理论体

系包含邓小平理论。20世纪70年代末至90年代初,中共中央领导集体的主要代表邓小平曾创造性地提出一系列具体的法律思想。判断下列哪一项不是邓小平理论法律思想的重要内容?(2009年司法考试真题)

A."有法可依、有法必依、执法必严、违法必究"的十六字方针
B.一手抓建设和改革,一手抓法制
C.用法律措施维护安定团结的政治局面
D.明确提出"依法治国,建设社会主义法治国家"的基本方略

第二章　中国大陆律师制度发展变化与未来进步战略

【引　例】

　　2009年11月，重庆市龚刚模等34人组织、领导、参加黑社会性质组织案被提起公诉后，李庄担任第一被告人龚刚模的一审辩护人，先后收取律师咨询费、刑事辩护、民事代理、法律顾问费150万元。经一审法院审理认定，2010年1月李庄担任辩护人期间，李庄作了伪证，妨害了司法机关正常的诉讼秩序；开庭审理期间，李拒不认罪，并多次以维护自身权益为由申请异地管辖、检察院和法院整体回避，提出休庭和延期审理等请求，都被拒绝。一审根据《刑法》第306条规定，以伪造证据、妨碍证据罪判处李2年6个月有期徒刑。二审开庭审理期间，李庄当庭表示同意一审判决认定，撤回上诉理由，并在法庭辩论阶段和最后陈述时，多次表示认罪。二审认定李认罪态度好，以同罪判处一年六个月有期徒刑。此案在全国引起轰动，不少人置疑被妖魔化的中国律师制度，包括中国律师制度的现状、发展变化和未来进步等重大问题。

　　对于中国来说，律师制度是个"舶来品"。中国封建社会中的讼师和诉讼代理人基本上不能称得上近代意义上的律师。新中国的律师制度是在批判和摒弃旧中国律师制度的基础上，经历了建立、取消、恢复与发展几个时期，顺应国家法制建设需要而逐步曲折发展起来的。随着改革开放的不断深入和民主法治建设的逐步完善，中国的律师事业得到了较大的发展，中国律师制度从无到有，发生了天翻地覆的变化，取得了巨大的成效。发展趋势是充分借鉴美、英等发达国家律师制度，以逐步完善中国律师制度。

第一节　中国大陆律师制度的起源与曲折发展

一、旧中国律师制度的产生与发展

在中国古代,曾出现过"讼师"、"刀笔先生"、刑名师爷、辩护士和代理人等类似今天律师的从业者。但他们并不是法律方面的专家,只是有较好的文字功夫或雄辩能力,比较熟知古代法律和证据运用的知识;他们在诉讼活动中也没有合法地位,大多只能在法庭以外帮助当事人出谋划策、代写诉状;其活动并没有法律依据和约束,与现代意义上的律师存在本质上的差别。在元、明、清三个朝代,也曾在法律上明文规定了诉讼代理制度,但其适用范围狭窄,且代理人的范围也只局限于亲属,这与现代意义上的代理大相径庭,当然就更谈不上真正的律师代理。因此,中国封建社会中的讼师和诉讼代理人基本上不能称得上近现代意义上的律师,但可以说是中国律师制度的萌芽。

中国的封建社会在司法制度方面,实行的是封建专制。行政权与司法权不分,刑事与民事不分。在两千多年漫长的封建社会中,中国没有律师制度。严格地说,现代意义上的中国律师制度直到清朝末年才产生。

二、新中国律师制度的建立与发展

1949年10月中华人民共和国成立之前,在中国共产党领导的革命根据地、抗日战争、解放战争时期,其司法制度中就规定了"被告人有辩护权",虽然民主革命时期的背景并未建立律师制度,当时为被告所进行的辩护也非指律师辩护,但不可否认的是,该时期的革命根据地辩护制度为新中国律师制度的建立提供了一些经验,奠定了基础性的工作。

新中国的律师制度经历了建立、取消、恢复与发展几个时期,其完全出于党和国家政权建设以及顺应国家法制的需要而逐步曲折地发展起来的。

（一）1950年开始的新中国律师制度的建立时期

新中国成立前夕的1949年2月,中共中央发出《关于废除国民党的六法全书与确定解放区的司法原则的指示》,废除了国民党的所谓旧法统。1950年12月,中央人民政府司法部发出了《关于取缔黑律师及讼棍事件的通报》,指出作为旧司法制度组成部分的旧律师制度已经被废止。1950年1月,中央司法部曾经起草过律师法,准备建立新的律师制度。随后在1952年,全国又开展了司法改革运动,至此,旧的律师制度不仅在法律上被否定了,而且在社会上也被彻底清除了。

新中国的律师制度萌发于辩护制度。1950年7月中央人民政府政务院颁布的《人民法院组织通则》第6条规定:"县(市)人民法庭及其分庭审判时,应保障被告有辩护及请人辩护的权利。"其后,中央人民政府法制委员会在关于1951年9月颁布的《法院暂行组织条例》的说明中,第一次提出了"合法辩护人"的概念。为保障上述辩护权规定的实施,上海市人民法院首先建立了"公设辩护人"制度,以重点帮助刑事被告人进行辩护。

从1953年起,中国进入了发展国民经济的第一个五年计划时期,这就相应地要求进一步发展社会主义民主和法制,建立起健全的"人民律师制度"。于是在1953年,公设辩护人改名为"律师"。1954年7月,中央人民政府司法部发出了《关于试验法院组织制度中几个问题的通知》,正式决定在北京、天津、上海、重庆、武汉、沈阳等大城市率先设立法律顾问处,试办律师业务。1954年9月20日,中国颁布的第一部《中华人民共和国宪法》(下称《宪法》)第76条规定,"被告人有权获得辩护。"这就使被告人享有辩护权成为了一项宪法原则。同年9月28日颁布的《中华人民共和国人民法院组织法》(下称《人民法院组织法》)第7条进一步规定:"被告人除自己行使辩护权外,可以委托律师为他辩护……"这就使得律师业务的开展具有了法律依据。1956年1月10日,司法部向国务院提交了《关于建立律师工作的请示报告》,对律师制度的性质、律师工作的任务、机构和收费、律师的资格条件等问题作了明确阐述,要求国家通过立法正式确立新中国的律师制度。同年,国务院正式批准了该报告,这就有力地推动了新中国律师制度的建立与发展。紧接着,1956年7月,国务院颁布了《律师收费暂行办法》。而1957年上半年,司法部起草的《律师暂行条例(草案)》也顺利完成。此外,1956年、1957年司法部分别召开了第一次及第二次全国律师工作座谈会,讨论了律师工作中的一些重要问题,这进一步推动了新中国律师制度的建设。

从1954年至1957年,中国的律师制度取得了较大的发展。至1957年底,全国成立了19个省级律师协会或筹备委员会,设立了820个法律顾问处,有572名专职律师、350名兼职律师,律师事业粗具规模。律师机构建立后,接待了大量的群众来访,承办了大量的刑事辩护和民事代理案件,从多方面为群众提供法律帮助。

(二)1957年开始的新中国律师制度的取消时期

在1957年开始的反右整风运动中,由于受"左"倾主义思想的影响,出现了反右斗争扩大化。于是,在普遍存在的"法律虚无主义"和极"左"思潮的带动下,很多人对律师职业产生了错误的认识,《律师暂行条例(草案)》被打入冷宫,许多正常执行职务的律师由于为被告人进行辩护而被诬为"丧失立场"、"站在犯罪分子的立场"、"敌我不分"、"为犯罪分子鸣冤叫屈、开脱罪责"。因此,有的律师被错划为"右派",有的被送去劳动教养,还有的则被判刑劳改,而其他幸免的律师也无法正常地从事律师工作。至1959年,各地的律师机构全部被撤销,律师制度彻底地遭到了破坏。这样,新中国的律师制度试行不到两年就被扼杀在摇篮里,基本上被否定了,而正在发展中的律师工作也就随之夭折了,其一直延续至1978年。

事实上,否定和取消律师制度就意味着否定了被告人的辩护权,反过来就必然强化了纠问式的审判方法,而这无疑是审判制度上的一个历史性的重大倒退。从此,中国出现了整整22年(1957—1978年)没有律师和律师制度的空白时期,被称为"完全缺位的寒冰时期"。① 尤其是1966年至1976年的"文化大革命",冤假错案层出不穷。这不得不说是中国社会主义法制建设史上的一个重大失误,给国家和人民带来了深重的灾难。

(三)1978年开始的新中国律师制度的恢复时期

1978年,党的十一届三中全会召开,进行了全面的拨乱反正,恢复与发展中国社会主义律师制度也被提到议事日程上来。1978年3月5日,五届人大通过的《宪法》恢复了关于"被告人有权获得辩护"的规定,即恢复了刑事辩护制度。

1979年7月1日,五届人大二次会议通过并颁布了《人民法院组织法》、《刑事诉讼法》等7个重要的法律文件,中国的法制建设由此进入了一个崭新的阶段。其中,再次重申了关于被告人"有权委托律师为他辩护"的规定。1979年12月9日,司法部发出了《关于律师工作的通知》,明确宣布恢复律师制度。1980年8月26日,五届人大常委会第十五次会议通过并颁布了《律师暂行条例》。这是新中国第一部关于律师制度的立法,是一个划时代的文献,它解决了新中国律师法从无到有的问题,奠定了新中国律师事业发展的法律基础。此后,各地在司法局管辖下成立"法律顾问处",以司法机关考核授予一批"律师",发证确认,至1979年,全国各地普遍有了"正式律师所"仅十几家,1980年共有律师不足300人。中国的律师事业正在发展,律师队伍正在扩大,律师业务正在拓展。

(四)1984年开始的新中国律师制度的发展时期

1984年8月,全国司法行政工作会议召开后,一些律师工作机构纷纷将名称由"法律顾问处"改为政府批准成立的"公办""律师事务所"(简称"国办所"或"国资所"),并随之改革了经费由国家实行统收统支的管理方式。自1986年起逐步推行"单独核算、自负盈亏、自收自支、结余留用"的经费管理办法,极大地提高了律师事务所的自我发展能力。1986年中国开始推行全国律师资格统一考试(司法部门内

---

① 刘晓林、王吉:《风雨兼程写辉煌——中国律师制度恢复二十余载回眸》,载《人权》2005年第1期。

部),1988年正式"放开"(对外公开)进行全国性律师资格统一考试。以通过考试取得律师资格的方式取代了司法行政机关的考核授予制,确保了律师的文化及业务素质,并提高了律师的社会地位。

1986年7月,全国第一次律师代表大会在北京召开,会上宣布成立了中华全国律师协会。1987年,中华全国律师协会正式加入了亚太律师协会。自1988年起,经国务院批准,司法部开始进行设立合作制律师事务所的试点工作,以充分调动律师的工作积极性,开辟律师队伍发展的重要新途径。1988年初,深圳创办了新中国第一家个体律师事务所;1988年5月,上海成立了第一家合作制律师事务所;随后,北京、天津等地均创办了合作制律师事务所;随后至2000年为止,全国"国办律师事务所"除了边远山区和其他特殊情况外,几乎全部(绝大多数)与所属单位彻底脱钩,改为"民办",完全进入了市场。

从发展市场经济和加强民主法制建设的大局出发,为了深化律师体制改革,司法部于1993年6月的全国司法厅(局)长座谈会上,提出了司法行政工作改革的总体思路,并将律师工作改革作为整个司法行政工作改革的重中之重,随后又制定了深化律师工作改革的方案。从1994年开始,中国允许港、澳、台居民参加全国律师资格统一考试,并将全国律师资格统一考试由两年一次改为一年一次,以加快律师队伍的发展。1996年3月17日,八届人大四次会议通过并公布的修改后的《刑事诉讼法》,将律师参与诉讼的时间提前到审查起诉阶段,并改革了庭审方式,强化了控辩职能,使刑事诉讼中的律师辩护制度得到了进一步的完善。

面对律师队伍的迅速发展以及律师机构的大量增多,在总结《律师暂行条例》实施15年来的实践经验的基础上,1996年5月15日,八届人大常委会第19次会议通过并颁布了《律师法》。这是新中国第一部律师法典,是一部律师工作的根本大法,具有鲜明的时代特色。它标志着有中国特色律师制度基本框架的确立、巩固与完善。

《律师法》实施之后,由于历史的原因和执法的惯性,在中国这支年轻的律师队伍中,仍然不可避免地出现了一些不遵守职业道德和执业纪律的现象。为了纠正这些存在的问题,提高律师队伍的整体素质,1996年9月26日,司法部制定并发布了《关于严格执行〈律师法〉进一步加强律师队伍建设的决定》,提出了中国律师队伍建设的总指导思想、基本任务、工作重点、基本要求和具体措施;此外,中华全国律师协会也先后颁布了多个律师执业规范,如1997年11月6日试行、1999年4月25日修订的《律师办理刑事案件规范》,2000年3月26日通过的《律师办理民事诉讼案件规范》、《律师法律顾问工作规则》和《律师参与仲裁工作规则》,2001年11月26日修订的《律师职业道德和执业纪律规范》等。

2001年12月29日,九届人大常委会第25次会议通过了修改《律师法》的决定,其针对原第6条修改的内容是:"取得律师资格应当经过国家统一的司法考试;具有高等院校法律专业本科以上学历,或者高等院校其他专业本科以上学历具有

第二章 中国大陆律师制度发展变化与未来进步战略

法律专业知识的人员,经国家司法考试合格的,取得资格。""适用前款规定的学历条件确有困难的地方,经国务院司法行政部门审核确定,在一定期限内,可以将学历条件放宽为高等院校法律专业专科学历。"(第6条)这实际上是提高了律师入业的门槛,使其与国外律师资格条件实现了基本上一致,适应了国际经济一体化条件下对律师资格的要求。①

鉴于中国立法上对律师职业的定位过低,加上律师队伍中仍存在个别害群之马,尤其是为求私利,与执法、司法者内外串通、包揽诉讼,损害律师整体形象的行为。2004年3月20日,中华全国律师协会通过并发布了《律师执业行为规范(试行)》。2011年11月9日,中华全国律师协会修订了《律师执业行为规范》。自2004年3月以来,司法部认真贯彻胡锦涛总书记等中央领导同志重要指示精神,围绕建设一支"坚持信念、精通法律、维护正义、恪守诚信"的高素质律师队伍的目标,开展律师队伍集中教育整顿活动,即在律师队伍中深入开展思想教育、法制教育、职业道德和执业纪律教育,采取措施着力规范律师和法官的相互关系,规范律师事务所的内部管理,规范律师的个人执业行为,集中查处违法违纪律师和"散、乱、差"的律师事务所,努力改善律师的执业环境。如引例中排名第二的全国百强律师李庄从一名执业律师变成违法犯罪分子,究其根本原因,就是其在执业理念上背弃了中国特色社会主义法律工作者的本质要求,在执业行为上违反了法律对律师执业的基本规范,在执业操守上违背了律师应当具有的基本职业道德准则。各地律师协会和广大律师一定要坚决反对李庄的违法违纪行为,切实从中汲取教训,引以为戒,警钟长鸣。

2007年新《律师法》对旧《律师法》作了较多的修改,除了对申请律师执业作了更为具体、明确的规定外,还增加了一些律师的执业权利,这为保障律师权利起到了一定的作用,但需要修改《刑事诉讼法》等相关规定,才能予以落实。从总体上看,新法在旧法的基础上有了一些进步,但仍不失为"管制法"的实质,而非"权利法"的表征。如引例李庄案发生后,2009年12月16日,一封《关于重庆打黑"律师造假门"事件的律师建议书》被特快专递送往全国人大常委会及公安部。该建议书由多名北京律师发起并得到10余省份的20多位律师联合署名。律师们认为重庆市公安局与本案有直接利害关系应回避,建议"指定重庆市以外的警方异地管辖"侦办李庄案。但是,上述有关职能部门都没有答复,说明律师连反映情况、请求答复的权利也没有,这也说明《律师法》是典型的"管制法"。

---

① 官玉琴、张禄兴主编:《律师法学》,福建教育出版社2006年版,第20页。

第二节 中国大陆律师制度的成效回眸与存在问题

一、中国大陆律师制度的成效回眸

1979年恢复律师制度至今,中国的律师业取得了巨大的发展。主要表现在:

1.律师队伍不断壮大,人员素质水平不断提高。根据2002年司法部制定的《中国律师事业五年(2002—2006)发展纲要》规定,到2006年,中国律师的总人数大约达到15.5万人左右,占全国人口比例约为万分之一点一左右,具有各类专业特长的律师达到30%,律师队伍中硕士以上学位的人数要翻两番,而45周岁以下未取得本科学历的律师在2006年底前要达到国家承认的大学本科以上学历。这个发展纲要任务基本完成。自20世纪80年代中期始,由于律师体制改革的推动,律师队伍迅速壮大。1979年,律师事务所在全国仅十几家,且全为国资所(即国办所),而目前全国已有律师事务所1万多家,打破了国资所一统天下的局面,形成了多种形式、多种所有制的律师事务所并存的新格局。

截至2006年9月,律师从业人员总数已达到153846人,是当初的(1980年全国共有律师不足300人)500多倍。到2010年底,全国律师总人数已经达到了20.4万人。这些律师不仅仅从事法律诉讼,还有人成为了政府顾问、企业顾问,乃至全国及各地方的人大代表和政协委员,成为民意的代表。律师队伍的人员结构愈来愈专业化、年轻化,一支富有专业精神、充满活力的律师队伍正以崭新的风貌展现在中国社会舞台上。与此同时,律师协会在凝聚士气、团结队伍、建设行业文化等方面发挥了不可替代的作用。

2.服务领域拓宽,职业功能升华。随着社会经济的发展,法律与国家、社会、人民的国计民生的联系愈发紧密,中国律师的服务领域也为不断的适应社会生活的需要,由传统的诉讼领域向非诉讼等多层次、多领域拓展。律师的业务范围不断拓展,服务领域不仅涉及诉讼领域,而且涉及诸如专利、商标、证券、期货、保险、房地产、公司改制、税务代理、环境保护等非诉讼领域,并积极承办生产、分配、交换、消费各个环节中大量的新的法律事务。

律师的职能作用不断增强,不仅在维护国家法律正确实施和社会稳定、促进民主法制建设和依法治国进程方面发挥了重要作用,而且通过法律顾问工作,有力地促进了各级政府依法决策和依法行政,推动了依法治理工作的深入开展。同时,律师的社会角色也不断的多元化,不仅仅局限在法律服务者的地位,越来越多的律师

第二章 中国大陆律师制度发展变化与未来进步战略

进入到立法和监督机关,担当起了立法和司法监督重任。少数律师步入政坛,为推动中国法治化进程逐步发挥应有的作用。

3.法律服务初步进入市场化、规模化和国际化轨道。过去20多年,改革开放的影响是全方位的,律师业也在改革开放的潮流中,勇往直前。一方面,中国的法律服务业的市场化和产业化趋势越来越明显,全国法律服务所带来的收益也飞速增大;另一方面,律师业的国际交往逐步增强,大陆改革开放所蕴涵的巨大市场,不仅吸引了越来越多的外国和港澳台地区的法律服务机构抢滩内地市场。同时,国内的一些大型律师事务所也不断地通过各种方式,走出国门,在国外设立分支机构。国内外的律师机构及业务互相沟通、渗透、交流等,逐渐进入国际化轨道。律师办理涉外法律业务的整体水平得到了一定的提高,律师业的对外开放不断扩大,不仅选派优秀青年律师到国外学习培训,而且鼓励有能力的律师到国外设立分支机构或以其他形式参与国际法律服务市场的竞争。

中国已经加入世界贸易组织,进一步推动了中国律师逐步走出国门,走向世界,积极参与国际法律服务市场的竞争。但同时我们也看到,由于中国法律服务市场已经开放,其竞争随之也更加激烈,纷纷进入中国法律服务市场的外国律师事务所在业务和人才两个主要方面与中国律师事务所形成激烈竞争,促进了中国律师工作逐步进入国际化轨道。

4.确立了"两结合"律师管理体制,加强律师的地位和作用。30多年积极探索,中国的律师管理体制是伴随着改革开放的进程而发展的,从初期的单一行政管理发展到现在的司法行政机关宏观管理与律师协会自律管理相结合的"两结合"管理体制,是历史的进步,是一种创新,它符合中国国情和律师业发展的现状。这种管理模式,既有助于政府通过司法行政机关对律师业的宏观管理和监督,又遵循行业发展的自身规律,重视发挥律师在社会中的作用,提高律师在保障人权中的地位。律师的作用的重视和地位的提高,有助于律师在构建法治社会和维护人权的历史使命与奋斗目标。

二、中国大陆律师制度的存在问题

中国律师制度前途是光明的,道路是曲折的。在短短的30多年时间里,要在一个具有浓厚的封建传统、缺少法治观念的国家,建立成熟的律师制度是不现实的。当我们为昨日中国律师业的坎坷经历而扼腕叹息,为今日中国律师业的迅速崛起而引以为傲时,我们不能忽视了律师业所面临着主要的存在问题。

1.中国律师制度在整个社会建设中尚缺少应有的政治地位。具体表现:(1)中国律师在社会治理过程中的政治影响未能得到充分发挥。现代意义上的律师制度首先是作为一种政治制度而存在的。在西方国家中,律师作为一社会政治结构中的重要力量,直接参与并实际影响西方国家民主政治制度运作过程。毫无疑问,中国律师并未能获得其在西方国家中具有的那种政治力量,更未能展示出在西方国家政治进程中所具有的那种社会功能。(2)中国律师与主导政治力量,包括与司法机关的对话和交涉能力较为薄弱。作为一种社会职业,中国律师在整个社会生活,特别是社会政治生活中的定位问题并未真正解决。与其他社会阶层或社会职业相比,律师职业或许有其经济地位上的优势,但决不具有意识形态上的优势,是政治上的弱势群体。在参与国家政治事务的过程中,律师并不具有比一般社会公众更优势的制度条件。(3)律师自身作为政治力量的后备资源未受到应有的重视。西方国家的重要政治家通常都有过从事律师的经历。美国历任43位总统中曾担任过律师职务者有23人。美国1789年宪法的起草者中有45%的人是律师,在作为民意代表和立法者的国会议员中,参议院三分之二和众议院一半以上的席位是律师。英国、德国、俄罗斯、加拿大、阿根廷等国家元首或行政首脑都是法律科班出身。然而,在中国,县长、市长、省长(政府部长)、政府总理、国家主席,学社会人文专业的少,法律专业的更少,几乎没有执业律师成为行政和法院检察院首长。光靠法律专家、学者不定期给行政首长、政府官员讲课是无法达到依法治国的目的的。

所以,中国的上层领导人士缺少法律专业背景,其决策缺少法律思维。美国现有律师百万名,占世界律师人数的30%,美国人口占世界人口的5%。30%的律师在占世界5%人口的一个国家执业,竞争自然非常激烈。但是美国的上层及其决策深具法律思维,讲求程序和实体正义,律师当然有其广阔的生存空间与用武之地。虽然中国计划律师数量要发展到30万,但是,律师社会地位的提高和数量的增加,显然出于法律纠纷频繁的结果和民众权利意识提高的结果。所以参政议政对中国律师来讲,确是一个遥远的理想。有朝一日,律师出身的人当选为政府部长、政府总理,参与国家立法、参与政府决策、参与治理社会,中国的政治、法治环境和法律思维才能达到较好的境界。目前,体制未改,机制不顺,律师与其他政治机构、司法机构等人员职业互换的可能极小。"律师永远只能是律师"或"律师不过就是律师"。这种制度在很大程度上消解了律师的政治热情和政治抱负。在此境况下,商业化的功利不能不成为律师的主导追求。中央及地方人大和政协中的律师成员屈指可数。据报道,第八届全国人大2900名代表中的律师代表也不过6人,即使这6人,也不完全是真正意义上的执业律师。中国律师的这种境况绝不是法治国家的理想状态。对律师在中国社会治理中的政治功能需要在更高的层面上加以认识。

2. 律师队伍的整体素质良莠不齐。过去30多年,中国的律师业大有进步,但在摸索中前行,因此,存在诸多的不规范和不统一之处。比如:中国的律师业的行业准入制度不稳定、不严格和低标准,使得整个律师队伍良莠不齐。正是如此,使得整个律师队伍的素质落后于社会和人民群众对于法律服务业日益增长的要求,这是当今中国法律服务业所面临的最大的矛盾。当然,从追求数量到追求质量是必然趋势,量的变化也必然带来质的变化。

3. 律师的职业地位偏低。法治国家的建设,律师将扮演重要的角色,然而,由于诸多因素的影响,律师在社会地位整体偏低。表现在:(1)社会大众对律师职能的理解单一,使得律师的地位提升缺乏必要的群众认同。(2)执法、司法职能部门对于律师的作用认识不够,特别是法庭上,检察官与律师的控辩地位存在不平等现象。其根源在于对律师地位认识产生误区,认为"律师专为坏人说话"、"律师与政府站在对立面"、"律师得人钱财为人消灾"、"律师唯恐天下不乱"等。

4. 律师事务所缺乏科学管理机制。《律师法》关于律师事务所经组织形式的单一规定,制约了整个律师业的规模化发展,因此,中国律师分布零散,难以形成规模,这加大了管理的难度。同时,目前由于律师事务所的主流是普通合伙形式,使得其缺乏必要的治理机制,导致律师事务所的管理水平不高,管理效率低下。

5. 律师执业环境的不友好。法治观念的淡薄,使得律师的职业环境不容乐观,导致律师执法经常处于"不友好"的环境之中,主要表现在:(1)人们对于律师的理解有误,认为为"坏人"辩护的律师就是"坏律师"。(2)整个司法体制的制约,使得律师职能的充分发挥缺少必要的制度基础,因此,执法、司法机关人员素质与水平的高低成为影响律师执业的重要因素。①

6. 律师制度在设计时存在缺陷,表现为入口不严,出口不畅,监管程序不顺。表现在:

(1)入口不严,律师地位低下。现行律师制度对欲进入律师队伍者设定的唯一壁垒是知识水平壁垒,即只要通过资格考试,就可以拿到资格证书,稍加实习即可成为正式律师。这种制度安排在恢复律师制度初期,对超常规发展律师队伍作用很大,但经过20多年的发展,其弊端也日益表象化,一方面,进入律师队伍的没有上过法律专业的人士(不少是靠自学或突击应试的非法律专业的政教、管理、数理化专业等人员)为数不少。另一方面,只注意专业知识的重要性,忽略了律师作为法律人应具备起码的专业教育背景、政治素养和品格要求,致使不少品行低下者混入了律师队伍,其行为严惩影响了律师的社会形象、少数律师的个人行为令整个行业蒙羞。制度设计上的先天性缺陷是造成目前这种局面的根本原因。从各地被处理(包括判刑)的律师来看,一个腐败的警察、法官或检察官的背后,往往可能有一些律师参与其中。根本原因在于中国法律没有赋予律师与公、检、法相同的法律地位,只能充当公、检、法的附庸,个别律师依赖这些掌权者而谋取"私利"和"为当事人服务"。当然,律师本身的素质不高、自律不够和追逐私利,也是次要原因。

(2)出口不畅,律师离开律师队伍主要有两种方式:一种是主动离开律师队伍进入的其他行业或部门;另一种是因违法违纪被清理出律师队伍。目前,这两种出口均不顺畅,严重地影响了律师队伍的健康发展。

---

① 赵曾海、范围:《"十一五"规划与中国律师业的发展战略》,中华全国律师协会编:《规划·规范·规则》,中国政法大学出版社2006年版,第2~3页。

关于前一种出口,中国有着几千年"学而优则仕"的历史文化背景,社会主流价值观仍然以"仕"为主(当然,在市场经济的今天,不乏"下海经商"或其他非仕之途)。故而,律师队伍中部分优秀分子在专业工作发展到一定程度时,自然也会产生"仕"之希望。对这种政治诉求,我们应给予积极的评价。但是中国目前的人事制度基本上堵死了律师入仕之门,从而使这个行业的从业人员难以进入主流社会。这种政治上的失落进而会影响到这个行业社会地位的树立和行业成熟进程,影响到这个行业人员的社会责任感的形成与完善。尤其不能为构建法治社会这一主流价值观服务,这也造成社会人力资源的大浪费,甚为可惜。

关于后一种出口,亦即违纪律师的清理问题。目前,可以吊销违纪律师执业证书的,旧《律师法》只有第45条规定的四种情况。这四种情况无一例外地都涉嫌犯罪,而且是故意犯罪。这一规定出口过于狭窄,不利于律师队伍的健康发展。在实践中,除这四种情况以外,还有很多情况下涉案相关律师必须从律师队伍中清理出去,重者如构成受贿罪等重大犯罪的律师被有关的司法部门领导或上级领导"保下来",轻者如多次被投诉且能够证明一贯不恪守律师职业道德和执业纪律的人,于是出现了"不该保的人却被保了下来"。目前的现状是出口过于狭窄,即除了上述四种法定情况,其行为纵然可恶,但也奈何不得,铸造律师队伍的纯洁性和良知性大受质疑。新《律师法》第49条由上述原来四种情况增加至九种情况,扩大了"出口"范围,显有进步,但出现了"过严"情况,"该保的却没有保下来"。如新法中有"违反规定会见法官、检察官、仲裁员"等内容,就属于"过严"条款。何为"违反规定"?何为"以其他不正当方式影响依法办理案件的"?请问在中国谁在主宰"办理案件"?不是律师,他们是弱势者,强势者是法官们!法官、检察官要见律师,律师岂敢不去?!

(3)律师队伍的管理工作中存在的主要问题是监管程序不顺,监管效能不高。其主要表现四大矛盾:①监管职责划分与监管效能之间的矛盾;②行业自律管理形式与行业成熟度之间的矛盾;③一线监管任务过重与监管人力资源严重不足之间的矛盾;④违纪行为的多样化与法律法规严重滞后之间的矛盾。①

7.现行的新《律师法》存在着诸多有碍律师制度和实务发展的问题,需要进一步修改和完善。比如律师的定义、地位,律师的执业权利保障体系,律师管理体制的改革,律师组织形式的拓展,律师文化建设和理论研究等,都存在着或多或少的问题,必须予以调研和解决。比如新法取消旧法中有权享有对不当行政处罚"申请行政复议"和提起"行政诉讼"条款,使得律师权利失去最重要的保障措施,难怪网站上痛批《律师法》变成司法行政部门的"管制法"了。

---

① 田恒胜:《律师怎么了——关于律师制度的反思》,中华全国律师协会编:《规划·规范·规则》,中国政法大学出版社2006年版,第15~18页。

第三节 完善和改革中国律师制度的主要工作

律师事业能否健康发展,关乎中国法治进程与社会文明进步。要充分发挥律师的积极能动的社会作用,首当之举应从完善律师制度本身入手,还应充分考虑与律师制度相关的其他因素。以下几个方面的工作应着力进行:

一、中国律师制度的改革与创新思路

综观中外律师制度发展的历史与现状,律师制度的发展都有其发展规律,目前也都处在不断地发展与完善之中。从中国律师制度的发展历史看,律师业的真正建立与发展仅有20余年的时间。在这20余年中,中国律师事业得到了快速发展,在民主与法治建设中发挥了较好作用。但是,必须清醒地看到,中国律师业仍然是一个幼稚行业,存在这样那样的问题是必然的,不断地进行完善与修正也是必然的,这是展示世界人权运动、社会发展和人类文明进步的一个明显标志。

基于对国外律师制度的蓬勃发展和中国律师制度的历史的深刻回顾和反思,以及对于发达国家律师业发展历程的学习和借鉴,中国应当不断地认识到律师业的重要性,进而,在"十一五"规划中对于律师业的发展作出了重要指示。趁着难得的东风,提出中国制度改革与创新的思路。

(一)加大宣传力度,让社会各界了解和认识律师的社会功能

要大力宣传律师,让社会更多地了解律师,要充分发挥律师在依法治国和社会生活中的作用。要充分发挥媒体的导向作用,对律师的性质、业绩和执业困难和优秀律师个体、精彩个案进行实实在在的披露,对律师执业权利的现状及不良影响进行实实在在的披露,不断增强对律师社会功能和使命的正确认知,增强对律师执业权利的正确认知,逐步扩大律师的社会影响,增进社会各界对律师的了解和重视。

完善律师制度是一项长期的系统工程。首先,应在今后《律师法》修改的过程中,赋予律师更多的充分而正当的执业保障权利,为律师实现社会功能和使命提供法律依据;其次,在司法、行政体制中,严禁侵犯律师执业权利,对于律师执业权利被侵犯的案件严肃查处,为律师创造良好的执业环境;再次,律师业应当加强自我保护的教育,加强执业能力和水平的培训。最后,在将来宪法、三大程序法和《律师法》修改时,明确律师的角色和地位,明确律师的执业权利和义务。

(二)加强律师队伍自身素质的提高

不断提高律师对自身社会角色和功能的认识,提高自身政治思想、业务等综合

素质。律师要牢固树立忠于事实、忠于法律、忠于人权事业、忠于人民利益的观念，把坚持保障人权维护当事人的合法权益与维护社会的公平与正义、维护法律的正确实施统一起来，把对国家法律负责和对当事人负责高度统一起来。同时，积极参与立法、信访工作，参与社会公益活动，为弱势群体提供法律援助，争取社会对律师工作的理解、支持和认同，从而树立良好的社会形象，提升社会影响力。

（三）加强与国家行政机关的联系，推动律师执业权利制度的完善

广泛吸取律师参与国家政治活动，充分发挥律师在国家民主建设中的作用，提升律师在国家政治生活中的地位。依照中国现实政治体制，应更多地吸收优秀律师进入人大、政协，更加充分地发挥律师参政议政的作用。应根据律师业发展的实际情况，确定律师在各级人大和政协中占有一定比例。通过立法形式，把各级政府聘请律师作为法律顾问设定为一项规章制度。与此同时，分解政府部门的部分职能，将应由或可由律师从事的事务转给律师，例如现在破产案件增多，破产案件的事务繁杂、办案时间长，给政府造成相当大压力，可交由律师承办。让律师更多地参与社会管理过程，以政府对律师执业行为的尊重带动全社会对律师的尊重，从而提升律师在国家政治、经济生活中的地位。

（四）加强律师法学和律师文化建设的理论研究，探索适合中国国情的律师制度

由于中国律师制度是从西方引进的一种社会制度，在中国仅有100多年的历史，真正的恢复和发展是20多年的事情，从而缺乏构建该制度的理论基础。因此，就律师制度如何适应中国国情，如何确立律师与国家、政治、经济、文化等的关系，完善律师的地位、作用、执业权利与义务、职业道德与执业纪律的确立，以及对律师进行的管理等问题，对于中国理论界都是新命题。因此，加深对律师文化建设和律师学理论的研究，特别是律师执业执利的探索，对于发展律师业，实现律师的社会功能具有重要意义。

从20世纪80年代开始，各省每年都举行律师实务研讨会，至今有20多年的历史，从2005年前后，各省改"律师实务研讨会"为"律师论坛"等。相应地，全国每年从各省理论和实务研究中挑选优秀论文，组织全国性的"律师实务研讨会"和"律师论坛"（从2001年起第一届中国律师论坛至2008年已有8届）。这些活动，既总结了律师实务工作中的经验和教训，提升了律师的执业水平和理论水平，又促进开展律师法学、律师文化建设和律师制度改革、创新等研究，为建设一支"坚持信念、精通法律、维护正义、恪守诚信"的律师队伍发挥了积极的作用，为建立和完善中国特色的律师制度而努力。此项工作应当继续改革和发展。

（五）建立律师执业权利的保障体系

在律师执业权利的维护上，应当树立"大维权"意识，对律师执业行为的规范，

对律师违反职业道德和执业纪律的行为的惩戒,对律师执业风险的防范等都应当是维权的手段,都是促进律师执业权利制度建设的措施;在《律师法》修改中,赋予律师充分而正当的执业权利,建立律师执业权利的保障体系。具体是:

1. 建议在今后修改《律师法》时,继续推进律师管理体制的改革,实现司法行政机关宏观指导下的律师协会行业自治。

2. 全面建立和完善律师执业责任保险制度建设。

3. 继续深化职业准入制度的改革。①

4. 在今后修改后的《律师法》中明确建立具体的律师权制及其保障体系的内容,以便使《律师法》成为名副其实的"权利法",而不是作为司法行政部门牟利的"管制法"。

二、完善和改革中国律师制度的具体工作

1. 搞好律师制度改革和完善的信息化的调研工作

作好调研工作,为政策、制度的制定与修改提供充分的客观信息。上述问题的存在除了社会进步较快而制度未能来得及完善这一因素外,制定政策时对客观情况把握不透,不排除是原因之一。这样的政策、制度出台后,对制度本身而言,在执行中将大打折扣;对律师事业的促进作用,也难以达到预期效果,甚至可能产生预期之外的效果。我们的执政党一贯奉行唯物主义,因而,大兴调查研究之风,既是发扬优良传统,又是促进我们社会主义事业之必须,律师事业亦然。

2. 改革和完善律师"进出口"的合理设置工作

合理设置律师行业的进出口,保障律师队伍具备可靠的素质和必要的活力。首先,律师行业的进入壁垒,除应继续设置知识壁垒(目前为司法资格考试)外,还应考虑完善参加考试报名资格、品行审查等因素。律师工作的社会职责不同于一般工作:律师职业宗旨应追求公正和保障人权。其职业的社会目的是维护人权和实现社会公平正义,促进社会文明进步。要实现这一目的,就要求从事这项工作的人不仅要考虑其知识层面的因素,还要考虑其法律观念的系统性与职业道德的成熟性,而这是需要经过系统而漫长的专业教育和思维锤炼。在这个过程中,才能逐渐形成律师作为法律人的法律意识观念、人权意识观念、思维秉性和良好品行。

其次,出口大体为两类,一为清除,一为升华。前者为行业整体的自洁需求,后者为行业优秀者开启实现政治抱负之门。重视清除工作,即把不良从业人员清除出律师队伍,现行律师管理制度在这方面的规定太过粗疏和宽容,违法违纪者个人成本太低,反而使整个行业承担了本不应承担的巨大社会成本,使社会各界对律师

---

① 张晓维:《完善律师执业权利制度路径的思考》,中华全国律师协会编:《规划·规范·规则》,中国政法大学出版社2006年版,第12~13页。

存在或多或少的误解。关于升华之路，这是很多成功律师的必然政治诉求。律师工作在一定程度是在处理社会事务，成功的律师一般均解决了物质需求，这些人必然会产生社会承认这一合理诉求，为社会多作贡献或服务就是实现这一诉求的最佳途径。实现多作贡献这一理想的社会平台应向律师这一职业打开升华之路。若把律师约束在其固有的职业上，鲜有实现其政治抱负之渠道和平台，实为法治国目标之缺憾。参与国家和社会事务的管理是宪法予以公民的权利，现应广开纳贤之门，吸纳各界贤达，发挥律师专业优势参与社会公共事务管理，参政议政。如此，于人，则人尽其才；于事，则兴旺发达；于社会，则促进文明进步；于世界，则实现人权大国。如此美事，何乐而不为。

3. 对律师的行业管理应当突出效能

加强过程监管，实现与律师行业管理和服务工作的要求相匹配的效能。现行的管理体制是"两结合"管理体制，这或许是一种过渡性制度安排，其中存在着不少正在探索和需要磨合之处。在这个过程中，效能问题值得重视，比如对投诉律师案件的管辖权，司法行政和行业协会都有，现实的情况是部分当事人多头投诉，接待部门重复办案等。这些问题影响着监管与服务效能的发挥，而律师行业的特点要求我们的服务与监管必须高效务实。这些重大课题有待进一步研究。

4. 司法体制改革为新律师制度创造良好的外部环境

积极参与司法体制改革，为律师制度的建设与完善创造良好的外部环境。律师制度是中国司法制度的有机组成部分。律师制度存在的不完善之处，律师事业存在一些未尽人意之处，其改进与完善，必须与国家法制建设的完善和进步同步进行。因而，我们必须满怀信心地积极投身司法改革。唯有如此，中国的律师制度和律师事业、中国的依法治国和社会文明才会拥有更加美好的明天。[①]

应从涉及律师的执业权利在司法体制结构意义上去设计，同时考虑律师的国家管理就是司法体制意义上的管理。否则，律师的执业权利即便设定也是虚化的。我们应当看到，中国律师执业权利制度不完善的原因之一，就在于中国律师在司法体制中的地位、职责不够明确，党和国家在研究司法体制的改革时，应对律师在司法体制中的地位与作用进行认真的考虑。[②]

5. 今后修改和完善后的《律师法》应适应律师制度和实务进一步发展的需要

现行的《律师法》应当作为重大的修改，但这种修改不应当是仅仅增加几种律师新的模式或组织形式，而应当借鉴修改《中华人民共和国公司法》（下称《公司法》）的有益经验，对律师的定义、地位，律师执业权利保障体系、律师管理体制的政

---

① 田恒胜：《律师怎么了——关于律师制度的反思》，载中华全国律师协会编：《规划·规范·规则》，中国政法大学出版社 2006 年版，第 17～19 页。

② 张晓维：《完善律师执业权利制度路径的思考》，载中华全国律师协会编：《规划·规范·规则》，中国政法大学出版社 2006 年版，第 11～12 页。

策等作为重点予以考虑。

（1）建议今后借《律师法》修改之机，对律师重新定义，突出其依法执业的法律职业人员的身份，明确律师使命和社会功能，规定律师行业与公安、检察、法院等司法部门具有同样的使命，即保障公民的基本人权，保护社会的公平正义，维护法律的正确实施。

（2）鉴于《律师法》形式上是规范中国律师制度的"宪章"式母法，建议参照《中华人民共和国法官法》（下称《法官法》）和《中华人民共和国检察官法》（下称《检察法》）的立法结构，在"执业律师的权利和义务"专章中，提升和凸显律师执业权利在《律师法》法律结构中的地位，还可考虑将"执业律师的权利"和"执业律师的义务"分别单列，以使立法结构的主题脉络更加清晰了，修改和增加律师执业权利，构建符合律师职业特点的权利体系。废除《刑法》第306条对律师的争议性条款，将律师涉嫌伪证罪并入第307条，与司法工作人员适用相同的构成犯罪的条件。

从引例李庄案看出，政法界应将保护正当的律师辩护权作为重要课题对待。应当说，依法治国是国家的基本方略，维护律师权益是依法治国的基本保障。从某种意义上讲，中国以口供为核心的办案方式是有问题的。因此，越是办理专案要案，越要严格遵行刑法和诉讼法，这样才能办成铁案。将律师伪证行为一律用刑法来规制，并不妥当，很容易造成"报复性执法"。据统计，在全国至今约有数百名律师因伪证罪身陷囹圄，约占律师犯罪的八成。事实上，"律师伪证罪"长期以来受到法学界一些人士的质疑，这与该罪设计上存在的重大缺陷有关，主要问题是，它将律师单独作为一类伪证罪的主体来规定，有违刑事立法的公正性。从世界各国的立法经验来看，应把警察、检察官、法官以及其他行政执法人员一视同仁地规定为这类"伪证罪"的主体，这些人同样可能存在威胁、恐吓证人的现象，而且他们的权力更大。如果只规定辩护方，而不规定指控方，就会造成立法上的职业歧视，无法实现控辩双方的平等和法治上的公平正义。

除外，还应当在《律师法》中赋予律师独立执业的权利，不受任何国家机关，社会团体和个人的干涉。特别应当赋予律师执业豁免权（特殊情况除外，如不得从事违法犯罪行为），在执业过程中发表辩护和代理的意见不受法律追究，不受非法拘传、拘留、逮捕、起诉和审判，以及作证和调查豁免权、非法搜查豁免权等。[1]

总之，律师业的发展还将有待进一步地完善和提高，我们每一个律师都要有全局观念，将自己置身于整个社会环境与律师行业中，才能在不断地学习和实践过程中提升自己，也才能更好地促进整个律师业的向前发展。[2]

---

[1] 张晓维：《完善律师执业权利制度路径的思考》，载中华全国律师协会编：《规划·规范·规则》，中国政法大学出版社2006年版，第10～11页。

[2] 王金贵：《加强律师业的发展，实现"十一五"规划》，载中华全国律师协会编：《规划·规范·规则》，中国政法大学出版社2006年版，第8～9页。

第四节 中国律师制度的发展战略

20世纪70年代末,中国的律师制度作为中国民主与法制整体建构中的一个重要方面得以恢复。80年代中后期,中国律师制度开始了探索改革和创新的进程。贯穿于这一进程的深层次思考是:中国律师制度如何更好地贴近和体现律师这一职业的社会本质,如何面对加入WTO中国经济发展的新情势,如何更好地适应并满足中国国情社会需要和世界人权宏业服务。围绕这些问题,我们逐步认真总结了中国律师制度恢复以来的实践经验,相继提出了一系列富有创新意识的改革方案,以国资律师事务所改制为主线,改革律师事务所的管理体制、用人机制、分配机制,与此同时,还提出了律师行业管理体制改革的思路,创建富有中国特色的律师制度。

2005年10月11日开始布置的党和国家"十一五"规划期间,明确提出要大力发展包括法律服务在内的现代服务业,是中国律师业的进一步发展的关键时期,我们应从中勾勒出中国未来律师业的发展蓝图。本书的主编有幸地参加2006年9月22日至9月24日中华全国律师协会和山西省政府举办的以"十一五法治建设与法律服务业:规划·规范·规则"为主题的"第六届中国律师论坛",了解了中国律师在"十一五"期间的发展方向、发展战略和创新思路。对此,借鉴论坛的有益研究成果,就中国律师制度的最新研究成果、疑难新热点及律师实务发展趋势等内容进行一番探究。

一、中国律师制度的发展方向

1.律师业作为法律服务业的主体,必须要把握"现代"方向。尤其是中国律师业作为年轻的行业,一方面自身内部制度不完善,使得中国的律师业与国外律师业相比较,存在多方面的落差;另一方面,加入WTO后,境外法律服务机构的纷纷进入中国所带来的压力。然而,压力与动力同在,挑战与机遇并存,中国律师业的从业者选择一个怎样的态度面对压力则至关重要。所以,要将"法律业"作为现代服务业方向,我们的律师业应该在理念和具体的执业中本着开放改革的态度,与时俱进,力求卓越。

2.中国的律师业应该要明确自身的"服务业"定位方向。同时应对律师在司法体制中的地位与作用进行认真的改革。纵观中国律师业的发展历程,其中存在这样或那样的问题,当我们痛定思痛时,诸多问题的根源则在我们没有一个清晰的自身定位。1980年《律师暂行条例》明确规定:"律师是国家的法律工作者……"1996年《律师法》修改为律师是"为社会提供法律服务的执业人员",2007年《律师法》修改为律师是"为当事人提供法律服务的执业人员",虽有长进,但仍有缺陷。20多年过去,世事变迁,沧海桑田。然而,我们的律师们或许还没有习惯"国家的法律工

作者"、"社会法律服务者"和"当事人法律服务者"的角色落差,关键词落在"工作者"与"服务者"的差别上。因此,实践中,出现了诸多的律师坑害、欺诈当事人的案例。因此,我们必须明确自身的"服务者"角色,以"维护当事人的利益"为最高原则,忠于自己的职责,为当事人提供专业的、职业的法律服务。同时,改革律师在司法体制中的地位与作用,提高律师的定位。

二、中国律师制度的进步战略

对于未来(中期或者长期)中国律师业的整体发展做出宏观的和具有前瞻性的规划,应当整体上实现规模化、产业化、国际化、专业化、职业化、规范化和多样化。

(一)律师业规模化

中外律师业规模化差距比较大。规模是个综合性、动态性的概念。我们很简单地从执业人数和营业收入的数字上概括出一个规模化的标准。这是不够的。律师业对于规模化的争论颇多。然而,从国外律师业的发展轨迹来看,在当今经济全球化的背景下,规模化是中国律师业发展的必然趋势。第五届中国律师论坛曾以"中国律师业在短期内能否基本实现规模化"为题,就中国律师业的规模化问题展开辩论。[1] 为此,我们必须认识到:

1. 规模化的前提是中国律师业的整体水平的升华和提高,而非一两个律师事务所的发展。只有中国律师整体水平的升华和提高,才可能具备规模化的基础性条件。

2. 规模化并非是"高、大、全"。中国律师界有人将规模化简单地等同于"高、大、全",即营业额高、执业人数目大、服务领域全。然而,单纯的"高、大、全"仅是徒有其表。而我们应该更加注重从实质上促成律师业的规模化的形成,即采取科学的管理体制形成行业合力和团队精神,从而产生综合效应。[2]

3. 规模化必须正视地域差别和行业差别。以同一标准衡量北京和新疆的律师事务所是否达到规模化,是缺少科学性的。规模化必须根据各地的实际情况,因地制宜。同时,由于服务领域的差异,各个律师事务所的业务所占该领域的比重也是有差别的,规模化必须承认这种领域的差别。

4. 规模化是中国律师业的未来发展趋势,一方面,国际律师业的发展趋势昭示着这一前进方向;另一方面,中国比较发达地区的律师事务所已经初步具备了建立规模化律师事务所的各种条件:随着近年中国律师业的国际交往的加强,通过

---

[1] 《中国律师业在短期内能否基本实现规模化——"第四届中国律师论坛"专题辩论精选》,载《中国律师》2005年第9期。

[2] 冯晋江:《律师事务所"规模化"问题的几点反思》,载《中国司法》2005年第7期。

"引进来和走出去"战略,使得中国律师业在理念上已逐步与国际接轨,认识到了律师规模化发展的必然性和紧迫性。

(二)律师业产业化

律师产业是指律师业作为中介服务行业,通过律师事务所向社会提供有偿法律服务,实现整个行业的规模化和市场化经营,从而形成一个按照市场规模运作的社会法律服务产业系统。① 对此,能否搞律师产业化,学界颇有争议。

由于传统上,将律师业作为整个司法制度的附属物来对待,从而混淆了律师业的功能地位和行业地位,因此,"对于律师业的功能认识也局限于律师参与司法活动的诉讼功能。这种认识赋予了律师业过多的政治色彩,而淡化了律师业的经济功能。"② 反对律师产业化的观点还认为,如果强调律师产业化,可能削弱律师的社会功能和社会责任,势必突出律师过分追求经济利益,助长了律师队伍的各种歪风邪气,直至腐败的作风。

肯定律师产业化的主流观点认为,中国律师业应"适应市场经济的要求,以法律服务市场为导向,以追求经济效益和社会效益平衡发展为驱动力,以产权清晰、管理科学的律师事务所法人制度为载体,通过不断扩大法律服务市场和优化法律服务水平,逐步使律师业向着规模庞大、分工明细、管理科学、服务优化的优质高效产业系统前进的发展过程和发展趋向。"③ 因此,律师业能不能实现产业化,不仅有赖于理论的支撑,而且还必须接受实践的检验。

(三)律师业国际化

全球经济一体化和人权运动的日益发展,使得国家的联系加强,国际竞争的激烈和国际业务增长,昭示着中国律师事务所的国际化发展趋势。其具体内涵是:

1.市场竞争的国际化。一方面,中国在加入WTO后,国内市场竞争加剧,国外法律服务机构的大量涌入,使得中国律师业面临着国际化的挑战。另一方面,为了在市场竞争中占领先机,在"引进来"的同时,我们也应勇敢地"走出去",越来越多的国内律师事务所开始走出国门,纷纷在国外设立分所。

2.服务对象的国际化。全球化趋势的加强,各国的政治、经济、贸易往来日益密切,中国成为世界吸引外资最多的国家之一,同时,中国的企业也正逐步走进他国市场,使得中国的律师业的服务对象呈现出国际化的趋势。

3.服务内容的国际化。国际经济联系的加强,使得国际性的法律纠纷日益增

---

① 山东省法学会课题组:《中国律师业产业化发展理论研究》,载《政法论丛》2004年第2期。
② 岳鸿:《论律师执业机构组织形式的变迁与发展》,载《中国司法》2005年第7期。
③ 岳鸿:《论律师执业机构组织形式的变迁与发展》,载《中国司法》2005年第7期。

多,所涉及规则和制度也跨越了一国的疆域,这就要求中国的律师该能够熟练运用不同国家的法律以及国际法,为当事人提供国际化的法律服务。

4.服务水平的国际化。面临国际化竞争,市场如战场,只有通过不断地提高服务水平去赢得国际客户的认同,从而不仅占领国内市场,还要占领国际市场。

(四)律师业专业化

律师业专业化是现今中国律师业的一种发展趋势,表现在:

1.分工的深入,使得中国律师业从业者服务的专业化趋势明显,越来越多的律师开始专注于某一领域的法律服务是现今中国律师业的另一趋势。

2.专业化的趋势还表现在,律师业的从业人员的学习背景不断提高。在过去的20多年里,中国律师的学历水平不断提高,越来越多的硕士、博士以及具有留学背景的法律专业人才投身国内的法律服务业。

(五)律师业职业化

职业化是对律师业的从业的道德操守的基本要求。如何不断加强从业人员的职业精神,提高他们的职业道德,是中国律师业发展所面临的一个重大课题。

1.律师的职业化是解决当前中国律师业部分低素质、缺乏职业精神的现象的必要手段。由于过去中国律师业的行政化倾向,律师的职业意识被政治意识和权力意识所湮没,因此,通过职业化来加强行业的自律管理,以逐渐摆脱行政化的影响是中国律师业的发展的重要目标。

2.律师业的产业化发展是律师职业化的内在动因。律师业的经济属性和商业化过程,使得整个律师业形成了"荣辱与共"的机制,任何的非职业行为都可能影响到整个行业的发展。因此,我们必须以职业精神来对待社会和当事人,以推动整个产业的良性发展。

(六)律师业规范化

规范化必须强调规范和拓展相结合。规范就是要规范律师业的管理、律师事务所的管理、市场主体的资质条件、法律服务市场的秩序。拓展就是要拓展律师的服务方式、服务内容、业务领域、律师结构和建立信用法律服务。

律师业的规范化是一种程序性要求,"看得见的正义才是正义",对于律师来说,实现整个行业的规范化是至关重要的。

1.律师事务所必须形成规范化管理模式。律师业的规模化和产业化都是以律师事务所为基点。如何规范化管理,以提供高质量的服务,是律师业规模化和产业化的重要前提。

2.律师则必须规范化执业。律师应尽责职守,依法以专业的精神和良好的职业道德规范化地处理每一个案件和其他法律事务。首先,必须以法律、法规等规定为前提;其次,必须以律师协会的行业规范和职业道德为自律的基础。

3.尽快制订"律师信用管理制度"。近年发生的美国安然(Enron)事件和世通(WorldCom)事件,暴露的几乎是同样的假账丑闻。导致位于全球前五名的著名会计师事务所——安达信会计事务所倒闭。律师,作为向社会提供法律服务的执业人员,如何从安达信事件中吸取教训,造就律师的社会信用品牌,是当前律师执业活动中急需解决的重大问题。

有关律师和律师所的规模化、专业化和规范化的问题本书在第四章第五节写专论,在此只是简述。

(七)律师业多样化

律师业的国际化、产业化和规模化并非空中楼阁,而必须建立在一整套的制度安排上。律师事务所组织形式的多样化,是其重要的制度。由于中国一直坚守律师事务所的普通合伙形式,使得合伙人承担连带的加重责任,从而缩手缩脚不敢拓展规模,进而阻碍了整个律师行业的发展速度。因此,中国应该逐步取消对于律师事务所组织形式的诸多限制,注意吸收国外的先进制度,引入有限责任公司(LLC)律师事务所、有限责任合伙(LLP)等多种组织形式,以形成整个律师业的多样化发展。如前文介绍美国律师的执业的组织形式①。

 司法考试真题链接

1.关于司法、司法制度的表述,下列哪些选项是正确的?(2008年四川司法考试真题)

  A.当代中国的律师在保障公民权利、实现司法公正、推进社会发展方面正起着越来越重要的作用

  B.法官职业要求慎独,以免影响中立审判

  C.西方资本主义国家的检察机关大多隶属于行政机关的司法行政部门,主要任务是进行刑事诉讼

  D.与司法公正相比,司法效率更具有实在性和可见性

2.下列哪些情形违反了有关规范法官与律师相互关系的规定?(2004年司法考试真题)

  A.律师陈某在接案时称该案主办法官是其大学同学

  B.法官王某让被告去找律师田某咨询

---

① 赵曾海、范围:《"十一五"规划与中国律师业的发展战略》,中华全国律师协会编:《规划·规范·规则》,中国政法大学出版社2006年版,第4~6页。

C. 某律师事务所邀请法官杨某参加该所庆典

D. 某律师事务所邀请某法院审判庭全体人员外出旅游

3. 法官与律师的相互关系应当遵守最高人民法院与司法部制定发布的有关规定,下列哪些做法违反了相关规定?(2005年司法考试真题)

A. 法官开庭时发现一方的律师沈某是其过去的同事,没有主动回避

B. 律师袭某约请主办法官童某吃饭,了解所代理案件的案情

C. 某律师事务所主办的所刊发表法官彭某的文章

D. 某律师事务所举办法律实务研讨会,邀请法官周某出席演讲

4.(2010年司法考试真题)论述题材料:据新华社2009年12月18日电:中共中央政治局常委、中央政法委书记周永康在18日下午召开的全国政法工作电视电话会议上强调,要以邓小平理论和"三个代表"重要思想为指导,深入贯彻落实科学发展观,全面贯彻落实党的十七大、十七届四中全会和中央经济工作会议精神,抓住影响社会和谐稳定的源头性、根本性、基础性问题,深入推进社会矛盾化解、社会管理创新、公正廉洁执法三项重点工作,推动政法工作全面发展进步,确保国家安全和社会和谐稳定,为经济社会又好又快发展提供更加有力的法治保障。

三项重点工作:①深入推进社会矛盾化解,抓源头,清积案,建机制,强基层,努力化解老矛盾,有效预防新矛盾,进一步形成依法有序表达诉求、及时有效解决问题的社会环境。②深入推进社会管理创新,解决好流动人口服务管理、特殊人群帮教管理、社会治安重点地区综合治理、网络虚拟社会建设管理、社会组织管理服务等问题,进一步完善与社会主义市场经济体制相适应的社会管理体系。③深入推进公正廉洁执法,在提高执法能力、细化执法标准、强化执法管理监督、加强政法机关党的建设上取得新进步,进一步提高开放、透明、信息化条件下的执法公信力,切实维护社会公平正义。

问题:请结合当前政法领域的三项重点工作,谈谈你对社会主义法治理念的依法治国基本内涵的理解。

答题要求:1.观点正确,表述完整、准确;2.无观点和论述,照搬材料原文不得分;3.不少于400字。

第三章 律师制度的基本理论

【引 例】

2009年2月16日,北京市海淀区司法局向北京市忆通律师事务所(下称"忆通所")送达"司法行政机关行政处罚案件当事人权利告知书",认为忆通所"为尚未取得律师执业证的人员违法执业提供便利"的行为违反了有关规定,拟对该所进行处罚。次日,海淀区司法局又送达另一文件"司法行政机关行政处罚案件当事人听证权利告知书",称海淀区司法局将对忆通所作出"停业整顿六个月的行政处罚"。对此,忆通所表示不服。3月3日,海淀区司法局组织了行政处罚听证会。在处罚听证会上,海淀区司法局说明了行政处罚意向的事实和法律依据:忆通所曾经让一个叫李苏滨的未取得律师执业证的人,以忆通所副主任身份在北京昌平区太平家园物业纠纷案以及山东青岛拆迁案中参与庭审,并为李苏滨开具律师事务所公函。依据《律师和律师事务所违法行为处罚办法》第9条第19项的规定,忆通所的行为属于"为尚未取得律师执业证的人员违法执业提供便利";忆通所对此表示异议。李苏滨到底是不是律师?

第一节 律师概念、特征和分类

一、律师概念的不同表述和认识

(一)律师概念的渊源及其不同表述

现代意义上的"律师"一词,是一个外来语。它是从英语 Lawyer 一词翻译过来的。Law 译成汉语是指法或法律,yer 译成汉语是指工作者、家或师,二者合在一起,称之为"律师"。

在外国,对于律师存在不同的称呼。英国没有一般的律师称呼,只有"大律师"

第三章 律师制度的基本理论

和"事务律师"之称。"大律师"又称为"巴律师"、"出庭律师"、"辩护律师";"事务律师"又称为"沙律师"、"初级律师"、"撰状律师"。日本把律师称为"辩护士",候补律师被称为"辩护士试补"。法国有律师和代讼师之分。美国通称"律师"。在其他国家,还有的将律师称为"法学家"、"法律专家"等。但从当今世界各国总体情况而言,大多数称为"律师"。

在中国,长达两千多年的封建社会里,出现过许多帮助当事人写诉状、打官司的人,他们被称为"讼师"或"刀笔先生"。"讼师"或"刀笔先生"虽然可以说是中国律师的前身或雏形,但并非现在意义上的律师。从文字考察,虽然在中国古代传统文化中存在"律师"一词,"能否佛法所作,善能解说是否律师"。[①] 但其为佛家用词,指的是熟知戒律并能向人解说的能言善辩者,并非现代意义上的律师。

在中国历史上,直到清朝末年,才首次在《大清刑事民事诉讼律》中规定了律师制度。虽未能施行,但出现了现代意义上"律师"的称呼。北洋政府时期,颁布了中国历史上第一部律师法,采用"律师"的称呼。民国时期,律师被划分为"大律师"和"小律师"。"大律师"又称"出庭律师";"小律师"又称"撰状律师"。中华人民共和国成立后,司法部于1950年发布了《关于取缔黑律师及讼棍事件的通报》,并取消了"大律师"和"小律师"的称呼。中央人民政府于1951年颁布了《人民法院暂行组织条例》,在关于该《条例》的说明中第一次提出了"合法辩护人"称呼。随后,上海首先建立了"公设辩护人"的制度。再后,司法部于1954年正式决定在京、津、沪、重庆、沈阳等大城市试办律师制度,并于1956年向国务院呈送了《关于建立律师工作的请示报告》且获批准。其后,在中国大陆一直沿用"律师"的称呼。

在中国领土不可分割的香港、澳门、台湾三个地区中,香港的律师制度于1844年开始建立。1856年,香港总检察官安士迪按照英国律师制度,订立《大律师办案规则》,使得香港的律师制度基本上按照英国律师制度的框架确立下来,实行颇具特色的"二元制"的律师制度。没有一般的律师称呼,而分别有"大律师"和"事务律师"之称。其中,"大律师"经大法官提名可被授予"皇家大律师"称号。香港在1997年回归后,除"皇家大律师"改称"资深大律师"外,其他仍沿用其过去的称呼。执业10年以上的大律师,可申请晋升为资深大律师。香港律师经中华人民共和国司法部委托,可成为委托公证人(又称公证事务律师)。澳门在1991年由澳门总督韦高信核准颁布《律师通则》后,才建立了律师职业资格确认和职业管理规范。澳门在1999年回归中国后,和香港一样,原有规范律师职业的法律法规基本不变,原有律师资格依然被承认有效。台湾的律师制度,其法律渊源是1941年国民党政权颁布的《律师法》。该法颁布以后,先后经历了九次修改,目前仍然在台湾实施。和香港不一样的是,澳门和台湾采用一般的律师称呼。

在现实社会中,律师一词的使用具有广泛性,具有不同的指称。首先,律师是

---

① 张耕主编:《中国律师制度研究》,法律出版社1998年版,第1页。

一种职业,这种职业是社会分工的产物。其次,律师是一种身份,是社会对从事律师工作的人的泛称。最后,律师还是一种称谓,是人们对具有律师身份的某个人的特称,如:林律师、关律师。

(二)律师的法理概念

何为律师?"律"是指法律,"师"是指专业人员,即具有专门知识或技能的人。顾名思义,"律师"就是具有法律知识的专业人员。

美国《国际大百科全书》对"律师"一词的解释是:"律师或称法律辩护人,是受过法律专业训练的人,他在法律上有权为当事人于法院内外提出意见或代表当事人的利益行事。"

前苏联的《苏联百科全书》对"律师"一词的解释是:"律师是选择了以提供法律帮助为自己职业的人。在苏联,凡是有高等教育程度并从事专业工作两年以上的苏联公民,可以成为律师。"

中国《现代汉语规范词典》对"律师"一词的解释是:"依照法定条件、程序取得特定资格的法律专业人员,依法可以接受当事人委托或法院的指定,向当事人提供法律帮助,从事有关法律事务活动。"

中国学者对律师的概念存在大同小异的表述,如有的说,"律师是指受过法律专业训练,依法经过国家考试、考核,取得律师资格,并持有律师工作执照,为社会提供法律服务的专业人员。"[①]有的说,"律师是指经国家考核授予资格并准予执业的,接受当事人的委托或者经人民法院指定,进行诉讼、非诉讼及其他法律事务,以维护公民、法人或其他组织的合法权益,为其提供法律服务的专业人员。"[②]还有的根据中国《律师法》第2条规定说:"律师是指依法取得律师执业证书,为社会提供法律服务的执业人员。"

由上可知,在法理上中外各国一般理解为,律师是指受过法律专业训练,依照法定条件、程序取得律师资格,并持有律师工作执照,提供法律服务的专业人员。

(三)律师的法律概念及利弊分析

1.中国关于律师的法律概念

1980年全国人大常委会通过的《中华人民共和国律师暂行条例》(下称《律师暂行条例》)第一条明确规定,"律师是国家法律工作者。"这是中国法律规定的第一个律师概念。按照这种角色定位,律师代表的就不是当事人而是国家。律师保护的不是当事人的利益,而是国家的利益。律师的工作基点、理念、前提不是当事人的利益和正义诉求,而是国家利益的保护。公私对立的角色错位不但扭曲了律

---

① 徐家力主编:《律师实务》,法律出版社2005年版,第1页。
② 陈光中主编:《公证与律师制度》,北京大学出版社2000年版,第171页。

第三章 律师制度的基本理论

师角色,而且损害了当事人利益,违背了民主与法治的本意。20世纪90年代初,中国在经济领域推进经济体制,大力发展社会主义市场经济。与此相适应,一系列的政治体制改革也随之进行,作为政治体制组成部分的律师体制也进行了翻天覆地的改革。各地律师事务所纷纷与当地司法行政部门脱钩,由原来的"国资所"向"合作所"、"合伙所"转变。这样,律师就失去了先前的"官吏"的色彩,脱去了"国家"的外衣,不再具有国家性,一夜之间就成为市场化的产物,由"管理者"变成了"服务者"。因此,1996年制定的《律师法》第2条将律师定义为,"依法取得律师执业证书,为社会提供法律服务的执业人员。"这是中国法律规定的第二个律师概念。第二个律师概念相较第一个律师概念而言,具有明显的进步性。但是,也已不适应现在律师业发展的实际需要。于是2007年修改的、2008年6月1日生效的《律师法》第2条把律师称为"依法取得律师执业证书,接受委托或者指定为当事人提供法律服务的执业人员"。第三个律师概念相较第二个而言,也有长进,突出了律师主要为"当事人"提供服务。

引例中海淀区司法局认为李苏滨属于"为尚未取得律师执业证的人员",这是否符合事实?据该所主任李劲松介绍,李苏滨早在十几年前就获得司法部审核批准的律师执业资格。2001年,在河南执业的李苏滨曾状告洛阳市司法局和洛阳市律师协会向他收取2500元年审注册费的行为违法。但随后在2002年办理正常的执业资格证年检时,李苏滨被河南当地司法部门告知其执业资格证要暂缓注册,并将该证扣押。2003年3月中旬,李苏滨对河南省司法厅提起行政诉讼请求确认暂缓注册违法,并最终胜诉。但在随即的2004年,洛阳司法局以李苏滨在9年前一个刑事案件中曾经涉嫌违法(检察院并没有对李苏滨提起诉讼)为由,对李苏滨处以"停止执业一年"的处罚。李苏滨再次提起诉讼,最终也获得了胜诉。如此反复的纠葛,导致李苏滨始终无法正常以律师身份执业。2005年,李苏滨到北京加入了忆通所。当年,北京市司法局曾应忆通所的申请致函河南省司法厅调取李苏滨的档案,被对方拒绝。此后,北京市司法局就一直不作为。为此,忆通所已经于日前向北京市西城区法院提起行政诉讼,请求确认北京市司法局在处理李苏滨换发律师执业证书的申请时存在违法行政行为,西城区法院已于2009年2月26日正式立案受理。李劲松同时表示,李苏滨到北京后也从来没有以执业律师的名义单独办案,是和忆通所其他有执业证的律师一起办案。而且行政处罚涉及的两个案件都是行政案件,根据中国的诉讼法,没有律师执业资格的普通人也可以在这些案件中担任律师助理。所以,不存在"违法执业"问题。2007年1月,时任忆通所副主任的李苏滨写信给全国人大常委会,举报昌平区法院和北京一中院的几名法官,称他们"把国家公权力私有化、把法院流氓化"。当年6月,昌平区法院则向北京市律协投诉忆通所,称李并非严格意义上的律师,容易"误导当事人,误导公众",建议律协对忆通所进行查处。2008年2月,北京市律师协会对忆通所作出《处分决定书》,决定给予律所主任李劲松律师"通报批评"及对忆通所"公开谴责"的行业纪律处分,并建议司法行政机关给予相应的行政处罚。至此我们便知道,原来李苏滨本来就是一个完全符合《律师法》第2条规定的律师,只是河南省司法厅"作梗"不肯配合调取李苏滨的档案、北京市司法局不作为和昌平区法院的投诉,使得他无法在北京市司法局注册而已,他实际上是个符合条件的老律师。这个例子应当引起我们对律师概念及其相关问题在实际操作中的反思?!

必须知道,西方发达国家的律师法,无论是大陆法系国家,还是英美法系国家,都没有对律师的定义以法律条文的形式加以明确规定。

2.西方发达国家律师法不规定律师概念的原因

在大陆法系国家,日本《律师法》第1条仅规定,律师的使命是,"维护基本人权,实现社会正义。"德国《德意志联邦共和国律师法》第3条规定,"律师是独立的司法人员"。但这些都不是严格意义上的律师的概念,而在法国、意大利等国家的律师法中连这些规定都没有。在英美法系国家,《1974年英国律师法》、《加拿大出庭律师与初级律师法》中也不存在有关律师的概念。为什么西方发达国家的律师法中都没有规定律师的概念呢?原因有二:

第一,在西方国家的法律思维中,"定义是种冒险,描述却可以提供帮助",[1]与其绞尽脑汁给律师下一个抽象的概念,不如从律师的客观的外在特征作一描述。比如《美国律师职业行为示范规则》中规定:"律师是当事人的代理人,是法制工作者,是对法律的顺利实施和司法的质量负有特殊责任的公民。"这显然不是律师的概念,仅仅是对律师做了一个客观性的描述。因为在美国,律师(lawyer)的含义非常复杂,有广义和狭义之分。狭义上就是律师(attorney),此时,lawyer和attorney相互通用;广义上律师包括律师(attorney)、法官(judge)、检察官(prosecutor)以及法学教授(law professor)等,而且律师又可分为私人律师(private lawyer)和公职律师(public lawyer),所以,如此复杂的内容用一个抽象的概念概括实非易事。

第二,由于在西方社会,律师与医生、牧师并称为三大最古老的职业,它产生的历史悠久,已成为人所共知的职业。甚至,在一些地方,国家尚未诞生,律师就已经存在了。"比较有代表性的就是美国,其建国纲领——《独立宣言》的起草,就有很多当时北美殖民地的律师参与。在这种情况下,就不会有人对律师是什么感到困惑,因此作为规范律师制度的律师法就没有必要再就律师的概念加以规定了。"[2]

3.中国律师法规定律师概念存在的瑕疵

我们肯定中国律师法中规定律师概念的良苦用心和与时俱进精神,但并不因此说现行律师法的律师概念没有任何瑕疵。因为时光在流逝,时代在发展,一切都

---

[1] [美]卡多佐:《法律的成长——法律科学的悖论》,董炯等译,中国法律出版社2000年版,第16页。

[2] 马宏俊主编:《〈律师法〉修改中的重大理论问题研究》,法律出版社2006年版,第8~10页。

在改变,原来符合时代发展要求的事物也会伴随着岁月的打磨而变得老态龙钟,阻止自身进一步向前发展,律师概念也不例外。不可否认,当时《律师法》关于律师的概念是比较到位和客观的。但是用现在的眼光予以重新审视,却发现"此时"律师的内涵并非"彼时"的概念所能概括。"彼时"的概念存在的一些弊端也就自然而然地显现出来。

第一,第二个律师概念中"社会"一词,不能将"公职律师、公司律师"包含在内;而第三个概念中"当事人"一词又把律师"社会性"排除在外。

有学者认为"社会"一词可以作广义解释,即包括官方社会和民间社会,将律师定义为为社会提供法律服务的人员可以包括公职律师、公司律师等,这是学者的一厢情愿式的理解。我们知道,一部基本法律能否在实践中得到贯彻实施以及贯彻实施的好坏,在很大程度上取决于社会公众对这部法律的理解程度、认知程度和接受程度。如果法律得不到占绝大多数的社会公众的正确理解,那么,它的事实效果就会大打折扣甚至徒具一纸空文。因此,法律的制定修改必须立足于社会绝大多数人的认知能力和理解水平。就"社会"一词而言,社会公众的潜意识中认为它仅指与官方相对立的民间社会,而不应该将任何带有官方色彩的内容包含其中。有人采访了一些律师事务所主任或合伙人,他们几乎一致对"社会"一词作狭义的理解。

众所周知,一方面,经济的迅速发展促使企业规模越来越大,朝着集团化、国际化方向发展,另一方面,社会的民主法制意识增强,使国家机关时常成为法庭上的被告。这就需要有专门为公司企业、国家机关提供法律服务的律师。然而,仅仅面向社会大众服务的职业律师(俗称社会律师)显然无法满足这种需要。所以,建立专门的公司律师、公职律师已显得日益必要,正是基于此,中国目前已经在全国范围内确认公职律师、公司律师,以探索出符合中国社会发展需要的公职律师、公司律师制度。然而,由于"社会"一词的通常内涵将为国家机关提供法律服务的公职律师以及只为企业提供法律服务的公司律师排除在外,进而使得中国当前进行的公职律师、公司律师工作缺少了法律依据,成为中国建立和发展公职律师、公司律师制度的障碍。

退一步讲,即使"社会"一词可以作广义解释,但《律师法》实际上是从狭义上界定"社会"这一词语的含义的,因此,该《律师法》中的律师主要指社会律师。当初,《律师法》制定的根本意图之一就是剥离律师身上的"国家"外衣,使之回归社会。因为,在《律师暂行条例》颁布之后《律师法》颁布之前,律师是"国家法律工作者",该定位没有反映出律师的服务对象、活动领域以及业务范围。所以,《律师法》才规定律师是"为社会提供服务的执业人员。"由此不难发现,《律师法》是将"社会"作为"国家"的对立面看待的。

"当事人"一词突出了律师主要为"当事人"提供服务的功能,但又把律师所具有的"社会"属性排除在外,最明显的事例是,不少律师参与"公益诉讼"和"法律援

助义务",其明显是为社会提供服务。若强调公司承担更多的社会责任,那么公司律师也不应该忘记自己的社会责任。因此第三个律师概念也是有一定缺陷的。

第二,"执业人员"不能体现律师这一概念所独具的特征。

从逻辑学角度分析,"执业人员"不是律师的属概念。因为逻辑学上要求被定义概念与其上位概念具有最紧密的从属关系。而"执业人员"可以包括法律、医药、工商、会计等很多职业的执业人员,在法律职业中,又有法官、检察官、法学教授和律师等若干法律执业人员。我们给律师下定义就是为了概括出律师区别于其他职业的特有属性,就像画一个圆,圆内的为律师,圆外的为非律师,显然"执业人员"这个圆画的过大,无法将律师与非律师的界限清晰地划分出来。

第三,将律师定义为"为当事人"和"为社会"提供法律服务的执业人员不利于提高律师的社会地位。

这一定义对律师的特殊性质、有何作用、所处地位等阐述的模棱两可,使之与为社会和当事人提供其他类型服务的人员混为一谈,没有彰显出律师的特殊作用,降低了律师应有的社会地位。"从而使得本身已无任何国家权力色彩的律师在与司法行政机关交往中处于更加弱势的地位,得不到应有的尊重,进而恶化了律师的执业环境,伤害了律师的自尊心,挫伤了律师从业的积极性。"[①]

二、对中国律师概念的重新设计

前文已经论述,中国确有必要的《律师法》中就律师的概念加以规定,但又由于现行《律师法》中律师的定义已不能跟上律师业发展的步伐,所以,有学者尝试对律师概念作一全新解析。本书在反对给律师定义的同时,将错就错,不妨追随中国立法界的"爱好",也对此发表一点见解。

目前学术界就"律师的概念"这一话题讨论得比较激烈,观点层出不穷,众说纷纭,莫衷一是。比较有代表性的观点有"协助说"、"有偿说"、"自由职业说",[②]还有重提律师是"国家法律工作者说",在此,不再就其内容作详细介绍。上述各种观点都从一定程度上揭示了律师的概念,可以从中汲取合理内核,为进一步探讨律师的深层次概念提供有益的借鉴。以此为指导思想,有学者试图从以下几个方面解析律师的概念:

首先,律师的定义应当既能反映律师的外部表现形式,又能揭示律师的内在本质特征。这是形式和内容的统一。认识一个事物应先观察其外在现象,然后再透过现象认识其本质,那么律师的表象是什么呢?答案不言自明——通过国家统一

[①] 马宏俊主编:《〈律师法〉修改中的重大理论问题研究》,法律出版社2006年版,第11~14页。

[②] 青锋:《中国律师制度论纲》,中国法律出版社1997年版,第105~107页。

司法考试,取得执业证书,这是律师呈现在人们心目中实实在在的印象。通过国家司法考试取得律师执业证书,可以说是律师从业的最基本前提,因为律师这一职业并非人人都可以从事的,它需要具备扎实的法律专业知识,良好的法学理论素养,较高的推理思辨能力等一系列综合素质。衡量这些素质的硬件标准就是通过国家司法考试,只有通过国家司法考试,才可以从理论上证明一个人具备了律师从业的要求。至于考核方式,早该取消。当然,通过司法考试并不意味着必然成为律师,还需要取得执业证书。因为有的人通过了司法考试,但最终没有取得执业证书,没有从事律师职业,那么也就不是律师。所以,从形式上可以说,律师是通过国家司法考试,取得律师执业证书的人员。不过,如果要给律师下定义,有必要进一步精简。因为通过国家司法考试不等于取得了律师执业证书,但是取得律师执业证书的前提必然是已经通过国家司法考试,否则根本不可能取得执业证书。所以,从形式上将律师定义为"取得律师执业证书的人员"

其次,律师的定义一方面要保证将律师的各种表现形态如社会律师、公职律师、军队律师等都包含在内,不能有所遗漏;另一方面还要做到用尽可能简练的语言将这些具体内容概括出来,做到简练而不简单,抽象而不空泛。这是抽象与具体的统一。针对"社会"用词不能将公职律师、公司律师包括在内的问题,新《律师法》增加"接受委托或指定",这样可以体现出立法的包容性。因为无论是公职律师、公司律师还是为社会提供服务的社会律师,他们从事法律服务前都必须或者接受委托人的委托或者法定机关的指定。社会律师接受当事人的委托或者人民法院的指定或者按照法律授权提供法律服务,公职律师接受其供职的机关的委托提供法律服务,公司律师接受其服务的公司的委托提供法律服务,所以"根据委托或指定"能够将公职律师、公司律师也包括在内。但是,新法遗漏了"法律授权"的律师。

再次,《律师法》将律师定位为一种"执业人员",其初衷为,律师在中国是作为一种职业存在,只有执业才能称为律师,如果只有律师资格而不执业,则不能成为律师。也就是说,《律师法》是以是否执业作为区分律师与非律师的界限的。然而,笔者认为,给律师下定义的重心不在于律师"是否执业"。"是否执业"是律师工作的技术性要素,而律师的定义是要回答"律师是什么",不应该掺杂任何技术性因素。而且,上文也论述过"执业人员"并未将律师与非律师严格区分开来。基于此,必须找出一个既符合逻辑又能体现律师根本属性的概念作为律师的"属概念"。在涉及法律的职业中,与律师处于同一个层次上的职业有:法官、检察官、法学教学研究人员等,律师的工作是提供法律服务,法官主要是负责审判工作,检察官主要从事检察、控诉等工作,法学教学研究人员则从事法学理论教学和研究工作。相应地将他们分别概括为:法律服务工作者、法律审判工作者、法律检控工作者、法律理论工作者,进而可以推出他们的共同"属概念"应该是"法律职业者"。将律师定位为"法律职业者",一方面能够概括出律师的职业属性,另一方面也可以提高律师的社会地位,使律师彻底与提供其他服务的人员如婚介服务人员、房地产中介人员等划清界限。

综合以上的分析,有学者得出这样一个有关律师的定义:律师是取得律师执业证书,根据委托、指定或法律授权提供法律服务的法律职业人员。[①]并且认为,这样一个重新设计的律师概念比较合理和正确,合乎中国目前的改革开放的需要。

我们肯定"这是目前所见的最好的律师定义"。尚存不足的是:

其一,没有突出律师必须要经过司法考试合格,以避免以往"开后门,走关系"未经司法考试而取得"律师执业证书"的情况重现。新律师法又出现了"两类特殊人员"未经司法考试,仅以"考核合格"的执业律师,便是实例。(见新法第8条)。

其二,律师主要是提供法律服务,但还可能提供与法律相关的其他工作,而不是提供单一的法律服务。

其三,定位为"法律"容易让人产生误解或歧义,如果用"法治职业人员",则超越了"法律"的范畴,把律师的使命提高到实现公平正义和彰显"尊重和保障人权"的高度,更加符合律师充当法治建设的需要。

其四,要考虑到目前和今后律师发展变化的不同种类,该定义应能涵盖社会律师、公职律师、公司律师、军队律师等法律法规授权的不同领域的工作需要。律师应为当事人、国家(政府)和社会等广泛领域提供服务。

其五,要考虑中国各地不平衡和人口众多的实际。但是,即使在特定阶段对相对落后的地区放宽条件,也必须要求经过若干年(1—3年)的专业训练、取得某种法律专业证书(至少大专水平)才能参加考试,避免有人靠(突击)"自学"通过考试成为律师但却未真正具备法律专业知识。须知,目前的国家司法考试要照顾检、法、公证等部门的需要,很难考出适应今后发展的真正合格的律师人才。必须要突出律师具有"法律专业知识"和"通过国家统一司法考试",两者缺一不可,否则,很容易被有权有势的人员(尤其是官员)和司法行政部门人员在"两者皆无"的情况下,取得律师执业证书,增加律师队伍的混乱,不利于提高律师的公信度和纯洁性。新《律师法》第12条和第8条规定的缺陷性已见端倪。

其六,为了提高律师的社会和政治地位,必须把律师的"服务者"角色并列推进为"其他相关工作的法治者和人权的保护者",特别是借鉴先进国家的做法,部分精英律师必须介入、参加和负责国家执政工作,为国家的法治化和全球人权一体化作出贡献。

据此,我们建议,今后修改《律师法》并将律师新定义为:"本法所称的律师,是指受过一定时间的法律专业学习或训练,依法经过国家统一司法考试,取得律师执业证书,根据委托、指定或法律法规授权为当事人、社会和国家(政府)等提供法律服务及其他相关工作的法治职业人员和人权保护者。"如此定义,方能把中国律师

---

① 马宏俊主编:《〈律师法〉修改中的重大理论问题研究》,法律出版社2006年版,第14~17页。

应扮演的全方位角色充分凸显出来,以显示中国律师追随世界法治潮流和全球人权运动的需要。唯有如此,才能说清律师角色。

三、律师的特征

由于各国存在着不同的律师制度,不同学者对律师职业的属性有不同的认识,从而出现了不同律师特征的见解。联系中国律师法对律师的定义,再联系中国学者对律师概念的表述以及外国学者对律师的描述。通过分析可知,律师具有以下特征:

（一）专业性与业务性

成为律师必须具备一定的专业条件,通常是受过法律专业训练、具有法律专业知识。在中国,则必须"依法取得律师执业证书"。新《律师法》第5条第2项、第8条、第12条分别规定,申请律师执业,应当"通过国家统一司法考试"(第5条),"具有高等院校本科以上学历,在法律服务人员紧缺领域从事专业工作满15年,具有高级职称或者同等专业水平并具有相应的专业法律知识的人员"(第8条),"高等院校、科研机构中从事法学教育、研究工作的人员"(第12条),这些都说明,执业律师,不论是专职律师还是兼职律师都必须具有相应的法律或法学专业知识,即律师的专业性。

由上述规定可知,如果不具有相当的法律专业知识,是不可能取得律师资格并获得执业证书的。再者,从实践需要来看,如果不具备专业条件,也无法开展律师业务。因此律师业务性与其专业性是紧密相连的,其执业的业务范围和种类由当事人根据需要依法或约定而确定。从世界各国来看,也都要求律师必须具备一定的专业条件和业务知识,无非是要求高低有别。其中,美国要求最高(大学毕业的学士,再在法学院经过3年全日制修完法学课程并获得法学学士、硕士或博士学位),印度尼西亚要求最低(懂得法律就行)。

关于证券律师和专利律师的资格问题,社会上存在诸多误解,部分律师也有意予以误导,有的法律专业教材在该问题上也因未加核实而存在错误观点,因此有必要专门予以说明。根据1993年《中华人民共和国司法部、中国证券监督管理委员会关于印发〈司法部、中国证券监督管理委员会关于从事证券法律业务律师及律师事务所资格确认的暂行规定〉的通知》和2002年《中国证监会、司法部关于取消律师及律师事务所从事证券法律业务资格审批的通告》规定,1993年至2002年期间从事证券法律业务的律师和律师事务所应获资格确认,自2002年11月起律师及律师事务所从事证券法律业务不再受资格的限制。对于所谓的专利律师,至今未存在关于专利律师资格确认的规定,仅是最高人民法院于2006年向全国人大常委会建议:"适时建立专利诉讼的律师强制代理制度,规定专利律师必须取得专利代理人资格的执业准入条件,以利于诉讼中技术问题的解决。"

关于产权界定法律业务问题,根据[1997]司律字 77 号《关于律师从事集体科技企业产权界定法律业务的通知》规定,产权界定法律业务,是指律师事务所接受集体科技企业产权界定联合工作委员会或集体科技企业的委托,在对集体科技企业进行充分调查的基础上,依法出具产权界定意见书;或在集体科技企业发生产权纠纷时,接收一方当事人的委托,作为其代理人,参与联合工作委员会所进行的产权纠纷调处工作。历史遗留问题较多、资产关系较复杂、争议较大的产权界定和产权纠纷工作,应当聘请律师参加。凡欲从事产权界定法律业务的律师和律师事务所,由该律师和律师事务所向所在省、自治区、直辖市司法厅(局)提出申请,经省级司法厅、科委和国有资产管理局共同初审同意后,由司法厅(局)上报司法部;司法部、国家科委、国家国有资产管理局共同审核批准,授予律师和律师事务所从事产权界定法律业务资格。从事专职律师工作两年以上、熟悉企业法律业务、有良好的职业道德并在以往两年内没有受过行政处罚的律师,经过司法部、国家科委、国家国有资产管理局或其委托的培训机构举办的有关产权界定法律业务培训并考核合格,可以申请从事产权界定法律业务。有三名以上律师取得从事产权界定法律业务资格的律师事务所,可以申请从事产权界定法律业务。律师出具的意见书可作为产权界定主管机构确认产权的重要依据。律师出具的意见书须由两名以上律师及其所在律师事务所签字、盖章。该规定说明,从事产权界定法律业务的律师和律师事务所,应获得资格确认。

(二)服务性与有偿性

在世界范围内,国家和法律的产生已有 6000 余年,但作为法律从业人员的律师的出现仅有 2000 多年的历史。律师起源于古罗马以后,不断发展,已成为法治社会不可缺少的一部分。它在维护当事人合法权益,保障民主与法制,促进公民法律素质的提高和法律意识的增强等方面都发挥了重要作用。世界上绝大多数律师是社会律师而不是国家公职人员,只能依靠自己的专业知识和法律技能,为当事人、社会和政府等提供法律服务和其他服务,并由此获得一定的报酬,赖以生存和发展。即使是公职律师和公司律师,在领有薪酬的同时,也需提供法律服务。因此,律师的天职主要是"为当事人和社会提供法律服务"。而且,这种服务通常是有偿的。当然也有特例,律师的服务并非都是有偿的,如律师按规定负有无偿提供法律援助的义务,或者参加代理"公益诉讼",在现实中也经常存在律师自愿或非自愿提供无偿法律咨询的情况。因此,这里的律师的"有偿性",指一般情况,不包括特定的律师和特定情况。

(三)受托性与独立性

律师和法官、检察官均为法律方面的专业人员,但是,律师是"师",而法官、检察官是"官",存在着是否拥有公共权力的区别。除公职律师外,居绝大多数的律师是社会执业律师,并非国家公职人员,其业务来自当事人的授权委托,而不是基于公共权力。如果没有当事人的委托,社会执业律师的法律服务和执业权利便无从谈起。新旧《律师法》都规定:"律师承办业务,由律师事务所统一接受委托,与委托人签订书面委托合同,按照国家规定向当事人统一收取费用并如实入账。"据此可知,律师具有受托性的特征。再从新旧《律师法》关于律师业务范围的规定来看,"接受……聘请"、"接受……委托"、"接受……指定"、"代理……"等字眼也清楚表明律师具有受托性的特征。

律师工作大多依受托而定,但并非完全"受人之托,忠人之事",是依法而"忠",而不是毫无原则的"忠",因此律师具有相当的独立性。不但要独立于当事人,而且还要独立于国家公权力,要独立于法官、检察官。律师拥有独立的人格和法律价值取向,还包括为公共事业作贡献(如开展公益诉讼)。

（四）自主性与自律性

律师执业主要属个人劳动,不受当事人意志的约束,也不受律师协会等律师组织的指导,而是由律师本人自主决定办理委托事项的方式、方法。此外,中国律师的执业活动亦不受地域和行业的限制。而法官与检察官的自主性相对较弱,其活动是在代表国家行使一定的公权力,不属于个人劳动。

律师职业管理具有自律性,主要是通过组成律师协会实行自治。世界各国关于律师管理体制不尽相同。有些国家实行完全的律师自治,如法国、日本等。在法国,律师团体称律师会,执业律师必须参加一个律师会。律师会由理事人经营管理。理事会由律师会会长主持。由各律师组成的律师会总会选举律师会的会长及理事会。律师会作为独立的自治团体对会员行使惩权。日本律师亦实行行业自治。日本律师联合会是其全国性律师组织,以执行有关律师及律师会的指导、联系与监督事务为目的。它一方面的工作即是审查律师资格、监督律师行为、惩治违法律师、指导律师会的工作。律师会是日本律师的地方性组织,其使命与日本律师联合会相同。还有些国家实行以行为管理为主的体制。如在美国,律师管理以律师协会为主,法院参与管理。中国的律师管理体制经历了一个曲折的发展历程。50年代中国律师制度初建时,律师及律师工作受司法行政机关统一领导和管理。十一届三中全会后律师制度重建时,恢复了由司法行政机关单一管理的律师管理体制。1993年12月26日,国务院以批复形式批准了司法部《关于深化律师工作改革的方案》,该方案要求建立司法行政机关的行政管理与律师协会的行业管理相结合的管理体制。《律师法》则明确规定,国务院司法行政机关监督、指导全国律师工作;律师协会是律师的自律性行业管理组织,从而以立法的形式确立了司法行政机关宏观管理,律师协会具体微观管理的体制。这里不得不指出,《律师法》的制定和修订由司法部(行政机关)主持,是难以实现律师的自主性和自律性的。今后中国律师管理体制将顺应世界趋势朝着行业直接管理为主、司法行政机关参与间接管理的模式发展。加强律师自治，实现律师自律，是律师业发展的方向，为此应不断完善协会制度。

（五）法律性与正义性

新《律师法》没有明确规定"律师的法律性"特征，是退步的表现。只是从第2条律师定义看出，其扮演"提供法律服务"的角色。但是，旧《律师法》第1条规定律师应当"维护当事人的合法权益，维护法律的正确实施"。维护法律的正确实施是律师法律性的表现，其法律性内涵应包括两个方面：第一，法律是律师存在的前提和基础；第二，法律是律师从事工作的工具。首先，法律是律师得以存在的前提和基础。因为律师是以法律为职业从事法律工作的人员，既然从事法律工作，就必须具有渊博的法律知识（既包括实体知识也包括程序知识，既包括法律条文知识也包括法学理论知识），此将律师同其他非从事法律工作的人员区别开来。其次，我们说律师具有法律性，是因为律师要从事的工作必须运用法律，法律是律师工作的工具。我们知道，律师的工作就是最大限度地维护当事人的利益。为了实现此目的，一方面，律师要从错综复杂的案情中分析出案件真相，然后根据案情从浩如烟海的法律条文中找出与案件相关的条文，两相对照，找出解决问题的途径；另一方面，在没有相关法条存在的情况下，律师还需运用自己所掌握的法理知识，从能够维护当事人利益的角度出发，进行学理解释，最终提出切实可行的案件处理意见。

维护当事人的合法权益，维护法律的正确实施，充当保护广大平民的人权也是律师正义性的表现。古今中外对正义内涵理解不同，人类社会不存在所谓永恒的正义，正义是一个相对的、有条件的、可变的概念。但是，不管人们对正义如何理解，都不可否认正义的客观性，都能感觉到它在社会生活中的影响，并以其作为评判是非善恶的标准。就正义与法律的关系而言，法律必然要受到正义观念的支配，正义是法律产生的基础和基本前提。不仅如此，作为一种法价值，正义更是社会的一种首要价值。在司法的视角下，正义就是公正和公平。律师作为维护当事人合法权益的独立群体，其社会角色是为正义的诉求而设置的。律师的活动应当具有社会正义性。律师必须"坚持信念、精通法律、维护正义、恪守诚信"，充当法律、道德和正义的代言人。

三、律师的分类

（一）专职律师和兼职律师

专职律师是指取得律师资格和领取律师执业证书，并在律师事务所专门从事律师工作的人员。兼职律师是指取得律师资格和领取律师执业证书，不脱离本职工作从事律师职业的人员。

在西方国家,律师一般都是专职的。律师专职,有利于集中精力,全力以赴开展法律服务,提高法律服务的质量。

在中国,由于律师人数目前及相当长的一段时间内仍然不足,结合其他原因,从立法上确立专职律师与兼职律师并存的制度,是与国情相适应的。但是,从长远来看,兼职律师是特定历史条件下的产物。随着社会法制水平的提高,灵活有效的职业转换机制的配套建立,专职律师队伍的壮大,兼职律师在组织上将得到控制,逐步实行律师专业化体制。兼职律师的发展现已受到一定的政策限制。如:兼职律师如果要成立律师事务所或者成为律师事务所的合伙人或合作人,必须与原单位脱钩,成为专职律师等。再者,根据司法部1996年发布的《兼职从事律师职业人员管理办法》的规定,自1997年起,只有法学院校(系)、法学研究单位从事教学、研究工作的人员,具有律师资格,并且所在单位允许其兼职从事律师职业的,才有可能成为兼职律师。但是,根据司复(1998)006号《司法部关于电大、职大、党校的法学专业教师能否兼职从事律师工作的批复》:"经国家教育行政部门批准单独设立的广播电视大学、职工大学以及省、自治区、直辖市以上党委所属党校在编的法学专业教师,取得律师资格后,可按司法部《兼职从事律师职业人员管理办法》的规定,从事兼职律师工作。"根据司发函(1997)042号《司法部关于辞去原职的离退休人员申请执业法院业大教员能否担任兼职律师等问题的批复》规定:"法院业大的专职教员,属于法院系统的现职工作人员,因此不得担任兼职律师。"根据司复[1998]009号《司法部关于警察院校中具有人民警察身份的现职人员不得兼职从事律师工作的批复》规定:"各类警察院校中纳入人民警察序列,被授予警衔,具有人民警察身份的现职人员,均不得兼职从事律师工作。"从实际情况看,上述可被允许兼职从事律师工作的人员,普遍具有丰富的法律知识,成为兼职律师后通过律师实践,可以积累经验、提高法律服务技能并及时发现法律的缺陷,有助于更好地从事教学、研究工作,也有助于缓解律师数量与法律服务需求之间的矛盾。但应注意,兼职律师应量力而行,正确处理好本职工作与律师工作之间的冲突。新《律师法》第12条规定:"高等院校、科研机构中从事法学教育、研究工作的人员,符合本法第五条规定条件的,经所在单位同意,依照本法第六条规定的程序,可以申请兼职律师执业。"

新《律师法》第11条第2款还规定,律师担任各级人民代表大会常务委员会组成人员的,任职期间不得从事诉讼代理或者辩护业务。第13条规定,没有取得律师执业证书的人员,不得以律师名义从事法律服务业务;除法律另有规定外,不得从事诉讼代理或者辩护业务。人大代表和未取得律师职业证书的人,不能以兼职律师名义从事法律服务,如果仅是参与一些非诉法律事务,则此种行为不违反《律师法》的规定。

专职律师、兼职律师只是律师种类的区分。《兼职从事律师职业人员管理办法》第3条规定:"兼职从事律师职业人员在执业活动中统称律师,与专职律师有同等的权利和义务。"从中国的实际情况分析,两种律师形式将会长期并存下去。

(二)社会执业律师、公职律师、军队律师和公司律师

社会执业律师是指在律师事务所执业,受聘于机关、企事业单位和公民个人,为其提供有偿法律服务的律师。在中国,社会执业律师是传统形式,数量最大。

公职律师是指国家行政机关(各级政府及公共职能部门)中具有律师资格并持有律师执业证书,且在本机关内部专门从事法律工作,为本机关提供综合性法律服务的人员。建立公职律师制度,是律师制度改革的重要方面,也是法律顾问制度的进一步发展。其重要性体现在适应政治体制改革,为保证政府依法办事提供制度性的支持,促进政府依法行政。公职律师是国家公务员,但其律师资格的取得和权利、义务及行为准则,均与《律师法》规定的社会执业律师相同。公职律师与社会律师不同之点是其服务对象只限于本机关,而不面向社会,且不收费。公职律师的主要任务是促进政府决策的科学化、法治化,保障法律的正确实施,维护本机关的合法权益。其具体职责包括:为各级政府及其行政部门的立法决策、行政决策提供法律意见,进行法律论证;参加法律、法规和其他规范性文件的草拟、修改、审查工作;为本机关所提出的法律问题,提供法律咨询服务;代理本机关参加诉讼、仲裁、调解及行政复议等活动。

公司律师是指具有律师资格或法律执业资格,在企业内部专职从事法律事务工作,为企业内部提供法律服务并依法取得公司律师执业证书的执业人员。建立公司律师制度,是国际上的通行做法,也是中国律师制度改革的重要方面。其重要性体现在适应企业经营环境的变化,增强中国企业的竞争力,减少企业的运营成本。应注意,公司律师的身份和业务范围是特定的,公司律师的存在并不表明律师可以从事经营性活动。1996年发布的《国家出资设立的律师事务所管理办法》第5条、《合作律师事务所管理办法》第4条和2004年公布的《合伙律师事务所管理办法》第4条均规定,律师和律师事务所不得从事其他任何经营性活动。司复〔2001〕2号《司法部对关于律师从事经营性活动的批复》规定:"律师在执业期间不应担任企业职务,参与企业的管理,从事经营性活动。"

至于军队律师,新《律师法》第57条规定"为军队提供法律服务的军队律师,其律师资格的取得和权利、义务及行为准则,适用本法规定。军队律师的具体管理办法,由国务院和中央军事委员会制定。"此明确表明军队律师的性质是为军队提供法律服务,明显有别于《律师法》第2条对社会执业律师"为当事人提供法律服务"的定位。军队律师的性质,其主管机关解放军总政治部司法局明确指出军队律师列入部队政治机关编制,在组织领导和管理体系上,军队律师属于部队政治机关序列,受所在单位首长和政治机关领导。军队律师的职责范围据现有的规定看是严格限定在军队内部以及军队与地方互涉的法律服务中。司法部和总政治部于

1993年联合颁布的《关于军队法律服务工作有关问题的通知》中明确规定部队军以上单位的法律顾问处是军队律师执行职务的工作机构,其主要任务有:领导律师开展业务工作,依法为首长、机关决策和管理提供法律咨询;接受军队单位和军办企业的委托处理军队内部或者军地互涉的法律事务;为军内单位和人员提供法律服务;协助有关部门对部队进行经常性的法制教育。因此,中国的军队律师属于典型的公职律师。

与公职律师和公司律师制度相关的两个重要制度:一是保证公职律师和公司律师的职业独立性的制度。公职律师和公司律师与社会执业律师相比,在执业环境上已经发生了重大变化。在这种以行政性的上下级关系为主导的环境中,律师执业活动的独立性很容易受到冲击,使得设立公职律师和公司律师制度的初衷难以实现。因此,为了保证这些律师的独立性,必须在这些律师的职责、薪金保障、雇佣权利等方面作出有利于保证律师独立性的规定。二是要设定公职律师、公司律师与社会执业律师相互流动所应当遵守的利益冲突规则。

(三)一级律师、二级律师、三级律师、四级律师和助理律师

司法部1987年制定的《律师职务试行条例》的相关规定:律师职务是根据律师工作的性质及其实际工作需要而设置的工作岗位。律师职务设:一级律师、二级律师、三级律师、四级律师、律师助理。一级律师、二级律师为高级职务,三级律师为中级职务,四级律师和律师助理为初级职务。评审、聘任或任命律师职务,必须以履行岗位职责的学识、专业水平、解决实际问题的能力和成就为依据,并应具备相应的学历和专业工作经历。司法部指导全国律师职务的评审、聘任工作。各级律师职务的任职资格,需经相应的律师职务评委会评审,初级律师职务评委会由县级司法局组建,负责评审律师助理、四级律师;中级律师职务评委会由地(市)级司法局组建,负责评审三级律师;高级律师职务评委会由省、自治区、直辖市司法厅(局)组建,负责评审一、二级律师。司法部律师职务评委会负责评审直接管理的律师事务所的律师职务任职资格。

第二节 律师的性质和职能

一、律师的性质

(一)律师性质的概念

律师性质,是指国家法律规定的,律师区别于其他职业的本质属性。律师职业和其他许多职业一样,是由于社会发展而出现的职业分工。在一国的律师制度中,律师的性质是一个根本性的问题,它体现在律师制度的各个方面,制约着律师的地

位、权利、义务、作用、责任和律师制度的发展趋势。

（三）关于律师性质的学术观点

关于律师的性质,中国学术界争议较大。1980年全国人大常委会通过的《律师暂行条例》第1条明确规定"律师是国家法律工作者。"按照这种角色定位,律师代表的就不是当事人而是国家。到了80年代后期,中国律师界、法学界对律师性质展开了激烈的讨论,产生了多种看法,但都存在一定缺陷。有的说律师是"社会主义法律工作者";有的说律师是"中介人";有的说律师是"社会职业者"、"自由职业者""法律职业者";1996年《律师法》第2条规定律师是"为社会服务的法律执业人员";2007年《律师法》第2条规定律师是"为当事人提供法律服务的执业人员"。我们认为,以上种种说法并没有从正面揭示出律师的本质和内涵。①

如上所述,在中国律师体制改革和律师立法工作过程中,律师性质的问题深受重视。法学理论界、律师界、立法工作者对此进行了深入的探讨研究,形成了以下四种最具代表性的观点：

1.律师是国家法律工作者

该种观点仍然坚持律师是"国家的法律工作者",其为《律师暂行条例》中律师定义所确立的律师性质,认为律师是一个特殊行业,其为当事人提供的服务不是一般的服务,非国家法律工作者不能承担。律师与公、检、法工作人员一样,都是从事法律工作,都是为了保障国家法律的正确实施,提高律师的地位,维护法律的尊严,维护当事人的合法权益,目标一致,只是分工不同,律师工作有对立面,只有作为国家法律工作者,才能与其承担的任务和职能相称。该种观点具有特定历史阶段的积极性,但难以体现律师主要向社会提供法律服务的职业特点,也难以被国内外当事人所接受,更不利于律师管理体制的完善以及中国律师业与国际律师业的接轨。

2.律师是社会法律工作者

该种观点受《律师法》中旧律师定义所确定的律师性质的影响。认为律师工作有两个特点：一是具有社会性。服务面广,面向整个社会;二是具有服务性。律师没有强权性,他只是提供智力劳动,为社会服务。律师工作的这两个特点决定了律师的性质应为社会法律工作者。该种观点虽然比"律师是国家法律工作者"提法更科学,揭示了律师服务的社会性和"律师职业的去行政化过程",揭示了律师与法官、检察官等国家法律工作者的区别,但是,其无法区分律师与其他社会法律工作者的区别;也不能涵盖其他品种的律师,如公职律师、公司律师、军队律师等所从事非"社会性的服务工作"。

3.律师是提供法律服务的自由职业者

该种观点认为,律师接受当事人的委托,担任辩护人、代理人和法律顾问。所

---

① 官玉琴、张禄兴主编：《律师法学》,福建教育出版社2006年版,第4~5页。

谓"自由职业者",就是摆脱国家公权力的控制,依照自己的意志自主地从事某种职业的人员,从理论和实践两方面看,都属于个人劳动。律师的职业定位从国家法律的工作者到社会法律工作者是一个进步,但仍然不够准确。律师的权利不是国家的权力,也不是社会权利,而是公民个人权利的延伸,律师的职业的定位应是提供法律服务的"自由职业者"。①因此,应当还律师自由职业者的本来面目。该种观点虽然体现了律师独立、自治的职业特征,但它脱离中国实际,与中国现时经济基础、历史传统和文化背景尚不相容,也与中国目前的制度设计不相符合。

4. 律师是法律职业者

该种观点认为,基于和谐社会的基本价值取向,将律师定位为"法律职业者",既克服了上述三种观点的弊端(无论是社会执业律师、公司律师和公职律师都包含在法律职业者的内涵之中),又揭示出律师在社会发展到现阶段所应有的定位。具体而言,有利于改变目前中国律师业非职业化现象,推动律师职业的发展;可以体现律师在建设法治国家中的作用,与律师的担负的职能相一致;有助于法律职业共同体的形成与发展;等等。

5. 律师是当事人的法律服务者

该观点是从新《律师法》中的律师概念演绎出来的。其突出了律师的"服务性"和"为当事人"的片面性,无形中降低了律师的社会性、政治性和所能发挥的更大作用,表明了律师充其量是一种"赚钱谋生"的工具,而忽略了律师在当今法治和人权社会中所扮演的更为重要的角色。

如前对律师新定义建议所述,我们的新看法为:律师是提供法律服务及其他相关工作的法治职业人员和人权保护者。

(三)关于中国律师性质的法律界定

1980年《律师暂行条例》第1条规定"律师是国家的法律工作者",被1996年《律师法》明令废止。其错误在于,将律师定位为"公务员"角色,维护国家利益,而不涉及公民法人和其他社会组织的利益,其完全是"国家本位主义"的表现。

1996年《律师法》第2条规定的律师是"为社会提供法律服务的执业人员。" 2001年修正《律师法》时在第2条保留"律师是社会法律工作者"的观点。2007年修正的《律师法》表述为:律师"是指依法取得律师执业证书,接受委托或指定,为当事人提供法律服务的执业人员"。这与《律师暂行条例》关于律师性质的规定相比较,从律师的职业属性、法律属性二者统一出发,对律师性质作了比较进步的界定。首先,它高度概括了作为律师的必备条件,即律师必须是依照律师法的规定取得律

---

① 陈兴良教授早在1996年就提出了律师是"自由职业者"的观点;陈卫东教授也多次撰文论证将律师定位为"自由职业者"。参见陈卫东主编:《中国律师学》,中国人民大学出版社2003年版,第27～28页。

师执业证书的人员。其次,它比较合理地体现了律师主要向社会提供法律服务的职业特点,从而使中国律师不同于国家工作人员。再次,执业人员的界定表明律师必须依法取得执业证书,才能开展律师业务活动,这表明中国律师亦不同于自由职业者。最后,它有利于中国律师队伍的发展和律师制度的不断完善。但是,以这个律师概念定位律师的性质,仍然存在着不少问题,理论界对此提出较大的异议,有学者呼吁重新设计更好的律师定义,以便更加科学、合理、准确的表达律师的性质。前文已作评论,在此不再赘述。

2007年《律师法》规定律师是"为当事人提供法律服务的执业人员",比1996年规定又有一些进步。其突出当今中国律师的两个主要特征:一是主要从事"为当事人"服务的角色,二是随之而来的"以营利为目的"。从而律师充当了"准商人"的行为,限制了律师在社会、政治、经济、文化等领域发挥更大作用。这样,律师性质只是"为服务而赚钱"罢了。

归结分析中国律师性质的三次法律界定,说明如下问题:其一,说明律师性质一次比一次进步,说明律师是执政者意志和时代附随产物;其二,说明对律师定义的"不必要",多此一举,画蛇添足,如国外认识的那样。其三,说明律师不是真正出于法治和人权的需要,而是统治者的工具。除了"竞争营利"外,难以参政当政,为民为社会谋利立功。

二、律师的职能

(一)律师职能的概念

律师职能,也称作律师使命或律师任务。它由国家法律规定的,与各国的社会、政治制度密切相关。它是律师制度存在与发展中一个最基本的问题,同时也是最重要的问题。

(二)律师职能的定位

虽然中国律师制度已恢复并发展了20多年,但在体制转型与观念滞后性的冲突之中,社会各界乃至律师自身对律师职能的定位缺乏共识,律师职能的定位问题一直困扰着社会和律师群体自身。表面上看律师的事业在蓬勃发展,在一定意义上律师似乎已成为一种令人羡慕的职业,实际上律师却常常无所适从,社会各界对律师的评价褒贬不一。人们羡慕律师,又排斥律师;需要律师,又防范律师;政府发展律师,又不信任律师;企业需要律师的帮助,同时又怕律师帮倒忙;外国人说中国律师只是政府的摆设,而律师在政府中却并无摆放的位置;法院开庭需要律师出庭,而出庭律师却得不到起码的重视;律师在法官、检察官眼中地位低下,而许多法官、检察官却纷纷加入律师行列……此可谓中国律师现状的真实写照。律师行业尚在中国主流社会的边缘徘徊。而导致这种状况的深层原因,正是出于对律师职能定位的困惑。因此,有必要对律师职能予以进一步明确的定位。我们认为律师有如下四项"维护职能":

1. 维护当事人的合法权益职能:为当事人提供法律服务

新《律师法》第2条规定律师是"为当事人提供法律服务";"维护当事人的合法权益,维护法律的正确实施"。由此可看出律师首要职能是维护当事人的合法权益。当律师的职业道德和社会道德相冲突时,律师首先应当服从职业道德。在法治社会中,律师的作用主要体现于维护私权利的基础之上。对于个案而言,这种作用体现在最大限度地维护当事人的合法权益。对于全社会而言,这种作用只能在律师群体的综合效应中得到体现。

随着中国律师队伍的迅速扩大和律师服务的普及,利益冲突问题成为律师执业中不可避免而又亟待解决的问题,但中国并未建立该项制度,只是在有关法律、规章和其他规范性文件中规定了律师执业冲突的有关内容。所谓利益冲突,是指同一律师事务所代理的委托事项与该所其他委托事项的委托人之间有利益上的冲突,继续代理会直接影响到相关委托人的利益的情形。在接受委托之前,律师及其所属律师事务所应当进行利益冲突查证。只有在委托人之间没有利益冲突的情况下才可以建立委托代理关系。还有其他存在利益冲突的情况,律师都必须以保护当事人的利益为原则。

2. 维护法律的正确实施职能:保障律师依法执业

我们从新《律师法》第1条的规定可看出,"维护法律的正确实施"也是律师的职能,这是保障律师依法执业的需要。律师作用与法律的功能紧密相连,没有法律便没有律师。但是,徒有法律存在,是毫无意义的。因为如果法律的目的不能实现,等于一纸空文。而实现法律的目的,光靠司法机关的努力显然是不够的,它需要律师发挥作用,特别是在非诉讼案件中,有助于实现法律目的的法律工作者,最重要的是律师。从总体上讲,律师主要是私权利的维护者,即在现行法律规定的框架内,依法最大限度地维护当事人的合法权益。维护法律的正确实施和维护当事人的合法权益,两者是统一的,不可偏废。律师的执业活动必须以遵守法律和运用法律为前提;律师不能创造法律,也不可以超越法律,只能在法律规范的框架内,最大限度地运用法律的具体规定去维护当事人的合法权益。这是保障律师"依法执业"的第一要义。但是,律师绝不只是为了实现法律。法有良法和恶法之分,对于"恶法"即不正确或有重大瑕疵的法律,律师不能盲目"跟着不法走",而应谨慎从事。在法律不完备或者法律内容上存在着不利于国家、集体或个人的时候,律师还应该为完善法律提出意见和创造条件。对于机械地适用法律可能造成实质性的不正义和不妥当的结果时,律师应该尽可能防止该种结果发生,以便确保实质性的正义和妥当性。特别是对于违反宪法的法律,律师应该提出该法无效的主张。这是保障律师"依法执业"的第二要义。律师应充分发挥法律在构建和谐社会中的特殊功能,为实现依法治国作出应有的贡献。

3. 维护实现社会公平正义职能:最大限度维护社会公共利益、公共秩序和公共道德

新旧《律师法》并没有直接规定律师负有该职能。但从"发挥律师在社会主义法制建设中的积极作用",可理解为,在"法制建设中的积极作用",隐含着律师负有实现社会公平正义职能。律师实现社会公平正义的职能在"维护当事人的合法权益,维护法律的正确实施"的规定中也有所隐含。社会公平正义是制度改革和社会发展所追逐的目标,它必将成为中国社会的主导价值。社会公平正义要求实现效益最大化必须以公平和不侵害公益为条件,追求个体自由应当以群体安全和社会公共利益、公共道德及公共秩序为限度。正当权力、理性的市场行为、法律权威的制度机制原本就是社会公平正义的应有之义。社会需要律师去辅助权力正当行使和规范市场行为,去协调市场干预与主体自治的冲突,保障衡平而合法的效益。律师被赋予了倡导理性行为、呼唤社会公平正义的历史使命,成为实现社会公平正义的不可缺少和不可替代的重要力量。比如律师在参与各类"公益诉讼"和维护弱势群体的诉讼或非讼活动中,就充分体现了实现社会公平正义的职能。因此,有必要在今后立法中独立而明确地规定律师实现社会公平正义的职能。

4. 维护彰显"尊重和保障人权"职能:积极促进国家保护广大民众的人权

日本的《律师法》第1条规定,"维护基本人权"作为律师的首要使命,这是当今世界最能跟随"从身份到契约,又从契约到人权运动"时代潮流的律师职能的最高度的表达话语。因为战后的日本将维护基本人权作为一个重要的宪法原则,由此指导包括律师领域在内的一切法治工作。我们有必要借鉴日本的该先进律师立法规定。2004年3月中国第四次宪法修正案提出"国家尊重和保障人权"。2012年3月14日新修改的《刑事诉讼法》(以下简称新《刑事诉讼法》)第一次把"尊重和保障人权"写入总则。那么,尊重和保障人权不仅是刑事法律保护当事人的基本原则,而且应是律师工作的指导原则,不光是政府的责任,也是律师的职能。律师在维护当事人的合法权益、实验社会公平正义和法律正确实施工作中,不仅为了实现社会公平、正义,而且最终是在彰显"尊重和保障人权",尤其是弱势群体的基本人权的维护,促进国家尊重和保障人权。

第三节 律师资格

一、律师资格的概念

一般而言,资格是指从事某种活动所应具备的条件。律师资格是律师执业的条件之一,是指国家通过考试或考核的方式,授予特定的公民从事律师职业的身份

资格。

旧《律师法》第5条规定:"律师执业,应当取得律师资格和执业证书。"新《律师法》第5条规定,申请律师执业条件之一是"通过国家统一司法考试"以及在此之前"已取得的律师资格凭证"。该规定表明,只有取得律师资格的人,才能申请执业,从事律师工作。实际执行时有例外。

律师职业活动具有法定性和严肃性,涉及上层建筑领域中的司法活动和国家职能,不像其他服务行业那样单纯。从事律师活动的公民必须熟知法律,精通业务,具有社会科学和其他科学方面的广泛知识(如从事专利案件的律师,应熟悉自然科学方面的知识)和较高的道德水准。建立律师资格制度,对保障律师素质,提高律师服务质量,维护当事人的合法权益,维护法律的正确实施,维护人权和实现社会正义,意义重大。严格律师资格管理,与律师成为现代社会中的一种高尚职业并在人们的心目中获得崇高地位,存在重大关联。

二、律师资格的取得

(一)取得律师资格的条件

中国1949年成立至1957年初期间,虽然也有律师在某些时候开展刑事辩护等业务,但这些律师往往没有经过资格考试、授予等程序,而是直接从公、检、法、司队伍中抽调的。其后的反右政治运动和"文化大革命"期间,律师在中国没有生存空间。1979年恢复律师业(全国律师人数仅200多名),1980年颁布了《律师暂行条例》,1996年制定颁布了《律师法》,2001年和2007年两次修正了《律师法》并发布了《关于国家司法考试实施办法(试行)》,律师资格管理制度日趋完善。

旧《律师法》第5条至第8条明确规定律师执行条件之一"应当取得律师资格"。新《律师法》取消这种规定,但在第5条第2款承认"实行国家统一司法考试前取得的律师资格凭证,在申请律师执业时,与国家统一司法考试合格证书具有同等效力"。根据2007年现行《律师法》第5条、第8条、第12条以及司法部的有关规定,从法理上结合法律看,在中国取得律师资格应当具备以下条件:

1. 国籍条件

必须是中国公民(对于港澳台地区的中国公民,香港和澳门的公民可以在大陆取得律师资格,台湾地区的公民虽然亦属中国公民,但因特定的两岸关系原因暂时不能在大陆取得律师资格),不允许外国人和无国籍人在中国取得律师资格。从世界各国的情况看,大多数国家的法律都规定,只有本国公民才被允许取得本国律师资格。这与国家主权原则是一致的。律师是国家执法、司法领域的重要参加者,其活动涉及国家主权,如果允许外国人或无国籍人取得本国资格,可能对本国主权带来损害,也不便于对其进行管理。而且,由于政治制度、经济发展水平、历史文化传统和自然地理环境的区别以及法律制度、法律观念和司法体制的不同,一个外国人也很难胜任其他国家的律师工作。

2. 政治条件

律师必须拥护中华人民共和国宪法和其他法律,品行良好。一个律师必须具备必要的政治素养。遵纪守法,为人正直,品行端正,有善心、爱心和责任感,不受各种外界的不当干涉;敢于替当事人伸张正义,维护法律权威;不计个人名利得失,积极上进,维护人权。

3. 法律条件

律师的法律条件,也称业务条件,在总体上,要求律师必须具有完全民事行为能力,掌握一定的法律专业知识或接受一定的法律专业训练。这是基本的法律条件。

一般条件即从宽条件为,必须经过国家统一的律师考试或者司法考试。新法取消旧法第6条规定,"具有高等院校法律本科以上学历,或者高等院校其他专业本科以上学历,具有法律专业知识的人员,经国家司法考试合格的,取得律师资格。对于适用前述学历条件确有困难的地方,经国务院司法行政部门审核确定,在一定期限内,可以将学历条件放宽为高等院校法律专业专科学历"。如:根据2003年《司法部关于确定国家司法考试放宽报名学历条件地方的意见》规定,自2002年1月1日起至2006年12月31日,下列地方可以将国家司法考试报名的学历条件放宽到高等院校法律专业专科毕业:各省、自治区、直辖市所辖自治县(旗),各自治区所辖县(旗),各自治州所辖县;国务院审批确定的国家扶贫开发工作重点县(共592个);西藏自治区所辖市、地区、县、县级市、市辖区。根据司发通[2005]55号《司法部关于确定国家司法考试放宽报名学历条件地方的补充通知》规定,进一步将国家司法考试放宽报名条件地方范围扩大至西部地区的省、自治区、直辖市确定的扶贫开发工作重点县(区、市)。自2005年7月1日起至2006年12月31日,这些地方可以将国家司法考试的报名学历条件放宽为高等院校法律专业专科毕业。这样2007年的现行《律师法》把"复杂"规定进行"简单化"处理,不问学历和文凭只要"通过国家统一司法考试",就可取得律师资格。

从严条件为,"具有高等院校法学本科以上学历,从事法律研究、教学等专业工作并具有高级职称或者具有同等专业水平的人员,申请律师执业的"。旧法规定,"经国务院司法行政部门按照规定的条件考核批准,授予律师资格。"现新法修改为必须具备"通过国家统一司法考试"等条件方行(见新《律师法》第5条),将特许的"考核制"变成从严的"考试制",只是放宽为一般人员而不必具有高级职称者。

上述大专或本科学历,根据司发函[2001]152号《司法部关于律师资格考试学历确认问题的答复》,系指"国家承认的国民教育系列的学历"。高级职称包括正高职称和副高职称。

特殊条件从旧法"高等院校、科研机构中从事法律教育、研究工作并具有高级职称或同等专业水平的人员"变成新法的另外两类人员：一是具有本科以上学历，在法律服务人员紧缺领域从事专业工作满15年的；二是具有高级职称或者同等专业水平并具有相应的专业法律知识的；他们经"考核合格"可取得"专职律师执业"。这实际上为司法行政部门的大量原"法律工作者"和高职称的技术人员大开绿灯。

（二）取得律师资格的程序

取得律师资格的程序有考试和考核两种情况：

1. 经考试合格取得律师资格

在中国，1986年至1992年，每隔1年（即2年）由司法部统一命题，组织一次全国律师资格考试；从1993年起至2000年，每年组织一次全国律师资格考试；对考试合格者，由司法部颁发《律师资格证》。自2001年起全国律师资格考试改为全国统一司法考试。实行全国统一司法考试有助于建立健全律师与法官、检察官之间制度化的交流渠道，促使"法律职业共同体"的尽快形成，从而促进司法人员的专业化，也有利于提高律师素质和地位。

根据2001年颁布的《国家司法考试实施办法（试行）》规定，国家司法考试是由国家统一组织的从事特定法律职业的资格考试，由最高人民法院、最高人民检察院和司法部共同协商组织，具体由司法部负责实施。国家司法考试实行全国统一命题、统一评卷，每年举行一次。凡是拥护宪法，享有选举权和被选举权，具有完全民事行为能力，取得高等院校法律专业本科以上学历，或者高等院校其他专业本科以上学历并具有法律专业知识，品行良好的中国公民，均可报名参加考试；考试结束后，根据考生考试成绩按照一定比例，部分确定考试合格人员，由司法部颁发《法律职业资格证书》。自2004年起内地允许香港地区公民和澳门地区公民报名参加国家司法考试，作为内地法律服务业对香港、澳门开放的措施之一。

全国律师资格考试及其后续的国家司法考试被誉为"组织严密、程序严谨、标准严格、纪律严明"和"最权威、最规范、最严密、最廉洁"的"天下第一考"。根据《律师法修订草案送审稿》的规定，《律师资格证》与《法律职业资格证书》将具有同等效力。最终在修订后的2007年《律师法》确定为"实行国家统一司法考试前取得的律师资格凭证，在申请律师执业时，与国家统一司法考试合格证书具有同等效力"。（第5条第2款）。

2. 经考核批准取得律师资格

根据旧《律师法》第7条的规定和司法部1996年颁发的《律师资格考核授予办法》的规定，对符合条件的人员，可以考核授予律师资格。申请考核授予律师资格的，由省、自治区、直辖市司法厅（局）负责对申请人的考核和有关材料的审查工作，司法部审批授予。但是，根据司办函[2003]第102号《司法部办公厅关于考核授予律师资格有关问题的函》答复意见，从中国律师业发展的客观要求以及协调考核授予律师资格与司法考试制度关系的角度出发，司法部正在研究考核授予律师资格改革问题,考核授予律师资格工作自2003年7月起处于暂停状态。2007年《律师法》基本上取消了旧《律师法》关于律师资格的种种规定,只保留了"实行国家统一司法考试前取得的律师资格凭证"。这样,从此之后可能不再对考核授予律师资格。因为国家实行统一司法考试之后,只要进行"律师执业许可"工作就可以了。

三、律师资格与律师职务分离

律师资格与律师职务分离,是世界各国较为通行的做法,但也有一些国家律师资格与律师职务是不分离的。在外国,"律师"一词一般有两种不同意义的理解:一是指具有一定法律知识水平的人;二是指专门从事法律服务的职业性人员。前者是人们通常所说的取得律师资格的人,后者是指取得律师资格后以法律服务为职业即执行律师职务的人员。在一些国家,如美国,一些取得律师资格的律师并不执行律师职务,他们可以从事其他职业,授予律师资格只是表明他的法律知识已达到一定的水平。这里的律师与法律家是同义语,律师资格与律师职务是分离的。而在另一些国家,如日本,只有符合取得律师资格的条件、准备从事律师工作的人,才可以向拟参加的律师协会提出登录申请,取得律师资格,进行律师登录;取得律师资格的人,必须从事律师工作,如不再从事律师工作,则须撤销登录,丧失律师资格。律师资格与律师职务是不分离的。

在中国,曾经实行的是律师资格与律师职务是不分离的制度。1980年公布的《律师暂行条例》第12条规定:"律师严重不称职的,得经省、自治区、直辖市司法厅(局)决定,报司法部批准,取消其律师资格。"〔1988〕司发公字第275号《司法部对取得律师资格后但现不从事律师工作人员的管理规定》第3条规定:"取得律师资格但现不从事律师业务的人员,有下列情形之一的,省、自治区、直辖市司法厅(局)报经司法部批准取消其律师资格……"。1992年制定的《律师惩戒规则》第3条规定:"对律师的惩戒分为:1.警告;2.停止执业3至6个月;3.停止执业6至12个月;4.停止执业2年;5.取消律师资格。"第9条和第10条则对取消律师资格处分的适用情形予以具体规定。据此可知,上述规定确立的是律师资格与律师职务不分离的制度。

在总结中国律师制度改革发展实践经验并借鉴外国律师制度有关规定的基础上,〔1988〕司发公字第275号《司法部对取得律师资格后但现不从事律师工作人员的管理规定》第2条规定:"取得律师资格但未做专职律师或担任兼职律师者,不得以律师名义从事任何律师业务。"第6条规定:"取得律师资格5年后申领律师工作执照的,除5年内从事法律工作者外,还须通过由省、自治区、直辖市司法厅(局)组织的新颁法律、法规的书面考核。"第7条规定:"取得律师资格但不从事律师业务的人员可根据有关规定向所在省、自治区、直辖市的律师协会提出申请,成为该会个人会员。"1996年颁布、2001年修正的《律师法》第44条规定和第45条规定:

均没有规定取消律师资格的处分方式。1997年发布的《律师违法行为处罚办法》第5条规定:"律师有违法执业行为的,给予下列处罚:1.警告;2.没收违法所得;3.停止执业;4.吊销执业证书。"2004年发布的《律师和律师事务所违法行为处罚办法》第5条规定:"对律师违法行为实施行政处罚的种类有:1.警告;2.没收违法所得;3.停止执业 4.吊销执业证书。"也均未规定取消律师资格的处分方式。综合上述规定可知:中国已改为实行律师资格与律师职务分离的制度。2007年《律师法》基本上取消了"律师资格"的条款,论述"律师资格与律师职务分离制度"似乎没有什么意义了。

第四节 律师执业证、业务范围和基本原则

一、律师执业证申领

取得律师资格或通过国家统一司法考试合格,只是从事律师职业的前提条件。要成为执业律师,必须按照规定程序,向司法行政机关申请领取律师执业证。律师执业证,是律师执业的有效证件,是有关部门核定律师身份的依据。律师执业证的取得,意味着申请人不但具有取得律师资格所应有的知识水平,而且拥有实际执行律师业务的能力。可以说,律师执业证是申请人的律师资格和业务能力双重认可的结果和凭证。未持有律师执业证的人员,一般不得以律师名义从事活动。但是,2007年《律师法》第13条作出"除外"限制性规定,"没有取得律师执业证书的人员,不得以律师名义从事法律服务业务;除法律另有规定外,不得从事诉讼代理或者辩护业务"。这条规定具有一定灵活性,那就得看"除外"中法律如何规定和实践中如何操作了。

2001年旧《律师法》第8条规定:"拥护中华人民共和国宪法并符合下列条件的,可以申请领取律师执业证书:1.具有律师资格;2.在律师事务所实习满1年;3.品行良好。"第9条规定:"有下列情形之一的,不予颁发律师执业证书:1.无民事行为能力或者限制民事行为能力的;2.受过刑事处罚的,但过失犯罪的除外;3.被开除公职或者被吊销律师执业证书的。"第10条规定:"申请领取律师执业证书的,应当提交下列文件:1.申请书;2.律师资格证明;3.申请人所在律师事务所出具的实习鉴定材料;4.申请人身份证明的复印件。"第11条规定:"申请领取律师执业证书的,经省、自治区、直辖市以上人民政府司法行政部门审核,符合本法规定条件的,应当自收到申请之日起30日内颁发律师执业证书;不符合本法规定条件的,不予颁发律师执业证书,并应当自收到申请之日起30日内书面通知申请人。"对不

予颁发律师执业证书,申请人不服的,可通过行政复议或行政诉讼途径解决。结合1996年颁发的《律师执业证管理办法》相关规定,申请领取律师执业证书的程序依次为:申请、审查、批准发证。

2007年《律师法》确认了上述必经程序,特别对第11条不做任何修改而保留下来,其他条款大多作了更严格的修订。如对申请领取律师执业材料改为"律师协会出具的申请人实习考核合格的材料"(新第6条),这实际上增加了律师协会的权力和牟利空间,加大了对律师的"管制性"。

2007年《律师法》对"考核制"申请律师执业作了重大修改,该制原适用"高等院校、科研机构中从事法学教育、研究工作并具有高级职称的人员",现修改为"具有高等院校本科以上学历,在法律服务人员紧缺领域从事专业工作满十五年,具有高级职称或者同等专业水平并具有相应的专业法律知识的人员,申请专职律师执业的,经国务院司法行政部门考核合格,准予执业"(新第8条)。这样,新的"两类人员"取代旧的"两类人员"而可申请取得专职律师执业了,其利弊众人见解不一,只待实践进行检验了。

二、律师执业证注册

律师执业证注册制度,是司法行政机关对律师执业活动进行管理和监督的有效措施。根据1996年颁发的《律师执业证管理办法》的规定,律师执业证每年注册一次(又称年检),由司法部或省、自治区、直辖市司法厅(局)负责组织实施。未经注册,一律无效,不能再执行律师职务。每年注册结束后,对于准予注册的律师,注册机关应在报刊上公告。律师应妥善保管其律师执业证,不得出借、出租、抵押、转让、涂改、毁损。律师受停业处罚的,司法行政机关应收回其律师执业证,于处罚期满后发还。律师被吊销律师执业证的,司法行政机关应收缴其律师执业证并予以注销。律师执业证损坏或遗失的,由该律师所在的律师事务所向司法行政机关申请换领或补发。律师执业证损坏的,应交回原律师执业证;律师执业证遗失的,应在当地报刊上刊登遗失声明。其他行业执业注册往往只收工本费(几元至几十元),唯独律师执业证注册收费至少千元以上(如福建省收费近2000元),如此收费令人质疑其合理性。

三、律师业务范围

中国实行律师业务的法定化原则,即律师的执业范围由《律师法》明文规定。新旧《律师法》都规定,律师可以从事下列业务:(1)接受公民、法人和其他组织的聘请,担任法律顾问;(2)接受民事案件、行政案件当事人的委托,担任代理人,参加诉讼;(3)接受刑事案件犯罪嫌疑人的聘请,为其提供法律咨询,代理申诉、控告,申请取保候审,接受犯罪嫌疑人、被告人的委托或者人民法院的指定,担任辩护人,接受自诉案件自诉人、公诉案件被害人或者其近亲属的委托,担任代理人,参加诉讼;(4)代理各类诉讼案件的申诉;(5)接受当事人的委托,参加调解、仲裁活动;(6)接受非诉讼法律事务当事人的委托,提供法律服务;(7)解答有关法律的询问、代写诉讼文书和有关法律事务的其他文书。

以上律师业务,根据实践中的做法,具体可以归纳为11个项目,即:担任法律顾问、民事诉讼代理、行政诉讼代理(含行政附带民事诉讼代理)、刑事法律帮助(又称提前介入)、刑事辩护、刑事诉讼代理(包括刑事附带民事诉讼代理和刑事自诉案件代理)、申诉代理、仲裁代理、非诉讼法律事务、法律咨询、代书。

根据律师是否参与诉讼活动,可以将律师业务分为诉讼业务和非诉讼业务,这是国际上通行的律师业务分类的基本方法。所谓诉讼业务,是指律师在诉讼程序中所进行的业务活动,即律师以辩护人或诉讼代理人的身份参加诉讼活动。具体又分为刑事法律帮助、刑事辩护和诉讼代理三个方面,其中诉讼代理包括民事诉讼代理、行政诉讼代理、刑事诉讼代理三种。所谓非诉讼业务,是指律师在诉讼程序以外进行的业务活动,具体包括担任法律顾问、申诉代理、仲裁代理、非诉讼法律事务、法律咨询与代书等律师业务。传统的律师业务主要集中在诉讼业务,但随着经济的发展,非诉讼业务在整个律师业务中所占的比例越来越大,特别是在一些发达国家,律师的非诉讼业务量一般占到全部律师业务量的80%以上。此外,还有几种常见的分法,如根据律师业务是否具有涉外因素,可以将其分为律师的一般业务和律师的涉外业务;根据律师业务发生的根据不同,可以将其分为当事人委托的业务和有关机关指定的律师业务;根据律师开展业务活动是否必须取得其他资格的不同,可以将其分为有资格限定的律师业务和无资格限定的律师业务;根据律师业务是否涉及财产关系,可以将其分为财产权益方面的业务和非财产权益方面的业务;等等。

四、律师执业基本原则

律师执业的基本原则,是指法律规定的,贯穿于律师执业活动的全过程,指导律师实现律师职能的基本准则。新旧《律师法》第3条都规定:"律师执业必须遵守宪法和法律,恪守律师职业道德和执业纪律。律师执业必须以事实为根据,以法律为准绳。律师执业应当接受国家、社会和当事人的监督。律师依法执业受法律保护。"新法在"律师执法受法律保护"后面,增加一句"任何组织和个人不得侵害律师的合法权益"。根据这些规定,律师执业的基本原则有以下几项:

(一)遵守宪法和法律

严格遵守宪法和法律是每个公民的义务,更是律师的义务。律师在执业活动中,必须严格遵守宪法和法律,用宪法和法律的规范约束自己的行为,指导自己的全部执业活动。

(二)恪守律师职业道德和执业纪律

律师业在发展过程中已形成了特有的职业道德和执业纪律。律师在执业中应严格遵守中华全国律师协会制定的《律师职业道德和执业纪律规范》、《律师执业行为规范(试行)》等。

(三)以事实为根据,以法律为准绳

律师在执业活动中要在法律许可的认真调查取证、查阅案卷材料,力求掌握确凿充分的证据并善于分析运用证据,努力接近乃至还原客观事实,忠实于证据能够证明的法律事实(或称证据事实)。同时,应尊重立法原意,严格适用法律,不规避、曲解、违反法律或钻法律漏洞,实体法和程序法并重,兼顾实体公正和程序公正,忠实于公平正义的法律。

(四)接受国家、社会和当事人监督

作为国家授权的司法行政机关有权对律师、律师事务所和律师协会进行监督、检查和处理;同样,作为国家授权的税务机关有权对律师和律师事务所纳税情况进行监督、检查和处理等。这属于律师接受国家的监督。任何单位和个人对律师违反职业道德和执业纪律的行为都可以予以批评谴责,可以向律师所在的律师事务所、律师协会或司法行政机关进行反映,或者通过新闻媒体予以揭露。这属于律师接受社会监督。当事人对于律师在提供法律服务中的违法违纪行为,有权要求司法行政机关或律师协会依法处理;对于因律师违法执业或因过错造成的损失,有权起诉律师所在的律师事务所并索赔。律师事务所赔偿后,可以向有故意或者重大过失行为的律师追偿。律师和律师事务所不得免除或者限制因违法执业或者因过错给当事人造成损失所应当承担的民事责任。这属于律师接受当事人的监督。

(五)律师依法执业受法律保护

除新《律师法》第3条规定外,该法其他的规定也体现出律师依法执业受法律保护的原则。律师依法执业不受非法干涉,尤其"任何组织、个人不得侵害律师的合法权益"。律师依法进行的业务活动不受法律追究;律师在执业活动中的人身权利不受侵犯。旧《律师法》第48条规定,律师对于司法行政部门作出的行政处罚决定和不予颁发执业证书不服的,可以依法申请行政复议或者提起行政诉讼,以维护自己的合法权益。律师协会的首要职责是保障律师依法执业,维护律师的合法权益。新律师法取消了律师的律师事务所的申辩和诉讼权利,是一种倒退,不利于保护的执业权利。今后必须纠正之。

第五节 律师执业权利和执业义务

一、律师执业权利

律师执业权利,是指律师在执业过程中依法享有的权利。它与律师职务相关,是律师以执业人员的职务身份向社会提供法律服务时所享有的职务性的特殊权利,可以分为法定权利和继受权利。法定权利是由法律直接赋予的律师执业所固有的权利;继受权利是由当事人根据自己的实际情况授予的权利。由于继受权利存在不确定性,下面仅对现行法律规定法定权利进行介绍。新修订的 2007 年《律师法》中增加了许多保障律师执业权利的规定,确有进步,但取消了律师和律师事务的申辩和诉讼权利是错误的。律师及其律师事务所连最起码的"执业权利"都丧失了自身的抗辩权,谈何其他的权利保障。难怪新《律师法》修订前后,网民和律师们"痛批律师法",说新《律师法》是司法行政部门和律师协会的"权利法""司法强权法"、"侵害律师权益法"等,而对律师则是"律师管理法"、"律师管制"等。尽管如此,律师权利主要是:

(一)查阅案卷的权利

新《律师法》第 34 条规定:"受委托的律师自案件审查起诉之日起,有权查阅、摘抄和复制与案件有关的诉讼文书及案卷材料。受委托的律师自案件被人民法院受理之日起,有权查阅、摘抄和复制与案件有关的所有材料。"《刑事诉讼法》第 36 条规定:"辩护律师自人民检察院对案件审查起诉之日起,可以查阅、摘抄、复制本案的诉讼文书、技术性鉴定材料,可以同在押的犯罪嫌疑人会见和通信。其他辩护人经人民检察院许可,也可以查阅、摘抄、复制上述材料,同在押的犯罪嫌疑人会见和通信。辩护律师自人民法院受理案件之日起,可以查阅、摘抄、复制本案所指控的犯罪事实的材料,可以同在押的被告人会见和通信。其他辩护人经人民法院许可,也可以查阅、摘抄、复制上述材料,同在押的被告人会见和通信。"《民事诉讼法》第 61 条规定:"代理诉讼的律师和其他诉讼代理人有权调查收集证据,可以查阅本案有关材料。查阅本案有关材料的范围和办法由最高人民法院规定。"《行政诉讼法》第 30 条规定:"代理诉讼的律师,可以依照规定查阅本案有关材料,可以向有关组织和公民调查,收集证据。对涉及国家秘密和个人隐私的材料,应当依照法律规定保密。经人民法院许可,当事人和其他诉讼代理人可以查阅本案庭审材料,但涉及国家秘密和个人隐私的除外。"此外,还有其他相关法律法规对律师阅卷权作出规定。

在实践中,律师阅卷可能遇到困难。律师在案件侦查阶段不能查阅案卷的规定属可以理解的范围。在现有法律允许查阅、复制、摘抄案卷的阶段,律师往往要先联系案件具体经办人,约定见面时间并取得案卷方可阅卷。律师在阅卷方面可能遇下列情况:难联系案件具体经办人;相关部门未提供专门的或适合的律师阅卷场所;在公诉案件中往往只能查阅检察院提供的有罪的复印材料,不能查阅与案件相关的"所有材料";相关部门复印机少而无法满足律师复制案卷材料的客观需要;相关部门对律师复印材料的收费太高且不开具正式收费发票;部分相关部门只允许律师采用拍照复制方式;未代理过本案一、二审诉讼的律师代理申请再审时未被允许阅卷。另外,律师阅卷时间也可能被不合理限制,无法满足正常的办案需要。等等。

(二)同犯罪嫌疑人、被告人会见和通信的权利

旧《律师法》第30条,《刑事诉讼法》第36条、第96条,最高人民法院、最高人民检察院、公安部、国家安全部、司法部、全国人大法制委员会联合制定颁布的《关于刑事诉讼法实施若干问题的规定》第11条,最高人民检察院2004年制定并发布的《关于人民检察院在刑事诉讼中保障律师依法执业的规定》等规定律师有同犯罪嫌疑人、被告人会见和通信权。新《律师法》第33条保留了律师的会见权而取消了通信权,增加了"不被监听"权利,这是进步的修订,有待实践实施。对旧法的"通信权"是名存实亡,实际上无法做到。

新《律师法》修改后,自犯罪嫌疑人被侦查机关第一次讯问或者采取强制措施之日起,律师会见犯罪嫌疑人变得简单,无需公安部门的批准和"跟踪"。但在实践中,不少地方(如福州市公安部门在2012年仍如此)律师会见犯罪嫌疑人仍需经公安部门的批准、安排和"跟踪"、"监视"、"监听"。更加严重的如在重庆涉黑案中,由于"非常时期的非常规定",在侦查阶段,所有律师会见不到被告人;在审理阶段,开庭前除了起诉书和公安部门的询问笔录外,律师查阅不了被告人的案卷。有的案件律师的阅卷要求遭到拒绝后,在律师向重庆市高级人民法院反映情况并得到积极协调后才得以阅卷。律师在提前介入阶段申请会见犯罪嫌疑人,往往要先联系案件具体经办人,再由相关部门安排律师会见,且大多数案件应由案件具体经办人陪同律师会见。律师申请经常会遇到如下情况:难以联系案件具体经办人;案件具体经办人因担心安排律师会见后不利于破案而借故拖延律师会见时间,以便给自己留足审讯时间;非涉及国家秘密案件或非重大复杂案件而相关部门以案件涉及国家秘密或重大复杂为由不安排律师会见;律师会见时间或次数在事实上被不合理限制,导致不能满足会见的客观需要。侦查部门不安排律师会见或不按规定时间安排律师会见,该部门及相关人员往往无须承担任何实质性的责任,现有救济手段明显不足。新法修订前,公诉案件中公检人员一般派员随同律师一起"会见",实为"监听"。即使律师以行政不作为为由提起行政诉讼,按现有法律规定,也会被人

民法院以该部门的该行为不是行政行为而是司法行为、不属于行政诉讼的受案范围为由予以驳回。此外,在个别看守所,一次会见律师人数被限定为一人或只有两名律师同时会见方可安排,甚至只安排一个房间供律师们排队会见,"会见难"可见一斑。这种状况是否改变需待新《刑事诉讼法》于2013年实施后再进行考察。

（三）调查取证的权利

旧《律师法》第31条,《刑事诉讼法》第37条,《民事诉讼法》第61条,《行政诉讼法》第30条等规定,赋予并切实保障律师的调查取证权。新《律师法》第35条增加了律师可以申请检察院收集、调取证据或者申请法院通知证人出庭作证。这是进步的修订。此有利于律师查明或核实案件基本事实,从而正确适用法律,履行其维护当事人合法权益的根本职责。但应注意,现行法律并未赋予律师在侦查阶段的调查取证权。

在实践中,律师调查取证常遇困难。律师向单位或个人调查取证,常遇有的单位或个人不愿意配合或不很好配合。如:有的部门要求两名律师在场方可调查取证。绝大多数地方的工商部门要求应有人民法院的案件受理通知书或仲裁委员会案件受理通知书才允许律师调取复印企业详档。律师向金融、税务部门调查取证存在很大困难,金融、税务部门常以保护商业秘密为由不同意律师向其调查取证,甚至连当地人民法院去调查取证也不予配合。律师向电信部门调查电话传真等也可能存在困难,通话记录保存时间短,而对传真证据效力的认定在无其他辅助证据的情况下,人民法院一般要求应有电信部门的传真通话记录作为辅助证据方可确认传真件的真实性,除非对方当事人明确认可。对邮政特快专递是否已送达的调查也存在同样的问题。还有,律师对单位或个人的调查取证中,经常遇到被调查对象因种种原因不愿配合,更不愿意出庭作证。另外,征信制度未建立健全使得律师调查取证少了一种有效途径;等等。

（四）拒绝辩护或代理的权利

律师在特定条件下,拥有拒绝担任犯罪嫌疑人、被告人的辩护或者诉讼案件以及其他法律事务的代理人的权利。根据旧《律师法》第29条和新法第32条都规定,律师法规定在特定条件下律师有权拒绝辩护或者代理,是为了保证律师忠实于事实和法律,维护国家和人民的利益。律师拒绝辩护或者代理的,须经律师事务所主任批准,因为委托人与律师事务所有委托合同关系;属人民法院指定的辩护人拒绝辩护的,须经人民法院同意。

在实践中,律师拒绝不当法律援助案件辩护、代理难。对法律援助部门指派提供法律援助的案件,律师无正当理由不得拒绝辩护、代理。但是,本不具备获得法律援助的法定条件的个别案件,如当事人非法定援助对象或案件明显不具备可胜诉性,因当事人与法律援助部门或该部门人员存在某种特定关系,使得一般案件成为法律援助案件,而被指定的律师即使心知肚明也很难举证该案件不属于法律援助范围,所以不得不接受指定并办理。否则,有可能受到停止执业3个月至1年处罚。

(五)得到人民法院开庭通知的权利

《刑事诉讼法》第151条,《民事诉讼法》第122条、第113条等规定,律师有得到人民法院开庭通知权,目的在于律师出庭参加诉讼之前享有较充裕的时间做好准备工作,以保证辩护或代理的质量,有效地维护当事人的合法利益。

在实践中,律师适时获取出庭通知难。出庭通知等须书面送达律师方才有效,但在实践中,司法部门案件经办人常用电话通知并要求律师去领取书面通知书。因一般的律师助手连一些法院的大门都难以进入且无权签收,出于种种现实考虑,律师不得不主动去领取书面通知书,身陷烦琐事务,且多支出本不必要的交通等费用。而律师倒签时间的要求和变通做法又有失法律的严肃性。特别是律师遇到"特殊的事项"(如参加省级以上的学术研讨会等重大活动)而申请延期开庭时得不到应允,律师有被刁难之感。

(六)在法庭审理阶段的权利

旧《律师法》第30条和新《律师法》第36条都规定:"律师担任诉讼代理人或者辩护人的,其辩论或者辩护的权利应当依法保障。"根据《刑事诉讼法》、《民事诉讼法》和《行政诉讼法》的有关规定,在法庭审理中,律师享有广泛的权利。主要包括:

1.法庭不当询问的拒绝回答的权利。人民法院审理案件,对于代理律师或者辩护律师,均不得询问其姓名、年龄、籍贯、住址和职业等,否则律师有权拒绝回答。

2.发问的权利。在法庭审理过程中,律师可以申请审判长对证人、鉴定人、勘验人和被告人发问,也可以经审判长许可,直接向以上人员发问。根据法律规定,只要发问的内容正当、必要,法庭就应当准许,而不应予以限制或制止;律师发问的内容须与案件有关,否则将被法庭制止或被问人有权拒绝回答;对于律师提出的询问,被问人有义务据实回答,法庭对于律师发问的情况和被问人回答问题的内容应记录在卷。在实践中,律师应注意书记员的记录速度和记录情况。

3.提出新证据的权利。在法庭审理的过程中,代理律师或辩护律师有权提出新的证据,有权申请通知新的证人到庭,调取新的物证,申请重新鉴定或勘验。是否准许,由法庭作出决定。在实践中,律师应注意,所谓"新证据",必须符合法律规定的构成条件。对于构不成"新证据"的证据,逾期举证视为未举证,应承担相应的不利后果。

4.质证的权利。在法庭调查阶段,律师对法庭和对方当事人出示的物证、书证和宣读的未到庭的证人的证言笔录、鉴定人的鉴定结论、勘验笔录和其他作为证据的文书,有权提出自己的意见;对于到庭的证人,有权进行质证。

5. 参加法庭辩论的权利。在法庭审理过程中,控辩双方或原被告双方处于平等地位,辩论机会均等;律师有权发表辩护词或代理词,阐述自己对案件的看法,并与公诉人、对方当事人及其代理人相互辩论。

在实践中,律师辩论权难以充分行使。辩论权充分行使难主要体现在两个方面:一是律师出庭正常辩论时间可能不足,正常辩论甚至有被法官打断的可能,有损律师形象,也使得当事人可能因此误解律师,认为律师不够尽职尽责;二是在刑事诉讼方面,控辩双方的实际地位存在某种程度上的不平等,导致律师难以有效行使辩论权。

(七)代为上诉的权利

律师参加诉讼活动,在当事人不服地方各级人民法院的一审判决、裁定时,经当事人同意或授权,可以代为向上一级人民法院提起上诉。《刑事诉讼法》第180条规定:"被告人的辩护人和近亲属,经被告人同意。可以提出上诉。"《民事诉讼法》第59条也规定,诉讼代理人提起上诉,"必须有委托人的特别授权"。因此,律师参加诉讼活动,在认为地方各级人民法院的一审判决、裁定有错误时,经当事人同意或授权,可以代其向上一级人民法院提起上诉,要求对案件进行重新审理。

(八)代理申诉或控告的权利

旧《律师法》第25条第4项和新《律师法》第28条第4项都规定,律师可以"代理各类诉讼案件的申诉"。《刑事诉讼法》第96条、《律师法》第25条第3项、新《律师法》第28条第3项都规定,律师有权接受刑事案件犯罪嫌疑人的聘请,为其代理申诉、控告。

(九)获取本案诉讼文书副本的权利

律师承办诉讼案件,有权获得人民法院判决书、裁定书的副本和人民检察院起诉书、抗诉书的副本;律师参加仲裁活动,有权获得仲裁机构的裁决书的副本。

在实践中,一审刑事案件部分承办法官先到看守所对被告人进行宣判,待上诉期满后再通知律师领取判决书副本。其理由是"防止律师煽动被告人上诉"。因被告人被羁押而与近亲属或律师联系不便,而大部分被告人又不懂得法律,更不懂得撰写《刑事上诉状》,客观上存在被剥夺上诉权的可能性。该部分承办法官的做法极具负面影响,其理由也是不能成立的,很大程度上是防止所承办的案件因被告人上诉而可能在二审被改判或发回重审。有必要在法律上对律师获取本案诉讼文书副本的时间做进一步的规定。

(十)为犯罪嫌疑人、被告人申请取保候审或解除强制措施的权利

《刑事诉讼法》第96条规定,犯罪嫌疑人被逮捕的,聘请的律师可以为其申请

取保候审。第75条规定,犯罪嫌疑人、被告人委托的律师对于人民法院、人民检察院或者公安机关采取强制措施超过法定期限的,有权要求解除强制措施。

在实践中,律师犯罪嫌疑人为申请取保候审,可作为申请人,尽可能不做保证人,因保证人法律责任重大。

(十一)依法执行职务受法律保障的权利

律师权利中最为重要的是执业权利和人身权利两方面。新旧《律师法》第3条第4款都规定:"律师依法执业受法律保护。"新法增加一句:"任何组织和个人不得侵害律师的合法权益"。旧法第32条规定:"律师在执业活动中的人身权利不受侵犯。"新《律师法》第37条在此基础上,增加第2款:"律师在法庭上发表的代理、辩护意见不受法律追究。但是,发表危害国家安全恶意诽谤他人、严重扰乱法庭秩序的言论除外"。律师依法执行职务受法律保障,这既是律师的一项权利,也是律师行使其他权利的限制性规定。

在实践中,在执业权利方面,如上所述,律师权利保障不足存在诸多表现,如会见、阅卷、调查取证、适时获取通知、充分行使辩论权难,拒绝不当法律援助案件辩护或代理难等。在人身权利方面,律师的人身权得不到充分保障的事实也是客观存在的,主要表现为:部分律师遭对方当事人或其亲属等辱骂、殴打;部分律师名誉被其他律师出于承接案件目的而诋毁;部分律师出席法庭应有人格尊严遭个别法官侵犯;个别律师因履行职务行为而被错误定罪;等等。

从上述可看出,新旧《律师法》规定直接性律师权利只有七项,其他是他法推演出来的间接性权利。除此之外均是义务。

律师权利保障不足的原因是多方面的,如国家立法、司法执法、传统文化、习惯做法、文化素质、思想观念等诸多因素,尤其是立法指导理念的错位,均可能导致律师权利保障不足。律师权利保障不足问题不是单纯地通过完善相关立法便可轻易解决,而应是一个系统的解决工程。因此,应从多方面多层次加强律师权利保障。如:重点是立法者转变对律师的错位(把律师作为工具,实行管制等),加强律师和司法行政队伍的教育和整顿,切实提高律师和司法行政人员素质与水平,转变其不良思想观念与工作作风。努力提高国民整体素质,并加强其法律意识理念。统一和完善律师权利保障立法,并加强律师权利保障相关法律的可操作性,赋予律师切实有效的权利保障救济手段。相关部门应改变不合理的做法,法律应赋予律师更大的执业权利。提高律师的社会地位,并建立律师进入行政、司法体系的职业转换及准入制度。另外,还要结合反腐倡廉,司法公正落实,行政效能提高,司法行政部门条件改善,律师与司法行政部门理解与沟通加强,对证人保护措施得力,社会及舆论监督到位,"以人为本"理念树立,信用制度建设等诸多措施。

二、律师执业义务

目前,将《律师法》说成权利法,恐怕为时过早。权利与义务相一致原则是中国的一项法制原则。律师享有权利,也应该承担与之相适应的执业义务,唯有如此,律师制度的作用才能发挥出来。否则,律师制度就成为"美丽的纸上宣言",成为一种制度的摆设。律师的义务,是指律师在执业活动中依法应为一定行为或不为一定行为的范围和限度。是律师在依法执业活动中,所必须履行的职责。严格确定律师的法定义务,是律师行使权利的必要保障。新旧《律师法》在专章"律师的业务和权利义务"中,在介绍律师的业务时,除赋予律师少量权利外,大量是律师的义务,主要是维护当事人合法权益的义务,特别新法在旧法的基础上,增加了许多律师限制或禁止行为(见新《律师法》第40条)。

律师义务与律师职业道德、执业纪律,既有联系,又有区别。律师义务是律师职业道德具体要求,是在律师职业道德下律师执行职责时的操作性规范,具有可行性或操作性。一些律师行为规则既是义务,同时又是纪律,律师违反了这些规则,就会分别受到法律和纪律的惩处。

由于涉及中国律师的义务很多,根据中国律师法和有关律师的其他规定,从法理上可以分为两类:一是律师应当积极作为的义务;二是律师不应当作为的义务。不论是哪一类义务,都是律师必须履行的,否则,就要承担由此产生的法律责任。

(一)律师应当承担积极作为的义务

律师应当积极作为的义务,是指律师在依法执行业务的活动中,必须以积极的态度去履行的职责。根据中国律师法和其他有关规定,律师在执业中必须履行的义务主要有下列各项:

1.保守秘密。律师保密义务,就是律师以及有可能知悉案情或当事人信息的律师一方的其他人员,对在建立委托关系的准备阶段或委托关系建立后知悉的有关当事人的信息,负有保密的义务。除非得到当事人明示的授权或默示的认可,律师的保密义务始终存在。如果违反此义务,将会受到惩戒,构成犯罪的要依法追究刑事责任,造成经济损失的要承担赔偿责任。对于律师保密义务,诉讼法、《律师法》、《律师执业行为规范》等作出了相关规定。

2.维护法律顾问聘请人的合法权益。对于受聘于机关、企事业单位、团体以及公民担任法律顾问的律师,必须坚定不移地把维护聘方合法权益作为整个工作的基本准则,决不能实施有损于聘方合法权益的行为,更不能采取欺骗或者与他人恶意串通的方法来损害聘方的利益。

3.维护委托人的合法权益。对于接受各类诉讼案件或者非诉讼案件当事人的委托,担任诉讼案件的诉讼代理人或者非诉讼法律事务的代理人的律师,应当在委托人委托的权限内,深入实际、调查研究、查阅相关材料、依法调取对当事人有利证据、充分做好庭前准备工作、准时出庭诉讼,根据不同案情需要写好各类法律文书,充分运用法律知识,努力维护委托人的合法权益。如果失职,导致当事人权益受损,律师应承担相应法律责任。

4. 维护犯罪嫌疑人、被告人的合法权益。律师接受委托,充当刑事辩护,应当在刑事诉讼活动中,积极从事法律许可的诉讼活动,会见犯罪嫌疑人、被告人,听取他们意见,认真阅卷,做好笔录,详细分析案情,根据案件事实和有关法律,实事求是地提出证明犯罪嫌疑人、被告人无罪、罪轻或者减轻、免除其刑事责任的材料和意见,促使案件得到公正处理,维护犯罪嫌疑人、被告人的合法权益。

5. 提供法律援助。新旧《律师法》均规定,律师必须减免律师受理费等各项费用,义务为受援人提供法律服务。这是律师应尽的义务,也是律师光荣的使命。只有这样,才能建设中国和谐社会,才能最终实现人类社会的公平与公正。

6. 遵纪守法。律师是社会法律工作者,也应该是遵纪守法的楷模。律师充当诉讼辩护人或诉讼代理人,要按法院通知准时出席法庭,遵守法庭秩序;会见在押的犯罪嫌疑人或者被告人,要遵守关押场所的有关规定;调查取证,要严格按照法律规定条件和程序,各有关部门具体要求,依法办事,切实维护当事人合法权益,维护法律的正确实施。

(二)律师不应当作为的义务

律师不应当作为的义务,是指律师在开展业务活动中,不应当具有的行为,或者说是应该禁止的行为。因为那些行为会妨碍律师履行职务,影响律师的声誉,破坏社会主义法制。中国律师在执业活动中,只有自觉地禁止那些法律规定的不应当作为的行为,才能更好地履行自己的职责,适应社会主义法制的需要。

根据律师法以及其他有关规定,律师在执业活动中,不得在同一案件中,为双方当事人担任代理人的义务;不得私自接受委托,收取费用和财物的义务;不得违反规定会见法官、检察官、仲裁员的义务;不得向有关工作人员请客送礼、行贿或者指使、诱导当事人行贿的义务;不得提供虚假证据、隐瞒事实或者威胁、利诱他人提供虚假证据、隐瞒事实以及妨碍对方当事人合法取得证据的义务;不得扰乱法庭、仲裁庭秩序,不得干扰诉讼、仲裁活动的正常进行的义务;不得在同一案中为双方当事人担任代理人;不得同时在两个以上律师事务所执业;不得诋毁其他律师或者支付介绍费等不正当手段争揽业务;接受委托后,无正当理由而拒绝辩护或代理;曾任法官、检察官的律师,离任后未满两年,不得担任诉讼代理人或者辩护人的义务;承担法律援助的义务;等等。如果作为,就应承担相应的法律责任,受到相应的处罚。[①]

---

① 官玉琴、张禄兴主编:《律师法学》,福建教育出版社 2006 年版,第 115~123 页。

因本问题相关内容在第四章律师职业道德和执业纪律内容部分中有较为具体的阐述,故在此仅作概括性描述。

 司法考试真题链接

1. 下列哪一种情况不违反《律师法》的规定?(2008年四川司法考试真题)
   A. 甲律师原在深圳某律师事务所执业,迁居后转入北京某律师事务所,同时仍在深圳某律师事务所执业
   B. 大学教授乙在学校不知道的情况下,申请兼职律师执业并要求受理机关保密
   C. 丙律师在担任县人大常委会委员期间,代理了一起为农民工追讨工资的诉讼
   D. 丁先生法律本科毕业后,尚未取得律师执业证书,在一家律师事务所参与非诉讼法律事务

2. 关于法律职业人员权利的表述,下列哪一选项不能成立?(2010年司法考试真题)
   A. 王法官在办理案件时,脸部被当事人泼洒硫酸致伤,要求享受工伤待遇。因所在法院不予批准,王法官向上一级法院提出申诉
   B. 刘检察官工作不负责任,在生效的起诉意见书中出现了文字表述错误,后果严重。为此,刘检察官当年考核结果为不称职。刘检察官对考核结果有异议,申请复议
   C. 皮法官作为妻子的代理人向另一法院起诉,要求妻子就职的公司给付被拖欠的十四个月工资
   D. 毛律师在接待一起离婚案咨询时,以没时间为由拒绝当事人希望其担任代理人的委托要求

3. 2007年10月28日第十届全国人民代表大会常务委员会第三十次会议对《律师法》进行了修订。根据修订后的《律师法》,下列哪些选项是错误的?(2008年司法考试真题)
   A. 律师是维护当事人合法权益、维护法律正确实施、维护社会公平和正义的国家法律工作人员
   B. 犯罪嫌疑人被侦查机关第一次讯问或者采取强制措施之日起,受委托的律师凭律师执业证书、律师事务所证明和委托书或者法律援助公函,有权会见犯罪嫌疑人、被告人并了解有关案件情况。律师会见犯罪嫌疑人、被告人,不被监听
   C. 律师在法庭上发表的代理、辩护意见不受法律追究。但是,发表危害国

家安全、恶意诽谤他人、严重扰乱法庭秩序、泄露商业秘密的言论除外

D. 受委托的律师自案件审查起诉之日起,有权查阅、摘抄和复制与案件有关的所有材料

4. 根据律师法、刑事诉讼法、民事诉讼法和行政诉讼法的规定,我国律师在执业过程中享有11个方面的权利。下列哪种权利在这些法律中没有明确规定?(2006年司法考试真题)

A. 同犯罪嫌疑人、被告人通信的权利

B. 提出新证据的权利

C. 执业活动中人身权利不受侵犯的权利

D. 要求法官签发调查令的权利

5. 依照《律师法》的规定,下列关于律师性质的表述中,哪一表述是正确的?(2005年司法考试真题)

A. 律师是国家法律工作者

B. 律师是社会法律工作者

C. 律师是依法获得律师执业证书,为社会提供法律服务的执业人员

D. 律师是指已取得律师资格证书的人员

第四章 律师执业机构

【引例 1】
2009 年 8 月 6 日辽宁天丞律师事务所(简称"天丞所")向鞍山市铁东区人民法院提起行政诉讼,状告鞍山市司法局,要求法院判令撤销被告"关于给予辽宁天丞律师事务所暂缓注册的意见",并判令被告承担全部诉讼费用,依法保护原告及其律师执业权。

【引例 2】
2009 年 5 月的一天,马鞍山律师协会接到律师举报,反映南京某律师事务所在本市阳光大厦设立分支机构执业,经上门调查核实在阳光大厦 805 室执业的是南京玄博律师事务所工作人员,设立的名义是"南京玄博咨询调查公司马鞍山工作站",该工作站只领取了南京玄博咨询调查公司马鞍山分公司的企业法人营业执照,并未办理相关律师事务所设立分支机构的批准手续。市律师协会调查人员当场指出未经安徽省司法行政部门批准,以律师事务所分支机构名义执业属于严重的违法行为,要求该工作站停止律师业务活动并撤销所有以该工作站名义设置的所有标识。

第一节 律师执业机构概述

一、律师执业机构的名称问题

中国自 1979 年恢复律师制度以来,律师执业机构经历了一些变化。在名称上,1980 年颁布《律师暂行条例》规定律师执行职务的机构是法律顾问处。该名称源于前苏联的模式。随着中国律师业的迅速发展,该名称已不能恰当地反映律师执业机构的性质和它所担负的职能,也与国际上"律师事务所"常用表达不同,不利于中国律师对外开展法律业务。1983年,蛇口律师事务所在深圳市挂牌开业,成为新中国最早称为律师事务所的执业机构。自1984年起,经司法部认可,全国各地大都将法律顾问处更名为律师事务所。1996年《律师法》颁布,按照规定,所有的律师执业机构都统一称为律师事务所。在体制上,在恢复律师制度初期,律师执业机构主要是国家核定编制、拨给经费设立的,性质是国家事业单位,律师领取国家工资,律师执业机构管理人员还存在行政级别。自1988年起,司法部开始设立合作制律师事务所的试点工作。1993年12月,国务院批准深化律师工作改革方案。其后,在全国范围内涌现出一大批不占国家编制,不需国家经费、自愿组合、自收自支、自我发展、自我约束的合作制、合伙制律师事务所。2003年起,在北京、上海、天津等地又进行了"个人所"试点,从而形成了"国资所"、"合作所"、"合伙所"、"个人所"并存的格局。原《律师法修订草案送审稿》第16条"律师事务所和律师服务有限责任公司是律师的执业机构"规定可知:今后的律师执业机构将包括律师事务所和律师服务有限责任公司,这符合当今世界律师业发展潮流。但新《律师法》并没有获得通过。最终,新法在旧法"国资所"和"合伙所"的基础上,取消了"合作所",增设了"个人所"。从广义上理解,以上是针对社会执业律师而言的,而公职律师、公司律师也有自身的执业机构。公职律师主要在党政机关和军队中执业,公司律师则在企业组织中执业。

综观现代世界各国,大都将社会执业律师的执业机构称为律师事务所。但也有例外,如英国的专门律师不允许与事务律师或其他大律师合伙开办事务所,因而他们不是在律师事务所而是在大律师事务室(也称作大律师办公室)工作。印度的律师不准设立事务所,不准挂牌子,律师办案的地方,可以在自己的家里,也可以在法院,每个律师都固定在一个法院办案,法院为律师提供集体办公场所。日本社会执业律师的执业机构则称作法律事务所。在英、美法系国家里,以美国为例,美国律师不准在领有开业执照的同时兼作公司的法律顾问,但是他们可以担任公司的专职法律顾问,即担任公司律师,执业机构是公司而非律师事务所。此外,还有众多的美国律师在立法、司法和行政部门担任公职律师,影响力巨大。

如上所述,律师执业机构不仅包括律师事务所,还包括其他机构。"律师事务所"不能涵盖"律师执业机构"。因此,本章名称采用"律师执业机构"的提法,而不采用一般教材常用的"律师事务所"的提法。但是,毕竟律师执业机构主要指律师事务所。因此,本章的介绍和论述重点应该是律师事务所问题,而实际上也是主要围绕律师事务所问题进行介绍和展开论述的。

二、法律服务业状况问题

在最近的20多年中,英美两国律师事务所逐渐在全球法律服务业当中取得领先地位。英美两国律师事务所凭借英美法系在国际法律事务中的特殊地位、语言

第四章 律师执业机构

优势,再加上运用公司化经营模式和律师事务所有限合伙制度,摆脱了律师事务所组织形式在传统观念上的束缚,在全球范围内大肆进行扩张,在全球范围内开设分所和办事处,以及大量并购当地事务所,这使的英美两国律师事务所在法律服务业的国际竞争中处于明显的优势地位。据统计,英美两国一直是全球最主要的法律服务输出国,在全球法律服务贸易领域占据垄断地位。目前,全球排名前50强的律师事务所绝大部分是英美两国律师事务所。就律师数量而言,美国现有律师百万名,英国现有律师9万多名,占总人口的比例分别高居世界第一和第二。

英美两国律师事务所的规模正在呈现出两极化的趋势,即大者更大,小者更精。无论是英国还是美国,小所并非被挤压的难以生存。虽然他们的业务范围往往只限定在某个狭小的专业领域之内,但由于他们比大所更加专业和讲求深度,因而也有着自己的独特生存空间,被称之为"精品化事务所"。此外,在经营管理理论和实务方面,公司化经营模式、企业文化、专业分工和团队精神等等融入了现代市场经济创新观念的诸多因素,在英美律师事务所行之有效,已经成为律师事务所经营管理的主流模式。而且,随着高科技的不断出现,法律服务品种的创新和领域专业化的趋势继续保持强劲发展势头,非诉讼业务占整个市场份额的80%以上。

目前,中国律师超过20万名,主要集中在北京、上海、广东等经济发达地区,且其律师业务收入明显高于其他地区。相比之下,占据了中国80%地域的西南和西北地区,发展速度较慢,市场份额大概占20%左右。就分布结构而言,中国法律服务市场目前还是以诉讼业务为主,非诉讼业务所占份额相对较低,品种较少。全国律师事务所大多是小而全的律师事务所。就律师事务所管理而言,其规范性和有效性差强人意。就律师专业性而言,律师还习惯停留于个人作坊式的简单工作方式和管理模式,大多习惯停留在个人营销阶段,依靠个人关系网或给付介绍费换得案源,以个体办案为主,缺乏团队精神和资源共享的理念,缺乏专业化分工与协作。律师队伍的整体学历相对偏低,知识结构较为单薄,外语能力不强,从事新兴经济法律事务经验不足,大多属"万金油",在国际法律事务市场上竞争力也不足。

总体而言,英美两国律师事务所,尤其是那些具有全球性服务网络的大型律师事务所,在规模、综合实力、整体经营、执业经验或服务质量等方面,相较中国律师事务所均优势明显。随着中国入世(加入WTO)和法律服务业一定程度的开放,中国的律师业承受了一定程度的冲击,但更大程度上是迎来了发展的重大机遇。应该注意到,中国律师业的恢复发展才20多年,而美国的律师业已发展了200多年,英国的律师业则已持续发展了数百年。近年来中国律师人数和收入快速增长,律师市场业务空间迅速扩大,许多律师事务所规模加速扩张(目前律师人数超过100名的律师事务所大量出现,律师人数超过200名的律师事务所也不再是凤毛麟角)。国际化进程正式开始,法律服务现代化和信息化进程加快。也应该注意到,中国律师事务所拥有本土化资源。中国律师熟知中国社会和历史,熟悉中国的法律环境和司法制度,与政府部门和企业管理层有着丰富的人际关系,有着与客户共同的知识文化背景,这一切都是难以替代的优势。最不应忽视的是中国律师业和其他行业一样,具有在压力下学习借鉴他人以改造和提升自己的强大能力。可以相信,中国律师业与世界发达国家的律师业的差距将较快缩小,核心竞争力将逐步提高。

第二节　律师事务所概念和分类

一、律师事务所的概念和性质

律师事务所是依法设立,组织律师开展业务活动,具有独立财产并能承担民事责任,市场中介组织性质的执业机构。

旧《律师法》第15条第1款和新法第14条都规定:"律师事务所是律师的执业机构"。中国共产党十四届三中全会通过的《中共中央关于建立社会主义市场经济体制若干问题的决定》把律师事务所界定为市场中介组织。国务院办公厅1999年下发的《关于清理整顿经济鉴证类社会中介机构的通知》和司法部2000年下发的《律师事务所社会法律咨询服务机构脱钩改制实施方案》等文件,也都把律师事务所界定为市场中介组织。

二、律师事务所的分类

根据《律师法》规定,律师事务所分为国资律师事务所、合伙律师事务所、个人律师事务所三种类型:

（一）国资律师事务所（简称国资所）

国家出资设立,依法自主开展律师业务,以该律师事务所的全部资产对其债务承担责任的律师事务所,称为国资律师事务所。

1979年中国恢复律师制度时,所设立的律师工作机构均为国家出资设立的法律顾问处（后改称律师事务所）。其特征是:人员编制属于国家事业编制,经费列入国家事业预算,实行全额管理、差额补助的办法,依靠国家财政拨款。律师承办业务,由律师事务所按国家规定的收费标准统一收费,统一入账。国资律师事务所属于国家的事业单位。后来,一些国资律师事务所在管理上进行了改革,实行律师收益与经济利益挂钩、多劳多得等办法,但这些改革仍不能改变它的基本性质。司法部1996颁布的《国家出资设立的律师事务所管理办法》规定,国资律师事务所由司法行政机关根据国家需要设立,并以其全部资产对债务承担有限责任。国资律师事务所包括一次性投入开办资产、不核定编制、核定编制并核拨经费等形式。国资

律师事务所独立核算,根据情况分别实行全额管理、差额管理、自收自支三种管理方式。国资律师事务所依法自主开展业务活动,任何机关、团体和个人不得随意调用律师事务所的资金和财产,不得干涉律师依法执业。国资律师事务所主任由本所全体律师推选,经设立该所的司法行政机关任命。1996颁布和2001年修正的《律师法》第16条规定:"国家出资设立的律师事务所,依法自主开展律师业务,以该律师事务所的全部资产对其债务承担责任。"2007年《律师法》第20条保留该规定。

根据国务院办公厅1999年下发的《关于清理整顿经济鉴证类社会中介机构的通知》和司法部2000年下发的《律师事务所社会法律咨询服务机构脱钩改制实施方案》规定,已实现自收自支的国资律师事务所和挂靠事业单位、企业或社会团体的律师事务所,要在人员、财务、业务、名称四个方面,与挂靠的政府部门、事业单位、企业或社会团体彻底脱钩。律师事务所脱钩后,应改制为合伙律师事务所或合作律师事务所。律师事务所可以整所转为合伙或合作律师事务所,也可以在自愿组合的基础上组建数个合伙或合作律师事务所。确保脱钩改制工作在2000年10月31日前完成。凡是在规定的截止日期前未完成脱钩改制工作的脱钩单位,一律停止执业或予以注销。但是,至今仍有部分国资律师事务所存在,且可能继续长期存在。

(二)合伙律师事务所(简称合伙所)

依法设立的,由合伙人依照合伙协议约定,共同出资、共同管理、共同收益、共担风险的律师事务所,称为合伙制律师事务所。

旧《律师法》第18条规定:"律师可以设立合伙律师事务所,合伙人对该律师事务所的债务承担无限责任和连带责任。"司法部1998年颁布了《合伙律师事务所管理办法》,在促进合伙律师事务所内部机制的完善,强化内部管理,推动合伙律师事务所健康发展方面发挥了积极的作用。随后几年中,合伙律师事务所内部机制、规模化建设等方面也有了较大的变化,出现了一些新的问题。这些问题原管理办法已无法涵盖,如不及时进行修改,就可能影响或制约律师队伍的发展。因此,为适应新的形势,解决合伙律师事务所出现的新问题,司法部于2004年对《合伙律师事务所管理办法》进行修改:一是提高担任合伙人的条件,二是增加合伙人会议管理律师的职责,三是完善合伙所的内部管理制度,四是规范合伙律师事务所的解散清算程序。

现行《合伙律师事务所管理办法》规定,合伙人应当依法取得专职律师执业证书,具有5年以上执业经历,担任合伙人之前3年内未受过停止执业以上的行政处罚。合伙人在律师事务所成立两年内,退出合伙或者被除名的,1年内不得作为合伙人申请设立新的律师事务所。因违反执业纪律、职业道德被吊销执业证书的合伙律师事务所,其合伙人在3年内不得作为合伙人申请设立新的律师事务所,但能够证明对导致律师事务所被吊销执业证书的事由不负管理责任的合伙人除外。合伙人应当在本所专职从事律师职业。非本所的专职律师不得成为本所合伙人。合伙律师事务所应当设立合伙人会议。合伙人会议应当依照合伙协议约定的召集方式、议事规则和程序、表决办法,决定和处理本所重大事务。合伙律师事务所根据需要可以设立日常管理机构,负责执行合伙人会议决议,管理律师事务所日常事务。合伙律师事务所主任依照合伙协议和本所章程规定的程序产生,报司法行政机关和律师协会备案,对外代表律师事务所,其职责由合伙协议约定。合伙律师事务所《合伙律师事务所管理办法》第37条规定情形之一的应当解散,如律师事务所合伙人已不足3人或资产已不足10万元且在3个月内未能补足等。在清算期间,合伙人不得执业。合伙律师事务所的执业证书及合伙人、聘用律师的执业证书,应当上交原登记机关。尚未办结的法律事务,由律师事务所与委托人协商解决。司法行政机关和律师协会应当对清算活动进行监督,等等。

新《律师法》第15条规定,设立"合伙所",除了应当符合设立律师所具备的一般条件(见第14条,下文介绍)外,还应当有三名以上合伙人,设立人应当是具有三年以上执业经历的律师。合伙人按照合伙形式对该律师所的债务依法承担责任。合伙律师事务所是世界各国广泛采用的一种律师组织形式,也是一种符合中国现阶段国情的律师组织形式。至2004年4月,中国有11000多家律师事务所,其中合伙律师事务所达8000多家。近年来,合伙律师事务所的数量还在迅速增加。在新《律师法》第15条第2款规定中,律师事务所的合伙形式将可能分为普通合伙特殊合伙,以突破现有规定的局限性。

(三)个人律师事务所(简称个人所)

律师个人开业并由律师个人对自己开办的律师事务所的债务承担无限责任的律师事务所,称为个人律师事务所。

1993年司法部《关于深化律师工作改革的方案》发布后,以个人名字命名的个人律师事务所开始在中国出现。目前每个省均有一至二家个人律师事务所,有的大城市或沿海城市稍多一些,全国个人律师事务所已有几十家。《律师法》对个人律师事务所没有明确规定。但是,设立个人律师事务所的试点仍在继续进行,以不断摸索,积累经验。实际上,有的地方性法规已对个人律师事务所作出了规定。例如,1995年广东省人大常委会通过的《广东省律师执业条例》、1996年海南省人大常委会通过的《海南经济特区律师执业条例》规定,律师依照法律规定,可以个人设立律师事务所;申请设立个人律师事务所的律师,应当具有3年以上的执业经历,对律师事务所的债务承担无限责任。2002年北京和上海两个直辖市也根据有关政策相继开放了个人律师事务所市场。新《律师法》第16条对个人律师事务所作出相关规定,在立法上予以确认和规范,其将在实践中得以进一步发展。该条规定,设定"个人所",除应当具备设立律师所规定的条件外,设立人还应当是具有五年以上执业经历的律师,其对律师所的债务承担无限责任。

第三节 律师事务所事务管理

一、律师事务所登记管理

(一)律师事务所的设立条件

律师事务所的设立,是指律师根据法定的条件和程序提出申请并由司法行政机关依法审批成立律师执业机构的活动。根据旧《律师法》第15条第2款的规定:"设立律师事务所应当具备以下条件:1.有自己的名称、住所和章程;2.十万元以上人民币的资产;3.有符合本法规定的律师。"新《律师法》第14条规定,保留"1、3"条款,将"2"条款修改为"有符合国务院司法行政部门规定数额的资产"。增加设立人应当是具有一定的执业经历,且三年内未受过停止执业处罚的律师。

上述四个条件,实际上是律师事务所的资格条件,律师事务所只有具备这些资格条件后,才具有行使执业权利、履行执业义务的前提和基础。其中,第3个条件"有符合本法规定的律师",按《律师事务所登记管理办法》和未修正前的《律师法》的规定,一般理解成"有3名以上的律师"。但是设立"部直所"或"省直所"时,往往被要求应有较多的律师。除个人所之外,而对不同律师所设立的资产数额具有不同的规定。

(二)律师事务所的设立申请与审批

申请设立律师事务所应当经过申请、审批两个阶段。《律师事务所登记管理办法》第8条规定:"申请设立律师事务所,应当提交下列材料:1.申请书;2.律师事务所章程;3.发起人名单、简历、身份证、律师资格证书、能够专职从事律师业务的保证书;4.资金证明;5.办公场所的使用证明。"旧《律师法》第19条规定:"申请设立律师事务所的,经省、自治区、直辖市以上人民政府司法行政部门审核,符合本法规定条件的,应当自收到申请之日起30日内颁发律师事务所执业证书;不符合本法规定条件的,不予颁发律师事务所执业证书,并应当自收到申请之日起30日内书面通知申请人。"批准机关作出的批准文件应当报上一级司法行政机关备案。新《律师法》第18条对旧法作适当修改,一是向设区的市级或直辖市的区司法局提出申请,经审查后报送省级司法厅审核;二是审核后决定,准予者发证,不准者,向申请人书面说明理由。

根据《司法部关于律师事务所不应进行工商登记的通知》、《司法部关于律师事务所不参加编制部门登记注册的批复》和《司法部关于律师事务所不进行民政登记的批复》规定,律师事务所"不应进行工商登记"、"不应在编制部门注册登记",并且,不应再进行民政登记。

(三)律师事务所分所的设立申请与审批

旧《律师法》第20条规定、《律师事务所分所登记管理办法》第4条规定,符合条件的律师事务所,可以设立分所,但未作具体规定。新《律师法》第19条规定,"成立三年以上并具有二十名以上执业律师的合伙律师事务所,可以设立分所",并依第18条规定的程序办理。显然将设立分所的条件和程序严格化了。

根据新《律师法》第18条规定,设立律师事务所分所的程序是:"应当向设立区的市级或者直辖市的区人民政府司法行政部门提出申请,受理申请的部门应当自受理之日起二十日内予以审查,并将审查意见和全部申请材料报送省、自治区、直辖市人民政府司法行政部门。省、自治区、直辖市人民政府司法行政部门应当自收到报送材料之日起十日内予以审核,作出是否准予设立的决定。准予设立的,向申请人颁发律师事务所执业证书;不准予设立的,向申请人书面说明理由。"至于分所的律师的执业证书可更换为分所住所地的律师执业证书。律师事务所分所可以在当地聘用律师和辅助人员。律师事务所分所应当接受住所地司法行政机关的监督和指导。律师事务所分所的收费标准按照当地有关部门的规定执行。

引例1中被告鞍山市司法局的行为是否正确?原告前身鞍山大成律师事务所是1994年在律师体制改革初期由被告批准成立,经省司法厅审批取得律师所执业许可证的国办律师所,符合《律师法》及《律师事务所登记管理办法》有关律师所设立规定的条件,依法执业没有任何违法违纪行为。改制后的"天丞所"于2006年律师年检注册中依据上级规定,先报经市司法局审核合格后交付律师所机构会费、律师个人会费及公告费,而后又由司法局报请省司法厅审批通过2006年度的年检注册并在《辽宁法制报》给予公告。在这一系列年检注册工作完成后,辽宁省司法厅及鞍山市司法局应当批准天丞所注册通过。但是,这两个司法行政部门声称该所没有通过2006年年检注册,断然被扣发律师所及律师们的执业执照,显然是不当的。从本案事实看,司法局"给予公告"证明天丞所已经通过2006年年检注册,显而易见,双方争议的过错在被告。本案引发了国内首例司法行政侵犯律师执业权的严重事件,导致了一场旷日持久的行政诉讼。之后的三年,天丞所先后历经诉鞍山市司法局两次行政诉讼、诉省司法厅沈阳市两次行政诉讼、沈阳市及北京最高院的四次申诉,目前,天丞所诉省司法厅不履行年检注册颁照法定职责案件仍在最高院申诉程序之中。

引例2中南京玄博咨询调查公司马鞍山工作站,不符合新《律师法》第18条规定的设立律师事务所分所的条件和程序,是不合法的,其严重扰乱了律师工作管理秩序,对律师执业环境带来负面影响。该工作站认识到错误后,于2009年5月14日全部撤销其工作站中招牌以及其他以律师名义招揽业务的广告用语。马鞍山律

第四章 律师执业机构

师协会及时有效地整顿净化了律师工作环境,受到了马鞍山市执业律师的好评。

(四)律师事务所的年检

根据《律师事务所登记管理办法》的规定,登记机关每年对所登记的律师事务所进行年检,未通过年检的律师事务所不得继续执业;律师事务所年检的时间为每年的3月1日至5月31日。

登记机关应在年检截止之日起30日内,将通过年检的律师事务所在报刊上公告。律师事务所逾期不参加年检的,省、自治区、直辖市司法厅(局)可以注销该律师事务所。因受停业整顿的处罚未参加年检的律师事务所,可在恢复执业后30日内申请补办年检手续。

二、律师事务所在外国设立分支机构管理

对此问题,新旧《律师法》均未作规定。为了加强对律师事务所申请在外国设立分支机构的管理,促进中国律师发展国际法律服务业务和推动中外律师的交流与合作,1995年司法部发布的《律师事务所在外国设立分支机构管理办法》规定:律师事务所在外国设立分支机构,须经省、自治区、直辖市司法厅(局)审核,报司法部批准。律师事务所在外国设立的分支机构,其名称为该律师事务所的名称加分支机构的名称。律师事务所驻外分支机构及派驻律师,应当遵守驻在国法律、遵守驻在国对外国律师管理的有关规定,遵守律师职业道德和执业纪律。律师事务所驻外分支机构及派驻律师在境外不得从事违反中国法律、损害中国国家安全和社会公共利益的活动。

1996年发布的《司法部关于加强律师事务所驻国外分支机构管理的通知》规定,各省、自治区、直辖市司法厅(局)要认真对申请到国外设立分支机构的律师事务所以及拟定负责人、拟派律师的情况进行审查,特别要认真审查负责人的政治素质、职业道德和业务能力等方面的条件。要对拟派律师进行必要的外事纪律教育。要认真开展对驻外分支机构年度检验工作。对于违反中国法律、损害中国国家安全和社会公共利益,违反职业道德和执业纪律的驻外分支机构,应视情况责令律师事务所对其进行整顿或予以撤销。

律师事务所申请在香港、澳门地区设立分支机构,参照该上述规定办理。因两岸特定关系及政策原因,律师事务所不得在台湾地区设立分支机构。1996年发布的《司法部关于内地律师未经批准不得擅自在港澳地区执业的通知》规定:凡取得中国律师资格、持有律师执业证的内地律师经批准在港澳地区执业的,只允许到经司法部批准在港澳地区设立的内地律师事务所的分支机构或其他法律服务机构内执业,不得受香港、澳门本地律师机构招聘或内地其他部门在港澳设立机构的招聘,以中国律师名义执业,包括提供中国法律咨询、出具法律文书、受理各种诉讼和

非诉讼法律事务。经批准到港澳地区非内地设立的律师机构实习的内地律师,实习期间,亦不得以中国律师名义承办法律事务。仅取得中国律师资格,并未获准持有律师执业证者,不得以中国律师名义在任何律师或非律师机构从事律师工作。为便于掌握情况,严明纪律,中国法律服务(香港)有限公司和中国法律服务(澳门)公司对违反规定的内地律师,一经发现,要及时向司法部和有关地方律师主管部门报告。

三、外国驻华和港、澳、台驻内地律师事务所代表机构管理

(一)外国律师事务所驻华代表机构管理

对此,旧《律师法》第51条的和新法第58条皆规定,外国律师事务所在我国境内设立机构从事法律服务活动的管理办法由国务院制定。2001年颁布的《外国律师事务所驻华代表机构管理条例》规定:代表机构及其代表从事法律服务活动,应当遵守中国的法律、法规和规章,恪守中国律师职业道德和执业纪律,不得损害中国国家安全和社会公共利益。外国律师事务所对其代表机构及其代表在中国境内从事的法律服务活动承担民事责任。外国律师事务所在华设立代表机构、派驻代表,应当经国务院司法行政部门许可。外国律师事务所、外国其他组织或者个人不得以咨询公司或者其他名义在中国境内从事法律服务活动。代表机构及其代表,应当持执业执照、执业证书在代表机构住所地的省、自治区、直辖市司法行政部门办理注册手续后,方可开展该《条例》规定的法律服务活动。第15条规定:"代表机构及其代表,只能从事不包括中国法律事务的下列活动:1.向当事人提供该外国律师事务所律师已获准从事律师执业业务的国家法律的咨询,以及有关国际条约、国际惯例的咨询;2.接受当事人或者中国律师事务所的委托,办理在该外国律师事务所律师已获准从事律师执业业务的国家的法律事务;3.代表外国当事人,委托中国律师事务所办理中国法律事务;4.通过订立合同与中国律师事务所保持长期的委托关系办理法律事务;5.提供有关中国法律环境影响的信息。代表机构按照与中国律师事务所达成的协议约定,可以直接向受委托的中国律师事务所的律师提出要求。代表机构及其代表不得从事本条第1款、第2款规定以外的其他法律服务活动或者其他营利活动。"第20条规定:"代表机构从事本条例规定的法律服务,可以向当事人收取费用。收取的费用必须在中国境内结算。"

(二)港、澳、台驻内地律师事务所代表机构管理

2002年司法部颁布的《香港、澳门特别行政区律师事务所驻内地代表机构管理办法》对香港、澳门特别行政区律师事务所驻内地代表机构的管理办法与2001年颁布的《外国律师事务所驻华代表机构管理条例》的相关规定基本相同。但是,

根据《司法部关于修改〈香港、澳门特别行政区律师事务所驻内地代表机构管理办法〉的决定》规定，香港、澳门特别行政区律师事务所驻内地代表机构的代表可以自行决定在内地居留的时间，不再受"代表处的代表每年在内地居留的时间不得少于6个月"限制。对于台湾地区，1998年《司法部关于暂不办理台湾律师事务所在祖国大陆设立分支机构申请的批复》规定："根据国家关于对台工作的政策，在目前情况下，尚不宜允许台湾地区律师事务所在祖国大陆设立分支机构。因此暂不办理台湾地区律师事务所提出的申请。"2009年，参照《香港、澳门特别行政区律师事务所驻内地代表机构管理办法》，大陆允许台湾地区律师事务所在福州、厦门设立分支机构。

四、律师业务档案立卷归档和管理

律师业务档案立卷归档和管理应遵守司法部、国家档案局1991年印发的《律师业务档案立卷归档办法》和《律师业务档案管理办法》的规定。

（一）立卷要求

《律师业务档案立卷归档办法》规定：律师业务档案分为诉讼、非诉讼和涉外三类。诉讼类包括刑事辩护（含刑事代理）、民事诉讼代理、行政诉讼代理三种；非诉讼类包括法律顾问、仲裁代理、咨询、代书、其他非诉讼业务五种；涉外类是与外国有关的法律业务。

律师业务档案按年度和一案一卷、一卷一号的原则立卷。除不同律师事务所律师合办的法律事务外，两个以上律师共同承办同一案件或同一法律事务一般应合并立卷。律师承办跨年度的业务，应在办结的那一年立卷。律师担任常年法律顾问，应做到一单位一卷。

（二）归档手续

《律师业务档案立卷归档办法》规定：律师业务文书材料应在结案或事务办结后3个月内整理立卷。装订成册后，由承办人根据司法部、国家档案局制定的《律师业务档案管理办法》的有关规定提出保管期限，经律师事务所主任审阅盖章后，移交档案管理人员，并办理移交手续。档案管理人员接收档案时应严格审查，凡不符合立卷规定要求的，一律退回立卷人重新整理；待合格后，办理移交手续。涉及国家机密和个人隐私的律师业务案卷均列为密卷，确定密级，在归档时应在档案封面上加盖密卷章。随卷归档的录音带、录像带等声像档案，应在每盘磁带上注明当事人的姓名、内容、档案编号、录制人、录制时间等，逐盘登记造册归档。对于前述律师业务档案的保管期限，按照《律师业务档案管理办法》第18条和第19条的规定，分为永久、长期和短期三种。其中，长期指"20年至60年"，短期指"5年至15

年","从该项法律事务办结和终止后的下一年起算"。

（三）档案管理

《律师业务档案管理办法》规定：律师事务所应当配备专职或兼职档案管理人员，有条件的应逐步设立档案机构，负责律师业务档案的集中统一管理。应建立律师业务档案借阅制度和档案借阅登记簿。借阅档案必须履行一定的审批和登记手续，并限定借阅期限。因特殊情况不能按期归还的，应办理延期手续。

凡涉及国家机密或个人隐私的律师业务档案，以及当事人要求保密的档案，一般不得借阅和查阅。特殊情况必须查阅的，需报同级司法行政机关批准。

第四节 律师服务收费

一、律师服务收费规范

国家发展改革委员会、司法部联合发布了《律师服务收费管理办法》，自2006年12月1日起施行。各省、自治区、直辖市人民政府价格主管部门会同同级司法行政部门，依据《律师服务收费管理办法》制定律师服务收费管理的具体实施办法，报国家发展改革委和司法部备案。此外，中华全国律师协会颁布的《律师执业行为规范》也对律师服务收费作了规定。

二、律师服务收费原则

1. 公开公平、自愿有偿、诚实信用原则。律师事务所应当采取张贴、印制服务指南等方式，公示律师服务收费项目、收费标准和收费方式，接受委托人的监督。律师事务所向委托人收取律师费，应当及时向委托人开具合法票据。律师事务所代委托人支付鉴定费、评估费、翻译费、公证费、查档费等费用，应当凭有效凭证与委托人结算。律师事务所预收律师异地办案所需的差旅费用时，应当向委托人提供费用概算，经协商一致，由双方签字确认。

2. 协商一致原则。律师事务所可以根据办理法律事务的复杂程度，需要律师的人数，花费的工作时间，办理法律事务可能承担的风险和责任，以及委托人的承受能力等，与当事人在规定标准范围内协商确定收费数额的方法。律师事务所在与委托人签订协议中，应载明计费方式、收费标准、收费总额以及支付时限等。

3. 政府指导价和市场调节价相结合原则。律师事务所依法提供下列法律服务实行政府指导价：代理民事诉讼案件；代理行政诉讼案件；代理国家赔偿案件；为刑事案件犯罪嫌疑人提供法律咨询、代理申诉和控告、申请取保候审，担任被告人的辩护人或自诉人、被害人的诉讼代理人；代理各类诉讼案件的申诉。律师事务所提供其他法律服务的收费实行市场调节价。

4. 统一并按标准收费原则。律师为委托人提供法律服务，由律师事务所与委托人签订协议，向委托人收取律师服务费并向委托人出具收费票据。律师个人不得私自收费。律师事务所收费的项目、标准和方式应当依照《律师服务收费管理办法》和省、自治区、直辖市价格主管部门、司法行政机关制定的律师服务收费的具体实施办法执行。

三、律师服务收费方式和标准

1. 按标的额比例收费。对涉及财产关系的案件，按照争议标的数量的一定比例收取费用。主要适用于涉及财产关系的民事案件和仲裁案件。

2. 计件收费。律师事务所以办理法律事务的件数计算，确定收费标准，适用于刑事案件、行政案件、劳动争议案件和不涉及财产关系的民事、仲裁案件，以及代理各类诉讼案件。

3. 计时收费。律师事务所以律师提供法律服务的时间多少来确定收费标准。确定每小时的报酬数额，是计时收费的关键。各地应根据本地经济发展水平，在确定的基数后，确定本地区律师每小时的收费标准。

4. 风险代理收费。实行风险代理收费，律师事务所应与委托人签订风险代理收费合同，约定双方应承担的风险责任、收费方式、收费数额或比例。最高收费金额不得高于收费合同约定标的额的30%。禁止刑事案件、行政诉讼案件、国家赔偿案件以及群体性诉讼案件实行风险代理收费。

四、律师服务收费减免缓

律师事务所对确有经济困难的委托人，可以减收或者缓收律师服务费。承办律师不得自行对委托人减或者缓收律师服务费。律师事务所遇有下列情况之一的，应当按照法律援助的有关规定，减收或者免收律师服务费：(1)因公受伤请求赔偿的(责任事故除外)；(2)请求赡养、抚养、扶养而生活确有困难的；(3)请求劳动保险金、抚恤金、救济金的；(4)其他特殊情况无力承担律师服务费的。减免收费，应由律师事务所主任决定。

律师事务所向委托人收取律师服务费，可在确定委托关系后预收全部或部分费用，也可与委托人协商约定在提供法律服务的期间分期收取。委托人事前交纳律师服务费确有困难的，律师事务所应与委托人协商约定，先由律师事务所垫支全部费用，事后向委托人收取。

五、律师服务费退费规定

委托人因律师过错而提出终止委托关系的,律师事务所应当退还预收的全部律师服务费;非因律师过错而终止委托关系的,律师事务所已经收取的律师服务费不予退还。律师事务所因委托人过错或委托人的要求超出合理范围而终止委托关系的,律师事务所应当根据承办该项法律事务的实际支出进行相应的扣除,余额部分退还委托人。律师事务所无故终止委托关系的,律师事务所应当退还收取的全部律师服务费,给委托人造成损失的,根据有关规定,律师事务所负责赔偿。[①]

第五节　律师事务所的规模化、专业化和规范化

律师事务所的规模化、专业化和规范化在英国、美国、加拿大、澳大利亚等法律服务业发达国家早已发展并已形成,显示出强大的竞争力和生命力。而在中国,律师事务所的规模化、专业化和规范化尚处于起步阶段。西方国家的经验值得中国吸取。德国传统的律师事务所和中国一样都比较小。在其开放之初,由于无法和英美律师所团队式的经营方式匹敌,在办理金融、投资、证券和融资等国际业务方面一度陷入被动。后来,通过鼓励合并、强强联合,德国律师事务所在近十多年内发展较快,情况已大为改观。法国也有类似的经历。规模化、专业化和规范化是中国律师事务所通向成功之路,也是中国律师业发展的必由之路。

一、律师事务所的规模化

规模化律师事务所应当是律师人数较多,具备法律及相关专业知识,业务及管理部门齐全,办公软件硬件设施齐备,除了承担传统的诉讼业务外还能够胜任涉及金融、税务、投资、知识产权、证券和资产重组等错综复杂法律业务的大型的非诉讼业务的事务所。为达成中国律师事务所的规模化,应采取以下措施:

(一)在政策方面,应进一步对外开放中国律师业

世界各个国家和地区律师业的开放程度的经验值得借鉴。中国香港、欧美国家律师业实行比较开放的政策,故律师业比较发达,而日本、新加坡、韩国、马来西亚、印度等国家律师业选择的是较低程度的开放,故律师业还不如中国香港、欧美

[①] 陈光中、李春霖:《公证与律师制度》,北京大学出版社2006年版,第222页。

第四章 律师执业机构

国家那样发达。在犹豫、徘徊多年之后,日本、新加坡都已经允许外国律师事务所与本国律师事务所合资,以缩小本国律师事务所与中国香港、欧美国家律师事务所之间的差距,并认识到允许办合资律师事务所是缩小差距的最好办法。

基于中外法律制度和文化不同,中外事务所之间有着相互合作的巨大空间。开放中国律师业和加强中外事务所的合作,既是中国经济全球化发展对法律服务的要求,也是为中外客户提供全方位,多层次优质法律服务的重要保障。进一步开放中国律师业有利于做大做强中国律师业,不仅对中国律师事务所的规模化有益,对中国律师事务所的专业化和规范化也有益。

(二)在法律方面,应突破现有的律师事务所类型限制

律师及律师服务是一种市场资源,遵循市场配置资源的规律实行产业化经营,是律师事务所必然的发展方向。代表律师业发展方向的英国、美国、加拿大、澳大利亚等发达国家,盛行律师责任有限化。而且,律师责任有限化有力促成律师事务所的规模化。

在中国律师事务所的规模化过程中,应当突破国资、合伙和个人模式,允许律师服务有限责任公司存在和发展。新《律师法》改变中国传统合伙理论,借鉴英、美国家的合伙理论和律师事务所普遍采用的LLP制度(即事务所有限合伙制度),允许中国合伙律师事务所不同合伙人存在不同的责任承担方式。此举有利于部分律师事务所实现跳跃式扩张,迅速规模化。而律师事务所的规模化必将有力促进律师事务所的专业化和规范化。

中国立法部门对此已有所注意,如:《律师法修订草案送审稿》第16条规定:"律师事务所和律师服务有限责任公司是律师的执业机构。律师事务所可以采取合伙、个人开业、国家出资的方式设立。以其他方式设立的,有国务院司法行政部门另行规定。"该种取向即是一个明显进步。但是,也应注意到,因律师事务所在性质上并非企业,《中华人民共和国合伙企业法》并不适用于律师事务所,而《律师法修订草案送审稿》对律师事务所合伙形式未作突破性规定。

(三)在税费方面,政府和行业管理部门应给予相应扶持

目前,在律师业却存在不合理的税费现象,不利于律师事务所的规模化。根据国税函发[1995]479号《国家税务总局关于律师事务所办案费收入征收营业税问题的批复》、国税发[2000]149号《国家税务总局关于律师事务所从业人员取得收入征收个人所得税有关业务问题的通知》规定,不分律师事务所大小和律师收入高低,税费负担较重。以总数最多的合伙律师事务所为例,律师事务所收费中近百分之十五部分用于缴纳营业税等各种税费。再加上司法行政机关收取的年检费用和律师协会收取的会员费也较高,因此,对律师事务所和律师不公平也不合理。因此,中国律师业尚属起步发展期,政府和行业管理部门不能杀鸡取卵。需要政府和

行业管理部门给予相应的税费方面的扶持,以利于律师事务所的规模化。

(四)在文化层和经营管理者方面,应创建并发展律师事务所文化,培育律师事务所战略顾问、管理顾问和职业经理人

中国律师业发展道路上,文化始终扮演着重要角色。中国律师事务所在规模化发展历程当中,需要解决的文化层的问题很多。律师事务所的规模化,需要大量的高素质高水平的律师事务所战略顾问、管理顾问和职业经理人。在当今世界,美国律师业最为发达,是与美国拥有大量的高素质高水平的律师事务所战略顾问、管理顾问和职业经理人分不开的。遗憾的是,中国有民法学家、刑法学家却没有律师法学家,也没有律师事务所战略顾问、管理顾问和职业经理人。再以军队为喻,正如军队没有军师和主帅。

(五)在实现规模化途径方面,律师事务所可通过内部扩张、合并重组或网络联盟等不同方式

一个律师事务所的规模化途径不外乎内部扩张、合并重组和网络联盟三种方式。实现律师事务所的规模化,除了创造条件和设想之外,最关键的还在于行动。

内部扩张和合并重组两种方式由于涉及律师事务所内部的资产积累和产权制度改变,需要长时间的积累和大量的谈判妥协,发展速度较慢。但是,内部扩张是律师事务所规模化的常规途径,而合并是律师事务所超常规发展的重要途径。律师事务所合并分为吸收合并和新设合并。网络联盟是过去数十年外国律师事务所实现规模化扩张的最重要途径。网络联盟能够实现在不改变律师事务所原有产权结构的基础上,按照项目、专业领域或者地域实现各律师事务所之间的战略合作,在大范围内实现资源的重新配置,提高律师事务所对市场变化的感知能力和应变速度。

二、律师事务所的专业化

某个律师或律师事务所根据自己的特长、优势或者志向,专门或者偏重从事某一项或者某几项法律事务,以有限的精力将自己所从事专业的法律规定、法理精髓吃准吃透,向专业纵深发展,积累并提升相关技能和技巧,提供高水准法律服务,谓之律师专业化或律师事务所专业化。在英美法系国家,因主要实行判例法,法律渊源繁杂,法律程序繁琐,律师难以做到多能,最好寻求一专。当事人委托律师,也会着重考察律师专于哪一类案件。而在中国,因实行成文法,表面上看,律师无论对哪方面的法律都会或至少了解,对什么案件都能处理。当事人委托律师,很少考察律师专于哪一类案件,而大部分律师也对自身成为"万金油"不以为然。

目前,律师和律师事务所的专业化除了上海、北京和沿海城市等经济发达地区

第四章 律师执业机构

的部分律师事务所和少数律师经过多年的摸爬滚打已经形成自己的专业化优势外,全国大多数的律师事务所和律师基本上无较细的专业分工,不是律师擅长做什么而去做什么,而是有什么案件就做什么。无疑,这种局面和现状是必须改观的。为达成中国律师和律师事务所的专业化,应采取以下措施:

(一)大力改进法学高等教育

法学院的课程设置应真正按专业化设置,而不能有名无实,除了专业名称不同,课程内容基本相同。再者,法学院还应该充分重视案例和案例教学法在培养法律人(包括律师在内)法律思维和法律执业技能方面的极为重要的作用。遗憾的是,法学院对此并未予以必要的、充分的重视。极少有法学院开设《律师实务》课程或具有类似功用的课程,甚至连该类专业教师也没有。因为,如果没有较为丰富的办案实践经验,光有理论知识,是难以胜任该类课程教学的。采用案例教学法的课程也难以一见,绝大部分法学教师实际上并不清楚何谓案例教学法,法学院应当让法学教师知晓最具代表性的美国哈佛大学法学院案例教学法(在美国众多法学院已普遍采用且功效卓著),并鼓励法学教师进行尝试。

(二)充分重视并切实加强律师执业专业培训

在严把律师入口关的同时,加强对已经执业律师的专项业务知识、业务技能和业务水平的化教育与培训,不断提高律师的专项业务素质水平。在此方面律师协会应发挥作用,但经实践证明效果有限。建议在每个省、自治区、直辖市选择一所(最多两所)实力较强的法学院,挂靠成立律师执业培训学院,专门负责对律师进行执业培训。在以后各方面条件成熟时,借鉴英国林肯、格雷、内殿、中殿、衡平等五大律师学院培养大批优秀律师人才的成功经验,择律师执业培训学院的优者批准转为严格意义上的高水准的律师学院。

(三)律师和律师事务所应发挥应有作用

目前,中国事务所的现实情况是:大部分实行提成制,律师的个人案源与其经济收入有直接的关系。普遍实行个人开展,个人承办,个人收益的工作方式,客户资源实质掌握在律师个人手中,客户跟着律师走。即使是律师人数达几十甚至上百的所谓的大律师事务所,也可能只是数个律师"共享办公场地和商标"的简单组合,在这种"个体户联合经营"模式之下,律师事务所规模化只是数量上的增加,专业化也难以实现。

而要实行客户资源从个人拥有到事务所整体管理的过渡,就要实行以律师事务所而不是以律师个人为主体的市场营销,该种市场营销除了应具备一定规模的办公场地、营销基金、人力资源等基础条件外,还必须在企业文化、营销观念和服务特色三个方面做好充分准备。律师事务所要注意指派专业强并且拥有丰富经验的律师对一般律师进行针对性的指导帮助,并制订规划,积累必要的资金,有计划地选派具有潜质的律师进行专项培训和考察。而律师个人也要根据自己的特长加强自学并向他人学习,努力使自己成为本专业的专家学者型律师。律师事务所要实行客户资源从个人拥有到事务所整体管理的过渡,根据条件逐步推行年薪加提成制或年薪制。此举不仅对律师事务所规模化极为重要,对律师专业化同样是十分重要的。

(四)新闻媒体应对社会公众加以正确引导

新闻媒体应发挥作用,改变社会公众对律师的错误认知,让社会公众知晓:不同律师之间的水平可能天差地别,而律师的水平高低将决定当事人的得与失,对复杂疑难重大案件而言尤其如此,等等。但是,应当注意不得违反关于律师和律师事务所的广告禁止性规定和限制性规定。社会公众认知的改变可在一定程度上促进律师和律师事务所的专业化。

三、律师事务所的规范化

律师事务所的规范化必须强调规范和拓展相结合,为此必须努力做到:

(一)建立信用法律服务制度

中国社会正处于转型过程中,各种严重的不信用问题不断出现。律师的职能是维护当事人合法权益,维护法律正确实施,实现社会正义。因此,作为律师执业机构的律师事务所,应建立信用法律服务制度,以保证律师具有良好的信誉、律师事务所具有良好声誉和律师业良性持续发展。在该制度中,最关键的是"律师失信惩罚制度"、"律师守信激励机制"和律师事务所收费的公开、公平和透明化。

(二)建立律师能力的正确评价体系

中国律师事务所普遍未建立律师能力正确的评价体系,对律师的能力评价常以收费高低多少来评价。社会公众也常以此来评价律师。收费高而多的律师就是所谓的"大律师",而收费低而少的律师则是所谓的"小律师"。这种评价所依据的标准显然是错误的,而且是有害的。对律师能力正确的评价应该建立在律师的沟通能力、专业分析能力、灵活运用法律能力、学习和研究能力、团队工作能力等多个要素基础上,并结合绩效进行综合评价。

(三)建立律师人才延揽、人才资源开发和人才挽留机制

我们正在进入一个以人才资源为竞争决胜因素的时代。律师事务所之间的竞争,与其说是市场和客户的竞争,倒不如说是人才的竞争更为贴切。律师人才延揽

方面,律师事务所对律师人才的招聘应注意高层次、专业化和分散化,并注意律师队伍年龄结构合理化。

律师人才资源开发方面,律师事务所应当根据人本理论,"以人为本"而不是"以效益为本",将律师视为"社会人"和"文化人"而不是"经济人"。律师事务所只有时刻和周详地从各方面关注律师的切身利益,鼓励律师挖掘自身潜能,尽力实现个人价值,才能长久保持律师事务所的核心竞争力,在剧烈的市场竞争中占据领先地位。

人才挽留方面,当一名律师离开某个律师事务所的时候,一笔不可替代的财富就丢失了,因为这个律师事务所的部分历史、智慧、培训和文化都与这名律师一起离开了。律师事务所应当努力建立律师与管理者之间的信任;与律师进行坦诚沟通,以使他们感觉到自己在一个开放透明的环境中工作;实施有价值的能够授众的目标;想办法为律师提供能激发他们工作激情的有挑战性的工作并支持他们;想办法让律师可以控制和管理自己的生活等。此外,律师事务所还应该有一个好的辞职策略——和平离开程序。如果律师的辞职不可避免,那么就和平地分手。每一名律师都是一个潜在的关系网,律师事务所与律师的关系应该延续,与和平离开的律师建立一种互利于双方的长久的关系不是不可能,而非和平离开律师则可能给律师事务所带来负面影响或伤害。

(四)制定并实施良好的业务推广策略

目前,中国律师事务所和律师对业务推广的理解仍然来自于对日常生活的个人体验或者沉浸在过去的成功经验当中,例如个人社会关系网络、成为名律师的冲动、给付介绍费的纯粹利益驱动关系等,这些错误理解都局限了以事务所作为市场营销主题的发展方向。在新经济时代,在网络化、信息化和全球化的巨大影响下,以企业为主体的商业关系网络已经取代了以往的个人关系,逐渐成为社会经济生活的主流。因此,中国事务所和律师应参考和借鉴企业市场营销理论和成功经验,通过对现代企业市场营销理论和实务的借鉴和改造,分析法律市场营销规律和具体策略组合,总结法律市场营销法则,以良好的业务推广策略帮助律师事务所和律师走向成功之路。

(五)规范服务标准并提高服务质量

在操作程序、质量控制和客户意见反馈等方面对法律服务进行规范和统一,确保法律服务的质量,达到规范服务标准和提高服务质量的目的。

有形化服务方面:从宏观到微观方面都可以实施。微观方面例如细心和耐心接待客户、迅速接听和回复电话、统一规范的文书风格或者清洁、整齐的办公环境等。宏观方面例如实施ISO服务质量控制体系(遵循以客户为中心、服务过程的标准化和可控制、赋予参与人员相应的权利和义务、建立相应的企业文化、可持续性发展的保障制度五项原则)、采取办案团队模式、主动向客户定期进行案情汇报、案件质量定期审查制度、结案回访制度等。

信息化服务方面:除了多线程交换系统、计算机辅助工作以外,诸如利益冲突审查系统、律师收费管理系统、工作日志管理系统、业务档案管理系统、远程办公系统、法律信息检索系统等众多计算机系统和网络技术支持下的内部局域网络应用。

团队化服务方面:质量管理体系必须依赖分工明确的专业部门和工作团队来实施。根据职责不同,事务所的团队结构可以分为专业委员会、专业部门和工作团队三个层次。此外,在办理法律事务的过程当中,还有引案律师、管理合伙人、专业研究部门和市场营销部门可能会对工作提供帮助。在复杂的法律服务项目或者常年法律顾问服务当中,最能体现团队模式的优势。

(六)制定并实施周密和严谨的财务管理制度

一个律师事务所在投资基础设施、发展人力资源、进行市场营销、全面提升客户服务质量,乃至在不断扩张规模的同时要实施有效控制,都离不开财务管理。目前,中国律师事务所财务管理方法和手段仍然相当粗糙和落后,大都停留在简单的记账和统计层面上。财务管理当中许多有效的工具和独特的功能,例如:回避税收风险、人员和资金流动、为律师事务所投资决策提供财务精确的财务数据等,未能得以运用和发挥。此外,随着律师的收入逐步提高,国家机关对律师收入的税收征管方面的要求也日趋严格,致使律师事务所所有者和管理者的法律风险增大。上述因素都要求律师事务所必须实施周密和严谨的财务管理制度,控制律师事务所财务的全过程。

(七)建立其他相关制度

例如:律师业绩考核和素质考核制度、收入分配制度、福利制度、生活质量提升制度、人才激励(包括物质激励、精神激励和民主激励)制度、教育培训制度、实习指导制度、档案管理制度、形象识别包装制度、办公室管理制度、非律师员工管理制度,等等。

 司法考试真题链接

1.根据我国《律师法》的规定,下列哪一选项是正确的?(2008年司法考试真题)

　　A.律师事务所变更名称、负责人、章程、合伙协议的,应当报原审核部门备案

　　B.律师服务机构一般采用公司形式,但在经济社会发展欠发达地区仍可保留少数合作制律师事务所

C. 个人律师事务所实行无限责任,因此在成立条件上比合伙律师事务所要宽松

D. 律师事务所采用特殊的普通合伙形式的,当个别合伙人因故意或重大过失造成对外债务时,其他合伙人不承担对外责任

2. 根据司法制度的有关规定,下列哪些选项是正确的?(2010年司法考试真题)

A. 沈律师从2003年至今专职从事律师业务,未受过停止执业处罚,可成为律师事务所的设立人

B. 孙检察官工作勤奋,业务水平高,是检察院公认的业务骨干,虽然曾经为办案而违反有关警车、警械、警具管理规定,年终考核仍可得到优秀的考核结果

C. 郭法官认真总结审判经验,成果突出,对审判工作有指导作用,根据《法官法》的规定他应受到奖励

D. 曾某为刑事被告人,四十六岁且有身孕,因经济困难未聘请辩护律师,可通过申请获得法律援助

3. 按我国律师法律的规定,以下说法错误的是:(2005年司法考试真题)

A. 河北省邢台市某律师事务所拟在海口设立分所,应由河北省司法厅按规定的条件审核

B. 某单位的林某无律师执业证书,却以"律师"自居,并以"律师"的名义承办了一些非诉讼的法律事务,获取一定报酬依据律师法的规定,对林某冒充律师从事法律服务的行为,司法行政部门应坚决予以处罚

C. 赵律师在代理一起经济纠纷案件时因过错给委托人造成了重大损失。对委托人的重大损失,应当由赵律师负赔偿责任

D. 甲律师事务所的刘律师与乙律师事务所的胡律师共同代理某企业的一件诉讼案件。在代理活动中,刘律师和胡律师对该案件涉及的某个问题意见不一致。此时,应当分别发表各自的意见,不能强迫对方同意

第五章 律师及其执业工作机构管理体制

【引 例】
2010年1月至7月,重庆市司法局开展律师警示教育活动。8月25日,该局相关负责人向媒体通报,共对22名律师和2家律师事务所的违法违规违纪行为进行了立案查处。其中侯杰、张亮等7名律师,因为严重违法违规违纪,已被吊销律师执业证书;杨肃来等4名律师因向法官行贿,被市律师协会取消了会员资格;还有11名律师受到处分。

第一节 律师及其执业工作机构管理体制

世界各国关于律师及律师工作机构(即执业机构)管理体制不尽相同。有些国家实行完全的律师自治,如法国、日本等。在法国,律师团体称律师会,执业律师必须参加一个律师会。律师会由理事人经营管理。理事会由律师会会长主持。由各律师组成的律师会总会选举律师会的会长及理事会。律师会作为独立的自治团体对会员行使惩权。日本律师亦实行行业自治。日本律师联合会是其全国性律师组织,以执行有关律师及律师会的指导、联系与监督事务为目的。它一方面的工作即是审查律师资格、监督律师行为、惩治违法律师、指导律师会的工作。律师会是日本律师的地方性组织,其使命与日本律师联合会相同。还有些国家实行以行为管理为主的体制。如在美国,律师管理以律师协会为主,法院参与管理。中国的律师管理体制经历了一个曲折的发展历程。

一、外国的律师及其执业机构管理体制

(一)美国的律师管理体制

美国律师及律师工作机构管理体制的特点是律师协会与法院共同管理律师。

律师协会与司法机关之间是一种分工合作、相互制约的关系。这种行业管理与司法监督模式主要源于英国法院管理律师的传统,具有以下几个显著特征:

第一,以律师协会的行业管理为主,司法行政机关并不直接管理律师。美国的律师协会从性质上可分为两种:一种是半官方性、具有一定管理职能的强制性的州律师协会;一种是完全民间的、自愿性的律师协会。作为半官方的州统一律师协会,本州律师必须强制加入。全美大约有三十六个州的律师协会属于半官方性的强制性律师协会,代表本州最高法院对本州的律师进行管理,包括组织考试、确定律师录取标准,对律师进行惩戒等。律师协会还制定的一系列职业守则、职业责任、资格申请标准、惩戒标准及程序、职业道德等等。此外的各种形式的律师协会都是民间性的。美国律师协会与政府没有直接的联系,不受政府部门的领导。

第二,法院拥有对律师行业的监管权。美国法院在律师管理体制上主要行使下列权限:

颁发律师执照,虽然批准律师从业的大部分工作是由律协完成,但律师从业的执照是由州最高法院颁发给律师;对律师适用惩戒,如律师犯有严重错误,由律师协会进行初步的调查并向律师所属的州法院提起法律制裁,最后由法院审理作出惩戒决定;有关法制方面,美国律师协会制定的一些律师法规,在一些州是由法院通过后在本州生效的。

第三,律师协会与法院分工合作、相互制约。在律师管理方面,律师协会和法院之间有着明确的分工,二者之间既是合作伙伴关系,又是一种相互制约的关系。法院负责颁发律师执照、决定违纪律师的惩戒种类,但批准律师开业和惩戒的大量具体工作都由州律师协会承担。无论是协会,还是州法院,都不能单独决定对某个律师资格的授予或对某个违纪律师的处罚。①

(二)德国律师管理体制

德国律师及律师工作机构管理实行的是"行政监督"体制。德国的律师组织包括各州的律师协会与联邦律师协会。州律师协会设在州高等法院,由所有在州高等法院注册登记的律师组成;由州律师协会组成联邦律师协会。律师协会的行业管理职能有限,主要是促进律师互助,维护律师权益,指导业务,解决争端,进行训诫等。德国的律师协会接受司法行政机关的监督与指导,某些行业管理职责由司法行政机关行使。律师资格的授予由州司法部长进行,律师协会没有授予权。但律师协会关于律师资格的授予、剥夺事项可以向州司法部长提出建议,并且可以通过检察官,或者直接对有资格审查的特别法庭提出资格剥夺的诉讼。律师协会及司法行政机关均无权对违纪律师予以其他惩戒处分(训诫除外),这是德国律师惩

---

① 朱伟:《律师协会管理模式探析》,《法制日报》2006年11月23日,http://www.zfwlxt.com/html/2007-1/2007122347191.htm.

戒制度的最大特点。对律师的惩戒由律师名誉法院裁决,惩戒的起诉权由检察官行使,分别起诉到地方律师名誉法院、州律师名誉法院和联邦律师名誉法院。

(三)日本律师管理体制

日本实行行业自治的律师及律师工作机构管理体制。日本律师的法定组织是律师会(亦称"地方律师会")和日本律师联合会。在日本,每一个地方法院管辖区域内均设立地方律师会。日本律师联合会是日本全国性的组织,凡具有律师资格要成为律师的人必须在日本律师联合会的名簿上登录,否则不能成为律师。各地方律师协会及律师又是日本律师联合会的当然会员。日本律师联合会及地方律师协会的自治权主要有:有权就其组织和运营自行规定会则及章程和会规;有权对律师予以惩戒和处分;有权自行对申请成为会员者予以审查。日本律师协会的行业管理特性特强,主要体现在:(1)日本政府机关、检察官或者法院对日本律师及其律师组织没有任何监督权;(2)对律师资格的承认、登录以及登录的管理、进修培训、调查、人权维护、选举等完全由律师组织自行实施;(3)对律师的纲纪、惩戒,也由各地方律师会和日本律师联合会行使,其他任何机关或党派都不能出面干预。

二、中国律师及其执业机构管理体制的形成与发展

律师及律师工作机构管理体制,是指律师及律师工作机构管理的体系和制度。它是保障律师事业健康发展的关键所在。要使律师管理工作优质高效,就必须有一个科学的管理体制作保障。中国律师及律师工作机构管理体制随着中国律师制度的恢复发展经历了三个阶段:

(一)单一的司法行政管理体制

20世纪70年代末中国的律师制度开始重建。1980年颁布的《律师暂行条例》第13条规定,律师执行职务的工作机构是法律顾问处,法律顾问处属事业单位,受国家司法行政机关的组织领导和业务监督。从而以法律的形式明确了律师及律师工作机构管理体制,即由司法行政机关全面管理律师及律师工作机构的工作。因此,对律师资格的取得和取消、人员的调配、考核、奖惩、思想教育、专业培训,以及律师经费的管理、律师机构的设置和各项物质设施的筹措等一系列组织建设和行政管理工作,都由各级司法行政机关负责。《律师暂行条例》第19条对律师协会也有所规定,但是律师协会是一种纯粹的社团组织,已有的律师协会大多与司法行政机关的律师及律师工作机构管理机关是"两块牌子,一套人马",司法行政机关领导兼任律师协会领导。可见,当时的律师及律师工作机构管理体制实际上是单一的司法行政机关直接管理。

在律师制度恢复之初,由司法行政机关对律师及律师工作机构工作实行直接

全面管理,有利于集中人力、物力和财力,使律师工作在较短的时期内得以恢复和发展。但随着时间的推移,这种管理体制的弊端逐渐暴露出来。首先,律师是国家干部,靠国家拨给编制和经费来发展,而国家的财力是有限的,不可能拿出太多的编制和经费充实律师队伍,致使律师及律师工作机构发展缓慢;其次,律师工作机构是事业单位,隶属于各级司法行政机关,一些司法行政机关对律师事务所管理过细、过严,如人员调配、业务经费的使用等多由司法行政机关决定,限制了律师事务所的活力;再次,律师工作机构缺乏自主权,执业机构的经费、律师的工资和福利等都由国家决定,分配上吃大锅饭,律师劳动报酬较低,不利于提高律师工作的积极性。①

(二)司法行政机关为主导、律师协会为辅的律师及律师工作机构管理体制

从 20 世纪 80 年代特别是 1992 年以来,针对上述司法行政机关单一管理的不足,司法部对律师管理进行了改革。一方面,强调司法行政机关对律师及律师工作机构的宏观管理。例如,1984 年司法部的《关于加强和改革律师工作的意见》、1989 年司法部的《关于加强司法行政机关对律师工作的领导和管理的通知》、1992 年司法部的《关于律师工作进一步改革的意见》强调,司法部与省、自治区、直辖市司法厅(局)要加强对律师的宏观指导,微观上要放开搞活。人事上、财务上和业务活动上由律师事务所按法律和政策的规定自主办理,司法行政机关不干预具体事务。另一方面,发挥律师协会在律师管理中的作用。1986 年 7 月,第一届全国律师代表大会在北京召开,成立了中华全国律师协会。根据会上制定的《中华全国律师协会章程》,律师协会有了明确、具体和较为广泛的职责,这标志着律师协会行业管理的出现。随后各地律师协会普遍设立,律师协会在律师管理工作中的作用逐步明显。但由于律师工作中的实质内容仍由司法行政机关管理,律师协会的领导仍由司法行政机关担任,律师协会还不是真正法律意义上的独立社会组织,律师协会的管理处于从属、辅助地位。因此,此时中国律师管理是司法行政为主导、律师协会为辅的形式。

(三)司法行政机关监督指导与律师协会行业管理相结合的律师管理体制

1993 年 12 月 26 日,国务院批准了司法部《关于深化律师工作改革的方案》。该方案明确规定:"从中国的国情和律师工作的实际出发,建立司法行政机关的行政管理与律师协会管理相结合的管理体制,经过一个时期的实践后,逐步向司法行政机关宏观管理下的律师协会行业管理体制过渡。"这就是通称的"两结合"管理体

---

① 陈卫东主编:《中国律师学》,中国人民大学出版社 2000 年版,第 172 页。

制。1996年5月《律师法》颁布后,司法部正式提出的建立司法行政机关的宏观管理和律师协会的行业管理相结合的管理体制,并经过一个时期的实践后,逐步向司法行政机关宏观管理下的律师协会行业管理体制过渡的改革思路正式被立法所确认。2007年《律师法》保留了这个管理体制,在具体实施上更为严格,被网民们认为是"官本位法"的管理律师的体制。

"两结合"管理体制虽然实施了十来年,但对"两结合"管理体制的理解也是一个不断发展的过程。司法部最初给"两结合"的定义是:司法行政机关宏观指导下的管理同律师协会行业管理相结合。后来随着律师业的发展,司法部《2004年中国律师业发展政策报告》又将"两结合"定义为:"司法行政机关管理与律师协会行业管理"的结合。少了"宏观指导"四个字,实际上是强化了司法行政机关的管理作用。在现行的"两结合"体制中,司法行政机关与律师协会的职能各有侧重。根据《中国律师事业五年(2002—2006)发展纲要》,司法行政机关主要负责"准入、导向、协调、监督"四个方面的职能,具体讲:"准入"就是实施资质管理,通过行使资格授予、批所颁证等职能,对律师行业进行调控;"导向"就是制定宏观发展政策以及规章、规范性文件,指导、推动律师行业健康发展;"协调"就是协调有关部门,制定配套政策,协调、改善律师执业环境;"监督"就是对律师法律服务进行监管和对律师协会进行监督、指导。律师协会主要行使制定行业规范和行业管理措施,抓好律师的继续教育工作,对会员进行日常管理,对律师事务所、律师违法违规行为进行查处以及开展对外交流和合作等八项职能。

三、中国律师及其执业机构管理体制的改革与完善

从司法行政机关的行政管理到"两结合"的管理体制的形成,标志着我们对律师职业本质认识的不断深化。从外国的律师及律师工作机构管理体制来看,也是存在司法行政机关监督、指导下的律师协会管理体制,以德国最为典型。这种管理体制的优点在于:司法行政机关作为国家机关,代表国家行使对律师的管理权,这种权力是公权力,与律师协会的社会权力有很大的不同,它的强制性、权威性强,有利于国家对律师行业的总体宏观调控,防止出现律师行业的畸形发展,防止产生垄断性利益阶层。经过多年的实践证明"两结合"管理体制是符合中国现阶段的国情。但不可否认的是,在这种管理体制框架下也还存在着一些突出的问题,比如司法行政机关与律师协会的各自职能定位不清、关系不明,导致管理实践中存在职能重叠、缺位以及监督指导不力,律师协会选举制度、内部的组织结构和运行机制不健全,导致行业组织不能很好地按照民主管理的原则发挥作用等等,需要通过深化改革来使之日趋完善。笔者认为应从以下三方面着手:

(一)辩证地看待司法行政机关与律师协会之间的关系

在律师管理体制的改革过程中,司法行政机关与律师协会的关系是相互依赖、相互促进、辩证统一的关系。一方面,只有大力加强司法行政机关对律师、律师事务所和律师协会的监督、指导职能,充分发挥司法行政机关宏观管理的作用,才能保证律师协会行业管理职能的正常发挥。另一方面,只有进一步强化律师协会的行业管理职能,才能使政府的宏观管理更加符合实际,才能落实司法行政机关宏观管理的政策和制度。司法行政机关宏观管理的职能强化了,相对微观、具体的管理事务就可以交给律师协会去办,这样可以使司法行政机关更好地集中精力抓宏观、抓大事、抓关键的问题,又能够充分调动律师协会的积极性,更好发挥律师协会的行业管理职能。总之,司法行政机关与律师协会的关系,是指导与被指导、监督与被监督的关系。① 应正确认识到:司法行政机关进行的是宏观管理,并不包办代替律师协会的行业管理;律师协会的行业管理是政府宏观指导下的行业管理;律师协会的行业管理不能脱离政府的宏观管理,律师协会本身也要接受政府部门的指导与监督。

(二)淡化司法行政干预色彩,充实律师协会的行业管理职能

首先,淡化司法行政机关的干预性管理职能,充分发挥其服务性行政管理职能上作用,对律师业赖以存在的法律服务市场进行规范和整合,协调改善执业环境,主要是协调相关部门保障律师的调查取证、会见、阅卷等执业权利,立足于宏观上的指导和协调,减少行政手段直接干预。凡是能够通过行业管理和自律机制解决的问题,司法行政机关就不要过问。

其次,充实律师协会行业管理职能。在律师协会现有职能的基础上,进一步充实扩大其服务和管理会员的职能。一是,在执业准入方面要发挥律师协会的作用,包括由律师协会制定实习标准,组织实习,制定行业公认的品行标准并提供考核建议;二是,加强律师协会的惩戒功能,体现行业协会权威性。目前,由于律师协会的处分决定属于行业管理的性质,法律法规上未赋予其法律强制力。三是,律师的流动和年度注册登记,也可以是律师协会的会员管理职能。北京市在这方面就做得很好,将会员服务和管理职能移交市律师协会。在对目前由司法行政机关履行的各项职能进行梳理分析的基础上,将属于行业管理性质的职能逐步移交律师协会。

(三)正确理解并不断丰富"两结合"的内涵

第五届中华律师协会秘书长贾午光对"两结合"管理体制的内涵进行较明确的阐述:"所谓两结合的管理是指以司法行政机关的宏观管理为核心,律师协会的行

---

① 程荣斌主编:《中国律师制度原理》,中国人民大学出版社1998年版,第184页。

业管理为主体,律师事务所的自律性管理为基础,政府宏观调控部门的调控管理为保障的一种管理体制。"①律师业的行政管理和行业管理,一个是"核心",一个是"主体",准确地表述了两者在律师管理体制中的作用和分量。因此,我们不能把司法行政机关与律师协会的职能对立化,否则会形成了司法行政管的律师协会不能介入,律师协会管的司法行政也不能介入的相互排斥、难于沟通的局面。不仅使《律师法》赋予司法行政机关对律师协会的指导、监督职责无法行使,同时也使律师协会无法履行起行业管理的全部职能。两结合体制不仅仅是两个管理主体宏观上的权限划分,还存在两个管理主体在具体操作上的微观结合。因此,首先,可以考虑律师业的重大行业规范由律师协会制定,由司法部发布实施,通过这两个管理主体运作程序的结合来赋予其以部门规章的法律效力。其次,在对律师和律师事务所的惩戒上,可以考虑由律师协会进行调查,在发现确有需要惩戒的事实后,由律师协会提请司法行政机关设立的由司法行政机关工作人员、律师和其他人员组成的律师惩戒委员会进行惩戒。这样,由律师协会进行调查并参与律师惩戒委员会的惩戒活动,不仅体现了律师的自我管理、惩戒程序上的正当性,而且充分体现了两个结合。②

第二节 司法行政机关的行政管理体制

一、对律师及律师工作机构管理的司法行政机关

司法部和司法厅(局)、处、局是中国的司法行政机关,它是各级人民政府的职能机构之一,主管律师、公证、人民调解、监狱、劳教等方面的工作。根据旧《律师法》第 4 条、第 11 条、第 19 条至第 21 条、第 44 条至第 47 条规定,各级司法行政机关对律师及律师工作机构工作进行行政管理。新《律师法》修订上述相关条款时作了更为严厉的规定,网民们称新法为"律师管制法"。

中国司法行政机关共分四级:中央设立司法部;省、自治区、直辖市设司法厅(局);地区、省辖市、盟设司法局(处);县、县级市、市辖区、旗设司法局。各级司法行政机关都设有专门机构对律师及律师工作机构进行监督管理:司法部设律师管理司;省、自治区、直辖市司法厅(局)设律师管理处;地、市司法局(处)和县、区司法局设律师管理科。其中,司法部是中央司法行政机关,负责对全国的司法行政工作

---

① 李芳:《锐意求新再创辉煌》,载《法律服务时报》,2002 年 5 月 24 日第 6 版。
② 王进喜:《律师法修改需完善两结合体制》,http://sft.hunan.gov.cn/bbs/view-bbs.asp? id=1041,访问日期:2003 年 9 月 26 日。

进行宏观管理,通过制定方针、政策和规章等对司法行政工作实行间接管理。省、地、县三级司法行政机关负责实施、执行司法部和上级司法行政机关的政策和决定,对司法行政工作实行直接管理。

二、司法行政机关对律师的管理

司法行政机关对律师的管理,除制定国家司法考试办法和律师法律援助制度外,主要体现在以下几个方面:

（一）授予律师资格

《国家司法考试实施办法（试行）》规定,取得律师资格必须通过国家司法考试。通过国家司法考试的人员,由司法部进行审查,符合条件的,授予资格,颁发法律职业资格证书。根据旧《律师法》第7条规定,对具有法学专业高级职称或同等专业水平,司法部对符合必备条件的人员,结合其思想、品行、身体状况等因素进行考核,认为符合规定条件的,授予律师资格,发给资格证书。新法第12条,删去"高级职称或同等专业水平"的规定,将"考核制"改为"考试制"。从整体上取消了授予律师资格制度,仅保留了已经取得的"律师资格凭证",代之以"国家统一司法考试合格证书"。

（二）核发律师执业证书

取得律师资格的人员拟从事律师执业,必须向省级以上司法行政机关提出申请,经批准领取执业证书,方可从事律师执业活动。根据《律师法》规定,符合《律师法》规定的条件的,应当自收到申请之日起30日内颁发律师执业证书;不符合法定条件的,不予颁发律师执业证书,并应当自收到申请之日起30日内书面通知申请人。

（三）评审律师专业职称

根据司法部《律师职务试行条例》规定,司法行政机关负责律师职称的评定工作。律师专业职称分三档五级,即一级、二级、三级、四级律师和律师助理,其中,一、二级律师为高级职称,三级律师为中级职称,四级律师和律师助理为初级职称。高级律师职称由省级司法厅（局）组建的律师职称评审委员会评定;中级律师职称由地（市）级司法局组建的律师职称评审委员会评定;初级律师职称由县级司法局组建的律师职称评审委员会评定。

（四）负责律师执业证书的注册工作

律师执业证书由司法部统一印制,司法部和省级司法厅（局）的律师管理部门颁发,每年注册一次,未经注册一律无效。律师管理部门在办理注册时,对每个律师进行年度综合考查;申请注册的律师应从政治思想、职业道德、业务工作情况等方面做出全面的书面总结,并填写《律师执业证书注册登记表》,律师事务所和律师管理部门根据上述几方面的考查情况,签署意见,由省级律师管理部门全面审核后,根据具体情况作出注册、暂缓注册、不予注册的决定,对严重不称职的,报经司法部批准,取消其律师资格,吊销律师执业证书。

(五)行使行政处罚权

根据旧《律师法》有关规定,司法行政机关有权对违反法律规定的律师进行处罚。其处罚措施有:警告、停止执业、没收违法所得、罚款、吊销律师执业证书。没收违法所得,可以并处违法所得一倍以上五倍以下罚款。新《律师法》在第六章"法律责任"中作了比旧法更加具体更为严厉的行政处罚规定,但取消了律师和律师所不服行政处罚的行政复议和行政诉讼权利。将如此重要的内容又放在2010年4月7日修改的《律师和律师事务所违法行为处罚办法》(2010年6月1日起施行)之中,表明了在立法层面上对律师和律师所权利保护力度的不足。如引例中 侯杰等7名严重违法违规违纪的律师,被吊销律师执业证书,直接清除出律师队伍。马征、张定志、黄敬、张太宇、彭作文等5名律师,都涉及贿赂法官,且情节严重,被司法行政机关予以处理。这是司法行政机关有权对违反法律规定的律师进行处罚。可是他们被剥夺了对行政处罚权的申诉权。

三、司法行政机关对律师工作机构的管理

根据新旧《律师法》和有关规定,司法行政机关对律师事务所的管理属于宏观管理,不再涉及律师事务所的具体业务。司法行政机关对律师事务所的宏观管理,除制定律师工作的方针政策、律师制度(比如律师法律援助制度等)外,具体表现在以下几个方面:

1.核发律师事务所执业证书

根据旧《律师法》第19条规定,有权核发律师事务所执业证书的司法行政机关只由司法部和省级司法厅(局),其他级别的司法行政机关和单位、组织均无权核发。新《律师法》第18条基本上保留司法行政权力,只不过市级和省级进行"权力再分配"而已。

2.审批律师事务所的变更或解散

旧《律师法》第21条规定:"律师事务所变更名称、住所、章程、合伙人等重大事项或者解散的,应当报原审核部门。"由此可见,律师事务所的变更或解散应当报原批准设立的司法部或省级司法厅(局)审批。律师事务所申请变更或解散的,应当提交律师事务所主任签署的申请书,说明变更的事项、理由或解散的原因,经原审

核部门批准后,到原登记机关办理变更登记或注销登记。未经批准变更或解散律师事务所,属违法行为,司法行政机关有权依法给予处罚。

3.负责律师事务所的年检注册工作

根据司法行政机关的有关规定,律师事务所应于年终向司法行政机关提交年检报告,其内容应包括(1)该所律师遵守律师职业道德和执业纪律的情况;(2)全所人员和机构变化情况及现有人员的政治面貌、学历、律师资格情况;(3)全年业务开展情况及新业务领域的开拓情况;(4)财务管理情况;(5)落实上级指示情况;(6)其他需要说明的情况。司法行政机关对律师事务所年检报告进行审查后,根据具体情况可以分别作出注册、暂缓注册、不予注册的决定。

4.行使行政处罚权

根据旧《律师法》第47条规定,律师事务所有违反本法规定的行为的,由司法行政机关作出的行政处罚决定。律师事务所对司法行政机关上述各项作出的行政处罚决定不服的,可以申请复议,对复议决定不服的,可以向人民法院提起诉讼;也可以直接向人民法院提起诉讼。受到罚款处罚,不申请行政复议或者提起行政诉讼,又不履行处罚决定的,作出处罚决定的司法行政机关可以申请人民法院强制执行。新《律师法》取消了该规定,导致新法的倒退,其理由是显而易见的。如引例中,重庆市司法行政机关对2家律师事务所的违法违规违纪行为进行了立案查处,其中,1家律师事务所因违规收费的违法行为被所在地的区司法局对该所及其负责人给予了警告的行政处罚;1家律师事务所因出现该所律师对同一案件进行双方代理的违法行为,被所在地的县司法局给予警告的行政处罚。

5.审批检查律师事务所与外国律师事务所之间的协作协议

根据1992年司法部《关于律师事务所与外国律师事务所建立业务协作关系有关问题的通知》规定,律师事务所可以与外国律师事务所协作办理或委托办理涉外法律事务,但是,如果办理的法律事务涉及国家较大政治、经济利益的,应事先向主管司法行政机关汇报。律师事务所与外国律师事务所之间进行长期业务合作,需要签订协作协议时,必须经省级以上司法行政机关审批。律师事务所的申请被批准后,在与外国律师事务所协作过程中,律师事务所应定期向主管和行使批准权的司法行政机关汇报同外国律师事务所的业务协作、相互交往情况,批准机关也应当在每年终了检查律师事务所的对外业务协作情况。

此外,司法行政机关还行使其他方面工作,如任命国资律师事务所的主任;对律师协会予以监督和指导;接受律师协会章程的备案;制定法律援助的具体办法,并报国务院批准;会同有关部门制定律师服务收费管理办法;制定各类律师事务所的管理办法和律师、律师事务所违法行为处罚办法;加强律师宣传工作、改善律师和律师事务所的执业环境;对律师和律师事务所的违法行为进行处罚;对没有取得律师执业证书的人违法从事律师业务的行为进行处罚。

第三节　律师协会的行业管理体制

一、律师协会的性质、宗旨和职责

(一)律师协会的性质

新《律师法》第42条规定,律师协会是社会团体法人,是律师的自律性组织。第45条规定,律师必须加入所在地的地方律师协会,加入地方律师协会的律师,同时是中华全国律师协会的会员。现行《中华全国律师协会章程》第4条规定:"律师协会接受同级司法行政机关的监督和指导。下级律师协会接受上级律师协会的指导。"该章程第2条规定,律师协会是由律师组成的社会团体法人,是律师的自律性组织,依法对律师实施行业管理。可见,中国律师协会的性质,首先它是一个社会团体法人,而不是国家行政机关,也不是国家司法机关;其次它是由律师组成的,而不是由一般公民组成;再次它是一个律师自律性的组织,它的职能是依法对律师实行行业管理;最后它是非自愿性的律师组织,每个律师都必须加入律师协会,所有律师都是律师协会会员。总之,律师协会是律师进行自我管理的行业组织,使社会团体法人。

(二)律师协会的宗旨和职责

根据《中华全国律师协会章程》规定,律师协会的宗旨是:维护宪法和法律的尊严,忠实于律师事业,恪守律师职业道德和执业纪律;提高律师的执业素质;维护律师和律师事务所的合法权益;加强行业自律,促进律师事业的健康发展,为依法治国,建设社会主义法治国家,促进社会的文明和进步而奋斗。

《中华全国律师协会章程》对律师协会的职责作了如下规定:支持律师依法执业,维护律师的合法权益;制定律师执业规范和律师行业管理制度;指导律师事务所规范化工作;总结、交流律师工作经验,提高整体执业水准;负责律师职业道德和执业纪律的教育、检查和监督;负责对律师和律师事务所的日常管理和登记,受司法行政机关委托进行律师事务所、律师的年检注册工作;制订律师教育规划大纲,开展律师执业前培训和执业后的继续教育,制订实习律师的培训大纲和教材;处理对律师和律师事务所的投诉;调处律师和律师事务所在执业活动中发生的纠纷;宣传律师工作,出版律师刊物;组织律师和律师事务所开展对外交流;开展律师福利事业;建立并完善律师执业责任保险制度,保障律师依法执业;协调与相关司法、执法、行政机关的关系,提出立法和司法建议;司法行政机关及上级律师协会委托行使的其他职责;法律法规规定的其他职责。

二、律师协会会员及其权利义务

根据《中华全国律师协会章程》及地方律师协会章程规定,律师协会会员由两类构成:一类是团体会员,即各省、自治区、直辖市律师协会,是中华全国律师协会的团体会员;设区的市律师协会是上一级律师协会的团体会员;凡依法设立的律师事务所都是中华全国律师协会和所在地律师协会的团体会员。另一类是个人会员,即凡依照《律师法》规定取得律师执业证书的律师,均为全国律师协会和地方律师协会的个人会员。

(一)律师协会会员权利

1. 个人会员的权利

根据《律师法》规定,律师协会会员按照律师协会章程,享有章程赋予的权利,履行章程规定的义务。根据《中华全国律师协会章程》规定,个人会员享有以下的权利:(1)在律师协会内部享有表决权、选举权和被选举权;(2)享有合法执业保障权;(3)参加律师协会组织的学习和培训;(4)参加律师协会组织的专业研究和经验交流活动;(5)享受律师协会举办的福利;(6)使用律师协会的图书、资料、网络和信息资源;(7)提出立法、司法和行政执法的意见和建议;(8)对律师协会的工作进行监督,提出批评和建议;(9)通过律师协会向有关部门反映意见。同时个人会员应履行以下义务:(1)遵守律师协会章程,执行律师协会决议;(2)遵守律师职业道德和执业纪律,遵守律师行业规范和准则;(3)接受律师协会的指导、监督和管理;(4)承担律师协会委托的工作,履行律师协会规定的法律援助义务;(5)自觉维护律师职业声誉,维护会员间的团结;(6)按规定交纳会费。

2. 团体会员的权利

(1)参加律师协会举办的会议和其他活动;(2)使用律师协会的图书、资料、网络和信息资源;(3)对律师协会工作进行监督,提出意见和建议。团体会员的义务有:(1)遵守律师协会章程;(2)传达、学习和执行律师协会的各项决议;(3)教育律师遵守律师职业道德和执业纪律;(4)组织律师参加律师协会的各项活动;(5)制定和实施内部规章制度;(6)为律师行使权利、履行义务提供必要条件;(7)组织和参加律师执业责任保险;(8)按规定交纳或代收会费;(9)承担律师协会委托的工作。

(二)律师协会会员义务

1. 个人会员的义务

遵守律师协会章程,执行律师协会决议;遵守律师职业道德和执业纪律,遵守律师行业规范和准则;接受律师协会的指导、监督和管理;承担律师协会委托的工作,履行律师协会规定的法律援助义务;自觉维护律师职业声誉,维护会员间的团结;按规定交纳会费。

2.团体会员的义务

遵守律师协会章程;传达、学习和执行律师协会的各项决议;教育律师遵守律师职业道德和执业纪律;组织律师参加律师协会的各项活动;制定和实施内部规章制度;为律师行使权利、履行义务提供必要条件;组织和参加律师执业责任保险;按规定交纳或代收会费;承担律师协会委托的工作。

三、律师协会的设置

旧《律师法》第37条和新法第43条第2款皆规定:全国设立中华全国律师协会,省、自治区、直辖市设立地方律师协会,设区的市根据需要可以设立地方律师协会。《中华全国律师协会章程》第2条规定:全国设立中华全国律师协会,省、自治区、直辖市设立省、自治区、直辖市律师协会,设区的市根据需要可以设立市律师协会。因此,中国律师协会分为三级两个层次,即中华全国律师协会;省、自治区、直辖市律师协会;地市级律师协会。其中各省、自治区、直辖市以及地市级律师协会是地方律师协会。律师协会受同级司法行政机关的监督和指导。下级律师协会接受上级律师协会的指导。

1.中华全国律师协会

中华全国律师协会于1986年7月7日召开的第一次全国律师代表大会上正式成立,是由中国律师组成的全国性的律师行业自律组织,在司法部指导和监督下开展活动。凡中华人民共和国的律师都是中华全国律师协会的会员,各省、自治区、直辖市地方律师协会是其团体会员。中华全国律师协会设会长1人,副会长若干人,秘书长1人,副秘书长若干人。其组织机构主要包括:(1)全国律师代表大会;(2)中华全国律师协会理事会;(3)中华全国律师协会常务理事会;(4)中华全国律师协会执行机构;(5)专业委员会。现全国律协设立刑事专业委员会、WTO专门委员会、未成年人保护专业委员会等13个专业委员会。

2.地方律师协会

根据《律师法》规定:地方律师协会包括省、自治区、直辖市律师协会和设区的市律师协会。现在各省、自治区、直辖市基本上都设立了地方律师协会,大部分设区的市也设立了律师协会。中华全国律师协会负责指导省、自治区、直辖市地方律师协会搞好律师、律师事务所的登记、公告等工作,指导、支持全体会员的工作。下级律师协会接受上级律师协会的指导。地方律师协会的机关及其工作内容与全国律协基本相同。

第五章 律师及其执业工作机构管理体制

四、律师协会行业管理的内容

根据旧《律师法》第 40 条和新法第 46 条的规定，律师协会行业管理的内容大同小异，新法作了适当的删除和增改，主要内容有：

1. 保障律师依法执业，维护律师的合法权益。这是律师协会的首要职责，因为律师协会是律师的自律性行业组织，成立律师协会的首要目的是为了保护执业律师的合法权益。当律师执业在过程受到不公正待遇、合法权益受到侵害时，律师协会应该积极有效地为律师提供帮助，必要时，应与有关部门协调交涉，维护律师的合法权益，如维护律师的人身自由、安全等权益。

2. 总结、交流律师工作经验。律师的水平与素质关系到律师服务的质量与律师事务所的生存与发展。通过研究讨论律师执业过程中遇到的难点、疑点和带有普遍性的问题及工作技巧，总结、交流律师工作经验和体会，取长补短，积极有效地提高律师的水平和素质。开展总结、交流律师工作经验，要充分发挥律师协会及下属各专业委员会的作用。

3. 组织律师业务培训，进行律师职业道德和执业纪律的教育，对律师的执行活动进行考核。随着社会的发展，人们对法律服务质量的要求更高，对法律服务层次的需求也越来越高，客观形势要求律师既要懂法律、还要懂外语和懂科技，这就要求律师不断地加强学习新法律、法规和与律师工作相关的科学技术知识，以更新、充实业务知识。律师协会为了提高律师专业水平和技能，有针对性组织律师培训，是十分迫切和必要的，也是律师协会应有的职责。

律师进行职业活动具有高度的自主性，同时律师在维护法律正确实施和保障公民合法权益方面所具有的重要作用，都要求律师有高尚的品德和高度的遵守职业纪律的自觉性。为了维护律师行业的良好社会形象，律师协会应认真抓好律师职业道德教育，执业纪律教育，并加强有针对性的检查、监督和必要考核。

4. 组织律师开展对外交流。旧法如此规定是正确的。扩大和加强与各国律师组织和律师间的交流与合作，借鉴和吸收各国律师业的有益经验，对于增进中国律师与世界各国律师的友谊，扩大中国律师的国际影响，推动中国律师业的发展，加速中国律师制度的改革和与国际接轨，都具有重要意义。律师协会应成为中国律师与各国同行交流、合作的桥梁，充分利用民间组织的有利条件，有计划、有目的地积极组织中国律师与国际同行的交流与合作。但是，新法取消了广大律师开展对外交流的内容，使律师协会减少这项工作。而实际上，真正享受"对外交流"权利的只剩下律师管理的"两级领导"（司法行政部门领导和律师协会人员）和极少数"特殊律师"，他们用广大律师的"收费"而对外"考察"罢了。

5. 受理对律师的投诉或者举报，调解律师执业活动中发生的纠纷，受理律师的申诉。律师执业过程中的纠纷，包括对律师的投诉或者举报，多发生在律师之间,律师与律师事务所之间,律师与当事人之间。律师协会作为律师之家,应妥当处理纠纷,防止矛盾激化,维护律师依法执业的正常秩序。由于新《律师法》取消了对律师、律师事务所不服行政处罚的申请复议和提起行政诉讼的权利,修改为"律师的申诉权",这样,受理律师的申诉的工作便落到律师协会身上了。

6. 对律师、律师事务所给予奖励和惩戒。律师协会对工作成绩卓著的律师和律师事务所进行表彰,以树立榜样、弘扬正气。同时律师协会还设立接受当事人投诉的机构,对当事人的投诉进行认真调查,并予以答复。对违反律师职业道德、职业纪律,损害当事人合法权益的律师,严肃处理,进行惩戒,以维护律师的整体形象。如引例中重庆市司法局向市律师协会移送了杨肃来、陈均、罗小容、王梨等4名律师自1998年至2007年间在代理案件中向法官行贿的涉案材料。市律师协会在立案调查终结后,经惩戒委员会讨论,决定取消杨肃来等4名律师的律师协会会员资格。据了解,司法行政机关将建议4人不再继续执业。

7. 法律、法规、规章以及律师协会章程规定的其他职责。如制定行业规范和惩戒规则;组织管理申请执业人员的实习活动,对实习人员进行考核;还有创办出版刊物、沟通信息、举办律师有关的福利事业、开展律协之间的互相联系等。

司法考试真题链接

1. 赵律师因酒后驾车,撞死一人,被判处有期徒刑两年。这种情况下(2005年司法考试真题)

A. 赵的律师执业证书应因此吊销

B. 赵的律师执业证书不能因此吊销

C. 赵的律师执业证书如被吊销,以后也不能再申请颁发

D. 赵的律师执业证书如被吊销,五年后可以再申请颁发

2. 张国胜通过司法考试取得律师资格后并未申请领取律师执业证。他借用与A法院的关系,长期在A法院代理案件,收取委托人的费用。对张国胜的处理错误的一项是(2005年司法考试真题)

A. 由公安机关责令其停止非法执业

B. 由该地司法行政机关责令其停止非法执业

C. 没收违法所得

D. 可并处违法所得1倍以上5倍以下罚款

3. 根据律师惩戒规则,不属于对律师的惩戒种类为。(2005年司法考试真题)

A、警告、停止执业3至6个月

B、停止执业6至12个月、停止执业两年

C、吊销律师执照

D、取消律师资格

4. 以下哪一种行为违反了律师管理规定？（2005年司法考试真题）

   A. 苏律师在看守所会见犯罪嫌疑人时，接受其投诉办案人员刑讯逼供的控告材料并转送有关机关

   B. 某律师事务所为开拓业务，在全国十个城市申请开设了分所

   C. 某律师事务所在办理购房按揭贷款业务时，凡客户以现金交纳代理费的，只出具本所内部收据不开发票

   D. 某律师事务所代为保管委托人的资金，并约定将存款利息作为律师费

5. 关于律师执业管理，下列各项中正确的是（2005年司法考试真题）

   A. 律师不得同时在两个以上的律师事务所执业

   B. 律师仅能在批准其执业证书的司法行政机关所辖范围内执业

   C. 国家工作人员可以做兼职律师

   D. 律师担任全国各级人大常委会成员期间，不得执业

第六章　律师业务素质和执业技能

【引　例】

2008年7月30日,某某律师事务所关律师总结了他代理医疗损害案的概况:2002年他参与成立了以办理医疗专业案件为特长的某某律师事务所,6年来,律师代理患方诉讼索赔案116件(包括调解结案)。其中,患方败诉2件、撤诉8件,已胜诉的96件,胜诉率在90%左右,正在诉讼的还有10件。关律师办理有关医疗损害案的经验请参见本章第三节。

律师素质和技能包括政治理论水平、思想道德修养、心理素质、业务能力和专门技巧等诸多方面。由于篇幅限制,本书主要论述律师业务素质和执业技能。

第一节　律师业务素质

一、律师应当具有理想信念和奉献精神

对于一名律师来说,理想信念和奉献精神是最基本的素质。律师誓言对律师的理想信念和奉献精神予以明确。适应法治发展要求的律师必须维护正义,用人文关怀、制度理性和实践智慧兢兢业业地对待每一件具体案件,认认真真地完成好每一项具体任务,切实为当事人提供优质高效的法律服务,充当法律、道德和正义的代言人,促进社会和谐,不能沦为专制的附庸或失去理想信念的逐利工具。

理想信念蕴涵着极大的能量,当人们坚信某种事业,行为上就会执著,有了执著,事业就容易成功,人生也是快乐的。除了理想信念,律师还应当具有奉献精神,坚信邪不胜正,太功利的人是成不了优秀律师的。有个别律师就像一些生活和精神上都无家可归的人,在机缘巧合下闯入律师界,无学却有"术",以低劣的素质影响着法律,成为律师界的污点,但得势绝不会太久,甚至要付出巨大的代价。律师应是社会真正意义上的精英,应讲究大道之行。

二、律师应当具有健康的心理和积极乐观的心态

律师应当自信、理性、亲和、善良、宽容、感恩,并拥有激情、勇气、毅力、耐心等。

律师应当自信,对自己不能丧失信心。自信可以起到心理暗示的重要作用,有助于忍耐和坚持并激发人的潜力,而潜力的激发有助于达到成功。但是,自信不意味着盲目行动。律师应当用理性来思维和行事,思考的结果应该是言行回归理性。律师面临的情况往往比较复杂,在很多情况下要在别人提供的信息和材料的基础上形成自己的观点,而理性的思维和行事才能尽可能周全地使复杂问题得以解决。律师的尊严在于其理性。律师不能感情用事,只能就事论事,不然事态本身的是非曲直就会被扭曲。亲和不仅是一种素质和涵养,也是人际关系的润滑油,更是化解矛盾解决问题的手段。亲和也意味着善良和宽容。律师应以善为本,用善心去对待社会和他人。律师的地位、经济状态、特权都不能成为不顾他人自尊的理由,也不能成为丧失善心的理由。如果没有善心或不尊重他人,将有可能使自己受害。对他人对自己的伤害,也要予以必要的宽容。如果没有宽容心,将有可能使自己再次受害或受害更深。善良和宽容也是趋利避害的一种处世之道,何况律师经常面对是非曲直。律师要学会释放自己,使自己经常处于自然平和的心情之中。同时,要懂得感恩。现实生活中,没有感恩之心的律师是浅薄和轻浮的,也难以成就大事业。懂得感恩不仅有助于事业的发展,还有助于生活快乐度的提升。

律师应当拥有激情,激情源于理想信念和社会责任感。律师较多接触社会阴暗面,但不可"看破红尘"。激情的最大杀手就是所谓的"看破红尘"。律师要维护当事人合法权益、维护法律的正确实施、实现社会正义,无疑还应当具有勇气。但要注意,法律追求公平正义,但公平正义是相对的概念,勇气并不排斥适当的变通和妥协。律师讲究厚积薄发,不要期待临时抱佛脚就能轻松取胜。素质的提高要靠积累,法律技能的提高需要磨砺。中国正处于社会转型过程中,法律知识和其他相关知识更新速度很快,律师"逆水行舟,不进则退",必须不断地补充学习。正义的实现和当事人合法权益的维护也难以一蹴而就。因此,律师必须具有毅力和耐心。律师要不断进取,施展才学使生命更有价值,也要"知足常乐",宁静致远让自我世界舒适快乐。

三、律师应当勤学敬业,又要量力而行

(一)勤学善学

勤学善学是律师成功的基础。法律世界是一个提升人生智慧和生存技能的绝好训练场。但是,法律世界又是博大精深和令人敬畏的。律师一旦踏入,便不可急

功近利,而要全身心投入,否则难有成就。由于要面临各种复杂的问题与各种社会群体打交道,律师不仅要了解、熟悉一般性的法律,对重要的法律或特定的法律还应精通。律师在特定的案件上如果不精通相关的法律,一旦运用错误,哪怕是稍有偏差,都可能引起灾难性的后果。律师应把程序法、实体法和证据法三者融会贯通,才能构建起合理的知识平台。律师无论怎样博学都无法使自己的知识涵盖所有纠纷以及可能碰到的问题。律师精通重要的法律或特定的法律必须以法律研究为支撑,而法律研究最重要的是应该掌握良好的研究方法。律师应有意识地找到一种最合适自己的、最高效率的研究方法,从而使自己在竞争中处于优势。另外,法律上的一些学问,书上学不到,肉眼看不到,只能用心去感受。律师都在追求对法律的真实感悟,但这种感悟不仅来自苦思冥想,更多的是来源实践。实践中的法律更有灵性、更有生命力。此外,律师还应知晓心理学、逻辑学、哲学、历史学等诸多学科的知识,多读经典名著(经典是历史评价,著名是社会评价)和未过时的或最新的对业务或生活特别实用的好书。

　　对法律资料的阅读,"主要包括阅读法律、法规和案例等其他资料。在收集信息这项基本功里,律师不仅要有阅读、筛选、分析、归纳的能力,而且要具有信息储备能力。例如,就法律、法规、判例的收集和整理,律师应当对常用的资料做出分类收集,掌握熟悉的查询渠道。并且,在日常看到与业务相关的案例、文章、报道时,要注意收集。对于新法规如果没有时间学习,至少要浏览一下,而不至于在客户问及该类问题时一无所知。当然,浏览和带着问题去读是完全不一样的,没有问题的浏览不可能有深刻的理解和印象,也不会有深刻的理解和认识。因此,即使对于熟悉的法律规定,在遇到具体问题和案件时,也要针对性地阅读。对同一部法律,在带着不同的问题阅读时,关注的条款会不同;在遇到不同问题时对某一条文规定的理解也不同,似乎总有新发现。带着这样的问题去读和带着那样的问题去读也是不一样的,在读法律、法规时,不仅要读条文,还要尽可能地了解法律法规的起草背景、条文释义等。在阅读条文,不能只关心判决结果,要关注得出结论的过程,特别是要把判例放在特定的案例中理解,不能简单地'照方抓药'、对号入座。这些,也是法律专业人员和非法律专业人员在'读'法律条文、判例时重要的区别。在阅读时还要注意将'竖读'与'横读'相结合。所谓'竖读',就是按照法律条文的顺序阅读,如在新的法律出台时,逐条学习该部法律。所谓'横读',则是以比较的方法阅读、由此及彼地阅读。"[①]由于对法律知识的掌握程度以及法律素养上的差别,客户可能会根据,且仅仅根据某一部法律或其中的某一项规定来理解问题,有时显得"钻牛角尖",而律师则须会综合运用法律做出判断。

---

① 刘瑛著:《律师的思维与技能》,法律出版社2006年版,第79~80页。

(二)敬业力行、量力而行、自我保护

律师必须敬业力行,法律上的一些工作,需要众多的细节支持,唯有严谨认真关注细节方能取胜,关注细节是律师的职业特点。法律上的工作讲究亲历,要在实践中感悟和提高,思考再成熟,目标再明确,不去做也不行,幸运仅是偶然的事情。律师的成功全在身体力行,天道酬勤是不变的规律。但是,律师也不能脱离现实,要注意量力而行。律师存在极限,有体力的极限、智力的极限、社会关系和社会资源的极限等。法律不同于自然科学,不是追求绝对的唯一的结论,而是寻找一种利益的平衡。法律上的很多事情不是律师所能完全掌控的。所以,律师尽心尽力、问心无愧就好,这也符合律师职业道德要求。律师还应该准确定位,具有法律安全意识,学会自我保护。法律世界是令人敬畏的,既令人敬,也令人畏。许多律师视输赢重于规则,发生不幸,是自身的原因造成的。即使对己方当事人,律师也应予以必要的设防。否则,将可能给自己带来不必要的麻烦或造成终生的遗憾。

四、律师应当善听、能说、会写

(一)善听

听,从一般意义上讲是安静地听他人说出每一句话、每一个字。对律师而言,听是要听他人说了什么,没说什么,他人的意思和目的是什么。所以,律师应当善听,要用耳、用眼去听,更要用心去听。语言是符号,是载体,其传载的含义才是律师所要听出来的,即不能全盘接受他人提供的信息,在听的同时要谨慎地加以分析,洞悉他人真正的意图和目的。为了提高听的效率,律师还要知道想听什么,并有针对性地、有条理地引导他人,而不能让他人如天马行空想到什么说什么。

(二)能说

说,人人都会说,但不见得都会怎样说。同样一件事,由不同的两个人去说,效果可能会很不相同。法律在一定程度上是语言的游戏。对律师而言,一口流畅的普通话是与他人沟通的起码平台,能"说"会"说"是吸引当事人的外在招牌,是通向成功的通行证,也是一种需要培养的技能。律师语言的选择和使用没有固定的模式,但应锁定核心听众,审时度势,掌握"火候",做到语言得体合用。"说"能达意是基础,能服人是目的。律师发言应讲究正常逻辑,条理清楚,不可逻辑混乱或狡辩、诡辩、强词夺理。律师措辞忌用口头禅,如:"嗯"、"这个"、"那个"等。律师在正式场合若使用已备发言稿,应尽可能给人感觉不是宣读而是说出发言稿,但尽量不脱稿。律师在法庭辩论时应遵守规则,有礼有利有节;应控制好语调,不可让人感觉是在争吵,不可伤害到他人的自尊和感情;应控制好语速,以便书记员能将重要观点记录在案,毕竟书记员的中文记录速度很难跟上一般人的语速,这点与英文记录速度存在重大不同。不同的专业工作对如何"说"有不同的要求,如对新闻播音员的"说"要求与对律师的"说"的要求就有很大不同。对律师的"说"的要求更接近于对高校法学教师"说"的要求。律师有必要读一些演讲与口才类的书籍(如《演说的魅力》),并在实践中锻炼、体会、总结如何"说",提高"说"的水平。

(三)会写

写,有点文化知识的人都会,但不见得有点文化知识的人都会写作法律文书。从目前中国律师的写作水平来看,也并非是律师就会写作高水平的法律文书。由于法律文书事关当事人利害得失,也事关律师形象评价等,所以律师应倾力关注法律文书的写作。法律文书的写作要求形式与内容完美结合,哪一方面都不能忽视。法律文书的写作一般都有固定格式的要求,律师应遵照法律文书的固定格式写作,如果写作的法律文书格式不规范,有失律师的专业形象,也可能影响法律文书的实际功用。法律写作既有语言方面的要求,也有逻辑方面的要求。由于法律文书强调说服性、逻辑性,律师要以精确的、简洁的、清晰的、质朴的、富有逻辑性的、有事实和法律依据的、具有说服力的语言将自己的观点传达给别人。

五、律师应当善谋略、能合作、会交际

(一)善谋略

一个优秀的律师,应如将帅军师,运筹帷幄,深谙战略战术,而不是仅关注一城一池或一兵一卒得失;又如高明医师,懂得医根治本,而不是"头痛医头,脚痛医脚"。谋略和策划能使律师更从容,也更容易成功。律师有必要读些政治谋略书或兵书战策。律师办案应谋定而后动,进行冷静理智的整体策划并制订缜密可行的方案,并根据事态的发展因应变化。此外,律师还应该对自己的事业发展进行策划。不然就不知道自己的优势在哪里,不知道发展的方向。

(二)能合作

现实生活中,人们越来越无力单独面对各种新的挑战,很多竞争对手都在互相联合。如果一个人自我封闭,以一己之力和可能超过自己力量数倍的集体力量相抗衡,是非常不明智的做法。律师也是如此,应当能合作,学会借脑和借力,不要轻视别人的智慧和能力,不能停留在单打独斗阶段,要寻求相对稳定的合作伙伴,要注意团队合作并善待团队的每一个成员。当然,在律师事务所内的合作伙伴应是那些执业水平大致相当而不是实力相差悬殊的人,只有这样才能有稳定的合作。

在素质全面提升的基础上,律师要培养自己的特长,要具备独当一面的能力。

第六章 律师业务素质和执业技能

律师除了内部合作外,还应该注意与外部的合作,尤其是与其他法律界组织或个人的合作。在律师所拥有的资源中,人的资源永远是第一位的。法者应在恪守法律、律师职业道德和执业纪律的前提下充分有效地利用有限而宝贵的人的资源。无论是内部合作还是与外部的合作,均是出于对资源利用和资源配置的考虑。

（三）会交际

律师交际能力强弱在相当大的程度上决定其能否成功。律师要广泛交友,友谊的是一种缘分,也是一种资源。但是,律师交友不能太随意,并非所谓的朋友越多越好,而是良师益友越多越好。律师交友通常应保持必要的、适当的距离,该种距离利多弊少。律师从业多年之后,对此会有深切体会。律师对世事应当通透,并善于与人交往,注意礼貌和礼仪等,但不代表应当八面玲珑。

交际能力不是靠读书读出来的,但读一些相关书籍,如:《菜根谭》、《人性的弱点》、《公共关系学》等,对提高律师的交际能力不无助益。律师交际要注意的问题很多,众多介绍如何交际的专业书籍多有提及,在此不能一一列举。但是,有必要强调,律师从事的法律工作具有特殊性,律师交际最关键的是给人感觉该律师是诚信的和专业的,而不是一般交际中的所谓热情、善意、理解等。也有必要强调,律师与当事人会面的地点场合应很有讲究,要区分不同事情和求助者的情况,选择不同的会面地点场合。地点场合不同,效果可能不同。因此,较强的律师事务所的办公场所通常选择在繁华地带的豪华办公大楼;优秀的律师通常会拥有高档办公室,除非情况特殊,一般不到当事人办公室会见当事人。即使在外会见当事人,也通常选择大酒店或茶艺居作为会见地点。另外应注意,不同的地点场合会有不同的语境,律师在不同的语境中应使用不同的适应性的语言。

六、律师应当注意形象、气质和魅力

律师的一言一行不仅关系到个人的形象,也会影响到他人对律师整体的评价。中国虽然还未形成成熟的律师文化和理念,人们对律师的印象也还未定形,而是更多地受域外文化或电视文化的影响。但是,人们期望中的律师肯定是优秀人物的集合体,是社会精英。律师的行为举止要给人以有思想、有深度、有教养的法律专业人士的印象,要体现出这个职业的特点。

影响对律师的气质和魅力评价的因素,既有内在素质涵养的因素,也有外在包装的因素。内在素质涵养最为重要,是靠长期熏陶培养出来的。当然,律师最大魅力在于法律技能的娴熟和源于职业道德的人格力量。律师在创业阶段靠的是技能,是技能使自己立住脚。但是,律师的长足发展则要靠人格的力量。外在方面,律师的包装不可或缺,它可提升律师的气质和魅力评价,并使得律师更为成功。就如电视中皇帝,如果少了包装(如皇袍、皇宫、仪仗等),也就是演员个人而已,而有了包装,加上恰当的台词和精湛的演技,给人的感觉就是一位活生生的皇帝。

七、律师应当注意高效的时间管理并掌握卓越的工作方法

(一)高效的时间管理

一天 24 小时,对不同的人,相同的时间所产生的效果却完全不一样。区分最优秀的人和最普通人的不是素质和才能,而完全在于他们对时间的使用方法。所谓的时间管理,就是指为了实现目标而围绕目标将时间加以合理而有效的支配和安排。只有把自己的目标设定放在首位的人,才最有可能实现目标。因为他们能够最快、最有力地实现自我。进行时间管理的最大目的,就是为了实现制定的目标。对于律师而言,应该具有自己明确的目标,包括远期的目标和近期的目标。为了实现自己的目标,就要在时间上进行投资。这种时间上的投资不是把一天 24 小时的时间都浪费在娱乐、玩耍和不务正业、游手好闲上,而是指为了实现目标,而把最宝贵、最主要的时间都放在应该做的事情上。

当然,律师也应该注意适当的休闲娱乐和身体锻炼,并重视家庭,这样才能长久保持工作的动力。优秀的律师应当知道工作时间的优先顺序。要把要做的工作按照优先顺序排列出来,然后去实行。有工作就要立刻去做,如果不是立刻去做,老把工作往后拖的话,会自食其果的。应当将时间进行重点倾斜分配,把单位时间的劳动力投入到最有希望提高业绩的领域中去,去做那些对实现目标有帮助的事情,而不是做那些和实现目标没有任何关系或关系不大的事情。应当寻求尽可能多的有力协作者。这个世界是相互依存的,时间管理的最大的奥秘就在于能获得多少优秀的有力协作者的协作。这和杠杆原理是一样的。靠你一个人的力量怎么努力也不能实现的目标,只要你的有力协作者做你的杠杆的另一个支点的话,很可能一下子就实现了。应当用意大利经济学家帕雷特(Vilfredo pareto)提出的"80:20 的法则"来改变业绩。律师业务的 80% 是由 20% 最优质的关系人带来的,应将拓展业务的 80% 的时间用在 20% 最优质的关系人身上,而不应是平均分配时间。等等。不应该浪费时间,如工作散漫、没有计划、准备不足、信息不准确、对法律业务不够熟悉、没有事先和要见面的人约好见面的时间或重新确认约好见面的时间、贪睡懒觉。

(二)卓越的工作方法

正确的工作方法对于律师的工作很重要。律师的工作,其实就是通过不同的手段,达到解决问题、实现目标的过程。在这个过程中,选择正确的方法至关重要。因为在正确的方法指导下,律师能以最少的时间、最少的资源达到目标。这样不仅为律师节省了时间,更使律师在与别人的竞争中占尽先机,处于领先地位。要成为

第六章 律师业务素质和执业技能

优秀的律师,要正确做事,更要做正确的事。效率是以正确的方式做事,而效能则是做正确的事。在效率与效能无法兼得时,首先应着眼于效能,然后再设法提高效率。

律师应当发现并改变自己不良的行为模式和工作习惯。人的思考取决于动机,语言取决于学问和知识,而他们的行动,则多半取决于习惯。每个人都会形成自己的行为模式和工作习惯。固然有一些行为模式和习惯会有助于让工作更高效和简单,但是,人们大多数的行为模式和工作习惯却起着与之相反的作用。

律师应养成"做要事不做急事"的良好个人习惯,按事情"重要程度"编排行事的优先次序。所谓"重要程度",即指对实现目标的贡献大小。对实现目标越有贡献的事越是重要,它们越应获得优先处理;对实现目标越无意义的事情,愈不重要,它们愈应延后处理。律师要用做充沛的精力做最重要的事情,次要的例行工作可以安排在相对比较零碎、工作效率比较低的时间来处理。

律师一次只能解决一件事,不能胡子眉毛一把抓。要能一眼就找出问题的关键之处,然后抓大放小,从最重要的事情上入手,从而使问题很快得到解决。律师要从别人的成功和教训中去学习,学会借力发挥。站在前人的肩膀上,总是会看得更远。律师要拜能人为师,拥有值得信任和尊敬的指路人,此有助于律师穿越迷宫般的职业森林。

第二节 律师执业技能

律师处在法律的大竞技场中,不具备娴熟的技能难以生存和发展。知识是技能的基础,但技能是律师改变命运并创造财富的关键,必须实现从知识到技能的跨越。对技能的掌握程度决定着律师的个人成就、业务收入、生活品质和社会地位等。律师业务技能包括业务推广技能、出庭技能、谈判技能、调查取证技能、起草或修改合同技能等众多技能,内容繁多。本人在此无意穷尽所有律师业务技能,仅是简要介绍业务推广技能和出庭技能。目的是借此提醒有心者充分重视律师业务技能,注意学习、总结、掌握、运用律师业务技能。从而,更好地服务社会,更快地功成名就。

一、律师业务推广技能

(一)中国律师业务推广的困惑,西方律师经历过且已成功解决

中国律师目前最大的困惑是如何才能在保持尊严的情况下承接到案件。实际上,中国律师今天的困惑,都是西方律师百余年前经历过且已成功解决的问题。他们的经验与教训表明:自毁形象的方法并不能带来客户,采用保持尊严的科学方

法,才能最好地促进业务的增长,并为此总结了丰富的内容。

(二)律师业务推广前应弄清的几个问题

律师在律师业务推广上首先要清楚:谁会聘请律师？他们如何聘请律师？什么时候聘请？在哪里聘请？为什么聘请？律师只有搞清楚客户心里想什么？客户在决定聘请律师时,决策都受到什么影响？才能有的放矢地采取行动,科学地征服下一个客户。客户聘请律师的决策,很大程度上,受到文化、社会、家庭、个人和心理因素的影响。客户聘请律师的决策一般会经历五个阶段:问题认识(请律师被提上日程);信息收集(律师进入潜在客户视野);对可选择方案的评估(律师面临筛选);聘请决策(客户决定聘哪一位律师)和购后行为(客户聘请律师后是否感到满意)。同时还要清楚,律师优质服务的标准是:交流、礼貌、合作、价格、承诺、能力和有同情心。

律师最重要的营销武器,就是可信度。律师应有高尚的定位,这是律师的自我提升之道。这样才能表现出强烈的道德人格力量,去感染和征服客户。律师不能采用低价策略,对主流律师成功经验进行分析可知,客户衡量律师价值的方法之一,就是通过价格。优秀律师收取较高的费用是因为他们通过判断、服务、质量、专注、责任等形式传递价值给客户。他们清楚:律师费不在于多少,而在于客户相信他们能得到比付出更多的利益。律师适当地实行高价策略,来吸引优质的客户,同时,也要为弱势群体提供免费或低价的服务,二者并不矛盾。律师要对委托人直率。告诉他们客观的观点和问题的所在。如果牵涉到起诉,要预估对方会怎样反击,并让客户知道。如果怕失去客户而不敢告诉客户可能出现的不利局面,其结果反而是可能失去客户。如果向客户进行虚假承诺,即使承接了案件,也是在自找麻烦,还可能因案件出现不利后果而使自己声誉遭受损害,影响日后业务的发展。

(三)教导式营销和杠杆关系网

1. 教导式营销

律师实际上是一种靠道德取胜的职业,虽然不排斥财富,但排斥对财富的追逐。律师们要赢得客户,就要符合客户对律师的期望。客户选择律师时,是希望找到一个专家,一个智者,不是要找一个商人。律师如果表现得像推销员,就失去了潜在客户的尊敬,从而失去机会。因此,律师不能将自己当成商人,应当避免商人的"推销员"方式,而是以一个"教导者"的形象,通过一系列的推广工具,有尊严地推广自己,赢得新的客户。教导式营销,律师是以一个智者的形象出现,他不向客户推销产品,而是提供对人们有用的信息,帮助人们解决问题,为迷途的人们指明方向。这些有用的信息,通过媒体宣传、广告、研讨会等多种方式,传递给客户,使客户从中受益。这样一来,使"教导者"在公众中建立了专家和"帮助者"的形象,使公众在遇到疑难时,本能地向他求助,律师的业务来源于是产生。这是律师制胜市场的法宝,非常适合律师拓展自己的业务。它既可以提升律师公众形象,又通过公众形象促进了业务的增长,二者实现了良性互动。这就保证了律师在获得成功的同时,不会牺牲自己的尊严,对自己的职业充满自信。

对于教导式营销,英美律师界以及法律市场专家们,已经发展一套完整的推广原则和方法,有的甚至十分细致。如:不要打电话推销自己;除非潜在客户要求,不要给名片;在没向客户透露任何信息前,坚持要与客户见面;不要试图掩饰你的收费标准;不要企图"算计"客户;不要在展销会的摊位上推销服务;建立显著的业务专长定位;确定你的目标客户群;确认你服务的与众不同;有尊严地宣传自己;建立杠杆关系网;懂得使用非推销式的方法,与潜在客户建立可信度和影响力。

2.杠杆关系网

因杠杆关系网对律师具有极大的价值,在此特别予以介绍。社会学家将"关系网"定义为:是利用人们之间的私人关系,来增加获得信息和机会的能力。美国律师营销顾问艾特指出,关系网有三种:机会关系网、战略关系网和杠杆关系网。机会关系网是律师最常用的关系网络方法。他们认为遇到的每一个陌生人都是潜在客户,都应当表明自己的律师身份,并递出他们的名片说"有事找我"。这就是在制造机会关系网。机会关系网偶尔会带来效果,带来案源,但你不能依赖这种关系网开展业务,因为它效率太低了,不会给你的工作带来多大好处。而且,这种关系网中客户的随意性也导致案源的随意性。战略关系网比机会关系网更直接。这种方法,使律师处在一个客户可能聚集其中的环境里。律师可以加入一些协会或俱乐部,参加早餐、午餐集会,在那里客户会相互交换名片。律师也可以偶尔发表演讲或发起一个会议。战略关系网带来的结果比单纯的机会关系网要好得多,出现更合乎需要的客户的可能性也越大。但是,和机会关系网一样,战略关系网也很费时,也要依赖于客户在会面的同时就需要你的服务。在杠杆关系网中,有一些人经常地与律师的目标群体接触,律师要培养与这些人的关系。成功者、领导者、有引导作用和有专业知识的人,他们能接触到更多的能成为你客户的人。成功的人总是会有很大的关系网,因此你结识到需要法律帮助的人的可能性就越大。人们经常向领导者索求建议,这使他们处在很特殊的位置上。有引导作用的人自然会有更大的关系网,更有可能给你带来工作机会。一个人与目标人群接触得越多,他发现解决案源问题的可能性就越大。这种关系要仔细地选择,持续地保持,以确保在有机会时它能带来客户。杠杆关系网能增加合乎需要的客户的数量,给投入的时间最多的回报。

(四)美国"超级明星"律师的业务推广秘诀

美国学者将成功的"超级明星"律师的业务推广秘诀总结为:把法律市场推广作为首要内容;懂得可信度的重要性;坐稳业务的头把交椅;即使不能占据首位,也要创造能称雄的环境;成为广泛受人尊敬的权威;从神秘的距离中获利;创造自己独特的教导信息;创造自己的方式,强调与众不同;创造一个免费的工具包(如:信件、广告、出版物、通讯和网络等)使客户冲破距离的阻挠,收到你的信息;在网上创造点击率;通过多种形式传递信息给潜在客户,使客户有选择最佳方式的空间;为自己创造很高的接近率;为客户提供不可比拟的服务;把列在清单上的人们看作亲善大使;按月发送通讯、建议或公告;实施具有挑战性的宣传计划;通过"教导"式的研讨会进行推广;当客户和潜在客户打电话时,成功的律师会放下手中的工作,集中精神听取客户的电话,使客户感觉到自己的重要性;收取符合市场行情的相关费用;拥有自信、尊严和专业性;真挚、热情友好;由衷地尊重、呵护现有客户和潜在客户;保持积极、感激、礼貌的态度;远离虚伪、消极和懒惰的人;不用强迫手法使别人接受其服务;创造有思想的领导者网络;使时间与业务相远离,宽容地把时间分配给家庭、信仰、兴趣、爱好、假期等他们喜欢做的事情;形成超越律师与客户间的特殊关系,懂得把客户和潜在客户放在首位;组建非营利的组织吸引客户;不断教导受众,抓住每个教导目标受众的机会,使自己的学识被展现,并提高了可以吸引新客户的可信度;教导同事,不畏惧传授他们的秘诀和方法给其他律师;等等。① 上述美国成功的"超级明星"律师的业务推广秘诀值得中国律师充分借鉴。

二、律师出庭技能

(一)律师庭前准备技能

律师出庭,应端正思想,精心准备,不能"临时抱佛脚",不能恃才打无准备之仗,更不能在庭审中仅是"走过场"或"演戏"给当事人看(尤其是刑事案件律师出庭,中国律师"走过场"或"演戏"现象较为多见),否则就是视当事人利益和律师个人与群体的声誉于不顾。律师水平不够高也许可以得到谅解,但不尽心是难以得到谅解的。为此,律师出庭前,应充分熟悉案情,熟悉与本案有关的法律规定和其他相关知识,熟悉法庭或仲裁庭规则,明确诉讼策略,制作诉讼提纲,等等。

1. 熟悉案情

律师出庭前熟悉案情,既要向当事人了解案情,也要认真研究案件材料,可能还要调查取证。如果是二审或再审案件,一定要到法院阅卷并将重要案卷材料复制下来(采用数码相机拍摄也是一个好办法)。对案情不能凭感觉或想当然,法律工作靠的是脚踏实地,任何疏忽都可能影响到案件的最终结果。更为可怕的是,因疏忽而造成的结果有时会因法律程序的既有设计而根本没有机会逆转。律师出庭前向当事人了解案情,应秉持超然的心态,对当事人介绍的案情应洞若观火,应按清晰的思路引导当事人说出真相,不放过任何关键性的细节,不要被当事人牵着鼻

---

① 马贺安著:《生存与尊严》,人民法院出版社 2006 年版,第 131~137 页。

子走,任由当事人说东道西而没有章法。

律师阅读研究案件材料,既要认真细致,也要分清主次,掌握关键。"有关事实的部分资料从那里来?不外乎客户提供和律师主动收集。其中,律师的资料收集能力对于'读'有重要的作用。因为,客户不能准确知道那些资料有用,那些无用。给律师的往往是他们认为有用的资料。这样在不同程度上,都需要律师去收集资料。作为收集信息的'读',实际上要从资料收集开始。例如,在律师需要客户提供资料时,律师不能简单告诉'请把与这件事有关的全部资料给我'。律师应当向客户做出详细的指示。"

"律师收集资料的过程也可以反映出律师对业务的熟悉程度和专业程度。在阅读客户资料时,律师还要注意根据法律服务事项的不同有所侧重、有所筛选地阅读。律师不会为'读'而'读','读'一定要结合法律服务的目标进行。'读'和'听'都是为了获取信息渠道,因此,与'听'一样,'读'也不能仅仅停留在文字表面,还要读出文字背后的问题。在读的过程中,律师不仅要注意读到的信息,也要思考那些你关注而没有读到的东西;既要注意所读到的文字,也要注意该文字出现在资料中,写在什么位置;同样一句话,在不同的语境下、在不同的资料中,其含义就可能不同,给出的信息可能也不同。如果律师不能关注文字表层之外的信息,就可能不能理解文字的真实含义。有时通过'读',律师就可能提出问题的解决思路和方案,达到'四两拨千斤'或出奇制胜的效果。'读'也包括若干个环节或步骤,如浏览、筛选、找出问题、要补充资料等。"

"在浏览环节,律师首先需要建立起对阅读对象的轮廓。在阅读量大、资料繁杂、头绪多的情况下,要整理出一份资料清单。通过这个环节的工作,你会大致判断出已有那些资料,还需要补充写什么。接下来,律师要根据代理事项及阅读目标,对阅读资料做进一步筛选,剔除无关的资料并弄清各资料之间的关联性。在进行了这些工作之后,律师要根据不同的标准归纳出问题,如已经确定的事项、矛盾或似是而非需要核实的事项,存疑且需要澄清的问题。从而在头脑中形成一个大致的工作思路及轮廓。这是整个阅读的重要环节。此后,律师可以有针对性的向客户提问或要求客户补充资料。"[1]律师阅卷,"不是学习,而是找茬。应逆向思维,抓住焦点。审视证据,分析结果。"[2]阅卷的顺序应当是:判决书(知案由、事实、论据;知法律问题和争议焦点;知结果);起诉状;答辩状;法律意见书;最后是全卷所有内容,看是否有新的发现。律师调查取证要明确目的和方向,同时应注意程序合法,程序与实体并重。

2.熟悉与本案有关的法律规定和其他相关知识

律师出庭前熟悉与本案有关的法律规定和其他相关知识,除了靠平时的知识

---

[1] 刘瑛著:《律师的思维与技能》,法律出版社 2006 年版,第 77～79 页。
[2] 张勇著:《远见》,机械工业出版社 2004 年版,第 25 页。

积累和及时更新,还必须具备娴熟的资料查询技能和研究能力,利用图书、期刊、网络等基本硬件快速有效地查询到自己需要的与本案有关的法律规定和其他相关知识,并加以针对性研究。当然,在这过程中注意判别相关法律规定是否有效,要懂得法律冲突的处理原则,要正确理解掌握其他相关知识,不要寄希望"以其昏昏,使人昭昭"。另外,最好能有一些专家师长或朋友可备咨询。

3. 熟悉法庭或仲裁庭规则

律师出庭前熟悉法庭或仲裁庭规则,一靠对程序法的了解,二靠此前出庭经验。在程序法方面,平时就应熟悉掌握《民事诉讼法》、《刑事诉讼法》、《行政诉讼法》、《海事诉讼特别程序法》、《仲裁法》、《企业劳动争议处理条例》、最高人民法院《关于民事诉讼证据的若干规定》、《关于行政诉讼证据若干问题的规定》、最高人民法院、最高人民检察院、公安部、国家安全部、司法部、全国人大常委会法制工作委员会《关于〈刑事诉讼法〉实施中若干问题的规定》等主要的法律规定,还应熟悉《中国国际经济贸易仲裁委员会仲裁规则》、《中国海事仲裁委员会仲裁规则》及其他相关仲裁委员会仲裁规则,等等。在出庭经验方面,包括直接经验和间接经验,既要靠自身积累出庭经验,也要吸取别人的出庭经验。

4. 明确诉讼策略

律师在对案情进行认真分析的基础上,了解当事人参与诉讼的心理要求,预测对方的诉讼思路,审视诉讼的利弊和双方的优劣态势,正确把握参与诉讼的策略,才能趋利避害,以长对短,把握诉讼的主动权。

5. 制作诉讼提纲

"诉讼提纲是律师和当事人当庭陈述、举证、质证、辩驳等诉讼活动提纲挈领式的归纳和浓缩,既是针对对方当事人诉讼思路的论辩计谋,又是己方诉讼要点的反映。诉讼提纲包括法庭调查阶段的举证提纲、质证发问提纲、辩论阶段的代理、辩护提纲等。"① 诉讼提纲应具有三个特点:(1)针对性。(2)可行性。(3)预测性。

(二) 律师在庭审中技能

律师应学会并在庭审过程中充分运用技能。"如果在没有经过充分训练、没有掌握充分技巧的情况下就贸然出庭的话,就好像一个枪手在没有掌握射击技巧、没有先下手为强的决心的情况下就去和别人决斗一样。这种人只会败给对手,他的职业生涯也不可能维持多久。"

1. 应尊重法官的权威并尽可能取得法官的信任

律师对法官应敬而不畏不卑不媚,让法官感到你是在协助他工作的法律人,对法官的尊重就是对法律的尊重。律师在法庭的举止将影响到法官对律师是否可予以信任的判断。从实践来看,律师从来到事实认定者面前这一刻开始,法官"在评

---

① 朱德锴著:《胜诉谋略》,法律出版社2001年版,第17页。

估你的行为、衣着、举止时,将不断地评估(和再评估)你的可信性。他们将观察你同你的委托人、对方律师、证人和法院的互动。他们警惕地观察那些可信性、职业化的指征以及令人怀疑的、不可信的微妙表现。所有的律师都留下适当的印象,然而并没有什么公式来告诉你如何行为,更不用说如何反应了。在法庭上,具有各种背景、出身、性情、外貌、品性的律师都可以找到一席之地。也许唯一具有普适性的成功做法就是真诚。不真诚的律师可能会在诉讼中取胜,但是他们在这么做时,会辱没了自己。""绝大多数案件中,双方的证据都是有说服力的。当证据几乎相当的时候,律师的可信性在塑造审判的结果方面,将会发生重要的作用。在审判工作中,廉正生信赖,信赖造成功。""称职生自信,而自信是事实认定者所能目睹的。杂乱无章和不称职则会导致不安全感,这也是显而易见的,也会是很不利的。"①

2.应结合庭审情况适当调整诉讼策略并修正诉讼提纲

由于在庭审中双方的优劣态势可能变化,当事人心理要求可能发生变化,对方的诉讼思路也可能出乎意料地发生变化,因此,诉讼策略也可能面临必要调整。至于诉讼提纲,"由于诉讼提纲一般在案件审理前拟订,不可能囊括诉讼中千变万化的内容。律师和当事人切不可将诉讼提纲当作教案机械地照搬,而应根据不同的案情,针对对方的诉讼观点、主张以及诉讼情势的变化不断修正完善。"②

3.应充分注意发言与技巧

庭审应按法定的程序安排进行,因此,律师的发言应遵照程序安排进行,应知道什么时候可以或应当发言,什么时候不可以或不应当发言,什么时候针对哪方面发言,什么时候发言应简单精要(如举证质证阶段),什么时候发言应全面具体并重点围绕争议焦点等(如辩论阶段)。对于发言技巧,一般大众存在错误的认识,认为完美的发言方式可以赢得诉讼,事实上,精心构筑的事实往往都会胜过刻意的作戏。这并不是说发言技巧不重要,而只是说案件的实质内容必须优先。在实践中,应注意不要采用照本宣科朗读的方式,而应采用语气自然的"说"的方式(即使是"读"也应当做到让人感觉是在"说",这是一种技能,也是一种境界)。只有技艺高超的专业演员才在照本宣科朗读的同时,还能表现出发自内心的真诚。一般的人都会显出虚假笨拙。而且,在照本宣科朗读的情况下,会使得律师与法官之间的交流缺失,难以感觉到法官或对方的反应。要注意音量、语调和语速。音量上应参照法庭空间大小及布局予以适度控制,给人感觉不能小声也不能太大声。语调上应突出发言的重点内容,在必要的特定情况下可能还要突出感情色彩,"人是有感情的动物。法庭不是感情的沙漠。审判不是一台自动控制的机器。""在法庭上,要善于利用'情',要善于表达'情'。但是,更重要的是,情感要控制好,用得恰到好

---

① [美]史蒂文·鲁贝特著:《现代诉辩策略与技巧》,王进喜等译,中国人民公安大学出版社2005年版,第6~7页。

② 朱德锴著:《胜诉谋略》,法律出版社2001年版,第17页。

处。否则便不能达到目的。"语速上应加以合理的控制,尤其是在表述要让书记员记录在案的内容之时,应顾及书记员记录速度(可用眼睛看或耳朵听来判断书记员记录进展情况)。毕竟,汉语记录(无论手写还是电脑打字)很难跟上通常的口头表述速度。"魅力、口才、忠诚和其他种种有吸引力的人类美德完全无用。结果是写下的、被称作笔录的记录,在真正的审判时会被使用到。"①应注意言语的准确性、条理性和针对性,发言内容不能给人感觉是一盘散沙或无的放矢。其中,准确性是至关重要的。法律语言对准确要求超出了一般交流所要求的范畴。应善于审时度势,"能够瞄准适当的时机,选择恰当的词语,抛出他所要表达的观点,达到他所想达到的目的。"应尽可能地让法官少动脑筋,就能领会律师摆在他们面前的答案,说服法官并将法官的头脑引到发言所欲达到的结论上来。此外,还应注意法律术语的使用。"一个律师应当在法律用语中使用法律术语。正像诗歌有其特殊的结构与词汇一样,法律也有它自己的星星与语言。在法律领域内,使用法律术语所产生的效果是使用其他的普通词汇所不能达到的。如果律师能够正确地使用法律语言,法庭辩论随之而变得更加典雅和更为庄严。"②

4. 应善于用证据构筑堡垒和摧毁证据堡垒

"对执业律师来说,有一条黄金原则:对事实的考虑要先于对法律的考虑。""当时发生了什么、我们认为当时发生了什么、证据证明当时发生了什么,这是不同的三件事,法律只承认最后一种。"因此,社会上存在"打官司就是打证据"之说。对律师而言,"用证据构筑堡垒"和"摧毁证据堡垒"的技能是立身之本。举证和对证据的核实在方式和时限上都有程序性要求,律师对此不可有任何疏忽。证据的取得与证据的使用是不同的技能。要注意证据形式、内容和程序合法。在庭审举证时,要注意说清证据名称、证据内容、证据来源和证明对象。在庭审质证时,要注意说清对对方证据的真实性(也称作客观性)、合法性和关联性的看法。对待己方证人,律师应注意"己方的证人往往要问律师在开庭时自己该如何说,律师的回答应慎之又慎。在这种情况下,律师有可能成为己方证人的教练,这自然是一种危险性。律师应只教程序和礼仪上的事项。如果在实体问题上给予指导,就可能使教练转为教唆,后果相当严重。"③对待对方证人,在庭审中应注意对其是否具有证人资格和证言内容的不实和矛盾方面加以询问,并充分注意询问策略和方式方法,以达到削弱对方证人证言效力或对方证人证言不被法庭采信的目的。在可能的情况下,甚至让对方证人在庭审中说出有利于己方的证言,等等。

5. 应善于运用法律,利用专业知识解决问题,但不是照搬法律条文

"照搬法律条文"现象在刚开始从事律师工作时较容易出现。"可能有两方面

---

① 廖美珍著:《法庭语言技巧》,法律出版社 2005 年第 2 版,第 58、66 页。
② 林正编著:《哈佛辩护》,改革出版社 1999 年版,第 62、105 页。
③ 张勇著:《远见》,机械工业出版社 2004 年版,第 168~170 页。

原因。一是,因为此时尚不知道如何在法律概念、理论和实际问题之间找出对应关系,或者尚未找到解决问题的通道。二是,有的律师尚不能以通俗、直白、准确的概念表述深奥、晦涩的法律道理。其实,这还是一个对法律知识的融会贯通问题。"
"现实中的法律问题在多数情况下与法律规定缺乏对应性。面对当事人的问题和错综复杂的事实,法律规定往往显得模棱两可或似是而非。因此,律师的价值体现在,能够从纷繁无序的现象后面找出真正的问题并解决之。"①律师的这种能力是知道在什么时机、采取什么行动最能解决问题。从这个角度讲,律师出庭意味着从不确定性和矛盾的现象后面找到解决问题的途径和方案并说服法庭接受,而不只是贩卖现成的法律条文或进行原则分析。律师要避免使用"根据相关法律规定"这类含糊不清的词。引用具体法条一定要核实,必须确保正确,否则就是对法庭的误导。要防止过多引用案例的情况。案例引用的重点不在多,而在准,让法官感到无可辩驳的可比性。由最高人民法院出版的《最高人民法院公报》和《人民法院案例选》中的案例具有权威性,在具体引用时,法官判决理由部分是主要引用对象,案件事实引用不宜过长。

第三节 律师业务经验的实例分析

引例中总结介绍了关律师近年来办理医疗损害案的概况,现简要归纳一下办理医疗损害案的律师实务经验。

一、把关证据,重在精心筛选病历材料

(一)收案前粗略审查案情并评估

1. 病历材料要齐全,以便全面找"事由"。病历材料一般包括:(1)事发时的住院病历复印件;(2)事发前、中、后的门诊病历、出院记录、每日清单、收费收据等事发现场物证或其相关书证等,除非必要一般不要求尸体解剖报告。
2. 损害程度要足够,以免明知委托人得不偿失而代理。区分身体上的、经济上的损害。理解"身体损害程度=事发后状态减健康原状及其可治愈性"的含义。
3. 委托人要坚定信心,避免半途后悔;自信心不足者,先做收案前审查。

(二)代书前认真审查病历并再次评估案件价值

1. 找事实,定证据

---

① 刘瑛著:《律师的思维与技能》,法律出版社 2006 年版,第 24~28 页。

(1)健康原状＝事发前或诊断与治疗前病历记录的病症、体征、实验、影像检查数据。

(2)违法违规行为：日 时 分 秒＋人物(病人、医生、护士)＋状态(作为/不作为)。

(3)事变状态＝以时间为轴心，前后对比、纵横搜索。

(4)健康现状＝功能下降度＋器官损害度＋生活(吃穿行动交往)质量减低度等。

2. 找理由，定目标

(1)找法律关系的类型——依法将生活事实类型化；医患事实中既有属于普遍义务的人身权保护法律关系，又有基于特定义务的无名服务合同法律关系。医方行为有属于违反普遍义务(不应为)的积极(而为)侵权，也有违反合同义务(应为)的消极(而不为)违约或侵权。

(2)依具体法律将事实类型个性化——找法律关系的具体内容。注意：医方义务法定、医疗行为众多、医患关系期限自由、医疗行为受特定病情及其所需要的医疗规范调整。

(3)选择请求权类型：在违约与侵权责任竞合中，选侵权责任请求权更有利于委托人。

(4)据以上所得确定诉讼标的大小并考虑其实现程度如何。

(5)预测医方、鉴定人、审判人等所持的事实与理由。

3. 病历资料的形式合法性审查

(1)审查病历资料的项目是否齐全，依《医疗机构病历管理规定》第 15 条至 17 条等对照。

(2)审查每项病历内容的外形是否合法，记下医方行为人的名字。

(3)按《病历书写规范》逐一对照某一项或某一页，形式不合该规范者证据形式不合法。

(4)重点注意：入院诊断、补充诊断、修正诊断、出院诊断、转科诊断、会诊诊断、术前诊断、术中诊断、术后诊断、事发前的治疗(如病历摘录)名称或药物名称等时间及其外形之间的差异，做好比较笔录。

(5)询问并记录患者家属的问题要点，或者请家属围绕问题和病历写一份疾病诊疗经过回忆录；医疗诉讼的过程很漫长，这一步一定不能少。

(6)离开病历，去书店、去图书馆、去医院、上网搜索，逐一理解本病案中的病症、病名、诊疗护理行为的含义，确诊程序、治疗要求等学理解释、药品说明书、职务行为人的资质等。

4. 病历资料的实质内容审查

(1)疾病(健康)原状。散见于急诊首次记录、拟收入住院的门诊记录、入院记录、第一次护理记录，现病史、既往史，专科检查，以及治疗前的实验室检查、影像检查报告等。

（2）找出医疗过错要点及其前后现象（因果现象）

①诊断问题。包括询问病史、体格检查、影像、实验室检查、病理检验、鉴别诊断等；是疑似诊断还是确定诊断等。

②治疗问题。包括药名及其注意事项、治疗方式、治疗时长、速度、目的性、结果等。

③护理等级及护理观察记录问题。

④告知说明问题。包括侵袭性治疗、药物毒副作用较大的治疗、治疗能力或风险预测等。

5、进行病历资料实质审查的方法与目标

（1）适用"要不则无"规则；即"如果没有……（积极），如果不是没有（消极），寻找前后事态的异常性及其在时间上的关联性（因果联系性）；

（2）审查目标：对于特定时间特定病情，审查常规上的医疗措施之于病人是否已得到并且连续得到，病人身体是否被过度医疗或不合理检查治疗所伤害？前者为消极（义务不履行致疾病失控，过错可能）损害，后者为积极（行为损害人体，事故类可能）损害。

二、精心构思起诉状

起诉状是整个诉讼环节的起点，也是重要的法律文书。精心构思起诉状要求以"事实与理由"为诉讼蓝图，代理人充当导演的角色以主导诉讼活动。

（一）代书起诉状的要点

1.民事责任之三要件（义务违反、损害结果、前后现象间可排除他人所为或医学无能）到位；

2.时间到分（时间就是生命——五分钟内可死可瘫）；

3.事态到点（病症、检查诊断、治疗护理、告知）；

4.2000字以内（不超过3页）。

（二）重点引用病历内容

病历被视为事实证据，而其中的"人物、地点"是个定量，时间与事态是个变量，其中的医疗行为众多、事态众多；法官和鉴定人是高智商、高职权、高度忙碌的人，最好让他们一目了然病历内容并加以引用。

（三）提交起诉状注意事项

1.按"事实与理由"项目找证据；

2.事由项目包括：健康原状、诊疗过错行为态、病情变化状态（事发结果、结果的结果＝后果)、健康现状等；

3.证据安排——编列序号,内容与证明对象一致,各尽所能；

4.病历证据宁缺毋滥,保留整体,以便质证反驳；

5.支持"事实与理由"的鉴定申请书(有关医疗过错、损害后果方面),代书时一并准备且一并对外提交。

三、把关鉴定方向、锁定鉴定要点(定向定位)

(一)重点把关鉴定环节,锁定鉴定要点,持续强化鉴定要点

1.鉴定前(案件受理到选定鉴定机构)
(1)起诉状中不提"事故",鉴定协商时不主张鉴定"医疗事故"；
(2)起诉时提交医疗不当司法鉴定申请书,鉴定协商时据答辩状锁定鉴定要点；
(3)对鉴定资源(法律、机构)心中有数；

2.鉴定中(指选择鉴定机构后至鉴定程序结束)
(1)从病历着手,着重指出病历上不符合常规的疑点、漏洞,尽力使鉴定活动与争议要点有关联；
(2)精心制作"鉴定意见陈述",以法理说医理,力求同步或影响多数鉴定专家的思维方向；
(3)否定"不是医疗事故"、"符合规范",申请重新鉴定 。

(二)鉴定申请、鉴定陈述的制作要精明

鉴定申请和陈述的内容要精而明,不要啰嗦,注意重点,切中要害。

四、围绕事由质辩,揭穿医方诡辩术

(一)庭审质证与辩论代理

1.注意多份鉴定情况下是全部无效？部分有效？意见性证据与物证、书证性质之差异？

2.鉴定书被确定为唯一选用的情况下,其所依据的证据属性、所得出的结论的科学性(逐一审查大、小前提,结论是否保持一致性)；患方主张的个别行为与鉴定意见所说明的全称肯定或全称否定性意见之间的关系(辨别逻辑规则——➤大前提小前提逻辑值的真假——➤全称与特称判断之间的逻辑关系)；

3.全案辩论代理词的注意事项

鉴定书对我方有利以后,整个案件大功告成,不辩论也没关系。委托人在旁听着医方的诡辩时会难过,作为代理人不能不给委托人消气,仍然要针锋相对地辩论,可以借此练口才、练辩才。

(二)医方或鉴定书中常见的谬论与诡辩的反驳:

(1)答非所问或转移论题(如慢乙肝答辩状)的反驳;

(2)鉴定书中偷梁换柱或指鹿为马或以偏概全或轻率概括的反驳;

(3)医方答辩自贬自贱或鼓吹医疗无用即无因果关系论的反驳;

(4)混淆"病人的疾病"与"有疾病的人"即非医方责任论的反驳;

(5)抹杀人类"行为"的目的性、功利性即疾病自然发展论的反驳;

(6)混淆行为对象与行为主体即无损害后果论的反驳。

五、其他代理技巧

除了上述各环节的实务技巧外,律师还应从大的方面把握诉讼技能,如:

(1)必须打好一审;上诉不如申诉,申诉不如一审把握。

(2)一般情况下,多以"医疗过错"诉讼为好,少与医方诉讼"医疗事故"。

(3)组织医务专业人员(律师)加强律师团队力量,维护医患和谐。

(4)如果律师不是学习医务专业,必须向专业医师请教医患案件中的一些疑难问题。

(5)懂得做好医方工作。做好医方工作不只是为了委托人,也是为了医生,更是为了促进维护医患关系向着融洽和谐的方向发展。为患方提供尽职尽责的医疗法律服务,不仅能得到包括医生在内的全体自然人的尊敬,还会在促进医疗科学化规范化方面发挥潜在的作用。

 司法考试真题链接

1. 我国律师法和有关法律的规定,律师在执业活动中应保守的秘密事项有哪些?(2003年司法考试真题)

　　A.关系国家的安全和利益的信息

　　B.关系当事人的商业秘密

　　C.关系当事人的隐私

　　D.合议庭成员名单

2. 律师除特殊情况外,应当保守在执业活动中知悉的国家秘密和当事人的商业秘密,不得泄露当事人的隐私。下列情况中,律师的哪些做法是正确的?(2007年司法考试真题)

A. 在庭审中出具了委托人提供的包含有商业秘密的董事会会议记录作为证据
B. 将十年来办结的案例汇编出版,其中包含了客户的商业秘密资料
C. 发现委托人正在进行的行为将会发生致人伤亡的严重犯罪,立即将此情况向有关单位反映
D. 代理海关关税事务时发现委托人的行为属于走私犯罪,确信自己将被无辜地牵涉其中,遂将情况向有关单位反映

3. 律师的下列哪些行为构成对委托人的虚假承诺?(2007年司法考试真题)
A. 依据事实、证据和担保法的有关规定,在诉讼中主张全部免除委托人的担保责任,但法院未采纳其意见
B. 与当事人签订法律服务合同前讨论案情时表示:"如果此案交给我办,至少能追回一百万元"
C. 接受辩护委托后,经过与被告人见面、详细查阅案卷、调查证据后,被告人尚有犯罪疑点的情况下,向委托人表示一定能让被告人无罪释放
D. 在分析案情的基础上向当事人提出案件很难胜诉,建议当事人争取和解

第七章 律师及其执业机构的职业道德、执业纪律、行为规范及职业责任

【引 例】

杨某,男,30岁,因涉嫌强奸妇女案被检察院依法提起公诉。杨某的父亲找到某律师事务所刘某,请其做儿子的辩护人,刘某说:"没问题,只要交15000元辛苦费,我保证你儿子没事。"杨某的父亲私下塞给刘某15000元钱,刘某为保证胜诉,又给本案公诉人、承办此案的审判员各2500元。本案中刘律师的行为是否违法?

律师及其执业机构的职业道德、执业纪律、行为规范及职业责任,是个重要的问题。2005年1月18日,在为期近一年的全国律师队伍集中教育整顿活动中,各级司法行政机关和律师协会加大教育、查处力度,全国共有719名律师和213家律师事务所分别受到不同形式的惩处,从而有效净化了律师队伍,提高了律师的职业声誉和社会形象。这次受到查处的律师,其违法违纪行为主要表现在四个方面:一是律师与法官在诉讼活动中的不正当交往,特别是行贿法官的行为;二是律师私自收案收费和乱收费;三是接受当事人委托后不尽职责,不向委托人提供约定的法律服务;四是搞不正当竞争,以诋毁同行、支付介绍费、作虚假广告等手段进行不正当竞争,扰乱执业秩序等。

引例中刘某的行为在许多方面违反了律师职业道德、执业纪律、行为规范,必须承担相应的职业责任。下文具体分析。

第一节 律师职业道德

律师职业道德是与律师职业的本质特点和律师对社会所承担的特殊责任相联系的。律师职业道德是指导律师执业行为的准则;是评判律师执业行为是否符合律师职业要求的标准;是对违规律师、律师事务所进行处分的依据。提倡和遵守律师职业道德,有利于提高律师素质、纯洁律师队伍、维护律师职业声誉。

一、律师职业道德的概念和特征

（一）律师职业道德的概念

职业道德是指从事一定职业的人们在其特定的工作或劳动中的行为规范的总和。律师职业道德是指律师在从事律师业务，为社会提供法律服务时，所应当遵守的行为规范的总称。

中国律师职业道德的依据主要有：《律师法》、《律师职业道德和执业纪律规范》、《律师执业行为规范（试行）》、《律师办理刑事案件规范》、《关于反对律师行业不正当竞争行为的若干规定》和《关于规范法官和律师相互关系维护司法公正的若干规定》等。

律师职业道德的具有如下几个特征

（二）律师职业道德的特征

1. 律师职业道德的主体具有特定性

作为律师职业道德的主体的律师包括在律师事务所的社会执业律师、在国家机关中任职的公职律师、在企业中任职的公司律师等。另外，《律师职业道德和执业纪律规范》第46条规定："实习律师、律师助理参照本规范执行。"因此，作为律师职业道德的主体还包括实习律师和律师助理。

根据《律师执业行为规范（试行）》第20条、第27条规定，律师事务所对律师负有管理和监督的职责。因此，律师职业道德规范也适用于律师事务所，以约束其执业行为。

2. 律师职业道德的调整对象和社会影响具有广泛性

律师职业道德规范的对象不仅限于律师的执业行为，也包括一些与律师的职业形象直接相关的执业以外的活动。因此一些与律师的职业形象直接相关的执业以外的活动，也应受到律师职业道德的约束。

律师为社会提供法律服务，其在执业活动中与国家机关及其工作人员、企事业单位、社会团体以及当事人和其他诉讼参与人有着广泛的接触甚至直接的委托受托关系，律师的一言一行都代表着律师职业的形象，反映着律师队伍的素质。因此，律师职业道德的优劣，对社会具有广泛的正面或负面的影响。

3. 律师职业道德的遵守对实现律师职能具有重要性

律师的职能是维护当事人合法权益、维护法律的正确实施、实现社会正义。律师职业道德的是否遵守，对律师职能能否实现或是否实现存在密切联系。因此，律师职业道德对实现律师职能具有重要性。

4. 律师职业道德的遵守具有较大的强制性

道德不是靠专门机关的强制来实现的,而是靠人们的内心信念和社会舆论等起作用。但律师职业道德有所不同。律师是社会法律工作者,若违反职业道德,会给国家、集体或个人带来损失,同时也会损害律师自身或律师群体的信誉。因此,许多国家或地区在律师法中都专门规定了律师职业道德方面的内容,甚至制定出全国统一适用的律师职业守则或律师职业道德标准,要求所有律师共同遵守,同时还明确规定违反这些规定的惩戒条款。如:美国律师协会制定了《美国律师行为标准规则》,日本律师联合会制定了《日本律师道德规范》及《关于刑事法庭辩护活动的道德规程》。这样,不仅使律师职业道德具有普遍的约束力,而且由于其中一部分最主要的道德规范上升为具有法律性质的规范。因此,律师职业道德已不同于一般的行业规范,它具有更大的强制性。

在中国,对于违反律师职业道德的律师,由律师协会依照会员处分办法给予处分。司法行政机关、律师协会在查处律师、律师事务所违法行为过程中,认为其行为构成犯罪的,应当移送有关机关,依法追究其刑事责任。

二、律师职业道德的基本准则

根据《律师职业道德和执业纪律规范》规定,律师职业道德的基本准则包括以下九项:

1. 律师应当忠于宪法和法律,坚持以事实为根据,以法律为准绳,严格依法执业。应当忠于职守,坚持原则,维护国家法律与社会正义。
2. 律师应当诚实守信,勤勉尽责,尽职尽责地维护委托人的合法利益。
3. 律师应当敬业勤业,努力钻研业务,掌握执业所应具备的法律知识和服务技能,不断提高执业水平。
4. 律师应当珍视和维护律师职业声誉,模范遵守社会公德,注重陶冶品行和职业道德修养。
5. 律师应当严守国家机密,保守委托人的商业秘密及委托人的隐私。
6. 律师应当尊重同行,同业互助,公平竞争,共同提高执业水平。
7. 律师应当自觉履行法律援助义务,为受援人提供法律帮助。
8. 律师应当遵守律师协会章程,切实履行会员义务。
9. 律师应当积极参加社会公益活动。

三、律师执业职责

《律师执业行为规范》第11条至第14条规定:律师在执业期间不得以非律师身份从事法律服务。律师只能在一个律师事务所执业。律师不得在受到停止执业处罚期间继续执业,或者在律师事务所被停业整顿期间、注销后继续以原所名义执业。律师不得在同一案件中为双方当事人担任代理人,不得代理与本人或者其近亲属有利益冲突的法律事务。律师担任各级人民代表大会常务委员会组成人员的,任职期间不得从事诉讼代理或者辩护业务。律师不得为以下行为:产生不良社会影响,有损律师行业声誉的行为;妨碍国家司法、行政机关依法行使职权的行为;参加法律所禁止的机构、组织或者社会团体;其他违反法律、法规、律师协会行业规范及职业道德的行为;其他违反社会公德,严重损害律师职业形象的行为。

引例中刘某的行为违反了律师职业道德中执业职责的规定,私自接受委托承办法律事务,私自向委托人杨某的父亲收取15000元辛苦费,必须承担相应的职业责任。

第二节 律师执业纪律

一、律师执业纪律的概念

律师执业纪律,是指从事律师职业的人在执业活动中必须遵守的行为准则。律师执业纪律是律师职业道德的具体化,即律师职业道德被系统总结成若干条"戒律"后所形成的具体行为准则。

律师职业道德和执业纪律是一个问题的两个方面,两者相辅相成,缺一不可。从某个角度理解,律师职业道德和执业纪律实际上是对作为法律服务对象的公众需求的研究。它反映着公众们厌恶什么,喜欢什么,实际上也在告诉我们,你潜在客户讨厌什么,喜欢什么。开展业务的秘诀,法律市场的制胜之道,就深藏在这些规则之中,值得那些渴望成功的律师仔细体会。律师职业道德和执业纪律对于律师的行为具有系统的指导作用,很多内容甚至与现代营销学理论都是互相支持的,实际上也是律师业务推广的秘籍,不仅是对律师的约束,更是提升律师职业竞争力的武器。规范不是对律师开展业务的限制,而是最科学的促进。同时,也具有保护律师的作用。当然,对律师职业道德和执业纪律规范的律师,该规范具有相应的制裁作用。

二、律师执业纪律的内容

根据《律师执业行为规范(试行)》和《关于规范法官和律师相互关系维护司法公证的若干规定》、《律师服务收费管理办法》等规定,律师执业纪律的主要内容为:

(一)执业前提

1.律师执业必须持有司法行政机关颁发的有效的律师执业证。律师执业证是律师执业的唯一凭证。

2. 律师执业必须经过律师协会规定的岗前培训。

3. 律师应按照当地律师协会的安排进行执业宣誓。执业宣誓誓词是律师执业行为规范的组成部分,是律师承担职业责任的庄严承诺。

律师执业宣誓誓词:我志愿加入律师队伍,成为中华人民共和国律师和中华全国律师协会会员,忠实宪法、法律,严格执行《律师法》,遵守《律师协会章程》,履行律师义务,恪守律师职业道德,勤勉敬业,为维护法律的正确实施,捍卫法律的尊严而努力奋斗。

(二)执业组织

律师事务所是律师的执业机构。律师的执业活动必须接受律师事务所的管理、监督。律师事务所应当遵守以下行为规范:应当建立健全人事、财务、业务、收费等内部管理制度;必须依法纳税;不得向法官、检察官、仲裁员行贿。不得为承揽案件事前和事后给予有关人员任何物质的或非物质的利益等10多项内容。

(三)委托代理关系的建立

建立委托代理关系之前,律师应当与委托人就委托事项的代理范围、代理内容、代理权限、代理费用、代理期限等进行讨论,经协商达成一致后,由律师事务所与委托人签署委托代理协议或者取得委托人的确认。同时,律师还应当谨慎、诚实、客观地告知委托人拟委托事项可能出现的法律风险。为此,律师必须知道:(1)律师应当遵守委托代理关系的基本要求;(2)律师只能在接受委托的权限的范围内办理法律事务;(3)禁止虚假承诺;(4)禁止非法牟取委托人的利益;(5)利益冲突和回避;利益冲突是指同一律师事务所代理的委托事项与该所其他委托事项的委托人之间有利益上的冲突,继续代理会直接影响到相关委托人的利益的情形。律师在利益冲突和回避方面应当遵守行为规范,如律师在接受委托后知道诉讼相对方或利益冲突方委聘的律师是自己的近亲属或其他利害关系人,应及时将这种关系明确告诉委托人。委托人提出异议的,律师应当予以回避。

(四)委托代理关系的终止

根据新《律师法》第32条规定,委托人可以拒绝已委托的律师为其继续辩护或者代理,同时可以另行委托律师担任辩护人或者代理人。律师接受委托后,无正当理由的,不得拒绝辩护或者代理。但是,委托事项违法、委托人利用律师提供的服务从事违法活动或者委托人故意隐瞒与案件有关的重要事实的,律师有权拒绝辩护或者代理。委托人可以拒绝律师为其继续辩护或者代理,也可以另行委托律师担任辩护人或者代理人。

（五）律师执业时还必须严格遵守《律师执业行业规范（试行）》的其他规定

因为涉及内容较多，下文专节介绍。

第三节 律师执业行为规范

一、律师执业推广

（一）业务推广原则

律师和律师事务所推广律师业务，应当遵守平等、诚信原则，遵守律师职业道德和执业纪律，遵守律师行业公认的行业准则，公平竞争。律师和律师事务所应当通过提高自身综合素质、提高法律服务质量、加强自身业务竞争能力的途径，开展、推广律师业务。律师和律师事务所可以依法以广告方式宣传律师和律师事务所以及自己的业务领域和专业特长。律师和律师事务所可以通过发表学术论文、案例分析、专题解答、授课、普及法律等活动，宣传自己的专业领域。律师和律师事务所可以通过举办或者参加各种形式的专题、专业研讨会，宣传自己的专业特长。律师可以以自己或者其任职的律师事务所名义参加各种社会公益活动。律师和律师事务所在业务推广中不得为不正当竞争行为。律师和律师事务所推广律师业务，应当遵守平等、诚信原则，遵守律师职业道德和执业纪律，遵守法律服务市场及律师行业公认的行业准则，公平竞争，禁止行业不正当竞争行为。同时，应通过努力提高自身综合素质、提高法律服务质量、加强自身业务竞争能力的途径，推广、开展律师业务。

（二）律师业务推广广告

律师和律师事务所为推广业务，可以发布使社会公众了解律师个人和律师事务所法律服务业务信息的广告。律师发布广告应当遵守国家法律、法规、规章和《律师执业行业规范》。律师发布广告应当具有可识别性，应当能够使社会公众辨明是律师广告。律师广告可以以律师个人名义发布，也可以以律师事务所名义发布。以律师个人名义发布的律师广告应当注明律师个人所任职的执业机构名称，应当载明律师执业证号。具有下列情况之一的，律师和律师事务所不得发布律师广告：没有通过年度考核的；处于停止执业或停业整顿处罚期间的；受到通报批评、公开谴责未满一年的。律师个人广告的内容，应当限于律师的姓名、肖像、年龄、性别、学历、学位、专业、律师执业许可日期、所任职律师事务所名称、在所任职律师事务所的执业期限；收费标准、联系方法；依法能够向社会提供的法律服务业务范围;执业业绩。律师事务所广告的内容应当限于律师事务所名称、住所、电话号码、传真号码、邮政编码、电子信箱、网址;所属律师协会;所内执业律师及依法能够向社会提供的法律服务业务范围简介;执业业绩。律师和律师事务所不得以有悖于律师使命、有损律师形象的方式制作广告,不得采用一般商业广告的艺术夸张手段制作广告。律师广告中不得出现违反所属律师协会有关律师广告管理规定的内容。

(三)律师宣传

律师宣传是指通过公众传媒以消息、特写、专访等形式对律师和律师事务所进行报道、介绍的信息发布行为。律师和律师事务所不得进行歪曲事实和法律,或者可能使公众对律师产生不合理期望的宣传。律师和律师事务所可以宣传所从事的某一专业法律服务领域,但不得自我声明或者暗示其被公认或者证明为某一专业领域的权威或专家。律师和律师事务所不得进行律师之间或者律师事务所之间的比较宣传。

二、律师业的关系规范

(一)尊重与合作

律师之间应当相互帮助、相互尊重。在庭审或者谈判过程中各方律师应当互相尊重,不得使用挖苦、讽刺或者侮辱性的语言。律师或律师事务所不得在公众场合及媒体上发表恶意贬低、诋毁、损害同行声誉的言论。律师变更执业机构时应当维护委托人及原律师事务所的利益;律师事务所在接受转入律师时,不得损害原律师事务所的利益。律师与委托人发生纠纷的,律师事务所的解决方案应当充分尊重律师本人的意见,律师应当服从律师事务所解决纠纷的决议。

(二)禁止不正当竞争

律师和律师事务所不得采用不正当手段进行业务竞争,损害其他律师及律师事务所的声誉或者其他合法权益。有下列情形之一的,属于律师执业不正当竞争行为:诋毁、诽谤其他律师或者律师事务所信誉、声誉;无正当理由,以低于同地区同行业收费标准为条件争揽业务,或者采用承诺给予客户、中介人、推荐人回扣、馈赠金钱、财物或者其他利益等方式争揽业务;故意在委托人与其代理律师之间制造纠纷;向委托人明示或者暗示自己或者其属的律师事务所与司法机关、政府机关、社会团体及其工作人员具有特殊关系;就法律服务结果或者诉讼结果作出虚假承诺;明示或者暗示可以帮助委托人达到不正当目的,或者以不正当的方式、手段达到委托人的目的。律师和律师事务所在与行政机关、行业管理部门以及企业的接触中,不得采用下列不正当手段与同行进行业务竞争:通过与某机关、某部门、某行业对某一类的法律服务事务进行垄断的方式争揽业务;限定委托人接受其指定的律师或者律师事务所提供法律服务,限制其他律师或律师事务所正当的业务竞争。律师和律师事务所在与司法机关及司法人员接触中,不得采用利用律师兼有的其他身份影响所承办业务正常处理和审理的手段进行业务竞争。依照有关规定取得从事特定范围法律服务的律师或律师事务所不得采取下列不正当竞争的行为:限制委托人接受经过法定机构认可的其他律师或律师事务所提供法律服务;强制委托人接受其提供的或者由其指定的律师提供的法律服务;对抵制上述行为的委托人拒绝、中断、拖延、削减必要的法律服务或者滥收费用。律师或律师事务所相互之间不得采用下列手段排挤竞争对手的公平竞争:串通抬高或者压低收费;为争揽业务,不正当获取其他律师和律师事务所收费报价或者其他提供法律服务的条件;泄露收费报价或者其他提供法律服务的条件等暂未公开的信息,损害相关律师事务所的合法权益。律师和律师事务所不得擅自或者非法使用社会专有名称或者知名度较高的名称以及代表其名称的标志、图形文字、代号以混淆误导委托人。律师和律师事务所不得伪造或者冒用法律服务荣誉称号。使用已获得的律师或者律师事务所法律服务荣誉称号的,应当注明获得时间和期限。律师和律师事务所不得变造已获得的荣誉称号用于广告宣传。律师事务所已撤销的,其原取得的荣誉称号不得继续使用。

三、律师参与诉讼或仲裁规范

(一)调查取证

律师应当依法调查取证。律师不得向司法机关或者仲裁机构提交明知是虚假的证据。律师作为证人出庭作证的,不得再接受委托担任该案的辩护人或者代理人出庭。

(二)尊重法庭与规范接触司法人员

律师应当遵守法庭、仲裁庭纪律,遵守出庭时间、举证时限、提交法律文书期限及其他程序性规定。在开庭审理过程中,律师应当尊重法庭、仲裁庭。律师在执业过程中,因对事实真假、证据真伪及法律适用是否正确而与诉讼相对方意见不一致的,或者为了向案件承办人提交新证据的,与案件承办人接触和交换意见应当在司法机关内指定场所进行。律师在办案过程中,不得与所承办案件有关的司法、仲裁人员私下接触。律师不得贿赂司法机关和仲裁机构人员,不得以许诺回报或者提供其他利益(包括物质利益和非物质形态的利益)等方式,与承办案件的司法、仲裁人员进行交易。律师不得介绍贿赂或者指使、诱导当事人行贿。

(三)庭审仪表和语态

律师担任辩护人、代理人参加法庭、仲裁庭审理,应当按照规定穿着律师出庭服装,佩戴律师出庭徽章,注重律师职业形象。律师在法庭或仲裁庭发言时应当举止庄重、大方,用词文明、得体。

此外,还有律师与委托人或当事人的关系规范、律师与所任职的律师事务所关系规范、律师与律师协会关系规范等,因篇幅所限,不再赘述。

引例中刘某的行为违反了《律师执业行为规范(试行)》和《关于规范法官和律师相互关系维护司法公正的若干规定》的规定,律师职业道德中"执业职责"的规定,刘某为保证胜诉,从私自向委托人杨某的父亲收取15000元辛苦费中、又给本案公诉人、承办此案的审判员各2500元,必须承担相应的职业责任。

第四节 律师职业责任

一、律师职业责任的概念

律师职业责任,是指律师在执业活动中因违反有关律师的法律、法规和执业纪律所应承担的责任。包括行政法律责任、民事法律责任和刑事法律责任,也包括作为行业自律性组织的律师协会的纪律处分。律师的职业责任是一种受律师特定业务范围所决定的行业责任,是对律师职业的一种特殊的法律要求。律师职业责任制度是律师制度的重要组成部分。

律师协会是行业自律性组织,即非行政部门也非司法部门。从《中华人民共和国立法》(下称《立法法》)的规定来看,律师协会并非有权立法主体,律师协会的规定并非法律,也不就等同于法律。律师协会的规定若引用有效法律规定,则该引用部分的内容因相关有效法律规定而具有法律层面上的意义。对于未引用有效法律规定的部分,只有被新的立法采用才会被赋予法律层面上的意义。从旧《律师法》第40条第2款和第44条至第49条的规定来看,《律师法》是把行政法律责任、民事法律责任和刑事法律责任三者与作为行业自律性组织的律师协会的纪律处分区分开的。新法对上述旧法相应的条款作了很多修改,加大了对律师和律师事务所的处罚力度(参见新法第47条至54条)。因此,律师协会的纪律处分虽然具有约束力和影响力,但并非行政法律责任或民事法律责任或刑事法律责任,而是单独存在的一种职业责任。也正因如此,本节采用"律师职业责任"的表述而非他人通常采用的"律师法律责任"的表述。

二、律师纪律处分

(一)律师纪律处分的概念

律师的纪律处分,是律师协会对律师和律师事务所违反律师执业规范的行为所作的执业处分。律师协会对会员的纪律处分,是律师协会管理职能的重要组成部分,对于维护律师执业秩序,保障律师依法执业的权利,具有重要作用。

(二)律师纪律处分的种类和适用情形

1. 律师纪律处分的种类

律师纪律处分分为训诫、通报批评、公开谴责、取消会员资格四种。

《中华全国律师协会章程》第30条规定:"会员有下列行为之一的,由律师协会视情节分别给予训诫、通报批评、公开谴责、取消会员资格等处分:1.违反《律师法》和其它法律法规规定的;2.违反本章程和律师行业规范的;3.严重违反社会公共道德,损害律师职业形象和信誉的;4.违反律师职业道德和执业纪律的;5.其它应受处分的违纪行为。对于会员的违法违纪行为,律师协会有权建议有处罚权的行政部门给予行政处罚。"

2. 律师纪律处分的适用情形

《律师执业行为规范》第105条规定:"律师和律师事务所违反本《规范》的,律师协会应当依据《律师协会会员违规行为惩戒规则》和相关行业规范性文件实施处分。"《律师协会会员违规行为惩戒规则》在第9条中规定律师协会对会员违规行为作出的行业处分种类有:训诫、通报批评、公开谴责、取消会员资格4种,并在第11条至第17条中详细规定了适用情形。

(三)律师纪律处分的实施机构

各省、自治区、直辖市律师协会及设区的市律师协会设立惩戒委员会,负责对违规会员进行处分。各省、自治区、直辖市律师协会应设立会员处分复查机构,负责受理复查申请和作出复查决定。会员对惩戒委员会作出的决定不服的,可在接到决定书的30个工作日内向律师协会复查机构申请复查。中华全国律师协会设立律师纪律委员会,负责律师行业处分相关规则的制定及对各级律师协会处分工作的指导与监督。

对律师严重违反律师执业行为规范以及违法的行为可能由司法行政管理机关处罚或司法机关追究法律责任的,律师协会应作出提交相关机关处罚或追究法律责任的建议。引例中刘某可由其所在的司法行政管理机关和律师协会给予训诫处分、通报批评、公开谴责、取消会员资格等不同的纪律处分。

三、律师和律师事务所行政法律责任

(一)律师和律师事务所行政法律责任的概念

律师和律师事务所行政法律责任,是指律师或律师事务所对其违反有关律师管理的法律、法规和规章的行为所应承担的行政法律后果,具体表现为司法行政部门所给予的行政处罚。

(二)律师行政法律责任

1. 律师行政法律责任的种类

根据旧《律师法》第44条和第45条的规定,对律师的行政处罚分为警告、停止执业、没收违法所得、吊销律师执业证书四种。新《律师法》除此之外,增加了许多项目,还增加了罚款数额幅度。

2. 律师行政法律责任的适用情形

根据旧《律师法》第44条的规定,律师有第1项至第11项行为之一的,由省、自治区、直辖市以及设区的市的人民政府司法行政部门给予警告,情节严重的,给予停止执业3个月以上1年以下的处罚;有违法所得的,没收违法所得:这些处罚一共15项,例如,同时在两个以上律师事务所执业的;在同一案件中为双方当事人代理的等。新法将旧法第44条拆开分为第48、49条进行不同档次处罚,按不同项目加大惩罚力度(如增加罚款)。

(三)律师事务所行政法律责任

1. 律师事务所行政法律责任的种类

根据旧《律师法》第47条的规定,对律师事务所的行政处罚分为责令改正、没收违法所得、停业整顿、罚款、吊销执业证书五种。新《律师法》第50条规定列举8项,对律师所进行处罚。

2. 律师事务所行政法律责任的适用情形

根据《律师和律师事务所违法行为处罚办法》第9条规定,律师事务所有第1项至第23项行为之一的,由省、自治区、直辖市司法行政机关给予警告、没收违法所得、停业整顿3个月以上1年以下的处罚:这些处罚一共27项,例如,使用未经核定的律师事务所名称从事活动,或者擅自改变、出借律师事务所名称的;采取不正当手段,阻挠合伙人、合作人、律师退所的;利用媒体、广告或者其他方式进行不真实或者不适当的宣传的等。2007年《律师法》把上述处罚办法细化为具体的项目和不同档次,对律师和律师事务所分开处罚。

四、律师和律师事务所民事法律责任

(一)律师事务所民事赔偿责任的概念

律师事务所民事赔偿责任,是指律师在执业过程中,因违法执业或者因过错给当事人的合法权益造成损害,责任程度达到需要赔偿范围,由律师事务所承担的民事赔偿责任。律师事务所赔偿后,可以依法向有故意或者重大过失行为的律师追偿。

法学理论界对律师执业中的赔偿责任的概念存在不同的观点:有的称其为"律师侵权责任";有的界定为"律师执业过错责任";有的称其为"律师代理赔偿责任";亦有的界定为"损害赔偿责任"。将律师在执业中造成损失而承担的赔偿责任界定为"律师事务所民事赔偿责任"比较科学和妥当。

律师事务所民事赔偿责任的建立,对于加强对律师的管理和监督,促使律师自觉遵守执业规范,正确处理与当事人之间的权利义务关系,增强律师的工作责任心,减少律师工作中的失误,提高律师服务质量,拓展律师业务,维护律师社会声誉,促进律师业的健康发展,具有十分重要的意义。因应赔偿风险,律师和律师事务所应投保相关险种以防万一。

(二)律师事务所民事赔偿责任承担条件

1.律师在律师执业的过程中实施了侵害当事人合法权益的行为。
2.律师存在违法或者过错,责任程度达到需要赔偿范围。
3.律师的侵害行为给当事人造成了损失。
4.律师的侵害行为与当事人所受到的损害之间存在因果关系。
5.责任主体是律师事务所,接受赔偿的主体是当事人。

(三)律师事务所民事赔偿责任承担方式

旧《律师法》第49条和新法第54条都规定:"律师违法执业或者因过错给当事人造成损失的,由其所在的律师事务所承担赔偿责任。律师事务所赔偿后,可以向有故意或者重大过失行为的律师追偿。"新法取消"律师和律师事务所不得免除或者限制因违法执业或者因过错给当事人造成损失所应当承担的民事责任"。旧法第16条和新法第20条都规定:"国家出资设立的律师事务所,依法自主开展律师业务,以该律师事务所的全部资产对其债务承担责任。"新法取消了旧法第17条:"律师可以设立合作律师事务所,以该律师事务所的全部资产对其债务承担责任。"旧法第18条规定:"律师可以设立合伙律师事务所,合伙人对该律师事务所的债务承担无限责任和连带责任。"新法第15条修改为"合伙律师事务所可以采用普通合

伙或者特殊的普通合伙形式设立。合伙律师事务所的合伙人按照合伙形式对该律师事务所的债务依法承担责任",又增加了第16条规定,"设立个人律师事务所,除应当符合本法第14条规定的条件外,设立人还应当是具有五年以上执业经历的律师。设立人对律师事务所的债务承担无限责任。"

五、律师和律师事务所的刑事法律责任

(一)律师和律师事务所刑事法律责任概念

律师和律师事务所刑事法律责任是指律师或律师事务所在执业活动中实施刑事法律禁止的行为所应承担的法律后果。

关于律师的刑事责任,要注意律师的犯罪行为是否与其执业活动有关,即要区分律师个人犯罪和律师职务犯罪。从个人角度来看,律师对其自身的与执业活动无关的犯罪行为承担刑事责任,属于一般主体刑事责任,与律师刑事法律责任无关;从职务角度来看,如果律师在执业过程中,利用职务之便实施犯罪行为,构成律师的职务犯罪,则属于律师的刑事责任。律师的刑事责任是律师法律责任中最严厉的一种,律师只有在其行为达到严重危害社会的程度、触犯了刑法、并且应当受刑罚处罚时,才负刑事责任。

关于律师事务所的刑事法律责任问题,如律师事务所犯偷税罪、单位行贿罪等,属单位犯罪范畴。应追究律师事务所的刑事法律责任,对律师事务所判处罚金,并对其直接负责的主管人员和其他直接责任人员处以刑罚。另外,还应对律师事务所予以行政处罚,如停业整顿、吊销律师事务所执业证书等。

(二)律师和律师事务所刑事法律责任种类

旧《律师法》第45条规定:"律师有下列行为之一的,由省、自治区、直辖市人民政府司法行政部门吊销律师执业证书;构成犯罪的,依法追究刑事责任:1.泄露国家秘密的;2.向法官、检察官、仲裁员以及其他工作人员行贿或者指使、诱导当事人行贿的;3.提供虚假证据,隐瞒重要事实或者威胁、利诱他人提供虚假证据,隐瞒重要事实的。"新法第49条除保留旧法3项内容外,还增加了6项内容,使得律师可被追究刑事责任扩大化了,执业环境更恶化了。结合《刑法》规定,律师或律师事务所在执业活动中可能构成的犯罪主要有以下几种:泄露国家秘密罪、行贿罪、单位行贿罪、介绍贿赂罪、毁灭、伪造证据罪、故意或过失提供虚假证明文件罪、偷税罪、诈骗罪或合同诈骗罪包庇罪等。

例如,《刑法》第310条规定:"明知是犯罪的人而为其提供隐藏处所、财物,帮助其逃匿或者作假证明包庇的,处3年以下有期徒刑、拘役或者管制;情节严重的,处3年以上10年以下有期徒刑。犯前款罪,事前通谋的,以共同犯罪论处。"律师

之所以可能触犯包庇罪,主要原因有两个:其一是,现行刑法关于律师辩护行为与包庇罪两者之间的界限不清,关于律师为被告收集无罪证据的行为与包庇行为区分不明;其二是,现行法律未赋予律师在案件侦查阶段的调查取证权。

(三)关于律师的刑事责任豁免问题

关于律师的刑事责任豁免,主要是指律师在刑事辩护中的刑事责任豁免。即律师在刑事诉讼中,尤其是在法庭上的辩护言论不受法律追究。一些国家如英国、德国、法国、日本、卢森堡等,都在立法上确认了律师刑事辩护的豁免权。1990年9月7日,联合国第八届预防犯罪和罪犯待遇大会通过了《关于律师作用的基本原则》的国际性法律文件,中国政府在该文件上签字。该文件明确规定:"律师对于其书面或口头辩护时发表的有关言论或作为职责任务出现于某一法院、法庭或其他法律或行政当局之前发表的有关言论,应当享有民事和刑事豁免权。"

中国法律中并没有律师刑事责任豁免的提法,但在相关法律中有类似内容规定,如新旧《律师法》规定:"律师依法执业受法律保护";"律师担任诉讼代理人或者辩护人的,其辩论或者辩护的权利应当依法保障"。关于律师的刑事责任豁免问题,理论界和法律界已基本形成共识。所以,《律师法(修订草案送审稿)》第41条增加规定:"[执业豁免]律师担任诉讼代理人或者辩护人,在法庭上为代理、辩护目的而发表的意见,不受民事和刑事责任追究。但危害国家安全、公共安全以及藐视法庭的除外。"正式通过的新《律师法》第37条在旧法第32条"律师在执业活动中的人身权利不受侵犯"的基础上,增加两个条款:"律师在法庭上发表的代理、辩护意见不受法律追究。但是,发表危害国家安全、恶意诽谤他人,严重扰乱法庭秩序的言论除外"。"律师在参与诉讼活动中因涉嫌犯罪被依法拘留、逮捕的。拘留、逮捕机关应当在拘留、逮捕实施后的24小时内通知该律师的家属,所在的律师事务所以及所在的律师协会"。这种修改,表现上似乎律师有了部分执业豁免权,实际上,结合新法第49条的增改,律师的执业豁免权基本上不存在了,律师一时不小心,便会被公、检、法等机关送入监狱。

 司法考试真题链接

1.下列关于法律职业道德的表述哪一项是不正确的?(2004年司法考试真题)

    A.法律职业道德是法律职业人员所应遵循的行为规范的总和

    B.法律职业道德是社会道德体系的重要组成部分,与一般社会道德相比具有职业特殊性

    C.法律职业道德具有规范作用和法律上的普遍强制作用

D. 法律职业道德在一定层面上可以表现为特定的法律规范

2. 下列关于律师执业行为规范的表述哪一项是正确的?(2004年司法考试真题)

A. 律师可以根据案件的进展情况,适时就某一案件的判决结果向委托人作出承诺

B. 律师依法辩护、代理案件提出的预先分析意见没有实现,可以认定律师的意见是虚假承诺

C. 律师接受委托时必须与委托人明确规定包括程序法和实体法两方面的委托权限。委托权限不明确的,视为全权委托

D. 律师可以公开委托人授权同意披露的信息

3. 律师在执业活动中禁止采用各种手段进行不正当竞争。以下哪种情况不属于不正当竞争?(2002年司法考试真题)

A. 某律师以给他人介绍费的方式获取业务来源

B. 某律师事务所因与某业务部门关系密切,请求该部门发文要求其下属单位所发生的法律事务均委托该律师事务所处理

C. 某律师事务所通过新闻媒介介绍了该事务所的业务特长

D. 某律师在当事人面前炫耀自己,贬低其他律师的

4. 某案件的被告吴律师在出席会议期间,参加会议组织的联欢活动,发现会务组安排她与自己正在审理的代理案件的邱法官同桌相邻而坐。此时全体代表已就座,除了给吴律师安排的座位之外已无空位。在这种情况下,吴律师的下列哪一做法最符合法官职业道德规范?(2008年司法考试真题)

A. 按号就座,但装作与邱法官不认识,与其不说一句话

B. 按号就座,可以与邱法官寒暄,但是不交谈案件事务

C. 仅与同桌的人调换座位,但桌号不变

D. 马上与会务人员联系调换座位,不与邱法官同坐一桌

5. 下列哪些行为违反了律师执业行为规范?(2004年司法考试真题)

A. 律师申某主动向当事人出具意见,论证一审判决错误应予改判

B. 律师潘某向多个法院的院长、庭长写信,承诺介绍案件将提供中介费

C. 律师刘某明知当事人提供的证据是编造的,仍向法院提交

D. 律师韩某的名片上印有"某法院经济庭前庭长"

第八章 刑事案件中的律师实务

【引 例】

齐某与张某系街坊,又是好朋友,张某怀疑其妻与齐某关系不正常,经常暗中观察。一天,张某假称上夜班,然后又中途回家,恰逢其妻在齐某住处。张某大怒,令其妻回家,遂发生争吵。稍后,张某之妻返回齐住处,请齐某上她家谈谈。齐犹豫一阵后便同意前往。行至张家门口,突遭张某推打,于是两人扭打起来。扭打中齐某使用铁器击伤了张某的头部及手指(后经法医鉴定为重伤害),然后投案自首。某公安分局将其拘留,后经检察院批准逮捕。齐某家人很焦急,立即去律师事务所为齐某请律师。律师在刑事案件中的律师能为当事人提供哪些法律帮助?

刑事诉讼中律师实务主要是律师辩护、代理和提供法律帮助三部分内容。律师辩护是衡量一个国家法治文明与司法公正的一个重要标志,也是衡量一个社会是否真正尊重和保障人权的重要标志。新《刑事诉讼法》第一次把"尊重和保障人权"写入总则,这明确宣示,在惩罚犯罪的同时必须尊重和保障犯罪嫌疑人、被告人和律师在内的相关人的人权。现代法治强调审判功能、控诉功能和辩护职能彼此分离,控辩平衡对抗,法院居中公正裁判。为了保障被告人与控诉机关抗衡,国家建立律师辩护制度,使被告人能得到精通法律的专业人员(辩护律师)的帮助。辩护制度是现代刑事诉讼制度中不可缺少的组成部分,其内容包括辩护权内容、辩护权的行使方式、辩护人的范围、辩护人的责任、辩护人的权利和义务以及相应的保障措施等。尽管各国的具体律师辩护制度各不相同,但不难发现其中的共性:律师辩护是辩护制度的根基;辩护律师资格的取得严格,注重实践能力的培养与考核;辩护律师社会地位高;辩护律师对刑事诉讼的制约作用明显。律师辩护制度的科学化程度将直接影响刑事诉讼中的犯罪嫌疑人、被告人的权利保护。因此,刑事诉讼中的律师辩护、代理和提供刑事帮助制度对法治建设和人权保障具有重大的作用和意义。本章将对辩护制度进行重点介绍。

第八章 刑事案件中的律师实务

第一节 律师辩护制度的概述

一、辩护与辩护权的基本理论

(一)辩护与辩护权概念

辩护,是指刑事诉讼中犯罪嫌疑人、被告人及其辩护人,根据事实和法律反驳控诉的一项诉讼活动。

辩护权是辩护的基础。所谓辩护权,是指刑事诉讼中的犯罪嫌疑人、被告人,依据事实和法律,针对控诉进行辩解、辩驳,以维护其合法权益的诉讼权利。犯罪嫌疑人、被告人辩护权不仅适用于诉讼程序,而且适用于实体方面。辩护权是犯罪嫌疑人、被告人依法享有的权利,犯罪嫌疑人、被告人除有权自行辩护外,还有权委托辩护人为自己辩护。

(二)辩护权特征

辩护权具有以下特征:

1.辩护权专属于刑事诉讼中的犯罪嫌疑人、被告人。辩护人本身并不具有辩护权,辩护人在刑事诉讼中的辩护,应征得犯罪嫌疑人、被告人的同意。

2.辩护权仅存在于刑事诉讼中,是针对控诉而产生的,以犯罪嫌疑人、被告人被指控犯罪为前提。

3.辩护权是犯罪嫌疑人、被告人,依据事实和法律,针对控诉进行辩解、辩驳的诉讼权利,以辩解和辩驳为基本手段。

4.辩护权行使目的在于维护犯罪嫌疑人、被告人自身的合法权益。

(三)辩护权内容

依照《刑事诉讼法》规定,犯罪嫌疑人、被告人辩护权包括以下内容:有权针对指控进行辩解;有权针对起诉进行辩驳;有权与公诉人或其他诉讼参与人进行辩论;有权在法庭辩论后作最后陈述;有权委托或请求人民法院依法指定辩护人为之辩护。

(四)辩护权行使方式

辩护权行使方式有以下三种:自行辩护、委托辩护、指定辩护。

二、律师辩护的概念及特征

(一)律师辩护的概念和法律依据

律师辩护是指律师因被指定或接受委托参与刑事诉讼,担任犯罪嫌疑人、被告人的辩护人,根据事实、法律和证据规则,提出证明其无罪、罪轻或者减轻、免除其刑事责任的材料和意见,维护其合法权益的一项诉讼活动。律师辩护的法律依据是:

根据《刑事诉讼法》第33条和第34条规定,律师辩护的权利来源有二:一是来自犯罪嫌疑人、被告人及其近亲属的委托;二是来自人民法院、人民检察院、公安机关及法律援助机构的指定。

根据旧《律师法》第25条、新《律师法》第28条以及新《刑事诉讼法》的相关规定,律师参与刑事诉讼的工作方式有三:一是提供刑事法律帮助,即接受刑事案件犯罪嫌疑人的聘请,为其提供法律咨询,代理申诉、控告,申请变更强制措施,向侦查机关了解犯罪嫌疑人涉嫌的罪名和案件有关情况,提出意见,可以同在押的犯罪嫌疑人会见和通信,可以了解案件有关情况,提供法律咨询,申请取保候审等;二是进行刑事辩护,即接受犯罪嫌疑人、被告人的委托或者人民法院的指定,担任辩护人;三是担任刑事诉讼的代理人,即接受自诉案件自诉人、公诉案件被害人或者其近亲属的委托,担任代理人,参加诉讼。

(二)律师辩护的特征

律师辩护与其他辩护人的辩护相比,具有如下特征:

1. 律师辩护具有专业性

律师是经过培训和考试、考核而取得律师资格和律师执业证书,为社会提供法律服务的专业人员。他与其他辩护人(法学教师、研究人员等除外)相比,具有较丰富的法学专门知识和办案经验,能够较全面地分析案情,对事实是否清楚、证据是否充分以及罪与非罪、此罪与彼罪、情节轻重、罪责的大小、程序是否公正等问题,分析判断得比较清楚、准确,在辩护中比其他辩护人更能抓住辩护的重点,把握辩护的方向,根据案件的具体情况采取相应的辩护方法和技巧,从而保证辩护的质量。

2. 辩护律师享有的诉讼权利更具有优越性

律师根据《刑事诉讼法》和《律师法》等规定享有较其他辩护人更为充分的权利,更便于全面了解案件事实,提出论点正确、论证充分、令人信服的辩护意见,维护被告人的合法权益。

3. 辩护律师的诉讼地位具有独立性

在刑事诉讼中,辩护律师依法履行辩护职责,根据事实和法律,独立提出自己的辩护意见,不受其他机关、团体和个人的非法干涉,也不为被告人的意见所左右,如果被告人不如实陈述案情等,还可以拒绝为其辩护,因而其诉讼地位具有独立性的特征。

4. 律师参与诉讼阶段的宽广性

新《律师法》第 33 条规定,"犯罪嫌疑人被侦查机关第一次讯问或者采取强制措施之日起,受委托的律师凭律师执业证书、律师事务所证明和委托书或者法律援助公函,有权会见犯罪嫌疑人、被告人并了解有关案件情况。律师会见犯罪嫌疑人、被告人,不被监听。"对照新《刑事诉讼法》第 33 条规定:"犯罪嫌疑人自被侦查机关第一次讯问或者采取强制措施之日起,有权委托辩护人;在侦查期间,只能委托律师作为辩护人。……"第 37 条规定:"辩护律师可以同在押的犯罪嫌疑人、被告人会见和通信。其他辩护人经人民法院、人民检察院许可,也可以同在押的犯罪嫌疑人、被告人会见和通信。辩护律师持律师执业证书、律师事务所证明和委托书或者法律援助公函要求会见在押的犯罪嫌疑人、被告人的,看守所应当及时安排会见,至迟不得超过四十八小时。危害国家安全犯罪、恐怖活动犯罪、特别重大贿赂犯罪案件,在侦查期间辩护律师会见在押的犯罪嫌疑人,应当经侦查机关许可。上述案件,侦查机关应当事先通知看守所。辩护律师会见在押的犯罪嫌疑人、被告人,可以了解案件有关情况,提供法律咨询等;自案件移送审查起诉之日起,可以向犯罪嫌疑人、被告人核实有关证据。辩护律师会见犯罪嫌疑人、被告人时不被监听。"新《刑事诉讼法》比新《律师法》规定更加详细、明确和进步,律师参与的诉讼阶段要比其他辩护人更为宽广。不足的是,虽然新规定有其他辩护人也可以参与侦查阶段的诉讼活动,但是在实际中不能得到法院和检察院许可,尤其是当事人无力聘请律师的情况。其问题不无研究的余地。

三、辩护律师的诉讼地位和诉讼职能

(一)辩护律师的诉讼地位

辩护律师在刑事诉讼中具有独立的诉讼地位。这是因为:(1)律师在刑事诉讼中担任辩护人时,享有法律规定的特定的权利;(2)辩护律师根据事实和法律为被告人辩护,独立形成辩护意见,不受被告人意志左右;(3)辩护律师依法进行辩护,不受公诉人意志约束;(4)辩护律师依法进行辩护,不受审判人员的意志约束。

(二)辩护律师的诉讼职能

根据《刑事诉讼法》等法律规定,为了有效保障诉讼的公平和正义,维护诉讼当事人的合法权益,允许被告人委托辩护人,包括委托律师担任辩护人。辩护律师行

使的是辩护职能。担任被告人的辩护人的律师,其基本职能在于根据事实和法律,提出被告人无罪、罪轻或者减轻、免除其刑事责任的材料和辩护意见,维护被告人的合法权益。由此,辩护与控诉形成相互依存、相互联系、相互对立的矛盾双方,审判人员则行使审判职能。审判职能、控诉职能、辩护职能的三位一体,构成了中国刑事诉讼职能的完整框架。

四、律师辩护的优越性

由于犯罪嫌疑人、被告人与其他人辩护具有一定的局限性。相比而言,辩护律师具有无法比拟的优越性,因此,律师辩护在整个辩护制度中处于极为重要的地位。比较之,三种人不同表现是:

1. 犯罪嫌疑人、被告人自行辩护的局限性

由于与诉讼结局存在切身利害关系,犯罪嫌疑人、被告人可能产生复杂的心理状态,不利于为自己辩护;大多数犯罪嫌疑人、被告人被剥夺了人身自由,无法收集证据;再加上大多数犯罪嫌疑人、被告人对法律知之不多,缺乏辩护能力,决定了犯罪嫌疑人、被告人自行辩护存在诸多局限,难以实现充分和有效的辩护。

2. 非律师辩护人辩护的局限性

根据《刑事诉讼法》和《律师法》等规定,有资格充当辩护人的,除律师外,还有人民团体或者所在单位推荐的人,以及监护人、亲友等非律师辩护人。非律师辩护人由于成分复杂,水平不一,因此在辩护实践中也存在着权利受限、缺乏专业、感情用事等一定的局限性,影响辩护效果。

3. 律师辩护的优越性

在辩护人中,律师具有优越性,因为律师是专门的法律工作者,不仅掌握了较系统的法律专业知识,而且有丰富的辩护经验,能够有效地从事辩护活动。律师享有比较广泛的诉讼权利,如有权同在押的犯罪嫌疑人、被告人会见和通信;有权查阅案卷材料;有权调查取证等(根据现行法律规定,律师在侦查阶段无权阅卷和调查取证)。这些便利条件为律师充分有效地进行辩护奠定了基础。律师辩护有充分的法律保障,受法律保护。律师有严格的组织纪律,受职业道德约束。律师对重大、疑难案件,可以提交律师事务所集体讨论研究。

第二节 律师提供刑事法律帮助

刑事法律帮助制度,通常称侦查阶段的律师工作制度,是司法公正、诉讼民主和人权保障的重要表现,也是保障犯罪嫌疑人合法权益的实际需要。允许律师在侦查阶段提供刑事法律帮助,是当代世界各国刑事诉讼通行的做法。联合国有关人权和刑事司法的文件也将被告人有权及时得到律师的法律帮助确认为刑事司法

第八章 刑事案件中的律师实务

最低标准之一。我们应当使用国际通行的法律术语即刑事法律帮助,尽量摒弃现行法律规定中"提前介入"的说法。

一、刑事法律帮助的概念和内容

刑事法律帮助,是指在刑事诉讼的侦查阶段律师接受犯罪嫌疑人或其近亲属的聘请,旨在会见犯罪嫌疑人并为其提供法律帮助,代理申诉、控告,申请变更强制措施,向侦查机关了解犯罪嫌疑人涉嫌的罪名和案件有关情况,提出意见,申请取保候审等活动。根据新《律师法》有关规定和新《刑事诉讼法》的有关规定,引例中齐某作为犯罪嫌疑人,在被侦查机关第一次讯问后或者采取强制措施之日起,可以聘请辩护律师。辩护律师可以会见在押的犯罪嫌疑人,向犯罪嫌疑人了解有关案件情况;为其提供法律帮助、代理申诉、控告,申请变更强制措施,向侦查机关了解犯罪嫌疑人涉嫌的罪名和案件有关情况,提出意见,申请取保候审等其他活动。这就是刑事法律帮助的内容。

(一)律师在侦查阶段的地位

新《刑事诉讼法》第33条第1款规定:"犯罪嫌疑人自被侦查机关第一次讯问或者采取强制措施之日起,有权委托辩护人;在侦查期间,只能委托律师作为辩护人。被告人有权随时委托辩护人。"可见,新《刑事诉讼法》赋予了律师在侦查阶段具有辩护人的身份,是立法的进步,值得肯定。但是从新《刑事诉讼法》的有关规定上看,侦查阶段辩护律师的权利要小于审查起诉阶段和法院审理阶段辩护律师的权利,如辩护律师在侦查阶段并不享有查阅案卷、调查取证、申请证据保全等重要权利,有待进一步完善。

(二)律师在侦查阶段的职责范围

犯罪嫌疑人在侦查阶段聘请律师,应当办理委托手续。委托手续一般包括签订委托协议和授权委托书。委托协议是律师事务所与委托人共同签署的确立委托关系的法律文书,是律师参加刑事诉讼活动的合法凭证。委托协议一式两份,一份交委托人,一份由律师事务所存档。授权委托书是委托人签署的、授予律师代为履行权限范围的法律文书。授权委托书一式三份,一份交委托人,一份交有关办案机关,一份由承办律师存档。另外,律师事务所开具介绍信,由律师呈交办案机关。辩护律师在侦查阶段的权利有:

1. 为犯罪嫌疑人提供法律帮助

这是辩护律师在侦查阶段职责最基本的内容。律师提供法律帮助,主要是解释犯罪嫌疑人所涉嫌罪名的概念特征、量刑标准及刑法关于自首、立功的规定;向犯罪嫌疑人阐析有关诉讼程序,如立案、侦查、起诉、审判、执行、强制措施、回避规定等;告知犯罪嫌疑人享有辩护权、申诉权、控告权等有关诉讼权利;提醒犯罪嫌疑人在侦查阶段可以要求自行书写供述,核对、补充、改正侦查人员制作的讯问笔录等。

2. 代理申诉、控告

犯罪嫌疑人认为自己没有实施侦查机关指控的犯罪行为,或者其人身权利、诉讼权利、财产权利等遭到侦查人员及有关人员的侵犯,可以请律师代理申诉、控告。律师认为内容属实时,应向有关机关提出。

3. 申请变更强制措施

依据新《刑事诉讼法》第95条的规定:"犯罪嫌疑人、被告人及其法定代理人、近亲属或者辩护人有权申请变更强制措施。人民法院、人民检察院和公安机关收到申请后,应当在三日以内作出决定;不同意变更强制措施的,应当告知申请人,并说明不同意的理由。"以及第97条的规定:"人民法院、人民检察院或者公安机关对被采取强制措施法定期限届满的犯罪嫌疑人、被告人,应当予以释放、解除取保候审、监视居住或者依法变更强制措施。犯罪嫌疑人、被告人及其法定代理人、近亲属或者辩护人对于人民法院、人民检察院或者公安机关采取强制措施法定期限届满的,有权要求解除强制措施。"可见,在侦查阶段,辩护律师如果发现公安机关采取的强制措施不当,有权向公安机关申请变更强制措施;如果发现公安机关采取的强制措施的法定期限已经届满的,有权要求公安机关解除强制措施。

4. 出具法律意见

依据新《刑事诉讼法》第36条的规定,辩护律师在侦查阶段可以向侦查机关了解犯罪嫌疑人涉嫌的罪名和案件有关情况,提出意见。该权利包括辩护律师如果发现有犯罪嫌疑人不在犯罪现场、未达到刑事责任年龄、属于依法不负刑事责任的精神病人的证据时,有权向公安机关提出法律意见;以及如果发现有应当被排除的证据没有被排除的,有权向公安机关提出法律意见;等等。

5. 为被逮捕的人申请取保候审

律师发现被逮捕的犯罪嫌疑人具有下列情形之一的,可以为其申请取保候审:(1)可能判处管制、拘役或者独立适用附加刑的;(2)可能判处有期徒刑以上刑罚,采取取保候审不致发生社会危险性的;(3)患有严重疾病、生活不能自理,怀孕或者正在哺乳自己婴儿的妇女,采取取保候审不致发生社会危险性的;(4)羁押期限届满,案件尚未办结,需要采取取保候审的。律师为被逮捕的人申请取保候审,侦查机关应作出同意或者不同意的决定。同意取保候审的,律师可以为犯罪嫌疑人依法办理取保候审手续。不同意取保候审的,律师可以再次提出申请。

(三)律师在侦查阶段的权利

律师为犯罪嫌疑人提供上述法律帮助,享有以下三项权利:(1)有权向侦查机关了解犯罪嫌疑人涉嫌的罪名和案件有关情况;(2)可以会见犯罪嫌疑人、与犯罪嫌疑人通信;(3)申请侦查机关变更强制措施;(4)要求侦查机关解除对犯罪嫌疑人超过法定期限的强制措施的权利。

二、中国刑事法律帮助制度与国际法则比较还存在差距

1990年联合国第八届预防犯罪和罪犯待遇大会通过的《关于律师作用的基本原则》第1条规定:"一切个人都有权请求由其选择的一名律师协助保护和确立其权利并在刑事诉讼的各个阶段为其辩护"。第5条规定:"各国政府还应确保被逮捕或拘留的一切个人,不论是否受到刑事指控,均应迅速得到机会与一名律师联系,不管在任何情况下至迟不得超过自逮捕或拘留之时的48小时。"此外,联合国《关于律师作用的基本原则》中还规定:遭逮捕、拘留或监禁的一切个人应有充分机会、时间和便利条件,毫不迟延地、在不被窃听、不经检查和完全保密情况下接受律师来访和与律师联系协商。

我们将上述联合国的文件与新《刑事诉讼法》第37条的规定、公安部1998年发布施行的《公安机关办理刑事案件程序规定》进行比较,可以发现中国有关刑事法律帮助制度仍存在如下差距。

(一)法律帮助的时间不能与国际接轨

联合国《关于律师作用的基本原则》规定,律师与犯罪嫌疑人的联系"不管在任何情况下至迟不得超过自逮捕或拘留之时的48小时"。而中国《公安机关办理刑事案件程序规定》第41、44条规定的安排会见时间是48小时或者5日内。可见法律帮助的时间有差距。

(二)法律帮助的对象范围不能与国际接轨

联合国《关于律师作用的基本原则》规定,各国政府还应确保被逮捕或拘留的一切个人,不论是否受到刑事指控,均应迅速得到机会与一名律师联系。而中国《公安机关办理刑事案件程序规定》第42条规定,没有做到让"一切个人"都能获得律师提供法律帮助的机会。

(三)中国律师提供刑事法律帮助受到监视、监督和限制,没有与国际法则接轨

《刑事诉讼法》第96条规定:"律师会见在押的犯罪嫌疑人,侦查机关根据案件情况和需要可以派员在场。"而联合国《关于律师作用的基本原则》却规定:遭逮捕、拘留或监禁的一切个人应有充分机会、时间和便利条件,毫不迟延地、在不被窃听、不经检查和完全保密情况下,接受律师来访和与律师联系协商。可见,中国律师提供刑事法律帮助的工作环境比较严峻,很难充分发挥律师的作用。直至新《律师

法》第33条作出新规定(参见上文),根据后法优于前法的原则,才改变这种"侦查机关可以派员在场"监视、监督和限制律师工作的不正常状况。

三、中国刑事法律帮助制度在实际工作中存在的问题

在刑事诉讼中,犯罪嫌疑人被采取强制措施,特别是被刑事拘留、逮捕后,本人及其近亲属都急切需要律师提供法律帮助。所以,中国刑事诉讼法设立刑事法律帮助制度,受到犯罪嫌疑人和律师的普遍欢迎。但是,中国的刑事法律帮助制度在实际工作中仍存在如下几个问题,急需加以解决,以期不断健全与完善。

1. 犯罪嫌疑人聘请律师难。主要表现是:第一,不能及时与律师取得联系。犯罪嫌疑人在刑事拘留、逮捕后急需律师提供法律帮助,但是由于身陷囹圄与外界隔绝,不能及时与家人取得联系,导致请律师难。第二,经济困难请不起律师。当前律师收费大都比较高,犯罪嫌疑人虽然明知有权聘请律师,但大多数都因为经济原因很难请到律师。第三,请到自己熟悉、满意、信任的律师难。由于中国处于社会主义初级阶段,老百姓的经济收入大多不高,公民聘请私人法律顾问的比率较低,再加上犯罪嫌疑人在犯罪前与律师接触少,所以很难请到自己熟悉、满意、信任的律师。第四,请到法律援助的律师更难。由于一直以来中国刑事法律援助制度只局限于审判阶段,还没有涉及侦查阶段,所以,犯罪嫌疑人由于经济困难想请到法律援助的律师很难。可喜的是,新《刑事诉讼法》第34条已将法律援助制度适用的阶段扩大至侦查阶段,犯罪嫌疑人难以请到法律援助律师的状况将有所改观。

2. 律师会见犯罪嫌疑人价值不大。虽然新《律师法》第34条修改后以及新《刑事诉讼法》修订后,律师在办理刑事法律帮助案件容易会见犯罪嫌疑人,主要只能听听犯罪嫌疑人的陈述,但无法真正了解公安机关侦查案件的最初"无罪"笔录,到了审判阶段律师只能看到"有罪"笔录和证据,并且在实践中,虽然律师为其提供法律咨询,代理申诉、控告等帮助活动,但是作用极其有限,多是形式需要,实际价值不大,主要原因是立法制度的落后。

3. 律师提供刑事法律帮助难。主要表现是:第一,在侦查阶段律师为犯罪嫌疑人提供法律帮助,侦查机关完全在保密的情况下进行,律师不知情,这样不利于犯罪嫌疑人检举、揭发侦查人员的刑讯逼供等违法行为,即使犯罪嫌疑人向律师反映有关侦查人员有刑讯逼供等违法情况,此时进入看守所的犯罪嫌疑人已是"死老虎",也无法获得证据;第二,律师会见在押的犯罪嫌疑人,了解有关案件情况后,为其代理申诉、控告,申请取保候审等活动,受到种种限制,基本上没有被采纳,甚至连回答都没有;尤其是申请取保候审,即使符合条件也以种种借口不予批准;第三,了解案情的范围有时受到不当限制。如侦查人员限制律师只能询问犯罪嫌疑人涉嫌的罪名和案件相关情况,不准全面了解具体的犯罪事实,也不允许律师记录。这样不利于律师向委托人证明完成了提供刑事法律帮助的任务,也不符合律师办

案件的立卷归档工作规范的要求。总之律师提供刑事法律帮助受到的限制比较大。

4. 刑事法律帮助的内容范围比较小。根据新《刑事诉讼法》有关规定,辩护律师在侦查阶段的职权是:为犯罪嫌疑人提供法律帮助;代理犯罪嫌疑人提出申诉和控告;为犯罪嫌疑人申请变更强制措施;向侦查机关了解犯罪嫌疑人涉嫌的罪名和案件有关情况,提出意见,为犯罪嫌疑人申请变更强制为犯罪嫌疑人申请取保候审。但是,并没有规定律师在侦查阶段享有如下权利:帮助犯罪嫌疑人进行辩护的权利;查阅案卷材料和技术鉴定文书的权利;调查研究,收集和审查证据的权利;侦查机关讯问犯罪嫌疑人时律师全程在场的权利等。造成律师作用无法充分发挥。

5. 没有保障措施,刑事法律帮助的普及面小。据了解,在侦查阶段有律师为犯罪嫌疑人提供法律帮助的案件占公安机关立案侦查案件总数不足百分之十。其原因主要是,中国刑事诉讼法规定律师在侦查阶段提供法律帮助所享有的诉讼权利比较小,不能充分发挥律师的作用,犯罪嫌疑人即使聘请了律师但却收效甚小,从而导致有些犯罪嫌疑人明知在侦查阶段有权聘请律师,也有经济能力聘请律师,但却不信任律师,所以也就不请律师提供法律帮助。由于以上制度不健全的原因,再加上缺乏有力的保障措施,犯罪嫌疑人在侦查阶段获得律师提供刑事法律帮助的普及面比较小。

四、完善的措施与对策思考

为了平息理论上的争议,缩短中国刑事法律帮助制度与国际法则的差距,解决实际工作中存在的问题,2007年《律师法》增加的第33条规定,"犯罪嫌疑人被侦查机关第一次讯问或者采取强制措施之日起,受委托的律师凭律师执业证书、律师事务所证明和委托书或者法律援助公函,有权会见犯罪嫌疑人、被告人并了解有关案件情况。律师会见犯罪嫌疑人被告人,不被监听。"这是长足进步的修改,可喜的是新《刑事诉讼法》第37条对此进行了确认,是我国刑事诉讼立法的一大进步。但是,笔者认为应当采取如下几个措施与对策,以期完善中国的刑事法律帮助制度。

1. 通过进一步修改新《刑事诉讼法》第33条的规定,赋予律师在侦查阶段享有全程在场的权利。为了赋予律师在侦查阶段享有全程在场的权利,笔者建议将《刑事诉讼法》第33条第1款修改为:"犯罪嫌疑人在被侦查机关第一次讯问或者采取强制措施之日起有权聘请律师或者要求侦查机关指定辩护律师全程在场旁听"。

2. 通过修改新《刑事诉讼法》第36条的规定,赋予律师在侦查阶段享有阅卷和调查取证的权利。为了赋予律师在侦查阶段享有阅卷和调查取证的权利,笔者认为应当在新《刑事诉讼法》第36条第2款加上以下内容:"犯罪嫌疑人被逮捕的,聘请的律师有权查阅、复制案卷材料,调查取证,帮助犯罪嫌疑人进行辩护。"

3. 通过修改新《刑事诉讼法》的相关规定,取消对律师提供刑事法律帮助的种种限制。如律师会见在押的犯罪嫌疑人,了解有关案件情况后,为其代理申诉、控告,申请取保候审等活动,侦查机关必须书面回答;尤其是申请取保候审,符合条件的必须批准,不得以种种借口不予批准;应当扩大律师了解案情的范围,侦查人员不但要告诉律师犯罪嫌疑人涉嫌的罪名和具体的可能犯罪事实,还允许律师记录。这样利于律师向委托人证明完成了提供刑事法律帮助的任务。

为使中国刑事法律帮助制度与国际法则接轨,确保一切犯罪嫌疑人能在拘留、逮捕之时的48小时内与一名律师会晤。为了做到这一点,笔者建议应当完善新《刑事诉讼法》第37条中与国际法则不相符合的内容的规定,并补充规定:"侦查机关应当确保一切犯罪嫌疑人在拘留、逮捕之时的48小时内与一名律师在完全保密的情况下进行会晤"作为新《刑事诉讼法》第37条的第6款。

4. 通过修改新《刑事诉讼法》第116条的规定,改革侦查工作制度,要求讯问犯罪嫌疑人只能在白天正常的上班时间进行。如果将侦查机关讯问犯罪嫌疑人的时间限制在白天正常的上班时间,则有两个好处:一是可以配合律师在侦查阶段全程在场制度的实施;二是可以杜绝侦查人员使用"车轮战"、"疲劳战"等变相的刑讯逼供的方法讯问犯罪嫌疑人,对确保犯罪嫌疑人口供的客观真实性具有重要的意义。所以笔者建议中国应当学习英国的立法在新《刑事诉讼法》第116条增设一款内容,即"侦查人员讯问犯罪嫌疑人应在白天正常的上班时间进行。"

5. 通过修改新《刑事诉讼法》第36条规定,赋予律师在侦查阶段享有司法豁免权。由于律师在侦查阶段会见犯罪嫌疑人,为犯罪嫌疑人提供法律咨询,代理申诉、控告,有可能导致犯罪嫌疑人翻供妨碍侦查工作的顺利进行,同时在代理申诉、控告时,有可能与侦查人员产生矛盾,甚至遭到打击、报复,所以有必要赋予律师在侦查阶段参与刑事诉讼享有司法豁免的权利。故而笔者建议在新《刑事诉讼法》第36条增设一款作为第3款,补充规定"受委托的律师在侦查阶段享有司法豁免权。"

第三节 律师进行刑事辩护

根据新《刑事诉讼法》第33条的规定和最高人民法院的司法解释,律师除接受委托担任辩护人外,还可能因承担法律援助义务而接受人民法院的指定,为被告人辩护。律师接受指定为被告人辩护,是现代各国法律援助制度的重要内容。保障犯罪嫌疑人、被告人的辩护权,特别是获得律师辩护权,已成为刑事诉讼民主化的重要标志。引例中齐某作为被告人,在刑事诉讼期间,可以聘请律师,为其辩护。具体工作参见以下内容。

一、律师进行刑事辩护的一般工作程序

(一)受理刑事辩护的工作程序

律师进行刑事辩护,若来源于当事人的委托,需要与其签订《委托协议》,并持当事人的《授权委托书》和《律师事务所函》、《律师会见在押犯罪嫌疑人、被告人专用介绍信》,方能开展刑事辩护的工作;若来源于人民法院的指定,需要由律师事务所出具《接受指定辩护函》,并持《人民法院的指定辩护函》和《律师会见在押犯罪嫌疑人、被告人专用介绍信》,方能开展刑事辩护的工作。

(二)律师辩护的一般工作程序

根据新《刑事诉讼法》、《律师法》的有关规定和司法实践经验,辩护律师在审查起诉阶段和审判阶段应做的工作主要有:
(1)查阅、摘抄、复制卷宗材料;(2)会见在押犯罪嫌疑人、被告人;(3)调查取证或申请调查取证;(4)撰写法律意见书或辩护词;(5)出庭辩护;等等。

二、审查起诉阶段的律师辩护

(一)审查起诉阶段律师辩护的主要工作

新《刑事诉讼法》第33条的规定,在押的犯罪嫌疑人要求委托辩护人的,应当由犯罪嫌疑人指定的人办理委托事宜,人民检察院应当通知犯罪嫌疑人指定的人办理。犯罪嫌疑人或其指定的人委托律师担任辩护人的,律师事务所对于符合委托条件的应出具委托辩护的相关手续,如律师事务所给相关司法部门的函件。经过检察院核实后,辩护律师即有权开展各项辩护工作。

在审查起诉阶段,辩护律师享有的权利即工作的主要内容有:(1)与犯罪嫌疑人会见和通信;(2)查阅、摘抄、复制案件材料;(3)调查、收集证据;(4)提出辩护意见;(5)代理申诉。根据新《刑事诉讼法》第177条的规定,对于人民检察院以犯罪嫌疑人犯罪情节轻微,依照刑法规定不需要判处刑罚或者免除刑罚为由而作出的不起诉决定,被不起诉人如果不服,认为自己没有犯罪,可以自收到不起诉决定书后7日以内向人民检察院申诉。辩护律师接受犯罪嫌疑人的委托,可以代为申诉。

三、审判阶段(主要指一审)的律师辩护

(一)审判阶段律师辩护概述

审判阶段中的一审律师辩护工作,一般可分为如下几个主要阶段:

1. 法庭准备阶段:辩护律师应注意法庭组成人员、公诉人是否应当回避,被告人提出回避的申请,是否应当给予支持和帮助,要不要申请传唤证人出庭作证、调取新的物证、申请重新勘验和重新鉴定,等等。

2. 法庭调查阶段:辩护律师应注意被告人对《起诉书》的意见,认真听取审判人员、公诉人的发问,围绕主要辩护观点或者为了反驳公诉人的观点而进行律师发问,积极参加法庭对证据的审查和质证。

3. 法庭辩论阶段:辩护律师应注意认真听取公诉人、被害人的观点和论据,听取被告人的自行辩护的意见,发表合法、合理、合情的辩护意见。

4. 法庭宣判阶段:辩护律师应注意认真倾听法庭判决的内容以及被告人、公诉人当庭对判决发表的意见。被告人要上诉的,律师应再次会见被告人,帮助其上诉。

(二)辩护律师出庭准备的主要工作

辩护律师接受委托或指定后,应立即与有关的办案机关取得联系,并着手进行法庭辩护的准备工作,律师的准备工作主要有如下几项:

1. 审查起诉书。起诉书是人民检察院代表国家向人民法院提出公诉的法律根据,律师审查起诉书,应掌握如下情况:(1)被告人的自然情况。(2)起诉书指控的犯罪事实。(3)起诉书认定的罪名及其适用的法律。

2. 查阅案卷,审查各种证据。查阅案卷材料是律师掌握案情的重要途径,也是辩护准备工作的一项重要内容。根据新《刑事诉讼法》规定,辩护律师自人民法院受理案件之日起,可以查阅、摘抄、复制本案所指控的犯罪事实的材料。

3. 会见被告人。辩护律师会见被告人,应听取被告人对起诉书指控犯罪事实的意见;听取被告人的陈述和辩解,核实辩护律师在查阅起诉书和案卷材料时发现的问题和矛盾之处,进一步查明案情;询问被告人有无新的人证、物证、书证以及证据线索;了解被告人有无法律规定的无罪、罪轻或者从轻减轻、免除刑事处罚的情节;根据被告人的要求,为其提供具体的法律帮助;向被告人告知他的诉讼权利,说明审判程序以及他在每一阶段中应注意的事项;告知被告人自己所进行的辩护准备工作以及初步的辩护设想,听取被告人的意见,鼓励被告人放下思想包袱,正确对待法庭审判,积极行使辩护权;等等。

4. 调查和收集证据。辩护律师在查阅起诉书与案卷材料以及会见被告人的基

础上,应当根据辩护需要,做好调查和收集证据的工作,这是辩护律师在庭审时完成举证责任的基础。

5.准备辩护词等辩护材料。辩护律师在开庭前应完成辩护卷宗的归整工作。辩护卷宗除包括起诉书摘录、案卷中有关证据材料的摘录、拟向被告人、证人、鉴定人等提问的提纲、收集的证据材料以及有关法律、法规的摘录等内容外,还应包括拟定的辩护方案和辩护词。

(1)拟定辩护方案时,应从以下几个方面考虑。

其一,事实方面:起诉书指控的事实是否存在,危害行为与危害结果之间有无因果关系;指控的事实如果存在,是否属于排除社会危险性的行为,起诉书指控的事实有无矛盾,等等。

其二,证据方面:证据是否确实、充分,证据之间有无矛盾之处,证据的取得是否符合法定程序,等等。

其三,定性方面:被告人的行为是否构成犯罪,被告人实际犯罪的性质是否比起诉书指控的犯罪性质轻,指控的罪名是否恰当,等等。

其四,适用刑罚方面:是否存在法定从轻、减轻、免除刑事责任的情节,如自首、立功、防卫过当、避险过当、犯罪预备、犯罪中止、犯罪未遂、从犯、胁从犯,等等。

其五,诉讼程序方面:公安司法机关在侦查、起诉和审判等阶段,是否存在违反法定程序的行为,是否存在侵犯被告人诉讼权利的行为。

辩护律师应在上述工作基础上,撰写辩护词。辩护词是辩护律师向法庭发表的为维护被告人的合法权益的演说词,是辩护律师对所辩护的案件的结论性意见,是辩护律师在刑事诉讼活动中实现其辩护职责的重要手段。

(2)组织辩护论点时,是在全面综合分析案件材料的基础上形成的为被告人进行辩护,维护其合法权益的基本观点。辩护论点应从以下几个方面考虑。

其一,对起诉书指控的犯罪事实,没有证据证明存在,行为人的行为不构成犯罪的,或者指控被告人犯罪事实不清楚,证据不充分,指控罪名不能成立的,应作无罪辩护。

其二,对起诉书指控被告人的犯罪行为,如果构成犯罪,但依法应从轻、减轻、免除刑事责任的,应作从轻、减轻、免除刑事处罚的辩护。

其三,被告人的行为已构成犯罪,但依照新《刑事诉讼法》第15条规定不追究刑事责任的,应作不追究刑事责任的辩护。

其四,对部分事实不清、证据不足的案件,可作减轻刑事责任的辩护。

其五,对事实清楚,证据确定、充分,但定性不准、适用法律不当的,应从案件性质方面进行辩护。

(3)拟定辩护词,应从以下几个方面考虑。

其一,前言应说明:第一,辩护律师到庭的合法性,即是受被告人委托还是受人民法院指定。第二,辩护人在开庭前进行了哪些工作,表明自己的辩护意见是有根据的。第三,有的辩护词还在前言部分开门见山地提出关于本案的基本观点。

其二,正文部分。这一部分是辩护词的基本内容。这部分就是要说明和论证前言中提出的辩护观点,摆事实,讲道理,引用事实和法律来证据自己的观点,反驳起诉书的指控。

其三,结束语。包括两方面的内容:一是对自己的发言作一小结,提出结论性的意见;二是对被告人如何定罪量刑,适用刑法的什么条件,向法庭提出意见和建议。

(三)辩护律师出庭辩护

开庭审判是刑事诉讼中具有决定意义的阶段,也是被告人的辩护权得以集中实现的重要阶段。开庭审判大致分为法庭准备、法庭调查、法庭辩护、被告人最后陈述、评议和宣判五个阶段。辩护律师在每个阶段都有其他特定的工作内容。

1.法庭准备阶段的辩护工作

法庭准备阶段是开庭审判中的开始阶段,在这一阶段,辩护律师应做好以下工作:(1)查明有关诉讼参与人员是否都到庭。(2)查看本案的合议庭组成人员、书记员、公诉人、鉴定人和翻译人员能否正确地履行各自的职责。(3)注意法庭是否向被告人交代清楚被告人应享有的诉讼权利。(4)对于未成年的被告人,人民法院是否按照《刑事诉讼法》第270条的规定通知其法定代理人到庭。(5)审查审判是否公开。(6)向法庭提出其他意见和要求。

2.法庭调查阶段的辩护工作

法庭调查是开庭审判的中心环节。辩护律师应做好以下几方面的工作:(1)认真听取公诉人、自诉人宣读起诉书、自诉状,注意指控的罪名、事实等与获得的起诉书或自诉状副本是否一致。(2)适时申请审判长的许可,向被告人、证人、鉴定人等发问。(3)适时向法庭出示证据。(4)申请通知新的证人到庭,调取新的物证,申请重新鉴定或者勘验。(5)检查、修改辩护词。

3.法庭辩论阶段的辩护工作

法庭辩论是在法庭调查的基础上,由控、辩双方就案件事实是否清楚,证据是否确实、充分,程序是否合法,被告人的行为是否构成犯罪,犯罪的性质,罪责的轻重,被告人的态度和表现,以及是否或如何适用刑罚等实体问题发表意见的一项诉讼活动。

辩护律师参与法庭辩论的主要活动与程序是:(1)认真听取公诉人、被害人及其诉讼代理人的发言;(2)听取被告人的自行辩护意见;(3)发表辩护词;(4)与控诉方展开辩论。

4.被告人最后陈述阶段的辩护工作

审判长宣布辩论终结后,被告人有最后陈述的权利。审判长应当告知被告人享有该权利。法庭进行评议判决之前,给被告人一次最后发言的机会,让他充分陈述自己对案件的意见,或者向法庭表明他对自己所犯罪行的认识和态度。这对于法庭正确处理案件与保护被告人的合法权益,均具有重要意义。

辩护律师在这一阶段,应做好以下工作:(1)维护被告人作最后陈述的权利;(2)认真听取被告人的陈述。

5.法庭宣判后的辩护工作

法庭宣判后,辩护律师应立即会见被告人,征询他对判决的意见,然后根据不同意见,行使辩护律师的职责。

四、二审、再审程序中的律师辩护

(一)二审程序中的律师辩护

二审就是上一级人民法院根据当事人的上诉或者人民检察院的抗诉,对第一审法院尚未发生法律效力的判决、裁定进行重新审理的活动。无论是因当事人上诉还是因检察院抗诉而启动的二审程序,被告人均有权委托律师担任辩护人。被告人没有委托辩护人,而其符合法定条件的,人民法院应当为他指定承担法律援助义务的律师担任辩护人。一审辩护律师还可以帮助被告人提出上诉。

二审的审理方式,主要采取直接开庭审和不直接开庭审。不直接开庭审包括书面审、调查讯问式两种审理方式。在直接开庭审的二审中,因上诉案件与抗诉案件而有所不同。在上诉案件中,辩护律师的诉讼活动与第一审程序一样,但辩护的理由和根据,要侧重于指出原判在认定事实、适用法律或者量刑上的错误,要求正确判处。在抗诉案件中,辩护律师的辩护应对原审判决、裁定是否正确表明态度,对抗诉意见加以反驳、辩论。在既有抗诉又有上诉的案件中,辩护律师的辩护应从两方面进行,既对原审判决、裁定有错误的地方进行论证,又要对抗诉书中的不实之处和不符合法律规定的地方加以反驳,对原审判决、裁定中有利于被告人的部分应当予以肯定。

在不直接开庭审的二审中,辩护律师的辩护工作,应在充分了解案情的基础上,根据事实和法律,认真分析、研究一审判决,找出在认定事实和适用法律等问题上的不当之处,通过调查收集证据,写出有理有据的二审辩护词,提交给二审法院,努力维护上诉人的合法权益。

二审程序中的律师辩护具体工作是:

1.辩护律师为被告人提出上诉

新《刑事诉讼法》第216条规定:对被告人的上诉权,不得以任何借口加以剥夺。法律还规定,辩护律师在征得被告人同意的前提下,可以提出上诉。

(1)提起上诉的理由

在提起上诉时,应在上诉状中指出上诉理由。由于刑事诉讼法对上诉理由未作任何规定和限制,因而辩护律师可以在上诉状中阐述能找到的任何理由,因此,提出的上诉理由也必须做到确实和充分。根据律师上诉实践,提出上诉的理由归纳起来主要有:原判决、裁定认定的事实有错误;原判决或裁定所依据的证据不确实、不充分;原判决、裁定适用法律有错误;原判决、裁定量刑不当。原审诉讼过程中,有违反法定诉讼程序的情况等五种。

(2)提起上诉的方式

新《刑事诉讼法》第216条规定被告人、自诉人和他们的法定代理人可以用口头或书面方式上诉。辩护律师帮助被告人行使上诉权,提起上诉,应以书面方式为宜。当事人既可以通过原审人民法院提出上诉,也可以直接向第二审人民法院提出上诉。

(3)提起上诉的期限

新《刑事诉讼法》第219条规定,不服判决的上诉和抗诉的期限为10日,不服裁定的上诉和抗诉的期限为5日。

2. 辩护律师参加第二审人民法院审判的准备

(1)签订委托书。由于一审中被告人所委托的辩护律师在一审结束后即解除了委托关系,所以在二审中被告人需要再请律师为自己辩护,需再行委托。

(2)研究判决书。辩护律师参加第二审人民法院的案件辩护,审判前必须认真研究原审人民法院的判决书。要认真分析判决书的事实部分和判决理由,并把判决书的事实认定同判决结论加以比较,将判决的理由与判决的事实对照研究,看其是否合乎情理、顺理成章地得出判决结论。将人民检察院的起诉书与人民法院判决书对照研究,看起诉书中所指控的事实是否在法庭中都得到了证实,在判决书中又是怎样认识的,注意起诉的罪名与判决的罪名是否一致,如果不一致,其理由、根据何在,有无道理。将人民法院的判决书与人民检察院的抗诉书对比研究,看抗诉书是针对人民法院判决书的哪一部分提出的,抗诉的理由在一审中辩护方是否提出过反驳意见;对于上诉又抗诉的案件,要将抗诉书与上诉书的理由相对照,找出分歧点与相同点。

(3)查阅案卷材料。无论律师是否担任过一审被告人的辩护人,在二审审判前,都应当查阅或重新查阅案卷材料,尤其是二审开庭审理的案件,更要认真查阅案卷材料,全面了解案情。

(4)会见被告人。

3. 辩护律师参加二审法院审理中的辩护

根据新《刑事诉讼法》第223条的规定,人民法院审判二审案件原则上应当组成合议庭,开庭审理。但对部分上诉案件,合议庭经过阅卷,讯问被告人,听取其他当事人、辩护人、诉讼代理人的意见,对犯罪事实清楚,可以不开庭审理。辩护律师在第二审人民法院以开庭审理方式审理案件时的辩护工作,同一审程序大体相同。对二审法院不开庭审理的案件,辩护律师应在充分做好辩护准备工作的基础上,全面研究案件,写出详细的二审辩护词。

(二)再审程序中的律师辩护

再审程序即审判监督程序。刑事诉讼中的再审,是人民法院对于已经发生法律效力而在认定事实或者适用法律上确有错误的判决、裁定,依法重新审判的诉讼活动。根据新《刑事诉讼法》第241条、第242条的规定,当事人及其法定代理人、近亲属,对已经发生法律效力的判决、裁定,可以向人民法院或者人民检察院提出申诉。根据《律师法》第25条的规定,律师可以接受委托代理对生效裁判的申诉,并接受委托在再审程序中担任辩护人。

1.律师为被告人提出申诉

律师接受被告人的委托,可以代理申诉。根据新《刑事诉讼法》规定,既可向人民法院提出申诉,也向人民检察院提出申诉。

2.律师参加再审案件中的辩护

根据新《刑事诉讼法》第245条的规定,人民法院按照审判监督程序重新审判的案件,应当另行组成合议庭进行。如果原来是第一审案件,应当依照第一审程序进行审判;如果原来是第二审案件,或者是上级人民法院提审的案件,应当依照第二审程序进行审判。因此,律师参加再审案件的辩护工作与一审、二审的辩护工作基本相同。①

五、律师在刑事辩护工作中应注意的问题

(一)律师阅卷时应注意的问题

1.阅卷应凭介绍信和律师执业证在法院指定场所进行,不得将案卷携带出法院指定场所。

2.律师在摘抄、复印案卷材料时,要注意说明出处,要准确无误。

3.对于犯罪嫌疑人、被告人有利或不利的关键证据材料,摘抄、复制时要全面,不要断章取义,要注意证据的内在联系。

4.在阅卷时要注意发现问题,列出向犯罪嫌疑人、被告人核实发问的提纲和调查提纲。

(二)律师在调查取证时应注意的问题

律师自犯罪嫌疑人被转移交审查起诉之日起,享有调查取证权。律师应注意以下问题:

---

① 官玉琴、张禄兴主编:《律师法学》,福建教育出版社2006年版,第246页。

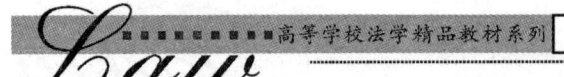

1. 律师的调查取证工作不具有司法强制性质,而是访问的性质。

2. 律师调查取证,必须由两人进行,并向被调查人出示律师事务所的调查函和律师执业证。

3. 律师调查取证,应事先取得有关单位的支持,必要时请有关单位协助调查。

4. 律师调查取证,应当首先向被调查人说明调查取证的目的和要求,经被调查人同意,可以向他们收集有关证据材料。对于被调查人是本案被害人或者其近亲属、被害人提供的证人的,律师应当经人民检察院或者人民法院许可,然后再向其收集有关材料。

5. 律师调查取证,对谈话的记录不宜强令调查人签名、盖章,应当本着实事求是的态度向调查人说明律师调查取证的目的和意义。如果被调查人坚持不愿签名、盖章的,律师可以向人民检察院、人民法院提出收集、调取证据的申请,不宜向被调查人强行取证。

6. 辩护律师调查取证,应当根据不同的对象采用不同的方式,循循善诱。对于处于激愤状态的被害人,律师应当冷静地分析,要求被害人尊重客观事实,从而获得与事实相符的结论。对于有利于辩护方的证人,律师应当调查清楚证人在法庭上将要证明的事实以及证人证言是否与被告人口供一致。对于不满18岁的证人,律师在场询问时,应当通知其法定代理人、监护人到场,并在证言笔录上注明在场人的姓名、职业、工作单位、与证人的关系。

(三)律师会见在押犯罪嫌疑人、被告人时应注意的问题

1. 律师凭律师执业证、律师会见在押犯人、被告人专用介绍信,在看管场所会见犯罪嫌疑人、被告人。

2. 律师会见在押的犯罪嫌疑人、被告人时,要提高警惕、严防犯罪嫌疑人、被告人逃跑、行凶、自杀等事件的发生。

3. 律师不得帮助犯罪嫌疑人、被告人隐匿、毁灭、伪造证据或者串供,妨碍刑事诉讼的顺利进行。

第四节 中国律师辩护制度的现状、存在问题和完善构想

一、中国律师辩护制度的现状

目前,中国刑事案件律师参与辩护越来越低已引起社会的关注。许多律师不

办理刑事案件,甚至原办刑事案件出名的律师也将精力转向其他的业务,有的律师事务所干脆取消刑事辩护业务。造成这种现象的原因是多方面的,如:执业权利受限制使律师不能办好刑事辩护案件,《刑法》第306条之风险使律师不敢办刑事辩护案件,代理费低使律师不愿办刑事辩护案件,辩护意见不被采纳使律师无意办刑事辩护案。目前主要存在以下三个方面制度性的现状缺陷:

（一）辩护律师的身份定位过低

中国原《律师法》第2条规定:"本法所称的律师,是指依法取得律师执业证书,为社会提供法律服务的执业人员。"新法将"社会"修改为"当事人",并没有从根本上改变律师的性质,根据这个定义,除了在服务的内容上与一般的服务业有所不同之外,我们很难把中国的律师和其他从事服务业的人员区分开来,专职律师没有其他的劳动收入,其注重经济效益,不爱承办代理费低的刑事辩护业务是可以理解的。立法上对律师职业的定位过低,使得法官、检察官具有强烈的职业优越感,对辩护律师的意见不予理睬已司空见惯,职业报复也屡屡发生。

（二）辩护律师准入门槛低

中国实行国家统一的司法考试,通过考试获得法律职业资格,可以申请成为执业律师,承办所有律师业务(自然包括刑事辩护业务)。参加司法考试者有学历上的要求却无专业上的限制,非法律本科毕业生一旦通过司法考试也可以成为辩护律师,辩护律师准入门槛低。刑事案件在大多数律师不办理的情况下,成了初出茅庐的律师训练的好机会,影响了辩护效果。

（三）辩护律师的执业权利受限制

辩护律师的执业权利受限制严重。侦查阶段辩护律师律师没有调查取证权,在提起公诉和审判阶段,辩护律师享有一定的调查取证权。根据新《刑事诉讼法》第41条规定,法律赋予辩护律师的调查取证权的同时又设置了重重障碍,导致律师取证不能。有关单位和个人"同意权"的制约使辩护律师的调查取证落空;调查被害人或者其近亲属、被害人提供的证人时,被调查人本人及人民检察院或人民法院双重"同意权"的制约使律师对调查取证束手无策;控辩双方的对立使辩护律师申请人民检察院调查证据形同虚设;辩护律师请求法院调查证据,由于决定权在法院且启动调查的条件笼统不具有实践操作性,往往不被理睬。再加上《刑法》规定的辩护律师取证的职业风险,使得辩护律师不敢调查取证,辩护律师的调查取证权被虚无化。开庭前律师查阅控方掌握的犯罪证据的材料非常有限,基本上是有罪材料。

根据《刑事诉讼法》规定,辩护律师自人民检察院对案件审查起诉之日起,可以查阅、摘抄、复制本案的诉讼文书、技术性鉴定材料,却看不到事实的证据材料。辩

护律师自人民法院受理案件之日起,可以查阅人民检察院向人民法院移送的起诉书、证据目录、证人名单和主要证据复印件或者照片而不是全部证据和卷宗材料,主要证据完全由检察院决定,实践中检察院往往故意不移送重要证据。而侦查机关、公诉机关一般不会全面调查收集罪轻、无罪证据,即使调取也会进行"过滤"。公诉机关在起诉案件时,证据目录上舍去无罪证据,只提供有罪证据,开庭审理中出示证据也同样如此。由于律师介入刑事诉讼、侦查、起诉环节掌握证据的权利被剥夺殆尽,出庭前很难获得用以有效辩护的证据,律师辩护被动、苍白,被告人处于极为不利地位。① 新《刑事诉讼法》第38条对此进行了修正,规定:"辩护律师自人民检察院对案件审查起诉之日起,可以查阅、摘抄、复制本案的案卷材料。"该规定体现了立法的进步,一定程度上可以缓解辩护律师出庭前难以获得有效辩护证据的局面。

二、中国律师辩护制度在立法上存在的不足

(一)多名律师辩护受到法律的限制

多名律师辩护是指一个犯罪嫌疑人或被告人同时有三个或三个以上的辩护律师为其辩护,如国外的律师团。新《刑事诉讼法》第32条保留原规定,犯罪嫌疑人、被告人除自己行使辩护权以外,还可以委托一至二人作为辩护人。但是司法实践中,犯罪嫌疑人、被告人及其近亲属有要求委托多名律师辩护的愿望,这实质上是反映了犯罪嫌疑人和被告人的真实要求,是对新《刑事诉讼法》第32条的规定提出了严重的挑战。这实际上是宪法规定的国家尊重和保障人权的重要表现。聘请几个律师作为辩护人应由犯罪嫌疑人和被告人的自由意志来决定,不应该由法律加以限制,否则就有限制人权之嫌,因此,笔者认为《刑事诉讼法》的有关条款应该修改,删除该项限制性条款,改为任意性条款,将允许多名律师辩护制度在《刑事诉讼法》中加以肯定,聘请几名律师作为辩护人任由犯罪嫌疑人和被告人自由选择。

(二)中国律师进行刑事辩护在参与的诉讼阶段上受到法律的限制

对照1990年联合国《关于律师作用的基本原则》第1条明确规定(参见上文)与中国新《刑事诉讼法》第33条、第34条的规定,发现中国律师进行刑事辩护在参与诉讼阶段上存在如下不足。第一,公诉案件的立案阶段,中国律师无法介入,为被告人和犯罪嫌疑人进行辩护;第二,公诉案件的侦查阶段,虽然新《刑事诉讼法》已经赋予律师辩护人的身份,但其职权还是受到一定的限制;第三,在死刑复核程序,律师介入也受到了限制,根据新《刑事诉讼法》第240条的规定,只有在辩护律

---

① 鲁千晓、吴新梅著:《诉讼程序公正论》,人民法院出版社2004年版,第210页。

师提出要求时，最高人民法院才听取辩护律师的意见。第四，在刑罚的执行阶段，律师基本上也无法介入。在中国，律师能够为被告人或者犯罪嫌疑人进行辩护的主要在侦查阶段、审查起诉阶段和人民法院的审判阶段。通过比较我们发现，中国律师在刑事诉讼中发挥的作用有限，不能参与刑事诉讼的各个阶段。究其原因是受历史渊源、法律结构、思维方式和法官地位、作用等因素影响，中国刑事诉讼制度及相应的辩护运行机制受大陆法系国家的影响较深，对被告人的辩护权行使限制较多。与英美法系国家的辩护制度相比也有较大的差距。在自由价值至上的英美法系国家，刑事司法十分强调被告人人权保障，视被告人权利为刑事诉讼应当首先保护的利益，对被告人的辩护权相当重视，从而律师在刑事诉讼中能发挥重要的作用。因此，中国的刑事辩护制度有必要进行适当的改革，以期与国际法则接轨。

三、律师辩护制度在实践中存在的问题

1. 重实体轻程序

实体辩护为多，程序辩护为少。实体辩护是指律师辩护主要围绕实体法进行辩护，主要包括：事实辩护；证据辩护；无罪辩护；罪轻辩护；从轻、减轻或者免除刑罚的辩护。程序辩护，是指律师围绕程序法进行辩护。主要包括：犯罪不能成立的辩护；不追究刑事责任的辩护；程序违法的辩护。对于诉讼过程中可能存在的违反法定程序，侵犯被告人合法权益的情况，例如侦查阶段搞刑讯逼供、非法取证、超期羁押，或者侦查、检察人员应当回避却没有回避，辩护律师应当大胆指出程序违法方面的问题，以维护被告人的合法权益。

在当前的司法实践中，辩护律师受到重实体轻程序的错误思想的影响，出现了实体辩护为多，程序辩护为少的不良倾向，应当注意纠正。实体辩护固然重要，但程序违法也会侵犯被告人的合法权益，同样应当受到重视。

2. 律师辩护不力

审查起诉阶段律师辩护没有落到实处。其原因有：(1)律师辩护针对的对象有特殊性。在审查起诉阶段律师辩护针对的是侦查机关的《起诉意见书》，它不仅不对外，而且不具有提起公诉的诉讼效力。因而对其进行辩护，似有浪费诉讼资源之嫌。(2)没有中立的机关作裁决。在审查起诉阶段律师辩护针对的是侦查机关和人民检察院，它们都是控诉机关，缺乏一个中立的机关对律师的辩护意见正确与否作裁决。(3)律师辩护的表现形式不明。在审判阶段，律师辩护的表现形式是《辩护词》；而在审查起诉阶段，律师辩护的表现形式是什么？一般认为是《法律意见书》，但法律上尚不明确。

3. 律师辩护难

庭前证据展示不够，导致律师辩护难。根据原《刑事诉讼法》第150条规定，有的地方的人民检察院为了避免人民法院的审判人员先入为主，在庭前审查阶段，只

提供起诉书、证据目录、证人名单和主要证据复印件或者照片，没有做到将所有卷宗材料全部移送人民法院审查，表现出庭前证据展示不够全面的现象。其结果是律师阅卷时只看到部分证据的复印件，看不到全部卷宗材料，而且公诉人提供的主要证据复印件，多数是有罪证据和罪重的证据，大量的辩护证据即无罪或者罪轻的证据没有移送到法庭，律师在庭前无法全面了解案情，只能靠庭审过程中临时听取公诉人出示证据，匆忙了解案情，而且有的公诉人是摘要地出示证据，导致律师的思路始终处于被公诉人控制的被动局面，造成律师辩护难。其危害是律师的辩护不力，不能与公诉人的控诉相制约，不能发挥律师的作用，不利于维护被告人的合法权益和人民法院做出公正的判决。可喜的是，新《刑事诉讼法》第172条对此进行了修订，体现了立法的进步。该条规定："人民检察院认为犯罪嫌疑人的犯罪事实已经查清，证据确实、充分，依法应当追究刑事责任的，应当作出起诉决定，按照审判管辖的规定，向人民法院提起公诉，并将案卷材料、证据移送人民法院。"由此可见，新《刑事诉讼法》的修订将有利于改善律师辩护难的处境。

4. 律师阅卷难

审查起诉阶段律师阅卷难。律师为了了解案情履行辩护职责，通过阅读案件卷宗材料，是一个重要而不可缺少的途径。但是在审查起诉阶段，根据原《刑事诉讼法》第36条的规定，案件自移送审查起诉之日起，辩护律师可以查阅、摘抄、复制本案的诉讼文书、技术性鉴定材料。所谓本案的诉讼文书，一般指立案决定书、拘留证、提请批准逮捕书、批准逮捕决定书、逮捕证及采取其他强制措施的法律文书、通缉令、起诉意见书等。技术性鉴定材料主要指鉴定结论。而辩护律师却无权查阅犯罪嫌疑人的供述，证人证言等证据材料，不能全面了解案情。这种阅卷的困难，是导致审查起诉阶段律师辩护不力的又一个客观原因。新《刑事诉讼法》第38条对此进行了修订，规定："辩护律师的人民检察院对案件审查起诉之日起，可以查阅、摘抄、复制本案的案卷材料。其他辩护人经人民法院、检察院许可，也可以查阅、摘抄、复制上述材料。"

5. 律师取证难

律师调查取证难。新《刑事诉讼法》第41条规定说明，律师在行使调查取证的权利时，设有两个限制性条件：第一，都要经过被调查个人和单位的同意；第二，涉及被害人有关情况的，须经人民检察院或者人民法院许可。未经"同意"或者"许可"的，律师则无法亲自调查取证，只能申请人民检察院、人民法院代为收集、调取证据。如果人民检察院或者人民法院不同意律师的取证申请，律师则无法调查取证。司法实践中，律师调查取证更是困难重重，基本上不能获得检察院或者法院同意。

6. 律师举证难

律师传唤证人出庭作证难。《刑事诉讼法》第37条规定，辩护律师可以申请人民法院通知证人出庭作证。原《刑事诉讼法》第159条规定："法庭审理过程中，当

事人和辩护人、诉讼代理人有权申请通知新的证人到庭。"但是原《刑事诉讼法》第37条的规定,不是指新的证人,案卷中已有的证人仍然可以申请传唤出庭作证。而且证人出庭作证比较宣读证人证言在证据的审查判断方面更具有优越性。证人出庭作证,一般比较便于审判人员和公诉人对证人证言的查对核实,也便于辩护人、被告人和被害人对证人发问,直接与证人对质,这对于判断证人证言的真伪性,保证证人证言能够如实地证明案件的犯罪事实,避免冤、假、错案的发生,都具有重要的实际意义。但是在司法实践中落实这项权利有一定的困难。新《刑事诉讼法》的相关规定对此进行了修订,强化了证人强制作证的义务,完善了证人作证的保障和保护措施等,体现了立法的进步。但在实践操作中,证人出庭作证更是困难重重,基本上难以实现。

四、中国律师辩护制度完善的措施与对策

(一)赋予辩护律师与控诉方相抗衡的执业权利

刑事诉讼的三角结构要求控辩平衡,而刑事诉讼是国家强制力对公民个人进行的追究,本质上控辩具有不平衡性。为了有效地抵御司法机关的指控,必须强化犯罪嫌疑人、被告人及其辩护人的辩护权,特别是赋予辩护律师与国家公权力相抗衡的诉讼权利,促使辩护职能与控诉职能的平衡,实现司法公正。

律师调查取证权作为其中核心的权利,具有一定的主动性和积极性,成为维护犯罪嫌疑人、被告人合法权益最为有效的权利,也有助于其他权利的实现。据此,辩护律师调查取证权是实现控、辩双方地位平等的一个重要筹码,失去了辩护律师的调查取证权,将损害控、辩双方的权利对等,从而双方的地位也就无法平等。从西方国家的刑事立法来看,辩护律师的调查权主要通过两种方式形式行使:一是通过调查申请权,即律师向法院申请,获得法庭以国家强制力实施的法律帮助;二是通过律师在追诉机关实施调查活动时的在场权来获取证据信息。虽然律师运用公权力来获取证据,已经成为刑事诉讼发展的一大趋势,但应根据中国的实际情况有取舍的吸收借鉴。

(二)通过制定证据法,设立证据展示制度

中国目前尚未制定《证据法》,有关刑事证据的内容规定在《刑事诉讼法》第五章第48条至第63条中,相比于原《刑事诉讼法》共计8个条文的规定,完善和丰富了有关证据制度的内容,在一定程度上适应了当前司法实践的客观需要,但还存在不尽如人意的地方。因此,中国应当参照英国等国单独制定刑事证据法的做法,制定一部符合中国审判实践需要的《中华人民共和国刑事证据法》,至少由"二院一部"共同制定"刑事证据规则"。在这种法律中设立一种切实可行,具体详尽便于操

作的有科学性和前瞻性的证据展示制度。其中规定明确《刑事诉讼法》第150条规定的"主要证据复印件或者照片"的含义是：第一，是指能够证明被告人有罪或者无罪，罪重或罪轻，从轻、减轻以及免除刑事责任的所有证据，而不是公诉人自认为可以定案的那些所谓的有罪主要证据复印件或者照片。第二，这些证据包括《刑事诉讼法》第42条规定的七种证据的全部，即全部的物证、书证；全部的证人证言；全部的被害人陈述；全部的犯罪嫌疑人、被告人供述和辩解；全部的鉴定结论；全部的勘验、检查笔录；全部的视听资料。设立上述证据展示制度可以解决当前律师辩护难的问题，对于查明案情，便于人民法院做出公正的判决具有重要的意义。

（三）通过修改《刑事诉讼法》，延伸和扩大律师参与辩护的诉讼阶段

1990年辩护律师可以参与刑事诉讼的各个阶段。但是中国的《刑事诉讼法》只规定在审查起诉阶段和人民法院审判阶段，律师才可以为被告人和犯罪嫌疑人进行辩护。这与国际法则有一定的差距。新《刑事诉讼法》将律师参与诉讼辩护的阶段扩大至侦查阶段和死刑复核程序中的辩护律师有限参与权，即只有在辩护律师提出要求时，最高人民法院才听取辩护律师的意见。为了使中国刑事辩护制度与国际法则完全接轨，充分发挥中国刑事辩护律师的作用，参照联合国《关于律师作用的基本原则》规定，笔者认为应当通过修改《刑事诉讼法》，延伸和扩大律师参与辩护的诉讼阶段。从现有的侦查阶段、审查起诉阶段和人民法院审判阶段，向两头延伸和扩大到立案阶段和执行阶段。对于死刑复核程序还应进一步完善允许律师参加辩护的制度。

（四）通过制定和颁布司法解释，细化律师参与刑事诉讼活动的各项诉讼权利

当前司法实践中，律师参与刑事诉讼活动主要存在四大困难，即阅卷难、会见犯罪嫌疑人难、调查取证难和申请传唤证人出庭作证难。这些困难将制约和影响着律师参与刑事辩护的作用与效率，不利于保护被告人、犯罪嫌疑人的合法权益，也影响了司法公正。虽然新《刑事诉讼法》修订的内容有利于缓解这四大困难，但还存在操作上的欠缺。因此，笔者认为有必要参照以往的司法解释，重新制定和颁布一份司法解释来进一步细化辩护律师参与刑事诉讼的各项诉讼权利，增强可操作性。这对于完善中国刑事辩护制度将具有重大的现实意义。

当然，中国辩护律师调查取证权的充分行使需要以废除《刑法》第306条带来的执业风险为前提，同时辩护律师的调查取证权应提前至侦查阶段。辩护律师的调查取证权得到了保障，法律上对会见权、阅卷权的限制就显得毫无意义，辩护律师的执业状况就能得到改善。

（五）人民法院判决书对律师的辩护意见采纳与否及其理由应予以详细说明

司法实践中，由于各种各样的原因，一些法官对律师辩护存在偏见，不尊重律师辩护工作。许多人民法院判决书存在"你辩你的，我判我的"的不正常现象，判决书"蛮不讲理"、随心所欲。法官在判决书中对不采纳律师辩护意见的，没有具体的理由和依据，往往以"辩护意见不能成立，本院不予采纳"这种千篇一律的套话来搪塞，使律师辩护形同虚设。辩护意见作为律师所有辩护活动的成果，是律师行使辩护职能的集中体现。法官对辩护律师的辩护意见不予采纳的，应在判决书中充分说明理由，这不仅是发挥律师辩护应有作用的要求，也是加强对法官的监督、防止法官擅断的要求。此外，对辩护律师提交的辩护词及有关证据材料，人民法院亦应附卷，这是供二审法院及再审法院全面审查案件的重要材料。①

第五节 刑事案件中的律师代理

一、律师刑事代理概述

刑事诉讼中的律师代理又称律师刑事代理，是指刑事诉讼中，律师接受公诉案件的被害人及其法定代理人或近亲属的委托，或者接受自诉案件自诉人及其法定代理人、附带民事诉讼的当事人及其法定代理人的委托，作为诉讼代理人在授权委托权限内代为参加诉讼的活动。律师作为诉讼代理人，称为代理律师；被害人、自诉人、附带民事诉讼的当事人以及法定代理人、近亲属等是委托人，其中被害人、自诉人、附带民事诉讼的当事人是诉讼代理关系中的被代理人。

例如，引例中张某身体受到重伤害，是直接利害关系人，在刑事诉讼中有权作为附带民事诉讼的当事人即原告起诉，也可以委托律师（一般委托或者特别授权）进行刑事代理，要求齐某民事赔偿。被告张某可以委托原辩护律师同时作为其代理人，或者另外委托其他律师，参加附带民事诉讼。这两种情况都是律师刑事代理。

---

① 官玉琴、张禄兴主编：《律师法学》，福建教育出版社2006年版，第244页。

二、公诉案件的律师代理

(一)代理律师的诉讼权利

根据新《刑事诉讼法》和新《律师法》的规定,律师享有依委托授权范围和法律规定所享有的各种诉讼权利。例如,律师参加诉讼活动,可以收集、查阅本案的材料,同被限制人身自由的人会见和通信,出席法庭,参与诉讼,以及享有诉讼法律规定的其他权利;其在法庭上辩论的权利依法保障;经有关单位或者个人同意,可以向他们调查情况;在执业活动中的人身权利不受侵犯;等等。此外,代理律师虽然是在被代理人的授权范围内参与诉讼,其自身也是有一定的独立地位的,依据《律师法》的规定,如果委托事项违法,委托人利用律师提供的服务从事违法活动或者委托人隐瞒事实的,律师有权拒绝代理。

(二)代理律师的主要工作

由于公诉案件中,委托人有权委托诉讼代理人是从案件移送审查起诉之日起,因此诉讼代理人的代理工作主要是在案件审查起诉阶段以后开始进行。代理律师接受委托后,其代理工作主要有:

1. 审查起诉阶段的代理工作

案件自移送审查起诉之日起,委托人可以委托诉讼代理人,代理律师主要进行以下一些工作:(1)调查和了解案件事实;(2)向检察机关表达对案件的意见。

2. 审判阶段的代理工作

审判阶段是刑事诉讼中的核心阶段,因此代理律师仍然需要积极做好代理工作。主要有:(1)开庭前的准备工作;(2)参与开庭审理;(3)一审宣判后的代理工作。例如,合议庭经过审理并且对案件宣判以后,被害人或者其法定代理人及近亲属如果对判决结果没有意见,那么律师代理工作基本完成;如果被害人及其法定代理人不服法院的第一审判决的,自收到判决书后五日以内,代理律师可以代理被害人及其法定代理人请求检察机关提出抗诉。检察机关自收到抗诉请示后五日以内,应当作出是否抗诉的决定并且答复请求人。如果检察机关提起抗诉,或者被告人一方提出上诉,案件进入第二审程序,代理律师还可以代理被害人参与第二审程序的审理。

三、自诉案件的律师代理

(一)代理律师的诉讼权利

自诉人的诉讼权利比被害人的诉讼权利要广泛得多,根据《刑事诉讼法》和《律师法》的规定主要有:有权起刑事诉讼;有权申请审判人员、书记员、鉴定人和翻译人员回避;有权委托诉讼代理人;有权出席法庭,参加法庭调查和法庭辩论;在案件审理过程中,有权请求调解或与被告人自行和解;在判决宣告以前,有权撤诉;对地方各级法院的第一审判决、裁定不服,有权上诉;对已经发生法律效力的判决或裁定认为确有错误,有权提出申诉;等等。自诉人的上述诉讼权利,除了委托诉讼代理人的权利不能授权给代理律师;其他诉讼权利都可以授权给代理律师,由代理律师代为行使。

(二)代理律师的主要工作

代理律师接受委托人的委托后,在委托人的授权范围内,作为诉讼代理人以自诉人的名义参加诉讼。由于刑事诉讼法规定,自诉案件的自诉人及其法定代理人有权随时委托诉讼代理人,因此自诉案件代理律师的代理工作范围非常广泛,其在诉讼开始以前,直到诉讼结束的任何阶段,都可以进行代理工作。

1. 起诉前的代理工作

在向法院提起自诉以前,代理律师的代理工作主要以以下一些内容:(1)调查案件事实和收集证据;(2)撰写自诉状。

2. 审判阶段的代理工作

在法院对自诉人提起的案件开庭进行审理的过程中,代理律师作为自诉人的诉讼代理人应当积极地参加法庭审理,履行其代理职责,帮助自诉人对被告人控诉。具体来看,代理律师可以进行如下代理工作:(1)开庭的时候代理律师可以代替自诉人宣读自诉状,发表代理意见;(2)法庭调查阶段,代理律师应协助自诉人运用证据叙述案件事实,通过案件事实的陈述,表明被告人的行为确实构成犯罪,以及给自诉人造成的危害;(3)法庭辩论阶段,自诉人和代理律师首先发表对案件事实的看法,然后被告人和辩护人发表辩护意见,之后双方进行相互辩论,代理律师可以针对被告人及其辩护人的辩护意见进行法律上和事实上的分析,在此基础上对其无理意见进行反驳;(4)在自诉案件的审理过程中,法院可以对案件进行调解,自诉人在宣告判决前,也可以同被告人自行和解或者撤回自诉,因此代理律师在诉讼进行的过程中,应当从自身利益出发,全面考虑是否与被告人进行和解,或者是否接受法院的调解;(5)如果被告人在诉讼过程中提起了反诉,此时自诉人同时变成了反诉的被告人,代理律师应当做好为其辩护的准备工作;等等。

3. 二审程序的代理工作

一审判决宣告以后，自诉人如果不服，可以上诉。代理律师接受委托可以继续代理该案，帮助自诉人上诉，使案件进入到二审程序。代理律师二审程序中的代理工作主要有：(1)撰写上诉状，提起上诉；(2)参加二审程序的审理。二审法院对上诉案件进行开庭审理，代理律师应当作为诉讼代理人参加法庭审理。代理律师在二审法庭上，有权陈述其代理意见，表明其对案件事实和适用法律的看法。

(五)律师担任自诉案件被告人的辩护人时应注意的问题

1. 根据《刑事诉讼法》第173条规定，自诉案件的被告人在诉讼过程中，可以对自诉人提出反诉。反诉适用于自诉的规定。

2. 自诉案件的被告人有权进行答辩。如果被告人要求律师进行答辩，辩护律师应当帮助被告人制作刑事答辩状，并于法定期限内向受理自诉案件的人民法院递交。

3. 自诉案件可以调解或者和解。人民法院审理自诉案件，可以进行调解。自诉案件的当事人在人民法院作出判决宣告之前也可以自行和解。

4. 自诉案件的被告人可以申请取保候审。被羁押的刑事自诉案件被告人可以向人民法院提出变更强制措施的申请，申请取保候审。

四、附带民事诉讼案件的律师代理

(一)附带民事诉讼案件律师代理的含义

附带民事诉讼案件的律师代理，是指律师接受附带民事诉讼案件当事人的委托，作为附带民事诉讼当事人的诉讼代理人，在其授权范围内，以附带民事诉讼当事人的名义，代为参加诉讼的活动。附带民事诉讼的成立与解决都依附于刑事诉讼，因此附带民事诉讼是一种依附于刑事诉讼的特殊的民事诉讼。大部分附带民事诉讼是同刑事案件一并审判，个别案件为了防止刑事案件审判的过分迟延，可以在刑事案件审判后，由同一审判组织继续审理附带民事诉讼。

公诉案件和自诉案件都可能涉及附带民事诉讼。根据刑事诉讼法的规定，公诉案件附带民事诉讼的当事人及其法定代理人，自案件移送审查起诉之日起有权委托诉讼代理人；而自诉案件附带民事诉讼的当事人有权随时委托诉讼代理人。由于附带民事诉讼的独有特点，因此附带民事诉讼的律师代理不同于公诉案件被害人的律师代理和自诉案件自诉人的律师代理，也不同于普通民事诉讼的律师代理。

附带民事诉讼的律师代理，根据委托人法律地位的不同，又可以分为附带民事诉讼原告人的律师代理和附带民事诉讼被告人的律师代理。

第八章 刑事案件中的律师实务

(二)附带民事诉讼原告人的律师代理

1. 附带民事诉讼原告人的范围

通常情形下,附带民事诉讼原告人就是刑事案件的被害人,不过有些场合也可能是其他人。根据《最高人民法院关于执行刑事诉讼法若干问题的解释》,有权提起附带民事诉讼的原告人包括:(1)因犯罪行为遭受物质损失的被害公民;(2)因犯罪行为遭受物质损失的被害法人和其他组织;(3)已死亡被害人的近亲属;(4)无行为能力或者限制行为能力被害人的法定代理人。另外,如果是国家财产、集体财产遭受损失的,检察机关在提起公诉的时候,可以提起附带民事诉讼。检察机关属于附带民事诉讼的原告方,没有必要委托律师代理。

2. 代理律师的法律地位和诉讼权利

代理律师,作为附带民事诉讼原告人的诉讼代理人,是以附带民事诉讼原告人的名义参与诉讼的诉讼参与人。附带民事诉讼的原告人,在许多情形下与公诉案件的被害人、自诉案件的自诉人就是同一个人,只是因为诉讼的属性不同,法律地位和诉讼权利有所不同。不过,公诉案件的被害人与自诉案件的自诉人如果提起刑事附带民事诉讼,其聘请的律师可以分别接受委托同时作为刑事诉讼和附带民事诉讼的诉讼代理人,同时享有两者的诉讼权利。

附带民事诉讼原告人代理律师的诉讼权利,主要来自于原告人的授权。原告人享有的诉讼权利包括提起附带民事诉讼的权利;在开庭审理的时候,经审判长许可,可以向被告人发问;可以对法庭上出示的证据发表意见;可以对证据和案件情况发表意见和相互辩论;还可以申请新的证人到庭,调取新的物证,申请重新鉴定或者勘验;可以对一审判决、裁定中的附带民事部分提出上诉。代理律师在授权范围内,可以代替原告人行使上述权利。此外,代理律师享有律师法中规定的诉讼权利。

3. 代理律师的主要代理工作

附带民事诉讼原告人代理律师的主要代理工作包括:

(1)附带民事诉讼提起前的代理工作

首先应了解案件事实,特别是原告人因犯罪行为所受损失的有关情况,包括遭受损失的案件事实及证据方面。提起附带民事诉讼一般应当提交附带民事诉状,因此代理律师应当帮助原告人撰写附带民事诉状。诉状中应写明原告方因犯罪行为所遭受的物质损失,向被告提出赔偿的诉讼请求以及案件事实和理由等。

(2)法庭审理阶段的代理工作

代理律师参与法庭对案件的审理,经审判长许可,可以向被告人发问。在法庭调查和法庭辩论阶段,都可以发表其代理意见。代理意见中应当注意,在明确被告人刑事责任的同时,重点应围绕其承担的民事责任。

(3)二审阶段的代理工作

原告人对一审判决不服,代理律师可以帮助其提出上诉。在二审阶段,代理律师接受委托可以参与法庭对案件的审理,并且发表代理意见。

(三)附带民事诉讼被告人的律师代理

1.附带民事诉讼被告人的范围

通常情形下,附带民事诉讼被告人就是刑事被告人,但是在有些情况下可能是其他人。根据《最高人民法院关于执行刑事诉讼法若干问题的解释》,附带民事诉讼中依法负有赔偿责任的人包括:(1)刑事被告人(公民、法人和其他组织)及没有被追究刑事责任的其他共同致害人;(2)未成年刑事被告人的监护人;(3)已被执行死刑的罪犯的遗产继承人;(4)共同犯罪案件中,案件审结前已死亡的被告人的遗产继承人;(5)其他对刑事被告人的犯罪行为依法应当承担民事赔偿责任的单位和个人。

2.代理律师的法律地位和诉讼权利

代理律师,作为附带民事诉讼被告人的诉讼代理人,是以附带民事诉讼被告人的名义参与诉讼的诉讼参与人,目的在于维护附带民事诉讼被告人的合法权益。

代理律师的诉讼权利基于附带民事诉讼被告人的授权。基本上与附带民事诉讼原告人代理律师的诉讼权利相同。代理律师在接受附带民事诉讼被告人的委托时,应当注意区别代理权和辩护权,因为司法实践中多数情况下,附带民事诉讼的被告人就是刑事被告人。律师既享有代理权,又享有辩护权,具有双重身份和双重的法律地位,不要只注意一方面而忽略了另一方面。

3.代理律师的主要代理工作

(1)附带民事诉讼被告人的代理律师在法庭审理以前,主要代理工作是针对被告人的行为给原告人究竟是否造成了物质损失,有多大损失,被告人应当承担多大责任等有关案件事实进行调查研究,并且可以收集必要的证据。

(2)法庭审理阶段的代理工作

在法庭审理阶段,代理律师作为附带民事诉讼被告人的诉讼代理人,出席法庭,参与对附带民事诉讼的审理。代理律师在法庭上应当对被告人发问,对法庭上出示的证据包括物证、书证、证人证言以及其他证据,发表代理意见,在辩论阶段同对方当事人及代理律师进行辩论。

(3)二审阶段的代理工作

附带民事诉讼被告人如果对一审的判决、裁定不服,可以提出上诉。代理律师可以帮助被告人撰写上诉状,在上诉状中主要表明一审审判裁定存在的问题和理由,以及其诉讼请求。二审审理过程中,代理律师仍然可以代理参加诉讼,发表代理意见。

第八章 刑事案件中的律师实务

 **司法考试真题链接**

1. 法官在主持开庭审理某一刑事案件过程中,检察官与律师就案件的焦点问题展开激烈的辩论,法官多次制止律师的发言。律师对此提出异议,遭到法官拒绝后当即退庭。检察官对正走出法庭的律师说:"你要小心点。"事后,律师担心遭报复,向当事人提出解除代理关系。上述案例中,法律职业人员存在的不当行为有哪些?(2003年司法考试真题)

    A. 法官多次制止律师的发言的行为

    B. 律师退庭的行为

    C. 检察官对律师的言行

    D. 律师向当事人提出解除代理关系的行为

2. 贾律师在一起未成年人盗窃案件辩护意见中写到:"首先,被告人刘某只是为了满足其上网玩耍的欲望,实施了秘密窃取少量财物的行为,主观恶性不大;其次,本省盗窃罪的追诉限额为800元,而被告所窃财产评估价值仅为1,050元,社会危害性较小;再次,被告人刘某仅从这次盗窃中分得200元,收益较少。故被告人刘某的犯罪情节轻微,社会危害性不大,主观恶性小,依法应当减轻或免除处罚。"关于该意见,下列哪些选项是不正确的?(2010年司法考试真题)

    A. 辩护意见既运用了价值判断,也运用了事实判断

    B. "被告人刘某的犯罪情节轻微,社会危害性不大,主观恶性小,依法应当减轻或免除处罚",属于事实判断

    C. "本省盗窃罪的追诉限额为800元,而被告人所窃取财产评估价值仅为1050元",属于价值判断

    D. 辩护意见中的"只是"、"仅为"、"仅从"这类词汇,属于法律概念

3. 2007年10月28日第十届全国人民代表大会常务委员会第三十次会议对《律师法》进行了修订。根据修订后的《律师法》,下列哪些选项是错误的?(2008年司法考试真题)

    A. 受委托的律师自案件审查起诉之日起,有权查阅、摘抄和复制与案件有关的所有材料

    B. 犯罪嫌疑人被侦查机关第一次讯问或者采取强制措施之日起,受委托的律师凭律师执业证书、律师事务所证明和委托书或者法律援助公函,有权会见犯罪嫌疑人、被告人并了解有关案件情况。律师会见犯罪嫌疑人、被告人,不被监听

    C. 律师在法庭上发表的代理、辩护意见不受法律追究。但是,发表危害国家安全、恶意诽谤他人、严重扰乱法庭秩序、泄露商业秘密的言论除外

    D. 律师是维护当事人合法权益、维护法律正确实施、维护社会公平和正义

的国家法律工作人员

4. 被告人周某被公诉机关以犯诈骗罪为由提起公诉。鉴于周某年龄尚不满18周岁,人民法院通过有关程序指定某律师事务所指派律师为周某辩护。该律师事务所指派路律师担任用某的辩护律师后,路律师不得以哪些理由拒绝为周某辩护?(2002年司法考试真题)

A. 周某本人没有提出委托律师为其辩护的请求

B. 周某没有直接与律师事务所办理委托手续,也没有缴纳委托费用

C. 根据刑法关于诈骗罪的规定,周某不会被判处死刑

D. 本人与本案合议庭组成人员陈法官是同学,可能影响本案的公正审理

5. 王某因抢劫被一审法院判处四年有期徒刑后提出上诉。王某父亲从报上看到张律师专打刑事诉讼官司的广告后,找到张律师。张律师称其有多年办理刑事上诉案件的经验,胜诉率在90%以上,而且二审法院的承办法官是他的同学,有把握争取改判。经张律师提议,王父同意聘请张律师为王某的二审辩护人,律师费为3万元,如果改判无罪则另付7万元,改判缓刑则另付5万元。在张律师暗示下,王父去做受害人杨某工作,希望杨某私了,如改变证词则付4万元。根据上述事实,张律师的下列哪些行为违反了律师执业行为规范?(2005年司法考试真题)

A. 明示与司法机关的特殊关系

B. 为承揽业务做虚假承诺,对委托人进行误导

C. 对刑事案件根据诉讼结果协议收费

D. 怂恿委托人制造伪证

第九章　民事案件中的律师代理

【引　例】

甲系某大学三年级女生。2003年5月5日,甲到国际知名连锁店乙超市购物,付款结账后取回自带的手袋,正要走出超市大门时,被超市保安阻拦。保安怀疑甲携带了未结账的商品,欲将甲带到超市值班经理办公室处理。甲予以否认,争执过程中引来众多顾客围观。后在经理办公室,甲应值班经理要求出示了所买商品及结账单据。值班经理将甲自带的手袋打开检查,并叫来女工作人员对甲进行了全身搜查,均未查出未结账的商品,遂将甲放走。事后,甲在超市被搜身的消息在本校乃至其他高校传开,甲成了备受关注的"新闻人物",对甲形成了巨大的精神压力,出现了失眠、头晕等症状,无法继续学业,医生建议其做心理治疗。甲认为乙超市侵害了自己的人格权,遂提起诉讼。如果甲委托你当她的代理律师,你应该注意要做哪些主要工作?

第一节　民事案件律师代理制度概述

一、律师代理民事案件变化及其强制性趋势

据史料记载,早在公元前五至公元前四世纪的奴隶制社会时期,古希腊雅典就已出现了民事诉讼代理的萌芽。当时,由于法官的裁决取决于双方当事人的辩论结果,善辩对法官的影响是显而易见的。于是,为了追求胜诉,有的当事人就不惜花钱雇请精通法律又能言善辩的人来为自己在法庭上辩论,以求获得法官作出对自己有利的裁判。这种受委托而为当事人撰写发言材料,并在法庭上为其辩论的人,被称为"雄辩家",有点类似现代的诉讼代理人,这是律师代理诉讼的萌芽。后来,委托律师进行民事诉讼,已经成为当事人为维护自己权益的一种法律途径。

人类社会发展到今天,律师作为一个特殊的职业阶层,具有丰富的法律知识、较高的雄辩才能、应变能力、科学思维方式和实践经验,因此,越来越在民事诉讼代理中发挥其作用。改革开放20多年来,为了顺应社会经济的发展,寻求最大限度

实现法律的公平与公正,我国不断地改革民事审判制度,不断地完善律师代理制度。特别是随着社会经济的发展以及民事诉讼数量的繁多和涉及法律的多面性,律师接受当事人委托代理民事诉讼,已成为律师的一项最基本业务之一。因此,律师的民事诉讼代理,是民事诉讼活动中不可缺少的一项制度,对正确、合法、及时地处理民事纠纷案件,建立和谐社会,起着重要的作用,在司法实践中愈来愈显出其重要意义。

目前,民事案件中的律师代理出现了强制性的趋势。由于民事争议与社会中的人息息相关,律师进行民事诉讼代理,是法律影响社会的最直接的手段,因此,在有些国家,由律师代理当事人进行民事诉讼是强制性规定。

在我国,是否由律师作为民事诉讼当事人的代理人、参与民事案件的审理,由当事人自己决定。参加民事诉讼活动的专业性、规范性、复杂性使人们也意识到委托律师代理参加民事诉讼活动的必要性和重要性。尤其是2002年4月1日颁布实施的《最高人民法院关于民事诉讼证据的若干规定》,对当事人参加民事诉讼活动,提出了更高的要求。要求在法庭诉讼过程中,将庭前准备程序作为前置程序。其中的准备诉讼材料,阐释法律观点,进行证据开示等诉讼行为,以及对于民事证据规则的掌握和运用等,这些行为非一般当事人所能为。面临日益复杂的法律现象,由当事人自行参加民事诉讼活动,调查取证,组织攻击防御,与对方当事人抗辩,已显得力不从心。因此,要求我国在民事诉讼中尽快建立强制律师代理制度的呼声越来越强烈,我们认为,它有一定的合理性。其理由如下:

首先,建立强制律师代理制度是民事诉讼的本质要求。通过十余年的民事审判方式改革,我们对民事诉讼的特性功能已有了深刻了解,也认识到民事诉讼存在着内在的规律:一是审判权的运行规则化。当事人要具备评价审判权是否运行规则化或运行是否存在瑕疵的能力,显然是比较困难的。二是诉讼的对抗性。展开案件事实,揭示案件矛盾与分歧,阐述法律观点、意见,辩驳对方当事人主张等任务全由当事人承担,进行有效的诉讼对抗以便于法官作出不偏不倚的裁判。实践中要求当事人都具备这种能力根本不现实,这就需要律师的帮助。

其次,建立强制律师代理制度是实现公正与效率的必要手段,它可以帮助法院全面查清案情和正确适用法律,有利于保障案件的公正处理。在民事诉讼中,公正不仅体现在法官审判行为的公正,也体现在当事人之间是否享有平等的诉讼机会和诉讼能力。一方有律师,另一方没有代理人或不是律师代理时就会出现诉讼竞争上的不均衡。

再次,随着社会经济和文化的发展,民事案件争议的内容越来越复杂,由不具有法律专业知识的当事人独自进行处理,变得越来越困难。由于律师一般都具有相应的法律知识、法律实务经验和办案技巧,由其作为代理人参与诉讼,更能客观分析案情,发现案件中的关键问题,提出更符合事实和法律的代理意见。而且,从诉讼程序来看,民事案件的诉讼程序越来越严谨,并影响到当事人实体权利的实现，为了更好地满足程序要求并利用好程序，由律师代理民事诉讼也成为必然。同时，在诉讼中，没有丰富法律知识的当事人无法领会法官所表达的法言法语，这将使得诉讼效率难以提高。律师所拥有的专门技术正好可以弥补这种缺陷。律师在实践中所获得的处理纠纷的经验也是得天独厚的。如果有律师作为诉讼代理人，案件在理性、有序、简练的状态下得到顺利解决，这往往意味着诉讼的高效。

最后，建立强制律师代理制度有利于维护当事人的合法权益，同时，也能提高公民的法律意识。近年来，无论是审判方式改革的深入，还是证据规则的出台，当事人在诉讼中，都需要律师的帮助。律师在为当事人、为社会提供法律服务的同时不仅直接维护了当事人的权益，也通过法律行为在不知不觉和潜移默化中提高了当事人的法律意识。所以，我国在适当的情况下，尽快建立强制律师代理制度，有一定的现实意义。

二、关于律师在民事案件中的地位问题

在民事诉讼理论中，诉讼主体与诉讼法律关系主体是两个不同的法律概念。诉讼主体是以自己的名义进行诉讼，并承受法律效力的利害关系人。诉讼法律关系主体，是指在诉讼活动中享有一定诉讼权利和承担一定诉讼义务的人。诉讼主体与诉讼法律关系主体有着不可分割的密切联系，只要是诉讼主体，就必定也是诉讼法律关系的主体。但是，反过来，诉讼法律关系主体并非全是诉讼主体。律师作为代理人参加诉讼，只能是诉讼法律关系主体，而不可能成为诉讼主体。这是由律师的法律地位所决定的。律师的权利和义务是从被代理人的权利和义务中派生出来的，是由代理人授予的，不是律师本身所固有的，律师在代理诉讼过程中，应当遵照被代理人的意志，以被代理人名义进行诉讼活动。因此，在诉讼中遇到对实体权益处分问题时，律师一定要尊重当事人的意思表示，未经特别授权，不可自作主张。当然，律师虽不具有独立的诉讼地位，但根据《律师法》规定，律师仍具有相对的独立性，律师对当事人的无理要求，也不可百依百顺，律师应依法办事，忠于国家法律，忠于事实真相。因此，律师应时刻牢记，在民事诉讼中律师不是诉讼主体，而是民事诉讼法律关系主体。

三、民事案件律师代理的概念和特点

（一）民事诉讼律师代理的概念

民事诉讼律师代理，是指律师接受当事人的委托，在民事诉讼中以被代理人的名义，在授权范围内，代理被代理人进行诉讼活动，以维护其合法权益的行为。我国《民事诉讼法》、《律师法》等有关法律，对律师在民事诉讼中的代理作了具体的规

定。

《民事诉讼法》第 58 条规定:"当事人、法定代理人可以委托一至二人作为诉讼代理人。律师、当事人的近亲属、有关的社会团体或者所在单位推荐的人、经人民法院许可的其他公民,都可以被委托成为诉讼代理人。"《律师法》第 25 条第(2)项规定:律师可以"接受民事案件、行政案件当事人的委托,担任代理人,参与诉讼。"这是律师接受当事人及其法定代理人委托,进行民事诉讼代理的法律根据。

(二)民事案件律师代理的特点

律师从事民事案件的代理,既是一种民事代理行为,同时,由于此种代理行为是为了参与诉讼活动,其代理行为内容具有一定的专业性。因此,律师的民事诉讼代理,既具有民事诉讼代理的一般特点,又具有律师专业代理的特点。而且,律师参与诉讼活动本身还应受到其职业道德和执业纪律的规范,这就使得民事诉讼的律师代理表现出其主要特点:

1. 代理主体必须符合法定条件

一方面,作为民事诉讼中的代理律师,必须是具有律师资格和律师执业证的人;另一方面,律师所代理的被代理人,必须是具有民事诉讼当事人资格的公民、组织及其法定代理人或法定代表人,以及参加诉讼的第三人。只有上述范围的诉讼参与人,才能委托律师为其代理,其他的人没有委托律师代理的权利。因此,委托人身份必须符合法律规定。

2. 律师代理权的产生必须是基于被代理人的授权

律师在民事诉讼中的代理是一种特殊的民事代理,必须得到被代理人的授权,这是律师产生代理权的前提条件。代理律师进行诉讼活动,是以被代理人的名义进行的,代理律师本身不是独立的诉讼主体,他只享有当事人授权范围内的诉讼权利,以及法律赋予执业律师特有的诉讼权利。

我国《民事诉讼法》第 59 条规定:"委托他人代为诉讼,必须向人民法院提交由委托人签名或者盖章的授权委托书。"由此可见,民事诉讼中律师代理权的形成分为几个步骤:

第一,当事人的授权。当事人同律师事务所签订委托合同,之后还应当出具授权委托书。因此,律师的代理活动必须以委托人的名义进行,其代理权来源于委托人的授权委托,相应的,其代理权限也受制于当事人的授权范围。如代理律师超越代理权限,则其所为的诉讼行为是非法的,委托人不承担因此而产生的法律后果。

第二,法院的确认。由委托人签名或者盖章的授权委托书,还必须提交给人民法院,由人民法院审查同意后,才发生法律效力。如果人民法院审查认为该律师无权代理,则该授权不能成立。依据我国民事诉讼法和律师法的规定,律师享有法律规定的权利,而非完全来自当事人的授权。严格说来,律师依法律规定享有的程序上的权利,也是限定于其代理民事诉讼的过程中,而代理民事诉讼的前提仍是当事人授权,从这个角度来看,律师进行民事诉讼代理的最基本的权利来源仍是当事人授权。

第三,特殊的证明手续。有些特殊群体,其委托律师代理民事诉讼,还必须另外履行证明手续。这包括三种情形:

(1)侨居在国外的中国公民从国外寄交或者托交的授权委托书,必须经我国驻该国的使领馆证明;没有使领馆的,由与我国有外交关系的第三国驻该国的使领馆证明,再转由我国驻该第三国使领馆证明,或者由当地的爱国华侨团体证明。

(2)港澳地区居民向大陆提交授权委托书,须经中华人民共和国司法部授权指定的香港和澳门的有关机构或律师办理有关证明手续。

(3)在我国境内没有住所的外国人(包括无国籍人、外国企业和组织),委托我国律师代理诉讼,其从境外寄交或者托交的授权委托书,应当经所在国公证机关证明,并经中华人民共和国驻该国使领馆认证,或者履行中华人民共和国与该所在国订立的有关条约中规定的证明手续后,才具有效力。

3.律师是以被代理人的名义在授权范围内参与诉讼活动

律师在参与的民事诉讼中是诉讼代理人,具有相对独立的诉讼地位,但他只能以被代理人的名义,在委托人授权范围内进行一定的诉讼行为,否则,他的代理是非法或者是无效的。正因为如此,所以律师的一切有效代理诉讼行为,都应视为被代理人的行为,其代理产生的法律后果,包括有利和不利的法律后果,均应由被代理人承受。律师代理的行为是诉讼行为,不是一般民事行为,代理律师的活动,是在诉讼当事人委托的权限范围内进行,尤其是实体权利的处分权,如承认、变更和放弃诉讼请求、进行和解、提起反诉和上诉,都必须有当事人的特别授权。没有诉讼当事人的授权,代理律师不能进行任何诉讼行为。律师这种代理法律后果具有强制性、稳定性和即时履行性。

4.律师代理具有专业性、非个人性和规范性

这是律师代理民事诉讼与一般民事诉讼代理所具有的不同之处。

首先,律师代理是一种特殊代理,具有专业性,它与其他公民所进行的民事诉讼代理不同。代理律师必须经过严格考试或考核,获得律师资格,取得律师执业证书,有着较高的法律专业知识和语言文字表达能力,也有丰富的办案实践经验。相对而言,律师能高质量地维护委托人的合法权益。

其次,当事人和律师之间的委托关系,是通过当事人与该律师所在的律师事务所签订委托合同而确立的,代理律师是接受律师所的指派而不是以个人名义代理委托人的诉讼活动,因此,这种律师代理具有非个人性。

再次,律师参加民事诉讼活动,必须规范进行。律师在代理中的一切行为,不但受到《民事诉讼法》和《律师法》等有关法律规范的约束,而且还受到律师职业道德、执业纪律和律师所规章制度的约束。这些规范的约束,能为律师圆满地完成当事人委托的代理任务提供有力的保障。

四、民事案件律师代理的范围

(一)民事案件律师代理的案件的范围

根据我国民事诉讼法及有关法律的规定,凡是符合人民法院民事诉讼立案标准的所有诉讼案件,律师都可以进行代理,具体主要有以下案件类型:1.民法所调整的财产关系、人身关系、知识产权争议案件;2.婚姻法所调整的婚姻家庭关系案件;3.继承法所调整的继承关系案件;4.经济法所调整的经济纠纷案件;5.收养法所调整的收养关系案件;6.劳动法所调整的因劳动问题引起的纠纷案件;7.其他与财产关系和人身关系有关的案件。

以下情况则不属于律师代理民事诉讼的范围:1.争议或纠纷不属于人民法院主管的范围;2.必须先经其他机关处理法院才能受理的案件,而其他机关尚未处理的;3.依法在一定时期内不得向法院提起诉讼的案件,如女方在怀孕和分娩后1年内,男方不得提出离婚的案件。[1]

需要注意的是,民事诉讼律师代理案件范围的限制,是针对民事诉讼提出的。有些争议虽然尚不能进行民事诉讼的律师代理,但律师仍可以通过其他的代理形式,为当事人提供法律服务,只是其不能作为民事诉讼的代理人行使权利而已。

(二)民事案件律师代理的诉讼程序的范围

在我国的民事诉讼程序中,包括了一审程序、二审程序和再审程序,这是人民法院处理民事争议的不同阶段。在这三个诉讼程序中,律师均可以作为诉讼代理人参与诉讼。而且,在接受委托进行诉讼代理时,一般情况下,都是分阶段委托。每个阶段结束后,代理权限也即终结,当事人可以选择继续委托或重新委托其他律师事务所及律师进行代理。

五、民事诉讼代理与民事代理、刑事诉讼辩护的区别

(一)民事诉讼代理与民事代理的区别

民事代理是指在民事法律关系中代理人以被代理人的名义,在民事授权范围内向第三人所作的意思表示,其民事权利义务直接归属于被代理人的行为。民事代理是民事诉讼代理的基础和前提,而民事诉讼代理又是为民事代理服务的。民事诉讼代理人与民事代理人存在着某些共同点,如代理人都必须以被代理人的名

---

[1] 谢佑平主编:《公证与律师制度》,中国政法大学出版社2003年版,第351~352页。

义并且为了维护被代理人的利益进行代理活动,代理人都必须在代理权限范围内进行代理,代理人都必须有行为能力,代理的法律后果都是由被代理人承担,等等。但是民事诉讼代理毕竟与民事代理还是存在着一定的区别:

1. 代理的内容和后果不同。在民事诉讼代理中,代理人所代理的是民事诉讼行为,其后果是导致代理人和被代理人同法院之间民事诉讼法律关系的发生、变更和消灭;在民事代理中,代理人所代理的是民事法律行为,其后果是导致被代理人与第三人之间民事法律关系的发生、变更和消灭。

2. 代理的对象不同。民事诉讼代理人代理的对象是案件中的原告、被告和第三人、共同诉讼人、诉讼代表人等;民事代理人代理的对象是参加民事活动的公民、法人和其他组织。

3. 代理的范围不同。民事代理的范围非常广,而民事诉讼代理仅指民事诉讼活动中的某些代理,其范围大大小于民事代理。

4. 代理的法律依据不同。民事代理是根据民事上的法律关系产生的,是民法调整的对象,是民法上的代理制度,属于实体法的范畴。而民事诉讼代理,是根据民事诉讼法律关系产生的,是民事诉讼法调整的对象,属于程序法上的范畴。

(二)民事诉讼代理与刑事诉讼辩护的区别

民事诉讼代理与刑事诉讼辩护虽然都是律师的基本业务,但二者是截然不同的,主要表现在:

1. 律师参加诉讼的名义和地位不同。在民事诉讼中,律师是根据委托人的授权,以被代理人的名义参与诉讼,因而不具有独立的诉讼地位。而在刑事诉讼中,律师是以自己名义参与诉讼进行辩护,具有独立的诉讼地位,不受委托人意志的左右。

2. 适用对象和产生原因不同。民事诉讼代理的对象包括民事案件的原告、被告和第三人;刑事诉讼辩护人对象只限于刑事案件的被告人或犯罪嫌疑人。

民事诉讼代理人基于当事人的委托或者法律的直接规定而产生;刑事诉讼辩护人基于被告人的委托或者法院的指定而产生。因此,产生原因不同。

3. 律师参加诉讼的权限和职责不同。在民事诉讼中,律师是根据当事人赋予的权限范围而代理参与诉讼活动。而在刑事诉讼中,律师是根据事实和法律而履行辩护职责,不存在由当事人赋予辩护权限的问题。

民事诉讼代理人的职责较为广泛,可以在代理权限范围内实施各种诉讼行为,包括处分当事人的实体权利;刑事诉讼辩护人的职责较为单一,只能根据事实和法律,提出证明犯罪嫌疑人、被告人无罪、罪轻或者减轻、免除其刑事责任的材料和意见。

4. 参与诉讼的法律依据不同。前者受民事诉讼法调整,民事诉讼代理人实施诉讼代理行为的法律依据是民事诉讼法;而后者受刑事诉讼法调整,刑事诉讼辩护人实施刑事辩护行为的法律依据是刑事诉讼法。

六、民事诉讼律师代理的种类

对于律师所代理的民事诉讼，可以按照其所处阶段、律师权限范围等，从不同角度、按不同标准进行分类。

（一）一般代理和特别授权代理

这是律师实践中最经常出现的一种分类，它以委托人的授权是否涉及实体权利为标准进行区分。

所谓一般代理，是指委托人将那些不直接涉及实体权利的诉讼权利，授权给律师行使的代理。在这种代理关系中，律师不能直接对案件的实体问题做出处分，只能行使如代为陈述案件事实、申请回避、提出管辖异议、参加法庭质证等不涉及被代理人实体权利的一般诉讼权利。如果是这种代理形式，那么在授权委托书中，只要写明"一般代理"即可。

所谓特别授权代理，是指委托人将涉及程序性的一般诉讼权利和涉及实体问题处分的诉讼权利，一并交由律师行使的代理。根据我国《民事诉讼法》第59条第2款规定：诉讼代理人代为承认、放弃、变更诉讼请求，进行和解、提起反诉或者上诉，必须有委托人的特别授权。在这种律师代理中，当事人不仅要将上述程序性权利授权律师行使，而且还要把处分实体权利的诉讼权利如起诉权、反诉权、上诉权、和解权等全部或部分授权律师行使，并在授权委托书中应明确写明具体授予的权利，律师仅能在授权范围内处理相关事务。在特别授权代理的情况下，律师独立性较强，也便于律师职责的履行，因此，在实践中，律师一般情况下是建议委托人给予特别授权代理。

在司法实践中，许多人将"特别授权代理"俗称为"全权代理"，其实这样称谓是不合适的。第一，这种称谓没有法律依据。我国《民事诉讼法》第59条第2款已经对需特别授权的诉讼权利作了并列性的列举，这意味着特别授权是一种法律要求的明确性授权，笼统地将特别授权称为"全权代理"，显然与法律规定不符。第二，根据我国法律的有关规定，对涉及人身实体权利的处分，如婚姻案件中是否离婚等实体问题，只能由当事人自行表态，当事人必须亲自出庭，自己作出选择和决断，律师不能根据授权进行处分，所以法律并不是允许所有的事项都可以由律师全权代理。第三，根据《最高人民法院关于适用〈民事诉讼法〉若干问题的意见》第69条规定，"授权委托书仅写'全权代理'而无具体授权的，诉讼代理人无权代为承认、放弃、变更诉讼请求，进行和解，提起反诉或上诉"，即代理人不享有特别授权的代理权限。

(二)第一审程序、第二审程序、再审程序和执行程序的律师代理

这是以律师代理工作所处的民事诉讼阶段而划分的。

第一审程序、第二审程序、再审程序和执行程序,是人民法院处理民事案件的四个不同阶段,在不同阶段,律师的基本工作虽有相同之处,但工作的重点和采取的策略则有所不同。律师在第一审程序中的工作重点是帮助委托人举证,提出合理的诉讼请求,协助委托人行使各项诉讼权利,争取人民法院对自己委托人作出有利的裁决结果。律师在第二审程序中的工作重点是根据《民事诉讼法》第153条之规定,审查第一审判决裁定在认定事实、适用法律和诉讼程序方面是否有错误,提出上诉,维护委托人的合法权利。再审程序是纠正人民法院已发生法律效力的裁判时所适用的程序,代理律师在这个阶段的工作重点是帮助委托人提出再审请求,严格按照《民事诉讼法》规定的条件,提出纠正原裁决所依据的事实和法律根据;执行程序是民事诉讼的最后一个程序,人民法院裁判所确定的实体权益需要通过执行程序来实现,在该程序中律师的代理以行使实体权利为主,如申请执行、进行执行和解、表示延期执行、撤销执行申请等。

(三)单独律师代理与共同律师代理

这是以委托人聘请的代理律师的人数而划分的。根据《民事诉讼法》第58条规定,代理律师参与民事诉讼的人数是有限制的(一至二人),因此,单独律师代理,是指委托人只聘请一名律师在民事诉讼中进行代理。共同律师代理是指由两名律师在民事诉讼中为委托人进行共同代理。

一般来说,律师的单独代理可能带有律师个人认识上的片面性和分析判断上的孤立性,有时也可能会显得力不从心,而共同的律师代理则克服了这些缺陷,能集思广益,为被代理人提供更多的服务。当然,共同律师代理也难免存在代理律师之间的意见分歧,这时,律师之间应多作沟通,互相配合,尽量谋求一致。为了避免律师在代理中出现矛盾,影响代理工作的效率,这种律师代理一般是要事先确定律师之间的主次关系。

实践中,当事人委托几个律师代理,可以根据案件的复杂程度和当事人自己的需要而定,具体可以与律师事务所协商确定。

(四)普通民事诉讼律师代理与涉外民事诉讼律师代理

这是以代理的案件是否有涉外因素而划分的。律师的涉外民事诉讼代理,是指律师对于诉讼法律关系的主体、客体或引起法律关系发生、变更、消灭的法律事实具有涉外因素的案件所进行的代理。在涉外民事诉讼中,外国人、无国籍人、外国企业和组织在我国人民法院起诉、应诉,需要委托律师代理诉讼的,只能委托具有中华人民共和国律师资格的我国执业律师代理。这种代理与不具有涉外因素的

普通民事诉讼律师代理不同,具有特殊性,代理律师要遵循优先适用特别规定、诉讼权利义务同等或对等、适用我国缔结或参加的国际条约等原则,特别注意法律中的特殊规定。

第二节　民事案件律师代理的职责和权限

一、民事案件代理律师的职责

我国《律师法》第1条和第27条的规定,既明确了律师工作的总任务,又体现了民事诉讼代理律师的职责。

（一）维护委托人的合法权益

首先,从代理律师所处的地位看,在民事诉讼中,代理律师不是独立的诉讼主体,其代理权是直接来自委托人的授权,在委托权限内进行代理活动,所以代理律师的身份具有从属性,其工作要以委托人的利益为中心。同时,从诚信关系的建立看,委托人是因为对律师抱有信任,希望通过律师的代理活动来维护自己的权益,以致委托了律师。如果代理律师维护的不是委托人的权益,那么委托代理也就失去了意义。因此,作为代理律师,首先应当维护的是委托人的权益,而先不论其是否合理合法。

其次,代理律师作为一名为社会提供法律服务的执业人员,按照《律师法》的要求,"律师执业必须遵守宪法和法律,恪守律师职业道德和执业纪律。""律师执业必须以事实为根据,以法律为准绳。"《律师职业道德和执业纪律规范》第40条也规定:"律师应当恪守独立履行职责的原则,不因迎合委托人或满足委托人的不当要求,丧失客观、公正的立场,不得协助委托人实施非法的或具有欺诈性的行为。"因此,律师在民事诉讼的代理活动中,具有相对的独立性,绝不能成为委托人的"代言人",受委托人意志的左右,唯命是从。对于委托人不合法的权益和非法的要求,律师应当坚持法制原则,不作无原则的迁就,否则,代理律师有权辞去委托。

综上所述,代理律师的首要职责是从有利于委托人的角度出发,维护委托人的合法权益。

（二）律师应在当事人的委托权限内履行职责

在民事诉讼中,作为代理人的律师并不是独立的民事诉讼主体,他们在民事诉讼中是从属于委托人的。他们的代理行为不能违背当事人的意志,没有当事人的特别授权就不能做出代为承认、放弃、变更诉讼请求，进行和解，提起反诉和上诉等处分当事人实体权利和诉讼权利的行为。

（三）维护法律的正确实施

维护委托人的合法权益，这只是代理律师最直接的职责，而代理律师参加民事诉讼，最终的目的是维护法律的正确实施，这一点与审判机关的工作任务是相一致的。因此，维护法律的正确实施，也是代理律师的职责。为了完成这一职责，代理律师应当做到：

第一，制约不当审判行为。代理律师应当从维护委托人合法权益的角度出发，及时采取有效措施，制止、纠正审判人员各种不尊重或侵犯委托人诉讼权利的行为，使审判人员更能自觉地作出正确的判决、裁定，维护法律的公正性。

第二，配合审判。代理律师作为一方当事人的委托代理人，从维护委托人合法权益的角度出发，必然可能从不同于审判人员的角度提供证据、分析案情，这就使审判人员能够兼听则明，有利于作出客观、全面的裁判，从而维护法律的正确实施。①

二、民事案件代理律师的权限

（一）代理律师的权利

代理律师的诉讼权利可以分为两个部分。

第一，代理律师的职业性权利。这部分权利源于律师职业的特性，主要规定在律师法和民事诉讼法中，所以也叫律师的法定权利。律师只要以律师身份参加诉讼，就当然地享有这些权利。律师职业性的具体权利，已在前面的有关章节中有专门叙述，这里就不再讨论。

第二，代理律师的继受性权利。这是律师依代理关系而取得的诉讼权利。由于被代理人的授权范围不同，律师的这部分权利在不同的代理关系中的具体内容也不一样。

1. 一般代理中的权利

一般代理又可称为一般授权代理，它是与特别授权代理相对而言的。主要包括：(1)代理起诉和应诉；(2)参加法庭调解；(3)代为陈述或补充陈述；(4)代为提供有关证据材料；(5)代为申请审判人员回避；(6)询问证人、鉴定人；(7)代理提供新的证人证言；(8)代理申请重新鉴定；(9)发表代理意见和参加法庭辩论；(10)代理其他普通事项。

---

① 肖胜喜主编：《律师与公证制度教程》，中国政法大学出版社2005年版，第164～165页。

在一般代理中,律师的这些代理权利贯穿于整个诉讼活动中,律师只是根据自己的职责维护委托人的合法权益,而对案件的实体问题无须作出明确的表态和决策。但由于一般代理中律师享有的诉讼权利实现与否,往往影响到实体权利的实现与否,所以必须给予足够的重视。

2. 特别代理中的权利

律师在民事诉讼中的特别代理,是律师根据委托人的特别授权,对涉及当事人实体权利的重大诉讼行为作出明确的表态。我国《民事诉讼法》第59条规定:"诉讼代理人代为承认、放弃、变更诉讼请求,进行和解,提起反诉或者上诉,必须有委托人的特别授权。"根据以上规定,律师在特别授权代理中的权限主要包括:(1)起诉权;(2)答辩权;(3)撤诉权;(4)诉讼保全申请权;(5)诉讼请求变更权;(6)反诉权;(7)和解权;(8)上诉权;(9)申请执行权;等等。

(二)律师代理权限的变化

当事人需要委托律师参加民事诉讼,在与律师事务所订立委托代理协议和向律师出具授权委托书后,律师的代理权即告成立。但代理律师在参加民事诉讼过程中,由于情况的变化和随着诉讼的不断进展,其代理权也会相应地发生变化。

1. 律师的转委托代理

转委托代理,也叫转托代理或复代理,它是代理人接受委托后,由于某种特殊原因无法正常代理诉讼,为了切实维护被代理人的合法利益,而将一部或全部的代理权转委托其他律师代为行使。转委托代理不同于另行委托代理,它们是两个不同的概念。转委托代理,是代理律师在自己代理的权限范围内,将代理权限转委托其他律师代理,代理律师与原被代理人仍保持委托与被委托的关系,而且转委托是以代理律师的名义委托。另行委托代理,是委托人与被委托人解除关系后,由委托人与新的被委托人重新订立委托代理合同,形成新的代理法律关系。另行委托是以委托人自己的名义委托代理。

转委托代理,应征得委托人的同意,如情况紧急,事前无法征求意见,事后也应得到委托人的承认或认可,否则,应由代理律师对转委托的律师失误行为承担民事责任。这里,我们应该看到,转委托代理具有其存在的必要性和合理性,一是转委托的目的是为了使被代理人的合法权益得到及时的维护;二是代理律师具有特殊情况,如代理律师患了急病,或发生突然事故,或是开庭发生冲突无法协调,等等;三是时间紧急,来不及事前征求委托人的同意。正因为如此,所以即使是代理律师来不及征得委托人同意甚至是委托人不同意,也应当允许律师转委托代理。实践中,为了减少不必要的纠纷,律师事务所在与委托人签订委托代理协议时,应尽量将转委托代理的情况规定在协议中,当然转委托的法律责任仍应由代理律师承担。

2. 律师代理权限的变更

律师代理权限的变更,无非是分为两种情况:第一种是扩大代理权限,即由于出现新的情况,经委托人与代理律师协商一致后,由委托人授权,将原来的一般代理权限改为特别授权代理。第二种是缩小代理权限,即根据新出现的情况,经委托人与代理律师协商一致后,由委托人授权,将律师原来的特别授权代理缩小为一般授权代理。上述两种情况,都是属于代理权限的变更。

3.律师代理权限的终结

律师的代理权限一般是在法院对律师代理的案件作出裁判后或作出的调解协议生效之后而告终结,但由于特殊情况的出现,律师的代理权限也可能在诉讼过程中提早终结。这种情况,主要有下列几种情形:

(1)因某种原因双方经协商达成一致,解除委托代理关系。

(2)代理律师丧失诉讼行为。这种情形是由于律师单方的原因而终结代理,所以原来收取的律师费应当视工作程度而适当退还。

(3)因委托人的特殊事由而终结代理。主要包括:①原告死亡,没有继承人,或者是继承人明确表示放弃继承权;②被告已死亡,没有可供承担民事责任的遗产,也没有应当承担民事义务的人;③一方当事人死亡,中止诉讼满6个月而没有继承人参加诉讼;④离婚案件一方当事人死亡。这些情形的律师终结代理责任不在自己,所以已收取的律师费一般不予退还。

三、民事诉讼代理律师的义务

代理律师在民事诉讼中,既享有一定权利,又必须履行一定的义务。根据《律师法》、《律师职业道德和执业纪律规范》等规定,律师在民事诉讼中主要应履行以下义务:

1.律师代理民事诉讼,应以事实为根据,以法律为准绳,遵守宪法和法律,恪守职业道德和执业纪律。

2.律师应当依照代理权限进行诉讼活动,不得进行任何有损于委托人合法权益的活动。

3.律师必须严守秘密,对于执业中知悉的国家秘密、商业秘密和个人隐私,应当保密。

4.不得接受与已代理的案件有相反利害关系的案件当事人的委托,不得在同一案件中接受委托担任双方当事人的代理人。

5.不得为实现委托人非法的、不道德的或具有欺诈性的动机或行为而为其提供法律帮助,不得迁就委托人的个人利益而违背法律,不得授意委托人规避法律。

6.不得妨碍诉讼顺利进行,不得进行任何有碍裁判公正的行为。

第三节 民事案件律师代理的基本工作

律师代理民事诉讼,包括一、二审程序的代理,再审程序的代理,以及涉外程序中的代理等,一般经历了以下几个工作程序:约见当事人,了解案情,接受委托,签订委托书;调查取证,代写诉状或应诉;做好准备,参加法庭审理工作,直到法院送达判决书、裁定书、调解书终止。除此之外,律师还可能参加其他的代理工作。

作为民事诉讼中的代理律师,在不同的诉讼阶段,其基本工作的目的都是为了维护委托人的合法权益,在具体的工作方式上,也有不少相同之处,但由于代理的主体、代理所处的阶段等不同,其工作的重点、采取的技巧等,也必然不尽相同。

一、担任一审案件原告方的代理人

(一)诉前的律师工作

作为原告方的代理律师,其工作尤为重要,这也是与代理被告方工作不同的一个地方。一方面,律师的决策很大程度上决定了委托人问题解决可能采取的方式和方向。委托人既然相信律师,那么对于问题的解决,是通过诉讼方式还是采取其他方式,律师在其中的引导和参谋作用非常重要,律师工作具有主动性;另一方面,律师一旦接受委托,对于委托人的要求如何实现?能否满足?是个严峻的考量。因此,在与委托人正式签订委托代理协议之前,律师应力求全面了解当事人涉及的纠纷情况,与委托人详加商谈,决定是否接受委托,做好诉前的工作。

1. 接受委托前的会见当事人

会见当事人,是律师代理民事诉讼的初始阶段,这一阶段的工作好坏,直接影响到律师的是否接受委托和在以后各阶段的代理工作成效,律师应当慎重对待。

2. 审查接受委托的条件

委托人要求律师代理参加民事诉讼活动,律师应从程序法和实体法方面进行严格审查,看是否符合收案条件,然后决定是否接受委托。

(1)当事人要求委托的事项,是否符合法院的立案标准。这其中包括委托人是否与本案有利害关系?是否有明确的被告?是否有具体的诉讼请求?是否属于法院主管和受诉法院管辖?是否属于重复诉讼或在一定期限内不得起诉的案件?如不符合法院的立案标准,律师应建议委托人通过其他方式寻求解决,并与委托人协商律师以非诉讼代理的方式予以法律帮助。

(2)委托人的请求是否合理合法。当事人通过提起民事诉讼来维护自己的利益,最关心的是案件能否胜诉？如果律师认为委托人的请求,违反法律规定或者明显没有法律依据,不可能胜诉,律师应耐心向委托人做好说服工作,拒绝委托代理。对于那些没有违反法律但胜诉把握性不大的案件,如果当事人执意要委托律师的,律师更要与委托人说明情况,协商接受委托。

(3)案件是否已超过诉讼时效。对于已超过诉讼时效的案件,当事人即使有起诉权,但也已丧失了胜诉权,这时律师不应接受委托,并向当事人说明情况。

(4)审查委托人的诉讼请求有无事实依据。如果委托人将要提起的诉讼缺乏事实根据,没有充分的证据材料予以证实,而且经分析律师即使接受委托,也不可能帮助当事人收集到证据材料,这时律师应当向委托人说明原因和起诉存在的风险,不接受委托。

3. 根据案情判断,决定是否接受委托

在了解案情的基础上,应对案件的审理结果有一个初步的判断,并据此决定是否接受当事人的委托。此时律师还应解决以下几个问题：

(1)关于是否接受委托

当事人有选择律师的权利,律师也有选择案件的权利。当律师对案件的结果有了初步判断时,就应该考虑是否接受委托。这种考虑,就是对案件的选择。实践中,有些律师为了争取案源,往往不考虑案件的审理结果是否会有利于自己的当事人,不考虑自己代理之后在庭审过程中是否会难以自圆其说,而是一味地接受委托,我们认为这种做法不妥。因为这固然可以争得一个案源,争得一个创收的机会,但其负面的作用也是显而易见的。它不仅会使律师在接受委托后感到十分为难——因为当事人本身就没有有利于自己的证据,而且还会使律师在庭审时陷入极为被动的局面——因为律师没有事实根据和法律依据维护委托人的合法权益。更为严重的是,在代理失败后,委托人会在有意或无意的情况下向别人提到这个律师的不负责和无能,这无疑会使该律师的职业形象在一定的范围内受到损害,而且这个"一定的范围"是在不停地变动着,并呈扩大趋势。所以,某些情况下谢绝委托,固然可能会影响律师的收入,但从长远看,则最终有益于树立律师良好的职业形象,而这一无形资产,必然会创造出更多的有形资产增加的几率。

(2)代理费用的提出以及收费标准

在当事人愿意委托而律师也表示接受委托的情况下,律师就可以按照有关规定根据案件情况和当事人的经济状况提出代理费用的标准和收取方法。这在理论上容易解决,而在实践中是难以操作的。因为律师收取代理费如果超过了当事人的心理承受力,当事人可能不会委托律师；如果收费太低,律师则会产生许多心理失衡,这种失衡可能将影响律师的工作。作为律师,为了保护自己的合法权益,应针对案件的不同情况和当事人的经济状况,合理地提出具体的收费标准和方法,只有合理,才能为当事人所接受,也只有合理,才能保持自己心理的平衡。有关收费标准,参见本书第四章第四节。

4. 办理委托手续

律师一旦和当事人达成委托与被委托的意向后,律师应按律师事务所收案登记制度办理手续,以律师事务所名义与委托人签订委托代理协议。协议书经过双方签字并加盖律师事务所公章后,即可生效,经办律师受律师事务所的指派正式成为委托人的代理人。双方订立的协议书一式两份,一份交委托人,一份交承办律师附卷存档。

值得一提的是,律师在与当事人确定代理协议时,还应注意明确以下几个问题:(1)要明确代理的范围,是"一般代理"还是"特别代理",并写明律师代理的具体事项。(2)注明律师代理的期限和阶段,以避免委托人的误解,减少不必要的纠纷。(3)要向委托人说明诉讼存在的风险。代理律师将尽力维护被代理人的合法权益,但不保证绝对胜诉。

(二)帮助提起诉讼

律师接受原告的委托后,如果原告尚未向人民法院提起民事诉讼,律师应当帮助原告做好向人民法院起诉的工作。

1. 撰写民事起诉状。民事起诉状是原告向人民法院起诉时必须提交的一种法律文书。原告在起诉状中如何提出诉讼请求?提出哪些诉讼请求?在事实根据中如何证明诉讼请求的合理性?这是个十分重要的问题,它关系到当事人以后诉讼的进展和诉讼目标实现情况问题,因此,代理律师应当重视民事起诉状的内容和写作质量,给予委托人必要的指导,或者直接帮助当事人写好民事起诉状。

2. 向人民法院提起民事诉讼。民事起诉状写好后,经原告的签名盖章,由原告或经原告授权的代理律师到人民法院起诉。起诉前,代理律师应指导当事人准备下列材料:一是起诉状及其副本。副本数量按被告和第三人的数量提交。二是证明当事人主体身份、资格的文件,如身份证、单位证明、结婚证等。三是能支持其诉讼请求的证据材料,如有关文书、票据、信函、物品等。这是当事人需要提交的最重要材料。四是其他与案件有关的证据材料。五是授权委托书和律师事务所函。

(三)采取诉讼保障措施

1. 申请财产保全

财产保全是一种对民事案件当事人的财产或争议的标的物所采取的紧急强制措施,目的是禁止或限制被申请人对一定财产的处分或转移。财产保全关系到民事诉讼双方当事人的权益,申请人如不申请财产保全,自己的权益可能难以实现,但如果以后申请人败诉,对于被申请人因财产保全措施所遭受的损失,应给予适当的赔偿。因此,律师在建议或代理原告向人民法院提出财产保全申请时,必须慎重,要特别注意考虑以下几个问题:

(1)申请财产保全的案件,必须具有给付的内容。

(2)财产保全只能限于诉讼请求的范围,或者与本案有关的财物,保全财物的价值也不能超过诉讼请求的金额。

(3)财产保全申请的时间,一般是在起诉的同时或起诉后、人民法院作出裁判之前提起。在紧急情况下,也可以在起诉前提起,但申请人应当在人民法院采取保全措施后15日内起诉,否则,人民法院应当解除财产保全。至于申请人什么时候提起财产保全申请,应当根据案件具体情况而定。

(4)财产保全的方法有查封、扣押、冻结、责令提供担保或法律允许的其他方法。具体采用哪一种措施,由当事人根据保全的财产种类、性质等具体情况向人民法院申请。

(5)申请财产保全,必须提供担保。担保的方式包括提供银行存款担保、保证人担保、现金担保或实物担保。采用哪一种方式担保,要与受案的人民法院商定。

原告确实需要财产保全的,应在代理律师的帮助下,制作好财产保全申请书,经当事人签名或盖章后,连同有关证据材料,一并提交人民法院。是否可行?由人民法院审查决定。提出财产保全以后,如果发现财产保全措施不当,或者是保全的条件已经发生变化,应当主动申请撤销财产保全措施,以免给对方造成不必要的财产损失从而导致原告可能承担相应的赔偿责任。

2.申请证据保全

我国《民事诉讼法》第74条规定:"在证据可能灭失或者以后难以取得的情况下,诉讼参加人可以向人民法院申请保全证据,人民法院也可以主动采取保全措施。"因此,为了克服今后诉讼中证据收集的难度,以保证诉讼的顺利进行,律师在必要时应当帮助原告向人民法院申请证据保全。

申请证据保全,可以在起诉前,也可以在起诉后。提出申请时,当事人应当提交书面的证据保全申请书。是否允许由人民法院审查决定。对于人民法院作出的不予保全裁定,代理律师可以协助当事人向作出裁定的人民法院申请复议一次,但不能提起上诉。

3.申请先予执行

先予执行是人民法院在案件审结之前,根据当事人的申请,裁定义务人(即被告)先行给付一定款项或特定物,并立即交付执行的制度。根据我国《民事诉讼法》第97条规定:"人民法院对下列案件,根据当事人的申请,可以裁定先予执行:(1)追索赡养费、扶养费、抚育费、抚恤金、医疗费用的;(2)追索劳动报酬的;(3)因情况紧急需要先予执行的。"因此,律师在接受原告的委托代理后,如发现原告具有难以维护生活或者难以从事生产、工作的特殊情况,而诉讼请求又涉及给付的内容的,可以帮助委托人书写先予执行申请书,向人民法院提出申请,请求裁定被告先行履行一定的给付义务。该申请如被人民法院驳回,当事人可以申请复议一次。

由于先予执行的申请是一种要求被告为一定行为的请求,它直接关系到对方当事人的利益,因此,代理律师应当慎重考虑和选择是否提出先予执行申请的问题。如申请先予执行不当,则应赔偿给被告造成的损失。

(四)调查、收集证据

调查、收集证据,是代理律师查明案件事实,维护当事人主张的一个重要环节。因此,代理律师接受委托后,除了向当事人了解案情,要求其提供证据外,还应当积极进行必要的调查,收集有关的证据。

律师在调查取证过程中,应注意以下几个问题:(1)律师的调查取证,可以向有关单位和个人进行,但是要经过他们的同意,不能强迫,所以在调查取证中,律师要讲究策略和方法。(2)律师的调查取证,应当注重客观全面。一般来说,律师调查取证的侧重点是收集和掌握有利于己方当事人的事实和证据,而对于不利于己方当事人的事实和证据,也应予以足够的重视,以便做好准备,采取对应策略。(3)律师调查取证时,应当持律师事务所开具的律师调查专用证明和律师执业证,并向被调查人出示。对于通过调查制作的笔录,应注明时间、地点、调查对象、调查事项等内容,经被调查人阅读,在确认无误后由其签字盖章。律师应妥善保管,以备今后作为证据使用。(4)律师因故不能及时调查、收集证据的,应向人民法院说明情况并申请延期提交该证据。律师因客观原因不能自行收集的证据,应当及时向人民法院提出书面申请,申请人民法院调查、收集证据。在证据可能灭失或以后难以取得的情形下,律师应及时告知委托人或代理其向公证机关或人民法院申请保全证据。

(五)进行证据交换

庭前证据交换,是指开庭审理前由法院组织当事人就支持自己主张的证据出示给对方,并由对方发表认可或不认可等意见的活动。根据最高人民法院发布的《关于民事诉讼证据的若干规定》,从2002年4月1日起,各级人民法院在民事审判中正式实行庭前证据交换制度。证据交换是审前程序的重心,这一制度的设立,有利于证据的充分采集,有利于当庭质证认证,有利于提高办案效率和质量。

根据规定的要求,律师在这个阶段应注意以下几个问题:(1)关于举证的责任。民事诉讼遵循的是"谁主张,谁举证"原则,作为原告的代理律师,应当告知当事人应承担的举证责任,并协助当事人积极向法院提交能证明其主张的证据;(2)关于举证的期限。交换证据的时间可以由当事人协商一致并经人民法院认可,也可以由人民法院指定。由人民法院指定举证期限的,指定的期限不少于30日,自当事人收到案件受理通知书或应诉通知书的次日起计算。律师应当在人民法院告知的举证期限内向人民法院提交证据材料,否则,视为放弃举证权利。(3)关于举证的范围。代理律师要注意到,有下列证据不宜进行交换:(1)凡涉及国家秘密、个人隐私的证据,商业秘密,离婚案件当事人要求予以保密的。(2)法院依职权调查的证人证言,委托的鉴定报告,不宜进行交换。(3)内容重复或与本案无关的证据。(4)

证据交换应限于实体上的证据,即属于诉讼主体,用于支持或反诉诉讼请求的一切事实证据,程序上的证据不需交换。

(六) 查阅卷宗材料

查阅案卷是律师了解被告提供的和人民法院调查、收集的有关证据材料内容,把握双方的观点和矛盾,为出庭做好准备的重要途径。律师在接受委托前所了解的案情,往往只是根据已方当事人的陈述及其所提交的证据材料,尽管这些陈述和材料可能是真实的,但同时也极有可能是不全面的。因此,在接受委托后,代理律师有必要到人民法院查阅卷宗。阅卷一般应在法院进行,遇有特殊情况需将卷宗携出法院,应经法院有关人员同意。律师阅卷要认真细致,做好记录,重点摘录,注明卷号、页码,要保持其连贯性、完整性,不改变原意。对不需要摘录的,可以进行复印。

阅卷的过程,不仅是一个全面了解案情的过程,同时也是一个法律判断的过程。律师不但要以全方位的法律意识进行阅卷,了解案情。同时用此法律意识对有关材料的法律价值作出判断,从中发现对己方有利和不利的证据材料。在阅卷方面,有两种倾向是必须注意避免的:第一,不管材料有无法律价值,全面地抄录;第二,只是看看卷宗,而不进行必要的摘抄。当然,现在许多法院允许律师复印卷宗材料,即使如此,也存在一个对材料法律价值的判断问题。

现在,我国民事诉讼已实行庭前的证据交换制度,对于被告提交的证据,律师可以在这个阶段了解其内容,因此,律师可以把查阅案卷与证据交换的工作结合起来,以便全面地了解案情,做好出庭前的准备。

有人认为实行了证据交换制度后,查阅案卷材料就不必要了。这是不对的。查阅案卷材料是了解案情,证据交换也是了解案情,但二者有着明显不同。查阅案卷材料,不仅是要了解案情,而且还可以了解诉讼程序、庭审笔录等方面的问题。查阅案卷材料不需双方当事人一同到场,也不需要法官主持,查阅的时间可以在庭审前,也可以在庭审中或庭审后。而证据交换是仅就支持已方诉讼请求的证据与对方进行交换,且必须在答辩期届满之后至庭审前进行,需有法官主持和双方当事人共同参加。查阅案卷材料的时间和了解查阅的范围上要比证据交换宽松得多。二者的法律后果也不同,查阅案卷材料是单方行为,证据交换是双方相互配合的共同行为,缺了任何一方,都无法进行证据交换。查阅案卷材料中,己方行为不对己方或对方产生法律后果。在证据交换活动中,无故不提供证据不参加证据交换,将被视为放弃举证权利。同时在证据交换过程中,对证据事实的承认和反驳的意见将会对以后庭审产生重要作用。因此,证据交换和查阅案卷材料各有特点。不能因为在其作用上的部分雷同而相互替代。

(七) 开庭前的准备工作

律师在开庭前的准备程度,既是一个律师工作责任心大小的具体体现,也必然影响到律师的办案质量。因此,律师在开庭前,应当做好充分的准备工作。

根据实际情况,代理律师庭前的准备工作主要包括以下几个方面:

1. 请求鉴定。律师通过了解案情、进行证据交换以后,对于案件中涉及的有关专业性问题存在疑问,如何处理?一个方面,律师认为有必要进行鉴定的,应当配合当事人积极提供鉴定素材,撰写鉴定申请书,提交人民法院指定或法律允许的有关部门进行鉴定;另一方面,对于被告方提供的证据认为有疑问的,也可以协助当事人提出申请,请求重新鉴定或者补充鉴定。这些工作,目的是为了弄清案件事实,维护当事人的合法权益。

2. 全面分析研究案件的事实和证据。这是律师出庭前的基本工作要求。律师通过了解案情和必要的调查取证以后,首先应当全面了解案件的真实情况,认真核对案件的每一个事实,以对案件的事实有一个透彻的把握;其次,还要查证案件的证据材料是否真实、合法,证据的来源是否正当,证据之间有无矛盾之处,证据与案件的关系如何,等等。在此基础上,预测法庭审理中可能出现的问题和对方可能提出的主张,做好充分的准备。

3. 做好法律资料的准备。有关的法律、法规、部门规章以及地方性法规的规定内容,是处理当事人之间纠纷的法律依据,作为代理律师,应当熟悉有关法律规定,注意查询有关法律资料。目前,随着网络的不断发达,律师在查询和收集有关法律资料方面,越来越方便了,律师应当善于利用这方面的便利。

4. 准备代理意见。律师的代理意见,是代理律师在法庭辩论阶段的重要发言材料,它既是对民事诉讼委托人主张的事实和理由进行全面而又系统的论证,也是对对方当事人所主张的事实和理由进行全面而又系统的反驳。因此,代理律师在开庭前,应当在全面了解案情、掌握好充分证据以及熟悉法律规定的基础上,草拟好代理意见的提纲,确定代理意见的中心内容和辩论要点。

(八) 参加法庭审理的工作

法庭审理是民事诉讼中的关键阶段,也是律师代理民事诉讼工作的关键环节。律师在这个阶段的工作表现,不但受到委托人的极大关注,而且对案件的最终裁判结果也起着非常重要的影响。因此,代理律师在法庭审理的过程中,应当在充分准备的基础上,审时度势,认真观察、研究案情的发展趋势,尽力展现自身的才能,充分发挥律师的职能作用。代理律师的工作,在法庭审理的不同阶段有不同的表现。

1. 律师在法庭调查阶段的代理

法庭调查是法庭审理的中心环节,只有通过法庭调查确认的事实和证据,才能作为人民法院裁判的根据。根据《民事诉讼法》的有关规定和律师的职责,律师在法庭调查阶段的主要工作有：

一是协助当事人陈述案情。民事案件一旦开庭，审判长宣布进入法庭调查阶段，按照规定，首先应由原告提出诉讼请求，陈述案件事实和根据，这些一般由委托人自己完成。但由于当事人的文化水平、表达能力和心理素质等因素的影响，当事人往往不能清楚地陈述事实，无法正确地表达自己的主张，而这时，具有较高素质和丰富出庭经验的代理律师，既可以帮助原告补充性、专业性地陈述有关案情，回答审判人员的提问，也可以根据授权委托，代替当事人直接陈述案件事实。当然，法律有规定必须由当事人亲自表态的除外。

二是向证人、鉴定人发问。在法庭上向证人、鉴定人发问，既是律师参加法庭调查的职责，也是律师的一项权利。律师发问时，证人、鉴定人应当如实回答，对委托人有利的发问内容，律师应提请法庭记录在案。

三是出示证据和参加法庭质证。为了查明案件事实，在法庭调查中，双方当事人应当出示证据，这时代理律师应代表原告一方向法庭出示证据，并解释每一证据所要证明的内容。

在法庭审理中，在对方当事人举证后，代理律师经审判人员的同意，可以对对方当事人出示的证据质证，表明态度，以确认其证据的真伪和对案件事实的证明力。

四是申请重新鉴定、勘验。代理律师在法庭调查中，应当注意有关专业性问题的鉴定、勘验是否科学全面，有无违法情形等情况。如发现有不当情况，并且将影响到原告的权益时，应当及时向法庭提出申请，要求重新鉴定、勘验。

2. 律师在法庭辩论阶段的代理

法庭辩论是律师代理民事诉讼工作中非常重要的一个环节。律师在这一阶段的主要任务是发表代理词，与对方进行辩论，反驳对方的观点，以论证本方诉讼请求的合法性、可行性，为法庭裁判提供参考。

一是发表代理词。代理词是代理律师在诉讼中依据事实和法律，在法庭辩论阶段发表的，表明代理人对案件处理意见的司法文书。作为原告的代理律师，其发表的代理词，要着重阐明案件的事实、诉讼请求的依据和理由，提出解决问题所适用的法律、法规和有关政策。一般来说，律师已在庭前按事先了解的案件情况拟好了代理词，但在庭上发表时，律师应有随机应变的能力，要根据庭审中新出现的情况，不断修改、充实和完善原来的内容。在庭审结束后，律师还可以对代理词再进行修整。

律师向法庭提交的代理词，是审判人员定案的重要参考，因此，律师撰写和发表的代理词应注意几个问题：(1)要以事实为根据，以法律为准绳。代理律师发表的代理意见不能空洞无物，代理词中叙述的案情、阐述的理由和提出的主张，都要有理有据。(2)表明的观点要明确。发表的代理词能抓住重点，分清主次关系。(3)代理词使用的语言既生动又简洁，能让人有耳目一新的感觉。

二是进行法庭辩论。在法庭调查之后,进入法庭辩论阶段,律师除了发表代理词外,主要的工作就是与对方进行辩论。在这个阶段,不管进行几轮辩论,代理原告的律师应该注意几个问题:(1)辩论要抓住重点,不能漫无边际。律师这时要明确自己的任务就是维护本方观点的合法性,反驳对方的要求和主张。(2)在辩论中,要充分发挥律师的主动性作用,辩论发言要以律师为主,当事人参与辩论为辅。(3)要讲究辩论的文明用语,不中伤别人。律师既要与对方进行针锋相对的辩论,又不与对方势不两立。在辩论中,律师要明白辩论的目的并不在于驳倒对方,长自己的威风,而是为了查明案情,核实证据,从而使审判人员能依法支持自己当事人的诉讼请求。因此,律师要注重辩论的艺术。

3. 律师在法庭辩论后的代理

(1)参加法庭调解。《民事诉讼法》第128条规定:"法庭辩论终结,应当依法作出判决。判决前能够调解的,还可以进行调解,调解不成的,应当及时判决。"由此可见,调解结案的方式贯穿在整个民事审判中,能以调解方式结案,对各方而言,包括双方当事人、代理律师以及人民法院的审判人员,都不失为一件好事。因此,审判人员在进行调解时,作为代理律师,应当遵循自愿、合法的原则,积极主动地协助当事人提出调解方案,分析调解的可行性,同时说服委托人放弃不合理的要求,平等协商,互谅互让,达成协议。调解后,人民法院制作的调解书一经送达,即与生效判决具有同等效力,当事人不得反悔。

(2)对法庭笔录申请补正。根据《民事诉讼法》第133条的规定,当事人和其他诉讼参与人认为法庭对自己的陈述记录有遗漏或者差错,有权申请补正。如果不予补正,法庭应当将申请记录在案。代理律师在阅读法庭笔录后,如认为有遗漏或者差错,也有权申请补正。

(3)领取裁判文书。经过法庭审判后,对于作出的裁判文书包括民事判决书、裁定书、调解书,律师有权领取,至此,律师在一审阶段的代理工作宣告结束。但从实践情况来看,律师在领到裁判文书后,还应当进行分析,向委托人解释裁判,并就是否上诉等问题向委托人提供参考意见。如果委托人对法院的裁判不服需要上诉,也需要律师的继续帮助,律师应指导委托人与律师事务所重新办理委托手续,这样律师就进入了二审阶段的代理工作。

二、担任一审案件被告方的代理人

在一审阶段,律师担任一审被告方的代理人工作与担任原告方的代理人工作,在工作的策略、方式等方面,有许多相同之处,但由于被告方是在被人起诉后被动地成为被告,其参与诉讼的目标是通过律师的帮助,达到少承担甚至不需要承担民事责任。因此,作为律师,在接受被告委托后,其代理工作也就具有不同于代理原告的特殊之处。

(一)审查案件的管辖权

对于受理案件的法院是否具有管辖权,案件应由哪一级法院管辖,这是与被告利益密切相关的一个问题。作为代理律师,首先应当帮助委托人审查该案是否属于受诉的人民法院管辖。如果认为受诉法院无管辖权,则建议委托人不作实质性答辩,并在答辩期内协助被告提出管辖权异议,制作管辖异议申请书,提交受诉人民法院。管辖异议如果被受诉法院驳回,被告还可以向其上一级法院提起上诉。

律师审查受理法院是否有管辖权可以从以下五个方面进行:第一,审查该案是否属于人民法院受理范围。第二,审查争议双方是否有签订书面仲裁协议和仲裁条款。根据我国法律规定,争议的当事人之间就争议解决办法签订有仲裁协议或仲裁条款的,法院不予受理。当然,我们在审查仲裁协议是否有效时,应注意审查当事人请求仲裁的意思表示是否真实,仲裁事项是否明确,有否选定仲裁机构,如果符合这三个条件的,法院则无管辖权。第三,如果是合同争议的一审案件,还要审查双方是否签有协议管辖法院的书面条款,如果有,则依协议内容进行诉讼。第四,审查是否属于专属管辖。第五,审查是否属于特别地域管辖。根据我国《民事诉讼法》的规定,有九种诉讼适用特殊地域管辖。

(二)向人民法院提交答辩状

答辩状是被告针对原告提出的诉讼请求和事实,而向人民法院提交的进行辩解的书状。这是被告享有的一项诉讼权利。被告接到法院进行答辩的通知后,是否答辩?如何答辩?一般会找律师协商,征求律师的意见。这时,律师的做法有两种:一种是告诉委托人不提交答辩状。因为被告是否提交答辩状?法律并无硬性规定,不提交答辩状也不影响被告及其律师在今后的法庭上陈述己方的意见。另一种是代理律师在了解案件事实的基础上,协助委托人撰写答辩状,按时向人民法院提交。具体采取哪一种方式,律师可以根据委托人的态度和案件的具体情况而定。

(三)对原告提起反诉

有权在被起诉后对原告提起反诉,这是民事诉讼中被告享有的一项诉讼权利。代理律师经过审查,认为有足够的证据和法律依据可以对原告提起反诉,这时应当与委托人协商,并经委托人同意后,帮助其制作民事反诉状,由被告签名或盖章后向人民法院提交。被告的反诉被人民法院接受后,律师的代理工作适用原告提起民事诉讼的有关规定。

被告的反诉状可以与要提交的答辩状合二为一,也可以单独提交。如果是由律师代理制作,最好是将反诉状独立制作,格式与民事起诉状基本相同,要写明反诉的请求、事实和理由。

(四)调查、收集证据

被告的代理律师与原告代理律师一样,也应当重视证据的调查和收集工作。但是,被告的代理律师在调查取证时,要有针对性,要根据原告的起诉,一方面要收集对被告有利的证据,另一方面要收集能够推翻对方证据、反驳对方意见或主张的证据材料。

(五)进行证据交换

这个阶段,被告代理律师的工作与原告代理律师基本一样,虽然举证责任主要是由原告方承担,但被告的代理律师也要积极收集能证明己方主张或反驳对方意见的证据,参加庭前的证据交换,以维护委托人的合法利益。

(六)查阅案卷

作为民事诉讼被告的代理律师,到人民法院查阅卷宗,主要目的是了解原告提供的和人民法院所调查、收集的有关证据材料,以便通过对正反两方面证据的分析和比较,全面、客观地判断和掌握案件事实。

不管是被告的代理律师还是原告的代理律师,其查阅卷宗采取的方法、技巧、追求的目的虽然是一样的,但由于一审阶段诉讼是原告提起的,按照《民事诉讼法》的要求,原告应主动向法庭提供案件事实材料,提交证据,从这个意义上讲,被告的代理律师更应该积极地到法院查阅卷宗,以全面地了解案情。

(七)参加法庭审理

律师接受被告委托后,除非特殊原因,必须亲自出席法庭,参加法庭审理活动。因为律师在法庭上的工作表现,既是当事人最关注的一件事情,也是影响案件如何处理的一个重要环节。在整个法庭审理过程中,代理律师经被告的授权,其主要工作有:代理被告申请回避,陈述案件事实,进行答辩,回答审判人员的询问,对证人、鉴定人提问,出示有关证据并进行质证,申请补充证据或者重新鉴定、勘验,在法庭辩论阶段发表代理意见,在法庭辩论后根据委托人的意愿,配合审判人员做好调解工作。

律师在法庭辩论阶段的工作,是律师参加法庭审理工作中的重点,这个阶段,代理律师应当依据事实和法律,发表代理意见。但是,律师所代理的当事人不同,其代理意见的侧重点也就不同。原告律师的代理意见,要侧重阐述本诉讼的案件事实、诉讼请求及其理由、法律依据,而被告律师的代理意见,则是有针对性地对原告的诉讼请求进行反驳,运用证据证明原告陈述中的不实之词,指出对方证据中的矛盾之处,并论证被告意见和主张的正当性、合法性,从而维护被告的合法权益。

（八）休庭后的工作

被告代理律师在休庭后的工作，基本是程序性的工作，包括阅读法庭笔录，补正并向法庭提交书面的代理词，在法院作出裁判后，与被告协商是否上诉等。这些工作与原告代理律师的工作是一样的，这里不再重复。

三、担任二审案件当事人的代理人

人民法院按照第二审程序审理的案件，称为二审案件。根据我国《民事诉讼法》的有关规定，民事诉讼的当事人不服人民法院作出的第一审民事判决、裁定，有权依法提起上诉，这是当事人享有的一项重要诉讼权利。当事人可以在上诉前寻求律师的帮助，也可以在上诉后委托律师以诉讼代理人的身份参加民事诉讼，以便更好地维护自己的合法权益。

律师接受当事人提出的第二审程序的代理委托并办理好有关委托手续后，就具有了以诉讼代理人的身份参加第二审民事诉讼活动的资格，履行在第二审程序中为当事人提供法律帮助的职责。但在这个阶段，律师的代理工作要注意两点：第一，律师是否接受二审案件的代理工作，要根据具体情况而定。律师认为一审法院作出的裁判有错误，当事人的上诉符合规定条件的，可以予以代理；如果认为一审裁判没有错误的，律师有权拒绝代理。第二，律师在二审阶段的代理工作与一审阶段的代理工作，既有相同之处又有不同的地方。二者在律师的工作要求、目的和采取的策略等方面基本相同，但律师二审代理工作的重点，应该是针对一审裁判认定的事实、采用的证据、根据的法律以及作出的处理等进行分析，履行律师的职责。

根据二审案件的审理特点，律师接受委托后的主要工作有：

（一）制作民事上诉状或者民事答辩状

律师如果接受的是上诉人的委托，而且上诉人尚未提交上诉材料的，代理律师应当帮助上诉人制作民事上诉状。民事上诉状是民事诉讼进入第二审程序的书面依据，律师必须按要求撰写并及时提交。

律师如果接受的是被上诉人的委托，首先应当帮助被上诉人制作民事答辩状。律师制作二审答辩状的目的，是为了对上诉人所提出的上诉理由和上诉请求进行有理有据的反驳，并阐明被上诉人对一审裁判的认识。民事答辩状制作完毕后，经被上诉人签名或盖章后，在规定的期限内提交人民法院。应该明确的是，提交民事答辩状，法律并没有硬性的规定，被上诉人也可以不提交，需要答辩的意见可以在法庭审理过程中提出。

律师制作的不管是民事上诉状还是民事答辩状，都要注意格式规范和所述内容的明确性，要写明当事人的姓名、住址等基本情况，原审法院名称，案件的编号和案由,上诉或答辩的请求和理由,以便使法官能够更好地了解案情,处理好案件。

(二)与二审法院联系

二审法院决定受理当事人的上诉后,代理律师应当及时与二审法院联系,将律师函、授权委托书提交给案件的审判人员,以明确律师在二审中的身份和资格。

(三)补充和核实证据

与一审阶段律师代理工作不同的是,这个阶段律师要做好证据的补充和核实工作。如律师在了解案情后,发现有新的证据需要补充,或者对对方提供的证据存在疑问,就应该积极开展调查取证工作,为支持自己一方的主张和意见做好准备。

(四)进行证据交换

这时候的证据交换工作,基本上与一审阶段的证据交换工作相同,但根据我国《民事诉讼法》和最高人民法院发布的《关于民事诉讼证据的若干规定》,当事人在二审程序中提供的必须是"新的证据",且应当在二审开庭前或者开庭审理时提出;二审不需要开庭审理的,应当在人民法院指定的期限内提出。所谓二审程序中的"新的证据"包括一审庭审结束后新发现而获得的证据;当事人在一审举证期届满前,申请法院调查取证未获得准许,二审法院经审查应予准许当事人申请而调取的证据。代理律师及其当事人只有提交"新的证据"参加证据交换,证据效力才能得到法庭的确认,因此,代理律师应注意新证据的收集。

(五)查阅案卷

代理律师应当到二审人民法院查阅卷宗,并通过摘抄、复制的方式,取得双方当事人提供的有关证据材料以及一审阶段法庭审理记录,为参加二审的代理工作做好准备。

(六)参加法庭审理

二审案件法院审理的程序参照的是第一审程序,因此,代理律师在这个阶段的工作基本上与一审阶段相同,这里就不再重复。

二审诉讼作出裁判,律师代理民事诉讼的委托任务即告完成。当事人是否申请再审由其自己决定,如果委托人决定再审,并继续委托律师代理的,原承办律师可继续担任其代理人,参加再审诉讼活动,并另办委托手续。

四、再审程序中的律师代理

再审程序,也叫审判监督程序,是指人民法院对已发生法律效力的判决、裁定和调解书,发现确有错误,而依法重新审判所适用的程序。再审程序是一种审判的补救程序,其目的是为了对已生效但又确有错误的原裁判进行纠正,以维护当事人的合法权益,维护人民法院的权威性,维护国家法律的严肃性。

但是,再审程序毕竟不同于二审程序,按照我国《民事诉讼法》的有关规定,当事人提起再审程序申请,必须符合以下条件:

1. 实质条件。当事人申请再审,必须是已生效的判决、裁定,具有下列情形之一的情况:(1)有新的证据,足以推翻原判决、裁定的;(2)原判决、裁定认定事实的主要证据不足的;(3)原判决、裁定适用法律确有错误的;(4)人民法院违反法定程序,可能影响案件正确判决、裁定的;(5)审判人员在审理该案件时有贪污受贿,徇私舞弊,枉法裁判行为的。

此外,根据《民事诉讼法》第180条的规定,当事人对已经发生法律效力的调解书,有证据证明调解违反自愿原则或者调解协议的内容违法的,也可以申请再审。

2. 形式条件。当事人申请再审,应当提交再审申请书,而且再审申请,应在判决或裁定发生法律效力后2年内提出。

由于申请再审法律要求的条件较高,且具有很强的专业性,因此,当事人需要律师的帮助。这时,律师接受委托后的工作表现在两个阶段:

(一)当事人申请再审时的律师代理

我国《民事诉讼法》第178条规定"当事人对已经发生法律效力的判决、裁定,认为有错误的,可以向原审人民法院或者上一级人民法院申请再审,但不停止判决、裁定的执行。"当事人提出再审申请,并不意味着案件必然进入再审程序。因此,律师在当事人认为已经发生法律效力的判决、裁定确有错误需要申请再审时,接受其委托而进行的代理,实际上是一种非诉讼代理。这时,律师的主要工作任务是帮助当事人向人民法院申请再审,促使案件能进入再审程序。

律师协助当事人申请再审,必须注意把握以下几个问题:

1. 案件是否符合法律规定的再审条件。并不是所有的案件都能申请再审,《民事诉讼法》第181条规定,当事人对已经发生法律效力的解除婚姻关系的判决,不得申请再审。如是这种情况,律师不能接受当事人的委托。

2. 申请再审是否有足够的证据。《民事诉讼法》第179条规定的当事人申请再审,必须是"有新的证据,足以推翻原判决、裁定"。所谓"新的证据",是指原审庭审结束后新发现的证据。如果没有这种新的证据,一般来说,当事人申请再审的请求将很难实现。因此,代理律师应当尽力调查、收集新的证据,以保证当事人要求重新审理的请求有新的足够的证据支持。

3. 判决、裁定是否具有法定的错误。当事人申请再审,必须是已经发生法律效力的判决、裁定具有一定的错误,这些错误在我国《民事诉讼法》第179条中已作了具体的规定,代理律师应当帮助当事人根据案情进行对照分析。

4. 申请再审是否超过法定期限。当事人申请再审,按照规定,必须是在判决、裁定发生法律效力后两年内提出。如果已经超出该期限,律师只能引导当事人进行申诉,并按非诉讼代理的方式为当事人提供法律帮助。

(二)再审程序中的律师代理

当事人提出再审申请后,人民法院应当进行审查。在审查中,如果认为原判决、裁定确有错误,应当决定按审判监督程序进行再审。再审案件分为自行再审案件、指令再审案件和上级法院提审案件。再审案件不同,所适用的诉讼程序也有所区别,如果人民法院按照审判监督程序再审的案件,发生法律效力的判决、裁定是由第一审法院作出的,按照第一审程序审理,所作的判决、裁定,当事人可以上诉;如果发生法律效力的判决、裁定是由第二审法院作出的,按照第二审程序审理,所作的判决、裁定,是发生法律效力的判决、裁定;如果是上级人民法院按照审判监督程序提审的,按照第二审程序审理。

由此可见,律师在再审程序中的代理,实际上就是民事诉讼代理,既可能是第一审民事诉讼代理,也可能是第二审民事诉讼代理。这时,律师其实就是按照一般民事纠纷代理的工作要求、步骤开展工作,切实维护委托人的合法权益。

第四节 民事案件涉外程序中的律师代理

涉外民事诉讼,也称是国际民事诉讼,指在民事诉讼中,介入了涉外的因素,或从某一具体国家的角度来看,包含有涉外因素,从而构成了涉外民事诉讼。[①] 具体来说,这些涉外因素一般包括:民事诉讼的主体(当事人)包含具有不同国家国籍或居住在不同国家的自然人和法人;诉讼客体是法院地国以外的民事法律关系或诉讼标的物处于法院地国境外;受诉法院按国际条约或内国冲突法的规定应适用外国法作为审理案件的准据法;提供的证据具有涉外因素,需从法院地国境外获取;诉讼程序涉及国际司法协助;诉讼请求是外国法院或其他机构的判决或裁定在内国的承认与执行;等等。

对于涉外民事诉讼的审理,必须要考虑到司法主权问题、管辖权和法律适用的冲突及协调,以及日后判决可能在外国申请承认与执行等等问题。解决这些国际民事诉讼中存在的特有的问题,就要求一国法院在审理涉外民事诉讼时,必须有一套法院、当事人、其他诉讼参与人必须遵守的专门程序,即涉外案件适用专门的涉外民事诉讼程序。我国采取了在民事诉讼法中用专篇的形式规定涉外民事诉讼特

---

① 李双元、谢石松主编:《国际民事诉讼法概述》,武汉大学出版社2001年第2版,第8页。

别程序的形式,《民事诉讼法》第四篇即为"涉外民事诉讼程序的特别规定"。

相对涉外民事诉讼的特殊性,律师在代理涉外民事诉讼时,也应充分注意涉外民事诉讼与国内一般民事诉讼在司法原则、程序及法律适用上的区别和特别规定。首先,对涉外民事诉讼程序的有关规定应充分掌握并纯熟运用,对涉外案件管辖规则、证据要求、诉讼期限等特别的程序要求应做到清晰明了,以免误导当事人,影响其诉讼权利;其次,在业务知识要求方面对代理律师提出了更高的要求,律师代理涉外民事案件,应具备相应的涉外法律知识,包括国际私法、国际投资法以及税收、外汇管理等方面的内容。同时,对律师的外语水平和运用能力也提出了一定的要求。另外,在涉外诉讼中,当委托人为外国人时,代理律师还应注意提高其对我国司法制度以及律师整体素质的认识,要注意维护国家司法主权,维护国家的司法尊严和律师的整体形象。

一、涉外民事案件律师代理的原则

(一)国家主权原则

国家主权在国际民事诉讼领域中主要体现在立法、司法管辖权的行使和豁免权的享有。具体的内容包括:(1)在立法管辖权的行使方面,一国有权通过立法,对在该国境内进行的所有诉讼活动进行规定,外国人在法院地国进行诉讼活动时,必须遵守该国的诉讼法律、法规;(2)在司法方面,法院地国有权依本国的诉讼法规范,独立自主地行使司法管辖权,除非国际条约或有关国家的法律有相反规定,外国人有义务接受法院地国的司法管辖;(3)司法豁免权的享有。一个国家及其财产在国外享有司法豁免权,非经该国明确表示放弃,其他国家的法院无权受理以外国国家作为被告的诉讼。一国的财产非经明确同意,不得被其他国家的法院施以扣押、保全、强制执行等诉讼行为。代理律师在代理涉外案件时,应牢记国家主权原则,这也是各国法院审理涉外民事诉讼案件所坚持的原则。

(二)对等原则和诉讼权利义务同等原则

对等原则体现为外国法院限制我国国民民事诉讼权利的,我国法院将对等地限制该国国民的民事诉讼权利。同等原则指涉外民事诉讼中的境外当事人在我国法院起诉或应诉的,同我国国民享有同等的诉讼权利和诉讼义务。《民事诉讼法》第5条规定:"外国人、无国籍人、外国企业和组织在人民法院起诉、应诉,同中华人民共和国公民、法人和其他组织有同等的诉讼权利义务。外国法院对中华人民共和国公民、法人和其他组织的民事诉讼权利加以限制的,中华人民共和国人民法院对该国公民、企业和组织的民事诉讼权利,实行对等原则。"代理律师在涉外民事诉讼中,应了解和尊重此原则,以维护国家司法尊严,维护各方当事人的合法权益。

(三)信守国际条约和尊重国际惯例原则

信守国际条约和尊重国际惯例原则在涉外民事诉讼法中主要体现在以下几个方面:第一,司法方面,一国法院在审理国际民事诉讼案件时,应优先适用本国缔结或参加的国际条约中的规定,即使条约的规定与本国国内立法的规定存在冲突时,也应以条约的规定为准,但本国声明保留的除外。在没有国际条约的明确规定和国内立法规定的情况下,应参照国际惯例对相关的国际民事争议作出处理。第二,在司法协助和承认与执行外国法院的判决与裁决方面,应依照本国所缔结或参加的国际条约规定的途径进行。信守国际条约和尊重国际惯例原则就要求涉外民事诉讼代理的律师应了解案件所涉及的国际条约的相关规定,熟悉并运用国际私法中的冲突规则,正确地适用民事诉讼程序和实体法律。

二、涉外民事案件代理中应注意的问题

律师代理当事人参与涉外民事诉讼,应注意涉外诉讼中的特别规定,保证涉外民事诉讼当事人的合法诉讼权利。特别应该注意的是,涉及香港、澳门特别行政区和台湾地区当事人的民商事纠纷案件的诉讼,视同涉外民事诉讼,按涉外民事诉讼的特别规则处理。

(一)管辖法院的确定

管辖权的确定涉及国家司法主权的行使,并会直接影响到法律的适用,在涉外民事诉讼中具有重要意义。关于涉外民事诉讼管辖权的确定,依我国《民事诉讼法》及相关司法解释的规定,除适用民事诉讼法一般的管辖规则外,还规定有特殊的管辖规则,在进行管辖法院的确定时,代理人应认真进行审查:

1. 特殊地域管辖的规定

特殊地域管辖是依据属地管辖原则确定的,是对在我国境内没有住所的被告提出的合同纠纷及其他财产权益纠纷诉讼规定的。《民事诉讼法》第243条规定:"因合同纠纷或者其他财产权益纠纷,对在中华人民共和国领域内没有住所的被告提起的诉讼,如果合同在中华人民共和国领域内签订或者履行,或者诉讼标的物在中华人民共和国领域内,或者被告在中华人民共和国领域内有可供扣押的财产,或者被告在中华人民共和国领域内设有代表机构,可以由合同签订地、合同履行地、诉讼标的物所在地、可供扣押财产所在地、侵权行为地或者代表机构住所地人民法院管辖。"

2. 特殊级别管辖的规定

2001年《最高人民法院关于涉外民商事案件诉讼管辖若干问题的规定》第1条规定:"第一审涉外民商事案件由下列人民法院管辖:(1)国务院批准设立的经济

第九章 民事案件中的律师代理

技术开发区人民法院;(2)省会、自治区首府、直辖市所在地的中级人民法院;(3)经济特区、计划单列市中级人民法院;(4)最高人民法院指定的其他中级人民法院;(5)高级人民法院。"

(二)委托关系的确立

涉外案件中,律师可能为本国当事人在本国进行诉讼作代理人,这和国内民事诉讼当事人委托律师进行代理的程序一致,只需当事人和律师事务所签订委托合同,对代理律师进行授权即可。

中国律师如果接受外国当事人的委托,代理其在中国的法院进行诉讼,则委托关系的确立需要履行特别的程序。外国当事人应与中国的律师事务所签订委托合同,并签署授权委托书,但授权委托书必须经该外国人所在国公证机构的公证,并经我国驻该国的使领馆进行认证,或者该外国人在中国境内经中国的公证机关对委托行为及委托书进行公证,我国法院才会承认委托关系的成立,承认委托行为的效力。

(三)涉外民事诉讼有关诉讼期间的特别规定

考虑到涉外民事诉讼的特殊性,从便利当事人和保障当事人有效行使诉讼权利的角度出发,涉外民事诉讼程序相对一般的国内民事诉讼程序,都规定了较为宽松的诉讼期间。比如,国内民事诉讼的答辩期间为 15 日,在涉外民事诉讼中,对于在中国领域内没有住所的被告,答辩期间为 30 日;对在中国领域内没有住所的当事人不服一审的判决、裁定的上诉期间为 30 日,较之国内民事诉讼中当事人的上诉期间要长;公告送达届满的期限,国内民事诉讼为 2 个月,而涉外民事诉讼则为 6 个月;等等。作为代理律师,应熟知涉外诉讼期间的特别规定,不致使当事人因超过法定诉讼期限而丧失诉讼权利。

(四)法律文书的送达

在我国领域内有住所的外国当事人的送达,与国内民事诉讼法律文书送达方式一样。而对在我国领域内没有住所的当事人的法律文书的送达方式,则根据不同的情况,进行了特别的规定。主要见于《民事诉讼法》第 247 条之规定:"人民法院对在中华人民共和国领域内没有住所的当事人送达诉讼文书,可以采用下列方式:(1)依照受送达人所在国与中华人民共和国缔结或者共同参加的国际条约中规定的方式送达;(2)通过外交途径送达;(3)对具有中华人民共和国国籍的受送达人,可以委托中华人民共和国驻受送达人所在国的使领馆代为送达;(4)向受送达人委托的有权代其接受送达的诉讼代理人送达;(5)向受送达人在中华人民共和国领域内设立的代表机构或者有权接受送达的分支机构、业务代办人送达;(6)受送达人所在国的法律允许邮寄送达的,可以邮寄送达,自邮寄之日起满六个月,送达

回证没有退回，但根据各种情况足以认定已经送达的，期间届满之日视为送达；(7)不能用上述方式送达的，公告送达，自公告之日起满六个月，即视为送达。"同时，根据《民事诉讼法》，最高人民法院于2006年出台《最高人民法院关于涉外民事或商事案件司法文书送达问题若干规定》，对涉外民事诉讼中法律文书的送达进行了特别的规定，为解决涉外民事诉讼上送达难问题提供了更多的方式和法律依据。

第五节 律师代理民事案件应注意的问题

律师除了在以上各阶段诉讼代理中应注意的基本工作、方法、步骤和代理规则外，在办理实际案件中还应根据民事诉讼特点注意以下几个问题。

一、会见当事人应讲究的策略和技巧问题

首先，应当通过会见当事人，充分了解当事人的诉求，分析纠纷的来龙去脉，全面掌握案情。律师在会见当事人时，要讲究策略和技巧，注意几个方面：(1)律师在会见时应注意选择接待场所，如请当事人到律师的办公场所接待，或律师到当事人所在的场所（办公室或者家里），或律师和当事人双方约定的其他地点。(2)为了提高接待效率，律师应告知当事人做好接待前的准备工作，如准备好案件材料，请当事人委派一名了解案情的工作人员参加等。(3)选择接待模式。如：采取"先看后听再问"或者"先听后看再问"或者"边听边看边问"的接待模式。即：除了极其简单的法律问题面对面谈话后立即提出解决方案外，我们提倡采取先进行简短的谈话，让当事人把材料留下，经仔细阅读分析后，再约当事人谈，听取当事人陈述有关事实，并在当事人陈述中有针对性地问一些当事人认为并不重要但律师认为会直接或间接影响案件处理结果的问题。这样做的好处在于：律师可以避开当事人的视线静静地阅看材料、查找资料、进行思考。对案件思考成熟后再面对当事人，并从容地询问当事人，对当事人的一些观点进行评判，从而使当事人感到律师帮助的重要性。(4)律师应认真听取当事人对案情的陈述，以便对代理的案件有一个最直接的了解。同时要对当事人的陈述进行有效引导，引导当事人"说真话"，迅速、简洁地在最短的时间内把涉及法律关系的事实说出来。如要求当事人直截了当告诉律师事情的结果，希望律师解决什么问题，这样，律师可以一边听一边"查询"与当事人所讲事实有关的法律关系的构成要件、可能取得的证据、相关法律规定、可能遇到的困难以及一旦接受委托后的工作任务和近期要做的工作。

其次，要进行认真的思考和分析。会见当事人后，律师进行思考的主要内容：一是，从法律层面上分析法律关系。如侵权案件要弄清侵犯的是什么权利？是人

身权还是财产权,或者是因分家析产、继承、婚姻引起的财产纠纷还是因合同履行引起的财产纠纷等,总之应当对案件情况作出准确的判断。二是,根据法律规定,为当事人提出解决方案或解决问题的途径和方法,并分析每一种解决方法的利弊。如果确实需要通过诉讼途径解决问题,要告知当事人对其有利的情况和不利的情况,交代可能出现的法律风险。律师不可包揽诉讼,达不到当事人的诉求后,又推卸责任,或者找其他原因,这种作法容易引起不必要的纠纷和麻烦。三是,分析其他问题。如当事人是否有过错,是单方过错还是混合过错?等等。

二、接受委托时应注意的几个问题

1. 关于胜诉与败诉的回答。一般说来,当事人聘请律师代理民事诉讼案件,都是为了争取有利于自己的诉讼结果,使自己的权益得到保护,因此,在接待阶段,当事人往往会问:"我这官司能打赢吗?"面对这样的问题,律师回答时应把握两点:一是律师通过与当事人谈话了解案件情况后所做的判断只是初步的判断;二是在当前的司法环境中,个案的处理结果往往会受许多因素的制约,比如认识因素、权力因素、不正之风的因素、人性因素等等。由于这些问题的存在,面对当事人的询问,律师可以选择的回答:"如果你所陈述的情况是事实,根据现有的材料,这个官司从法律的角度讲可能是一个胜诉(或败诉)的官司"。这种回答有进有退,也较客观。"包胜"的回答是不道德的。

2. 关于案件分析度的把握。在接待当事人过程中,对律师而言往往存在一个两难的问题:如果将案情分析透彻,当事人有可能不再愿意花钱聘请律师,律师等于白费力气;如果分析得不透彻,当事人则又可能认为律师水平不够,也不会聘请律师。面对这样一个两难问题,律师应针对不同情况采取不同的方法,如一个案件仅涉及一个知识点,在没有理由相信当事人会聘请律师的情况下,不必告知当事人这个知识点的出处,而应有所保留,这不是不负责任,也不违反职业道德,这是对律师自己知识的一种最起码的尊重;如果一个案件涉及的知识点很多,如一个案件既涉及合同的无效,又涉及诉讼时效,还涉及保证责任的归属,律师可以就一个论点做详尽的论证,其他论点则可不予论证,这样既可使当事人对律师的能力产生信任,又可防止律师的知识被别人无偿地占用。律师应该有一种意识,如果一个律师不能有效地保护自己,也就难以有效的保护委托人。

3. 关于不同委托代理人的意见统一问题。当事人没有委托代理人时,可以由本所视情况指派两名律师担任同一案件中一方当事人的代理人,但须明确主要代理人。两名代理律师对案件认识不一致时,不必向当事人透露,可通过律师间的协调,统一意见,并以主要代理人的意见为主。如当事人已委托了一名代理人,或者是律师收案后发现当事人就本案已委托一名代理人时,应与该代理人交换意见。如意见基本一致,可以共同代理,否则,应向委托人讲明情况,由其任选一名代理人进行代理,或就不同事项,分别授予不同权限进行委托代理。

三、如何正确把握好与承办法官关系的问题

尽力了解受案法院和承办法官的品格,力争建立良好的第一职业形象。法院是由若干个自然人组成的法人。而无论是法人,还是其中的自然人本人,都会有自己的一些独特的品格,如有些法官热情,有些法官冷漠,有些法官愿意依法同律师交换意见,有些法官则对律师代理抱有成见,有些法官善于听取不同的见解,有些法官则固执己见等等,这是法官的一些个体品格。不同的法院也往往有不同的品格,如有些法院重视律师的代理意见,有些法院则置律师的代理意见于不顾,有些法院对律师的阅卷安排得很得体,有些法院对律师的接待则很生硬,甚至根本没有阅卷地方。由于存在这些情况,律师在接受委托后,就应设法了解受案法院和承办法官的不同品格,并在了解的基础上力争在阅卷阶段给承办法院及受案法院树立一个良好的职业形象,这也就是通常说的"第一印象"。和法官第一次打交道,不仅应有得体的外在形象,还应注意展示律师的内在气质,比如用专注认真的阅卷精神让法官感受律师的认真和执著。

四、在法庭调查阶段应注意问题

这个阶段,律师要完成的最重要的一项任务就是如何围绕案件事实进行举证和质证,因此要特别注意以下几个问题:

1. 掌握好发问和回答的步骤与方法。发问包括对各方当事人的发问、对证人的发问、对鉴定人的发问等,其目的:一是寻找疑问的答案,二是为了暴露矛盾。根据不同的需要对不同人的发问要采用不同的提问策略。有时可单刀直入,有时可迂回曲折,有时可步步紧逼,有时可声东击西。无论采取何种策略,目的都是为获取自己所需要的证据。

2. 重视法庭证据质证的技巧。当事人提供证据证明的问题,证明的问题和所代理的案件的因果关系,以及对方提供证据的证明问题是否有漏洞,和案件有什么必然的直接联系等。对于己方是"我想证明什么问题,证明这个问题与案件有什么联系等。"而对于反方则是"他们证明的和案件有什么联系,对案件胜诉有什么影响,怎么质证对方的证据等。"如果有证人出庭,律师应做到怎样将案件的客观情况通过证人陈述详细地反映给法庭。律师在此基础上还要十分重视主审法官询问当事人双方的问题。因为主审法官往往不经意提问的问题就是决定今后案件成败的关键。也许一句话、一个默许就会导致案件败诉。所以律师在己方当事人或是本人回答时,一定要经过深思熟虑,三思而后言,并及时提醒和纠正当事人的错误。

3. 律师在法庭之上不能轻易认可对方的证据,但是,在否定时不要笼统地说

"不真实",而是要将否定的事实概括成简洁的话语,具体的表述出对证据的哪一点进行否定。一般讲,对证据进行否定可以考虑从以下几方面进行:一是证据所证明的问题是否与本案有关,二是证据内容的具体情节是否属实,如时间、地点、人物关系、过程等细节,三是证明人的身份与案件或者与其所证明的问题是否存在利害关系,四是证据获得的渠道或手段是否合法。

4. 在反询问中注意保护己方证人。双方对于各自出庭的证人,一般按照主询问、反询问、再主询问、再反询问的顺序进行调查。主询问就是提出证人的一方向自己的证人询问,主询问的目的在于使证人所了解的一切有利于自己一方的事实充分地展现在法庭上,主询问中不能提出诱导性的问题;反询问,则是由对方向该证人进行质疑性、反驳性的询问,其目的是企图找出证词中的破绽,或者揭露证词中的不真实之处,以贬损或降低其证词的可信性,反询问中可以提出诱导性的问题。在反询问中,由于证人在法庭上紧张等原因,没有出庭经验的证人难以对付专业人士反反复复的挑剔性提问,所以,反询问一方在问的时候,主询问的一方要注意保护自己的证人。注意不要让己方的证人受到人身攻击,在对方缠问证人时要申请法官制止。如果反询问动摇了主询问的证明效果,还可以再主询问,针对反询问中暴露出的问题展开补充性询问,以强化证人证言的可信性和证明力。

5. 要认真倾听对方的发言,敏锐地捕捉对方发言中的破绽,并予以必要的辩驳。律师在整个庭审过程中,都应当全神贯注,不仅应听明白审判人员的每一次发问内容,而且更应认真倾听对方的发言,并注意观察这些发言对审判人员的影响。在认真的倾听和观察中敏锐地捕捉到对方发言中的破绽,有针对性的找准自己的进攻方向。绝不可忽视对方的发言,也绝不可轻易地放弃反驳。这一点不仅在法庭辩论阶段应如此,在法庭调查阶段也应如此。唯此才能牢牢掌握庭审的主动权,才能展示出律师应有的风采。

五、注意举证责任和责任竞合问题

民事案件中,一般侵权案件,应当严格执行我国民事诉讼法规定的"谁主张,谁举证"的原则。而特殊侵权诉讼,则具有不同"举证倒置"的规定,律师应当应用它。

违约责任与侵权责任竞合是法律责任竞合最常见的一种表现形式,它是指债务人的违约行为,既符合违约要件,又符合侵权要件,导致违约责任与侵权责任同时发生。根据《合同法》第122条规定,当发生违约责任和侵权责任竞合时,当事人可以选择对方承担违约责任,或者要求其承担侵权责任。由受害人选择请求权,选择对其更有利而对加害人不利的方式提起诉讼和请求,这充分体现了对受害人意愿和权利的尊重。律师在办理此类案件中,就应当帮助当事人选择诉讼请求。我们认为可以从以下几个方面来考虑:(1)因对方的不法行为造成受害者的人身伤亡和精神损害的,当事人之间虽然存在合同关系,也应按照侵权行为而不能按照合同责任处理。因为我国法律规定,合同责任不能要求违约方承担精神损害赔偿。精神损害只能通过侵权损害赔偿对受害者提供补救。(2)当事人之间事先存在某种合同关系,而不法行为人仅造成受害者的财产损失,则一般选择按合同纠纷处理,要求对方承担违约责任。这样对受害人更有利,受害人不必承担不法行为与损害后果之间的因果关系证明,而只要证明对方违约给自己造成的损失即可。(3)当事人如果事先不存在合同关系,虽然不法行为人并未给受害人造成人身伤亡和精神损害,也不能按违约责任而只能按侵权责任处理。(4)如果不法行为人基于合同关系占有对方的财产,造成该财产的毁损灭失,一般应按合同纠纷处理。

还有其他问题和几种常见民事诉讼案件的律师代理工作(如合同纠纷案件、婚姻家庭纠纷案件、财产的继承纠纷案件)等,这里不再一一介绍。①

如引例中甲要胜诉,作为她的代理律师,应该注意做如下主要工作:(1)考虑乙否认的可能性,如何举证乙超市女工作人员对甲进行了全身搜查,特别是否强令甲脱去了内衣搜查?(2)对甲形成了巨大的精神损害,对此如何说理和举证?(3)甲认为乙超市侵害了自己的人格权,提出精神损害赔偿为多少比较合适?

司法考试真题链接

1. 律师接受律师事务所安排办理业务后,律师事务所可以因某些情况的出现终止其代理工作。但发生下列哪一种情况时,不得终止承办律师的代理工作?(2007年司法考试真题)

　　A. 发现了不可克服的利益冲突
　　B. 承办律师另有一重大案件需要办理
　　C. 承办律师突发急病无法继续工作
　　D. 承办律师被管理机关中止执业资格

2. 骆律师代理甲公司与乙公司签订货物运输合同。甲公司与骆律师所在律师事务所签订的委托代理合同约定,如果甲公司因该货物运输合同的履行发生纠纷,亦由骆律师所在的律师事务所代理。后因乙公司未履行合同义务,甲公司起诉乙公司,骆律师以业务繁忙为由不愿代理该案件。在此情形下,骆律师所在的律师事务所能否拒绝该案件的代理?(2005年司法考试真题)

　　A. 能,因为甲公司的委托不成立
　　B. 能,因为甲公司与骆律师所在的律师事务所之间的代理关系已经终止
　　C. 不能,但是需要事先取得乙公司的同意
　　D. 不能,因为甲公司与骆律师所在的律师事务所之间的委托代理合同合法

---

① 官玉琴、张禄兴主编:《律师法学》,福建教育出版社2006年版,第310页。

有效

3. 刘律师出身建筑世家并曾就读建筑专业,现主要从事施工纠纷法律服务。开发商李某因开发的楼房倒塌被诉至法院,欲委托刘律师代理诉讼。关于接受委托和代理案件,刘律师的下列哪些做法符合律师职业有关规定？(2009年司法考试真题)

A. 接受委托,了解并运用建筑和房地产知识分析案件,寻求对李某有利的理由

B. 接受委托,告知李某楼房倒塌系建筑风水原因,使其接受败诉结果

C. 明知不懂房地产开发业务会影响代理效果,但为经济效益极力宣扬建筑世家背景并接受委托

D. 考虑到不懂房地产业务会影响代理效果,决定不接受委托

第十章 行政案件律师实务

【引 例】

张三跟舞厅女李四有情人关系,李四后来偷偷生下一女孩,满月后就送走,至今没有找回来。女孩被送走后张三才知道。后来两人产生矛盾,李四就去计生局告发,说自己同张三生了一个女儿。计生局遂进行调查。张三不承认是自己的女儿,后来李四就通过手机录音套张三的话要张三承认,张三在聊天过程中承认了是自己的女儿,但通话的时间是22分钟,录音只有14分钟。计生局以此电话内容为据对张三征收5000元社会抚养费。张三因此委托律师提起行政诉讼,如果你是他的委托律师,该考虑哪些影响诉讼方向的主要内容?

第一节 律师代理行政案件概述

根据法律法规的有关规定,律师有权接受当事人的委托,依据行政法律规范,从事行政复议、行政诉讼、行政赔偿以及其他行政案件的代理业务,为社会提供法律服务。行政案件代理,是指根据行政法律规范的有关规定,由当事人委托或人民法院指定,代理一方当事人并以被代理人的名义进行行政案件的活动。

由于目前我国还不是法制健全的国家,公民告行政机关的行政案件,尤其是俗称"民告官"的行政诉讼案件,作为弱势方的行政管理的相对人往往败多胜少,据最新调查数据表明,胜诉率仅占20%。究其原因是多方面的。其主要原因,一是行政法律法规不健全,或者主要维护行政机关利益;二是行政机关作为强势方,"以强压弱";三是受理机关(特别是法院)难以理顺与行政机关的关系或受制、有赖甚至惧怕行政机关,不愿"得罪之";四是行政管理相对人尤其是普通公民法律观念、知识较差,不懂得如何打好行政诉讼。因此,律师作为行政案件代理人,必须认真对待。

行政案件的代理工作,对于很多律师而言,是一个充满挑战的领域。行政案件具有特殊性,涉及的往往是社会关系的矛盾焦点,例如审判权与行政权的关系,政府与公民的关系,还可能涉及与民事、刑事之间的交叉关系。这些关系往往交织着

第十章 行政案件律师实务

新旧事物之间的冲突与碰撞,矛盾的复杂性给行政案件代理带来阻力和困难。特别近年来法院大力推行司法能动方针,突出行政协调与和解工作,如2008年最高人民法院发布《关于行政诉讼撤诉若干问题的规定》,从制度层面对行政诉讼的协调、和解工作机制作出规范;律师要积极配合法院,才能做好代理工作。因此,律师如果不能领会行政案件的特殊性,如果不了解行政协调与和调的新趋势,不能把握行政诉讼的特殊规则,将很难准确地完成代理工作。因此,代理律师要熟练掌握有关行政法律规范,要理解立法和司法意图,在行政诉讼中准确选择时机正确运用诉权,正确地代理行政诉讼。同时,代理律师要克服困难,排除阻力,敢于代理。

一、行政案件的类型和区别

行政案件分为行政司法和行政诉讼案件二大类型。行政诉讼是指人民法院根据作为管理相对一方的公民、法人或其他组织的诉请,在当事人和其他诉讼参与人参加下,根据法定程序,主要审查行政机关或法律法规授权的组织所作出的具体行政行为的合法性("适当性"仅限于行政处罚显失公正),并做出裁决的行为。而行政司法,是指行政机关或法律法规授权的组织作为第三方居间处理解决民事、行政争议的活动,其活动形式主要有:行政裁决、行政复议、行政调解与行政仲裁等。二者都处理解决行政争议,因而有相似的地方。行政司法与行政诉讼有密切联系,在特定条件下,如行政复议是行政诉讼的前置程序,行政诉讼则是行政复议的续审程序,但两者毕竟是不同的法律制度,界限是清楚的,所以二者的区别也是明显的:

1. 主管机关不同。行政诉讼是由法院主持、指挥所进行的活动,主持者、裁判者是人民法院。行政司法则是由行政机关或法律法规授权的组织主持、指挥所进行的活动。主持者、裁决者是行政机关或其他行政组织。

2. 解决问题的性质不完全相同。行政诉讼解决的是行政争议;行政司法除解决行政争议外,还处理解决民事、经济、劳动纠纷等。

3. 采用的程序不同。行政诉讼是典型的司法机关的活动,要遵循严密规范的诉讼程序,如遵循公开审理、言词辩论、两审终审等原则。行政司法是行政机关或法律法规授权的组织的活动,虽然具有司法的性质,但因其浓厚的行政氛围,程序上具有简便、迅速的特点,可以不经辩论,也不公开审理,径行作出裁决,一般一裁即终结程序。

4. 审理依据不同。行政诉讼中,人民法院审理行政案件,以法律、行政法规、地方性法规、民族自治区域的自治条例或单行条例为依据,对行政规章仅是"参照"。而行政司法中,复议机关在审理案件时,不仅以法律、行政法规、地方性法规、自治条例等为依据,还可以行政规章及上级行政机关依法制定、发布的具有普遍约束力的决定、命令为依据。

5. 审查范围不同。人民法院审理行政案件,主要是对具体行政行为的合法性进行审查;而行政机关在审理行政案件时,是对具体行政行为的合法性与适当性都进行审查。

6.当事人享有的权利和所处的地位不同。在行政诉讼程序中,作为原告的行政管理相对人享有辩论、委托代理人代为进行诉讼等权利,与处于被告地位的作为行政主体的行政机关或法律法规授权的组织诉讼地位平等。而在行政司法程序中,法规对此并没有作明确规定,实践中也是不可能有平等的地位或者权利,例如有些行政复议机关就是作出具体行政行为的行政机关本身。

二、律师代理行政案件的范围

(一)律师代理行政案件范围概述

从我国现行有关行政法律规范的规定和司法实践情况来讲,行政机关和人民法院受理的行政案件为律师代理行政案件的业务范围,即律师接受委托代理案件的范围与受案的范围应该是一致的。对此,律师应给予高度重视,因为,律师接受委托如果超出这个范围,就会出现行政机关和法院不予立案、律师事务所不能结案的后果。缩小了这个范围,又会影响被代理人的权益。

行政案件的受案范围是指行政机关和人民法院可以依法受理行政争议的种类和权限,也称行政案件主管范围,即行政机关和人民法院对行政主体的哪些行政行为拥有审查权,也就是公民、法人或其他组织可以向行政机关和法院提起行政案件的法定界限。受案范围的客体是行政争议,所谓行政争议,是指因行政机关行使职权、实施公务活动而发生的纠纷。哪些行政争议属于行政案件的受案范围,受一个国家的宪政体制和政治、经济、文化、法律传统等客观原因的制约。

行政案件的受案范围是一个极其重要的理论与实践问题,也是一个特有问题,解决的是司法机关与其他国家机关(包括行政机关)之间处理行政争议的分工的权限问题,反映的是一个国家司法权对行政权监督的深度和广度,也表明一个国家公民、法人或其他组织权利救济的深度和广度。在行政案件制度尚未为人们普遍了解,观念、组织、人员、经验等准备都十分薄弱的情况下,行政案件带有明显的时代特点,其范围不能不作必要的限制。因此,立法只将部分行政争议纳入行政案件的范围。

(二)受案范围的确立方式

确定行政案件受案范围的方式是指用什么方法或形式来划分行政案件受案范围。从世界范围看,确定行政案件受案范围的方式有成文法明文规定的形式,也有采用判例确定的形式,而在成文法明文规定的方式上,又有以下三种方式:

1.概括式

概括式是由法律对受案范围作原则性、概括性的规定。凡与概括标准相符合的行政案件，行政相对人都可以提起。概括式的优点是简单、灵活，赋予行政相对人广泛的司法救济请求权，为公民、法人或其他组织合法权益提供充分的保障。但这一方式也有局限性，就是过于抽象概括，以致范围不明确，界限不容易确定，可能出现具体解释的困难。

2. 列举式

列举式是指法律明确规定法院可以受理或者不能受理的行政争议的种类，有肯定式列举和否定式列举两种，肯定式列举是由法律、法规对属于行政案件受案范围的行政争议逐类列举；否定式列举是对不属于行政案件受案范围的事项加以逐类列举，列举式的优点是其所规定的受案范围比较明确、具体，不易产生歧义，实践中比较好辨别。但存在繁琐、挂一漏万的缺陷，无法把行政案件受案范围列举穷尽，且还有分散、繁杂、执行不便等缺点，因而使行政机关和法院的受案范围和行政相对人的诉权受到较大的限制，不利于充分保护公民、法人或其他组织的合法权益。

3. 混合式

混合式，又称结合式或折中式，是指法律对行政案件受案范围采取概括式与列举式相结合的方式加以规定，以发挥各种方式的长处，避免各自的不足，相互弥补。各国在立法中有不同的具体形式，如有的先作概括规定，后作具体列举；有的先作概括肯定规定，后作具体排除规定；有的则先作概括规定，后作具体肯定列举，再作否定排除。但是，混合式存在概括规定与列举规定之间的衔接难题。

我国行政案件受案范围的确立方式属于混合式，即首先在《中华人民共和国行政复议法》(下称《行政复议法》)、《行政诉讼法》等法律的总则部分作了概括式规定，又在受案范围这一章中作了进一步具体肯定列举和具体排除列举的规定，从而使我国行政案件受案范围较为明确、恰当，界限比较清楚，并留有充分发展的余地。另外，我们也应注意到，在理解行政案件受案范围时必须将一般行政法的规定与单行法律法规整合协调，不能将一般行政法的有关规定孤立起来。这就要求我们严格区分"行政法规定的受案范围"与"法定受案范围"两个概念。"法定受案范围"大于"行政法规定的受案范围"，具体表现于公民合法权益、规范性文件、事实行为、内部行为、法定最终裁决行为等方面。①

作为引例中的委托律师，应该考虑这些影响诉讼方向的主要内容：(1)寻找有利张三的适用法律；如《最高人民法院关于执行〈行政诉讼法〉若干问题的规定》第97条规定：人民法院审理行政案件除依照行政诉讼和本解释外，可以参照民事诉讼的有关规定。《最高人民法院关于民事诉讼证据的若干规定》第8条规定，诉讼过程中，一方当事人对另一方当事人陈述的案件事实明确表示承认的，另一方当事

---

① 官玉琴、张禄兴主编：《律师法学》，福建教育出版社2006年版，第327页。

人无须举证。但涉及身份关系的案件除外。在本案中,张三对自己与孩子之间是否存在父女关系的认定就属于一种身份关系的认定,不适用关于"自认"的规定。(2)反驳对方证据。是否有这个孩子的存在,是否确实是与张三所生？对于计生局仅凭断章取义的电话录音内容就对张三进行处罚,证据不足。(3)对法官依自由心证可能会认定有效进行说理。如可以提出录音只是一段而已,没有全部谈话的录音,因为是一会儿承认,一会儿否认,只录承认的而已；另外,这种承认是对人身关系的承认,就是在法庭中当着法官的面双方承认有身份关系,法院都不能确认,要有相关的身份证明才能认定,更何况只是一段电话录音。根据有关规定,对人身关系的自认,没有亲子鉴定,应该是无效的。因此,计生局的处罚证据不足,没有法律效力,应当撤销。

第二节　律师代理行政复议案件

一、行政复议与律师代理行政复议

行政复议是指行政相对人认为行政主体的具体行政行为侵犯其合法权益,依法向法定的机关提出申请,由受理机关根据法定程序对具体行政行为的合法性和适当性进行审查并作出相应决定的活动。行政复议制度是我国一项重要的法律制度,对于维护公民、法人或其他组织的合法权益,提高行政机关的行政执法水平,以及促使其依法行政具有十分重要的作用。作为一种行政救济制度和行政活动,行政复议具有以下的特点：

首先,行政复议申请是由行政相对人提出,提出的理由是认为行政主体的具体行政行为侵犯其合法权益。

其次,行政复议由法定的行政机关受理。受理复议申请,并按法定程序进行审理的机关都是行政机关。

最后,行政复议的目的是对引起争议的具体行政行为的合法性和适当性进行审查,并作出相应的决定,最终解决行政争议。

应当严格遵守《行政复议法》、《行政复议法实施条例》对行政复议程序的规定。

二、律师代理行政复议案件的主要工作

（一）律师应首先依法审查确定申请的事项是否属于行政复议机关受理行政复议案件的范围

《行政复议法》第8条规定了复议不予受理的事项。为保障行政复议机关积极

第十章 行政案件律师实务

受理行政复议案件,切实维护公民、法人或者其他组织的行政复议权,《行政复议权》,《行政复议法实施条例》规定公民、法人或者其他组织认为行政机关的具体行政行为侵犯其合法权益提出行政复议申请,除不符合《行政复议法》和《行政复议法实施条例》规定的申请条件的,行政复议机关必须受理。

(二)律师应根据具体案情为委托人选择最佳的救济途径

根据我国现行法律,行政相对人的合法权益受到行政行为的侵害后,行政复议与行政诉讼是最主要的两种救济途径。绝大多数的行政争议,可以在两种救济途径中任选一种,因此律师在遇到一个行政争议时,应当向行政相对人介绍行政复议和诉讼的各自特点,复议与诉讼相比,原则上实行书面审理因而程序简便,不收取费用因而成本较低,诉讼实行开庭审理,需要预交诉讼费用因而需要投入更多的财力、精力。但是法院与复议机关的地位相比,加上诉讼程序的保障其处理结果的公正性更加使人确信。另外还要向相对人说明,一般情况下复议不服仍可以再诉讼,但诉讼程序开始后不能再回到复议程序,因此律师应当告知委托人,如果已经向人民法院提起行政诉讼,人民法院已经依法受理的,不得再申请行政复议。

以上只是一般情况,有时复议和诉讼并不是可以供相对人自由选择,根据一些法律法规的特殊规定,处理行政复议和诉讼的关系时有以下几种情况必须注意:

1. 从受案范围的角度考虑救济途径的选择

一般情况下,行政相对人的合法权益受到行政行为的侵犯,可以选择申请复议或提起诉讼,但两者的受案范围并非完全一致。《行政复议法》在受案范围的规定上很多地方超出了《行政诉讼法》的规定,比行政诉讼的受案范围更加广泛。例如:

(1)行政复议法规定行政相对人对申请行政机关保护受教育权的法定职责,行政机关没有依法履行的,可以申请复议。但根据行政诉讼法的规定,行政相对人对不履行保护受教育权的法定职责不属于保护人身权、财产权的范围,因此在没有法律、法规的特别规定可以提起诉讼的情况下起诉的,人民法院可能不会受理。[1] 因此对于认为行政机关没有履行职责保护自己的受教育权的案件,最好确定复议的救济途径。虽然近些年来也有一些法院受理了一些有关教育权的行政案件,但这些受理行为有突破法律规定的嫌疑因而受到学者和实务界的质疑。这是我国法律滞后或存在漏洞所致,但就国家要尊重和保障人权原则而言,法院受理无可厚非,其也能促进中国行政法律的更新发展。而不受理的情形也比比皆是,如刘宇宸诉济南市历下区教委不作为行政诉讼案,济南市中级人民法院经二审认为受教育权是公民的社会文化权利,且单项法规没有规定当事人可以提起行政诉讼,故裁定撤销一审判决,驳回刘宇宸的诉讼请求。[2]

---

[1] 蔡小雪著:《行政复议与行政诉讼的衔接》,中国法制出版社2003年版,第3页。
[2] 广东非凡精诚律师事务所主编:《活的法律》,商务印书馆2001年版,第3页。

(2)行政复议法对有关教育、劳动、政治等权利的具体行政行为,没有法律、法规规定可以申请复议的,相对人不服也可以申请复议的规定,超出了行政诉讼法规定的受案范围(参见《行政复议法》第6条第11项)。因此有关人身权、财产权以外的具体行政行为,而法律法规又没有明确规定可以提起行政诉讼的,最好选择申请复议。

(3)行政复议法规定了对具体行政行为申请复议时,可以一并对具体行政行为所依据的"行政规定"申请审查,而行政诉讼受案范围只限于具体行政行为。因此,如果相对人希望对违法的"行政规定"一并撤销或改变的,最好选择申请复议。

2.考虑是否属于复议前置的情形

对此,应明确告知相对人,对具体行政行为不服,行政复议机关已经依法受理的,或者必须先向有权机关申请复议,对复议决定不服后才能向法院起诉的,在法定行政复议期限内不得向人民法院提起行政诉讼。否则法院将不予受理(参见《行政复议法》第16条第1款)。依我国目前法律、法规规定,属于复议前置的情形主要有:

(1)《行政复议法》第30条第1款的规定。(2)《海关法》第64条的规定。(3)《税收征收管理法》第88条第1款的规定。(4)《专利法》第41条的规定。另外,值得注意的是,根据2005年8月28日通过、2006年3月1日开始实施的《治安管理处罚法》第102条的规定,对治安管理处罚不服的,可以依法申请复议或者提起行政诉讼,已不再属于复议前置的情形。

3.考虑是否属于复议终局的情形

根据《行政诉讼法》的有关规定,"法律规定由行政机关最终裁决的具体行政行为"不属于行政诉讼的受案范围。由于行政终局裁决行为意味着剥夺了公民、法人或者其他组织对该行为的诉权和人民法院对该行为的司法审查权,因此,行政终局裁决行为必须是法律规定的,所谓"法律"是指全国人民代表大会及其常务委员会制定、通过的规范性文件。目前有关行政终局裁决行为的法律规定主要有下列几种情形:

(1)复议选择兼终局型案件。对此,应告知相对人可以在复议和诉讼之间自由选择,但选择复议后不得再提起诉讼。这类规定包括:《中华人民共和国公民出境入境管理法》第15条,《中华人民共和国外国人入境出境管理法》第29条第2款。

(2)复议后选择裁决终局型案件。《行政复议法》第14条是此类规定。

(3)复议终局型案件。应当向相对人说明不能提起诉讼,只能申请复议,且复议决定是最终裁决。如《行政复议法》第30条第2款规定。

(三)律师应当依法审查确定行政复议是否超过了申请期限

律师接受委托代理行政复议申请时,应当注意审查是否超过了复议申请的期限。根据《行政复议法》第9条的规定,申请复议的期限是知道该具体行政行为之

第十章 行政案件律师实务

日起60日内提出。要特别注意的是,《行政复议法》公布前有的法律、法规规定的复议期限少于60日的,该规定不能适用,申请复议的期限要按60日计算。而法律规定的申请复议期限多于60日的,则可以适用该特别规定。这便是"就多不就少"原则,有利于保护行政相对人。

(四)律师应当依法审查确定行政复议的申请人、被申请人和第三人

根据《行政复议法》的有关规定,认为具体行政行为侵犯其合法权益,向行政机关提出行政复议申请的公民、法人或者其他组织是申请人。有权申请行政复议的公民死亡的,其近亲属可以申请行政复议。有权申请行政复议的公民为无民事行为能力人或者限制民事行为能力人的,其法定代理人可以代为申请行政复议。有权申请行政复议的法人或者其他组织终止的,承受其权利的法人或者其他组织可以申请行政复议。

同申请行政复议的具体行政行为有利害关系的其他公民、法人或者其他组织,可以作为第三人参加行政复议。

律师接受委托代理申请行政复议,应帮助委托人确定被申请人,根据《行政复议法》第10条第4款的规定,公民、法人或者其他组织对行政机关的具体行政行为不服申请行政复议的,作出具体行政行为的行政机关是被申请人。

(五)申请人的代理律师应依法协助申请人审查确定行政复议机关

律师代理申请行政复议,应当向有权对具体行政行为进行复议的管辖机构提出。根据《行政复议法》的有关规定,行政复议机关的复议管辖主要有:(1)申请人选择管辖。(2)上一级主管部门管辖。(3)原行政机关管辖。(4)派出机关、派出机构的管辖。(5)授权组织的管辖,即对法律、法规、规章授权的组织作出的具体行政行为不服申请的复议,由主管行政机关管辖。(6)共同行为的管辖。(7)被撤销的行政机关的管辖。

(六)律师应当做好撰写复议过程中的有关法律文书和调查取证的工作

1.申请人的代理律师应代理申请人撰写、提交行政复议申请书,协助申请人调取、收集、提交相关证据材料。撰写复议申请书主要应帮助相对人确定提出何种复议请求。根据行政复议法的有关规定,行政复议机关有权对具体行政行为的合法性与适当性进行审查。行政复议的请求主要包括:①撤销违法的具体行政行为的请求;②变更不当的具体行政行为的请求;③要求被申请人依法履行职责的请求;④确认具体行政行为违法的请求;⑤认为具体行政行为使自己的合法权益受到损害的,还可以在申请复议时一并提出赔偿的请求;⑥认为具体行政行为所依据的规章以下的规范性文件违法,还可以申请复议机关一并审查并作出相应的处理。

2. 被申请人的代理律师"应当自收到申请书副本或者申请笔录复印件之日起10日内,协助被申请人向复议机关提出书面答复,并提交当初作出具体行政行为的证据,依据和其他有关材料"。

3. 行政复议原则上采取书面审查的办法。对重大、复杂的案件,申请人提出要求或者行政复议机构是认为必要时,可以采取听证的方式审理。代理律师应当亲自参加行政复议程序,代理委托人陈述事实、提供证据,并就事实的认定、法律的适用等问题发表代理意见。需要注意的是,在行政复议程序进行中,遇有法定的情形,如执行可能会给委托人造成难以弥补的损失,或者停止执行不会损害社会公共利益,代理律师可以代理委托人向复议机关申请停止执行。

律师可以根据案件需要要求复议机关向有关组织和人员调查情况,听取申请人、被申请人和第三人的意见。

4. 申请人的代理律师"有权查阅被申请人提出的书面答复,做出具体行政行为的证据、依据和其他有关材料。涉及国家秘密,商业秘密或者个人隐私的,按相关规定办理"。

5. 在行政复议过程中,申请人代理律师应当开展调查、取证工作,收集足以证明被申请复议的行政行为确有违法或不当的证据。代理律师应当制作调查笔录,客观、真实、全面地记载有关情况。调查笔录应由被调查人阅读,确认无误后签名、盖章。被申请人及代理律师"不得自行向申请人和其他有关组织或者个人收集证据"。但是,根据《行政复议法实施条例》规定,行政复议机构认为必要时,可以实地调查核实证据。

6. 律师应注意行政复议不适用调解的原则。

行政管理权是国家赋予行政机关的职权,它不能被转让或放弃,行政机关只能依法履行行政职责,未依法定职权和法定程序履行职责的,应当予以纠正。所以,律师代理行政复议时,不能请求复议机关进行调解,也不能代理委托人与对方达成"和解协议"。

(七)律师应做好行政复议和解和调解工作《行政复议实施条例》新增关于行政复议和解和调解的规定

公民、法人或者其他组织对行政机关行使法律法规规定的自由裁量权作出的具体行政行为不服申请行政复议的,申请人与被申请人在行政复议决定作出前可以自愿达成和解。对行政机关行使法定裁量权作出的具体行政行为不服申请行政复议的案件或者当事人之间的行政赔偿或者行政补偿纠纷,行政复议机关可以按照自愿、合法的原则进行调解。律师获得委托后,应做好行政复议和解和调解工作。

(八)复议决定作出后律师的主要工作

1. 根据行政复议法第19条、第31条的规定,如果行政复议机关未在法定期限

内做出复议决定的,复议期限届满后 15 日内可以向人民法院提起行政诉讼。

2.作为申请人的代理律师应当告知委托人所代理案件的行政复议决定依法是否属于最终裁决。对于不属于最终裁决的行政复议决定委托人不服的,律师可以代理委托人在法定期限内向人民法院提起行政诉讼,或依法向国务院申请裁决。

3.申请人逾期不起诉又不履行行政复议决定的,或不履行最终裁决的行政复议决定的,被申请人的代理律师可以代理被申请人在法定期限内向人民法院申请强制执行。

第三节 律师代理行政诉讼案件

1989 年 4 月 4 日通过、1990 年 10 月 1 日起施行的《中华人民共和国行政诉讼法》,这是我国第一部"民告官"的基本法,它的颁行标志着中国行政基本法律的立法任务初步完成,中国行政基本法律的框架结构已经形成。就中国社会政治与法律生活来说,该法的颁行是中国走向法治的开始,是中国立法史上的一个重大步伐。《行政诉讼法》的制定确立了行政权应当受监督的法律形式,增强了公民等社会主体的权利意识;律师可以接受当事人的委托,代理行政诉讼案件,保护公民、法人和其他组织的合法权益。从《行政诉讼法》施行 16 多年的实践看,行政诉讼事实上已经成为解决行政纠纷的一种重要方式。然而,我们也不得不直面行政诉讼制度在实施中存在的一些问题,例如传统的行政与司法合一的体制对现代行政诉讼造成的巨大冲击,法律意识的淡薄和传统的"无讼"思想阻碍着我国行政诉讼现代化的进程等等。目前,行政诉讼法的修改正在酝酿之中。

一、律师代理行政诉讼的概念和特点

(一)行政诉讼案件的特点

行政诉讼制度作为我国三大诉讼制度之一,行政诉讼案件具有不同于民事诉讼制度与刑事诉讼制度的特征:

1.行政诉讼案件的当事人具有恒定性

行政诉讼的原告、被告地位具有"恒定性",行政诉讼原告是认为具体行政行为侵犯其合法权益的行政相对人,即作为管理相对一方的公民、法人或其他组织。被告是实施该具体行政行为的行政机关或法律法规授权的组织。而且,在诉讼过程中被告不能提起反诉,因此双方的诉讼角色没有更换的可能。

然而,我们也应注意到,作为原告的法人或组织,包括机关法人或组织,当然也包括行政机关或其他行政组织,在一些特定的行政法律关系中,若行政机关作为管理相对人参加,那么,当其认为管理者的具体行政行为侵犯其合法权益时,也只能

以原告身份起诉,才可能获得救济,所以,实践中有人所谓"行政机关在行政诉讼中不能当原告",这一判断在某些特定情形下是不正确的。

2.行政诉讼案件的内容是审查具体行政行为的合法性,解决行政争议

行政诉讼案件不同于其他诉讼制度的地方,最主要的在于其解决的是行政争议。在行政诉讼中,人民法院作为主持者和裁判者,依据专门的行政法规则主要对所诉行政行为的合法性进行审查。而这直接关系着行政机关能否依法行政的重大问题,因此行政诉讼是一种涉及公共利益的诉讼形式,具体行政行为是行政诉讼的审查对象,审查具体行政行为是否合法,是行政诉讼的中心内容。民事诉讼制度的内容是解决平等主体之间的民事争议,适用民事诉讼中的处分原则和调解原则;刑事诉讼制度解决的是刑事争议,即犯罪嫌疑人或被告是否应负刑事责任的问题。

3.行政诉讼案件中的证据制度不同于民事诉讼、刑事诉讼证据制度,因此,行政诉讼案件的特殊性决定了行政诉讼证据的特殊性。

(1)行政诉讼证据的种类存在特殊性

由于行政诉讼案件中的证据主要是用来审查具体行政行为的合法性,因而行政诉讼证据具有以下特点:第一,行政诉讼中的证据主要是复查性证据。所谓复查性是指对在行政程序中已经使用过的证据进行新一轮的审查,以查明是否存在不合法的情况。第二,行政诉讼证据具有技术性和专业性。行政诉讼证据的这一特点是由行政证据具有技术性与专业性的性质决定的。行政诉讼证据的这一特点决定了法院在审查证据时的一些准则。第三,与民事和刑事诉讼证据相比,行政诉讼证据多出了现场笔录。现场笔录是行政诉讼中特有的法定证据,是为了适应行政审判的特殊性而设置的。

(2)行政诉讼案件的证明对象具有特殊性

行政诉讼证明对象包括:第一,与被诉具体行政行为合法性有关的事实,这类证明对象是诉讼审理的核心所在。第二,与规范性文件合法性有关的事实。第三,行政诉讼程序性事实。

(3)行政诉讼案件的举证责任具有特殊性

依据最高人民法院 2002 年 10 月 1 日施行的《关于行政诉讼证据若干问题的规定》第 6 条:"原告可以提供证明被诉具体行政行为违法的证据。原告提供的证据不成立的,不免除被告对被诉具体行政行为合法性的举证责任。"显然,与民事、刑事诉讼在双方当事人中平等分担举证责任有所不同,在行政诉讼中,承担举证责任的主要是被告行政机关或法律法规授权的组织一方。行政诉讼之所以采取这种举证责任分配机制,是因为行政诉讼的主要内容是审查行政行为的合法性,而行政法的一个重要规则是先取证后裁决,即行政机关在作出裁决前,应充分收集证据,因此,就行政行为的合法性发生争议时,由行政机关举证证明其行为的合法性就是理所当然的了。另外,行政行为是由行政机关主动进行的,公民、法人或其他组织处于被动地位,故由行政机关承担证明其行为合法性的举证责任也在情理之中。

此外，行政机关的举证能力比相对人要强，这也是让行政机关承担举证责任的一个原因。

但由于在行政诉讼中，除了被诉行政行为这一证明对象外，还存在其他的证明对象，对它们在举证责任上也应作出正确的分配。我国的行政诉讼法对此没有作出规定，一般认为原告不负举证责任，其实现实并非如此。最高人民法院《关于行政诉讼证据若干问题的规定》第4条和第5条的规定，这里虽然没有使用"举证责任"的措辞，但实际上是对原告所承担举证责任的规定。

(4)行政诉讼的证明标准具有特殊性

与刑事诉讼、民事诉讼相比，行政诉讼证明标准具有如下特点：一是灵活性。行政诉讼证明标准应当与行政案件涉及的相对人的权利、义务成正比。如在一些关系到公民人身自由或重大财产的行政行为引发的行政诉讼中，法院应对被告的举证责任提出较高的证明标准，如"案件事实清楚，证据确实充分"标准。二是多元性。行政诉讼的证明标准因举证责任和案件的种类不同而异。三是中间性。在讨论行政诉讼证明标准的这一特点时，可以把刑事诉讼证明标准和民事诉讼证明标准看成两个极端(前者的要求最高，后者的要求最低)，而行政诉讼的证明标准在总体上是居于中间。

(二)律师代理行政诉讼的概念和特点

根据《行政诉讼法》第29条的规定，律师可以接受当事人的委托，代理行政诉讼案件。行政诉讼代理，是指根据行政诉讼法的规定，由人民法院指定或当事人委托，代理一方当事人并以被代理人的名义进行行政诉讼行为的活动。

在人民法院受理的行政诉讼案件中，通常是行政管理的相对一方当事人需要聘请律师，以获得法律帮助，弄清事实，试图改变或推翻国家有关行政机关业已对其所作出的不利决定。这一律师代理业务，相比民事、经济诉讼代理和刑事辩护业务来讲，起步晚，实践经验少。而行政诉讼法实施中存在的上述问题和整个法制现状，也使律师从事行政诉讼代理工作面临困境。一方面，它们能够提供给律师的伸展空间远远不够；另一方面，由律师行业的特殊性所决定，律师这一群体实际上并不主宰或支配任何价值资源，因而仅凭良好的职业道德和高超的个人技能并不能使律师的诉讼活动完全取得成功。难怪有许多律师认为，律师在行政诉讼中发挥不了多大作用。有些律师发出了"做律师难，做行政诉讼代理律师更难"的感慨。在实践中，他们也不大愿意承接行政诉讼案件，从而造成了律师群体的主观价值与其行为取向之间的矛盾，增加了律师从事行政诉讼代理工作的难度。

但是，作为原告或被告的法律帮助者，作为行政诉讼代理人，律师本身应该是代表民间、社会一种维护人权、权利与主持正义的力量，他们应当克服各种困难，走出困境，凭借自己的道德与良知，运用自己的智慧和才能，仗义执言，以维护被代理人的合法权益，彰显法律正义，鞭挞社会邪恶，弘扬社会正气，推动我国行政诉讼法制现代化的进程。行政诉讼代理的特点主要有：

1. 律师代理行政诉讼纠纷的单向性

行政诉讼所要解决的是行政争议，是发生在处于地位相对"不对等"的行政主体与行政相对人之间的争议，而非平等民事主体间的民事争议。因此，纠纷双方的地位不对等，具有管理、处罚的单向性。在行政法律关系中反映的是纵向法律关系，即在行政上有管辖、隶属关系，而当这种纠纷诉诸人民法院时，这种行政上的管辖隶属关系则变成了行政机关同公民、法人之间的诉讼权利和地位相互平等的法律关系。律师代理时应向当事人说明"法律面前人人平等"的含义，解除其思想顾虑，以促使公民对国家机关、国家权力观念的更新，消除封建社会"官官相护"的心理因素，接受正确而恰当的行政处理。

2. 律师作为行政机关的诉讼代理人代理行政诉讼没有起诉权、反诉权和收集证据权

律师代理诉讼应该包括起诉和应诉，但是，行政诉讼的被告始终是行政机关，所以律师作为行政机关的诉讼代理人，没有起诉的权利。

由于行政机关的行政行为在原告提起诉讼前已经决定或者执行，所以作为行政机关的诉讼代理人不可能向法院提出与本诉诉讼标的和理由有牵连的反诉请求。

根据《行政诉讼法》及有关规定，在诉讼过程中，被告不得自行向原告和证人收集证据。被告的诉讼代理人也不能自行向原告和证人收集证据。

3. 律师代理行政诉讼在开展工作的内容和程序上有其独特性

律师代理行政诉讼首先要弄清被代理人实施过何种行为，这种行为是否违法，该负何种法律责任；其次要对行政机关的决定进行审查；最后还要审核被代理人起诉的事实是否清楚，证据是否充分，理由是否正当，要求是否合理合法，才可以决定是否代理诉讼和提出代理意见。

4. 律师代理行政诉讼须依据广泛的法律背景

行政诉讼案件的处理依据，很多是行政法规。在行政诉讼中，涉及各行业、各部门、各系统。法院判决适用的法律也大都是行政法规。我国迄今已有150多个法律、法规规定，当事人不服行政机关的处罚或者其他处理决定均可以向人民法院起诉。因此，律师要做好行政诉讼代理工作，必须掌握丰富的行政法规知识，才能有力地维护当事人的合法权益。

5. 律师代理行政诉讼应注意行政诉讼具有国家赔偿性

行政诉讼的结果，有的涉及行政赔偿。行政赔偿与一般民事赔偿不同，主要是国家赔偿，一般说来，行政赔偿经费直接由国家财政拨出。①

---

① 官玉琴、张禄兴主编：《律师法学》，福建教育出版社2006年版，第325～326页。

第十章 行政案件律师实务

二、律师代理行政诉讼(一审)案件的主要工作

(一)诉前准备阶段的主要工作

1.原告的代理律师应对案件性质进行审查,确定是否合乎人民法院受理行政诉讼案件的条件和范围

(1)审查行政诉讼案件是否会被受理的基本条件

我国《行政诉讼法》第2条规定了人民法院受理的行政案件的基本范围,依据该条规定,当事人依法诉至人民法院请求审判的行政案件,它必须具有以下四个条件:其一、原告一方当事人必须是受国家行政机关处罚或处理的公民和法人,或者是有利害关系的公民;其二、对国家行政机关对其作出处罚或处理决定表示不服的原告应在法定的期限内,向有管辖权的人民法院提起诉讼;其三、被告一方必须是行使行政管理职权并对原告作出处罚或处理决定的国家行政机关或者授权组织;其四、必须有法律、行政法规及地方性法规中的专门条款,规定公民和法人对国家行政机关所作的行政处罚或其他处理决定不服,可以向人民法院起诉。

上述这四个条件构成了人民法院主管行政案件的充分必要条件。如果公民、法人或其他组织不符合以上四个条件而提起行政诉讼,要求人民法院审判,人民法院可以不予受理。

(2)确定行政诉讼案件的受案范围

根据《行政诉讼法》第11条的规定,人民法院受理公民、法人和其他组织对下列具体行政行为不服提起的诉讼案件,可将这些行政案件进行学理分类,分为两大类型:一是涉及人身权、财产权的案件,二是人民法院受理法律、法规规定可以提起诉讼的其他行政案件,其中涉及人身权、财产权的案件是我国行政诉讼制度所保护的重点。

第一种类型:涉及人身权、财产权的案件,具体包括以下几种案件:

其一,行政处罚案件。《行政诉讼法》第11条第1款第1项规定,"对拘留、罚款、吊销许可证和执照、责令停产停业、没收财物等行政处罚不服的",行政相对人可依法提起行政诉讼。行政机关实施行政处罚是否合法,同公民、法人或其他组织的人身权、财产权关系甚密。从行政审判实践看,人民法院审理的行政案件大量的是对行政处罚不服。目前,我国尚有一些法律、法规规定了行政处罚,但却没有规定对行政处罚可以提起行政诉讼,如行政机关对行政相对人作出的警告、通报批评等。而且,随着我国法规的不断增多,行政处罚的种类也随之增加,从行政诉讼的立法目的来看,除《行政诉讼法》明确列举的这几种行政处罚形式外,还应包括所有的行政处罚行为,因为行政处罚行为不管采用何种形式,涉及的都是人身权、财产权问题,只要是行政处罚行为,就应允许公民、法人和其他组织提起行政诉讼,法院应予受理,这也是扩大行政诉讼受案范围的重要表现。

其二,行政强制措施案件。《行政诉讼法》第 11 条第 1 款第 2 项规定,"对限制人身自由或者对财产的查封、扣押、冻结等行政强制措施不服的",行政相对人可依法提起行政诉讼。所谓"行政强制措施"是指行政机关在行政管理活动中,依其职权采取强制手段限制特定人行使某项权利或迫使其履行某种义务或达到与履行义务相同状态的具体行政行为。行政强制措施主要有两种:一种是限制人身自由的行政强制措施,如约束、扣留等。另一种是对公民、法人或者其他组织的财产实行查封、扣押、冻结等。《行政诉讼法》规定对此类行政强制措施可以提起行政诉讼,是对公民、法人或其他组织合法权益的一个有力保障。

其三,侵犯经营自主权的案件。《行政诉讼法》第 11 条第 3 款第 3 项规定"认为行政机关侵犯法律规定的经营自主权的",行政相对人可依法提起行政诉讼。对此项规定的理解,结合司法实践应包括以下几个方面:第一,侵犯经营自主权的行为限于具体行政行为。第二,侵犯经营自主权的主体并不限于"行政机关",还应包括被授权组织。第三,经营自主权的内容一般指企业和各种经济组织依法享有的自主调配和使用人力、物力和财力的权利以及在产、供销环节中自主决定而不受干涉的权利。经营自主权的权利主体是很广泛的,包括全民所有制工业企业,集体企业、私营企业、三资企业、合伙企业、个体工商户等都享有广泛的经营自主权。

其四,行政许可案件。《行政诉讼法》第 11 条第 1 款第 4 项规定"认为符合法定条件申请行政机关颁发许可证和执照,行政机关拒绝颁发或不予答复的",公民、法人或者其他组织可以提起行政诉讼。需要指出的是,这里的"行政机关拒绝颁发或不予答复的",既可以是明示的拒绝而不批准当事人的申请,也可以是默示的迟延。前种情况是种否定性的作为行为,它明确地对当事人的申请予以否定。而后种情况则是在一定的期限内行政机关对申请人的申请既不批准也不拒绝(即所谓行政机关应作为而不作为),从理论上讲,行政机关必须对当事人的申请给予答复,否则就是种违法失职行为。司法实践中,行政机关的行政许可与批准行为所涉及的事项很多,所涉及的权益也是广泛的。例如,在城市建筑垃圾管理制度中,对建筑垃圾倾倒地点与行驶路线的许可行为,交通秩序管理机关对于货车驶入一定禁止区域或街道及线路的许可,都应属于行政诉讼的受案范围。

其五,不履行保护人身权、财产权法定职责的案件。《行政诉讼法》第 11 条第 1 款第 5 项规定"申请行政机关履行保护人身权、财产权的法定职责,行政机关拒绝履行或者不予答复的",属于行政诉讼的受案范围。具体地说,人民法院受理行政相对人因申请行政机关保护人身权、财产权的法定职责,行政机关拒绝履行或者不予答复而提起的诉讼。符合该条件的行为可从以下几个方面来把握:第一,必须是行政机关不履行法定职责的行为。第二,这种不履行法定职责的行为,限于法定的保护人身权、财产权的范围。第三,必须是当事人已向负有法定保护人身权、财产权职责的行政机关明确提出过申请。

第十章 行政案件律师实务

其六,没有依法发给抚恤金的案件。《行政诉讼法》第 11 条第 1 款第 6 项规定"认为行政机关没有依法发给抚恤金的",行政相对人可依法提起行政诉讼。抚恤金本身既具有财产权益的内容与性质,同时也涉及社会保障、物质帮助的权益,是一种多重性质的权益,对当事人关系重大。"行政机关没有依法发给抚恤金"包含下列几层含义:第一,代表国家发放抚恤金职责的是各级政府的民政部门,只有对民政部门发放抚恤金的行为不服才可提起行政诉讼。对于企业事业单位、社会团体、或其他组织所属的成员死亡或伤残后未按规定发给抚恤金或困难补助费的,不属行政诉讼的受案范围。第二,依法领取抚恤金的对象只能是符合法律、法规及规章规定的优抚对象,包括军人、国家机关工作人员、民兵、民工等特定人员;也只用这些公民本人才能作为这类案件的原告。第三,"没有依法发给"是指没有有关法规、规章规定的内容、条件、对象、数额、程序发放抚恤金,这里的有关法规、规章目前具体是指依据国务院颁布的《革命烈士褒扬条例》、《军人优抚优待条例》以及政府及民政部发布的规章。除抚恤金外,与抚恤金性质相同的其他的诸如法定的救济金、福利金、奖励金等,也都应属于受案范围。

其七,违法要求履行义务的案件。《行政诉讼法》第 11 条第 1 款第 7 项规定"认为行政机关违法要求履行义务的",行政相对人可依法提起行政诉讼。司法实践中,此类具体行政行为主要表现在:第一,法律、法规以及规章没有设定义务,而行政机关以其行政行为随意要求相对方履行义务,如乱收费、滥摊派等。第二,行政机关重复要求义务人履行义务。第三,行政机关超过法律、法规的种类、范围等而要求相对方履行义务。第四,行政机关要求履行义务而违反法定程序,如收费不出具法定的收据,要求义务人提前履行义务等。

其八,侵犯其他人身权、财产权的案件。《行政诉讼法》第 11 条第 1 款第 8 项规定"认为行政机关侵犯其他人身权、财产权的",行政相对人可依法提起行政诉讼。司法实践中,此类具体行政行为主要是除前款 7 种规定外,未列举规定的侵犯其他人身权、财产权的案件。

第二种类型:人民法院受理法律、法规规定可以提起诉讼的其他行政案件。

《行政诉讼法》第 11 条第 1 款对属于受案范围的侵犯人身权、财产权的行政案件作了列举规定之后,在第 2 款进而规定"除前款规定外,人民法院受理法律、法规规定可以提起诉讼的其他行政案件",这体现了我国行政诉讼法受案范围规定方式的一个特点,即行政诉讼法的一般规定与单行法律法规的规定相结合,凡因行政机关行政活动涉及公民合法权益而形成的行政争议案件,即使行政诉讼法未作列举,只要其他法律、法规规定可以提起行政诉讼的,都属于行政诉讼的受案范围,人民法院都应予以受理。此款规定标志着我国《行政诉讼法》对受案范围的规定并不是完整终结,随着社会的发展与进步和改革的深入,受案范围将会进一步扩大。

根据最高人民法院 1999 年 11 月 24 日通过、2000 年 3 月 10 日起施行的《关于执行〈中华人民共和国行政诉讼法〉若干问题的解释》(以下简称《若干解释》)和其

他单行法律法规的有关规定,有下列情形的,行政相对人可以依法提起行政诉讼:

其一,"抽象行政行为"的案件。"公民、法人或者其他组织对具有国家行政职权的机关和组织及其工作人员的行政行为不服,属于人民法院行政诉讼的受案范围的,有权依法提起诉讼。"(《若干解释》第1条,下同)对本条中的"行政行为"一般指具体行政行为,原则上还包括"抽象行政行为"。

其二,侵犯涉及相邻权或者公平竞争权的案件。"被诉的具体行政行为涉及其相邻权或者公平竞争权的"(《若干解释》第13条第1款),其中被诉的具体行政行为侵犯公平竞争权的,是"利害关系"的一种情形,这实际上是从原告资格的角度扩大了"权利标准"的范围。

其三,有法律上利害关系的第三人案件。"与被诉的行政复议决定有法律上利害关系或者在复议程序中被追加为第三人的"(《若干解释》第13条第2款)。

其四,依法追究加害人法律责任案件。"要求主管行政机关依法追究加害人法律责任的"(《若干解释》第13条第3款)。

其五,与具体行政行为的变化有法律上利害关系的案件。"与撤销或者变更具体行政行为有法律上利害关系的"(《若干解释》第13条第4款)。

其六,有法律上利害关系的当事人案件。"与具体行政有法律上利害关系的公民、法人或者其他组织对该行为不服的。"(《若干解释》第12条)

其七,国际贸易行政案件。最高人民法院针对我国加入WTO之后的情况于2002年8月27日颁布的《关于审理国际贸易行政案件若干问题的规定》,确立了一种新的行政案件类型。审理此类案件,应遵循适用中国法律、国际条约优先的原则。

其八,反倾销行政案件。根据《行政诉讼法》和最高人民法院《关于审理反倾销行政案件应用法律若干问题的规定》,人民法院依法受理对有关倾销及倾销幅度、损害及损害程度的终裁决定等反倾销行政行为提起的行政诉讼。

(3)不予以受理的行政诉讼案件范围

《行政诉讼法》第12条规定了法院不予受理的行政争议:人民法院不受理公民、法人或者其他组织对下列事项提起的诉讼:

其一,"国防、外交等国家行为",是指国务院、中央军事委员会、国防部、外交部等根据宪法和法律的授权,以国家的名义实施的有关国防和外交事务的行为,以及经宪法和法律授权的国家机关宣布紧急状态、实施戒严和总动员等行为。

其二,"行政法规、规章或者行政机关制定、发布的具有普遍约束力的决定、命令",是指行政机关针对不特定对象发布的能反复适用的行政规范性文件。

其三,"行政机关对行政机关工作人员的奖惩、任免等决定",是指行政机关作出的涉及该行政机关公务员权利义务的决定。

其四,"法律规定由行政机关最终裁决的具体行政行为"。其中,"法律",是指全国人民代表大会及其常务委员会制定、通过的规范性文件。

另外，在审查案件性质是否属于受案范围时应当特别注意，《若干解释》第1条第2款对于不属于法院受案范围的行为作了如下补充规定：

其一，"公安、国家安全等机关依照刑事诉讼法的明确授权实施的行为"。即所谓刑事司法行为，是指公安、国家安全等机关依照刑事诉讼法的明确授权实施的行为。在我国刑事司法行为是被排除在行政诉讼受案范围之外的，这主要是考虑到：其一，我国现行的司法体制，刑事侦查行为被视为司法行为，在习惯上不作为行政行为对待。其二，我国刑事诉讼法已经授权检察机关对刑事侦查等刑事司法行为进行监督。其三，根据我国国家赔偿法的规定，因刑事侦查等刑事司法行为违法而致人损害的，受害人可以根据国家赔偿法的规定获得救济。

其二，"调解行为以及法律规定的仲裁行为"。需要注意的是，这里的"法律"是狭义上的法律，即指全国人大及其常委会所制定的法律。如果某一仲裁行为不是法律而是由地方性法规、行政法规甚至规章规定的，那么对这种"仲裁"行为不服，就可以向人民法院提起行政诉讼。

其三，"不具有强制力的行政指导行为"。行政指导行为，是行政机关在进行行政管理的过程中，所作出的咨询、建议、劝导等行为。行政指导行为不具有当事人必须履行的法律效果。当事人可以按照行政指导行为去做，也可以不按照行政指导行为去做，违反行政指导行为不会给行政管理相对人带来不利的法律后果。但是，如果某一行为具有强制力或者某种行为要求当事人必须为或不为一定行为，行政管理相对人不履行或不执行就要承担不利法律后果，那么这种行为就不再是行政指导行为了，当事人对这种行为不服，仍然可以向人民法院提起行政诉讼。

其四，"驳回当事人对行政行为提起申诉的重复处理行为"。所谓重复处理行为是指行政机关所作出的没有改变原有行政法律关系、没有对当事人的权利义务发生新的影响的行为。这种行为通常是指以下情形：当事人对历史遗留问题的行政行为、对已过争诉期间的行政行为或行政机关具有终局裁决权的行为不服，向行政机关提出申诉，行政机关经过审查，维持原有的行为，驳回当事人的申诉。

其五，"对公民、法人或者其他组织权利义务不产生实际影响的行为"。此类行为主要指还没有成立的行政行为以及还在行政机关内部运作的行为等。之所以将这类行为排除在行政诉讼的受案范围之外，是因为行政诉讼的目的就是消除非法行政行为对行政管理相对人的权利义务的不利影响，而如果某一行为没有对行政管理相对人的权利、义务产生实际影响，提起行政诉讼就没有实际意义。①

经审查符合行政诉讼案件受案范围的，律师应该接受委托，办理好委托手续，明确代理权限，尤其接受行政机关的委托，行政机关必须在委托书中非常明确地写明代理权限范围，以防越权违法。

2.律师应依法审查确定案件的诉讼主体

---

① 官玉琴、张禄兴主编：《律师法学》，福建教育出版社2006年版，第328页。

(1)律师接受委托时,首先应审查并解决好原告资格的确定问题。审查并解决原告资格确定,应注意《行政诉讼法》第24条,《若干解释》第11条第2款、第14条至第18条规定。

(2)原告的代理律师应当帮助原告依法确定提起诉讼的被告。

行政诉讼的目的是裁决行政主体作出的行政行为是否合法,因此,被告一定是行政主体,如果不是行政主体,而是企事业单位根据各自的规章制度作出的处罚决定等,均不能构成行政诉讼。同时审查委托人所不服的是不是行政主体的终局行政决定。对于法律要求复议前置的,要先申请复议。

一般地讲,行政诉讼的被告是比较明确的,确定被告时,要注意加以审查。《行政诉讼法》第25条和《若干解释》第19条至第22条对此作了规定。

在实践中确定被告人容易出现的问题是,如何正确认定委托机关?比如《森林法》第24条规定:"对于违反森林法行为的行政处罚,由县级以上林业主管部门或其授权的单位决定。"县级以上林业主管部门授权的单位所作的具体行政行为,是属于《行政诉讼法》第25条第4款中"由法律、法规授权的组织所作的具体行政行为",还是属于"由行政机关委托的组织所作的具体行政行为"?如果公民、法人或者其他组织对县级以上林业主管部门授权的单位所作的行政处罚不服提出诉讼的,是县级以上林业主管部门作被告,还是县级以上林业主管部门授权的单位作被告?对此问题,全国人大常委会法制工作委员会作出了解释,即由县级以上林业主管部门授权的单位所作的行政处罚决定属于由行政机关委托的组织所作的具体行政行为。公民、法人对这种决定不服提起诉讼的,参照《行政诉讼法》第25条第4款的规定。

3.律师应当依法对行政案件的起诉期限进行审查

(1)《行政诉讼法》和《若干解释》关于行政诉讼的起诉期限的规定主要有:《行政诉讼法》第29条、第38条第2款,《若干解释》第41条、第42条等。

(2)律师在审查起诉期限时应注意考虑以下情况:

核查行政机关的行政处理何时作出的,被处理者(原告)何时知道该项行为,以判断是否超过了提起诉讼的时效。

其一,注意《行政诉讼法》第40条和《若干解释》第39条、第43条等情况的规定。对于超过法定起诉期限,且无正当理由起诉的,律师应当告知委托人,该起诉可能被法院裁定不予受理或者驳回。

其二,注意对行政诉讼时效作出限制的还有其他单行法律规定,即其他法律对行政诉讼的起诉期限另有规定的,适用该规定。例如《食品卫生法》规定:"当事人对行政处罚决定不服的……当事人也可以在接到处罚通知之日起十五日内直接向人民法院起诉。"

4.审查委托人所不服的是行政行为还是行政机关对民事纠纷所作的处理决定

如果委托人是对行政机关对民事纠纷作出的处理决定不服,只能就纠纷本身,

第十章 行政案件律师实务

以纠纷的对方当事人为被告提起民事诉讼,而不能以处理机关为被告提起行政诉讼。律师应特别注意对下列 11 种行政机关的处理,若当事人欲提起行政诉讼的,要告知其只能就纠纷本身,以纠纷的对方当事人为被告提起民事诉讼。主要是:(1)《渔业法》第 12 条;(2)《草原法》第 18 条;(3)《森林法》第 14 条;(4)《商标法》第 39 条;(5)《专利法》第 60 条;(6)《邮政法》第 35 条;(7)《土地管理法》第 53 条;(8)《药品管理法》第 56 条;(9)《海洋环境保护法》第 42 条;(10)《水污染防治法》第 41 条;(11)《海上交通安全法》第 46 条。

5. 律师应当依法认真审查确定案件的管辖法院

律师审查确定案件的管辖法院时,应注意《若干解释》第 6 条至第 9 条的规定和《行政诉讼法》第 13 条至第 20 条规定。律师经审查认为法院管辖不当时,应告知委托人可以在接到人民法院应诉通知之日起 10 日内以书面形式向法院提出管辖异议。

(二)调查取证方面的主要工作

1. 行政诉讼案件中,律师向委托人收集证据时应当注意如下事项

(1)律师接受原告委托,应当要求委托人提供其所知道的案件的一切事实,并提供以下证据:①证明起诉符合法定条件的证据以及被诉具体行政行为存在的依据;②依法须经复议才能起诉的,应当提供已经过复议程序的证据;③在起诉被告不作为的案件中,证明其提出申请的事实,但被告应当依职权主动履行法定职责及被告受理申请的登记制度不完备的除外;④在一并提起行政赔偿的诉讼中,证明因受被诉行为侵害而造成损失的事实;⑤对被诉具体行政行为提出反驳理由的事实依据。

(2)担任被告代理人的律师,应当协助被告对其作出的具体行政行为承担举证责任,应当要求委托人提供其作出被诉具体行政行为的证据和所依据的规范性文件,包括下列证据和材料:①证明被告有权作出具体行政行为的职权依据;②证明被告执法程序的事实依据和相应的程序性规范依据;③被告作出具体行政行为所认定事实的证据;④被告执法目的合法的依据;⑤被告作出具体行政行为的法律依据;⑥认为原告应复议前置而未申请复议或起诉超过起诉期限的证据;⑦在被告不作为的案件中,主张不作为理由的事实依据和法律依据;⑧其他相关证据和材料。

(3)担任第三人代理人的律师,应当以维护第三人利益为原则调查收集证据。

2. 律师向证人调查和收集证据时应当注意的事项

(1)担任原告代理人的律师,可以向证人调查、收集证据,但法律另有规定的除外。

(2)担任被告代理人的律师,在诉讼过程中,不得自行向证人收集证据,下列情况除外:①原告或者第三人在诉讼过程中,提出了其在被告实施行政行为过程中没有提出的反驳理由或证据的,并且经人民法院准许可以补充相关证据的;②或者人

民法院认为必须由被告在判决前调查取证的。

3. 律师向对方当事人调查和收集证据应当注意的事项

(1)律师经对方当事人同意,可以向其调查、收集证据,制作调查笔录;可以录音、录像。

(2)担任被告代理人的律师,在诉讼过程中,不得自行向原告收集证据,但是原告或者第三人在诉讼过程中,提出了其在被告实施行政行为过程中没有提出的反驳理由或者证据的并且人民法院认为应当或者经人民法院准许可以补充相关证据的除外。

4. 申请人民法院调取证据应当注意的事项

(1)担任原告或者第三人诉讼代理人的律师,因客观原因无法自行收集证据,应当及时申请人民法院调取该证据。律师申请人民法院调取证据,应当在举证期限内向人民法院递交书面申请,并向人民法院提供证据线索。

(2)当事人应当提供而无法提供证据原件或者原物的,律师应当告知当事人或者代理当事人申请人民法院调取该证据。

(3)人民法院接受申请调取该证据时,要求律师协助调查收集证据的,律师应当协助。

(4)担任原告或者第三人诉讼代理人的律师,根据案情需要或者委托人提出需要勘验物证现场、重新勘验物证现场的,或者需要对专门性问题进行鉴定、重新鉴定的,应当依授权及时代理委托人向人民法院书面提出勘验申请或者鉴定申请,并说明申请的理由。

5. 申请证据保全应当注意的事项

(1)在证据可能灭失或者以后难以取得的情况下,律师应当在征得委托人同意后,及时代理其向人民法院申请保全证据。

(2)申请证据保全应当在举证期限届满前书面提出,并说明证据的名称和地点、保全的内容和范围、申请保全的理由等事项。

6. 证据的审查、整理和提交

(1)律师对收集到的证据应审查其是否符合合法性、真实性和关联性,进行审查。

(2)律师应当对收集的证据进行整理,编制证据目录,载明证人名单或证据名称及其拟证明的事实。

(4)担任原告或者第三人诉讼代理人的律师,应当把收集到的证据,在开庭前或者人民法院指定的交换证据之日向一审人民法院提交。法律或者人民法院对规定提交证据期限的,应当在该规定期限内提交。

(5)担任被告代理人的律师,应当在被告收到起诉状副本之日起10日内将被告作出具体行政行为时的证据、依据或收集到的其他有关证据向一审人民法院提交。人民法院准许被告补充相关证据的,应当在人民法院规定的期限内提交。

(6)当事人在法定提交证据期限内有正当理由不能提供证据的,律师可代当事人书面向人民法院申请延长期限并阐明理由。

(三)一审起诉和应诉阶段的主要工作

1.原告的代理律师在起诉阶段的主要工作和注意事项

(1)原告的代理律师代理原告撰写起诉状并在法定起诉期限内向法院提起行政诉讼。行政诉讼状与民事诉讼状的基本格式和书写基本要求是相同的,只是对于事实和理由的叙述及具体的请求不同。诉状写好以后,要由委托人签字或盖章,按被告的多少,提供相应的副本及相关的证据,然后提交法院,由法院进行受理审查。

(2)律师代理原告确定诉讼请求应注意的事项

其一,行政诉讼的本质和特点是司法权对行政权的审查和监督,这种审查是有限的审查,这种监督是有限的监督。概括地表示为法院主要对行政行为的合法性进行审查,而不审查其合理性。因此,律师代理行政案件时,必须首先和当事人明确诉讼的目的和后果。很多情况下,行政诉讼并不能够像民事诉讼一样一劳永逸。例如行政机关的处罚决定撤销后还可以重新作出。尤其是行政许可领域,最终必须由行政机关来决定是否颁发许可证并实际颁发许可证。

其二,行政诉讼的诉讼请求是法定的,目前的诉讼请求包括:①撤销之诉;②确认之诉;③责令履行法定职责之诉;④变更之诉;⑤赔偿之诉。律师在代理行政案件中,应当正确提出诉讼请求。如何提出的诉讼请求超出了法院的职权范围,该请求注定是被驳回的。根据《行政诉讼法》第54条第2款至第4款的规定主要有三种类型:

第一种类型:《行政诉讼法》第54条第2款规定了五种具体行政行为应当撤销或部分撤销。律师应审查具体行政行为是否具备下列五种情况,如果具备其中之一,则应当主张撤销。

一是主要证据不足。主要证据不足,即被告向法院提交的证据,不能证实其所作出的具体行政行为的合法性。律师承办此类案件,一般需要调查取证。只有经过调查,才能证明被告作出的具体行政行为是否有充分的证据。对于主要证据不足,从而导致事实不清的具体行政行为,应当主张撤销,而对于那些枝节问题,则不应当纠缠。

二是适用法律、法规错误。具体行政行为适用法律、法规错误,主要有以下四种情况:①应适用甲法,却适用了乙法;②应适用甲法的某些条款,却适用了甲法的其他条款;③片面适用法律;④适用了尚未生效或已经失效的法律、法规。

三是违反法定程序。违反法定程序构成撤销或部分撤销的具体行政行为,应当指违反那些对于具体行政行为内容有影响的主要程序。如治安行政案件中,公安机关未经过传唤、讯问、取证程序,就进行了裁决。应当注意,对于可以当场处罚的具体行政行为：只要将被处罚人的行为和结果记录在案和填写了当场处罚决定书，并让被处罚人签名，其程序就是合法的。

四是超越职权。超越职权指超越本部门的职权范围，擅自作出的行政处罚决定。以下四种情况可以定为超越职权：①甲机关行使乙机关的职权；②超越法律、法规规定的范围和幅度行使职权；③下级行政机关行使上级机关的职权；④超越地域管辖权行使职权。

五是滥用职权。滥用职权指行政机关行使权力的目的不是出于社会公共利益，或者不符合法律授予这种权力的目的，亦即指行政机关在法定权限内不正当的行使权力时发生的错误。代理这类案件，应当掌握确凿的证据。

第二种类型：显失公正是由于行政机关不合理地行使自由裁量权而导致的。律师代理原告参与这类案件，如果经审查认为行政处罚行为确实显失公正，则应主张人民法院予以变更，并督促人民法院执行起诉不加重原则（参见《若干解释》第55条）。

下列行为可视为显失公正而主张变更：①两个以上处罚对象的违法行为的情节和危害后果基本相同，但处罚结果特别悬殊的；②行政处罚所依据的法律法规没有提供具体处罚幅度，但根据实施情况确实处罚畸重，并且影响了相对人的合法权益的；③虽然行政处罚在法定幅度以内，但能够有确凿的证据证明行政机关所作的行政处罚受到了不相关因素的影响，并损害了相对人的合法权益的；④作出的行政处罚在实践中无法执行的。

第三种类型：请求"被告不履行或者拖延履行法定职责的，判决其在一定期限内履行"。

由于行政诉讼主要是针对行政主体所作出的行政行为是否合法进行裁决，因此，诉讼请求一般是请求撤销或者部分撤销行政行为。具体来说，对于主要证据不足的，适用法律、法规错误的，违反法定程序的，超越职权、滥用职权的，均可请求撤销，对于附带民事诉讼的也要一并提出；对于被告不履行法定职责的，可以请求履行法定职责；对于行政处罚行为显失公正的，原告亦有权请求人民法院依法变更。

有些诉讼中当事人请求法院判决行政机关颁发许可证，这类诉讼请求是无效的请求。因为法院不能代替行政机关判断是否具备了颁发许可证的条件。同时诉讼请求之间不能相互矛盾，例如在拆迁纠纷中，很多当事人的诉讼请求包括：撤销违法的拆迁决定；给予更高的拆迁补偿。这两个请求之间是矛盾的，因为第一个请求的前提是拆迁违法，而第二个请求的前提是拆迁合法。对这些问题给予应有的注意，可以有效避免因这类技术原因导致败诉。

其三，如何确定一个行政行为是否可诉？如前文所述，《行政诉讼法》第11条明确规定了行政诉讼的受案范围，同时在有关司法解释中进一步扩大了受案范围。

可诉的行为从类型上包括了行政法律行为和事实行为。这两类行为在客观上有很多的差异，但是如果侵犯了相对人的合法权益，均是可诉的。

可诉的行为应当对相对人有实际影响。在中国的行政诉讼制度下,尚未建立公益诉讼的制度,原告仅能够为自己的利益而提起诉讼(诉讼资格的转移例外),而不能够仅仅为公共利益而起诉。可诉的行为是一个已经成熟的行政行为。理论上研究"成熟的行政行为",强调行政行为已经作出,是一个决定或者行为已经实施。一般意义上,正在过程中的行为或者尚未作出的行为是不可诉的。

(3) 原告的代理律师在庭前的准备工作

其一,阅卷。阅卷一方面要注意行政主体据以作出具体决定的事实是如何认定的,证据是否真实可靠,有没有矛盾。对于鉴定一类的证据,要注意鉴定的合法性。对于需要鉴定而没有进行鉴定的,要向法院提出建议,进行鉴定。另一方面还要注意行政主体作出的具体决定在法律上的依据是什么,依据的条文是不是具有法律效力。如果依据的是行政性文件,还要研究它的效力,其是否与法律相抵触。另一方面还要注意具体处罚的幅度是否符合规定,有没有减轻处罚情节等等。

其二,注意举证期限。根据最高人民法院《行政诉讼证据若干问题的规定》,原告应当在开庭审理前或者人民法院指定的交换证据之日提供证据。因正当事由申请延期提供证据的,经人民法院准许,可以在法庭调查中提供。逾期提供证据的,视为放弃举证权利。

其三,收集证据。收集证据时要注意收集能证明具体行政行为不合法的一切证据,注意证据原件原物,在涉外证据的收集方面,应关注程序上的完备性与合法性。若确需要人民法院调取和保全证据,应于举证期限届满前向人民法院提出申请。切记告知原告,在诉讼过程中如果被告或其代理人向原告收集证据,要坚决拒绝。

其四,收集有关的法律规定。行政机关作出具体行政行为时所依据的行政法律规范性文件种类繁多,效力不一,判断具体行政行为是否合法,要收集这些规定并认真研究其内容及效力。

其五,代写代理词。行政诉讼的代理词,内容比较简单,主要有两大部分:一部分是事实认定方面的意见;另一部分是法律依据的适用问题。与民事诉讼比较,行政诉讼的代理词一般内容少,针对性强,直接围绕委托人不服的具体行政行为来论述;论证的方式是驳斥行政行为的不合法,重点在于"驳"。

(4) 原告或第三人的代理律师在起诉阶段的其他工作。主要包括如向法院提出缓交、减免诉讼费,停止执行具体行政行为,延期提供证据的申请等。

2. 被告的代理律师在起诉阶段的主要工作和注意事项

(1) 如果律师是被告的代理人,被告的代理律师应认真分析案情,调取证据,审查具体行政行为的合法性,作好答辩工作和其他工作。例如,帮助被代理人整理案卷,提供具体的法律法规依据及所依据的规范性文件,向法院提出答辩状,注意举证期限(《若干解释》第26条第2款的规定),代写代理词等。

(2) 被告的代理律师在起诉阶段举证应注意的事项:被告对做出的具体行政行

为负有举证责任;可以代理被告提出延期提供证据的书面申请;经人民法院准许可以补充相关的证据等。

3.第三人的代理律师在起诉阶段的主要工作和注意事项

律师可以根据案件需要,依《行政诉讼法》第27条规定,代理当事人向人民法院提出追加第三人的申请。

律师在代理行政诉讼第三人的过程中,可参考代理原被告的具体工作方式和应当注意的证据规则。

(四)庭审阶段的主要工作和注意事项

1.在庭审开始前的主要工作。律师可根据案件是否涉及国家机密、商业秘密、个人隐私以及法律有无特别规定等情况,与委托人协商,是否申请不公开审理。律师可以根据案件需要代理委托人向法院申请延期开庭。

2.法庭调查阶段的主要工作。首先,代理律师必须认真审核对方提交的证据,围绕证据的关联性、合法性和真实性,针对证据有无证明效力以及证明效力大小,进行质证。其次,代理律师要注意发现有没有审判员遗漏调查的、对委托方有利的事实;有没有对方当事人应该讲明的,但由于对其不利而回避不谈的问题;有没有对委托人有利,证人能讲清楚而没讲清楚的问题。对于证人证言有矛盾的,要进行质证。

3.法庭辩论阶段的主要工作。法庭辩论时律师应主要围绕下列问题:(1)证据是否真实可靠。如发现出示的定案证据不真实,或不完整,或遗漏重要证据的,律师应向法庭提出异议,或要求重新补充取证。(2)有关的事实问题是否清楚。(3)适用法律是否恰当。辩论的焦点之一,是行政机关所作出的行为有无法律依据。对此行政机关的规范性文件往往是其执法的直接依据。作为代理律师,应考察规范性文件是否与法律、法规相抵触,辩论时应注意提出。(4)就程序是否合法方面、处罚是否妥当方面及处理意见等方面,有针对性地展开辩论。(5)针对庭审出现的新情况,及时修改代理词,认真全面地发表代理意见。

(五)关于律师在行政诉讼中的调解及和解问题

《行政诉讼法》第50条规定:"人民法院审理行政案件,不适用调解。"该法第54条和第61条又规定,人民法院对行政案件以判决或裁定的方式处理结案。对此,许多人把行政诉讼不适用调解概括为行政诉讼的一项特有原则,其中包含着人民法院审理行政案件只能以判决或裁定方式结案,而不能适用调解的方式。但是,行政争议是否一律不允许调解,或者说只存在判决和裁决两种解决方式呢?有待探讨。

行政法与民法、经济法不同,行政诉讼法与民事诉讼法也同样存在差异。行政机关行使的行政权是法律赋予的,代表了国家意志,不能随意处分,更不允许行政管理相对人在法院调解下与行政机关讨价还价,因而行政决定一经作出即具有确定力、拘束力、执行力。非经法定裁判机关依法定程序变更或撤销,不允许行政机关自行任意处分或放弃其职权,更改其原行政决定。因此行政诉讼中的行政争议不能调解解决这已是在各界得到共识的,无须赘述。

但是,《行政诉讼法》第67条同时规定:"赔偿诉讼可以适用调解",可见行政诉讼存在调解余地。此外,从人民法院的审查原则看,法律规定了只对具体行政行为的合法性进行审查,无权对行政行为的合理性作出判断。但是,事实上几乎所有的行政机关依法都享有较大的自由裁量权,尤其在罚款的幅度方面,行政机关的选择余地很大。如果相对人对这种行政处罚不服提起行政诉讼,行政机关可以重新选择,变更原决定。对此,律师当然亦有作调解工作的余地和可能性存在。

有学者认为行政诉讼在判决和裁定之外还存在着另一种解决方式——和解。律师在行政诉讼中亦有权作好双方当事人的和解工作。主要依据是:《行政诉讼法》第44条第1款、第51条规定,这都说明在行政诉讼过程中,被告可以自行撤销其所作的具体行政行为,使原行政决定的执行成为不必要而终止诉讼。原告可以撤回自己的诉讼请求,或者在被告改变其所作的具体行政行为的情况下,原告对被告达成谅解,撤回诉讼请求而使诉讼终止。因此,可以说原告与被告是可以以和解的方式终结诉讼的。律师也有权在行政诉讼中作和解工作,达到止争息诉的目的。① 近年来,各地人民法院对行政案件宣告判决或裁定之前,律师协助当事人就行政诉讼中赔偿问题作和解工作,达到止争息诉的目的。

(六)庭审后的主要工作

1. 庭审后,律师可以向人民法院提交书面代理意见。

2. 当事人对于一审判决、裁定不服的,律师可以代理其在法定期限内提起上诉。

根据《行政诉讼法》第58条和《若干解释》的有关规定,提起上诉的对象有:尚未生效的一审判决(最高人民法院的一审判决除外),和尚未生效的不予受理、驳回起诉、管辖异议的裁定。

3. 对于负有义务的一方当事人不履行生效的人民法院判决、裁定的,律师可以代理委托人向人民法院申请强制执行。(具体内容参见本章第四节中"律师代理行政执行案件"的有关内容)

三、行政诉讼二审程序中的律师代理

1. 律师可以根据当事人的请求,代其书写上诉状或答辩状。

---

① 官玉琴、张禄兴主编:《律师法学》,福建教育出版社2006年版,第351页。

2. 律师代理二审案件,要注意审核被诉具体行政行为是否合法的有关证据材料和依据,还要对一审人民法院的审判活动及其作出的判决或裁定从以下几方面进行审核:

(1)案件是否属于人民法院的受案范围;(2)一审人民法院所列当事人是否正确,有无遗漏;(3)一审人民法院的审判程序是否合法;(4)一审认定事实是否清楚、完整,有无前后矛盾;(5)一审裁判的证据是否充分、确凿,有无未经质证的证据作为判决或裁定的依据;有无不应当采信的证据采信了,应当采信的却没采信;证据相互之间有无矛盾;(6)一审认定的事实与判决或裁定的结果是否具备必然的逻辑联系;(7)一审适用法律、法规是否正确;(8)一审判决有无加重对原告的处罚;有无应当变更显失公正的行政处罚而未变更;有无应当移送刑事处理的而未移送。

3. 当事人对一审人民法院认定的事实有争议的,律师应当要求二审人民法院依法开庭审理。二审案件开庭审理的,律师参加庭审的规程与一审相同。另外还应当做好二审对一审程序进行审查的准备。二审案件不开庭审理的,律师应当及时提交书面代理词。对人民法院依法应当向有关行政机关发出司法建议书而未发的,律师可向二审人民法院提出。人民法院仍未采纳的,律师可向人民法院提出书面的律师意见书。

四、再审程序中的律师代理

1 律师可以根据当事人的委托,代其撰写并向有管辖权的人民法院或人民检察院递交申诉状。

申请再审和申诉的范围包括已经生效的判决书、行政赔偿调解书、不予受理和驳回起诉的裁定书。

2. 律师代理当事人申请再审和申诉,应当让当事人提供尽可能详细的一、二审诉讼情况,提交尽可能完整的证据材料和诉讼文书,必要时可与一、二审代理人取得联系,以便全面掌握案情。

3. 律师代理再审案件,应查阅有关材料,着重审核下列内容:

(1)是否发现了新的重要证据,使原判决、裁定的基础丧失;(2)原判决、裁定认定事实的主要证据是否充分;(3)原判决、裁定适用法律、法规是否有错误;(4)原审的审判人员、书记员有无应当回避而未回避的,依法应当开庭审理而未经开庭即作出判决的;未经合法传唤当事人而缺席判决的,遗漏必须参加诉讼的当事人的,对与本案有关的诉讼请求未予裁判的;其他违反法定程序可能影响案件正确裁判的情形;(5)有足够证据证明行政赔偿调解违反自愿原则或者调解协议的内容违反法律规定。

4. 律师代理当事人递交申诉状或再审申请书的同时,可以向人民法院提出中止执行的申请。

5.人民法院审理再审案件,按一审程序进行的,律师从事诉讼代理的规程与一审规定相同;按二审程序进行的,则与二审规定相同。

第四节 律师代理其他行政案件

一、律师代理行政赔偿案件

律师可以接受委托,担任行政赔偿案件的代理人。律师代理行政赔偿案件的主要工作和注意事项有:

(一)律师接受行政赔偿案件的委托后,应对下列内容进行审查

1.对于单独提起的行政赔偿案件,应审查赔偿请求人是否已向行政赔偿义务机关提出赔偿请求。

1994年5月12日通过,1995年1月1日施行的《中华人民共和国国家赔偿法》(以下简称《国家赔偿法》)第9条第2款的规定:"赔偿请求人要求赔偿应当先向赔偿义务机关提出,也可以在申请行政复议和提起行政诉讼时一并提出。"《行政诉讼法》第67条第2款规定:"公民、法人或者其他组织单独就损害赔偿提出请求,应当先由行政机关解决。对行政机关的处理不服,可以向人民法院提起诉讼。"

当委托人单独提出行政赔偿请求时,应代理其撰写行政赔偿申请书,先向赔偿义务机关提出赔偿请求。

2.该赔偿请求是否可以在申请行政复议或者提起行政诉讼时一并提出。

3.是否超过法定起诉期限。

单独提出赔偿请求的起诉期限,根据《国家赔偿法》第13条的规定,赔偿义务机关应当自收到申请之日起2个月内依法给予赔偿;逾期不予赔偿或者赔偿请求人对赔偿数额有异议的,赔偿请求人可以自期间届满之日起3个月内向人民法院提起诉讼。

《国家赔偿法》第32条规定:"赔偿请求人请求国家赔偿的时效为两年,自国家机关及其工作人员行使职权时的行为被依法确认为违法之日起计算,但被羁押期间不计算在内。赔偿请求人在赔偿请求时效的最后六个月内,因不可抗力或者其他障碍不能行使请求权的,时效中止。从中止时效的原因消除之日起,赔偿请求时效期间继续计算。"

(二)原告的代理律师应协助原告依法审查确定适格的赔偿义务机关

赔偿义务机关按照如下法律规定确定:

1.行政机关及其工作人员行使行政职权侵犯公民、法人和其他组织的合法权

益造成损害的,该行政机关为赔偿义务机关。

2. 两个以上行政机关共同行使行政职权时侵犯公民、法人和其他组织的合法权益造成损害的,共同行使行政职权的行政机关为共同赔偿义务机关。

3. 法律、法规授权的组织在行使授予的行政权力时侵犯公民、法人和其他组织的合法权益造成损害的,被授权的组织为赔偿义务机关。

4. 受行政机关委托的组织或者个人在行使受委托的行政权力时侵犯公民、法人和其他组织的合法权益造成损害的,委托的行政机关为赔偿义务机关。

5. 赔偿义务机关被撤销的,继续行使其职权的行政机关为赔偿义务机关;没有继续行使其职权的行政机关的,撤销该赔偿义务机关的行政机关为赔偿义务机关。

6. 经复议机关复议的,最初造成侵权行为的行政机关为赔偿义务机关,但复议机关的复议决定加重损害的,复议机关对加重的部分履行赔偿义务。

(三)律师代理行政赔偿案件的其他工作

1. 律师应指导、协助委托人就被诉具体行政行为造成损害的事实收集、调取证据。

2. 律师应协助委托人及时准备办理案件的法律文书,进行调查,取证,申请鉴定,参加庭审,举证质证,进行辩论,发表代理意见等。

3. 委托人对于一审判决、裁定不服的,律师可以代理其在法定期限内提起上诉。

4. 对于不履行生效的人民法院判决、裁定、行政赔偿调解书的,律师可以代理委托人向人民法院申请强制执行。

(四)律师代理行政侵权赔偿案件的工作方法

行政侵权赔偿是一种补救性的行政责任,代理这类案件应注意掌握行政侵权赔偿案件的特殊规定,以便正确、切实地履行代理职责。

1. 行政诉讼中不存在附带民事诉讼问题

行政侵权赔偿是国家机关及其工作人员因为执行职务的具体行政行为违法,侵犯了公民、法人或者其他组织的合法权益,而由行政机关承担的赔偿责任。它与民事侵权赔偿有着本质的不同。

行政侵权赔偿的责任以职务行为的行政违法为依托,在实施侵权时,带有权力支配的性质,行政侵权赔偿责任的性质具有对行政违法行为制裁和保护相对人合法权益不受侵害的双重性赔偿的费用,由国库开支,属国家赔偿。行政侵权赔偿诉讼属于行政诉讼,所以,行政诉讼中不存在附带民事诉讼问题。

2. 行政侵权赔偿责任的构成要件

(1)具体行政行为是违法的作为和不作为。所谓违法,指行政机关及其工作人员违反法律规定作出的具体行政行为(包括不作为)。对于不当的具体行政行为,包括人民法院变更的行政行为,不能提起行政赔偿之诉。因为这种情况在自由裁量范围内,虽不当但合法。

(2)必须有现实的损害事实。行政侵权赔偿的事实必须是现实的、直接的损害。如:工资、停业损失、误工费、医疗费用等。

(3)违法行为与损害事实有因果关系。审查违法行为与损害事实有无因果关系时,应注意混合过错的有关问题:①两个以上的行政机关作出的具体行政行为均有过错的,对损害结果应承担连带责任,行政管理相对人可向任何一个机关要求赔偿。②行政机关和行政管理相对人对于损害事实的发生和扩大均有过错的,按过错责任大小赔偿;由于相对人的过错引起损失的扩大,相对人无权对扩大部分要求赔偿。③由于第三人的介入导致造成损害的,如行政机关应当预见到或已经预见到第三者介入的,则行政机关应当赔偿;如行政机关无法预见到第三者介入,则赔偿费可以减免。由于第三者介入造成了损害的扩大,而行政机关又无法预见到的,可以先由行政机关赔偿,然后由行政机关要求第三者赔偿。

(4)行政机关及其工作人员作出违法的具体行政行为时,主观上应有过错。应当注意,只要行政机关不能证明作出具体行政行为造成的损害是由于不可抗力、受害人或第三者过错导致的,就应推定行政机关主观上有故意或过失。

3. 提出行政侵权赔偿请求的方式

根据《行政诉讼法》第67条规定,提出行政侵权赔偿请求的方式有二:一是在提起要求撤销或确认具体行政行为违法之诉时,一并提出行政侵权赔偿请求,人民法院对此应并案审理。二是单独提起行政侵权赔偿请求。

律师代理行政侵权赔偿案件时,应当审查行政赔偿请求提出的方式是否符合法律的规定,审查案件是否符合行政侵权赔偿责任的构成要件,并注意不论是提出建议还是引用法律时,均不可直接依据刑事附带民事诉讼的理论,不应当直接引用民事诉讼法和民事实体法的规定。这是因为,行政侵权赔偿责任与民事侵权行为是性质不同的两种侵权行为。

二、律师代理行政执行案件

律师可以接受委托,担任行政执行案件的代理人。

1. 根据《若干解释》的有关规定,对发生法律效力的行政判决书、行政裁定书、行政赔偿判决书、裁定书和行政赔偿调解书,负有义务的一方当事人拒绝履行的,对方当事人可以委托律师代理申请人民法院强制执行。(参见第83条)律师接受委托代为申请执行应注意如下事项:

(1)根据《若干解释》的有关规定,发生法律效力的行政判决书、行政裁定书、行政赔偿判决书和行政赔偿调解书,由第一审人民法院执行。律师代理委托人提出执行申请,应当向第一审人民法院提出。

(2)律师应告知委托人,对于逾期申请执行,除有正当理由外,人民法院不予受理。根据《若干解释》的有关规定,申请人是公民的,申请执行生效的行政判决书、行政裁定书、行政赔偿判决书和行政赔偿调解书的期限为1年,申请人是行政机关、法人或者其他组织的为180日。申请执行的期限从法律文书规定的履行期间最后一日起计算;法律文书中没有规定履行期限的,从该法律文书送达当事人之日起计算。逾期申请的,除有正当理由外,人民法院不予受理。

(3)申请人的代理律师应代理申请人撰写执行申请书,代理申请人在法定期限内向人民法院提交申请执行书,据以执行的生效法律文书,以及其他必须提交的材料等。

(4)申请人的代理律师可以代理申请人向人民法院提出财产保全的申请。

2. 公民、法人或者其他组织对具体行政行为在法定期限内不提起诉讼又不履行的,行政机关可以聘请律师代为申请人民法院强制执行。律师接受行政机关的委托代为向法院申请强制执行具体行政行为时,应注意如下事项:

(1)律师应当审查是否符合以下条件:①对于行政机关申请执行具体行政行为,应审查法律、法规是否赋予该行政机关强制执行申请权,具体行政行为依法是否可以由人民法院执行;②具体行政行为已经生效并具有可执行内容;③申请人是作出该具体行政行为的行政机关或者法律、法规、规章授权的组织;④被申请人是该具体行政行为所确定的义务人;⑤被申请人在具体行政行为确定的期限内或者行政机关另行指定的期限内未履行义务;⑥申请人在法定期限内提出申请;⑦具体行政行为在事实认定、法律适用和程序上是否存在明显错误。

(2)律师代理申请人民法院强制执行非诉具体行政行为,应当向申请人所在地的基层人民法院提出;执行对象为不动产的,应当向不动产所在地的基层人民法院提出。

(3)律师代理行政机关申请人民法院强制执行其非诉具体行政行为,应当提交申请执行书、据以执行的行政法律文书、证明该具体行政行为合法的材料和被执行人财产状况及其他人民法院认为必须提交的材料。

3. 行政机关根据法律的授权对平等主体之间民事争议作出裁决后,当事人在法定期限内不起诉又不履行,作出裁决的行政机关在申请执行的期限内未申请人民法院强制执行的,生效具体行政行为确定的权利人或者其继承人、权利承受人在90日内可以委托律师代理申请人民法院强制执行;律师代理享有权利的当事人依上述规定申请人民法院强制执行,应当向作出该具体行政行为的行政机关所在地的基层人民法院提出;执行对象为不动产的,应当向不动产所在地的基层人民法院提出。

4. 行政机关或者具体行政行为确定的权利人申请人民法院强制执行前,有充分理由认为被执行人可能逃避执行的,代理律师可以根据委托人的要求代其申请人民法院采取财产保全措施。律师应当告知行政机关或具体行政行为确定的权利

第十章 行政案件律师实务

人应当提供相应的财产担保。

三、律师代理涉外行政案件

律师可以接受委托,担任涉外行政案件的代理人。律师担任涉外行政案件的主要注意事项有:

1. 律师接受委托,承办涉外行政案件,应当依法办理委托手续。
2. 律师应当注意,在我国领域内没有住所的外国人,无国籍人,外国企业和组织从我国领域外寄交或者托交的授权委托书,应当经所在国公证机关证明,并经我国驻该国使领馆认证,或者履行我国与该所在国订立的有关条约中规定的证明手续后,才具有委托效力。
3. 律师接受委托人委托,承办涉外行政案件,应当依法审查确定案件的管辖法院。
4. 律师接受委托人委托,承办涉外行政案件,应当注意程序法,实体法及国际条约的适用。
5. 律师接受委托人委托,承办涉外行政诉讼案件,应就司法解释中规定的涉外送达方式,与委托人协商并达成一致意见。

四、律师代理行政附带民事诉讼案件

行政附带民事诉讼,是指人民法院在审理行政案件的同时,对引起行政争议的民事纠纷一并审理的诉讼活动。律师代理行政附带民事诉讼的主要注意事项有:

(一)了解行政附带民事诉讼的特征

1. 行政附带民事诉讼以行政诉讼成立为前提,只有行政诉讼受理后,有关民事争议的诉讼才能附带提起;
2. 行政诉讼为主,民事诉讼为辅;两者的关系不能倒置;
3. 必须在行政诉讼的过程中提起附带民事诉讼。

(二)正确界定行政附带民事诉讼的范围

1. 我国行政诉讼法对行政附带民事诉讼的范围没有明确规定,最高人民法院《若干解释》第61条规定:"被告对平等主体之间民事争议所作的裁决违法,民事争议当事人要求人民法院一并解决相关民事争议的,人民法院可以一并审理。"根据其他单行法律法规,行政确权裁决,即行政机关就公民、法人或其他组织之间,因土地、森林、草原、矿产等自然资源所有权或使用权发生争议所作裁决。如《草原法》第3条规定:"草原所有权和使用权争议,由当事人协商解决,协商不成的,由人民

政府处理;当事人对人民政府的处理不服的,可以在接到通知之日起30日内向人民法院起诉。"

2.下列情况不属于行政附带民事诉讼的范围:

(1)行政赔偿诉讼不属于行政附带民事诉讼的范围。

(2)当事人不服行政机关的调解协议或仲裁裁决而提起的诉讼不属于行政附带民事诉讼的范围。

(3)当事人不服行政机关对有关的权属争议不作为,同时又要求人民法院直接解决该权属争议,这种诉讼不属于行政附带民事诉讼的范围。

(三)提起行政附带民事诉讼应当注意把握时机,及时提起

在行政附带民事诉讼中,该民事诉讼是在行政诉讼过程中提起。延误时机,将无法附带提起。此外,及时提起行政附带民事诉讼有着非常重要的积极意义:(1)缩短了诉讼周期,提高了审判效率,方便了当事人,节省了诉讼成本和审判资源。(2)彻底消除了纠纷,有利于社会秩序的稳定。(3)避免了因法院审判人员个体差异造成的行政审判结果与民事审判结果的矛盾,维护了法院判决的同一性、严肃性。

五、律师代理行政听证案件

律师接受行政相对人的委托,代理行政听证法律业务是律师代理行政案件的一个新领域,律师代理行政听证时,主要有如下注意事项:

(一)律师代理行政听证的范围和法律依据

《行政处罚法》第42条规定,行政机关作出责令停产停业、吊销许可证或者执照、较大数额罚款等行政处罚决定之前,应当告知当事人有要求举行听证的权利;当事人要求听证的,行政机关应当组织听证。当事人可以亲自参加听证,也可以委托一至二人代理。

《行政许可法》第47条规定,行政许可直接涉及申请人与他人之间重大利益关系的,行政机关在作出行政许可决定前,应当告知申请人、利害关系人享有要求听证的权利。

(二)律师代理行政听证的主要工作

1.律师接受当事人委托后,代理当事人在法定期限内提出听证的要求,撰写并提交听证申请书。

提出听证要求的法定期限应根据法律的规定,《行政处罚法》规定,应当在行政机关告知当事人有要求听证的权利3日内向行政机关提出。《行政许可法》规定,申请人、利害关系人在被告知听证权利之日起5日内提出听证申请。

第十章 行政案件律师实务

2.律师应当要明确,在举行听证的 7 日以前要收到行政机关给当事人的举行听证的时间和地点的通知。此外《行政许可法》还规定,申请人、利害关系人提出听证申请的,行政机关应当在 20 日内组织听证。

3.告知当事人在一般情况下听证是公开举行的,但涉及当事人的商业秘密或个人隐私以及国家秘密时,一般不公开举行。

4.在参加听证前要做好充分的准备工作,进行有目的的调查取证,准备好听证会上的发言材料等。

5.代理当事人参加听证或与当事人一起参加听证。告知当事人在认为听证的主持人与本案有直接利害关系时有权申请回避,并且要明确行政机关所指定的主持人不是本案的调查人员。自行或协助当事人进行陈述、申辩和质证,维护当事人的合法权益。

6.听证结束时要对听证笔录进行审核,确认无误后予以签字。

 司法考试真题链接

1.律师接受委托人的委托后,发现委托人的行为或者要求具有哪些情形,应当及时终止委托关系?(2002 年司法考试真题)

    A.委托人所提出的要求不仅过分,而且带有欺诈的性质
    B.委托人向人民法院提交的所谓证据是伪造的,会影响到案件的公正审理
    C.委托人的要求有可能会给他人造成重大经济损失
    D.委托人隐瞒案件的重要事实,其所提供的证人证言是提供贿买的方法获得的

2.论述题材料:近年来,为妥善化解行政争议,促进公民、法人或者其他组织与行政机关相互理解沟通,维护社会和谐稳定,全国各级法院积极探索运用协调、和解方式解决行政争议。2008 年,最高人民法院发布《关于行政诉讼撤诉若干问题的规定》,从制度层面对行政诉讼的协调、和解工作机制作出规范,为促进行政争议双方和解,通过原告自愿撤诉实现"案结事了"提供了更大的空间。

近日,最高人民法院《人民法院工作年度报告(2009)》披露,"在 2009 年审结的行政诉讼案件中,通过加大协调力度,行政相对人与行政机关和解后撤诉的案件达 43,280 件,占一审行政案件的 35.91%。"

总体上看,法院的上述做法取得了较好的社会效果,赢得了公众和社会的认可。但也有人担心,普遍运用协调、和解方式解决行政争议,与行政诉讼法规定的合法性审查原则不完全一致,也与行政诉讼的功能与作用不完全相符。

问题:请对运用协调、和解方式解决行政争议的做法等问题谈谈你的意见。

答题要求:1.观点明确,逻辑严谨,说理充分,层次清晰,文字通畅;2.字数不少于 500 字。(2010 年司法考试真题)

第十一章 仲裁案件律师实务

【引 例】
南京某罐头加工厂与烟台某干鲜果品公司签订购买 200 箱红富士苹果的购销合同。合同约定：双方在履行合同中如发生纠纷，则将纠纷提交某市仲裁委员会裁决。在合同履行过程中，南京某罐头加工厂以货物质量不符合合同约定为由，拒付货款，为此产生纠纷。烟台某干鲜果品公司法定代表人来到律师事务所，要求该所律师钱某担任代理人，代为提出仲裁申请。

第一节 仲裁案件律师实务概述

仲裁制度作为一项古老的法律制度，发源于古罗马，形成于自由资本主义时期的英国、瑞士等西欧国家。20 世纪以来，开始在世界各国普及，并得到了新的发展。可以通过仲裁方式解决的争议事项，由原来单纯的国内财产贸易争议发展到包括国际财产贸易争议和海事争议；仲裁机构由原来附设于商会的民间团体发展为独立的民间团体，并从国内的民间团体发展为国际性的机构；仲裁方式也由原来单一的裁决方式发展为裁决与调解相结合的方式。

一、仲裁的概念和种类

（一）仲裁的概念

仲裁，是依法律法规规定或者双方当事人申请，由依法组成的仲裁委员会作出有一定法律执行效力的裁决，解决公民、法人和组织之间发生的民商事合同、劳动、行政、人事纠纷和其他财产权益纠纷的裁决活动。由于广义的仲裁包含的内容比较多，因此以专章介绍，不放在"非诉讼律师事务"一章之中。

（二）仲裁的种类

仲裁有广义与狭义之分，广义仲裁是指在公民、法人和组织之间发生的合同、劳动、行政、人事纠纷和其他财产权益纠纷的裁决活动,具体包括民商事仲裁、劳动仲裁、行政仲裁、人事仲裁等。狭义仲裁一般指民商事仲裁,是指发生纠纷、争议的双方当事人在争议发生前或争议发生后根据《仲裁法》达成一致协议,自愿将争议的事项交由专门的仲裁机构裁决,从而解决双方争议事项的活动。它是解决人们相互之间发生的合同纠纷和其他财产权益纠纷的重要方式。本章主要介绍民商事仲裁、劳动仲裁、人事仲裁;无特别说明,本节主要介绍常见的民商事仲裁。

二、律师仲裁代理

(一)律师仲裁代理的概念和种类

1. 律师仲裁代理的概念

律师仲裁代理是指律师接受仲裁当事人及其法定代理人的委托,担任仲裁代理人,参加仲裁程序中的有关活动,以维护当事人合法权益的行为。根据《律师法》、《仲裁法》以及其他有关法律的规定,律师接受当事人的委托,参加仲裁活动,是其主要业务活动之一。

2. 律师仲裁代理的种类

民商事仲裁,从仲裁种类上,主要可以划分为国内仲裁和涉外仲裁两种,其划分的依据是仲裁当事人是否具有涉外因素。就国内仲裁而言,其所涉及的法律关系的主体、客体和内容中没有涉外因素,一般只涉及国内经济贸易方面的争议。而涉外仲裁的双方当事人中,一般来说,有一方是中国的企业或其他经济组织,另一方则为外国、包括港澳台地区的公司、企业或其他经济组织。根据这种划分,决定了中国律师代理仲裁的种类也可以分为国内仲裁代理和涉外仲裁代理两种,除涉外仲裁在程序上有些特殊的规定外,律师作为仲裁代理人在其中所做的工作大致相同。

根据仲裁的含义有广义与狭义之分,律师代理仲裁分为广义仲裁和狭义仲裁。狭义仲裁一般指律师代理民商事仲裁,广义仲裁包括律师代理民商事仲裁、律师代理劳动仲裁、律师代理行政仲裁、律师代理人事仲裁等。本书主要介绍律师代理民商事仲裁、律师代理劳动仲裁、律师代理人事仲裁。

三、律师仲裁代理与诉讼代理、其他非诉讼代理的区别

(一)律师仲裁代理与诉讼代理的区别

如上所述,仲裁与诉讼不同,因此,仲裁代理也不同于诉讼代理,两者的区别主要有:

1.代理活动的法律依据不同。仲裁代理,律师依据《仲裁法》等规定进行代理活动;诉讼代理,律师则是依据《民事诉讼法》等规定进行代理活动。

2.代理事项的法律属性不同。仲裁代理,律师代理当事人进行的是仲裁活动;而诉讼代理,律师代理当事人进行的则是诉讼活动。这就决定了律师在代理仲裁和代理诉讼时应遵循的活动规范不同。

3.律师代理内容不同。表现在律师代理活动的方式、方法、步骤等内容存在着明显的区别。仲裁代理,应遵循仲裁法及仲裁规则规定的方法、方式、步骤进行代理;而诉讼代理,则应遵守有关民事诉讼法规定的方法、方式、步骤进行代理。两者之间存在着明显的区别。

(二)律师仲裁代理与其他非诉讼代理的区别

仲裁活动也不同于其他的非诉讼法律事务,因此。律师代理仲裁活动也不同于代理其他非诉讼法律事务。两者的区别主要有:

1.代理律师在代理活动中的权限不同。在仲裁活动中律师进行代理活动,并不仅限于委托人的授权范围,律师在代理活动中可依据《律师法》的规定,享有阅卷权等非委托人授权范围内的执行职务的法定权利;其他非诉讼法律事务,律师进行代理活动时,必须以委托人授权范围为限,否则,律师应承担越权代理的法律后果。

2.律师代理事项的法律属性不同。仲裁代理,律师在进行代理活动时,必须遵循仲裁法及仲裁规则的规定,在活动的方式、方法、步骤上有专门的程序规范;其他非诉讼法律事务代理,律师在进行活动中,并无专门程序性规范约束,其代理活动只要符合国家法律规定并且不损害委托人的利益即可。

第二节 民商事纠纷仲裁律师代理

引例是一起合同纠纷,属于律师民商事仲裁代理业务范围。应由律师事务所与烟台某干鲜果品公司签订委托代理合同,尽量满足当事人对律师的指明要求。钱律师在仲裁前,应做好以下主要工作:(1)应审查委托人的资格、有无仲裁协议、仲裁请求事项及所依据的事实和理由、仲裁时效等。(2)调查取证,制作证据清单;起草仲裁申请书;考虑是否需要申请财产、证据保全;帮助委托人确定仲裁员等。这些内容下面都会具体讲到。

一、民商事仲裁的概念和特征

所谓民商事仲裁,也称一般仲裁。由直辖市和省、自治区人民政府所在地的市或其他设区的市人民政府组织有关部门和商会统一组建仲裁委员会,聘请法律、经济贸易专家和有实际工作经验的人员,解决公民、法人和其他组织之间发生的合同纠纷和其他财产权益纠纷的民事裁决活动。民商事仲裁具有如下特征:

1. 提交仲裁必须是双方当事人的自愿,受理案件不实行地域管辖或级别管辖。根据《仲裁法》的规定,提交仲裁委员会裁决的必须有仲裁协议。当事人有权选择是否适用仲裁,也有权选择由哪一个仲裁委员会仲裁。

2. 仲裁机构以法定机构为限。根据《仲裁法》规定,仲裁委员会可以在直辖市和省、自治区人民政府所在地的市设立,也可以根据需要,并具备法定条件时,在其他设区的市设立。仲裁委员会依法定程序独立进行裁决,不受任何行政机关、社会团体和个人的干涉。

3. 仲裁实行"或裁或审"制度。即当事人根据仲裁协议申请仲裁机构裁决的,法院不得再予以受理。但婚姻、收养、监护、扶养、继承纠纷和依法应当由行政机关处理的行政争议不能进行仲裁。由于劳动争议和农村集体经济组织的内部农业承包合同纠纷自身的特殊性,《仲裁法》规定不由仲裁委员会受理仲裁,应适用其他法律规定。

4. 仲裁活动实行"一裁终局"制度。仲裁委员会裁决一经作出,即具有一定的强制执行的法律效力。当事人可以向法院申请强制执行。当事人不得就同一纠纷再申请仲裁或向法院起诉,也不存在上诉或申诉的问题,但可以依法申请法院撤销仲裁裁决或不予执行。

二、民商事仲裁与调解、诉讼的区别

在中国,仲裁和调解、诉讼是解决争议的三个传统有效的方式,但也有明显的区别。民商事仲裁和调解的区别主要在于法律效力不同。仲裁裁决是终局的,对双方均具有约束力。如果一方当事人不履行裁决,另一方当事人可以依法向法院申请执行,受申请的法院应当执行。而调解不一定是终局的。一般情况下,一方当事人拒收调解书,该调解书就不发生法律效力,这样就会影响争议的及时解决。但是,法院组织的调解,在简易审中,若当事人达成调解协议,由法院记录在案,并经当事人或其授权代理人签名确认,即具有法律效力;在普通审中,若遇当事人反悔而拒收调解书,则由法院予以判决。民商事仲裁和诉讼的区别主要在于以下五个方面:

1. 管辖不同。民商事仲裁是协议管辖,而法院诉讼是法定管辖。民商事仲裁以当事人双方自愿为原则,必须有双方事前或事后达成的仲裁协议,仲裁机构才能受理,且在此种情况下,法院无权受理该案件,但仲裁协议无效的除外。而法院诉讼不必得到另一方当事人的同意或者双方达成诉讼协议,只要一方当事人向有管辖权的法院起诉,法院就可以依法受理争议案件。仲裁实行协议管辖而不实行地域管辖和级别管辖,而法院诉讼实行地域管辖、级别管辖、选择管辖、指定管辖、移送管辖等。

2. 仲裁庭和法院审判庭的组成方式不同。民商事仲裁可由当事人约定仲裁庭的组成方式并自主选定或者委托指定仲裁员,而诉讼当事人不能选择审判庭的组成方式和审判员。

3. 审理方式不同。诉讼一般实行公开审理,而民商事仲裁一般实行不公开审理。

4. 制度不同。民商事仲裁实行一裁终局制度,而诉讼实行两审终审制。

5. 境外执行不同。法院判决在境外执行一般需要判决地国与执行地国签订有司法协助条约,或者有共同确认的互惠原则;民商事仲裁裁决在境外执行,如果是在《承认及执行外国仲裁裁决公约》的缔约国执行,则会比较方便。

三、民事商事律师仲裁代理的原则

律师仲裁代理必须坚持仲裁法规定的仲裁的基本原则,它是所有仲裁参与者必须坚持的基本原则。根据《仲裁法》的规定,民商事仲裁的基本原则主要有以下几项:

（一）当事人自愿原则

当事人自愿原则是指合同当事人有权协议选择是否采用仲裁方式解决争议。根据《仲裁法》的规定,该原则的主要内容包括:第一,当事人采用仲裁方式解决纠纷,必须出于双方自愿并以书面表示,即必须有仲裁协议。第二,仲裁机构由双方当事人共同选定,不实行法定管辖。第三,仲裁事项由双方当事人协议选定。第四,仲裁员由当事人选定或委托仲裁委员会主任指定。第五,仲裁是否开庭与公开进行,由当事人协议决定。第六,在仲裁过程中,当事人可以自行和解和自愿调解。第七,裁决书是否写明争议事实和裁决理由,由当事人协议。此外,仲裁法还规定了当事人其他若干重要权利,仲裁申请人有权放弃或变更仲裁请求。被申请人有权承认或反驳仲裁请求,有权申请财产保全和证据保全等。所有这些都反映并尊重了当事人的意愿,是当事人意思自治的表现。

（二）独立公正原则

独立公正原则是指仲裁机构的仲裁依法独立进行,不受行政机关、社会团体和个人的干涉。根据《仲裁法》的规定,独立公正原则主要体现在:第一,仲裁机构是民间组织,不隶属于行政机关。第二,仲裁不受任何社会团体和个人干涉,具有中立性质。第三,仲裁机构之间,仲裁协会、仲裁委员会、仲裁庭三者之间,都是相对独立的,它们之间除业务往来和业务监督之外,相互不能干预。

(三) 先行调解原则

先行调解原则,是指根据仲裁法的规定,仲裁庭在作出裁决前,可以先行调解。该原则要求仲裁机构在查明事实,分清是非和责任基础上,对当事人进行说服教育,促使当事人自愿协商,互相谅解,从而达成协议。先行调解原则,有利于纠纷的顺利解决和协议的执行。

(四) 或裁或审和一裁终局原则

或裁或审,是指纠纷发生后,双方当事人可以根据协议,或者选择仲裁解决,或者选择诉讼解决。二者只能选择其一,而不得仲裁之后再向法院起诉。一裁终局,是指当事人的纠纷一旦提交仲裁,仲裁机构作出的裁决,即具有终局的法律效力,对双方当事人均有约束力,双方必须自动履行,而不得要求该仲裁机构或其他机构再次裁决或向法院起诉。

(五) 法院监督原则

法院监督原则,是指在仲裁过程或裁决执行阶段,法院有权对仲裁当事人的申请或仲裁委员会的裁决进行审查,然后作出相应的决定。根据《仲裁法》规定,法院对仲裁的监督包括以下几个方面内容:第一,在仲裁过程中,当事人申请证据保全或财产保全的,仲裁委员会应将当事人的申请依照民事诉讼法的有关规定提交法院,由法院对当事人的申请进行审查,并依法决定是否采取证据保全或财产保全措施。第二,仲裁裁决作出后,当事人自收到裁决书之日起六个月内可以向仲裁委员会所在地的中级法院申请撤销裁决。法院经审查后,认为仲裁裁决有《仲裁法》第58条规定的情形之一的,应当撤销仲裁裁决。第三,在特殊情况下,法院有权裁定不予执行仲裁裁决。根据《仲裁法》第63条规定,仲裁裁决生效后,一方当事人不履行的,对方当事人申请法院执行,如果被申请人提出证据证明裁决过程中存在有《民事诉讼法》第217条第2款规定的情形之一的,经法院审查核实,裁定不予执行。

四、民商事纠纷律师仲裁代理的主要工作

(一) 代理签订仲裁协议

仲裁协议包括合同中订立的仲裁条款和以其他书面方式在纠纷发生前或者纠纷发生后达成的请求仲裁的协议。仲裁条款视为仲裁协议。仲裁协议内容应当包括:请求仲裁的意思表示、仲裁事项和选定的仲裁委员会。仲裁协议无效的情形为:约定的仲裁事项超出法律规定的仲裁范围的;或者,无民事行为能力人或者限

制民事行为能力人订立的仲裁协议；或者，一方采取胁迫手段，迫使对方订立仲裁协议的。仲裁协议对仲裁事项或者仲裁委员会没有约定或者约定不明确的，当事人可以补充协议；达不成补充协议的，仲裁协议无效。仲裁协议独立存在，合同的变更、解除、终止或者无效，不影响仲裁协议的效力。仲裁庭有权确认合同的效力。当事人对仲裁协议的效力有异议的，可以请求仲裁委员会作出决定或者请求法院作出裁定。一方请求仲裁委员会作出决定，另一方请求法院作出裁定的，由法院裁定。当事人对仲裁协议的效力有异议，应当在仲裁庭首次开庭前提出。

（二）代为申请仲裁和注意审查仲裁委员会受理仲裁的程序是否合法

当事人申请仲裁应当符合下列条件：其一，有仲裁协议；其二，有具体的仲裁请求和事实、理由；其三，属于仲裁委员会的受理范围。

当事人申请仲裁，应当向仲裁委员会递交仲裁协议、仲裁申请书及副本。仲裁申请书应当载明下列事项：其一，当事人的姓名、性别、年龄、职业、工作单位和住所，法人或者其他组织的名称、住所和法定代表人或者主要负责人的姓名、职务；其二，仲裁请求和所根据的事实、理由；其三，证据和证据来源、证人姓名和住所。

仲裁委员会收到仲裁申请书之日起五日内，认为符合受理条件的，应当受理，并通知当事人；认为不符合受理条件的，应当书面通知当事人不予受理，并说明理由。仲裁委员会受理仲裁申请后，应当在仲裁规则规定的期限内将仲裁规则和仲裁员名册送达申请人，并将仲裁申请书副本和仲裁规则、仲裁员名册送达被申请人。被申请人收到仲裁申请书副本后，应当在仲裁规则规定的期限内向仲裁委员会提交答辩书。仲裁委员会收到答辩书后，应当在仲裁规则规定的期限内将答辩书副本送达申请人。被申请人未提交答辩书的，不影响仲裁程序的进行。

当事人达成仲裁协议，一方向法院起诉未声明有仲裁协议，法院受理后，另一方在首次开庭前提交仲裁协议的，法院应当驳回起诉，但仲裁协议无效的除外；另一方在首次开庭前未对法院受理该案提出异议的，视为放弃仲裁协议，法院应当继续审理。申请人可以放弃或者变更仲裁请求。被申请人可以承认或者反驳仲裁请求，有权提出反请求。一方当事人因另一方当事人的行为或者其他原因，可能使裁决不能执行或者难以执行的，可以申请财产保全。当事人申请财产保全的，仲裁委员会应当将当事人的申请依照民事诉讼法的有关规定提交法院。申请有错误的，申请人应当赔偿被申请人因财产保全所遭受的损失。当事人、法定代理人可以委托律师和其他代理人进行仲裁活动。委托律师和其他代理人进行仲裁活动的，应当向仲裁委员会提交授权委托书。

（三）注意审查受理仲裁程序是否合法

仲裁庭可以由三名仲裁员或者一名仲裁员组成。由三名仲裁员组成的，设首席仲裁员。当事人约定由三名仲裁员组成仲裁庭的，应当各自选定或者各自委托仲裁委员会主任指定一名仲裁员,第三名仲裁员由当事人共同选定或者共同委托仲裁委员会主任指定。第三名仲裁员是首席仲裁员。当事人约定由一名仲裁员成立仲裁庭的,应当由当事人共同选定或者共同委托仲裁委员会主任指定仲裁员。当事人没有在仲裁规则规定的期限内约定仲裁庭的组成方式或者选定仲裁员的,由仲裁委员会主任指定。仲裁庭组成后,仲裁委员会应当将仲裁庭的组成情况书面通知当事人。对仲裁员具有应当回避情形的,当事人有权提出回避申请。

(四)参与仲裁开庭和注意审查仲裁裁决的内容、程序是否合法

仲裁应当开庭进行。当事人协议不开庭的,仲裁庭可以根据仲裁申请书、答辩书以及其他材料作出裁决。仲裁不公开进行。当事人协议公开的,可以公开进行,但涉及国家秘密的除外。仲裁委员会应当在仲裁规则规定的期限内将开庭日期通知双方当事人。当事人有正当理由的,可以在仲裁规则规定的期限内请求延期开庭。是否延期,由仲裁庭决定。

当事人应当对自己的主张提供证据。仲裁庭认为有必要收集的证据,可以自行收集。仲裁庭对专门性问题认为需要鉴定的,可以交由当事人约定的鉴定部门鉴定,也可以由仲裁庭指定的鉴定部门鉴定。证据应当在开庭时出示,当事人可以质证。在证据可能灭失或者以后难以取得的情况下,当事人可以申请证据保全。当事人在仲裁过程中有权进行辩论。辩论终结时,首席仲裁员或者独任仲裁员应当征询当事人的最后意见。仲裁庭应当将开庭情况记入笔录。当事人和其他仲裁参与人认为对自己陈述的记录有遗漏或者差错的,有权申请补正。如果不予补正,应当记录该申请。笔录由仲裁员、记录人员、当事人和其他仲裁参与人签名或者盖章。

当事人申请仲裁后,可以自行和解。达成和解协议的,可以请求仲裁庭根据和解协议作出裁决书,也可以撤回仲裁申请。仲裁庭在作出裁决前,可以先行调解。调解不成的,应当及时作出裁决。调解达成协议的,仲裁庭应当制作调解书或者根据协议的结果制作裁决书。调解书与裁决书具有同等法律效力。调解书经双方当事人签收后,即发生法律效力。在调解书签收前当事人反悔的,仲裁庭应当及时作出裁决。

裁决应当按照多数仲裁员的意见作出,少数仲裁员的不同意见可以记入笔录。仲裁庭不能形成多数意见时,裁决应当按照首席仲裁员的意见作出。对裁决持不同意见的仲裁员,可以签名,也可以不签名。仲裁庭仲裁纠纷时,其中一部分事实已经清楚,可以就该部分先行裁决。裁决书自作出之日起发生法律效力。

(五)代为申请撤销仲裁裁决

当事人提出证据证明裁决有下列情形之一的,可以向仲裁委员会所在地的中级法院申请撤销裁决:(1)没有仲裁协议的;(2)裁决的事项不属于仲裁协议的范围

或者仲裁委员会无权仲裁的;(3)仲裁庭的组成或者仲裁的程序违反法定程序的;(4)裁决所根据的证据是伪造的;(5)对方当事人隐瞒了足以影响公正裁决的证据的;(6)仲裁员在仲裁该案时有索贿受贿,徇私舞弊,枉法裁决行为的。法院经组成合议庭审查核实裁决有前款规定情形之一的,应当裁定撤销。法院认定该裁决违背社会公共利益的,应当裁定撤销。当事人申请撤销裁决的,应当自收到裁决书之日起6个月内提出。法院应当在受理撤销裁决申请之日起两个月内作出撤销裁决或者驳回申请的裁定。法院受理撤销裁决的申请后,认为可以由仲裁庭重新仲裁的,通知仲裁庭在一定期限内重新仲裁,并裁定中止撤销程序。仲裁庭拒绝重新仲裁的,法院应当裁定恢复撤销程序。

(六)代理申请执行仲裁裁决

当事人应当履行裁决。一方当事人不履行的,另一方当事人可以依照民事诉讼法的有关规定向法院申请执行。受申请的法院应当执行。被申请人提出证据证明裁决有《民事诉讼法》第217条第2款规定的情形之一的,经法院组成合议庭审查核实,裁定不予执行。一方当事人申请执行裁决,另一方当事人申请撤销裁决的,法院应当裁定中止执行。法院裁定撤销裁决的,应当裁定终结执行。撤销裁决的申请被裁定驳回的,法院应当裁定恢复执行。

五、律师民商事仲裁代理的注意事项

(一)要明白仲裁的范围

平等主体的公民、法人和其他组织之间发生的合同纠纷和其他财产权益纠纷,可以仲裁。但下列纠纷不能仲裁:(1)婚姻、收养、监护、扶养、继承纠纷;(2)依法应当由行政机关处理的行政争议。(3)劳动争议和农业集体经济组织内部的农业承包合同纠纷的仲裁,不适用仲裁法,由其他法律另行规定。

当事人采用仲裁方式解决纠纷,应当双方自愿,达成仲裁协议。没有仲裁协议,一方申请仲裁的,仲裁委员会不予受理。当事人达成仲裁协议,一方向法院起诉的,法院不予受理,但仲裁协议无效的除外。裁决被法院依法裁定撤销或者不予执行的,当事人就该纠纷可以根据双方重新达成的仲裁协议申请仲裁,也可以向法院起诉。

(二)要了解仲裁委员会和仲裁协会的设置

仲裁委员会可以在直辖市和省、自治区人民政府所在地的市设立,也可以根据需要在其他设区的市设立,不按行政区划层层设立。仲裁委员会由市人民政府组织有关部门和商会统一组建。设立仲裁委员会,应当经省、自治区、直辖市的司法行政部门登记。

仲裁委员会应当具备下列条件:(1)有自己的名称、住所和章程;(2)有必要的财产;(3)有该委员会的组成人员;(4)有聘任的仲裁员。仲裁委员会的组成人员中,法律、经济贸易专家不得少于三分之二。

仲裁委员会应当从公道正派的人员中聘任仲裁员。仲裁员应当符合下列条件之一:(1)从事仲裁工作满八年的;(2)从事律师工作满八年的;(3)曾任审判员满八年的;(4)从事法律研究、教学工作并具有高级职称的;(5)具有法律知识,从事经济贸易等专业工作并具有高级职称或者具有同等专业水平的。仲裁委员会按照不同专业设仲裁员名册。仲裁委员会独立于行政机关,与行政机关没有隶属关系。仲裁委员会之间也没有隶属关系。中国仲裁协会是社会团体法人。仲裁委员会是中国仲裁协会的会员。中国仲裁协会是仲裁委员会的自律性组织,根据章程对仲裁委员会及其组成人员、仲裁员的违纪行为进行监督。

(三)要注意涉外仲裁与国内仲裁的区别

涉外经济贸易、运输和海事中发生的纠纷的仲裁,适用涉外仲裁的特别规定。其中,涉外仲裁委员会可以由中国国际商会组织设立。涉外仲裁的当事人申请证据保全的,涉外仲裁委员会应当将当事人的申请提交证据所在地的中级法院。当事人提出证据证明涉外仲裁裁决有《民事诉讼法》第260条第1款规定的情形之一的,经法院组成合议庭审查核实,裁定撤销或裁定不予执行。涉外仲裁委员会作出的发生法律效力的仲裁裁决,当事人请求执行的,如果被执行人或者其财产不在中华人民共和国领域内,应当由当事人直接向有管辖权的外国法院申请承认和执行。

(四)其他注意事项

法律对仲裁时效有规定的,适用该规定,法律对仲裁时效没有规定的,适用诉讼时效的规定。当事人应当按照规定交纳仲裁费用。此外,律师参与仲裁代理应当遵守2000年3月26日经全国律协四届六次常务理事会通过的《律师参与仲裁工作规则》的规定,履行自己的职责。

第三节 律师劳动争议仲裁代理

一、劳动争议仲裁的概念和特征

劳动争议仲裁,是指由一定的部门组成的劳动争议仲裁委员会以第三者的身份,就劳动关系的双方当事人因劳动合同的履行及其他劳动争议,依法进行仲裁裁决,从而解决争议的一种制度。劳动争议仲裁不适用《仲裁法》,而适用其他法律、法规、国家相关政策,如《劳动法》、《企业劳动争议处理条例》、《劳动争议仲裁委员会办案规则》等,因此劳动争议仲裁不同于国内民商事仲裁和涉外仲裁,具有如下特征:

1. 仲裁机构的行政性:仲裁机构是劳动争议仲裁委员会,具有一定的行政性

劳动争议仲裁委员会不同于国内其他仲裁机构,它设置于县、市、市辖区的劳动行政主管部门,由劳动行政部门代表、同级工会代表、用人单位方面的代表组成,具有依法独立处理争议的职责和职权。其组成人员必须是单数,主任由劳动行政主管部门的负责人担任,实行少数服从多数的原则。劳动争议仲裁委员会可以聘请劳动行政主管部门或政府其他有关部门的人员、工会工作者、专家学者和律师担任专职的或兼职的仲裁员。

虽然从法律上看,劳动争议仲裁是非官方的解决争议的方式,但是,劳动争议仲裁同时具有强烈的行政色彩。《劳动法》规定,劳动争议仲裁委员会主任由劳动行政部门代表担任;劳动争议仲裁委员会的办事机构均设在劳动行政部门;处理劳动争议的《企业劳动争议处理条例》由国家劳动行政主管部门负责解释;劳动争议仲裁的《办案规则》和《组织规则》由劳动行政主管部门制定。而且,在实践中,工会和企业协会的代表只是名义上的仲裁委员会成员,他们既不参与仲裁委员会日常工作,也不介入劳动争议案件的处理,真正处理劳动争议的所有工作都由劳动行政部门一家承担,仲裁庭往往直接由劳动行政部门的仲裁员组成。这使得劳动争议仲裁委员会实际上隶属于地方政府,劳动争议仲裁在某种程度上成为一种行政仲裁。

2. 仲裁内容的有限性:受理劳动争议案件范围的有限性,不是一般的财产权益纠纷

根据《企业劳动争议处理条例》第2条规定,劳动仲裁委员会管辖的案件范围主要包括:因企业开除、除名、辞退职工和职工辞职、自动离职发生的争议;因执行国家有关工资、保险、福利、培训、劳动保护规定发生的争议;因履行劳动合同发生的争议以及法律、法规规定应当依照该条例处理的其他劳动争议。

劳动争议是基于劳动关系产生的纠纷,在劳动关系中,劳动者是通过劳动力的交换取得物质报酬,劳动力与劳动者不可分,因此,劳动关系是财产性与人身性共存的关系,本质上是人身关系。在劳动关系中,用人单位与劳动者经济地位不平等,劳动者处于弱势地位,劳动关系双方在实际生产工作中有明显的管理与被管理、命令与服从的关系。因为劳动力和劳动者的不可分割性,用人单位支配了劳动力,也就支配了劳动者。因此,因劳动关系产生的争议,不是一般的财产权益纠纷。

3. 管辖原则的地域性:劳动争议实行地域管辖原则

劳动争议仲裁与其他仲裁不同,不能适用当事人协议管辖制度,当事人无权协议选择处理劳动争议的劳动争议仲裁委员会。劳动争议仲裁实行地域管辖,即劳动争议仲裁的管辖按照行政区划,县、市、市辖区的劳动争议仲裁委员会管辖本行

政区内发生的劳动争议。市劳动争议仲裁委员会,负责处理市属用人单位发生的劳动争议;省劳动争议仲裁委员会,负责处理省属用人单位和中央在该省用人单位、驻该省部队所属用人单位发生的劳动争议。发生劳动争议的用人单位与劳动者不在同一个仲裁委员会管辖地区的,由劳动者工资关系所在地或者劳动合同签订地、履行地仲裁委员会管辖。

4. 提起仲裁的单向性:劳动争议仲裁由当事人一方提起

国内或涉外仲裁必须有双方当事人自愿签订的仲裁协议或仲裁条款,仲裁委员会才可予以受理,而劳动争议仲裁则不需要仲裁协议,只要一方当事人提起仲裁即可。也就是说,劳动争议发生后,当事人可以申请有关部门调解,调解不成时,当事人一方即可向劳动争议仲裁委员会申请仲裁,当事人也可不经调解直接向劳动争议仲裁委员会申请仲裁,劳动争议仲裁委员会应当受理并开始劳动争议仲裁程序。

5. 仲裁程序的必经性:劳动争议仲裁实行一裁两审制,仲裁程序是解决劳动争议的必经程序

劳动争议仲裁不实行国内或涉外仲裁的一裁终局制,而是实行一裁两审制,即劳动争议经双方协商达不成和解协议的,必须先经过劳动仲裁程序。只有对劳动仲裁委员会作出的仲裁裁决不服的,才可以向法院提起诉讼,这就是我们所说的,劳动仲裁是解决劳动争议的必经程序。经仲裁后当事人必须在收到裁决书之日起15日内向法院提起诉讼,而法院实行两审终审制。当事人未在法定期限内向法院起诉的,劳动仲裁委员会的裁决书即发生法律效力。当事人应当自动履行,不自动履行的,对方当事人可以申请法院强制执行。

二、劳动争议仲裁与民商事仲裁区别

劳动争议仲裁与民商事仲裁相比,具有以下区别特征:

1. 争议内容不同。民商事仲裁争议一般是合同等财产权益纠纷。劳动仲裁争议不是一般的财产权益纠纷,主要是基于劳动关系产生的各种纠纷。在劳动关系中,劳动者是通过劳动力的交换取得物质报酬,劳动力与劳动者不可分,因此,劳动关系是财产性与人身性共存的关系,本质上是人身关系。在劳动关系中,用人单位与劳动者经济地位不平等,劳动者处于弱势地位,劳动关系双方在实际生产工作中有明显的管理与被管理、命令与服从的关系,因为劳动力和劳动者的不可分割性,用人单位支配了劳动力,也就支配了劳动者。因此,因劳动关系产生的争议,不是一般的财产权益纠纷。

2 程序性质不同。民商事争议仲裁通过当事人协议选择,不是由法律强制规定,具有协议选择性和程序平等性。劳动争议仲裁具有前置性和强制性。由于劳动关系具有社会性、人身性、管理性和经济地位不平等性,为了保证劳动纠纷解决

的实质公正,劳动争议仲裁不通过当事人协议选择,而由法律强制规定。在我国,劳动争议仲裁是解决劳动争议的必经程序,当事人发生劳动争议,协商不成需要寻求第三方解决时,只能先申请仲裁,只有经过劳动争议仲裁之后,当事人对仲裁裁决不服,才能向人民法院提起诉讼,不能不经仲裁直接向人民法院起诉。因此,劳动争议仲裁是劳动诉讼的前置程序。

3. 仲裁本质不同。民商事争议仲裁通过当事人协议选择,不是由法律强制规定,具有民事平等性,因此,本质是民商事争议。劳动争议仲裁具有很强的行政性。虽然从法律上看,劳动争议仲裁是非官方的解决争议的方式,具有依法独立处理争议的职责和职权。但是,劳动争议仲裁同时具强烈的行政色彩。劳动法规定,劳动争议仲裁委员会主任由劳动行政部门代表担任;劳动争议仲裁委员会的办事机构均设在劳动行政部门;处理劳动争议的《企业劳动争议处理条例》由国家劳动行政主管部门负责解释;劳动争议仲裁的《办案规则》和《组织规则》由劳动行政主管部门制定。而且,在实践中,工会和企业协会的代表只是名义上的仲裁委员会成员,他们既不参与仲裁委员会日常工作,也不介入劳动争议案件的处理,真正处理劳动争议的所有工作都由劳动行政部门一家承担,仲裁庭往往直接由劳动行政部门的仲裁员组成。这使得劳动争议仲裁委员会实际上隶属于地方政府,劳动争议仲裁本质成为一种行政仲裁。

4. 管辖制度不同。民商事争议仲裁通过当事人协议选择,因此实行协议管辖。劳动争议仲裁实行地域管辖。当事人无权协议劳动争议仲裁的管辖机关,劳动争议仲裁的管辖按照行政区划确定,县、市、市辖区劳动争议仲裁委员会,负责处理本行政区域内用人单位的劳动争议;市劳动争议仲裁委员会,负责处理市属用人单位发生的劳动争议;省劳动争议仲裁委员会,负责处理省属用人单位和中央在该省用人单位、驻该省部队所属用人单位发生的劳动争议。发生劳动争议的用人单位与劳动者不在同一个仲裁委员会管辖地区的,由劳动者工资关系所在地或者劳动合同签订地、履行地仲裁委员会管辖。

5 终局制度不同。民商事争议仲裁实行一裁终局制,从裁决作出起发生法律效力,当事人对裁决不服的,不可以向人民法院提起诉讼。只有《仲裁法》规定当事人提出证据证明裁决"没有仲裁协议"等情形的,才可以向仲裁委员会所在地的中级人民法院申请撤销裁决。劳动争议仲裁实行一裁二审制,劳动争议仲裁委员会对劳动争议案件作出的裁决也不从裁决作出起发生法律效力,当事人如果对裁决不服的,可以在接到裁决书之日起 15 日内向具有管辖权的人民法院提起诉讼,诉讼只能以对方当事人为被告,不能以劳动争议仲裁委员会为被告。人民法院受理后,按照《民事诉讼法》进行审理,实行二审终审。

三、劳动争议仲裁律师工作内容

根据劳动争议仲裁的特征,律师应注意做好以下几个方面工作:

(一)与当事人签订委托书

当事人可以委托一至二名律师或者其他人代理参加仲裁活动,委托他人参加仲裁活动,必须向仲裁委员会提交有委托人签名或者盖章的委托书,委托书应当明确委托事项和权限。

(二)代理当事人行使权利

1. 申请回避权。律师发现劳动争议仲裁委员会成员是劳动争议的当事人或当事人近亲属的,或者与劳动争议有利害关系的,或者与劳动争议当事人有其他关系可能影响公正仲裁的,有权向仲裁委员会提出回避申请。

2. 调查取证权。律师有权进行调查,收集有利于当事人的一切证据材料。对证人应安排其到庭作证。

3. 辩论权。律师应认真听取对方当事人意见,与对方当事人及其代理人进行辩论。辩论时,以事实为依据,以法律为准绳。

4. 参加调解权。律师经当事人特别授权,可享有变更、放弃或承认仲裁请求的权利,并可与对方当事人和解或者在仲裁庭主持下进行调解,达成和解协议,然后撤回仲裁申请。

5. 查阅、复制本案有关材料的权利。律师依法享有查阅与复制本案有关材料的权利,但涉及国家秘密、商业秘密和个人隐私的内容,应负有保密义务。

(三)审查当事人的申诉请求,代为提交申请书或者答辩书

律师接受委托后,应首先审查当事人的申诉是否符合以下条件:(1)申请必须在规定的仲裁时效以内提出;(2)申诉人必须与劳动争议有直接的利害关系;(3)必须有明确的被诉人和具体的仲裁请求及事实根据;(4)争议必须属于劳动争议仲裁委员会的受案范围和受诉劳动争议仲裁委员会管辖。

经过审查,代理律师认为当事人的申诉请求符合法定条件的,即可代当事人向仲裁委员会提交申诉书,并按照被诉人数提交副本。申诉书应当载明下列事项:(1)职工当事人的姓名、职业、住址和工作单位;(2)企业的名称、地址和法定代表人的姓名、职务;仲裁请求和所根据的事实和理由;(3)证据、证人的姓名和住址。但是在提交申诉书之前代理律师应争取促成当事人双方自行和解,只有在和解无望后才申请仲裁。

若律师代理劳动争议被诉一方,则律师可代理当事人向仲裁委员会提交答辩书。

(四)代向有管辖权的仲裁委员会提交申诉书、交纳仲裁费并提供或者补充证据

《企业劳动争议处理条例》规定,县、市、市辖区仲裁委员会负责本行政区域内发生的劳动争议。设区的市的仲裁委员会和市辖区的仲裁委员会受理劳动争议案件的范围,由省、自治区人民政府规定。仲裁委员会有权要求当事人提供或者补充证据。劳动争议当事人申请仲裁,应当按照国家有关规定交纳仲裁费。仲裁费包括案件受理费和处理费。

(五)代理当事人出席仲裁庭

劳部发[1993]276号的《劳动争议仲裁委员会办案规则》规定:仲裁庭审理劳动争议案件,应于开庭4日前,将仲裁庭组成人员、开庭时间、地点的书面通知送达当事人。仲裁庭审理劳动争议案件应当先行调解。调解未达成协议,或仲裁调解书送达前当事人反悔的,以及当事人拒绝接收调解书的,仲裁庭应及时裁决。

(六)代向法院提起民事诉讼

当事人对仲裁裁决不服的,自收到裁决书之日起15日内,可以向法院起诉;期满不起诉的,裁决书即发生法律效力。向法院起诉的人可以是申诉人、被申诉人或者第三人。否则,仲裁裁决即发生法律效力,当事人应当自动履行或申请法院强制执行。法院受理劳动争议案件后,按照《民事诉讼法》规定的程序进行审理。法院审理劳动争议案件,实行两审终审制。

(七)代理仲裁裁决的申请执行

当事人对发生法律效力的调解书和裁决书,应当依照规定的期限履行。一方当事人逾期不履行的,律师可以代理另一方当事人申请法院强制执行。

第四节 律师人事争议仲裁代理

人事争议仲裁是随着中国人事制度的改革产生和发展的。在没有启动事业单位人事制度改革之前,所有的人事争议都是通过组织协调、行政命令、人事政策,甚至领导个人权威来解决。随着改革的深入和中国法制建设的进步,人事争议仲裁的解决方式开始由人事部推行。1995年,国家在事业单位推行人事制度的改革,人事部提出要建立人事争议仲裁制度。1996年5月,人事部设立了人事仲裁公证厅,处理和解决涉及中央国家行政机关及其直属单位和跨地区的人事争议。1997年8月8日,人事部颁发了《人事争议处理暂行规定》,对人事争议仲裁的受案范

第十一章 仲裁案件律师实务

围、仲裁组织机构、仲裁管辖、仲裁程序、执行和监督等均作了规定,形成了中国人事争议仲裁制度的雏形。2002年7月6日,国务院办公厅转发了人事部《关于在事业单位试行人员聘用制度意见》,人事争议仲裁制度作为这项人事制度改革的配套制度,引起了各方的广泛重视。为了完善人事争议处理制度,2003年9月5日,最高人民法院公布了《关于法院审理事业单位人事争议案件若干问题的规定》,使人事争议仲裁制度和诉讼接轨,形成了处理人事纠纷的一裁二审机制。

2005年4月27日,第十届全国人民代表大会常务委员会第十五次会议通过了《公务员法》,该法第100条规定,国家建立人事争议仲裁制度。这是中国法律第一次明确了人事争议仲裁制度的地位。该法同时规定,当事人对仲裁裁决不服的,可以自接到仲裁裁决书之日起15日内向法院提起诉讼。从此,中国处理人事纠纷的一裁二审机制有了法律依据。

但令人遗憾的是,《公务员法》只"规范公务员的管理,保障公务员的合法权益","对"法律、法规授权的具有公共事务管理职能的事业单位中除工勤人员以外的工作人员,经批准参照本法进行管理。"而绝大多数的事业单位只有"公共服务功能",而不具备"公共事务管理职能",该法并不调整绝大多数适用于人事争议仲裁的当事人,真正将人事争议仲裁制度上升到法律的高度,还有很长的路要走。

一、人事争议仲裁概述

(一)人事争议仲裁的概念

人事争议仲裁,是指聘任制公务员与所在机关之间因履行聘任合同发生争议,或者事业单位与其工作人员之间因辞职、辞退及履行聘用合同发生人事争议后,提交按法律规定由相关部门组成的人事争议仲裁委员会,由该委员会按照规定的程序依法作出裁决,从而解决人事争议的活动。

从广义上看,人事争议是指党政机关、社会团体、事业单位的工作人员(不包括工勤人员)、企业单位的管理人员和专业技术人员(以上人员俗称具有国家干部身份的人员),与所在单位因录用、聘用、晋职、考核、奖惩、任免、辞职、辞退、考核、回避、工资升降等人事管理事项引发的争议。但是,以上人事争议中,有相当部分是内部行政管理引发的争议,不宜通过外部程序的干涉进行解决,因此,可以提交人事争议仲裁解决的,只是上述争议的一部分。

按照《人事争议处理暂行规定》,可以提交人事争议仲裁的包括:国家行政机关与工作人员之间因录用、调动、履行聘任合同发生的争议;事业单位与工作人员之间因辞职、辞退以及履行聘任合同或聘用合同发生的争议;企业单位与管理人员和专业技术人员之间因履行聘任合同或聘用合同发生的争议;依照法律、法规、规章规定可以仲裁的人才流动争议和其他人事争议。显然,晋职、考核、奖惩、任免等事项不能纳入人事争议仲裁。

《公务员法》对经考试录用、实行选任制和委任制的公务员产生的人事争议,规定了一套申诉的程序,不适用人事争议仲裁制度;而对实行聘任制的公务员,实行人事争议仲裁制度。

由于中国实行以公有制为主体,多种所有制共同发展的基本经济制度,当今企业的所有制形式不是单一的国有制,加上用工制度的改革,已经淡化了企业单位的管理人员和专业技术人员的国家干部身份,因此,企业管理人员和专业技术人员与企业之间产生的争议,宜作劳动争议处理。

因此,我们对人事争议作狭义理解,认为人事争议仲裁是解决聘任制公务员与所在机关之间因履行聘任合同发生争议,或者事业单位与其工作人员之间因辞职、辞退及履行聘用合同发生争议的制度。

(二)人事争议仲裁的特征

针对中国人事争议仲裁的现状,我们认为现行人事争议仲裁具有以下特征:

1. 人事争议仲裁的当事人是特定的。即聘任制的公务员及其所在的机关;事业单位的工作人员及其工作的事业单位。

2. 人事争议仲裁只管辖部分的人事争议。只有聘任制公务员与所在机关之间因履行聘任合同发生争议,或者事业单位与其工作人员之间因辞职、辞退及履行聘用合同发生的人事争议,可以提交人事争议仲裁,他们之间的其他争议不能提交仲裁。

3. 人事争议仲裁尚没有全国统一的制度。人事部下发的部门规章基本上没有得到施行,各地方陆续制定了一些地方性法规或者地方规章规范本地区的人事争议仲裁。最近颁布的地方性法规有:2005年11月21日颁布的《福建省事业单位人事争议处理规定》等;地方规章有,2005年12月7日发布的《江苏省人事争议处理暂行办法》等。

4. 人事争议仲裁制度与诉讼制度受案口径不一致。最高人民法院《关于法院审理事业单位人事争议案件若干问题的规定》,对事业单位与其工作人员之间因辞职、辞退及履行聘用合同所发生的争议,当事人对仲裁裁决不服,自收到仲裁裁决之日起15日内向法院提起诉讼。人事部在《人事争议处理暂行规定》中规定的人事争议范围显然宽于最高人民法院的规定,部分省的规定也与该规定有出入。

5. 人事争议仲裁法律规范极不完善。在上述司法解释中,最高人民法院规定,事业单位与其工作人员之间因辞职、辞退及履行聘用合同所发生的争议,适用《劳动法》的规定处理。而《劳动法》第2条明确规定:"在中华人民共和国境内的企业、个体经济组织(以下统称用人单位)和与之形成劳动关系的劳动者,适用本法。""国家机关、事业组织、社会团体和与之建立劳动合同关系的劳动者,依照本法执行。"显然,劳动法不调整人事关系。而且,最高人民法院的司法解释也没有得到人事部

第十一章 仲裁案件律师实务

的认可。人事争议仲裁处于实质上的无法可依状态。

（三）人事争议仲裁与劳动争议仲裁的异同

1. 关于申诉时效。《人事争议处理暂行规定》第12条规定，当事人应当在争议发生之日起60日内，以书面形式向仲裁委员会申请仲裁。《劳动法》第82条规定，提出仲裁要求的一方应当自劳动争议发生之日起60日内向劳动争议仲裁委员会提出书面申请。从两者比较来看，申诉时效的规定实质是一样的。劳动部发布的《关于贯彻执行〈劳动法〉若干问题的意见》第85条规定，"劳动争议发生之日"是指当事人知道或者应当知道其权利被侵害之日。《最高人民法院关于审理劳动争议案件适用法律若干问题的解释（二）》对"劳动争议发生之日"作了进一步明确。由于对人事争议的处理没有法律明确规定，因此也不存在相关的执法或者司法解释，但不能因此说明两者的申诉时效不同。

2. 关于组织机构。按照《人事争议处理暂行规定》及相关的地方性法规或规章，人事争议仲裁的机构实质是参照比较成熟的劳动争议仲裁设置的，两个机构体系的模式和体制相同，仲裁员的选聘和仲裁庭的组成也相似。各地人事争议仲裁庭的组成也有两种，一种是指定，一种是选定。

3. 关于受案范围。两项仲裁制度在受案范围上有本质区别，这是人事争议仲裁与劳动争议仲裁并存的最根本因素。

4. 关于管辖。人事争议仲裁实行级别管辖与属地管辖并重的制度，而劳动争议仲裁实行属地管辖为主、级别管辖为辅的制度。

5. 关于不同级别仲裁委员会之间的关系。人事争议仲裁：不同地方有不同规定，有的地方规定没有隶属关系，有的地方规定下级仲裁委员会受上级仲裁委员会的指导和监督。劳动争议仲裁：也是各地方规定有所不同，既有规定没有隶属关系的，也有规定上下级有一定关系的，只是在上级对下级的权力范围有所不同。

5. 关于仲裁程序。两者之间大同小异。

6. 两项争议处理都实行一裁二审制度。

总之，除了受案范围是两种仲裁制度的本质区别外，其他规定都大同小异。

二、人事争议仲裁机构

对于人事争议仲裁的组织机构，各地方规定有所不同，但一般均设有仲裁委员会及其办事机构、仲裁员和仲裁庭等制度。下面以福建省的相关规定为例作简要说明。

1. 仲裁委员会

省、设区的市、县（市、区）设立人事争议仲裁委员会，三级仲裁委员会之间没有隶属关系。人事争议仲裁委员会由下列人员组成：(1)同级人民政府人事行政部门的代表;(2)同级地方总工会的代表;(3)同级人民政府指定的事业单位主管部门的代表;(4)法律专家。

人事争议仲裁委员会组成人员必须是单数,主任由人事行政部门的负责人担任。人事争议仲裁委员会一般每年举行一次全体会议,实行少数服从多数的原则。

人事争议仲裁委员会履行下列职责:(1)负责管辖范围内人事争议的仲裁工作;(2)决定仲裁员的聘任、解聘;(3)研究处理重大、疑难的人事争议案件;(4)法律、法规规定由人事争议仲裁委员会承担的其他职责。

人事争议仲裁规则、仲裁员守则由省人事争议仲裁委员会制订,并报省人民政府备案。

人事行政部门的人事争议处理机构为人事争议仲裁委员会的办事机构,负责办理日常事务,履行必要职责。

2. 仲裁员

人事争议仲裁委员会应当从公道正派的人员中聘任专职或者兼职仲裁员,兼职仲裁员与专职仲裁员在执行仲裁事务时享有同等权利。仲裁员应当符合下列条件之一:(1)从事仲裁工作满3年;(2)曾任审判员满3年;(3)从事律师工作满3年;(4)从事人事管理工作、工会工作或者其他法律工作满5年;(5)曾任人民陪审员或者从事人事争议调解工作满5年。

3. 仲裁庭

人事争议仲裁委员会处理人事争议案件,应当组成仲裁庭。仲裁庭由三名仲裁员组成,其中一名为首席仲裁员,负责仲裁庭成员的召集并主持仲裁庭的仲裁活动。简单的人事争议案件,可以指定一名仲裁员处理。

三、律师人事争议仲裁代理工作的主要内容

(一)审查收案

1. 审查案件是否为人事争议仲裁的受案范围

人事部《人事争议处理暂行规定》第2条明确规定:"本规定适用于下列人事争议:国家行政机关与工作人员之间因录用、调动、履行聘任合同发生的争议;事业单位与工作人员之间因辞职、辞退以及履行聘任合同或聘用合同发生的争议;企业单位与管理人员和专业技术人员之间因履行聘任合同或聘用合同发生的争议;依照法律、法规、规章规定可以仲裁的人才流动争议和其他人事争议。"

2. 审查是否超过申诉时效

《人事争议处理暂行规定》第12条规定,当事人应当在争议发生之日起60日内,以书面形式向仲裁委员会申请仲裁。依《公务员法》第100条第3款规定,聘任制公务员与所在机关之间因履行聘任合同发生争议的,可以自争议发生之日起60

第十一章 仲裁案件律师实务

日内向人事争议仲裁委员会申请仲裁。

(二)仲裁准备阶段的律师事务

(1)收集证据和法律材料;(2)确定管辖仲裁机构;(3)确定申诉请求;(4)撰写申诉书并提起申诉;(5)申请回避;(6)答辩;(7)准备开庭材料、拟定代理词。

(三)仲裁审理阶段的律师事务

具体的代理方法和步骤参考"劳动争议仲裁律师实务",不再赘述。

(四)仲裁裁决后的律师事务

具体的代理方法和步骤参考"劳动争议仲裁律师实务",不再赘述。

(五)律师代理人事争议仲裁的注意事项

1.审查收案时,律师应当根据各地具体的规定,向委托人准确说明其委托的事项是否属人事争议仲裁管辖的范围。

2.由于目前人事争议仲裁不管在程序法还是实体法上依据都不充分,现有制度的级别与效力都有缺陷,律师应当认真收集相关的法律依据,准确适当地引用法律规定,尽可能地维护好委托人的合法利益。

 司法考试真题链接

1.我国甲公司与瑞士乙公司订立仲裁协议,委托双方的律师约定由某地仲裁机构仲裁,但约定的仲裁机构名称不准确。根据最高人民法院关于适用《中华人民共和国仲裁法》的解释,作为律师你认为下列哪些选项是正确的?(2007年司法考试真题)

    A.仲裁机构名称不准确,但能确定具体的仲裁机构的,应认定选定了仲裁机构

    B.如仲裁协议约定的仲裁地仅有一个仲裁机构,该仲裁机构应视为约定的仲裁机构

    C.如仲裁协议约定的仲裁地有两个仲裁机构,成立较早的仲裁机构应视为约定的仲裁机构

    D.仲裁协议仅约定纠纷适用的仲裁规则的,不得视为约定了仲裁机构

2.中国公司与新加坡公司协议将其货物买卖纠纷提交设在中国某直辖市的仲裁委员会仲裁。经审理,仲裁庭裁决中国公司败诉。中国公司试图通过法院撤销该仲裁裁决。据此,作为参加仲裁的律师,你认为下列选项中哪一项是正确的?

(2005年司法考试真题)

A. 中国公司可以向该市高级人民法院提出撤销仲裁裁决的申请
B. 人民法院可依"裁决所根据的证据不充分"这一理由撤销该裁决
C. 如有权受理该撤销仲裁裁决请求的法院做出了驳回该请求的裁定,中国公司可以对该裁定提起上诉
D. 受理该请求的法院在裁定撤销该仲裁裁决前须报上一级人民法院审查

第十二章 法律顾问律师实务

【引 例】

最近,某代孕公司将"捐卵助学"的传单发到某某外国语大学城校区的女生宿舍,该传单上写着:"我公司中心近来有大量不孕家庭需要爱心捐卵。如果您身体健康,无遗传病史,无不良嗜好,身高 1.6 米以上,即可捐卵,您将得到 1 万元~2 万元的营养补偿。综合条件好的,补偿费就高。我中心会保障您的个人隐私。"该中心发放传单的人对接单女生说:"你校女生捐的话,两万元没问题,可能还可以拿更多。取卵医院都是某某三级甲等医院,有很专业的医生,主治医生是有着 20 年辅助生殖经验的留学博士,一直做试管婴儿工作的。而且还有那么高的营养补偿费。"该广告在高校里引发了热议。记者采访了解到,尽管传单派发已有多日,绝大部分女生对此"不感冒",甚至觉得"很可笑"。新闻学院的小陈和小冯认为:"如果传单上有指定的医院名字,或者有被助人的信息,可能有人会考虑。"经贸学院的小旬说:"我看到的第一反应是,我可不想以后上街碰到的都是我的孩子!"但有人认为"太假,不可信"。该外国语大学聘请了学校法律顾问方律师研究如何对待这些传单。

第一节 法律顾问概述

一、法律顾问概念

旧《律师法》第 25 条和新法第 28 条都规定:"律师可以从事下列业务:(一)接受公民、法人和其他组织的聘请,担任法律顾问……"法律顾问,是指接受自然人、法人或其他组织的聘请,为聘请人解答法律问题,处理法律事务,提供法律帮助的法律专业人员。法律顾问因主体不同,其含义有广义、狭义之分。

法律上广义的法律顾问,指依法接受公民、法人或者其他组织的聘请,以自己的专业知识和技能为聘请人提供多方面法律服务的专业人员,包括律师和取得企业法律顾问资格的人员。

在我国，企业法律顾问制度是独立于律师执业制度以外的另一种法律职业制度。1997年以前，企业一般通过两种途径获得法律服务，一种是由企业内部具有法律专业知识的工作人员提供法律服务，一种是常年聘请执业律师作为企业的法律顾问。1997年3月12日，人事部、原国家经贸委、司法部联合颁布了《关于印发〈企业法律顾问执业资格制度暂行规定〉及〈企业法律顾问执业资格考试实施办法〉的通知》，在全国统一的律师资格考试之外，另由人事部设立了企业法律顾问执业资格考试，国家开始实施企业法律顾问执业资格制度，使企业法律顾问成为独立法律职业。

2002年10月22日，司法部颁布了《司法部关于开展公司律师试点工作的意见》，开始在全国推行公司律师制度。司法部在试行公司律师的同时，颁布了《关于开展公职律师试点工作的意见》，推行公职律师的试点。除了公司律师和公职律师之外，企业、事业单位、政府部门和公民个人都可以聘请社会执业律师作常年或者专项的法律顾问。

狭义的法律顾问，是指律师接受律师事务所的指派，按照律师事务所与聘请人签订的《聘请法律顾问协议书》的规定，以自己的专业知识和技能为聘请人提供多方面法律服务，维护聘请人的合法权益。法律顾问既是应聘律师的一种业务活动，又是应聘律师为聘请人提供法律服务的一种特定身份。

在世界上，许多国家的律师制度中都有法律顾问的概念，但称呼有所不同。如：在美国，律师担任企业的法律顾问，被称为"公司顾问"、"商号顾问"或"内部顾问"；在西欧国家，律师担任企业的法律顾问，则被称为"公司律师"或"法律顾问"。对于社会执业律师是否可兼任企业法律顾问律师的问题上，各国规定也有所不同。如：中国社会执业律师可兼任企业法律顾问律师；美国社会执业律师不可兼任企业法律顾问律师，要么担任社会执业律师，要么担任企业的专职法律顾问律师。

本章名为"法律顾问律师实务"，顾名思义，对法律顾问仅作狭义理解，而且仅指应聘律师为聘请人提供法律服务的一种特定身份。出于概念区分需要，称呼有所不同，如法律顾问律师、政府法律顾问律师、企业法律顾问律师、军队律师、公司律师等。如引例中，作为法律顾问方律师可向学校提出如下建议，由学校发一则"校方通知"或者"告全校同学法律建议书"，内容大致如下：据学生干部反映，最近我校部分女生宿舍收到名为"爱心捐卵助学"的传单，开出1万元～2万元的费用。但传单内容并不符合国家规定和医学原理，可信度不高，极有可能是非正规机构违法所为；可能会有同学因轻信而上当受骗，请同学特别是女生和各学院"学工办"密切关注事件，提醒学生不要上当受骗。同时，学校各QQ群上都转发该内容，提醒广大女生注意，避免上当受骗。

二、法律顾问律师特征

（一）律师身份的双重性

受聘于自然人、法人和其他组织的社会律师既是律师事务所的执业律师，又是代表聘请人处理法律事务的人员。一方面，要接受律师事务所的管理和监督，受律师行为规范、律师职业道德和律师执业纪律的约束，另一方面，要依照法律顾问聘请合同的规定，积极履行自己的职责，遵守合同约定的义务，为聘请人做好法律服务。公司律师和公职律师既是服务单位的工作人员，又是执业律师，一方面，要接受本单位的领导和监督，受单位规章制度的约束，努力做好本职工作，另一方面，要遵守律师执业行为规范、受律师职业道德和执业纪律的约束。

（二）法律地位的独立性

新旧《律师法》都规定：律师应"维护当事人的合法权益，维护法律的正确实施"。第3条都规定："律师执业必须遵守宪法和法律，恪守律师职业道德和执业纪律。律师执业必须以事实为根据，以法律为准绳。律师执业应当接受国家、社会和当事人的监督。律师依法执业受法律保护。"这意味着法律顾问律师的法律地位独立，依法执行职务不受任何单位和个人非法干涉。同时，也意味着法律顾问律师应维护的是聘请人合法权益而不是非法利益。对于聘请人非法要求或行为，应坚持以事实为根据、以法律为准绳的原则，予以说服、劝阻或纠正。以维护国家的利益、社会公共利益，并维护他人所享有的合法权益，避免社会公平正义招致践踏。不能曲解法律、规避法律或钻法律空子。特别是担任政府部门的法律顾问时，其工作不同于行政事务工作，政府不能用行政命令干涉法律顾问的活动。

（三）法律关系的平等性

律师事务所与聘请人签订的《聘请法律顾问协议书》在性质上是一种民事合同，而作为民事合同的法律特征之一就是法律关系平等。律师与律师事务所之间存在劳动合同法律关系，但是，受律师事务所指派担任法律顾问的律师与聘请人形成的关系是依《聘请法律顾问协议书》而建立的一种委托服务关系，而不是劳动合同法律关系，这种关系只能建立在双方法律地位平等、权利义务对等的基础上。法律顾问律师为聘请人提供的是一种劳务，不是聘请人的员工，不存在行政隶属关系，不受聘请人行政管理，与聘请人之间的法律关系平等，按《聘请法律顾问协议书》和相关法律规定，享有权利并承担义务。

(四)服务对象的广泛性

法律顾问是一项综合性法律服务工作,从服务的对象看,法律顾问律师服务涵盖了所有法律主体。受服务的主体包括国家机关、企事业单位、各种社会团体组织、公民个人和家庭等,凡是有法律服务需求的单位和个人都可以是法律顾问的对象。

(五)服务内容的丰富性

旧《律师法》第26条和新法第29条都规定:"律师担任法律顾问的,应当为聘请人就有关法律问题提供意见,草拟、审查法律文书,代理参加诉讼、调解或者仲裁活动,办理聘请人委托的其他法律事务,维护聘请人的合法权益。"就该规定而言,如果展开理解,其服务内容是非常丰富的。尤其是"办理聘请人委托的其他法律事务"的表达,给法律顾问律师的服务内容留下了巨大的弹性空间。因此,法律顾问工作包括各种法律服务的需求,凡属法律可以管辖的内容都可以作为法律顾问服务的内容。

(六)服务时间的稳定性

律师一旦接受委托担任法律顾问,即和服务对象之间建立起较一般诉讼代理更具稳定性的合同关系。律师的诉讼代理关系一般因诉讼的终结而终止,其终止的时间并不是通过律师和当事人约定,而是根据诉讼终结的时间来确定,故不具有确定性。而律师担任法律顾问业务的服务期限,一般是通过律师事务所和服务对象之间的合同来约定的,故具有相对确定性,即服务时间的稳定性。

三、法律顾问律师分类

按照业务范围的不同,可分为综合法律顾问和专项法律顾问。综合法律顾问,是指为聘请人的所有法律事项提供法律服务的法律顾问。律师接受聘请出任法律顾问时,对工作范围没有作限制,受聘律师应当为聘请人的各种法律事务提供法律服务。专项法律顾问,是指聘任人就某一项或者某一类具体法律事项,聘请律师从事顾问工作,如就著作权、专利和专有技术、商标、商业秘密和竞业禁止、房地产开发、商品房买卖、企业改制、建设工程招投标、政府采购、劳动保障等专项事务聘请法律顾问。

按照服务时间的不同,可分为常年法律顾问和临时法律顾问。受聘期在一年以上的法律顾问,为常年法律顾问。常年法律顾问对聘请人的日常法律事项提供法律服务,一般是综合性服务,当然也有专项服务。就某个特定事项,临时受聘从事法律顾问工作的,为临时法律顾问。临时法律顾问从事的一般为单一业务的服务,服务时间短,需要服务的事项完成了,法律顾问关系即终止。可分为常年法律顾问律师和专项法律顾问律师。

此外,依工作范围的不同,可以分为有特定工作范围的法律顾问律师和无特定工作范围的法律顾问律师。依是否代理参加诉讼,可分为包含代理诉讼的法律顾问律师和不包含代理诉讼的法律顾问律师。依聘请人的性质不同,可以分为政府法律顾问律师、企业法律顾问律师、事业单位法律顾问律师、社会团体法律顾问律师和公民个人法律顾问律师(在某些国家称作家庭律师)。本书以性质分类作重点介绍。

对法律顾问律师进行分类,可以使聘请双方明确法律顾问律师的不同形式,从而签订不同内容的《聘请法律顾问协议书》。

四、法律顾问律师聘请程序

在双方协商一致的基础上,通过签订书面《聘请法律顾问协议书》方式进行,其聘请程序具体包括:

(一)协商法律顾问律师聘请事宜

《聘请法律顾问协议书》的双方当事人是聘请人(即上述政府、企事业单位、社会团体或公民个人)和律师事务所,因此,聘请人聘请法律顾问律师,需与律师事务所进行协商。但是,在实践中通常由聘请人与拟聘请的律师进行协商。协商的过程即邀约和承诺过程。协商的内容主要是法律顾问律师人选、提供法律服务的范围、方式、期限、责任、收费数额以及双方其他权利、义务等。

(二)签订《聘请法律顾问协议书》

双方就法律顾问聘请事宜经协商达成一致协议后,应草拟并签订《聘请法律顾问协议书》。通常,《聘请法律顾问协议书》主要包括以下内容:(1)双方法定名称、指派法律顾问律师姓名;(2)法律顾问律师的具体职责范围、工作方式;(3)双方的权利、义务;(4)双方共同遵守的原则;(5)法律顾问费数额及支付方式;(6)协议书的中止、变更和解除;(7)协议书生效日期和有效期限;(8)双方需要约定或写明的其他事项。

双方在《聘请法律顾问协议书》上盖章或签字后,该协议书即生效。聘请人是法人或其他组织的,必须加盖单位公章,并由法定代表人或负责人签名或盖私章。如果聘请人是公民个人,则由聘请人签名并摁指印。律师事务所也应在《聘请法律顾问协议书》上加盖公章,并由负责人签名或盖私章。

(三)发聘书或授牌匾

聘请人可以向受律师事务所指派的法律顾问律师颁发聘书,或登报声明聘请事宜。律师事务所可以应聘请人要求向聘请人授牌匾,牌匾内容通常包括律师事务名称、法律顾问律师姓名、法律服务期限和授牌匾日期(通常按照《聘请法律顾问协议书》签订或生效日期)。实践中尤其要注意在牌匾注明法律服务期限(自何年何月何日起至何年何月何日止),以免《聘请法律顾问协议书》有效期届满后聘请人不当使用牌匾。

第二节　法律顾问律师的业务范围

一、法律顾问律师的业务范围概述

法律顾问律师的业务范围,即法律顾问律师的职责范围。它是律师担任法律顾问为聘请人提供法律服务中承担的具体业务。律师担任政府法律顾问和企业法律顾问,除《律师法》和《律师职业道德和执业纪律规范》、《律师执业纪律规范(试行)》等针对律师的一般规定外,还有专门针对律师担任政府法律顾问所作的《关于律师担任政府法律顾问的若干规定》,以及专门针对律师担任企业法律顾问所作的《关于律师担任企业法律顾问的若干规定》。但是,对于律师担任事业单位法律顾问或社会团体法律顾问或公民个人法律顾问,并不存在专门的特别的规定,只有《律师法》、《律师职业道德和执业纪律规范》、《律师执业纪律规范(试行)》等针对律师的一般规定。就总体而言,律师担任事业单位或社会团体法律顾问的工作职责和权利义务与担任政府、企业法律顾问的工作职责和权利义务基本相同。

我国旧《律师法》第26条和新法第29条都规定:"律师担任法律顾问的,应当为聘请人就有关法律问题提供意见,草拟、审查法律文书,代理参加诉讼、调解或者仲裁活动,办理聘请人委托的其他法律事务,维护聘请人的合法权益。"律师担任法律顾问的业务范围,尽管因服务对象的不同而有所不同,但从总的方面来说有以下几点:

1.为聘请人就业务上的法律问题提供口头或书面意见,特别是为聘请人的重大决策提供法律咨询,使其依法办事,避免承担法律风险。

2.协助聘请人草拟、审查法律事务文书。如经济合同、协议、控告书、诉状、答辩状等,使之符合国家法律和有关行政法规的规定。

3.代理聘请人参加民事、经济、行政纠纷的诉讼、调解、仲裁活动,帮助聘请人运用法律手段解决经济纠纷和行政争议,维护聘请人的合法权益。

4.参与聘请人的洽商,准备谈判中所需的各类法律文件。

5.接受聘请人的委托,代理非诉讼法律事务,如办理工商登记、税务、商标注册、鉴定、公证、申请专利等。

6.协助聘请人建立、健全各项规章制度,使其工作纳入法制轨道。

7.协助聘请人对职工进行法制教育,提高职工的法制观念。

8.协助聘请人对所配备的人员进行法律培训和法律宣传。

9.办理聘请人委托的其他法律事务。

二、律师担任政府法律顾问

律师担任政府法律顾问,是指律师事务所指派律师为政府机关及其领导人提供法律服务和法律帮助的一种业务活动。

随着我国法律制度的日益完善,各级政府及其领导人在行使管理职能过程中,除了运用必要的行政手段和经济手段以外,法律手段将发挥越来越重要的作用,依法治国,依法管理国民经济和社会事务是对各级政府机关及其领导人的必然要求,这就需要法律顾问为其提供必要的法律咨询和法律服务。律师担任政府法律顾问,有利于促进政府工作的法律化、制度化;有利于促进政府转变职能,建立健全宏观经济调控体系;有利于政府组织重大的经济活动;有利于协调政府各部门之间的法律关系、解决各种疑难纠纷;有利于政府领导人及其工作人员增强法制观念和法律意识。政府法律顾问律师除了应遵守《律师法》和《律师职业道德和执业纪律规范》、《律师执业纪律规范(试行)》等针对律师的规定外,还应遵守1989年司法部颁布的专门针对律师担任政府法律顾问所作的《关于律师担任政府法律顾问的若干规定》。该《若干规定》对律师担任政府法律顾问的任务、工作职责、权利、义务等作出具体规定。

(一)政府法律顾问律师任务和工作职责

律师担任政府法律顾问的任务,是为政府在法律规定的权限内行使管理职能提供法律服务,促进政府工作的法律化、制度化。

律师担任政府法律顾问,受政府委托办理下列法律事务:

1.就政府的重大决策提供法律方面的意见,或者应政府要求,对决策进行法律论证;

2.对政府起草或者拟发布的规范性文件,从法律方面提出修改和补充建议;

3.参与处理涉及政府的尚未形成诉讼的民事纠纷、经济纠纷、行政纠纷和其他重大纠纷;

4.代理政府参加诉讼,维护政府依法行使行政职权和维护政府机关的合法权益;

5.协助政府审查重大的经济合同、经济项目以及重要的法律文书;

6. 协助政府进行法制宣传教育；

7. 向政府提供国家有关法律信息，就政府行政管理中的法律问题提出建议；

8. 办理政府委托办理的其他法律事务。

随着社会政治、经济、文化等转型，政府职能不断转变，政府需要委托法律顾问律师办理的其他法律事务将不断增多。政府法律顾问律师应为政府提供全方位、多层次的法律服务。

(二) 政府法律顾问律师权利和义务

为便于开展工作，担任政府法律顾问的律师享有如下权利：(1) 查阅有关文件及资料；(2) 参加政府召开的有关会议；(3) 获得履行政府法律顾问律师职责所必需的其他工作条件和便利。

政府法律顾问律师义务：(1) 应当根据合同规定和政府委托的权限进行活动，不得超越委托权限，也不得从事与履行法律顾问律师职责无关的事务。(2) 对其工作中接触、了解到的机密和不宜公开的情况，负有保守秘密的责任。(3) 不得同时接受他人委托，在民事诉讼、经济诉讼和行政诉讼中担任政府对方当事人的代理人，也不得同时接受他人委托办理其他有损于政府利益或者违反政府决定的事务。(4) 不得利用担任政府法律顾问律师的身份，代理他人办理法律事务。

三、律师担任企业法律顾问

律师担任企业法律顾问，是律师事务所接受企业的聘请，指派律师在合同约定的期限内，运用法律知识和工作技巧，为聘请企业提供综合性法律服务。担任企业法律顾问是律师的各类法律顾问业务中比例最高的。在国外，各类企业都要聘请律师担任法律顾问，许多大中型企业专门设有法律顾问机构，法律顾问在处理企业的法律事务中，发挥了卓有成效的作用，许多律师成为大公司、大企业的"代言人"。

在中国，法律顾问在企业的经营、管理中也发挥着越来越重要的作用。律师担任企业法律顾问有利于促进企业转换经营机制，建立现代企业制度；有利于企业对重大问题作出正确的决策；有利于改善企业的经营管理、提高企业人员素质；有利于企业扩大对外开放，促进对外经济合作与交往；有利于维护企业的合法权益。企业法律顾问律师除了应遵守《律师法》和《律师职业道德和执业纪律规范》、《律师执业纪律规范(试行)》等针对律师的规定外，还应遵守1992年司法部颁布的专门针对律师担任企业法律顾问所作的《关于律师担任企业法律顾问的若干规定》。该《若干规定》对律师担任企业法律顾问的任务、工作职责、权利、义务等作出具体规定。

第十二章 法律顾问律师实务

（一）企业法律顾问资格

国家实行企业法律顾问执业资格制度。企业法律顾问执业资格制度属于职业证书制度。企业法律顾问执业资格制度按照《企业法律顾问执业资格制度暂行规定》、《企业法律顾问执业资格考试实施办法》和《关于调整企业法律顾问执业资格考试有关规定的通知》规定执行。企业法律顾问执业资格通过全国统一考试取得。符合《企业法律顾问执业资格制度暂行规定》第7条规定的报考条件的人可以参加考试。报考条件中具有经济类和法律专业背景要求并有工作经历要求。现已举行了七次考试。企业法律顾问执业资格考试合格者，由各省、自治区、直辖市人事（职改）部门颁发人事部统一印制的，人事部与国家经贸委、司法部用印的《企业法律顾问执业资格证书》。该证书在全国范围内有效。企业法律顾问应当按规定进行注册。未经注册者，不得以企业法律顾问身份执行业务。

取得司法考试合格资格（或律师资格）并不意味着同时取得企业法律顾问资格，仅是可免试部分科目。但是，取得律师执业证的律师在中国可受企业聘请担任常年法律顾问或专项法律顾问，无须通过企业法律顾问资格考试。

（二）企业法律顾问律师任务和工作职责

律师担任企业法律顾问的任务是：为企业依法治厂，按照《企业法》和其他有关的法律、法规进行生产、经营、管理或其他活动提供法律服务，受企业委托办理有关法律事务，维护企业的合法权益，促进企业深化改革，扩大开放，转换企业经营机制，提高企业经济效益，推进企业生产、经营的发展。

企业法律顾问律师工作职责：律师担任企业法律顾问，受企业委托办理下列法律事务。但应当切实注意到，企业法律顾问律师要办理好下列法律事务，除了应当精通相关法律知识，还应当具备相关经济知识，并且应当具备足够的实践经验。同时，企业法律顾问律师还必须注意识别谁是真正的委托人。企业法律顾问律师在开展工作时需要明确，自己的委托人是企业而不是企业的某个部门或企业的某个人。企业法律顾问律师是在为企业而不是企业的某个部门或企业的某个人服务。因此，不能为了企业的某个部门或企业的某个人的利益和要求置企业的利益于不顾。如果不能意识到这一点，就不可能确定正确的工作目标，所提供的法律服务就可能不适当，甚至还可能卷入委托人内部的纷争，并极有可能成为纷争的焦点和"替罪羊"或牺牲品，被解聘或被投诉或被索赔。独立性是律师价值的一种体现，也是律师执业风险意识中的一个重要组成部分。企业法律顾问律师同样应明确工作目标并坚持独立性。

1.就企业生产、经营、管理方面的重大决策提出法律意见，从法律上进行论证，提供法律依据；

2.草拟、修改、审查企业在生产、经营、管理及对外联系活动中的合同、协议以

及其他有关法律事务文书和规章制度;

3. 办理企业的非诉讼法律事务;

4. 代理企业参加民事、经济、行政诉讼和仲裁,行政复议;

5. 参加经济项目谈判,审查或准备谈判所需的各类法律文件;

6. 提供与企业活动有关的法律信息;

7. 就企业深化改革、扩大开放,发展外向型经济,转换企业经营机制,提高企业经济效益,加强生产、经营、管理和对外联系中的有关问题,提出法律意见;

8. 协助企业对干部职工进行法制宣传教育和法律培训;

9. 对企业内部的法律工作人员的工作进行指导;

10. 其他法律事务。

上述问题,无不与法律息息相关。企业法律顾问律师就上述问题提出法律意见,有助于市场经济环境下的企业经营与发展。中国经济转型需要面对众多新的复杂的问题。企业法律顾问律师除了应办理上述法律事务外,还应办理许多其他法律事务。《聘请法律顾问协议书》通常规定本项服务另行收费,但可给予一定优惠。

(三)企业法律顾问律师权利和义务

1. 担任企业法律顾问律师权利

(1)了解企业的生产、经营、管理和对外联系活动中的有关情况;对企业违反法律、法规的行为,提出纠正意见和建议;

(2)列席企业领导人召集的生产、经营、管理和对外活动中的有关会议;对企业重大决策提出法律意见;

(3)根据工作需要查阅和承办法律事务有关的本企业有关文件、资料及财务报表、统计报表等;

(4)办理企业法律事务时,依法向有关单位或者个人调查情况、收集证据;

(5)获得履行企业法律顾问律师职责所必需的办公、交通及其他工作条件和便利;

(6)法律、法规和企业领导人授予的其他权利。

2. 企业法律顾问的律师义务

(1)及时承办聘请人委托办理的有关法律事务;

(2)对在工作中接触、了解到的有关聘请人生产、经营、管理和对外经济活动的业务秘密,负有保守秘密的义务;

(3)应当努力维护聘请人的合法权益;

(4)因过错给聘请人造成损害的,应当承担相应的民事责任;

(5)应当坚持以事实为根据、以法律为准绳的原则,发现聘请人有违法行为的,应当予以劝阻、纠正;

第十二章 法律顾问律师实务

(6)应当根据合同、协议规定和聘请人的委托授权进行工作,不得超越委托代理权限;

(7)不得从事有损于聘请人合法权益的活动,不得在民事、行政诉讼或仲裁活动中担任对方当事人的代理人;

(8)在其受聘的两个(或两个以上)企业之间发生争议时,应当进行调解,但企业法律顾问律师不得代理任何一方参加诉讼和仲裁。

(四)企业法律顾问的设置配备及其与公司律师、企业法律顾问律师的关系

1. 企业法律事务机构的设置或企业法律顾问的配备

企业根据经营管理和企业法律事务工作的需要,设置法律事务机构或者配备企业法律顾问。国有独资和国有资产占控股地位的大型企业应当设置法律事务机构,中型企业应当配备企业法律顾问。企业法律事务机构对企业领导人负责。未设置企业法律事务机构的,企业法律顾问直接对企业领导人负责。

2. 企业法律顾问和公司律师、企业法律顾问律师的关系

企业法律顾问是指具有企业法律顾问执业资格,由企业聘任并经注册机关注册后从事企业法律事务工作的企业内部专业人员。公司律师是具有律师资格由企业聘任并经注册机关注册后从事企业法律事务工作的企业内部专业人员。两者虽然都是由企业聘任从事企业法律事务工作的企业内部专业人员,工作职责基本相同,但是,所应具有的资格不同,企业法律顾问应具有企业法律顾问执业资格,而公司律师应具有律师资格(或司法资格)。再者,注册机关和注册有效期也不同,企业法律顾问的注册机关是国务院国资委和各省级国资委或有关省级经贸委(经委),注册有效期为 2 年。而公司律师的注册机关是司法行政机关,注册有效期为 1 年。另外,两者加入的行业协会不同,企业法律顾问加入的是企业法律顾问协会,而公司律师加入的是地方律师协会和中华全国律师协会。

企业法律顾问律师与公司律师都应具有律师资格(或司法资格),并领取律师执业证。但是,企业法律顾问律师属于社会执业律师而非企业内部专业人员,而公司律师属于企业内部专业人员,两者与企业的隶属关系不同。两者的工作职责从相关规定上看,也存在一定区别,具体可比较《关于律师担任企业法律顾问的若干规定》第 3 条规定和《企业法律顾问执业资格制度暂行规定》第 17 条规定。在某种程度上,企业法律顾问律师和公司律师的工作职责类似。主要的工作是组织、建议、起草文件,参加商业谈判以及处理诉讼事务。但是,公司律师实际上有比企业法律顾问律师更为广泛的职责——负责企业的法律职能,而且还负责处理企业与为企业提供服务的律师事务所或法律顾问律师的关系。

企业法律顾问、公司律师和企业法律顾问律师可以在知识上相互弥补、力量上相互支持、业务上相互学习,应当建立并行不悖、相互帮助、互为依托的关系。

四、律师担任事业单位和社会团体的法律顾问

事业单位是指由国家划拨经费的学校、医院和科研院所等单位。它们除了运用行政手段进行管理外,也需要采用经济和法律手段加以管理。

社会团体是指工会、妇联、侨联等组织。随着法制的不断健全,这些社会团体也将遇到许多法律问题。

律师担任事业单位和社会团体的法律顾问,有利于这些单位运用法律手段管理本单位的工作及开展对外关系。顾问律师帮助聘请人将日常管理工作制度化,并逐步纳入社会主义法制轨道,可以帮助其提高管理效率。在对外关系中,顾问律师则可以依法保护聘请人的合法权益。

律师担任事业单位和社会团体的法律顾问的工作范围包括:为事业单位、社会团体的领导提供有关政策、法律方面的咨询,为领导决策提供法律意见和建议;参加单位、团体对内对外的各种法律文书的起草、签订;协助单位、团体建立、健全各种规章制度,加强运用法律手段进行管理;代单位、团体参加民事、经济、行政纠纷的调解、仲裁和诉讼活动,维护事业单位或社会团体的合法权益;宣传国家法律,普及法律知识;办理其他委托的法律事务等。

五、律师担任公民个人的法律顾问

(一)律师担任公民法律顾问的概念

律师担任公民法律顾问,是律师事务所接受公民个人的聘请,指派律师担任公民的法律顾问,在合同约定的期限内为聘请人提供综合性的法律服务。

律师担任公民个人的法律顾问,是社会经济发展必然要求,现在,公民个人作为独立主体参加社会活动,参与经济活动的越来越多,遇到的法律问题也日渐增多,迫切需要法律顾问的帮助。顾问律师应聘担任其法律顾问,可以为他们提供法律咨询,帮助他们依法维护自己的合法权益和排除各种非法干扰,使他们能够正常地从事各项经济社会活动。律师担任公民个人法律顾问的情况,在中国还较为少见,其原因在于个人法律意识、个人聘请法律顾问的经济负担能力、个人法律需求及其满足渠道等诸多方面。

(二)律师担任公民法律顾问的职责

根据目前的实践,公民法律顾问的主要业务范围包括以下几个方面:

1. 为公民经营、管理活动提供法律意见。公民在从事个体经营、农村承包经营中会遇到各种各样的法律问题,如某项经营活动是否符合我国现行法律、法规的

规定,采取何种方式更为有利,如何减少经营风险等等,法律顾问应当就上述问题的可靠性及其面临的风险进行分析,提供法律意见。

2. 为公民日常生活中的法律问题提供法律意见。公民的工作、学习、生活中也会遇到大量的法律问题,如婚姻、继承、收养、未成年人保护问题等。法律顾问对这些问题应及时给予解答,这有利于公民法律意识的提高,也有利于社会的安定团结。

3. 代理公民参加诉讼、仲裁和调解。公民大多数不具备参加诉讼、调解或仲裁活动的法律知识,法律顾问代理公民参加这些活动,可以充分维护公民的合法权益,保障公民的人身权利、民主权利和财产权利不受侵犯。

4. 为公民代书法律文书。如为公民代书遗嘱,代书合同、协议等。

5. 向公民普及基本法律常识。通过普及基本法律常识,使公民增强法制观念,养成知法、守法、依法办事的良好习惯。

此外,法律顾问还可以办理公民委托的其他法律业务。

第三节 法律顾问律师工作原则和方式

一、法律顾问律师的工作原则

律师担任法律顾问,必须坚持一定的工作原则,这是做好法律顾问工作的基本保障。法律顾问的工作原则,是指顾问律师在工作中应遵循的基本规则和要求。它是顾问律师的行为准则。中国《律师法》对法律顾问的工作原则并没有具体规定,但对律师执业活动的原则在总则中作了原则性的规定,如律师执业必须遵守宪法和法律,恪守律师职业道德和执业纪律,必须以事实为依据、以法律为准绳,应当接受国家、社会和当事人的监督,以及执业受法律保护的原则,这些都是律师进行执业活动的共有原则,当然也就是顾问律师的工作原则。作为顾问律师,除遵守律师执业活动的基本原则外,还应当遵守下列几项原则:

(一)维护聘请人合法权益原则

聘请人之所以聘请律师担任法律顾问,目的就是通过律师的工作,使其合法权益不受侵害,保护其行使法律赋予的职权。因此,律师作为法律顾问必须坚定不移地把维护聘请人合法权益作为整个工作的基本准则,绝不能实施有损于聘请人合法权益的行为,更不能采取欺骗或者与他人恶意串通的方法来损害聘请人的利益。顾问律师应尽职尽责,如因过错给聘请人造成损害则是严重失职,要负民事责任,直至追究刑事责任。

(二)预防为主的原则

如前所述,律师提供法律顾问服务的核心作用是法律预防,法律预防作用在法律顾问业务中的存在价值,决定了律师从事法律顾问工作同样必须强调法律预防的原则。法律顾问工作的成果往往并不是看一个顾问律师为聘请人单位打了几场官司,解决了几起纠纷,而是看一个律师为聘请人提供的顾问服务所产生的对非诉纠纷、涉讼争端的预防功能及其相应的作用。法律预防为主原则的具体要求是:律师必须为聘请人事先把好处理各种法律关系问题的关键,尤其是那些将对聘请人权益产生直接或间接影响的法律行为或法律事件,律师在向聘请人提供处理方案时,一定要本着预防纠纷产生,预先为聘请人聘请人设置法律保护的屏障为原则,顾问律师应将自己工作的重心放在聘请单位平时的制度建设上,帮助聘请人提高法律意识,从根本上采取有效措施,依法办事,预测风险,使聘请人尽可能地避免不必要的纠纷以至涉讼。

(三)依法顾问原则

律师担任法律顾问应当尽一切可能维护聘请人的权益,这是顾问律师业务的宗旨。但是,顾问律师是法律工作者,又有保障法律正确实施的职责。依法顾问是律师执业的基本属性的要求,也是保障律师服务质量的关键。如果律师在顾问执业过程中奉行当事人利益至上,违法执业,则不仅顾问律师会受到相应的法律制裁,最终也不能保护聘请人的合法权益。所以,律师在接受聘任后,必须坚持依法顾问的原则。依法顾问原则要求顾问律师必须依法办事,不能为聘请人谋取利益而采取非法手段损害国家、集体或他人利益,更不能维护聘请人的违法利益。执业中,顾问律师对聘请人的违法做法和要求,律师应坚持该项原则,并努力说服聘请人纠正其错误主张。如果聘请人坚持错误,律师应视其问题的严重程度,及时向律师事务所汇报,必要时可退聘。

(四)平等原则

律师担任聘请人顾问律师,为其提供法律服务,聘、应双方的法律地位是平等的。因此,双方应相互尊重,相互信任,平等待人。顾问律师的职责是对聘请人提供法律帮助,而不是行使权力,对聘请单位的法律事务只能提出建议和意见,不能要求聘请单位把自己的建议当作决定去执行。即使在合同规定的顾问律师的工作范围内的法律事务,也必须在聘请单位提议或同意的情况下,方可参与活动,不能干涉企业的内部事务。作为聘请人,也应把顾问律师当作自己的参谋和助手,遇有重大疑难问题,主动、及时征询顾问律师的意见。对顾问律师的法律意见和合理化建议要认真听取,以避免可能出现的失误和纠纷。

(五)保密原则

顾问律师应当保守在执业活动中知悉的聘请人的商业秘密。特别是在一个律师同时担任几家企事业单位及个人的顾问律师情况下,更应严守聘请人的商业秘密和个人隐私,以确保聘请人利益和律师的声誉。

律师在担任政府及行政机关顾问律师时,则尤其应注意保守执业中知悉的国家机密,严格遵守保密守则和有关规定。

二、法律顾问律师的工作方式

顾问律师不仅要严格遵守法定原则,而且还必须掌握一套行之有效的工作方式、方法。顾问律师为聘方提供法律服务的工作方式、方法是多层次、多方面的。下列顾问律师律师工作方式的划分,并不具有法律上的意义,仅是对实践中存在的顾问律师律师工作方式的简单概括。

(一)专职式,即全职方式

采用这种方式,一般是聘请人法律事务繁多,需要顾问律师长驻或者长期在聘请人处提供法律服务的情况下,宜采用全职方式,但对应的是顾问律师费较高。依中国律师业现有情况判断,高水平高收入的社会执业律师一般不愿意采用全职方式。该类聘请人较可行的办法是设置内部法律机构,配备内部法律工作人员(如已领取律师执业证的公司律师、有律师资格但未领取律师执业证的人员或者素质较高的但尚未取得律师资格的法学院毕业生等),并聘请高水平的社会执业律师担任顾问律师,采用定期或定时方式或临时约请方式,对聘请人法律事务进行总体把关,处理特别重要的法律事务,并对聘请人内部法律工作人员进行法律业务培训、指导和监督。

(二)定期式,或定时方式

由顾问律师每周或者每月定时到聘请人处理日常法律事务,这一方式对于法律事务比较繁多的大中型企业、单位较合适。由顾问律师律师每月或每周定期或定时与聘请人交流情况、沟通信息并为聘请人处理法律事务,这一方式比较适合于法律事务较多的大中型企事业单位等。

(三)会晤式

由顾问律师定期或不定期与聘请人领导人会晤,交流情况,沟通信息,及时为聘请人提供法律帮助,这一方式对于聘请人与律师居住地较远,交通不便,法律事务又较少的单位较合适。

(四)临时约请式

顾问律师不定时上岗,聘请人有法律事务时临时约请,随请随到,随时提供法律服务。这是一种经常采用的、比较灵活的方式。不仅聘请人可随时约定顾问律师提供法律帮助,而且顾问律师也不受固定时间的约束。这一方式对于法律事务较少的小型及一般的事业单位、社会团体和公民个人比较适合。但在实践中应注意,临时约请并不意味着顾问律师会随叫随到或应随叫随到,因顾问律师可能已安排处理非聘请人的法律事务(如出庭或参加预约好的商务谈判等),从而存在时间冲突并且难以协调处理。顾问律师对聘请人应当认真负责,对其他当事人同样应当认真负责,不能因顾及聘请人利益而损害其他当事人的利益。所以,聘请人应尽可能提前与顾问律师预约,除非事发突然而急需处理。临时约请方式比较适合于法律事务较少的小型企业及一般的事业单位、社会团体和公民个人。

第四节　法律顾问律师工作应注意的问题

一、熟悉聘请人的各种情况,理顺各种法律关系

调查研究是法律服务的基础工作,又是做好法律顾问工作的根本保障。只有经过调查研究,掌握情况,才能正确地对聘请人实行指导,办理具体法律事务。因此,律师受聘担任顾问律师后,首先要了解受聘请人的各种情况,聘请人领导应全面介绍单位的基本情况:如聘方领导班子、组织机构、人员建制、经济性质、经营方式、营业范围,注册资本、核算形式、固定资本、流动资金、生产能力、销售方式、企业利润,商标、专业及技术水平、对外联营、协作、规章制度、发展规划、主要行政职权及当前主要存在问题等,以充分地获得有关法律问题的背景资料。

顾问律师在听取全面介绍后应深入重点部门调查,如走访生产、财务、供销、科技、基建等部门科室,掌握第一手材料,为以后工作确定重点。顾问律师通过比较深入的调查,对聘请人的纵向行政关系和横向经济关系有一个初步了解,为理顺聘请人对内对外法律事务打下必要基础。

二、工作有的放矢,重在"预防"

顾问律师通过了解和调查访问,熟悉聘请人情况,找到存在问题后,要不失时机选准问题,重点突破,打开局面。顾问律师工作的重点在于预防,预防作用是顾

问律师的首要的、基本的作用。顾问律师可以凭借自己丰富的法律知识和实践经验对聘请人的经营决策、管理活动,提供法律意见,预见可能出现的风险,处理聘请人各种活动中的法律问题,堵塞漏洞,从而避免和减少聘请人不必要的经济损失。因此,顾问律师的工作方法主要在于帮助聘请人领导提高法律意识,使领导在经营、决策活动中从宏观上把握现行的法律、政策。同时顾问律师在具体工作中,要对聘请人领导的决策从法律、政策角度进行科学论证,促使其正确作出决策。

顾问律师还要协助聘请人领导建立、健全各种规章制度,如经济合同审查、监督制度,职工内部奖惩规章等。在具体工作中,顾问律师必须把握现行的法律、政策,起草各种规章制度,对聘请人领导人的各种建议或决定从法律角度进行修改补充。

三、摆正位置,明确角色

律师担任顾问律师,涉及的关系相当复杂,必须摆正自己的位置,明确自己的角色,正确处理好各方面的关系,否则就很难完成任务。为此应注意:
(1)不要越职越权;(2)不能强求对方接受自己的意见;(3)参与法律事务要有聘方的要求。当然,顾问律师摆正自己的角色与位置,并不是要消极、被动地应付工作,而是要以积极、主动的态度完成聘请人提出的任务要求。

四、保持良好的沟通和联系

顾问律师作为企业之外的工作人员,虽然有职业上的独立性,不会因某种顾虑而降低业务和道德水准,但顾问律师不在顾问单位坐班,有自由性的一面,加之还要承办大量顾问单位以外的法律事务。聘请人如果不主动向顾问律师通报情况,顾问律师就不能获得聘请人法律事务的信息,久而久之,顾问律师就可能徒有其名。因此,聘方单位应保持与顾问律师的良好沟通,指定专人与顾问律师加强联系,确定具体的联系时间和联系人员,约定有关坐班制度、走访制度和紧急事务处理制度,才能保证顾问律师工作的效率和质量。

五、建立工作汇报制度

顾问律师在工作中要经常汇报,向聘请人领导汇报,是顾问律师业务上的需要,向律师事务所汇报,是接受领导的监督的需要。

顾问律师为了不断提高其工作的服务质量,必须主动定期向聘请人领导汇报工作,对工作中发现的问题,及时提出意见和建议,使聘请人领导经常了解顾问法律工作情况和治理本单位的建议和设想,从而为聘请人领导决策提供科学依据。

法律顾问定期向所在的律师事务所汇报工作,坚持集体讨论,能充分发挥律师事务所指导法律顾问工作的群体作用。法律顾问工作的范围广泛,律师不可能是所有问题的专家,因此这就有必要加强律师事务所对法律顾问工作的领导,及时组织法律顾问研究新问题,学习新的方法。实践证明,律师事务所坚持定期汇报法律顾问的工作,集体讨论疑难问题的方法有助于提高法律顾问的工作质量。

六、注意立卷归档

律师应为每个聘请人建立一个工作档案。档案内包括聘请人的基本情况、聘请法律顾问合同、工作日志、聘请人规章制度、合同、章程、诉讼文书与其他法律事务文书,以及与聘请人业务有关的法律、法规、政策等资料。

这里要特别强调工作日志。建立工作日志的目的在于准确记录为聘请人提供法律服务的基本情况。工作日志应当记明何时、何地提供了哪些法律服务以及法律服务的内容、结果。特别是顾问律师建议与聘请人意见的分歧要清楚地记录下来。工作日志能够客观、全面地反映法律顾问的实际工作情况,便于法律顾问全面掌握聘请人的情况,也便于聘请人了解法律顾问的具体工作内容,同时,也为事后查询与总结工作提供了最可靠的第一手资料。

档案制度是法律顾问工作的重要保证之一,律师事务所应当高度重视档案的管理工作。①

 司法考试真题链接

甲律师是乙银行的法律顾问,同时又担任丙房地产公司的法律顾问,丙房地产公司拟向乙银行提出贷款申请,甲律师为该房地产公司草拟了有关贷款合同,乙银行要求甲律师就丙房地产公司提交的贷款合同提供法律意见。在上述情况下,甲律师采取的下列何种行为是正确的?(2003年司法考试真题)

　　A. 向丙房地产公司说明自己是乙银行公司的法律顾问,经丙房地产公司同意后,继续代理
　　B. 向乙银行说明自己是丙房地产公司的法律顾问,拒绝提供法律意见
　　C. 向所在律师事务所说明情况,由本所的其他律师代理乙银行审查贷款合同的法律问题
　　D. 向乙银行说明情况,建议乙银行另外聘请其他律师事务所的律师审查贷款合同的法律问题

---

① 官玉琴、张禄兴主编:《律师法学》,福建教育出版社2006年版,第365页。

第十三章 非诉讼律师事务

【引 例】

　　于兰和王刚是大学时的同学,也是同学们最看好的一对恋人,两人郑重约定:"毕业后就结婚。"2008年毕业后,于兰顺利地进入一家外资企业,收入颇丰。王刚求职屡屡受挫后,自己创办了一个公司,但常常入不敷出,于兰毫不犹豫地将个人积蓄30万元借给他用于公司周转。经过一年多打拼,王刚的公司终于起色。此时的王刚忘记了结婚一事,还常常以没有时间等理由匆匆挂断她的电话。在一次晚饭后,王刚突然提出分手,她对王刚说:"如果要分手,你就得还给我在恋爱期间的借款30万元。"原本于兰想以此为难题,让王刚打消分手的念头。没想到王刚早有准备,当即向于兰出具了一张欠条,写明:"今本人王刚陆续向于兰借款叁拾万元整,于一年后还清。"王刚的态度让于兰更加不舍他们来之不易的感情。思前想后,她还向王刚出具了保证书,写明:"我保证:如果我提出分手,不和王刚在一起,他欠我的钱就不用还给我了,不予追究。"两人还一起到某某律师事务所关律师做了见证。半年后的一天,于兰在路上碰见了与别的女孩一起甜蜜逛街的王刚。于兰按压不住自己的伤心与失望,当场痛斥王刚的薄情,可是王刚却没有一丝愧疚。第二天一早,于兰便拿着王刚给她出具的欠条来找关律师咨询和请求调解,如果调解不成,到法院起诉王刚偿还欠款30万元,能否胜诉?本案涉及了许多非诉讼律师实务问题。

　　从严格意义上讲,律师的业务只分为诉讼法律事务和非诉讼法律事务两种。律师业务中除了诉讼法律事务之外都是非诉讼法律事务。其实,介于诉讼事务和非诉讼事务之间还有仲裁、法律顾问和法律援助,本书将它们独立成章。
　　诉讼法律事务的特点是:有一个独立于当事人之外的第三人对纠纷做出具有强制意义的裁决,这个第三人是法院。非诉讼法律事务是相对于诉讼而言的,所以非诉法律事务中没有法院公权力的介入。由于非诉讼法律事务太多,只能依律师自己能力、水平选择办理,本书仅选择见证、调解、法律咨询等非诉讼律师事务典型进行介绍。

第一节 非诉讼律师事务概述

一、非诉讼律师事务的概念和特征

(一)非诉讼律师事务的概念和特征

目前,非诉讼律师事务的概念,主要有广义说与狭义说两种。

持"狭义说"者认为:从严格意义上讲,律师的业务只分为诉讼和非诉讼两种。律师业务中除了诉讼之外都是非诉讼。诉讼的特点是:有一个独立于当事人之外的第三人对纠纷做出具有强制意义的裁决,这个第三人是法院或仲裁委员会。非诉讼是相对于诉讼而言的,非诉讼中没有法院或仲裁委员会的介入。① 所以认为"非诉讼律师业务"的定义应是:律师接受公民、法人或其他组织的委托,在其职权范围内依照国家有关法律、法规的规定,不与法院和仲裁委员会发生司法意义上的联系,直接为委托人办理某种法律事务的业务活动。按照上述"非诉讼律师业务"的定义,认为律师担任法律顾问而承办相关法律事务亦属"非诉讼律师业务"范畴。虽然《律师法》第25条将"担任法律顾问"和"办理非诉讼法律事务"分别列举,并不等同于理论上对律师业务的分类,更不能排斥使用逻辑上的二分法对律师业务进行分类。因此,认为担任法律顾问与办理非诉讼律师业务不是相互独立。

持"广义说"者认为:非诉讼法律事务,是在律师原来办理非诉讼事件的基础上形成的新概念,就广义而言,非诉讼法律事务是诉讼法律事务的对称。从其性质和办理方式理解,非诉讼法律事务具有两种含义:一是不具备诉讼要件的法律事务,即无争议的法律事务;二是虽具备诉讼要件,亦即虽有争议但不通过诉讼方式办理的法律事务。律师办理非诉讼法律事务,是指律师接受委托或者请求,通过非诉讼方式办理法律事务的一种业务活动。其中包括三点含义:(1)必须是具有法律意义的事务;(2)通过非诉讼方式进行;(3)由公民,法人或其他社会组织向律师提出请求或委托。律师参与非诉讼法律事务的概念有不同的观点。②

我们认为,持"狭义说"者的观点将诉讼与仲裁、非诉讼与法律顾问的界限相混淆是不恰当的。而持"广义说"者从广义上理解律师参与非诉讼法律事务的概念是比较科学的,但却没有将非诉讼法律事务与非讼案件的界限加以区别是不足的。非讼案件是人民法院受理的依照民事诉讼法规定的特别程序进行审理的无民事权

---

① 蒋珂:《非诉讼律师业务的定义》,中国律师热线网站,访问日期:2005年10月6日。
② 中华全国律师协会非诉讼法律事务业务委员会,关于律师办理非诉讼法律事务的几点意见,http://www.jhrlawyer.com,访问日期:2005年3月5日。

第十三章 非诉讼律师事务

益争议双方当事人的案件,即指利害关系人在没有民事权益争议的情况下请求法院确认某种事实和权利有无的案件。包括选民资格案件,宣告失踪、宣告死亡案件,认定公民无民事行为能力、限制民事行为能力案件和认定财产无主案件。

所以,笔者认为,律师参与非诉讼法律事务的概念是指律师接受当事人委托,不通过法院而以非诉讼的方式,代为处理法律事务的一种法律服务活动。

(二)非诉讼律师事务的特征

由于律师代理非诉讼法律事务与人民法院审理的非讼案件是不同的。非讼案件中,律师的活动仍为诉讼代理,受诉讼程序和期限的限制,与非诉讼法律事务代理存在着明显区别。律师代理非诉讼法律事务具有以下特征:

1. 由公民,法人或其他社会组织向律师提出请求或委托。律师办理非诉讼法律事务必须基于当事人的授权委托,并在授权委托范围内行使各项法律事务。

2. 律师代理的非诉讼法律事务必须是真实、合法、具有法律意义的。首先,应有充分的证据证明法律事实或法律行为是真实的、清楚的;其次,当事人委托办理的事项必须不为中国法律、政策所禁止的规定和要求,并具有一定的法律意义,即能够引起民事、经济法律关系的发生、变更或终止。

3. 律师办理非诉讼法律事务,其身份具有多样性。律师在非诉讼法律事务中,除了担任代理人外,有时还可担任居中调解人、法律事务见证人等,而在诉讼法律事务中律师只能担任代理人或辩护人。

4. 律师办理非诉讼法律事务是在诉讼程序之外进行,不受诉讼程序和期限的约束。由于律师代理非诉讼法律事务范围非常广泛,形式多种多样,律师以何种形式,利用多长时间办理,一般依赖于该事项本身的难易复杂程度和委托人的具体要求。

二、律师办理非诉讼法律事务的类型

(一)非诉讼法律事务的分类

非诉讼法律事务的分类,主要是根据律师办理的非诉讼法律事务是否存在纠纷加以区分,一般情况下,我们可将其分为办理有解决纠纷的非诉讼法律事务和办理无争议的法律事务,即代办和代理两类,这是一种"内涵分类"。

1. 代办的概念和特征

所谓律师代办无争议非诉讼法律事务,即代办就是指接受法人、公民或者其他社会组织的委托在一定范围内对被代办人的无争议不具备诉讼要件的法律事务提供诉讼外的法律服务,或者是指接受被代办人的委托在一定范围内代办无争议的,但为了确定某种法律关系或实现某种民事权益而为的法律行为。由此可以看出这种代办非诉讼法律事务的特征表现为:第一,所代办的事务是具有法律意义能产生法律后果的法律事务;第二,是无争议不具备诉讼要件的法律事务;第三,由律师接受公民、法人或其他社会组织提出的请求和委托。

2.代理的概念和特征

非诉讼法律事务中的代理则是以代理人形式出现,代理有纠纷但无须经过诉讼程序解决的非诉讼事件。其特征为:第一,非诉讼事件中的代理是根据公民与法人在生产经营中人身关系和财产关系的各方面有纠纷的法律事务。第二,可以是具备了诉讼要件,但无须进行诉讼的法律事务。第三,是法人与公民委托律师代理的法律事务。第四,能产生法律后果并具有法律意义的法律事务。

(二)代办与代理的共性与区别

律师在非诉讼法律事务中的代办和代理有着共同的特点,即工作主要范围包括民事、经济、行政方面所发生的各种非诉讼法律事务。都是为了解决法人、公民为保障自己的生产经营和人身财产权利关系而接受当事人委托办理、代理各方面的无争议法律事务和有纠纷而不经诉讼活动程序解决的非诉讼事件。其主要区别是代办是为了协助当事人解决无争议而又有法律意义的单项法律行为,而代理是为当事人解决有纠纷并且有法律意义而不经诉讼程序的非诉讼事件。

非诉讼律师事务另一种分类是分为律师见证、非诉调解、合同事务法律咨询、代写法律文书等,这是一种"外延分类"。

三、律师办理非诉讼法律事务的基本原则

1.当事人自愿的原则。第一,订立委托合同,确定委托事项和授权范围,必须尊重当事人的意志,不得强拉硬扯。第二,选择办理方式,必须尊重当事人的意见。只要不违反法律规定,最终应由当事人择定。第三,采用调解、和解方式达成的协议,必须是当事人真实意思的表示,不得强加于人。

2.以事实为根据,以法律为准绳的原则。律师办理非诉讼法律事务,在大多数情况下,是单独进行执法活动。因此坚持这项原则显得更为重要。从办事程序到实体问题,都必须实事求是,依法办理。

3.维护当事人合法权益的原则。律师承办非诉讼法律事务的主要责任是在约定的权限内,运用法律知识和业务技能,积极地去实现和保护当事人的合法权益。

4.便民利民的原则。承办非诉讼法律事务,必须从便民利民出发,为此应力求改进工作作风和工作方法,简化手续,上门服务,提高工作效率和社会效益。

四、律师办理非诉讼法律事务案件的操作规程

司法部为了保障律师依法履行职责,规范律师办理非诉讼法律事务案件的执业行为,提高办案质量,根据《律师法》及《律师协会章程》的规定,特制定了《律师办理非诉讼案件操作规程》。其规定要求:

1. 律师参与非诉讼法律事务案件,应当以事实为根据,以法律为准绳,勤勉尽责,恪守律师职业道德和执业纪律,维护法律的正确实施。律师参与委托非诉讼代理案件,应当保守国家秘密,不得泄露当事人隐私和商业秘密。

2. 律师事务所接接受当事人委托参与代理非诉讼法律事务案件,应与当事人签订委托代理合同,并指定律师办理具体法律事宜,律师事务所应当尽可能满足委托人的指名委托要求。律师不得为当事人代理违反国家法律、法规规定的非诉讼事务。律师在非诉讼委托代理合同签订后,应与委托当事人协商并制作笔录确认事项内容、委托权限以及委托事项完成标准。

3. 律师应当按照所内有关规定填写并报批有关的案件批办单。委托人应签署授权委托书。律师应在接受委托后5日内,拟定非诉讼事项代理思路,报其所属的业务部负责人审批。若有特殊情况,经其所属业务部分管副主任同意,律师可以接受委托后10日内,拟定非诉讼事项代理思路,报其所属的业务部负责人审批。代理思路经业务部负责人审批后3日内,律师应将该代理思路告之委托人,与其形成统一意见。

4. 律师在调查、收集与本案有关证据时,应由律师事务所出具介绍信并出示律师执业证,在律师调查取证时,应当由两位或两位以上律师共同进行。

5. 律师按照委托代理合同和与委托人会谈制作的笔录进行非诉讼的委托代理工作。若遇下列情形之一的,律师应当提请本所主任批准终止委托合同:(1)委托事项无法完成;(2)委托事项为违法行为;(3)委托人隐瞒重要证据;(4)委托合同中约定其他应终止委托代理合同情形的。

6. 律师完成委托事项后5日内,应以本所名义向委托人出具书面法律意见书,详述委托代理操作的法律空间,调取的证据、依据的法律,具体事项的完成结果、法律后果等项内容。律师在出具法律意见书后5日内拟订书面办案小结,并由委托当事人出具书面的委托代理意见反馈表。律师在拟订办案小结后3日内应将本案所有材料报送所属业务部分管副主任及分管办公室副主任进行结案审批。在结案审批后3日内,律师应将案件材料装订成卷,送交办公室保存。

五、律师在办理非诉讼法律事务的注意问题

(一) 注意划分办理非诉讼法律事务与其他业务的界线

首先,它有别于法律顾问业务。在办理某些无争议非诉讼法律事务中,律师往往起到顾问的作用,比如代理参加谈判和出具法律意见书等。有人把这些事务划归法律顾问业务,这是不科学的。法律顾问是一项综合性的法律服务业务,不仅律师要受只为聘请人提供法律服务的制约,而且提供法律服务的内容是由多个独立的业务项目共同构成的,包括为聘请人提供法律咨询,代拟法律事务文书,代理参加诉讼,办理非诉讼法律事务等,但却不能就其中一项独立称为法律顾问业务,而律师办理非诉讼法律事务,是一项单一的法律服务业务,它可以独立存在,且不受是否受聘担任法律顾问的制约。因此,两种情况不能相提并论。尽管在办理某些非诉讼法律事务中,律师起到法律顾问的作用但这种作用并非法律顾问业务的本质特征,从某种意义上说,律师的各项业务无不具有法律顾问的属性,而不能因此说律师的业务都是法律顾问的业务。

其次,它有别于非律师的解答法律询问和代书业务。律师办理非诉讼法律事务,有的含有提供咨询和代拟文书的内容,因而有人主张把解答法律询问和代书业务归类为非诉讼法律事务。解答法律询问是指通过接待来访,采取口头方式,提供一般性的法律咨询服务,对非律师的人而言,是一种独立的业务项目;而律师在办理非诉讼法律事务中所提供的法律咨询,并非一项独立的业务,而是为解决某个非诉讼法律事务附带实施的一种手段,一般采用出具法律意见书或法律建议书,必要时还需要参加有关会议进行研究和论证。所以,两者不能混同。同样,对非律师的人而言,一般代书业务也不同于律师办理非诉讼法律事务中的代拟法律文书,前者是独立的一项律师业务,律师的代书业务是依附于某个非诉讼法律事务所实施的辅助手段,因此,代书业务也不能归入非诉讼法律事务。

正确区分办理非诉讼法律事务与办理其他业务的异同,有利于明确律师办理非诉讼法律事务的范围,有利于促进律师非诉讼业务的发展。

(二) 建立健全律师办理非诉讼法律事务的受理,立卷,统计管理制度

律师办理非诉讼法律事务这项业务正在发展,无争议的非诉讼法律事务日益增加,但现实中,这项业务的受理,立卷,统计管理工作却跟不上,这必将会给这项业务的继续发展带来不良影响。因此,我们应当加强下面几项工作:

1. 受理工作。受以往律师非诉讼业务受理范围的局限影响,一些地方对已经扩大了范围的律师非诉讼法律事务尚未建立起立案、收费制度。有的是该办理的

第十三章 非诉讼律师事务

而没有办理,有的虽已办理但未单独立案。所以,律师事务所应加强对非诉讼法律事务的受理,凡是符合受理条件的,都应统一批办,统一指派律师,统一收费,做到及时立案,逐步扩大受理范围。

2. 立卷工作,做到一事一卷,分别整理、装订、归档。按照一般要求,律师办理非诉讼法律事务卷宗应具备以下主要内容和材料,卷宗封面题为"非诉讼法律事务卷宗",下设"年度,案号,事由,类别,承办律师,委托人,对方当事人,收案日期,结案日期,办理结果,归档日期,卷宗页数"等栏目。卷宗内主要文包括"卷宗目录、受理批办表、委托书或委托代理合同、申请书、书证和调查材料,律师意见,办理情况记录,法律文件(包括仲裁决定书、调解书、协议等),办结登记表"等。

3. 统计工作。业务统计是反映律师业务工作实绩和反映社会动态的依据之一。如加强这项工作,掌握了解律师办理非诉讼法律事务的全面和真实情况,在司法部尚未制定新统计报表以前,各地可以参照以下各项栏目统计。报表总栏目为"非诉讼法律事务"。总栏目下分别按照办理方式设立"仲裁,调解,和解,申诉和复议,见证,其他事务"等子目,每个子目下分别再列"数量,收费"两栏。这样填报,并不繁琐,基本上能反映律师办理非诉讼法律事务的概况。

引例涉及非诉讼法律事务问题,主要有:(1)律师事务所的见证是否具有了法律效力?(2)律师如何回答当事人的法律咨询?(3)如果于兰咨询律师到法院起诉王刚偿还欠款30万元,能否胜诉?(4)律师如何代写起诉状?(5)王刚手上有一份于兰写的保证书是否具有法律效力?这些非诉讼律师实务问题,读者可以参考以下各节内容,下面就见证、调解和咨询三个重点问题作出解答。

第二节 律师见证

一、律师见证的概念和特征

司法部制定的《律师见证业务工作细则》第 2 条规定,律师见证是指律师应客户的申请,根据见证律师本人亲身所见,以律师事务所的名义依法对具体的法律事实或法律行为的真实性、合法性进行证明的一种活动。律师见证的特征:

1. 律师见证的时间应当是被见证的法律行为发生之时。
2. 律师见证的空间应当是律师本人在见证时视眼所能见到的范围。
3. 从事见证工作的律师必须具备律师资格,并持有律师执业证。
4. 律师见证的内容是律师根据当事人的请求,对有关的法律或法律事实的真实性和合法性进行审查证明。
5. 律师见证应以律师事务所的名义并加盖律师事务所的印章,因此律师见证是事务所的行为,而不是律师个人的行为,律师见证所产生的法律后果应当由律师事务所来承担的。

总之,律师见证是律师的一项非诉讼业务,它相对于公证而言,是属于民间证明的范畴。在各种民间证明人中,律师与他们不同的是,律师具有法律知识与相应的法律业务专长。我们国家目前实行的是公证,而国外很多国家实行的是私证。私证的一个重要方式就是律师见证,即律师以第三者的身份对当事人、法人或者其他社会组织发生的行为予以见证它的合法性、真实性的一种行为。但是,中国《民法通则》以及相关民商事法律并未对"私证"作出相应规定,故律师见证不但不具有公证那样的法律效力,且律师从事见证业务除了司法部制定的内部规章即《律师见证业务工作细则》外自始就缺少衡量其行为标准的法律准则可供遵循,有待补充和完善。引例中某某律师事务所的见证,只是见证两人在借款和还款问题上的合法性、真实性,它是一种行为证据,是否具有法律效力,由法官在诉讼中判断。依一般看法,王刚承认自己的借款是有效的,确实向于兰借过 30 万元。而于兰写的保证书是附条件的合同,当条件实现时,合同生效。如果是于兰先提出了分手,王刚可以不用偿还欠款。

二、律师见证的基本原则和业务

(一)律师见证的基本原则

1. 自愿原则。即根据客户的申请就客户申请的事项进行见证。
2. 直接原则。即仅能就律师本人视眼所见范围内发生的具体法律事实进行证明。
3. 公平原则。即真实地反映客户的意思表示,客观的确认正在发生的法律行为。
4. 回避原则。即律师不得办理与本人、配偶或本人、配偶的近亲属有利害关系的见证业务。
5. 坚持以事实为根据,以法律为准绳的原则。
6. 律师对客户申请办理见证的事务,应当保守秘密。
7. 律师见证的收费标准,涉及财产的见证,按非诉讼业务的收费标准收取,而涉及非财产的见证收费,由双方协商收取。

(二)律师见证的具体业务

根据司法部制定的《律师见证业务工作细则》第 3 章的规定,律师可以承办下列见证业务:

1. 各类经济合同的签订与履行行为。
2. 企业章程、董事会决议、转股协议等法律文书。

3. 继承、赠与、转让、侵害等民事行为。

4. 各种委托代理关系。

此外,凡是法律法规行政规章规定不应由律师见证的不得见证。

三、律师见证的工作程序

根据司法部制定的《律师见证业务工作细则》第4章的规定,律师见证应遵循的工作程序是:

首先,律师与申请见证的当事人谈话时,应当制作笔录。若律师同意受理的应当与客户签订见证委托合同,重大疑难见证业务必须经所主任审批。合同中应明确载明客户与见证律师双方的权利与义务。接受客户委托后,所里应指派两名律师进行见证工作。

其次,承办律师在出具《律师见证书》前应先审查以下主要内容:其一,客户是否具有民事权利能力和民事行为能力;其二,客户的意思表示是否真实;其三,客户所要求见证的事项是否合法;其四,客户提供的证明材料和其他文件是否具有真实性、合法性、完整性和有效性。承办律师按前述内容审查无误后,应填写《律师见证书审批表》,由业务主管审批后,出具《律师见证书》。该《律师见证书》的主要内容应包括:客户委托见证事项;律师见证的过程;律师见证的法律依据;律师见证的结论;见证律师的签字,并由律师事务所盖章;律师见证的时间。

最后,需要注意几个事项:其一,《律师见证书》的份数可按客户的需要进行制作,并可增发若干副本;《律师见证书》由所统一编号后打印、盖章。其二,见证业务办理完毕后,承办律师应按档案管理的要求立卷归档,送办公室统一保管。其三,加强工作责任心,防范律师见证的执业风险,如发现客户有违法动机或内容,承办律师应予以制止并拒绝见证;如遇重大见证和疑难见证应提交主任办公会集体讨论研究决定。

第三节 律师代理非诉讼调解

一、律师代理非诉讼调解的概念

律师代理非诉讼调解,是指律师接受当事人的委托,担任代理人,代理当事人请求人民法院以外的调解机构或者第三方调解纠纷,或是参加已经开始的调解活动。非诉讼调解是使用广泛的民事争议的解决方法之一,也是律师代理非诉讼活动的主要业务之一。

根据旧《律师法》第 25 条和新法第 28 条的规定，律师可以接受当事人委托，参加调解、仲裁活动，这是律师代理非诉讼调解的主要法律依据。但是，这里必须明确，律师代理非诉讼调解，是非诉讼程序内的调解，包括两大类：第一类是参加行政调解，即由有关行政机关对特定纠纷依照法律规定进行的调解活动。如劳动行政管理机关对劳动争议进行的调解活动；专利管理机关对专利纠纷进行的调解活动；治安管理机关对轻微人身伤害纠纷进行的调解活动；交通管理机关对交通事故中的损害赔偿纠纷进行的调解活动等。这种行政调解，除了调解机构是国家行政机关之外，还具有调解活动的法定性和调解结果的强制性的基本特征。也就是说，行政调解是法律、法规赋予行政机关的权利，并且，通过行政调解，双方当事人达成的调解协议，具有法律效力，任何一方不履行，另一方有权申请人民法院强制执行。第二类是参与民间调解或律师主持调解。它是由相关人民调解委员会主持，或由律师主持，调解一般民事纠纷、经济纠纷以及轻微刑事纠纷的活动。这种调解，主要在于疏导当事人的思想，平息社会不安定因素。其调解结果，即当事人之间达成的调解协议依靠当事人自觉履行，不具有法律上的强制效力。引例中某某律师事务所通过见证，律师可对两人在借款和还款问题上进行调解；因为于兰写的保证书是附条件的合同，王刚先提出了分手，这个条件并不实现，合同不生效。王刚承认自己向于兰借过 30 万元，因此应当偿还欠款。

二、律师代理非诉讼调解的原则

律师参与非诉讼调解活动，应以事实为依据，以法律为准绳，切实维护委托人的合法权益。律师在代理活动中应遵循以下几项原则：

（一）自愿原则

非诉讼当事人接受调解，必须是其真实的意思表示，而不是受他人意志所支配和影响的结果。该原则在非诉讼调解过程中表现在：一是，调解必须是当事人的自愿，而不是律师的自我主张；二是，参加调解律师应当由当事人选定，尤其是主持调解的律师，必须是双方当事人共同委托；三是，调解后所达成的协议，其内容完全是出于当事人的自愿，是在双方当事人互谅互让的基础上达成的。

（二）平等协商原则

在非诉讼调解中，双方当事人的地位是平等的，双方既享有平等的权利，又承担平等的义务。在调解过程中，双方都有权充分发表自己的观点和意见，有权就有关具体问题向对方当事人质疑。调解后所达成的协议，必须是双方平等协商，在互谅互让的基础上所达成的，而不是一方强加于另一方的。

(三)合法原则

律师参与调解时,必须尊重事实,依法进行调解。调解前,律师必须弄清事实,查清纠纷产生的原因及结果,并在此基础上明确当事人各方的过错和应当承担的相应责任。然后,根据有关法律、法规、政策和社会公德进行调解。如果律师作为主持人,在调解中应站在客观、公正的立场,促使当事人互谅互让,并在法律许可的范围内作出让步,从而使纠纷得到圆满解决。

三、律师代理非诉讼调解的种类和方法

(一)律师代理非诉讼调解的种类

律师接受当事人委托,代理参加非诉讼调解,可以有以下三种:

1. 律师代理参加调解活动

律师代理参加调解活动,是指当事人之间的纠纷已由有关机关、组织进行调解,律师作为一方当事人的代理人参加有关机关、组织的调解活动。

律师在代理参加调解活动中,应在调解机构主持下,代理委托人与对方进行充分的协商,在符合法律规范前提下,尽量促使双方当事人达成调解协议,以及时、迅速地解决纠纷。对于具有法律效力的调解协议,律师在签署前应征得委托人的同意,同时告知委托人有关部门的法律后果。对于调解书的送达,除委托人有特别授权之外,应由委托人亲自签收,以防止产生代理纠纷。

2. 律师代理委托人与对方当事人和解

律师代理委托人与对方当事人和解,是指在争议发生后,当事人尚未将争议交由有关调解机关、机构处理,或者虽已提交有关调解机构处理,但双方尚未达成调解协议时,律师代理委托人与对方当事人平等协商,在充分交换意见、取得谅解的基础上,达成和解协议,从而解决纠纷。这种方式是律师代理委托人与对方当事人直接和解,无论争议是否由调解机构进行调解,都是最直接的解决纠纷的办法。

对于争议处于行政机关调解过程中的律师,应将和解协议交行政机关,由行政机关依法制作调解书或撤销案件;对于争议处在人民调解组织调解过程中案件,律师应告知人民调解组织终止调解;对于争议还未由调解机构调解的,律师应根据双方争议的性质和国家法律的规定制作协议书,由双方签字盖章并保存备查。

3. 律师主持调解

律师主持调解,是律师应双方当事人或多方当事人的要求,作为调解人对争议双方当事人进行疏导,促使他们进行协商,达成协议,从而解决纠纷。律师主持调解时,并不代表任何一方当事人,而是作为中间人,客观公正地运用法律知识,评价争议双方的是非曲直,促使双方当事人互谅互让,达成双方都能自愿接受的协议。

由于律师主持的调解在法律性质上属于民间调解,因此双方在调解中达成的调解协议,不具有强制执行的法律效力。它只是双方之间的一种法律行为,可以依照实体法的规定,引起双方当事人之间某种实体法律关系的设立、变更或终止。若调解不成,律师应及时告知当事人通过其他合法方式解决。

（二）律师代理非诉讼调解的方法

律师代理非诉讼调解的程序问题,法律上并没有明确规定。从大量的律师实务中总结出来,我们认为,律师代理非诉讼调解的基本程序和方法是：

1. 准备阶段

律师在准备阶段工作包括：办理委托手续；了解事实真相；掌握政策、法律规定,以便有针对性地适用法律；做好委托人的思想工作,使当事人端正态度,以积极主动的姿态处理纠纷；等等。

2. 调解阶段

律师在调解阶段工作包括：表明自己的身份,宣传非诉讼调解的意义、原则及当事人应持的正确态度；听取非诉讼当事人陈述纠纷的原因、经过和后果,并由他们提出自己的主张、观点和看法；在弄清事实,讲明法律的基础上,提出方案,促成双方和解。

3. 协议阶段

如果是经律师主持的调解达成协议的,应制作调解协议书。协议书既可以由律师起草后,征求双方意见定稿；也可以由当事人双方或一方起草后,交律师及对方修改定稿。既可以由承办律师记录在案,也可以由当事人双方、律师各执一份。其格式,大致可以分为下列几个方面：

(1)非诉讼事务当事人的自然情况,一般称之为当事人,可表述为"甲方"、"乙方"等。

(2)纠纷的起因、经过、是非责任,内容要明确、具体,既要忠于事实真相,又要符合法律政策要求。

(3)律师参加或主持调解的时间、地点,参与协助调解的单位负责人或其他公民个人。

(4)协议的具体项目,即非诉讼调解当事人双方各自应享受的权利和应承担的义务。这是调解协议的核心部分,要明确、具体,以便于今后履行。

(5)本协议已生效期限和双方履行完毕的最后期限。在当事人双方签名盖章后,由律师签名盖章。有协助调解人的,也应该在协议上签名盖章。

4. 履行阶段

在履行阶段,律师应该做的事有：

(1)对于主观上不努力履行,或者态度上有变化的,律师要反复地做当事人的思想教育工作,促使其自觉履行。

(2)对于临时出现困难不能按期履行的,律师应做好对方工作,期限容缓。

(3)对方确因客观因素影响履行的,律师应帮助其排除障碍,解决实际困难。

(4)对于有履行能力,而到期拒不履行,做思想教育工作又无效的,律师要建议当事人到依法通过诉讼或仲裁解决,以免久拖不决,造成更大的损失。

四、律师代理非诉讼调解的注意问题

律师代理非诉讼调解的职责是为当事人提供法律帮助,协助当事人解决争议。在调解活动中,律师作为代理人,其活动应受到当事人委托权限的约束(主持调解除外)。因此,律师在代理活动中应注意:(1)与当事人签订的委托合同,代理权限应明确具体;(2)应弄清事实、明确是非,分清责任;(3)应正确分析双方当事人的心理;(4)应善于借助有关机关的职能;(5)达成的协议应合情、合理、合法;(6)应妥善处理非诉讼调解终结后的有关事务;等等。

第四节 非诉讼律师合同事务

《合同法》是一部重要的商事交易法,是社会主义市场经济体制建立、健全和完善的一部重要法。律师在办理非诉讼业务中,也大量接触到合同法的相关问题,律师代签合同、审查合同是律师非诉讼业务中的重要工作之一。

一、律师参与谈判、代理签订合同

(一)律师参与合同谈判的活动

律师参与谈判活动的目的是为了委托人提供法律帮助,解决所涉及的有关法律问题,从而保证谈判工作能顺利进行,并进而保证所签合同有效圆满,以维护委托人的合法权益。律师在接受委托人的委托,参与这一活动时,应注意以下几个方面的问题:

1.律师接受委托,应与委托人签订委托合同,明确律师参加谈判时的身份和所享有的权限范围。对具体的问题都应明确给予规定,以免日后发生纷争。

2.律师接受委托后,应当负责的凭借自己的知识技能为委托人出谋划策,了解双方谈判所指向的内容和委托人的意图,以及希望达到的目标,从而协助委托人选择谈判项目、谈判议题等,确保谈判的顺利完成。

3.律师在谈判开始前,应当协助委托人收集与谈判有关的资料、情报、法律和政策规定,对相对方的资信、信誉等情况进行调查了解,分析己方,分析对手,分析可行性,做到"知己知彼",方能"百战百胜"。

4.律师应当协助委托人制定谈判计划和方案。必要时可以协同专家进行论证。确定谈判目标,商讨谈判策略,拟定让步限度,设计谈判程序,预测谈判情形,提出应对方案,保证谈判目标的实现。

5.律师在谈判中,应坚持合理合法、灵活主动的原则,坚持维护委托人的合法权益。只有严格遵守合法原则,双方所签订的合同才能得到国家法律的认可和保护;只有合理,才能符合公平原则,符合社会公德,维护各方的合法权益。

同时,由于签订合同的谈判过程是最大限度地谋取利益和效益的手段,因此律师在这一过程中应灵活运用主动方式,讲究谈判技巧,达到理想的效果。

(二)律师代理签订合同

律师代理签订合同是指律师以委托人的名义,根据委托人的授权,同对方当事人签订合同的活动。根据实际情况,有两种情形:其一,律师接受委托参与谈判活动,经与对方当事人谈判后,依授权代理签订合同。其二,律师不参加合同的谈判,只是根据委托人的授权,单纯代理委托人签订合同,在这种情形下,律师应当对拟签订的合同进行审查,发现有缺陷时,应向委托人提出并征询其意见再履行签约手续。

二、律师审查合同业务

订立合同是双方真实意思的表示,合同的内容就是明确双方的权利和义务,合同一旦签订,对双方都具有了约束力,双方当事人就必须严格履行约定的义务,不履行约定的义务或不适当履行约定的义务,就要承担相应的法律责任,因此合同中的具体条款,直接关系到订立人的利益。而律师审查合同业务就是律师接受合同当事人一方的委托,对合同进行审查,审查合同的合法性、有效性,审查与委托当事人的利害关系,最大限度地维护委托人的权益,维护交易的安全和秩序。根据《合同法》的相关规定,律师审查合同可以从以下几个方面考虑:(1)审查双方当事人是否具有缔约资格;(2)审查合同的形式;(3)审查合同的内容;(4)审查合同的订立程序。另外,审查中要留心合同诈骗问题。

可见,律师接受委托人的委托,对合同进行审查,其责任是很大的,律师应认认真真、一丝不苟地履行自己的职责,及时为委托人提供合理化建议和可行性措施,维护委托人的合法利益。

第五节 法律咨询律师实务

一、律师法律咨询的概念和特征

解答有关法律的询问即法律咨询,指律师接受自然人、法人或其他组织的询问,就有关的涉法问题做出解释、说明,以及提供法律方面的意见、建议的一种业务活动。律师开展法律咨询,是法律赋予律师的一项重要职责,也是律师向社会提供法律帮助、法律服务的一种普遍方式。律师法律咨询的特征:

1. 法律咨询服务的主体具有特定性

只要具有法律方面的知识,都可以为他人解答法律问题、提供法律咨询服务等,而且许多政府机关、群众团体都成立有专门的法律机构,它们也为社会提供一些法律咨询服务。但是这里所探讨的是依据《律师法》规定而开展的咨询活动,是以律师的工作机构为咨询单位向社会提供法律服务,因此主体具有特定性。在实践中,通常是由具有专门法律知识和较高解答技能及解决有关法律事务经验的律师解答法律咨询,通过律师工作机构的日常咨询值班制度来保障解答法律咨询的及时实现。

2. 法律咨询服务对象和服务内容具有广泛性

律师法律咨询服务对象不仅包括中国的公民、法人或其他组织,而且还包括外国公民或外国法人、其他组织。律师法律服务内容的涉及领域广,从婚姻家庭到国家政策,从国内法律问题到涉外法律问题;有涉及诉讼的,也有涉及一般的非诉讼事务的;有对法律、法规、法令的理解方面的问题,也有关于法律事务方面的问题;不仅涉及宪法、刑法、民法等实体法,还涉及诉讼法、行政复议法等程序性法律,同时也涉及国家的政策、司法机关的司法解释以及一些国际条约和惯例等。

3. 法律咨询具有较强的针对性

咨询者寻求律师的帮助,其目的是为了解决困扰自己的具体难题。律师应紧紧针对咨询者提出的问题,经过综合分析,依据法律进行解答,切实解决其疑惑,引导其行为符合法律的规定。

4. 法律咨询的意见和建议不具有法律约束力

在法律咨询业务中,一般咨询机构与询问人之间不订立合同,律师解答有关法律问题的询问不论是书面的,还是口头的,就其性质而言都只是对询问者提供法律上的帮助。虽然这种帮助直接依据国家法律和政策,但对咨询者不具有任何法律上的约束力,仅属一种参考性的意见或建议。不过,正确的咨询意见和建议对咨询者的问题的处理无疑具有很大的影响力和一定的权威性。

二、律师法律咨询的基本原则

律师解答法律咨询,涉及国家法律、政策,关系到咨询者的切身利益,因此应遵循以下几个原则:

(一)以事实为依据,以法律为准绳的原则

"以事实为依据,以法律为准绳"是一项基本原则,贯穿于律师全部业务活动的始终。具体到律师解答法律咨询,要求律师认真听取咨询者的陈述及阅读其提供的材料,弄清事实真相,然后依据国家法律和政策的规定,针对咨询者的问题提出合法有据的意见。一般情况下,律师解答法律咨询,对咨询者提供的事实不另行调查核实,因此首先需要律师提醒咨询者必须如实陈述,不歪曲事实;其次需要律师凭借自身的工作经验,对咨询者的陈述进行综合分析。律师在认真研究、分析咨询者所提供的事实及所提出的问题后,就应当准确应用法律法规解答。对于确实比较复杂,一时无把握解答清楚的,应及时请求其他律师帮助或仔细查阅有关法律、法规,决不能不懂装懂,敷衍了事。

(二)息讼解纷、维护稳定的原则

律师在解答法律咨询时,应从维护安定团结的大局出发,本着化解纠纷、消除矛盾的态度来开展业务。在弄清事实、辨明是非的基础上,律师应对坚持不合理、不合法要求的咨询者进行教育,帮助他们依法处理各种矛盾,对存在和解条件的,说服咨询者同他人互相谅解,促使纠纷得到正确、合理的解决,避免矛盾激化。通过有针对性宣传社会主义法制,提高人们遵纪守法的自觉性,从而起到维护社会稳定和减少当事人讼累的作用。

(三)抑恶扬善,伸张正义,维护人民利益的原则

抑恶扬善,伸张正义,维护人民利益原则要求律师在解答法律咨询工作中,应当站在国家和人民的立场上,区分咨询者的正当要求和非正当要求,维护国家、集体和公民个人的合法权益。当人民群众的合法权益受到非法侵害而提出法律咨询,律师应当仗义执言,旗帜鲜明的支持受害人的正当要求;不仅积极为受害人提供法律帮助,而且还应当向有关部门反映,促成问题尽快妥善解决,以抑恶扬善,伸张正义,而不能混淆是非,畏惧权势,或为金钱所左右。

三、律师解答法律咨询的方法与步骤

律师解答法律咨询,有口头解答和书面解答两种方法。

(一)口头解答

在实践中,口头解答是律师在解答法律咨询时采用最多的一种形式,指律师当面听取咨询者的陈述和提问,立即给予回答。一般分为听取询问和解答询问两个阶段:

1. 听取询问阶段

这一阶段,律师的任务是听清咨询者陈述的事实和需要解答的问题。在这阶段的工作中,律师要围绕弄清事实这一中心,抓住"记"(即登记、填写解答法律询问登记表)、"听"(即答询律师必须认真、仔细的听取咨询者的陈述。)、"看"(即答询律师就咨询者所提供的证据、证件、资料等一切有关材料进行认真审阅,并注意观察咨询者的情绪反应、情感变化等)、"问"(即答询律师在记、听、看的基础上,以提问的方式对咨询的问题作深入了解。它包括律师在听取咨询者陈述时的插问和听取陈述后的提问。)这四个环节。

2. 解答法律咨询阶段

这一阶段,律师的任务是正确分析问题和认真解答问题。在这阶段的工作中,律师应从法律角度进行"析"和"答"。

(1)析。即答询律师在弄清咨询者所提问题的事实基础上,对问题的定性和处理所作的综合性分析。

(2)答。即答询律师针对咨询者提出的问题,在分析判断之后所作的最终回答。答是法律咨询的核心所在。律师也应积极为咨询者出谋划策,共同商讨解决问题的合法、合理的最佳方案与途径。

当然,上述的阶段和步骤是互相联系,相辅相成的,没有严格的排列顺序,在实践工作中可以互相结合进行,律师应灵活掌握,综合运用。

(二)书面解答

律师书面解答法律咨询,指律师以书面形式对公民、法人或其他组织的咨询给予答复。律师法律咨询的书面解答,既包括律师针对来函所给予的书面答复,也包括律师出具法律意见书。

1. 律师的一般书面解答。不论是来函或是咨询者的问题不能当面解答需要复信解答时,律师首先应通过咨询者提供的各种材料,仔细研究分析,尽可能地了解事实真相,然后有针对性地依法予以答复。复信时应注意根据咨询者的经历、文化水平等因素考虑措辞,要求通俗易懂,条理分明,并在信件中加盖律师和律师事务

所的印章。保留复信底稿同来信以存档备查。

2. 律师出具法律意见书。这是指律师就咨询者提出的有关专门性的重大法律事务的询问,通过出具法律意见书的方式给予解答。法律意见书是律师咨询活动的书面形式或工作结果的书面反映,是律师提供法律服务的一种综合性的书面文件,其内容包括向咨询者提供法律依据、法律建议或者解决问题的方案。法律意见书可分为以下几种类型:(1)提示性的法律意见书,即律师在审查法律文件、参与项目谈判或者参加制定经营计划的工作进程中,就发现的问题,指明症结所在,给咨询者最后决策时提供参考;(2)答复性的法律意见书,即律师针对咨询者就特定事项的咨询而制作的法律意见书;(3)敦促性的法律意见书等。

应当明确的是,口头解答和书面解答的划分,并不能涵盖律师法律咨询的所有内容,有的咨询活动既可以采取口头解答方式,也可以采用书面解答,如律师审查修改咨询者的法律文书就应根据情况决定采用口头或书面形式。

四、律师法律咨询的注意事项

1. 要树立群众观点。律师应具有关心群众、热心为人民服务的思想,急咨询者之所急,认真负责地开展法律咨询工作。在服务态度上,力求平易近人,和蔼可亲,文明礼貌,以解除咨询者的顾虑,增强其信任感。

2. 解答方法应通俗易懂。律师解答法律咨询应尽量少用难懂的法律词汇,而应以深入浅出的方法将有关的法律、法规解释透彻。必须使用法律术语的,应作适当解释,让咨询者真正听懂、弄清、记住。

3. 解答内容具有针对性,结论具体可行。律师应针对咨询问题,作准确、清楚地回答,不可答非所问。律师提出的解决问题的方案必须具体可行,切忌以空泛的道理和抽象的法学理论去回答问题,更不能用教训的口吻去说教。

4. 解答态度要认真、谨慎。对于事实清楚的法律问题,可以依据法律做出解答。对那些"法无明文规定"的问题,按法理上的解释或有关的内部规定和实践中通常做法予以回答的,应同时告知该依据不等同于"法"。如果发现自己的解答有误,应及时纠正,以免造成不良影响和后果。

5. 解答一般无需对问题的事实进行核查。因此,律师在解答时必须向咨询者讲明,答询是根据咨询者讲述的事实来提供法律意见的,如果因事实有出入而产生问题,责任应由咨询者自己承担。

6. 律师在解答法律咨询时几种常见问题的处理
(1)关于法律条文理解方面的咨询
有关理解法律条文的咨询和处理一般分为以下三种情况:
①对司法文书中引用的具体法律条文的理解提出咨询
解答此类咨询,首先要分析司法文书中概括的案情,然后针对具体案件予以解

答。解答时一般只能说明这些条款引用是否正确,至于其他从现有材料中不能全面、深入反映的内容,则不宜做过细阐述。

②对于单纯的法律条文理解提出的咨询

对于此类咨询进行解答时,不仅要注意到制定该条文的立法解释和法学理论根据,还应注意到有关的特殊规定。一般来讲,有司法解释、立法解释的,要按司法、立法解释进行解答,没有司法、立法解释的,要根据立法意图和学理解释进行解答。

③相近或相似法律条文及法律名词的咨询

这类咨询内容涉及的是容易发生混淆的法律条文和法律名词,解答时应注意弄清各自概念,抓住相互区别的本质特征,使咨询者明白其相似与区别之处。

(2)关于诉讼程序方面的咨询

有关此类的咨询内容比较多,常见的有涉及案件管辖、诉讼中当事人的权利、申请执行的期限以及对冤、假、错案如何申诉等等问题。对此类咨询的解答,不仅要向咨询者讲明法律是如何规定的,还应竭力帮助他们掌握和运用法律来保护自己的合法权益。

(3)有关其他执法部门所涉及的法律问题的咨询

对此类咨询,一般无需对问题进行调解,也不必与问题所涉及的有关部门进行联系。接待时,对所涉问题能当即解答的就当即解答;如果问题涉及有关部门职责权限内的权利行使或相关具体规定、细则不清楚的,则可为咨询者指明他应去咨询的单位。

(4)对解答中发生的异常情况,应作特殊处理

在解答咨询中,有时会遇到个别咨询者有异常倾向或举止,对此解答律师应区别情况做出相应处理,以防矛盾激化。如,有的咨询者出于无奈,要以非法手段保护自己的合法权益,律师应向其讲明利弊,并及时与有关单位联系,防止恶性事件发生,而不能听之任之。

(5)对解答有误的,应及时采取有效措施予以纠正。

解答是一项很复杂的工作,对此律师事务所应定期检查,加以分析,做出总结。对于已予答复有误的,应及时采取有效措施予以纠正,切不可为保全"面子"使咨询者蒙受损失,影响律师形象。

引例中就于兰咨询的"如果调解不成,到法院起诉王刚偿还欠款30万元,能否胜诉?"律师可以作出这样的回答:于兰和王刚之间的恋爱关系相比与一般的借贷双方之间的关系具有特殊性,于兰在保证书中约定的"先提出分手,王刚就不用还钱"的内容涉及了对这种恋爱关系、恋爱自由权利的处分,根据《合同法》第2条规定:"本法所称合同是平等主体的自然人、法人、其他组织之间设立、变更、终止民事权利义务关系的协议;婚姻、收养、监护等有关身份关系的协议,适用其他法律的规定。"恋爱关系是基于恋爱双方之间特殊的男女朋友身份而形成的关系,该关系具

有强烈的人身属性，它也应当属于身份关系的范畴。这种涉及身份关系的协议不应当适用合同法的规定，故王刚的辩解意见缺乏法律依据，不会被法院采信。因此，王刚必须偿还于兰欠款。可以预计，于兰到法院起诉王刚偿还欠款 30 万元能胜诉。

第六节　代写法律文书律师实务

一、律师代书的概念与特征

律师代书是指律师接受委托，就委托人所指定的事件以委托人的名义，依据事实和法律，按照委托人的意见，书写诉讼文书和有关法律事务的其他文书的一种业务活动。律师代书的特征：

1. 律师代书必须以委托人的名义，并反映委托人的合法意志。律师的代书与律师代写辩护词、代理词不同，尽管都是为了维护委托人的合法权益而书写的法律文书，但辩护词、代理词是以律师自己的名义制作和发表的，而代书必须以委托人的名义书写，否则就不能称之为代书。同时，代书所反映的内容应当符合委托人所表示的意思，代表委托人的利益。

2. 律师代书所产生的法律后果由委托人承担。由于律师代书是以委托人的名义书写的，而且反映的是委托人的合法意思，因此律师代书的法律文书使用后所产生的法律后果应由委托人来承担。如代书起诉状，诉讼程序开始后，在诉讼中享受权利和承担义务的是委托人，而不是代书的律师。

3. 律师代书所反映的内容应当符合事实与法律。以事实为依据、以法律为准绳是律师开展业务活动所必须遵守的基本原则，代书工作也不例外。律师代书时，在内容上应如实反映客观事实，严格按照现行法律规定。对于明显错误不当的要求，律师应当耐心说服委托人放弃。如果委托人仍固执己见，律师有权拒绝代书。

4. 律师代书的范围具有特定性。律师的代书有一定的范围限制，并不是凡"书"都能代。律师代书一般有两类：代写诉讼文书和代写有关法律事务的文书。

5. 律师代书是一种创造性活动。代书不是"代笔"，不是对委托人陈述事实的简单记录和有关法律条文的堆砌，而是律师运用自己所掌握的法律知识和相关的综合知识以及所具有的写作技巧，对委托人的陈述进行提炼、整理，使其更具有条理性，更具有说服力，更能反映委托人的意思，更符合法律文书的要求，它是律师进行创造性的劳动结果。

二、律师代书的基本要求

律师开展代书业务,与从事其他法律事务一样,都必须坚持以事实为依据、以法律为准绳的原则,以维护法律的公正和当事人的合法权益为宗旨。同时,律师代书应当符合以下的基本要求:

(一)主旨明确,取材准确

律师应全面了解事实情况,弄清委托人要解决的问题,把握问题的关键所在,从而明确主旨,围绕中心准确地取材。律师要仔细分析委托人所提供的材料,选择那些具体明确、经过查证属实、能说明问题实质的材料制作文书,而不是事无巨细地记"流水账"。书写文书时,应以主旨为统帅,将各个事实之间的内在联系反映出来,以此来阐明一个观点,论证一个结论。

(二)内容客观,理由充分

律师代书应当尊重客观事实,无论是文书中表述的内容还是文书中引用的内容,都必须客观地反映事实,不能胡编乱造、夸大或缩小;同时论述事实要全面,不能断章取义。文书中的观点和主张都应当符合法律规定,文中应恰当地引用法律,分清双方的是非责任,不可错用法律条文或者曲解法律。总之,应根据事实和法律来论证委托人请求的正确性和合法性。

(三)用语准确,逻辑严密

律师代书应做到语言准确,力求文字简练又不失原意,语言通俗易懂又不失庄重。语言干瘪、文义不清或叙事啰嗦、文书冗长都不符合要求。不管是表述事物发生、发展过程,还是分析论证事理,以及解释某个观点,都必须做到逻辑严密,有理有据,切忌主观臆断、逻辑混乱、自相矛盾。

(四)格式统一,事项齐备

律师代书的不同文书,多有统一、固定的格式,并有其特定的事项要求。律师代书应注意:一是格式统一,对于法定的以及已经形成惯例的格式必须遵守,如文书的题目、名称、当事人情况、诉讼请求、事实与理由以及呈送的机关等在行文排列上都有固定的格式,不得随意变动;二是事项齐备,各种文书都有特定的事项,各事项都有其特定的作用,不能随意增减,一般也不能前后倒置。

三、律师代书的工作程序

律师代书的工作一般分为准备、制作和缮写发出阶段。

（一）准备阶段

准备阶段的任务是通过与委托人的接触，了解案情，分析材料，为代书做好准备。

1. 了解委托人的基本情况、代书目的和有关要求。弄清委托人的姓名、年龄等个人情况，问清代书是本人的要求还是代替别人请求代书，明确其请求代书的目的，并要求提供必要的材料。

2. 全面了解代书涉及的事实。为了全面了解事实真相，律师应做好以下基本工作：即"听"、"问"、"看"。仔细听取委托人的陈述；针对不清楚、不明白的问题进行发问；详尽审阅委托人提供的材料。

3. 认真分析有关事实和法律规定。律师应综合分析所掌握的有关事实及相关证据，确定适用该事实的法律及政策的规定，并向委托人说明其应享有的权利和应承担的义务。

律师在了解案情、研究法律依据后，根据不同的情况，分别作出代书或不予代书的决定。对于事实清楚、证据齐全、要求合理合法的，律师应积极给予法律帮助，认真代书。

（二）制作阶段

制作阶段，代书律师在全面分析事实、确定法律依据的基础上，按照委托人的请求，对所了解的材料去粗取精、去伪存真，然后按照法律文书的格式要求，形成文字。在制作阶段，律师应做好以下几项工作：

1. 确定代书的中心议题，构思代书的基本框架。根据准备阶段的工作，提出论点，安排论据，确定好各个部分的具体写作内容。

2. 选择要采用的证据和需援引的法律条文，注意主次分明，详略得当，这样才能使文书有理有据，才能正确表达委托人的意愿和保护其合法权益。

3. 代书时应坚持"忠实于事实，忠实于法律"的基本原则，不能一味地满足委托人的不合法、不合理要求，同时要防止言语过于偏激，感情用事。

（三）缮写、打印和发出阶段

文书的初稿拟定以后，经代书人仔细审阅和认真修改，再交委托人审阅。委托人就文书中涉及的内容，逐一进行核对，确认无误后，由委托人签名或盖章即为定稿。经缮写或打印、复印、加盖代书专用章后交委托人使用，代书工作可告终结。

第十三章 非诉讼律师事务

 司法考试真题链接

1．某开发商以其员工和关系人的名义冒充客户，虚构了250余份商品房买卖合同、个人收入证明和首付款证明，骗取个人住房贷款7亿多元。两家律师事务所的律师甲和乙作为银行按揭的主办律师，对数百份身份证、商品房买卖合同、签名和相关证明文件未作调查，就向银行出具法律意见书，证明贷款申请人符合申请贷款条件，具备偿还贷款能力。检察院在以贷款诈骗罪起诉开发商的同时，以提供虚假证明文件罪起诉了甲和乙。下列哪些表述是错误的？（2006年司法考试真题）
 A．律师违反敬业尽职义务的，只有其客户才有权向律师协会投诉和向法院起诉
 B．如果甲和乙构成了该项犯罪，对律师事务所收取的律师费予以没收
 C．如果甲和乙构成了该项犯罪，司法行政机关可以吊销其律师执业证
 D．如果甲和乙构成的是过失犯罪，可以向其投保的保险公司请求赔付
 D．在分析案情的基础上向当事人提出案件很难胜诉，建议当事人争取和解

2．王律师为扩大业务范围采用的下列哪一做法是错误的？（2007年司法考试真题）
 A．加入当地的企业家协会并免费提供法律咨询服务
 B．在晚报上发布介绍自己专业范围、所在律师事务所和联系方法的广告
 C．向所有的同学发函，承诺给介绍案源者10％的回报
 D．参加房地产专题研讨会，在会上发表"按揭"法律问题研究报告，并向与会者派发名片

3．甲（男，26岁，汉族）与乙（男，24岁，汉族）系表兄弟。2003年3月，二人相约一起进城务工，在同一农贸市场分别摆摊做水果生意，并合租一小院共同居住。由于甲善于经营，生意一直比乙好，乙因此有些怨气（2005年司法考试真题，本题25分）。

2005年8月6日下午，因一单苹果批发买卖，乙认为甲抢走了自己的生意，遂到甲摊前理论。甲说："我的苹果质量好、价格低，人家愿意买我的，你不能怨我。"乙说："人家本来要买我的苹果，是你故意压价，抢走了我的生意。你不帮我就算了，但你不该连表弟也欺负。我忍你已经很久了！"乙越说越急，抓起旁边的水果刀，向甲刺去。甲见状，急忙伸手抓刀。相持间甲右臂被刀刺伤。后经在场的买主丙、丁等人阻拦、劝说，乙放下了水果刀，向流血不止的甲道歉说："我只是一时气愤，请表哥原谅。"并送甲到附近区中心医院医治。经鉴定，甲为轻伤。甲住院治疗期间，乙主动承担了医疗费用，并为甲洗衣送饭，帮助护理。但因甲住院，生意无人照料，致使数百斤水果腐烂，损失3000余元。

甲伤愈出院后,认为此事使自己在市场上丢了面子,生意损失严重,十分生气。在前来探望的妻子坚持下,向农贸市场所在地的区人民法院提起刑事诉讼。法院受理了此案,并在法定期限内依法作出了处理。

问题:假定你是甲聘请的律师或者乙聘请的律师,或是本案的主审法官(任选其中一个身份),请根据上述案情撰写一份法律文书。

提示:文书中涉及的当事人自然情况、司法机关名称、证据种类和名称等相关事项可自行编撰,但不得署考生本人姓名,否则本卷不得分。

答题要求:

(1)文书种类的选择符合选定的身份,符合法律规定,格式规范,应具备的事项齐全;

(2)请求或答辩事项清楚,事实、依据论证充分,或者作出的处理合法有据,定性准确;

(3)文字简练通畅,无语法错误和错别字。(2005年司法考试真题)

第十四章 法律援助及其律师义务

【引 例】

2009年，鲁某某与李某某达成协议，由鲁某某组织人员给李某某盖民房，农民工陈某某与鲁某某协议，鲁某某雇陈某某建房，日工资60元。从建房开始，就发现房屋上方有三根下垂的光铝电线，且没有任何警示标志，房屋建成后，原告与来某某、刘某某、邓某某等一起在房顶干活，负责在房脊前坡部位扫土，原告为避免碰到电线，一直蹲着扫土，后在伸腿时被屋顶上的电线电击导致受伤，造成9%电接触伤，左小腿截肢，经鉴定为五级伤残。陈某某向鲁某某与李某某要求赔偿，都被拒绝，只好向北京市法律援助中心申请法律援助。

第一节 法律援助的含义

一、法律援助的概念

法律援助，是指国家为经济困难的公民或者特殊案件的当事人予以免收、减收费用提供法律帮助，以保障其合法权益得以实现的一项法律制度。

关于法律援助的名称，英文为Legal Aid，中文译名不尽一致，有称"法律扶助"的，也有称"法律救济"的，以"法律援助"译法最为普遍。法律援助的概念，有广义和狭义之分。人们对广义或狭义法律援助概念各自的内涵，也有不同的理解，其争议的焦点，主要涉及法律援助的性质、内容、实施主体和援助对象以及援助的范围等。

广义的法律援助，从实施法律援助的主体来看，包括国家、社会和个人各个方面，即法律援助既是政府行为、国家责任，又是一项社会公益事业，也是律师和其他法律职业者的执业要求。从实施法律援助的内容来看，包括整个法律程序的各个环节。从法律援助的对象来看，涵盖全社会需要法律帮助的一切公民，不分种族、民族、性别、年龄，不分一般群体和特殊群体；从法律援助范围来看，涉及法律事务的各个领域，包括诉讼和非诉讼的方方面面。

狭义的法律援助,从实施法律援助的主体来看,指国家通过法律,提供经费、建立机构、组织人员为需要法律帮助的公民提供法律服务。从实施法律援助的内容来看,仅限于为经济困难或特殊群体、特殊案件的当事人可以减免收费提供法律帮助,即主要表现为律师为社会有特殊需要的成员免费或减费提供法律服务。从受援对象和范围来看,首先保障为经济困难请不起律师或因其他原因得不到律师帮助的刑事被告人提供法律援助,这是各国法律援助工作的起点。因此在某些国家,法律援助制度又称之为"刑事援助制度"、"穷人辩护制度"。国家只有在经费、人力资源许可的情况下,才考虑逐步扩大到部分民事案件、行政诉讼案件。

二、法律援助的历史发展

法律面前人人平等,人人都应当享有社会的公正和司法的公正。鉴于此,西方国家较早地制定了法律援助制度。法律援助起源于英国,至今已有500年的历史。在英格兰,早在1495年即承认穷人享有以其身份免交诉讼费的权利。1903年,英国对刑事案件的被告人委托辩护人的问题又作了专门规定,建立了一些相应的制度。

英国的立法和实践,为其他国家建立和发展法律援助制度提供了经验。特别是第二次世界大战以后,法律援助制度得到了系统和全面发展,是现代国家的一种法律保障制度,是社会经济和民主法制发展到一定阶段的产物。法律援助的性质,是国家贯彻宪法确立的"法律面前人人平等"的基本原则,是保障法律平等、公正实施的重要措施,旨在消除因经济能力或个人条件不平等而产生的法定权利不平等的现象,从而为全体社会成员提供平等的司法保障。尽管各国法律援助在援助主体、援助对象、援助方式等具体的制度安排方面存在差异,但是法律援助的基本内涵却是相同的,即法律援助是国家在司法制度运行的各个环节和各个层次上以制度化、法律化的形式,为因经济困难或其他原因而难以通过法律救助手段保障自身基本权利的社会弱者减免收费提供法律帮助,保障其合法权益得以实现的社会公益性法律活动。法律援助制度的确立和实施,不仅关系到对个案的处理是否保护了当事人的合法权益,而且关系到国家能否在社会上树立司法公正的形象。

中国1996年颁布的《律师法》第六章用了三条专门规定了法律援助制度,填补了中国法律制度上的一个空白。2007年《律师法》将旧法的三条压缩为第42条:"律师、律师事务所应当按照国家规定履行法律援助义务,为受援人提供符合标准的法律服务,维护受援人的合法权益。"法律援助制度是一项重要的法律制度,它的颁布和实施将对中国的司法制度产生巨大影响。

三、中国建立法律援助制度的意义

在中国,切实保障经济状况较差的公民的基本生活条件,保障老幼病残等社会特殊群体的权利,使他们平等地实现自己的合法权益,已成为新时期中国加强社会主义民主、健全社会主义法制,实现"依法治国"的重要内容。中国建立和完善法律援助制度的意义主要在于:体现国家对公民基本权利的切实保障;切实保障诉讼案件当事人依法享有的权利,实现司法公正;完善社会保障体系,保障社会稳定和促进经济发展;完善法制,保障法律规定的社会关系的实现;促进法律服务队伍的精神文明建设。总之,建立法律援助制度,有利于完善社会保障机制,切实保护未成年人、老年人、残疾人以及其他社会弱者的合法权益,促进经济发展,有效地化解各种社会矛盾,保证社会稳定。

实施法律援助,要求律师等法律职业人员树立维护公平、主持正义的使命感,提倡无私奉献、不计报酬、不辞辛苦的道德风尚,关心社会中的贫弱残疾成员,在净化自身心灵的同时推动社会公德的形成,从而促进法律服务队伍本身和全社会的精神文明建设。

第二节 中国法律援助制度概况

在中国,由于封建纠问式诉讼长期占统治地位,除曾有过助人诉讼的"讼师"等律师萌芽外,基本上不存在律师制度。从清朝末年变法到国民党政府在1941年颁布了《律师法》,但由于各种原因,谈不上法律援助制度。

新中国的成立,为法律援助在中国这块古老土地上的诞生提供了适宜的土壤。1954年颁布的第一部《法院组织法》,在规定被告人辩护权的同时,规定法院认为有必要时,可以指定辩护人为被告人辩护。1956年,司法部发布的《律师收费暂行办法》等文件中,规定了律师免费或减费给予法律帮助的具体案件范围。1979年以后陆续颁布的《刑事诉讼法》、《民事诉讼法》、《律师工作暂行条例》和《律师收费试行办法》等法律法规中,都规定了一些相关的法律援助内容。

1994年初,司法部正式提出要建立法律援助制度。随后,一些城市展开了试点工作。1996年3月17日通过的新的《刑事诉讼法》和1996年5月15日通过的《律师法》,在中国立法史上,首次将"法律援助"明确写入法律,明确了公民获得法律援助的范围,并为今后制定法律援助的专门立法奠定了法律基础。

1997年底,最高人民法院与司法部联合下发了《关于刑事法律援助工作的联合通知》,但也只是解决了这两个部门关于刑事指定法律援助案件的工作衔接问题。1999年5月,以最高人民法院与司法部下发的《关于民事法律援助工作若干问题的联合通知》和青岛市人大颁布的第一个地方性法律援助法规为标志,中国的法律援助制度开始步入法律化、制度化的轨道。此后，广东、浙江、山东等省的人大常委会先后颁布了法律援助的地方性法规。2001年3月，全国人大通过的《国民经济和社会发展第十个五年计划纲要》明确提出"建立法律援助体系"的目标，这是中国最高国家权力机关首次将法律援助事业纳入社会发展的范畴。2001年8月22日，西藏自治区法律援助中心宣告成立，这标志着全国省级法律援助机构全部建成，中国法律援助制度的雏形基本形成。

2003年9月1日国务院《法律援助条例》生效施行，这是中国第一次以行政法规的形式对法律援助工作进行了全面规范，标志着中国法律援助事业的发展进入了一个新的阶段。

司法部于2006年1月制定的法律援助"十一五"发展纲要，十分明确地勾勒出未来五年中国法律援助的发展目标。

总之，中国的法律援助制度尚处于建立阶段。作为一项重要的法律制度，其不断的发展和完善必将为实现依法治国方略、保障公民的基本人权和促进社会稳定发挥重要的作用。

第三节　中国法律援助制度的内容

中国《律师法》、《刑事诉讼法》、《法律援助条例》及相关法律、行政法规都对法律援助制度的建立和完善提供了充分的法律依据。

一、法律援助的对象

法律援助的对象，是指具备法定条件可以获得法律援助的人。从各国有关法律援助的立法和实践来看，关于法律援助的对象，多数国家限定为自然人而且是本国公民，即社会成员中那些经济贫困者和生理残疾、精神障碍或智力低下的特殊群体。

确定中国的法律援助对象，既要借鉴其他国家法律援助制度中的有益经验，又要从中国具体国情出发。根据《法律援助条例》等法律、法规的规定，中国的法律援助对象是指具备获得法律援助资格条件并实际获得法律援助的人，具备获得法律援助资格条件必须符合以下几点：

1. 有充分理由证明为保障自己合法权益需要帮助，或者确因经济困难，无能力或者无完全能力支付法律服务费用的中国公民（公民经济困难的标准，由省、自治区、直辖市人民政府根据本行政区域经济发展状况和法律援助事业的需要规定），可以通过申请获得法律援助。

2. 盲、聋、哑和未成年人为刑事被告人或者犯罪嫌疑人，没有委托辩护律师的，应当获得法律援助；其他残疾人、老年人为刑事被告人或者犯罪嫌疑人，因经济困

第十四章 法律援助及其律师义务

难没有能力聘请辩护律师的,可以获得法律援助;可能被判处死刑的刑事被告人没有委托辩护人的,应当获得法律援助。

3.刑事案件中的外国被告人或无国籍被告人没有委托辩护人,法院为其指定律师辩护的可以获得法律援助。

4.外国人可以有条件地成为中国法律援助的对象。

外国人、无国籍人在中国接受刑事审判,没有委托辩护人时,可以为其提供法律援助,以体现外国人的司法人权保障,保证审判程序的公正性。外国人在中国的民事审判中获得法律援助有两种情况:其一,如果按外国当事人所在国的法律规定,中国人在该国的民事审判中可以获得法律援助,那么,我们也对等地给予该外国当事人可以申请获得法律援助的权利;其二,外国当事人所在国如果与中国签署了法律援助司法协助协议,该当事人也可以成为中国民事法律援助的对象,经审查符合中国法律援助的条件,中国的法律援助机构可以为其提供法律援助。

二、法律援助的范围

法律援助范围,是指法律援助的事项,即对于哪些案件、哪些情况可以提供法律援助。对此各国规定不尽相同。有些国家的法律援助的范围较广,包括:刑事案件、民事案件、行政诉讼、非诉讼案件、上诉案件等。例如,英国的法律援助几乎包括英国法上的任何问题,如婚姻纠纷、刑事案件、人身伤害赔偿请求、合同争议、索取债务、福利问题、移民、雇佣等。有些国家,可以提供法律援助的案件则限于上述某一类或几类案件。

确定法律援助范围需要考虑若干因素。首先,是能够提供法律援助的人力资源。其次,是法律援助方面资金来源。最后,是法律援助的范围需随着法律援助制度的发展完善而逐步扩大。从各国实践来看,法律援助一般是从为刑事被告人免费提供辩护开始,逐步扩大到民事及其他法律事务领域。确定中国法律援助的范围,需要从中国的具体国情出发,实事求是,量力而行,切忌好大喜功,脱离实际。因此应根据中国法律服务队伍的能力和现状,以及可用于法律援助的人力、物力资源,合理确定法律法律援助的范围,使法律援助制度能够真正发挥其作用。

根据《法律援助条例》的规定,中国法律援助范围如下:

1.刑事案件

《法律援助条例》第11条规定:"刑事诉讼中有下列情形之一的,公民可以向法律援助机构申请法律援助:第一,犯罪嫌疑人在被侦查机关第一次讯问后或者采取强制措施之日起,因经济困难没有聘请律师的;第二,公诉案件中的被害人及其法定代理人或者近亲属,自案件移送审查起诉之日起,因经济困难没有委托诉讼代理人的;第三,自诉案件的自诉人及其法定代理人,自案件被法院受理之日起,因经济困难没有委托诉讼代理人的。"第12条规定:"公诉人出庭公诉的案件,被告人因经济困难或者其他原因没有委托辩护人,法院为被告人指定辩护时,法律援助机构应当提供法律援助。被告人是盲、聋、哑人或者未成年人而没有委托辩护人的,或者被告人可能被判处死刑而没有委托辩护人的,法院为被告人指定辩护时,法律援助机构应当提供法律援助,无须对被告人进行经济状况的审查。"

2. 民事、行政案件

《法律援助条例》第10条规定:"公民对下列需要代理的事项,因经济困难没有委托代理人的,可以向法律援助机构申请法律援助:第一,依法请求国家赔偿的;第二、请求给予社会保险待遇或者最低生活保障待遇的;第三,请求发给抚恤金、救济金的;第四,请求给付赡养费、抚养费、扶养费的;第五,请求支付劳动报酬的;第六,主张因见义勇为行为产生的民事权益的。"

省、自治区、直辖市人民政府可以对前款规定以外的法律援助事项作出补充规定。公民可以就本条第1款、第2款规定的事项向法律援助机构申请法律咨询。

三、法律援助的实施形式

法律援助的实施形式,是指受法律援助机构指派的法律援助人员依法为受援人提供法律援助服务的方式,亦即保障受援人合法权益,实现法律援助制度功能的方法和途径。法律援助的实施形式因受援人需求的不同而具有多样性,同时,法律援助的实施形式也受国家经济发展水平和法制化程度的制约。

(一)法律援助咨询

法律援助机构提供的法律援助咨询,一般分为简易法律咨询和复杂法律咨询两种。前者主要是对咨询者提出的有关法律援助制度方面的问题以及日常碰到了简单法律问题进行解答,通常时间有限,这类咨询往往是法律援助机构接受法律援助申请的渠道之一,而且开展这类咨询不需要审查经济条件。后者是指在法律援助实施的过程中,从事法律援助的工作人员针对受援人提出的各种法律问题,进行解释和说明,或者提供法律意见和建议,为广大受援人排忧解难。

(二)法律援助代理

1. 刑事诉讼法律援助代理

刑事诉讼法律援助的代理主要包括以下三种:一是担任刑事自诉案件当事人的法律援助代理人;二是担任刑事附带民事诉讼的当事人的法律援助代理人;三是担任公诉案件被害人的法律援助代理人。

2. 民事诉讼法律援助代理

民事诉讼法律援助代理是法律援助的主要实施形式之一,在法律援助的诸种实施形式中适用最为普遍、数量最多。实践中对损害赔偿、追索扶养费、追索拖欠工资报酬、婚姻家庭纠纷等大量民事案件中的受援人提供法律援助,主要是通过法律援助人员担任受援人的诉讼代理人参加民事诉讼活动来完成的。如引例中北京市法律援助中心审查了陈某某情况,认为符合法律援助条件,指派北京某某律师事务所黄律师作为法律援助代理人。经过了解案件情况,黄律师增加了北京市电力公司为被告,向北京某某区法院提起民事赔偿诉讼。黄律师提出如下事实和理由,北京市电力公司对高压电线疏于管理,应当承担相应责任;鲁某某作为雇主应当承担赔偿责任;李某某知道其屋顶上方有高压线,未尽到安全告知义务,且与原告构成间接雇佣关系,也应承担相应责任。三被告对此事故的发生均有过错,原告起诉要求三被告承担连带责任,赔偿各种经济损失共计 30 万元。北京两审法院均支持了原告部分诉求。

3. 行政诉讼法律援助代理

现实生活中,部分行政管理相对人不了解行政机关作出具体行政行为的法律依据和法律程序,在其合法权益受到侵害时,经常茫然无措,处于孤立无援的被动境地,因而对这部分处于弱势地位的当事人提供法律援助,由法律援助人员担任他们的代理人,代为参加行政诉讼,提供专业的法律援助服务,不仅可以维护受援人的合法权益,体现法律的公平、公正,而且有利于促使行政机关的行政行为进一步规范化,实现依法行政。

4. 仲裁法律援助代理

根据现行法律规定,仲裁有民商事仲裁、劳动争议仲裁和人事争议仲裁,而在中国的法律援助实践中,法律援助机构主要是对民商事仲裁中的当事人和劳动争议仲裁中的员工提供法律援助代理服务。

除了上述法律援助代理之外,在法律援助工作中还存在其他形式的代理,如代理受援人参加非诉讼调解,代理受援人办理公证,代理受援人申请国家赔偿等。总之,随着受援人需求的增加,代理的内容和范围也将不断扩大。

(三)刑事法律援助辩护

在刑事诉讼中,通过法律援助律师的介入,为那些因特殊原因导致行使辩护权存在障碍的犯罪嫌疑人、被告人提供法律帮助。使之有充分的机会和手段维护自身的合法权益,这是国家对犯罪嫌疑人、被告人给予充分的人权保障的重要体现,有利于审判机关查明案件事实,公正裁判。

(四)法律援助调解

由于法律援助调解人与受援人之间没有报酬关系,而是履行政府对公民的法律援助职能,因而能够比较客观、公正地提出解决纠纷的意见和方案。法律援助调解人的这种特殊角色定位,也容易得到对方当事人的信任。法律援助调解人促成受援人之间达成调解协议的可能性,往往比其他有偿服务的诉讼代理人会更高一些。因此,法律援助调解人应当尽可能地利用这一角色优势,争取以调解方式解决纠纷。

(五)法律援助公证

法律援助公证是法律援助的重要实施形式之一。对申请公证法律援助事项的审查,由法律援助机构与公证机关共同进行。公证机关对符合法律援助条件的公证事项,免收或者减收公证服务费。

四、法律援助的实施程序

法律援助的实施程序是指在法律援助实施过程中,法律援助机构、法律援助人员和受援人所必须遵循的方式和步骤。严格法律援助的实施程序,对督促法律援助机构、法律援助人员正确履行法律援助义务、保障受援人的合法权益,实现法律援助制度的宗旨具有重要意义。鉴于此,各国的法律援助立法均对法律援助的实施程序作了明确规定,根据中国法律援助的相关立法和工作实践中的具体做法,同时借鉴国外法律援助的先进经验,法律援助的实施程序一般应包括以下步骤:

(一)援助的申请和审查批准

需要法律援助的当事人,应向其户籍所在地的县(市)区司法行政机关所属的法律援助机构提出申请,说明请求法律援助的目的和主要事实,并提交身份证、户口簿或暂住证和证明其经济困难,无力支付代理或法律服务费的证明文件及其他证明文件的材料。对需要指定辩护的案件,法院应将指定辩护律师通知书和起诉书副本送交同级司法行政机关的法律援助机构。

法律援助机构收到当事人的申请后,应认真审查当事人是否符合法律援助的条件,即是否属于法律援助的对象和符合法律援助的范围,必要时应当进行调查。经审查,符合条件的应及时批准,发给当事人准予法律援助通知书。通知书应当载明当事人姓名或单位名称、案由、援助理由、实施法律援助的律师事务所的名称、律师姓名、援助费用负担等事项。不符合条件的,应发给当事人不予法律援助通知书,说明不予法律援助的理由。申请人对法律援助机构作出的不予法律援助的决定有异议的,可以向司法行政机关申请复查。受理复查的司法行政机关应当及时作出决定。

(二)法律援助人员的选任和指派

法律援助机构对法律援助申请进行审查,认为符合法律援助条件,决定提供法律援助,首先应当选任法律援助人员具体承办法律援助案件。法律援助人员包括律师、公证员等法律工作人员。选任法律援助人员主要由法律援助机构根据法律

援助案件、事项的特点和案情需要,指派能够承担该案件的律师或者其他法律援助人员实施法律援助。一般而言,受援人不能自行指定法律援助人员,但也有个别地方赋予受援人一定的选择权,规定受援人可以从《法律援助人员名册》中选出自己满意的律师、公证员为自己提供法律援助服务。

选任法律援助人员后,法律援助机构应当及时向该法律援助人员发出《法律援助指派通知书》,通知书上应当载明法律援助人员的姓名、受援人姓名、法律援助事项、签发日期,同时加盖法律援助机构的公章。法律援助人员接到通知后,应当及时办理相关手续履行法律援助义务。

(三)法律援助协议的订立与变更

法律援助机构确定法律援助人员后,应与受援人签订由法律援助机构统一印制的《法律援助协议书》。

法律援助协议变更,是指在法律援助有效期内,由于出现法定或者约定事由,经双方当事人协商一致,对法律援助协议的有关内容进行更改的行为。

法律援助协议的解除有单方解除和双方解除两种,是指因出现法定或者约定事由,法律援助机构及法律援助人与受援人双方或单方终止法律援助协议效力的行为。

(四)法律援助事项的承办

法律援助事项的承办是法律援助机构、法律援助人员及受援人根据法律援助协议的约定,各尽其责,实现法律援助目的的过程。

在法律援助事项的承办中,法律援助人员和法律援助机构必须完成相应的职责。法律援助人员在办理法律援助案件中,有下列情形之一的,应当向法律援助机构报告,经法律援助机构经审查核实,终止该项法律援助:第一,受援人的经济收入状况发生变化,不再符合法律援助条件的;第二,案件终止审理或者已被撤销的;第三,受援人又自行委托律师或者其他代理人的;第四,受援人要求终止法律援助的。

(五)法律援助的异地协助

法律援助的异地协助,是指为顺利实施法律援助,提高工作效率,节约援助经费,各地法律援助机构之间相互进行的协调与合作。法律援助机构进行异地协助应符合相应的条件和应遵循相应的程序。

(六)结案

法律援助案件办理完毕,法律援助人员应向法律援助机构提交书面结案报告和相关材料,以便法律援助机构整理归档。结案报告应载明以下内容:其一,法律援助人员的姓名及所在单位;其二,法律援助事项;其三,办理法律援助事项的过程;其四,办理结果。法律援助机构收到结案报告和相关材料应及时审核材料,装订成册,归档保存,验收合格后,作出指派的法律援助机构应根据有关规定进行核算并支付办案补助费用。

五、法律援助的资金

法律援助是一种政府行为,国家对法律援助的责任主要体现在提供财政保障上。从世界各国法律援助立法和实践来看,法律援助制度的实施,无一例外地由中央和地方政府拨款予以保障。在中国,法律援助的经费主要应由以下三部分构成:一是政府财政拨款;二是律师、公证员等法律工作人员的义务,既体现在从律师协会、公证员协会会费中提取适当比例用于法律援助,也体现在律师、公证员每年无偿提供一定数量的法律援助;三是社会捐赠。

六、法律援助机构

目前,中国的法律援助机构已基本形成了四级组织的架构:

1. 在国家一级,建立司法部法律援助中心,统一对全国的法律援助工作实施指导和协调。

2. 在省级地方,建立××省(自治区)法律援助中心,对所辖区域内的法律援助工作实施指导和协调。

3. 在地、市(含副省级)地方,建立××地区(市)法律援助中心,行使对法律援助工作的管理和组织实施的双重职能。

4. 在具备条件的县、区级地方,建立××县(区)法律援助中心,具体组织实施本地的法律援助工作。不具备建立法律援助机构条件的地方,由县(区)司法局具体组织实施法律援助工作。

第四节 法律援助的法律责任和律师义务

一、法律援助机构及其工作人员的法律责任

办理法律援助案件收取的财物,由司法行政部门责令退还;从事有偿法律服务的违法所得,由司法行政部门予以没收;侵占、私分、挪用法律援助经费的,由司法行政部门责令追回;情节严重,构成犯罪的,依法追究刑事责任。

二、律师和律师事务所在承担法律援助义务中的法律责任

(一)律师在承担法律援助义务中的法律责任

律师有下列情形之一的,由司法行政部门给予警告、责令改正;情节严重的,给予1个月以上3个月以下停止执业的处罚:其一,无正当理由拒绝接受、擅自终止法律援助案件的;其二,办理法律援助案件收取财物的。其中,收取财物的,由司法行政部门责令退还违法所得的财物,可以并处所收财物价值1倍以上3倍以下的罚款。

(二)律师事务所在承担法律援助义务中的法律责任

律师事务所拒绝法律援助机构的指派,不安排本所律师办理法律援助案件的,由司法行政部门给予警告、责令改正;情节严重的,给予1个月以上3个月以下停业整顿的处罚。

三、律师的法律援助义务

实施法律援助首先是政府应尽的责任,但同时也是需要全社会共同努力的公益事业。律师作为专门从事法律服务的专业人员,理所当然要负起法律援助的责任,实施法律援助是律师应尽的义务。参照国际上先进的法律援助制度,结合中国目前情况,在现阶段实施法律援助的主要依靠力量是律师,律师负有法律援助的义务。

(一)律师的性质和职业特点决定了律师是实施法律援助的主要力量

律师是取得律师执业资格,以自己的法律专业知识,为社会提供法律服务的执业人员。其职业宗旨是维护当事人合法权益,维护法律的正确实施。这一性质和职业特点决定了律师在法律援助工作中负有特殊的使命。

法律援助虽然是全社会应支持的公益事业,但并不是所有的人都可以直接实施法律援助。只有特定的法律服务人员才有资格具体提供法律援助。而目前中国法律服务队伍中,律师是主力军,从其队伍结构、人员素质以及业务领域和服务范围看,律师在整个法律服务体系中都起着至关重要的作用,绝大部分的法律事务都需要律师来提供服务。同时,从中国的诉讼案件审理情况看,介入各类诉讼案件,最有效地为当事人提供法律帮助的主要力量是律师。因此,律师是法律援助的主力军。

(二)法律援助制度的产生和发展的事实表明律师是实施法律援助的主要力量

分析外国法律援助制度的产生和发展轨迹,可知律师与法律援助制度有着密切的联系。法律援助制度首先是在西方国家出现的,它是以国家法制的完备和律师制度的存在、发展为前提的。随着西方自由资本主义生产方式的发展,资产阶级革命的成功,"自由"、"平等"观念深入人心,给予穷人同等的司法保护不仅是当时社会理念的要求,而且是统治阶级维护社会稳定和自己的长远、整体利益的需要。特别是在"二战"以后,作为法律援助内容之一的取得律师帮助权,在各国宪法原则中直接地或间接地得到规定。最初,为穷人提供免费服务表现为一种律师自发的慈善和道义行为。随后,建立法律援助制度发展成为国家保障本国公民合法权益应尽的责任。即使是作为国家的责任,也不过是由国家出资支持律师(专门的法律援助机构的律师和私人律师)为穷人提供法律帮助。律师始终是法律援助的具体实施者。

(三)法律明确规定律师应当承担法律援助义务

新《律师法》第42条规定,"律师、律师事务所应当按照国家规定承担法律援助义务,为受援人提供符合标准的法律服务,维护受援人的合法权益"。从而,明确将法律援助作为律师的一项义务。其他法律也有针对律师法律援助义务的规定。因此,律师在从事各项业务活动中,必须自觉履行法律援助的职责,为受援人提供优质的法律服务。以法律规定律师的法律援助义务也是大多数国家共同的做法。

(四)律师履行法律援助义务的具体形式

1. 为法律援助资金提供资助。律师对法律援助资助有强制性资助和自愿性资助两种。强制性资助是指根据法律规定律师具有实施法律援助义务这一特殊性,在司法行政机关制定的有关《法律援助实施办法》中,都明确规定律师必须向法律援助基金提供一定比例的资助。各地司法行政机关将根据《法律援助实施办法》和当地律师工作发展的实际情况,确定当地的律师法律援助资助标准。自愿性资助是指律师在提供了规定的法律援助资助以外,自愿提供更多的资金捐助。

2. 为法律援助受援人提供法律服务。作为律师的一项义务,所有执业律师都必须从事法律援助事务。根据新《律师法》第42条的规定,律师履行法律援助义务的形式是:"为受援人提供符合标准的法律服务"。律师为受援人提供法律服务是"符合标准"和无偿的。

第十四章 法律援助及其律师义务

 **司法考试真题链接**

1. 下列哪一种情况不构成法律援助机构拒绝为申请人提供法律援助的理由？（2008年四川司法考试真题）

   A. 申请代理的事项是主张因见义勇为行为产生的民事权益
   B. 申请人提交的证明材料不齐全，又未按要求作出补充
   C. 申请人提出申请后，自行委托了其他代理人
   D. 申请人提出申请后，继承了一大笔遗产

2. 关于法律职业的有关表述，下列哪些选项可以成立？（2008年司法考试真题）

   A. 丙律师事务所是一家有60名执业律师的合伙所，为扩展业务决定到某沿海城市设立分支结构，并委派专人办理有关审核事宜。法律援助对象鄂某要求丙律师事务所的法律援助服务人员尊重和保护自己的隐私权。
   B. 甲市中级法院审判委员会讨论曾某强奸案。田法官认为：市中级法院李院长因病不能参加会议，委托不是常务副院长的孙副院长主持会议，委托无效。林检察官认为：市检察院王检察长在审判委员会讨论此案时可以列席，但不能发表意见，也不能参加表决。田法官的说法正确而林检察官的说法不正确
   C. 乙县法院孙法官在审理某承揽合同纠纷案件时，遗漏主要证据、重要情节导致裁判错误，造成了严重后果，受到警告处分。乙县检察院检察官张某在办理案件中非法拘禁当事人，受到记过处分。对这二人违反工作纪律行为的处罚正确
   D. 这两个行为均符合法律的规定两名法学院的学生讨论从事法律职业的条件。左同学认为：曾因犯罪受过刑事处罚者不能担任检察官。孔同学认为：年龄二十三周岁以上六十五周岁以下者可以担任公证员。左同学的说法正确而孔同学的说法不正确

3. 法律援助制度是世界上许多国家普遍采用的一项司法救济制度。下列关于我国法律援助制度的哪一表述是错误的？（2006年司法考试真题）

   A. 律师和律师事务所是法律援助的责任主体
   B. 法律援助机构既包括四级政府的法律援助组织，也包括社会团体、民间组织的法律援助组织
   C. 法律援助的实施形式包括法律援助咨询、刑事代理、民事代理。行政代理、仲裁代理、刑事辩护、调解和公证等方式

D. 在办理法律援助事项时,法律援助人员未经法律援助机构批准,不得终止法律援助或者委托他人代为办理法律援助事项

4. 下列哪一法律职业人员的行为不违背相应职业纪律要求?(2009年司法考试真题)

A. 闻律师在办理无偿的法律援助案件后,收取受援人交通费

B. 金法官向自己审理案件中受尽屈辱的原告推荐社会知名律师为其代理诉讼

C. 公证员黄某在派发的名片上印有"法学硕士、法学副教授"的头衔

D. 曾律师发起举办了"金融危机下律师业的挑战"研讨会并邀请一些教授、法官、检察官、公证员朋友出席

公证制度与实务

下编

第十五章 公证制度与实务更新发展

【引 例】

某某市公证处自 2009 年以来,积极与各金融单位配合,开展赋予借款合同强制执行效力的公证业务,为各金融单位的贷款业务保驾护航,初见成效。在应对当前全球金融危机对中国产生巨大影响的情况下,必须继续做好这项公证业务。

第一节 公证制度概述

公证制度对中国来说不是土生土长的,而是西方引进的"舶来品"。其渊源于中西方之间关于司法的观念的差异表现。中国人视法为维护道德之器,西方人则主张法律至上。中国人致力于"无诉"来维护社会的安定。西方人则以"好诉"来争得权利,中国人注重由里及表的自律,西方人注重由表及里的制度。从法律风格表现的二大法系英美法系公证制度和大陆法系公证制度,法律理念侧重有所不同。英美法系侧重于实用主义,以法官和律师充任的诉讼主体制度;固然设置公证制度,公证人作用仅负有进行形式审查的责任,没有预防纠纷、减少诉讼的职能作用;法律行为过程强调尊重当事人的意思自治。大陆法系侧重于理性主义,以公证人扮演重要的主导作用;在公证制度上赋予在国家非诉讼领域中,在民商活动中对法律行为和事实经过公证程序,加以监督和规范。美国著名的经济学家曼尔库·奥尔森曾强调:"制度决定发展","一个繁荣的市场不会自动产生,它需要制度支持"。① 在现代社会,公证制度作为社会关系的稳定器,它以维护和保障社会稳定为宗旨。

公证制度也源于传统司法向现代司法演进。公证制度是国家"为当事人双方

---

① 田春生:《从制度角度看全球化进程中的发展国家》,载谈世中等编:《经济全球化与发展中国家》,社会科学文献出版社 2002 年版,第 259 页。

提供不用武力解决争端的方法"。① 每当人们处于相互冲突时,为寻求一个相对价值中立的机构的参与;采取利益平衡方法,以寻求在价值取向和力量上的平衡;在理性上获得相互之间冲突和制度之间的"界限"。这个参与机构既要有合法性又必须具有正当性,能协调不同的矛盾点,实现他们的统一;这种机构既能保护公民的职责,同时又能维护法治的职责;这种机构能正确地处理所引起的纷争,又能最佳地缓和社会不同主体不同需求的矛盾和冲突。"只是构成了一个正义制度的最为根本的基础,它是由那些最低限度的公正和合理的标准组成的,没有这些标准,就没有可行的法律制度"。② 公证机构正是代表国家居中位置,对各方当事人的争执予以公证协调,其目的以维护和保障社会的稳定。

从世界范围看,公证制度主要分为两类,即大陆法系模式和英美法系模式。大陆法系模式是实体性公证,有专职的公证人员。英美法系模式侧重于形式公证,基本上没有专职的公证人员。我国是成文法国家,司法制度渊源上类属于大陆法系;我国公证制度建立和发展过程中,受大陆法系公证制度影响较大,建立之初即奉行实体性公证、设立专门的公证机构、配备专职的公证人员、具有国家通过公证实现其对经济社会生活干预的基本特征。

中国的公证制度基本上随着司法行政机构的变迁和中国现代化法制追随大陆法系的步伐而相应发展演进的,经历了初创、发展、停顿、重建而后再发展的曲折过程。2005 年 8 月 28 日通过、2006 年 3 月 1 日起施行的《中华人民共和国公证法》(简称《公证法》),这对公证界来说是一件喜事,因为我国公证制度全面恢复的 20 多年后终于有了一部自己的公证法律。国家通过公证机关的公证活动,教育公民遵守法律,维护法律权威,保护自然人、法人或者其他组织的权利和合法利益,藉以预防纠纷,减少诉讼。涉外公证具有域外法律效力,可以保护我国公民、侨胞在域外的合法权益,维护国家和法人在国际交往中的权利和利益,同时,也保护外国公民、法人在华的合法权益。如引例中某某市公证处的工作,就为公证制度如何为金融服务提供了示范。金融服务及其社会信用制度建设是一项系统工程,公证作为司法证明制度,在社会信用体系中占有重要的地位,它既是信用服务体系中的重要组成部分,也是信用法律保障体系不可或缺的组成部分。

以前经历了规范公证的主要文件是:1982 年 4 月 13 日国务院发布《中华人民共和国公证暂行条例》(简称《公证暂行条例》),司法部 2002 年 6 月颁布、2006 年 5 月修改的《公证程序规则》及各地方的公证条例(如 1995 年 12 月 29 日通过《上海市公证条例》)。随着经济的发展,现行的公证体制早已突破了 1982 年的《公证暂行条例》的情形,而且这些主要文件的许多条文彼此之间也存在不少矛盾,立法的

---

① 张文显:《当代西方法哲学》,吉林大学出版社 1987 年版,第 206 页。
② [美]E. 博登海默:《法理学法哲学及其方法》,邓正来等译,华夏出版社 1987 年版,第 271 页。

滞后严重制约了公证的发展。

《公证法》的出台对公证而言无疑是一场及时雨,它明确了公证的各项制度,并对公证发展具有一定的指引作用。《公证法》继承了原先绝大部分的公证制度,但也适当做了一些修改。本书主要介绍中国公证制度与实务的更新发展。

一、公证概念的理解

公证(notary)一词来源、发轫于拉丁语(nota)。"nota"指的是古罗马"书记"们用来快速抄录文书的一种速记符号。① 现代意义上的公证,各国规定不同。后来,公证作为一种特殊的程序性司法活动,被用来表达为国家或社会公认的证明活动。到20世纪,在资本主义国家,出现了多种类型的公证制度。

在我国,公证制度是国家司法制度的组成部分。公证是指依法专门设立的公证机构的公证人员按照法定的程序,根据当事人的申请,对机关、团体、企事业单位和公民个人的各种法律行为、具有法律意义的文书和事实,依照法定的程序,确认其真实性、合法性和可行性的一种非诉讼活动。所谓非诉讼活动,是与诉讼活动相比较而言的,国家司法制度从各个不同角度来保护公民、法人及其他社会组织的合法权益,其主要方法由两种:一是诉讼,一是非诉讼。诉讼是指公民、法人及其他社会组织的合法权益受到侵害时,其依法向司法机关申请予以司法救济行为;非诉讼则是指公民、法人及其他社会组织在其合法权益尚未受到侵害前,就从具体情况出发,事先得到国家的确认,以防止纠纷的后果。公证、人民调解、仲裁都是非诉讼活动,公证是在公民、法人及其他社会组织的合法权益尚未受到侵犯时,通过证明的方法来预防权益受到侵害。公证机构对引起民事权益发生的法律行为、法律意义的事实和文书证明它是真实、合法的,保护了当事人的合法权益不受侵犯。公证机构全部活动的宗旨,就是保障公民、法人切实行使应当享有的权利,以法律规定的方式、程序确认这种权利。

根据《公证法》第2条的规定,"公证是公证机构根据自然人、法人或者其他组织的申请,依照法定程序对民事法律行为、有法律意义的事实和文书的真实性、合法性予以证明的活动。"这是公证新概念。公证机构是国家的证明机构;它对公民、法人及其他组织的法律行为、法律意义的文书和法律事实进行审查,依照法律程序证明其真实性与合法性。如果待证事项缺乏真实性、合法性公证机构有权拒绝公证。

中国改革开放以来,根据公证法规法律的规定,公证项目日益增多,这是与市场经济发展紧密相关。对中国公证这一概念的解析,我们可以从下列几个方面予以具体理解和把握:

---

① 卓萍主编:《公证法学概论》,法律出版社1988年版,第5页。

1. 公证主体。中国公证的主体是公证机构和申请公证的当事人。公证机构可以是国家依法设立的组织,也可以是依法设立的社会中介机构。[1] 当然,公证的主体不仅有专业的公证机构,还有诸如大使馆或领事馆等特殊的可以提供公证服务的机构。[2] 申请公证的当事人是依法申请公证的公民、法人或其他合法组织;当事人申请公证时,应首先向依法设立的公证机构提出申请。

2. 公证客体。公证的客体或证明对象是民事法律行为、有法律意义的事实和文书。民事法律行为是公民、法人或其他合法组织依法实施的,能够引起某一民事法律关系的产生、发展、消灭的行为。对法律行为的公证是公证机构一项常见的、数量较多的公证,主要包括:合同、遗嘱、遗赠、收养、分割共同财产等。近年来招标、投标、购买不动产等公证项目日益增多,这是与市场经济发展紧密相关。

法律事实,是指法律行为之外的、能够引发一定的法律后果的客观情况。对有法律意义的事实进行公证,也是公证的一项重要业务。这类业务主要包括:身份关系公证、婚姻公证、出生公证、死亡公证、生存公证、居住公证、学历公证、经历公证、意外事件公证等。这些业务都属于传统具有法律意义的公证项目,在我国公证业务中占有一定的比例。

具有法律意义的文书,是指具有一定法律意义的证件、文件等。主要包括国家机关、社会团体、企事业单位依法颁发或出具的有效文件及当事人法律行为表现形式的文件,如企业的工资单、公民个人的遗嘱书等,但属于国家机密文件的,不能公证。常见的法律文书公证有:证明文书的印鉴、签名属实;证明文书的副本与原件核对无异等。

3. 公证的内容。它是证明公证客体的真实性与合法性。公证活动围绕着证明客体的真实性、合法性进行。具体地讲:

(1)有待公证的法律行为、法律事实在客观生活中真实的存在;或具有法律意义的文书是由当事人真实的签名、盖章;或文书的副本、影印件、节录等与原本无异,即所谓"真实性";

(2)待证事项符合我国有关法律的规定,不包含违法因素,即所谓"合法性";

我国的公证活动,把上述"合法性"与"真实性"紧密结合起来进行证明的,这一点与西方的公证制度有所不同。西方公证制度通常只能确认其真实性,而不审查认定其合法性如何,就是说,西方的公证制度属于一种单纯的证明制度;我国之所以要求公证时证明待证事实的合法性,意在维护社会主义法制,是从保护国家、社会及公民合法权益的角度来考虑的,也是我国法律的理性所决定的。因此,我国公证活动必须加强待证事实的合法性证明,这一点是公证活动中不可忽视的重要问题。

---

[1] 叶青、黄群主编:《中国公证制度研究》,上海社会科学院出版社2004年版,第2页。
[2] 张文章主编:《公证制度新论》,厦门大学出版社2005年版,第2页。

4. 公证的运作。有待证明的事项还应该是可以履行的,即能够运作起来的,达到最终的目的,即具备"可行性"。

公证实践中,一些待证事项符合真实性、合法性后,但是否就具备了可行性呢?有些人认为是否具备可行性,不是公证机构所查证的事情,况且一般地说,具备了合法性的事项,都是具备可行性的。实践上,这种观点是站不住脚的。首先,我国公证的目的是预防、减少纠纷,如果公证事项是不能实现的,那么势必要产生纠纷,增加了社会矛盾,导致公证的良好初衷走向其反面的后果;其次,具备了合法性事项,并不必然地具备了可行性;现代法律观念是,法律没有禁止的就是合法,但是法律没有禁止的,并不是都是可行的。例如一个不懂写作的人去和一个出版商签订出版一本世界名著的合同,尽管法律没有禁止,但其履行的可能性几乎为零。因此公证机构对于不可行的事项,不应予以公证,以预防今后纠纷迭起。

二、新旧公证与其他相关联的活动的区别

新公证活动是一种新的非诉讼的证明活动,与旧公证和其他相关联的活动具有明显的区别。

1. 新旧公证的区别。旧《公证条例》第2条的规定:"公证是国家公证机关根据当事人申请,依法证明法律行为、有法律意义的文书和事实的真实性、合法性,以保护公共财产,保护公民身份上、财产上的权利和合法利益。"比较新旧公证法共同部分是,"公证是公证机构根据当事人的申请,依法对民事法律行为、有法律意义的事实和文书的真实性、合法性"的一种非诉讼的证明活动。

新旧公证法不同部分有:一是主体不同。新法明确公证的主体是"公证机构"和申请公证的"自然人、法人或者其他组织";公证机构可以是国家依法设立的组织(国家公证机关),也可以是依法设立的社会中介机构。而旧法公证的主体是"国家公证机关"和申请公证的"当事人"。二是法律不同。新法明确"依照法定程序",而旧法公证"依法"的内容比较宽,不明确。三是对象(内容)不同。新法明确公证的对象是"民事法律行为、有法律意义的事实和文书",突出"民事"内容,而旧法没有突出"民事"内容。四是目的不同。旧法公证的目的是"保护公共财产,保护公民身份上、财产上的权利和合法利益"。而新法公证的目的不用如此表达,目的比较宽。

2. 公证活动与民事诉讼活动的区别。公证活动与民事诉讼活动的区别主要表现在四个方面:一是性质上的区别,公证是非诉讼活动,而民事诉讼则是诉讼活动;二是当事人方面的区别,公证活动的当事人同属申请人一方,而民事诉讼活动中则有权利与义务处于对立状态的双方当事人,即原告和被告;三是法律依据不同,公证活动是依照国家的公证法律、法规进行的,而民事诉讼活动则是按照《民事诉讼法》规定的程序进行的;四是产生的法律后果上的区别,公证主要是赋予证明对象的证据效力,而民事诉讼则要通过调解或做出裁判,以解决当事人之间的争

议。

3. 公证活动与行政活动的区别。公证是由公证机关行使证明权的专项职能，公证活动不具有管理职能的性质；而行政活动是通过各级政府和法律、法规授权的组织实施管理职能来实现的。公证机关是为申请公证的当事人提供法律服务的，而行政机关与相对人之间则是管理与被管理的关系。

4. 公证证明与一般证明的区别。公证书具有特殊的证据效力，这是国家立法所肯定的。同时公证书为国际社会普遍认可和接受。而一般的证明文书，包括一般的私证和官方证明，则不具有公证书的特点，因而它的证据效力是具有多方面局限性的。一般证明包括单位证明和民间私证。在我国，民间私证是指公民个人出具的证明材料；单位证明又称为"官方"证明，是指法人组织或者其他企事业单位、团体等出具的证明文书。但是，这种一般性的证明文书的法律效力，与公证证明书的法律效力是不同的。其一，公证证明文书的证明效力要高于一般证明文书的效力，具有特殊的法律地位。《民事诉讼法》第67条规定："经过法定程序公证证明的法律行为、法律事实和文书，人民法院应当作为认定事实的根据。但有相反证据足以推翻公证证明的除外。"而一般证明文书必须经过审查核实才能确定其效力。其二，公证文书被国际社会普遍接受和认可。目前，我国的公证文书已得到世界上一百多个国家的承认和接受，而一般证明文书则不具有普遍适用的特征。

5. 公证与认证的区别。公证在本国可直接发生证明效力，但对发往国外使用的公证，如果公证使用国不了解出证国公证组织及其人员的公证情况而要求认证的，就必须经过出证国的外事部门认证公证机构和公证员的签名和盖章属实，再经使用国的外事部门认证出证国的外事部门的签名和盖章属实后，方可在使用国生效。所以，公证与认证是两个不同的概念，但又有密切联系：公证是认证的前提和基础，认证是对公证的证实和鉴别；没有公证，便没有认证；没有认证，公证则无法在国外发生证明效力。

6. 公证与鉴证的区别。鉴证是国家行政管理机关为了维护当事人的正当权益，对签订的经济、劳动合同等的真实性、合法性、可行性进行全面的审查、鉴别、核实和证明，并借以促进合同履行的一种活动。公证与鉴证的区别，主要是：第一，出证主体不同。鉴证的出证主体是国家行政管理机关，其性质是行政机关；而公证的出证主体是公证机构，不是行政机关，为事业体制，执行国家公证职能、自主开展业务、独立承担责任、按市场规律和自律机制运行的公益性、非营利的事业法人。第二，效力和作用不同。公证仅对所证事项的真实性、合法性发生证明效力；而鉴证还有监督经济合同履行的作用。第三，证明的对象不同。鉴证的对象仅限于经济、劳动合同等；而公证的对象较多，适用于一切民事法律行为、有法律意义的事实和文书。第四，法律依据不同。鉴证的法律依据是行政管理法规；而公证的法律依据是公证法。第五，法律地位不同。根据《民事诉讼法》第67条的规定，公证证明文书的证明效力要高于一般证明文书的效力，具有特殊的法律地位；而鉴证应属于一般的证明文书,从其证明的效力上看,不具有特殊的法律地位。

7.公证与签证的区别。签证是指一国的国内或者其驻国外的主管机关,在本国人或者外国人出入国境(包括过境)时,在其所持的证件上(护照、过境通知书、边境通知证等)办理签注、盖印等手续,表示准其出入境或者过境的一种活动。公证与签证的区别,主要是:第一,出证主体不同。签证的出证主体是一国的出入境的管理机关,我国是公安机关,其性质是行政机关;而公证的出证主体是公证机构,其性质是中介组织,而不是行政机关。中共中央《关于建立社会主义市场经济体制若干问题的决定》将公证界定为市场中介组织,并明确公证类中介组织的职能为证明、沟通、监督、服务。第二,适用的范围不同。签证适用于办理出入境或者过境的签注、盖印等手续;而公证适用于对民事法律行为、有法律意义的事实和文书的真实性、合法性予以证明的活动。虽然二者属于两种不同范畴的业务活动,但是,本国人或者外国人在办理出入境或者过境的手续时,需要公证文书证明其身份才准予签证的情形下,公证与签证便发生了一定的联系。

8.公证与见证的区别。见证可分为私人见证和律师见证。私人见证是指公民个人在他人立遗嘱或者买卖房屋等实施民事法律行为的现场证明或在文书上签字证明的活动。律师见证是指律师事务所的律师根据当事人的委托,对授权见证的事项的真实性、合法性予以证明的活动。公证与见证的区别,主要是:第一,出证主体不同。公证的出证主体是公证机构;而见证的出证主体是公民个人或者律师事务所。第二,法律依据不同。见证的法律依据是民事诉讼法或者律师法;而公证的法律依据是公证法。第三,法律地位不同。前面已述公证证明文书的证明效力要高于一般证明文书的效力,具有特殊的法律地位;而见证也属于一般的证明文书,从其证明的效力上看,不具有特殊的法律地位。

二、新公证的特征

关于公证的特征问题,在国内学术理论界有不同的观点,主要有:"两点论"、"三点论"、"六点论"和"本质论"。

"两点论"者认为,公证活动有两大基本特征:其一,公证是一种证明活动,其二,公证是一种非诉活动。

"三点论"者认为,公证活动有三个特点:(1)公证是一种证明活动;(2)公证是一种非诉讼活动;(3)公证是一种非行政活动。

"六点论"者认为,公证具有以下法律特征:(1)公证是由专门的司法证明机关和专职法律人员进行的一种特殊的证明活动。(2)公证机构要依照法律规定的程序进行公证活动。(3)公证证明的对象是法律行为、有法律意义的文书和事实。(4)公证的标准是真实性、合法性。(5)公证证明具有特殊的法律效力。(6)公证是一种非诉讼活动。

"本质论"者认为,公证的特征是由公证的本质和固有属性所决定的,是公证活动区别于其他有关活动的标志。

我们认为,公证的本质属性是一种公证的证明活动。《公证法》第2条明确规定:"公证是……证明的活动。"公证的性质是证明的活动。《德意志联邦共和国公证人法》第1条公证人的性质和任务规定:公证人是为了"证明"法律事实和预防纠纷而设置的公职人员。《美国新墨西哥州公证法》规定公证人可以"确认"和"证明"书面文件,经宣誓所做出的证言等。可见,公证履行证明的职能是世界各国普遍认同的。但是,公证履行证明的方式,却有区别,一般可分为形式证明与内容证明两种。所谓形式证明(又称形式公证),是指公证仅就所证事项唯独从形式上对其真实性、合法性予以证明,而不涉及文书内容的真实性、合法性。英美法系国家往往把公证证明限于形式证明的范围之内。所谓内容证明(又称实质性证明或实质公证),是指公证就所证事项从内容上对其真实性、合法性予以证明。这种证明的方式在大陆法系国家的公证业务范围上做了较为广泛的规定,如对财产权转让、遗产继承、分割家庭财产、订立契约等的证明均采取内容证明的方式。我国公证的证明方式则采取多种形式,既对文书的签字等采取形式证明的方式,又对合同等采取内容证明的方式。但是应当以内容证明方式即实质公证为主导,中国的公证应当实行实质公证。

从我国目前的状况看,公证与私证并不矛盾。历史表明,公证是由私证发展而来,是私证所无法比拟的,具有极强的法律效力。然而,在我国流行几千年的私证依然存在,当事人认为不必到公证机构去证明法律行为、具备法律意义的文书和法律事实时,就有可能去寻求私证来证明待证内容。由于我国公证机构无力承揽全部的公民、法人或其他组织之间的契约等文书的公证业务,这就允许私证存在。因此,当事人有权在公证和私证之间作出有益于自身利益的选择,可见公证是在当事人作出公证选择提出申请后才开始办理。

我们认为,在研读公证的特征时,应该运用哲学的思维能力透过现象看本质,通过比较分析,结合新《公证法》第2条对公证的规定,可以挖掘出公证具有如下几个重要的特征:

1.公证主体的专属性。公证是公证机构根据自然人、法人或者其他组织的申请所进行的一种证明活动。公证的主体包括公证的申请主体和公证的出证主体。公证的出证主体只能是公证机构和有权的涉外机构。而公证是在当事人作出公证选择提出申请后才开始办理。任何公证事项无论是国外还是国内,无论是法律、法规规定必须办理公证的,还是当事人主动要求办理公证的,都必须由当事人向公证处提出公证申请。这说明,提起公证是基于当事人自愿,国家不强制当事人申请办理公证。这主要考虑到:公证处是为当事人提供法律服务的机构,它与当事人之间是一种服务合同关系。当公证人员为当事人提供法律服务后,当事人给付公证机构一定的报酬。因此,是否需要他人提供法律服务,是否愿意与公证机构建立服务

第十五章 公证制度与实务更新发展

合同关系,应完全由当事人自主决定。可见,这里有契约意志自由的影响。如果当事人认为有必要到公证机构获取法律帮助时,其就会主动向公证机构提出申请,这种提出申请的行为,是公证的前提。

2. 公证证明活动的特殊性。公证是由专门机构和公证法律人员进行的一种特殊的证明活动。这是公证的最基本特征。依法设立的公证机构即公证处,依照法律的规定专门行使公证证明权,且公证机构所出具的公证书也因其可靠性、权威性而同时具备了适用上的广泛性与通用性的特点,即其证明力不受地域、行政级别、行业等限制而可通行使用。这就把公证同众多有权对法律行为、有法律意义的文书和事实作出证明的一般机关和组织所进行的证明活动区别开来,后者所出具的证明文书在权威性上比公证证明低,且只能在特定范围内起作用。公证职能只能由专门设立的司法证明机构依法统一行使公证职权或者涉外公证权。公证具有权威性、可靠性、广泛性和通用性等特点,不受行业、国籍、职业、行政级别、地域的限制,并在国内国际都通行使用,因而有别于其他机构的证明。如:公安机关发的身份证、护照;房屋管理部门发的房屋产权证;工商行政管理机关发的营业执照;税务机关出具的纳税证明等。①

3. 公证对象的民商性。公证是对民事法律行为、有法律意义的事实和文书的真实性、合法性所进行的一种证明活动。所以,公证的对象与民商法有着密切的联系。一般地说,公证证明的对象是没有争议的民事法律行为、有法律意义的事实以及有法律意义的文书。这表明了公证的立足点及其对象。即公证只能通过证明法律行为、有法律意义的文书和事实的真实性、合法性来实现其职能;同时,由于争议事项无法证明,公证所能证明的只能是与当事人有关的非争议事项。这就把公证同以解决争议或纠纷的制度即诉讼、仲裁、行政裁决以及调解区别开来。民事法律行为是自然人、法人等基于意思表示而设立、变更、终止民事权利和义务的合法行为。证明法律行为是公证活动的主要内容,包括合同公证、委托公证、遗嘱公证、继承权公证、收养公证、房屋买卖公证等;有法律意义的事实,如出生、死亡、婚姻关系、意外事件等;有法律意义的文书包括证明文书上的签名、印鉴、证明文书的副本、草本、译本、影印本等。

4. 公证证明具有特殊的法律效力。根据法律的规定,公证机构出具的公证文书,人民法院在审理案件时应当作为认定事实的依据;债权公证文书具有强制执行效力,当事人不履行时债权人可以直接申请人民法院强制债权人履行;另外,法律、法规规定必须办理公证的法律行为在办理公证后才具有法律效力;《担保法》还规定公证登记具有对抗第三人的效力。因此,公证机构出具的公证文书具有证据效力、强制执行效力和法律行为的生效要件效力以及对抗效力。

5. 公证具有非诉的法律性。公证机构所从事的证明是属于非诉讼领域内的一

---

① 叶青、黄群主编:《中国公证制度研究》,上海社会科学院出版社2004年版,第4页。

种活动,是一种预防性的法律制度。公证机构通过证明活动,防止、减少纠纷发生,为解决纠纷提供证据。明确了公证这特征,还应将公证与认证、鉴证、签证等其他非诉活动不具有非诉的法律性相区别。对此前文已述。

6.公证程序的法定性。公证是依照法定程序所进行的一种非诉讼的证明活动。公证之所以能够被国内和国际社会普遍接受和认可,就是因为公证是一种公证的证明活动。而公证要体现公证,必须严格依照法定的程序进行证明活动。公证证明活动要依照法律规定的程序进行。这是公证的必然要求,也是保证公证文书法律效力的基础。依法包括两个方面,一是,公证因严格按照法律规定的程序进行,违反法定程序进行的公证证明活动不具备公证的效力;公证证明活动必须严格依照《民事诉讼法》、《公证法》和《公证程序规则》规定的程序进行。二是,公证在证明内容及其出证书要遵循实体法的有关规定,即公证不但要证明其对象的真实性,还必须证明其对象的合法性,而对于公证最主要的一类对象即法律行为来说,其合法性的标准实际上在于实体法的规定。

7.公证的标准是待证事项的真实性、合法性和可行性。公证证明的对象必须是民事法律行为、有法律意义的事实以及有法律意义的文书,并且符合国家法律、法规和规章的具体规定和实践的需要。因此,待必须具备真实性、合法性和可行性。那些不真实、不合法和不可行性的行为、事实或文书,公证机构不能给予公证。

四、公证制度的任务和功能

(一)公证的任务

国家法律的重要任务之一,是保护公共财产、公民个人权益免受非法侵犯。实现这一任务的手段包括两类:一类是诉讼手段,即在侵犯事实发生后,有司法机关依法裁决;另一类办法就是非诉讼手段。公证就是在案发前实施的保护公共财产、公民个人权益的非诉讼重要手段;经过公证后的合法事项,即使在以后发生纠纷,也能够为利益被侵犯者提供强有力的证据,由于通过诉讼来挽回损失。正常情况下,经过公证后,双方当事人都能够客观公正地履行双方承诺,起到预防纠纷作用。

根据《公证法》的规定和公证工作长期的实践经验,我国公证机构在我国现代化建设和法制建设中的任务有以下几个方面:(1)维护正常的民事、经济流转秩序,预防纠纷、减少诉讼;(2)对人民群众进行普法教育,提高人民群众的法制观念;(3)增进国际友好交往,保护国家、公民和广大侨胞、侨眷在域外的合法权益。

(二)公证制度的功能

对公证制度的功能,理论界和实务界有不同的看法,有的学者认为,我国公证制度一般的功能有四个:一是服务引导功能;二是沟通媒介功能;三是公证预防功能;四是监督保障功能。有的认为,公证制度功能分为在市场经济中的功能和在法律体系中的功能;不同领域体现了公证制度的不同功能。①

公证制度的抽象功能表现在:(1)有利于维护国家法律秩序,保障社会稳定;(2)有利于增进人们对公证的信任和期待,调整社会关系;(3)有利于保护当事人的合法权益,捍卫自身合法权益的武器;(4)有利于抑制和预防矛盾,定纷止息。这表现在,对于过错或违法当事人具有警示作用,促使其主动改正或通过法律手段予以追究;对于潜在的不规范或背离法律要求的,可以提醒或促使他们依照法律加以调整或修改;对于守法者能起到行为的预期效果,化解各种利益纠纷和冲突;对不熟悉法律的当事人起到学习宣传或启示的作用。

公证的具体功能不在于改变公证事项的性质和重大复杂的程度,而且通过公证机构的介入,帮助当事人明了一些法律问题,解决一些疑难问题,尽可能保证这些行为合法化。对此,东欧及大陆法系各国规定公证机构享有广泛的具体功能(职能)。如《不列颠百科全书》是这样评价的:"在今天,财产权转让、遗产继承;处理家庭财产;订立契约(特别是较为复杂和长期的商业合同);法人团体的成立或结业;改变管理法人团体的规定(股票类别、管理权、利润分配等);调整财产和收入的所有权和支配权,借以符合赋税法的要求;并尽量减少其对有关财产和收入的影响,或借以保证资产的妥善管理以及受益人的收益分配,或两者兼而有之。在罗马—日耳曼法制国家中,这些工作大部分是由公证人担任的"。这些反映了公证制度的具体功能。除外,东欧各国公证机构还有从事调解、裁决和扣留职能。

在中国,公证,调解,仲裁,诉讼,执行形成了我国民事程序法一完整的系统。构筑具有中国特色的预防和解决民事纠纷的法治系统,在民事程序中达到完美的结合。他们之间相互配合,相辅相成,相互依托,协调发展。总之,市场经济和公证制度之间呈现出良性互动关系,保障社会主义经济,发挥着巨大的功能和职能。

第二节 外国公证制度的产生与发展

一、外国公证制度的起源与发展

公证制度起源于西方国家。罗马奴隶制国家是公证制度的发源地。在罗马共和国时代,"诺达里"是罗马人中经奴隶主授权,专为处理其主人法律事务的奴隶。他们负责民事法律事务上的诉讼纪录,协助奴隶主处理各种函件,撰写文书契约。

---

① 张文章:《公证制度新论》,厦门大学出版社 2005 年版,第 27~45 页。

罗马共和国末期,在罗马法与罗马形式主义诉讼程序的适用下,广大罗马平民也开始感到需要有人替他们把法律行为写成书面形式,于是罗马社会上出现了一种专门从事代书职业的"达比伦"。这种人不但为当事人提供法律服务,还在代写的文书上签字作证,由此所形成的文书对当事人可以发生约束力,他们提供服务后按照国家规定可向当事人索取酬金。"达比伦"逐步取代了"诺达里"成为古代公证制度的萌芽。

公元3世纪开始,罗马奴隶制社会走向没落,公元4世纪后,罗马帝国的皇帝将基督教宣布为国教,在帝国内部普遍推行宗教公证以支持他的统治地位。公元476年罗马帝国灭亡,西欧社会由奴隶社会向封建社会过渡。宗教公证广为流传,公元6世纪颁布实施的《查士丁尼法典》对公证程序作了严格的规定,公元8世纪末逐渐将其活动拓展到非宗教领域内的俗人民事法律关系范围中。

公元9世纪开始随着封建社会的发展,皇帝与王公的权势逐渐扩大,宗教公证制度受到限制而逐步缩小,15世纪时最终被消灭了。此后法国皇室、诸侯的公证人制度得到了大力的发展,出现了伯爵公证人、宫廷公证人、王室公证人等。国家正式设立了公证处,公证人成为由最高权力机关任命或者以其名义由封建主人命名的公职人员,公证人的法律地位以法律的形式被认可。同时,公证人为了有效保护自己的权益,对公证人的行为、品德等进行监督,成立了公证人社团组织。

13世纪后,公证制度逐渐发展成为近代欧洲的公证制度。即资本主义国家的公证制度。公元17世纪、18世纪,欧美一些国家随着商品经济的发展,普遍建立了公证制度。19世纪,欧洲资产阶级革命胜利后,法国于1802年率先颁布了《公证人法》。此后,比利时、意大利、德国、英国、日本等国相继实行了公证制度。例如日本的公证制度来自欧洲,公证人的权限,是就法律行为和其他私权事实制作公证书或认证私证书进行证明,公证人隶属法务省(相当于司法部)或地方法务局,由法务大臣任命,接受法务大臣和地方法务局长的监督。公证人按照法务大臣指定的地点设置办事处。地方法务局在其管辖区域内如无公证人,法务事务官也可执行公证人职务,公证人非经法务大臣许可,不得兼做其他公务或经商。

二、外国公证制度的类型

到20世纪,在资本主义国家,出现了多种类型的公证制度。概括说来,大致可划分为法国的、德国的、英美公证制度三种类型。比较之:

1. 法国公证制度。其对大陆法系国家公证制度产生过深远影响。法国的公证人和公证事务的历史渊源是直接与证据联系在一起的,法国公证法学者布尔比格曾说:"研究公证职业的历史必须首先是研究各个历史时期证据的历史。"1803年,拿破仑颁布了《法国公证法》(又称"风月法令"),该法规定:公证人是为从事辅助性司法活动而设立的公务员;对此也有一些学者提出异议,认为公证人是为受理当事

第十五章 公证制度与实务更新发展

人必须和愿意使其文书和契约获得来自公共权力行为确认其真实性特征而设置的公共职位人。① 公证人不拿国家工资,按自由职业者方式独立执业,自主决定公证事务,并独立承担法律责任。法国公证人由司法部长任命,实行终身制,在指定的公证业务辖区内执业。而取得公证员的资格并非易事,对公证员的要求是:法学院毕业,在公证人培训中心学习一年,通过法国高等公证理事会组织的考试,到公证人事务所实习两年,获得公证人培训中心颁发的合格证书,待有空缺后,由司法部长予以任命。公证人的主要职责是赋予其受理的文书和契约只属于公共权力行为确定的真实性特征,使其受理的文书和契约由私署性质文件(私人意志)具有公权机关文件的效力(公共意志),成为公证文件。因此,公证人基于公共职位人而行使的法定职责是以国家的名义授予的,是公共权力的一部分。

法国的公证制度是将非争议事项与争议事项的管辖权分开,前者属于公证管辖,后者则属于法院管辖。公证处是在各方当事人意思表示一致的前提下做出证明,而法院则是通过审判来解决当事人之间的纠纷。凡有公证人参加制定的文书,与法院裁判文书具有同等意义。对于经过公证证明的金额或财产请求,无需法院判决即可交付执行。公证人是国家任命的官吏,按国家规定领取薪金,同时,也不禁止当事人与公证人之间订立有关给付酬金的协议。

2.德国公证制度。在德国的法律保障体系中,公证制度是重要组成部分。德国公证制度的历史相当久远,其第一部全国性公证法规是 1512 年颁布的马克西廉的帝国公证人法。于 1937 年又颁布了新的帝国公证人法,1961 年原联邦德国将其修改为《联邦公证人法》。以后德国又相继颁布了证书法、公证程序规则和公证人执业条例。这些法律法规构成了现代德国比较完备的公证法律体系。德国实行专职公证人、律师公证人、法官公证人和公务员公证人多种公证人形式并存的公证制度。取得公证人资格要完成严格程序。除了公职人员公证人外,公证机构都是个人独立开业,而且每个公证处只有 1 个公证人。公证人进行公证的作用主要是五方面:证明作用、警告和保护作用、告知和咨询作用、拟订合同作用、强制执行作用。②

德国的公证制度与审判制度是紧密相连的,公证人从属于法院,受所属法院院长监督,公证人和法官都可以办理公证事项。公证人也是国家公职人员,但不领取国家薪金,而是直接向当事人索取报酬。

3.英美法系公证制度。其对公证制度相对大陆法系而言,英美法系国家由于发达的律师制度等方面原因不是十分重视公证制度,其对公证制度的吸纳时间也相对较晚。

与其他英美法系国家相比,英国公证制度的历史相对悠久。早在 1279 年罗马

---

① 程春明:《法国公证法律制度的基础理论与实践》,载《中国司法》2005 年第 6 期。
② 胡晓丽:《德国公证制度概览》,载《中国公证》2004 年第 9 期。

教皇首次授权在英格兰的坎特伯雷大主教任命公证人,但是直到19世纪英国才有了关于公证的法令——《1801年公证人法》,然而英国是个判例法国家,没有统一的公证法规,教会公证人仍然适用教会的传统规则。在英国,公证人是经正式制定的官员,根据《1998年公证人(资格)规则》需满足以下条件才可被任命为公证人:1.年满21周岁,并符合该规则规定的条件;2.进行了忠诚宣誓及根据《1843年公证人法》第7条的宣誓;3.除非是教会公证人或欧洲经济区公证人,申请人必须或是高等法院的诉状律师、出庭律师,或是疫区的法律学位的人。英国的公证人大致可以分成普通公证人、地区公证人、教会公证人、威尔士开业的公证人和英国海外地区进行业务的公证人(香港公证人就是这一类公证人)。与大陆法系国家不同的是英国公证书的证据效力是模糊不清的,在法庭上公证书有时并不能作为充分的证据使用。

美国的公证制度属于州立法权范围内的事项,各州一般通过各自的立法对本州的公证事务加以规范。除了路易斯安那州采取大陆法系的公证制度外美国的其他州都采取了英美法系的公证制度。在美国,政府对公证事务不加干涉,公证人不属于国家公职人员,而是个体私人营业者,这些个体私营者还可以从事商业、行政和其他法律事务(对于公证人的兼职,法律会加以一定程度的限制或禁止)。而公证人的任职资格也规定得比较简单,他们不需要通过特殊的训练,只要通过简单的测试,证明该申请人具有某种正常的识别能力,获得保证人或交付一笔现金以确证他们的诚实就可以了。美国的公证制度不像大陆法系那样,他们没有法律规定必须公证的事项,都是当事人的自愿行为。公证证明仅仅意味着当事人亲自出现在一个身为自然人的公证人面前,由公证人确认该当事人在某法律文书上的签名、盖章属实但公证人对该法律文书本身在内容上的真实性不予负责,公证文书也没有强制执行力,公证文书的证明效力也不大于未公证的文件。对于违反职务上义务的公证人分别要按法律承担民事赔偿责任、行政责任甚至刑事责任。由此看出,英国办理公证事务不仅仅是公证人的职权,而且依据契约与文书的性质,审判机关和行政机关也可以行政这项职权。美国公证人的职能与英国相似,所以把英美公证制度划为一个类型。他们的公证,仅仅证明当事人在民事法律文书上签字的真实性,至于文书内容是否属实,一律不加过问。

第三节 公证法概述

一、公证法的概念

公证法是国家立法机关为规范公证活动,保障公证机构和公证员依法履行职责,预防纠纷,保障自然人、法人或者其他组织的合法权益而制定的法律规范的总称。公证法既是公证机构进行公证活动的规范,也是当事人申办公证事项的规范。公证法之所以与其他法律规范不同,就是因为公证法是一种以公证活动作为调整对象的法律规范,是其他法律规范所欠缺的。

公证法在理论上可以依照不同的标准进行分类,一般可以分为下列几类:

1. 根据公证法规定范围的大小,可将公证法分为广义的公证法和狭义的公证法。狭义的公证法仅指系统规定有关公证活动的法律规范的公证法典,如2006年3月1日起施行的《公证法》。广义的公证法是指一切规定有关公证活动的法律规范的总和,包括上述的公证法典和含有规范公证活动内容的其他法律、法规、决定、规章等。如《民事诉讼法》、《继承法》、《收养法》,以及司法部发布的自2006年7月1日起施行的《公证程序规则》和其他在公证实践中发布的指导公证工作的有关决定、规章、命令、指示、批复等,均属于广义的公证法,对有关公证活动均具有约束力。

2. 根据公证法适用范围的大小,可将公证法分为普通的公证法和特别的公证法。普通公证法是指效力及于一国领域内任何地区和个人的公证法规范,也就是具有普遍适用效力的公证法,实际上即指公证法典。特别的公证法有两层含义:一是作为普通公证法的对称,指国家为适应某种特殊需要而颁布的效力仅及于特定人、特定时间或特定事项、特定地域的公证法规范,又称为实质意义上的特别公证法;二是作为现行公证法典的对称,指国家为弥补现行公证法典的不足而颁布的一切公证法规范,又称为形式意义上的特别公证法。在我国,特别公证法也就是指单行的公证法和附属的公证法。

3. 根据法规的独立性与否,可将公证法分为单一公证法和附属公证法。单一公证法是指某一法规的内容全部或基本上是公证法规范,包括公证法典、单行公证法、公证法立法解释等。单行公证法,也就是单行公证法律,是指针对某种或某一类公证活动而制定的公证法律。它是为补充、修改公证法典而由最高立法机关颁布的公证法规范,其内容基本上是公证法规范,但有时也包括一些非公证法的内容。公证法立法解释是国家立法机关对公证法规范之含义所作的说明。附属公证法是指非公证法律中有关公证活动的规定。在附属公证法中,公证法规范不是主要部分。

二、公证法的体系

公证法的体系就是指公证法的组成和结构。《公证法》是一部成文的公证法典,其体系是:整部公证法典分为总则、分则和附则三个部分,一共七章47条。其中第一章为总则,第二至第六章为分则,第七章为附则。整部公证法典的结构有次序地划分为章、条、款、项等层次,让人看来一目了然。

从立法的内容上看,整部公证法典包含了以下几个组成部分:第一部分"总则"

分设五条,分别规定了公证法的目的、公证的概念、公证的原则、公证协会、公证的监督。第二部分"分则"分设五章,即第二章公证机构、第三章公证员、第四章公证程序、第五章公证效力、第六章法律责任。第三部分为"附则"分设三条,分别规定了中华人民共和国驻外使(领)馆可以依法办理公证、公证费的收取、公证法的生效时间。本书以《公证法》的新体系进行著述,以区别他人写法。

三、公证法的性质

关于公证法的性质在学术界有争论。传统的观点是持"程序法"论,其认为:尽管公证法的内容与实体法有密切的联系,但这并不能改变公证法的程序法性质,即公证法应属于程序法的范畴。近来有学者反对"程序法"论,其理由是:(1)公证是一项证明活动,证明并不都是诉讼活动,公证法调整的是一种特殊的证明活动,但不是诉讼活动,把《公证法》归于程序法,显然有些牵强附会。(2)程序法调整的法律关系主体至少有一方必须是法院,而法院在该法律关系中的职能作用是行使国家审判权。公证法所调整的法律关系主体是公证机构和当事人,法院与公证法律关系无涉,因此,公证不属于程序法。(3)在我国公证制度的发展史上和有些国家的公证法律制度中,也确实出现过在法院设立公证室(或公证人)甚至由法官兼任(或充任)公证人的情况,但此时的法官并不行使国家审判权,仅是一个公证人,起的是证明作用,行使的是一种证明职能,与诉讼法律关系中法官的职能和作用完全不同,二者不能混为一谈。(4)从公证活动与诉讼活动的联系上看,公证可起到预防纠纷、减少诉讼的作用,也是协助审判工作顺利进行的一个重要的手段,但二者终究是在任务、方式、效力诸方面存在不同,公证法调整公证活动,程序法调整诉讼活动,公证法与程序法是不同的法律体系。

基于此,反对"程序法"论者主张"组织法"论,其认为,公证法不属于程序性法律规范,而应属于独立于实体法和程序法之外的组织法的范畴。其理由是:(1)从古今中外公证法的内容来看,公证法典无不规定了公证机构的设置、公证人的资格及任免、公证的业务范围、公证的法律效力、监督与惩罚等内容,这正是组织法所要规定的内容。应该说公证法规定的主要内容均为组织法所涉及的内容,有关程序方面的规定所占比例较少,是次要内容,把公证法划为组织法范畴比较合适。(2)从组织法的概念上说,组织法是关于组织方面的法律、法规的总称,是与实体法、程序法并列的国家三大基本法之一。公证法是规定公证组织和当事人进行公证活动的法律规范的总称,是公证组织法,是独立于实体法和程序法之外的。(3)公证机构是一种社会组织,公证法正是规定该组织的设立、任务、工作范围、职权等诸方面的法律,显而易见应属于组织法的范畴。

笔者认为:"程序法"论与"组织法"论都有所偏颇、不够科学。持"程序法"论者,只看到公证法中的程序性法律规范,没有看到公证法中的实体性法律规范和组织性法律规范;持"组织法"论者,只看到公证法中的组织性法律规范,没有看到公证法中的实体性法律规范和程序性法律规范。实际上,笔者看到在公证法中既有组织性法律规范,又有实体性法律规范和程序性法律规范。如,在公证法中属于组织性法律规范的内容有:第二章"公证机构"、第三章"公证员"的具体规定等;在公证法中属于实体性法律规范的内容有:第五章"公证效力"、第六章"法律责任"的具体规定等;在公证法中属于程序性法律规范的内容有:第四章"公证程序",这是典型的程序性法律规范。既然在公证法中既包含组织性法律规范,又容纳实体性法律规范和程序性法律规范,因而公证法的性质应属于综合性法律的范畴。

第四节 公证实务概述

一、一般公证实务

公证实务是指公证实务中,公证机关根据法律规定、法定程序和当事人的申请,对公民、法人或者其他组织的民事法律行为、有法律意义的事实和文书的真实性、合法性予以证明的操作活动。

各国公证法一般在第1条中表达了公证机构的任务或者职能,之后,表达了公证机构的业务。综而论之,可将各国公证机构的具体业务概括为以下几项:

1. 证明法律行为和各种法律文书。主要是证明合同(契约)、遗嘱、委托、抵押担保、析产、声明宣誓、拍卖、公司社团的设立、各种商业票据和谈判、文件的时间、文本等。

2. 确认事实、行为使之具有法律效力、确认继承权和当事人的身份等。如:《西班牙公证人职业法》的第23条规定:"公证人应对在公证证书及其文件的特别性质上有必要确认与当事人是否相识的事件,或对有必要根据法律、规章所规定的补充方法,确认某人确系本人的事件进行公证"。

3. 认证文件的签名、盖章、指纹、公司章程、公证书副本。如:《阿根廷公证人法》第12条规定:"认证当面在私人文书上签署的姓名或指印的真实性"。我国对"确认"和"认证"均称为"证明"。

4. 签发具有强制执行效力的执行许可证。如《法国民法典》第2213条规定:"为确定的并已结算的债务的清偿,对不动产的强制出卖,仅得根据公证及执行证书进行"。英美法系和拉美各国得公证机构一般不具有此职权。

5. 保管遗嘱、文件、现金、证据、文献资料、提存债款。

6. 代书遗嘱和其他法律文书、从事法律咨询服务。

7. 制作文件得副本、抄本、财产清册等。东欧各国还包括:制作不动产、动产的广告,所有权证书、禁止住宅转让证书等。

除以上 7 项职能外,东欧各国公证机构还有从事调解、裁决和扣留业务。

二、中国公证实务

在中国,根据新《公证法》规定精神,公证实务分为经济公证实务、民事公证实务和其他公证实务。

(一)经济公证实务

1. 经济公证实务概念

经济公证实务是指国家公证机关根据法律规定和当事人的申请,对公民、法人的经济法律行为以及与经济有关的法律文书、事实的真实性、合法性给予证明的活动。如在城市,承包、租赁、招标、拍卖、兼并、抵押、土地有偿使用、中外合资、股份制等一系列新的经济现象、新的生产经营方式不断涌现,为公证大创造了大显身手的良机。

2. 经济公证实务的主要内容

根据公证文书的使用地,经济公证又可分为国内经济公证和涉外经济公证两类。依照《公证法》和司法部的有关规定,经济公证业务可分为以下几类:

(1) 公证为实现一定经济目的的法律行为。主要是指公证各类经济合同、协议、经济担保、法人委托、资产评估、抵押、招标、拍卖、票据拒绝等经济法律行为。此类公证在整个经济公证中占有较大比重。

(2) 公证具有经济内容的有关法律的文书。如公证公司章程、法人资格证书、商标注册证书、专利证书等。

(3) 公证与经济活动有关的有法律意义的事实。如公证法人资信、法定代表人身份、意外事件、法人经历、纳税情况、海损事实等。

(4) 赋予债权文书具有强制执行效力。

(5) 办理证据保全公证和提存公证。

(6) 提供经济法律咨询,代写经济法律文书,参与经济谈判,担任公证顾问等综合性、服务性的经济公证业务。

(7) 办理其他经济公证和与公证相关的经济法律事务。我国《公证法》第 11 条第 11 款规定:"自然人、法人或者其他组织自愿申请办理的其他公证事项"。这是一项弹性条款,是为了适应我国改革开放政策和司法实践的需要而办理其他经济公证和与公证相关的经济法律事务的灵活性规定。

(二)民事公证实务

1. 民事公证实务的概念和作用

根据公证证明对象和效用,民事公证是指家公证机关根据法律规定和当事

第十五章 公证制度与实务更新发展

人申请,对公民、法人的一般民事法律行为、有法律意义的民事文书和民事事实的真实性、合法性给予证明的活动。从"大民事"概念来说,民事公证实务包括了经济公证事务,本节将明显的经济现象单列经济公证实务,以便与一般民事公证实务区别开来。

自颁布施行《公证暂行条例》和新《公证法》以来,涉及公民民事权利方面的公证业务范围不断扩大,由简单的法律证明向为社会提供多样化的法律服务转变。

2.民事公证实务的内容

(1)证明民事法律行为。指导、帮助和监督公民、法人正确设立、变更民事法律行为是公证机关的一项重要职责,如继承、收养、认领亲子、遗嘱、声明、赠与、财产分割、委托、租赁等公证事项。

(2)证明具有民事法律内容的有法律意义的事实和文书。如证明毕业证书、职称证书、结婚证书、学位证书、驾驶证等。

(3)证明与民事活动有关的有法律意义的事实。主要有出生、生存、死亡、健康、意外事故、亲属关系、婚姻状况等公证事项。

(4)保管遗嘱或其他文件。如为当事人保管具有法律意义的文书、文件和其他书信等。

(5)办理其他民事公证和与公证相关的民事法律事务。

近年来,民事公证的业务日益增多。随着各地公证机关不断探索、开拓新领域,民事公证在社会上得到了广泛的运用。国家有关法律、法规、规章中,也规定了许多必须公证的事项,民事公证将发挥越来越重要的作用。

(三)其他公证事项

根据我国《公证法》第11条第11款规定是一项弹性条款,也是为了适应我国改革开放政策和司法实践的需要而办理其他公证事项的灵活性规定。这里的"其他公证事项",指不属于民事公证和经济公证的其他公证事务和事项,这由公证实践加以确定,在此不再介绍。

第五节 中国公证制度的建立变化和发展

一、我国古代的私证制度

在我国历史上,私证作为公证的萌芽产生于几千年前的奴隶社会时期。我国古代民间曾出现"中人"作证的习俗:人们在买卖土地、房屋、立具遗嘱、继承遗产、进行接待等行为时，往往在订立契约以后为避免对方反悔，邀请长辈或者在当地有名望的人士到场见证，并请他们在契约上签字画押。这些到场见证的人就被称作"中人"，又称"见证人"、"时傍人"或者"保人"。这些人不用遵守任何法律，甚至有些行为不合乎法律要求，但他们的决断已代表了具有法律意义的公证。①

私证制度发展于封建社会，到了封建社会私证制度已经相当普及。据"居延简"记载，西汉时期从布袍、鞋袜的买卖到土地的买卖，都有证人参加。东晋时买卖奴婢、马牛、田宅都需要立文卷。《唐律疏议·杂律》中规定"买卖奴婢、马、牛、驼、骡、驴等，依令应立市卷，买卖成交后，超过三天不至官府立卷，就要笞买主三十，笞卖主二十。"后来逐步改变为由买方出书立卷，由当事人在自己的名下"画押"，到场"中人"也必须在契卷上签名画押。然而"中人"只是简单的证明事实的存在，至于事实本身是否合法则在所不问的。由于中国历史上商品经济不发达，经济交换总量不大，这种私证制度没能演变成为现代的公证制度。

三、香港公证制度

我国香港特别行政区的公证制度完全是按照英国模式建立的，公证人从律师中选任。在英国统治下，香港律师欲担任公证人，须本人提出申请，至少有30名社会知名人士签名的推荐信。申请经港英当局审查同意后，由公证人缴纳一定的费用，按察司登记官为其在特别簿册上登记，再报英国大主教批准并颁发证书，申请人方可正式执行公证人职务。在公证书的效力方面，公证人在英国本土或其海外殖民地制作的公证书在英国统治的所有区域内有效。在英国与其他国家签订了相互承认的司法协定时，公证书则在该他国有效。

现在我国香港特别行政区没有专门的公证机关，有关公证事宜均由律师行代为办理，由事务律师兼任公证人，但这并不意味着所有事务律师都能取得公证人资格。香港律师欲担任公证人，如上所说，经过严格程序方可正式执行公证人职务。公证律师又称"律师公证人"，公证律师无等级之分，无任期限制，凡是担任公证人的律师，都须在香港高等法院和各国驻香港领事馆备案。香港公证律师的业务范围与内地公证业务范围大致相同，包括对经济合同的签订、财产赠与、遗嘱、楼宇买卖、物业按揭、住所、亲属关系、婚姻状况、学历文凭等在香港以外地区使用的法律文书进行公证。然而与内地不同的是，香港公证律师并不用对文书内容的真实性负责，只对文书形式的真实性负责，对公证的内容也不进行实质性的审查，当事人已公证文书内容失实公证律师无需承担法律责任。

值得一提的是，香港和内地实行两种不同的法律制度，为使一国之内两地不同的法律制度之间架构一座相互沟通、相互协作的桥梁，"中国委托公证人制度"就诞

---

① 刘延春：《公证在文化的衬托下》，载《中国公证》2002年第1期。

生了。即由一些专业人士来处理和解决两地交往中出现的法律问题,具体是由司法部委托在香港执业10年以上的律师担任"公证人",委托公证人凭借其法学专业知识和丰富经验为香港居民、企业到内地进行民事、商事活动所提交的文件中涉及发生在香港的法律行为、有法律意义的事实和文书提供公证。

三、澳门公证制度

澳门的公证制度比较特殊,具有颇多的争议。澳门现行的公证制度与大陆法系公证类型和英美法系公证类型均不相同。20世纪90年代以前,澳门基本上沿用葡萄牙的公证制度,20世纪60年代以前澳门没有专门的公证机关,律师兼做公证工作,或由政府部门中设立的专人负责公证工作,仅有为数很少的公证员,基本上是为在澳门的葡萄牙人服务。20世纪60年代,澳门设立了立契官公署,这是澳门专门的公证机构,统一办理各项公证业务。1967年澳门适用由葡萄牙颁布的《公证法典》。但是进入20世纪以后,由于原来的公证制度无法适应广大居民对公证的大量需求,因此为加快公证效率,缓解立契官公署的繁重工作压力,又在原有制度的基础上增加了私人公证员的制度。公证与私证应该是不相容的两种制度,而澳门却将二者融合,形成了其独具特色的公证制度,正是这种特殊的融合使得澳门社会和葡萄牙国内引起了很大的非议。澳门大律师公会及知名度较高的大律师为此叫好,称此举是公证活动的一场革命,是葡萄牙在澳门存在的一个重要标志,是一个顾及未来的创举,是迄今为止消除官僚作风及实现法律现代化的最重要措施。而持反对态度的人则提出猛烈批评。澳门第一立契官公署的立契官在澳门报刊上撰文向澳门社会特别是华人群众揭露此立法是一种欺骗,并请求中止该法令。[①]

澳门的公证制度存在着公证部门的工作效率不高,公职公证员与私人公证员业务分工不严谨等问题。澳门回归后的2007年1月24日,"澳门的公证服务:理论与实践"研讨会在澳门举行,澳门与内地代表共同讨论了澳门公证制度改革以及澳门同内地公证机关的合作等问题,为澳门的公证制度的发展奠定了理论基础。

四、台湾地区公证制度

我国台湾地区公证制度历史较长,相关的法律制度亦较完善,其公证制度在深受大陆法系影响的同时,公证体制又不同于大陆法系国家,形成了很有特色的公证制度。辛亥革命之后,我国的公证才被作为一种司法制度真正出现。1922年5月21日北洋政府公布《登记通则》中第一次确立了民商法律行为或者事实、不动产权

---

① 李岸曰:《澳门公证制度》,载《湖南公安高等专科学校学报》2001年第3期。

利、法人或者其他民事商事团体,及法律规定的其他应当履行登记手续的,只有在登记后才具有完全的公证力。但当时的登记机构还不是现代意义上的公证组织。1935年7月30日,南京政府以司法院的名义公布了旧中国的第一个公证法规——《公证暂行规则》。该规则在基本结构设置上模仿了当时的日本公证制度,规则规定地方法院设立公证处,指定推事专办或兼办公证事务,并规定在必要时可以在管辖区域内的一处所设立公证分处。1936年2月14日,南京政府司法行政部又公布了《公证暂行规则实施细则》。1943年3月31日,以国民政府名义颁布了《公证法》,规定于1944年1月1日起实施。1943年12月25日《公证法施行细则》公布。因此,台湾地区现行"公证法"分别于1943年、1974年、1980年颁布实施,基本上沿袭国民党在大陆的公证人制度,对1935年国民党南京政府公布的《公证暂行规则》有所改进。

台湾将公证行为视为司法行为,其公证机构设立在地方法院,是地方法院的附属机构,其公证机构也更接近司法系统的机构设置特点。这是由于我国台湾地区的公证制度是国民党统治大陆时期所采用的公证制度的延续。早在本世纪30年代初期,国民党政府在组织起草公证暂行条例时,就责成有关人士对法国、德国、日本、比利时和土耳其等公证制度比较发达的国家的公证组织体系进行过研讨。研究表明,大陆法系国家公证组织的特点在于,公证人是以个人的名义设立事务所;公证人通过办理公证事务,向请求公证的当事人收取一定数额的费用;公证人一般要受到本国司法行政部门的监督。研究还发现,当时土耳其、意大利和日本等国有时也由司法官员(包括法官和检察官)和其他官吏办理公证方面的事务,但这不是主流,而是在管辖区域内没有公证人或者公证人不能执行职务时,作为补充之用,并非直接由国家机关办理公证。当时许多人认为,我国教育十分落后,大多数人知识水准不高,如准许公证人自设事务所,恐流弊丛生,故1935年国民党政府司法院拟订公证暂行规则时,即规定地方法院内设公证处,办理公证事务,此制在台湾地区沿用至今。[①] 另外,我国台湾地区对公证业务作了分类规定,一类是法律行为,包括六种共30项具体的公证业务。如"关于婚姻、认领、收养或其他涉及亲属关系之行为"、"关于遗产处分之行为"等。二类是私权事项,包括四类10项具体公证业务。

我国台湾地区的公证机关或公证人,享有比英国、美国和拉美国家的公证人更为广泛的职权,公证人的社会地位也比较高,公证人与"地方法院"院长、首席检察官、"高等或地方法院"的推事、检察官、书记长等,同属荐任一级。

[①] 肖建华:《公证制度比较研究》,载樊崇义主编:《诉讼法学研究》(第二卷),中国检察出版社2002年版。

第十五章 公证制度与实务更新发展

五、我国大陆现代公证制度的发展

我国的公证制度基本上随着中国现代化法制追随大陆法系的步伐而相应发展演进的。① 新中国的公证制度随着司法行政机构的变迁,经历了初创、发展、停顿、重建而后再发展的曲折过程。新中国成立之前,处于解放战争时期的1946年,在已经解放的哈尔滨、大连、上海等地为满足涉外交往和民事交往的需要,率先开办了公证业务。1951年9月4日,中央人民政府公布的《人民法院暂行组织条例》规定,公证职能由人民法院行使。1954年9月21日通过的第一部《人民法院组织法》后,公证工作移交司法行政机关主管,并正式筹建国家公证机关。这是新中国公证发展的初创与发展时期,也是国家公证制度的建立和发展粗具规模的时期。

1957年后,受"左"倾错误思想的影响,错误地认为社会主义改造已经基本完成,公证工作已经结束其历史使命。1958年后,各地都陆续撤销了公证处,除少数几个大城市基于国际惯例需要办理涉外公证事项而保留了公证处,并交由人民法院管理,办理少量公证外,其他公证处全部被撤销。这个时期公证工作处于无序状态,国内的公证业务基本上已经停止,公证工作受到了严重的削弱和破坏。

1976年"文化大革命"结束后,随着社会主义法制建设的加强和司法行政机关的恢复,公证工作得到了恢复和新的发展机遇。1980年2月15日,司法部发出了《关于逐步恢复国内公证业务的通知》,恢复了停办20年之久的国内公证业务。1982年4月13日,国务院发布了《公证暂行条例》,是我国第一部国家性质的公证法规,是我国30多年来公证理论和实践的总结。该条例第3条规定:"公证处是国家公证机关。"设置公证处是国家行政机关模式。1994年公证改革后,一部分公证处相继改为事业单位,也试点成立合作制公证处,形成了国家机关、事业单位、合作制三种模式。2000年7月31日,国务院以《国务院办公厅关于深化公证工作改革有关问题的复函》批准司法部实施《关于深化公证工作改革的方案》(以下简称《关于深化公证工作改革的方案》),要求现有行政体制的公证处尽快改为事业体制。改制的公证处应成为执行国家公证职能、自主开展业务、独立承担责任、按市场规律和自律机制运行的公益性、非营利的事业法人。在改革过渡期内,边远、贫困地区及近3年人均业务收入不足3万元的公证机构,可以暂时保留原行政体制不变,但应按事业单位的模式管理和运行。根据现行改革方案,我国行政体制公证处将全部改为事业单位。

进入21世纪后,公证制度有了迅猛的发展。2000年7月30日,国务院批准司法部制定并颁布了《关于深化公证工作改革的方案》,指明了中国公证制度的发展方向。我国自新世纪以来已经形成了较为科学和完善的,具有中国特色的公证制度,然而在现实生活中却出现了越来越多的与《公证暂行条例》不能适应的问题。

---

① 张文章主编:《公证制度新论》,厦门大学出版社2005年版,第12页。

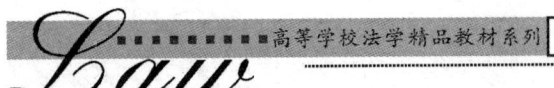

为此,2005年8月28日通过了《公证法》。《公证法》是新中国第一部公证法典,它的颁布实施,对于建立和完善中国特色的公证制度,推进公证事业发展,充分发挥公证工作在全面建设小康社会、加快推进现代化建设、构建和谐社会中的职能作用,具有重要的现实意义。

综观各国公证制度发展历史及根据公证的法律属性,我国公证制度改革大体要经历这么三个阶段:国家直接行使、行政体制阶段,国家间接控制、事业体制阶段,国家监督、公证人阶段。这是我们的国体、政体和文化背景所决定的。新《公证法》是新中国第一部公证工作的基本法律,它确立了中国特色公证制度的基本框架,将为我国公证事业的改革发展提供法制保障。《公证法》已正式颁布和实施;全国公证队伍教育规范树形象活动取得明显成效;公证管理工作得到加强;公证理论研究和宣传工作卓有成效;公证工作改革、建设、发展稳步推进。今后公证工作,必须抓住历史机遇,认真贯彻实施《公证法》,切实搞好公证机构建设,不断增强公证服务能力和公证公信力,大力加强公证队伍建设,进一步实现公证工作的法制化、规范化,把中国特色的公证事业推向新的发展阶段。

 **司法考试真题链接**

1. 关于我国公证制度,下列哪一选项是错误的?(2007司法考试真题)
   A. 公证机构不以营利为目的
   B. 经过公证的以给付为内容并载明债务人愿意接受强制执行承诺的债权文书具有强制执行效力
   C. 当事人、公证事项的利害关系人对公证书内容有争议的,可以就该争议向法院提起民事诉讼
   D. 自然人、法人或者其他组织办理公证,均可委托他人办理

2. 关于法律职业,下列哪一选项是错误的?(2008四川年司法考试真题)
   A. 公证机构不得以诋毁其他公证机构、公证员或者支付回扣、佣金等不正当手段争揽公证业务
   B. 担任最高人民法院法官应当从事法律工作满三年
   C. 犯罪嫌疑人被侦查机关第一次讯问或者采取强制措施之日起,受委托的律师凭律师执业证书、律师事务所证明和委托书或者法律援助公函,有权会见犯罪嫌疑人并了解有关案件情况。律师会见犯罪嫌疑人时,侦查机关可以监听
   D. 检察官不得兼任人民代表大会常务委员会的组成人员,不得兼任行政机关、审判机关以及企业、事业单位的职务,不得兼任律师

第十六章 中国公证必须遵循的原则

【引 例】

　　合肥市某银行新建一办公大楼,拟对其中的计算机房及计算机房专用空调工程进行公开招标。为保证整个招标活动的真实、合法性,该行于2010年4月向某某公证处提出公证申请。公证员在正式受理之前,根据《招标投标公证程序细则》的有关规定,首先重点审查了申请人的招标资格及招标文件的合法性,在确认其符合《招标投标公证程序细则》第7条规定的受理条件后,于当日正式受理了该行的招标公证申请。同时发现两家公司招标书存在问题,宣布为无效标书。

　　公证原则是指公证机构办理一切公证时必须遵循的准则。公证机构办理一切公证时必须遵循的原则比较多。我们认为,根据《公证法》、《公证程序规则》和公证法学理论,公证原则分为公证的基本原则和公证其他原则。公证的基本原则是指公证机构办理公证时必须遵循《公证法》总则规定的基本准则。而公证其他原则是指公证机构办理公证时必须遵循《公证法》总则之外法律规定、《公证程序规则》和公证法学理论研究的准则。

第一节　公证的基本原则

　　根据《公证法》总则第3条规定:"公证机构办理公证,应当遵守法律,坚持客观、公证的原则。"我国公证机构在办理公证事务时,应当始终遵循以下基本原则:

一、守法原则

　　守法原则,也即依法原则或者合法原则,从广义上理解,是指公证机构或者公证员在办理公证事务的过程中必须严格依照法定程序办理,公证证明的法律行为或者有法律意义的事实和文书的内容、形式及取得方式都应当符合国家法律、法规和规章的规定,不得违反有关法律政策和社会公共利益。这里的有关政策是指与法律、法规、规章不相抵触的党政机关发布的与公证工作有关的规范性文件。如果办理公证事务的过程中存在严重违反法律政策的行为或者弄虚作假办理公证事务的,将导致公证无效。因此,公证的守法原则包含了形式与内容两个方面,内容违法或者形式违法同样都得不到公证。

所谓合法,首先是要符合实体法,这就是指公证书所证明的内容必须符合法律、法规或者政策的规定。其次,还要符合程序法,这就是指办理公证行为,必须按照《公证法》等有关的法律、法规所规定的程序办事。公证机关的全部活动过程,都是贯彻执行法律、法规的过程,公证处所出具的公证书,无论在内容或形式上,均应完全符合法律、法规的要求。因此,对于申请公证事项的合法性,必须进行认真审查把关。从实体法来说,例如对处理财产继承问题的遗嘱公证,在遗嘱中,就不允许有剥夺缺乏劳动能力又无生活来源的人合法财产继承权的内容。从程序上来说,办理公证行为,一定要按照《公证法》的规定办理。除了办理每一公证行为,要按照申请与受理、审查、出证三个阶段循序渐进外,其他如公证处办理证据保全,必须是在民事诉讼发生之前;办理涉外公证文书,按照规定,一般应当办理领事认证手续等,也属于程序规定的范围,同样不能违反。不仅如此,公证人员在工作中,如果发现有诈骗、伪造公文或证件等犯罪行为时,还负有检举揭发的责任。

关于合法原则在具体适用过程中存在两个问题:一是,我国虽然法制还不够完善,但现行有效的各种法律、法规、特别是地方法规和部门规章可称"面广量大",公证员究竟以何种法律法规为依据确认公证事项合法?最高人民法院《关于适用合同法若干问题的解释(一)》第4条规定:"合同法实施以后,人民法院确认合同无效,应当以全国人大及其常委会制定的法律和国务院制定的行政法规为依据,不得以地方法规、行政规章为依据"。那么,公证所遵循的合法范围是否应与审判机关一致呢?这可能很难划一个标准,需要公证员依据实际情况来自由裁量。比如,地方法规或部门规章规定某买卖合同必须办理鉴证,那么不办理鉴证、公证也可确认合同有效。又如地方法规或部门规章规定签约必须使用格式合同,但公证机构对非格式合同仍可办理公证。二是,根据我国现行民商事法律的规定,当事人的行为只要不违反法律的强制性规定,不违背社会公序良俗即为有效。因此,在没有法律依据的情况下,当事人的许多行为并不能简单地以合法与否来衡量,比如办理手术公证、陷阱取证公证等。对于这些公证事项,我们认为,应从是否符合民法的基本原则和公证机构所承担的风险上限来配定。

二、客观原则

客观原则也称真实原则或者真实性原则,是指公证文书所证明的法律行为、文书和事实的内容在公证时是客观存在的,通过直观或人证、物证能为公证员所确认的。虚构、捏造、待证的事实或者缺乏证据无法确认的事实,都是公证机构不能给予公证证明的。客观原则不仅要求公证员在办理公证事务的过程中应客观证明事实真相,而且要求公证当事人必须向公证机构如实提供材料、进行陈述。我国目前的公证实践中对客观原则理解和适用片面,认为客观原则仅约束公证员,对当事人提供虚假材料、进行虚假陈述等行为没有约束力,这就导致了公证员的权利义务不对等。对此,国外公证立法一般都相应地要求当事人应承担真实义务,甚至将违反真实原则予以刑法的保护,如日本刑法第157条的规定。

所谓客观或者真实,是指公证书所证明的各项内容都是真的、实在的,或者曾经发生过的、确属客观存在的,而不是假的、伪造的或者虚构的。因为公证活动,一般都是在发生民事纠纷以前,通过对一定的法律关系、法律事实予以证明赋予其无可置疑的证据效力,来实现预防纠纷,减少诉讼的。所以,公证机关对申请办理公证的事项,只有在经过调查、审查之后,认为确实无误时,才具备发给公证书的首要条件。例如,有的人以收养子女为名,行办理户口农转非之实,申请办理公证,而并不准备建立实际的收养关系,也不准备履行收养的权利义务,尽管其符合收、送养条件,仍然不能予以公证。其"真实性"并不是孤立存在的,它与"合法性"是有关联的。用虚构的事实来骗取公证,这种行为本身就是不合法的。由此可见,对于公证事项,不可轻信当事人的陈述,不可偏听偏信,在审查中,切忌疏忽大意,更不能徇私舞弊,弄虚作假。如果公证证明的事项失实,哪怕是个别问题失实,也会影响公证书的效力和严肃性,损害公证机关的威信。不仅如此,在涉外公证中,出具不真实的公证书,某些国家还可能追究提供假证明的法律责任。这里所说的真实,还包括准确的意思。尽管事实是真的,如果提供的情况、材料不够准确,同样会影响到公证书的效力。我们必须注意到,有些人为了继承财产,伪称与被继承人有婚姻关系或其他某种亲属关系或者将同一顺序继承人的人数加以隐瞒,以多报少,企图多分遗产,申请办理继承公证的;在涉外公证中,某些人为了达到出国定居、求职等目的,而采取虚报年龄、伪造学历等等弄虚作假的做法。对此,都必须认真查明,拒绝办证,严防"弄假成真"。

公证实践工作中要注意贯彻真实性原则,贯彻这一原则时要注意以下几点问题:

1. 公证人员要认真审核提出公证申请的当事人是否基于自己真实意思的表示提出公证申请。我国《民法通则》规定任何以欺诈、胁迫或乘人之危,迫使他人所做出的行为是无效民事行为,因为他们的行为并非出于其真实意思表示。《德国民法典》第123条第1款也规定:"因被诈欺或被不法胁迫而为意思表示者,表意人得撤销其意思表示"。《瑞士债法》第29条规定:"契约订立者,使相对人或第三人发生不法恐怖之结果,订立契约时,其契约不拘束被胁迫人。"由此可见,世界各国对于被胁迫、欺诈或乘人之危所为得意思表示,都不予认可或承认。因此,我国公证法律运作过程中,也要把审核当事人得真实意思表示放在首位。

2. 提出公证申请得当事人,应向公证人员如实地陈述公证的目的和要求,并将待证事实所涉及得有关证明材料提交到公证机构。公证人员欲对待证事项作出确认性证明,就需要当事人积极配合工作,因为有些待证事项是属于法律事实方面的,如亲属关系公证、年龄公证、未受刑事制裁公证、婚姻关系公证等,这些公证需要当事人自己提供证据来证明事实的客观真实性,即举证责任在当事人方。值得提出的是,公证人员对当事人提供的证据材料要认真审查,查清提供材料有无伪造等虚假现象。如果发现可能有虚假事实的,就要追查清楚,以确保公证的真实性。

3. 调查研究,切忌"坐堂"办公。公证人员在办理公证业务时,要根据实际案情的需要,走出办公室,到人民群众中去调查研究,尤其是当事人举证困难的情况下,公证人员要深入实际,了解待证事项的真实情况,作细致的调查工作。

4. 公证人员对当事人亲自提供的证据及亲自调查的证据材料要进行全面、系统的审查分析,判断其真伪后,去伪存真、去粗取精,准确地认定待证事项是否具备真实性。在办理公证过程中,有些是审查形式真实性的公证,如证明签字属实,有些则是需要证明内容真实的公证,如对共同财产分割公证时,公证人员既要查明双方的意思表示真实,又要查明共同财产是否存在。有学者认为这种实质性的真实性审查有待研究,但从目前看,我们宜做实质性审查。如果公证人员仅对共同分割财产协议作了公证,但实际上共同财产的质与量都未达到协议中记载的程度,那么以后必然会造成共有人的纠纷,就是说,这种形式公证没有真正地起到预防纠纷、减少讼累的作用。因此,在目前还宜全面地审查待证事项的真实性,严防"弄假成真"。

三、公正原则

公正包括实体公正和程序公正两部分。实体公正指公证的法律行为或其他公证申请人提请公证的法律文书和事实的公证结果是公正的;程序公正指公证活动的过程是公正的。公正是公证最本质的要求,公证工作被法律赋予了特定的公信力,公证制度的基本价值就在于公正性。公正作为公证制度的基本原则,是由公证制度作为国家的一项重要信用法律保障制度所决定的。公证是国家权力及其所承载的国家至高信誉和公共权威在证明活动中的体现,其要发挥在国家信用体系中的作用就必须始终不渝地坚持公正原则。公证的效力可以直接成为法院判决的依据,直接影响司法结果。如果把公证当作"生财之道",把经济效益置于公证之上,

第十六章 中国公证必须遵循的原则

则会使不正当的利益合法化,严重损害当事人的合法权益。

维护当事人的合法权益,维护法律的正确实施,是公正性的表现。公证的本质就是公正。古今中外对公正内涵理解不同,人类社会不存在所谓永恒的公正,公正是一个相对的、有条件的、可变的概念。但是,不管人们对公正如何理解,都不可否认公正的客观性,都能感觉到它在社会生活中的影响,并以其作为评判是非善恶的标准。就公正与法律的关系而言,法律必然要受到公正观念的支配,公正是公证法律产生的基础和基本前提。不仅如此,作为一种法的价值,公正更是社会的一种首要价值。在公证的视角下,公正就是公平和正义,公证员作为维护当事人合法权益的独立群体,其社会角色是为公正的诉求而设置的。公证员的活动应当具有社会公正性。公证员必须"坚持信念、精通法律、维护公证、恪守诚信",充当法律、道德和公正的代言人。

公正是公证的首要价值。人们将公正视为公证制度应该具有的内在品质,公证人也宣称公证证明具有毋庸置疑的公信力。但是,公信力这个抽象的价值并不能保证公正的具体实现,只有当公证活动按法定程序形成了法律效力,公信力才会存在,公正才能实现。总之,公证的效力与程序公证密不可分。

程序公正观念经历了从自然公正观到正当程序观的演变过程。自然公正要求未违反法律者不应被宣判有罪,双方当事人有应当获得机会陈述己见,一个法律制度必然为保护权利和补偿损失提供公正的法庭,并且任何人都不应当在自己的案件中充当法官。[①] 英国大法官丹宁勋爵第一个扩大了自然公正的适用范围,他以判例方法否定了公正原则只适用于司法程序的传统规定,认为自然公正可以适用于非司法程序尤其是行政程序。[②] 美国宪法修正案首次以"法律正当程序"(Due Process)取代自然公正观,该修正案规定:"任何人不能未经法律正当程序即被剥夺生命、自由与财产。"[③]在诉讼程序领域,学者们对程序公正原则已经做了广泛的探讨,便对其在公证领域的运用研究仍相当于欠缺。实际上,公证作为一程度性鲜明的司法制度,与诉讼程序之间有着很大程度的契合性。正当、理性的程序导引出的应当是理性的结果,而理性的结果也应当获得理性的认可和肯定,不允许随意撤销或变更,这也是公证领域程序公正的基本内涵。[④] 对公证效力的评价应该根据三个要素:一是当事人的认同。当事人对正当程序抱有期望,在这种期望下进行的公证活动能够获得当事人的认同。二是法律上的确认。根据正当程序运作的结果,法律确认其具有正当性。三是社会认可。由于公证人在遵守程序方面获得了

---

① [美]E.博登海默:《法理学:法律哲学和法律方法》,邓正来译,中国政法大学出版社1999年版,第276页。

② [英]丹宁勋爵著:《法律的训诫》,杨百等译,法律出版社1999年版,第100~108页。

③ 张千帆著:《自由的魂魄所在——美国宪法与政府体制》,中国社会科学出版社2000版,第82~83页。

④ 陈丹、詹染杰:《WTO·程序正义·公证》,载《中国公证》2002年第5期。

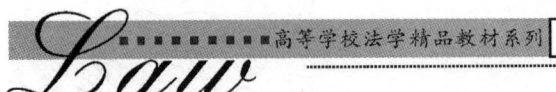

公众的信赖,公证效力就有了权威性。① 因此,正是正当程序使公证获得正当性,并据此形成了公证效力。

第二节 公证的其他原则

根据《公证法》总则之外法律规定、《公证程序规则》和公证法学理论研究,公证机构办理一切公证时必须遵循守法原则、客观原则、公证原则之外,还应当遵循以下公证其他原则:

一、独立公证原则

根据《公证法》第6条的规定,"公证机构依法独立行使公证职能",这表明公证机构办理公证业务的依据是事实和法律,也表明公证机构是国家专门设立的法律证明机构,独立行使司法证明权,依法履行公证机构的职、责、权。不受任何团体和个人的非法干预,维护公证程序,保证办证质量,维护公证机构的权威和当事人的合法权益。这是独立行使公证职能原则。

公证机构依据事实和法律、法规、规章独立办理公证事务,不受其他单位、个人的非法干涉,符合《公证法》第1条("为规范公证活动,保障公证机构和公证员依法履行职责,预防纠纷,保障自然人、法人或者其他组织的合法权益,制定本法。")的立法宗旨。本条依据公证机构的职、权、责,规定了公证机构依法独立办证的原则,以避免其他机关、组织、团体和个人非法干预、干扰正常的公证秩序,保证办案质量,维护公证机构和当事人的合法权益。

公证机构独立行使公证权是维护社会主义法制统一的需要。依据国家法律、法规、规章来认定法律行为、法律事实和具有法律意义的文书是否具备真实性、合法性关系到当事人的切身利益。这种权利只有交由专门机构来来行使,非经专门机构不得私自办理公证事务,才能使社会主义法制实现在全国的统一,使法律具有不可侵犯的权威。公证机构独立行使公证职权,也是公证执法的需要;适用法律对有关事项进行证明时,只有排除了其他任何单位、个人的干涉,才能保证公证证明的公正性;同时,独立公证又是公证机构正常工作的前提,如果任何单位或个人都可以干预公证机构正常的公证工作,必然会使公证人员无所适从,又何以开展公证工作。

---

① 赵殿中:《公证效力的实现及其保障》,载《中国司法》2004年第2期。

二、直接原则

直接原则，也称"公证员亲自办理公证事务的原则"，指公证员在办理公证行为的过程中与申请公证的当事人应直接接触，不能仅凭申请书、介绍信或其他证明文书即予以公证；也不能由无权代表当事人的其他任何人代为申请公证。《公证程序规则》中明确规定公证员应亲自办理公证事务。就是说，任何公证事项均须由公证员直接办理，不得委托非公证员代办。过去，在许多教材中所说的"直接原则"指的也就是这个问题。根据这个原则，在办理公证事项中，公证员必须亲自与当事人或其代理人谈话，审查当事人的真实意思表示，审查申请公证的法律行为，有法律意义的文书和事实是否真实、合法、可行，是否符合公证的条例，最后考虑是否出具公证书。凡出具公证书的，公证员应在公证书上加盖签名章，以示负责。

在现代公证制度的渊源中，拉丁公证制度占有重要地位。从目前拉丁公证的发展上看，其公证服务必须深入社会。一方面，公证走出公证人事务所，深入社会中去，利用公证手段为社会提供服务；尤其对法人实体的一些情况，公证人都深入到具体的法人单位，与法人代表一同在依法起草文件时，对文件逐项核实；另一方面，拉丁制度的公证人开始亲自调解纠纷，帮助那些打不起官司而又需要司法救济的人解决矛盾争执。我国在公证实践中，也强调公证员亲自办理公证事务。依据《公证法》的规定，只有公证员才能独立办理公证事务、出具公证文书，并在公证文书上署名，鉴于此，在实践中贯彻直接原则十分必要。

具体地说，直接原则主要包括以下几个方面：

第一，公证员应直接接待申请公证的当事人，以及与公证事务有关的利害关系人和其他有关人员，直接听取他们意思表示的情态和精神状况。

第二，公证员必须亲自审查公证事项。公证人员对申请公证的法律行为、有法律意义的文书和事实以及有关的材料，均应亲自审查，亲自调查有关的证据，亲自检验物证，直接听取鉴定人的意见等等。

第三，公证员直接认定公证事项的真实性、合法性，这是直接原则的核心。公证书在法律上具有证据效力，作为证据来说，它必须如实反映客观事实的真实性。因此，公证人员在办理公证时，决不能主观臆断，亦不能妄加推定，而必须根据自己亲自直接接触和掌握的材料，证明其是否真实、合法。

由于公证员是公证业务的承担者，直接原则可维护正常的公证工作秩序，防止公证员怠于职守或公证机构的其他人员越权办证，从而保证公证文书的真实、合法原则的重要保障。

三、保密原则

保密原则,指公证机构及其工作人员,以及其他受公证机构委托、邀请或因职务需要接触公证事务的人,对他们在公证工作中接触到的国家机密、商业秘密和当事人个人的秘密负有保守秘密的义务。新《公证法》第23条第8项规定,公证员不得"泄露在执业活动中知悉的国家秘密、商业秘密和个人隐私;"从整个公证制度看,保密制度已是一项重要适用的准则。在公证制度中,公证人员必须慎之又慎的严守公证秘密。对于泄露秘密者,应依据实际情况,予以行政、司法处理,以警示他人。

保密原则在适用范围上主要有两个方面:一是主体范围;二是事项范围。

就主体范围而言,保密主体即承担公证保密义务的主体。从其本意来看,保密原则适用于公证当事人之外的一切与公证事务有接触的人员,主要是公证员,同时也包括公证机关的其他工作人员和受公证机关委托、邀请参加公证工作的鉴定人、翻译人、见证人以及其他有关人员。

事项范围即公证保密的对象范围,总体上包括当事人秘密和国家秘密两类,实践中最常见的是当事人秘密,具体包括两个方面:一是公证申请及其处理。即当事人申请的公证事项的内容,当事人申请公证的动机目的、用途,对当事人申请的处理结果。因此,这里的公证事项即包括被办理公证的公证事项,也包括被拒绝的公证事项,而对公证人员来讲,即包括本人办理的公证事项,也包括其知晓的本公证机构其他公证人员和其他公证处办理的公证事项。二是公证文书和公证档案。即公证文书只能送给当事人或代理人,未经当事人申请或同意,公证文书及其副本还得发给其他人员;未经法定程序获得批准,任何机关和个人不得查阅、复制公证档案。

保密原则还要求,公证机构接受当事人的申请后准备办理公证时,要严格限制在场人员,除当事人或代理人、承办公证员和必要的协助人员外,其他任何人均不得参与办证事务。

四、回避原则

新《公证法》第23条第3项规定,公证员不得"为本人及近亲属办理公证或者办理与本人及近亲属办理有利害关系的公证;"该规定指的是回避原则。回避原则指公证人员不参与与自己和亲属有利害关系或其他关系的公证,以防止因不公证而损害他人或公共利益。认真贯彻此项原则,一则可以防止公证人员因沾亲带故,对公证事项先入为主,利用职权徇私舞弊,作出不公证的偏袒证明;二则可以避免引起他人对公证工作的嫌疑和非议,以利于公证工作的顺利开展。

第十六章 中国公证必须遵循的原则

公证中的回避原则,包括两个方式一是公证员依法自行回避,二是当事人申请回避。自行回避,是指办理公证的公证员遇有法律规定应当回避的事项时,自觉主动地退出对该项公证事务的办理。申请回避,是指当事人有权依据法律规定申请某个或某几个公证员不参加承办本人的公证事项。公证员回避的情况有以下几种:

第一,公证员不许办理本人、近亲属的公证事务。如果公证人员在所办理的公证事项中处于当事人地位,公证结果与其有利害关系,因而有可能影响公证的正确审查与出证。承办人员虽非当事人,但如果是当事人的近亲属,也可能出现偏袒一方当事人的情形,因此也应回避。这里的近亲属,主要指夫、妻、父、母、子、女、同胞兄弟姐妹等。

第二,公证员不许办理与本人有利害关系的公证事务。如果公证人员与公证事项有直接或间接的利害关系,那么就必然会影响其公证办理本项公证,同时当事人也对此产生怀疑,怀疑公证人员能否公证办理,进而影响公证机关的信任度。因此,这种情形出现后,公证员应予以回避。

第三,公证员不许办理本人与当事人有其他利害关系的公证事务。这是一条弹性条件,如果办证人与当事人有其他关系有可能影响公证的质量,因此涉及回避问题。但必须是可能影响正确办证,才可以构成回避的理由。

申请回避是当事人享有的重要权利,而且贯穿于公证的全过程。在公证的开始和进行中均可以提出回避。当事人既可以以书面形式申请回避,也可以口头申请回避。但无论以何种形式申请回避,都必须依据事实,说明理由。对公证员是否回避的问题,应由公证处主任决定;对公证处主任是否回避的问题,应由同级司法行政机关决定。

综上所述,在公证活动中实行回避制度,可以有效地维护当事人的合法权益,也可以消除当事人的思想顾虑,便于公证员正确的行使证明职权,这一原则体现了现代公证制度的文明性。

五、法定与自愿相结合原则

新《公证法》第11条和第12条等规定了"必须公证与自愿公证相结合的原则",也称法定与自愿相结合原则;就是"必须公证原则"与"自愿公证原则"相结合使用的原则。

新《公证法》第11条第2款规定,"法律、行政法规规定应当公证的事项,有关自然人、法人或者其他组织应当向公证机构申请办理公证"。第38条规定,"法律、行政法规规定未经公证的事项不具有法律效力的,依照其规定"。这是"法定原则"或者"必须公证"原则。必须公证,是指法律、法规、规章规定必须采用公证形式设立、变更的法律行为,或者是确认有法律意义的文书和事实,公民、法人必须申请

办理公证。例如我国《继承法》等法律、法规，就规定了变更公证遗嘱等法律行为，必须办理公证，否则，就不发生法律效力。

新《公证法》第11条第1款规定，"根据自然人、法人或者其他组织的申请，公证机构办理下列公证事项(即11项公证事项：合同；继承；委托、声明、赠与、遗嘱；财产分割；招标投标、拍卖；婚姻状况、亲属关系、收养关系；出生、生存、死亡、身份、经历、学历、学位、职务、职称、有无违法犯罪记录；公司章程；保全证据；文书上的签名、印鉴、日期，文书的副本、影印本与原本相符；自然人、法人或者其他组织自愿申请办理的其他公证事项）。"新《公证法》第12条第1款规定，"根据自然人、法人或者其他组织的申请，公证机构可以办理下列事务（即5项公证机构办理事务：法律、行政法规规定由公证机构登记的事务；提存；保管遗嘱、遗产或者其他与公证事项有关的财产、物品、文书；代写与公证事项有关的法律事务文书；提供公证法律咨询)"。这是"自愿公证"原则。自愿公证，是指法律、法规、规章没有规定必须公证的事项，由当事人自行决定是否申办公证。

法定公证与自愿公证相结合既贯彻了意思自治原则，又保障了市场运行中重大而复杂的法律关系被强制入"事前调整"，有利于发挥公证作为民、商事活动的过滤器，维护社会秩序，促进社会发展的作用。对此，有学者主张，法定公证与自愿公证都是公证制度的基本原则，两者是相辅相成、互为补充的关系。我们认为此议不妥。自愿公证是公证制度存在的基础，任何公证规范都不能与此相违背。法定公证的事项只是公证事务中极小的一部分，可以作为独立的公证的事项，但是只能看作是自愿原则的例外，而例外是不能成为原则的。并且，即使是法定公证的事项，也不意味着公证人可以主动强制当事人办理公证，任何公证的提起均应出于当事人的自愿申请。至于急于履行必需的公证程序的当事人，我们可以设想，在法治社会里，他将无法开展有效的法律活动，法院或行政机构将不保护他的权利，因此，也不必由公证人实施强制。从这一意义上讲，所有的公证都是自愿的。[①]

六、使用本国和民族的语言文字原则

新《公证法》第32条第2款规定，"公证书应当使用全国通用的文字；在民族自治地方，根据当事人的要求，可以制作当地通用的民族文字文本"。这是"使用本国和民族的语言文字的原则"，它指公证机构在全部公证活动中，都必须统一使用本国和本民族通用的语言文字。

在少数民族定居区或多民族杂居地区，公证机构发布各类公告、文书等事项，应一律使用当地民族通用语言文字。涉及两个或两个以上不同民族之间的公证事务时，应分别采用各自的民族语言文字进行公证活动，切实维护少数民族的合法权

---

① 赵殿中：《公证效力问题研究》，南京大学2002年硕士学位论文。

第十六章 中国公证必须遵循的原则

益。此外,对于不通晓汉语的外国人,应当为他们提供翻译,不得直接使用外文从事公证活动;对于使用外文制作的文书,应当翻译成中文,由公证处对中文文本公证后,将外文与中文文本一并发给当事人。

总之,使用本国的和民族的语言文字进行公证活动的原则,对外维护国家的主权的尊严,对内保证各民族的当事人排除语言文字上的障碍,平等地享受权利,平等地履行义务,切实地维护当事人双方的合法权益,防止当事人一方利用对方不通晓语言文字,不了解文件的真实内容,而使对方当事人的合法权益受到损害。公证机构在公证活动中,任何不尊重本国的和本民族的语言文字的做法都是错误的;任何不尊重少数民族语言文字的大汉族主义的思想和行为,都是与《宪法》规定的精神不相符的。对此,应当坚决防止和克服。

另外,根据公证法学理论,公证其他原则还包括:可行性原则、告知原则、便民原则、本人申请办证与代理人申请办证相结合原则等。不作介绍。

如引例中某某公证处受理招标公证申请是否符合公证,必须遵循的合法、客观、公正的基本原则。招标公证是公证机关根据招标方的申请,依法证明招标方、投标方及评标委员会在招标、投标、开标、评标、决标过程中行为的真实性、合法性的非诉活动。引例中根据某行的招标书规定,两个项目的开标活动分别两次在合肥某饭店举行。在此阶段该公证处重点审查的是投标书的有效与否。有效标书应为密封完好,投标文件按招标文件规定的内容、格式填写和编制完善,投标文件上投标人的单位公章及法定代表人或其委托代理人的签字属实。经过现场检查,发现一家招标书缺少法定代表人签字和单位公章,另一家投标书未密封,属《招标投标公证程序细则》第 19 条中所列的无效标书情况,被宣布为无效标书。当时这两家公司的代表表现有些激动,希望仍能参加竞标,但通过公证员对其耐心说明有关的法律规定,这两家公司尽管感到遗憾,还是撤回了标书。对随后的评标和决标活动,该公证处则重点审查、监督其整个过程是否符合公正性和保密性的要求。根据《招标投标公证程序细则》第 24 条的规定,评标结束后,公证处当场宣读了公证词,对整个招标活动的真实性、合法性予以证明。之后,依法出具了招标公证书。该招标公证过程和结论完全符合公证必须遵循的合法、客观、公正的基本原则。

第十七章 公证员

【引 例】
　　2002年1月6日,基于生命人寿股份保险公司(以下简称"人寿公司")筹备组的申请,某某公证处拟在"人寿公司"发起人会议上对会议的程序、内容、决议等情况进行现场监督公证,其间却遇到福州诚远投资担保有限公司(以下简称"诚远")和上海新世纪企事业(集团)有限公司(以下简称"新世纪")提出异议并要求参加发起人会议的情况。

　　公证员,国际上一般称之为公证人,最早出现于古罗马时期。由于法律传统的不同,世界各国关于公证人的概念、法律地位和其他内容有所不同。
　　1982年4月13日,国务院发布了《公证暂行条例》,是我国第一部国家性质的公证法规,该条例只规定"公证处是国家公证机关"。没有规定公证员的概念及其法律地位。《公证法》明确规定公证员的概念、法律地位和其他内容。

第一节 公证员概念、法律地位及其构成要件

一、国外公证人的概念及其法律地位

　　国外对公证人的概念及其法律地位,有以下几个类型：
　　一是公证人为国家公务人员(公务员或者公职人员)。公证人为国家公务员,例如,法国《公证机关条例》规定,公证人是为从事辅助性司法活动而设立的公务员,即受理当事人必须或者愿意使真实性得到确认的一切文件和合同,赋予其公证效力。意大利《公证法》规定,公证人是为了接受和保管当事人提交的契约、遗嘱等文件,赋予其公证效力的公务员。西班牙《公证人职业法》规定,公证人是按照法律

第十七章 公证员

对契约及裁判外的其他文书具有公证职权的公务员。

公证人为公职人员，如德国《公证人法》规定，公证人是为了证明法律事实和预防纠纷而设置的独立的公职人员。公证人须使用刻有州徽的职务印章。公证人职业为非营利性质。比利时《公证法》规定，公证人是公职人员。加拿大魁北克地区《公证法》规定，公证人是公职人员，参与司法行政。公证人同时也是法律顾问。

二是公证人为自由职业者，英美法系国家的公证人即属此类。比如美国现有的公证人人数约 60 万人，只要提出申请，经过简单的考核或宣誓，即可取得公证人资格，其业务也属于营业性质，公证书的内容也大多限制在对签名的认证。

三是介于两者之间具有双重性的大陆法系国家公证人，如阿根廷、墨西哥、日本等国家，以及美国的路易斯安那州。在这些国家和地区，公证人一方面作为自由职业者，自负盈亏，照章纳税，独立开展业务；另一方面，公证人又是在执行国家公务，履行国家赋予的使命。民法、商法、公司法、家庭法、票据法等国家法律中规定了公证人的主要业务，包括不动产事务、公司事务、遗嘱、继承、家庭财产事务等，公证人制作的公证文书具有极高的法律效力。在法国、意大利等国还授权公证人作为不动产税的征收人。如此重要的法律地位要求公证人必须是公证、优秀的法律人，必须受过正规的高等法学教育，并通过国家组织的专门考试方能取得从业资格。

二、我国对公证员概念及其法律地位的界定

我国对公证员概念及其法律地位，全国人大法律委员会在新《公证法》审议和征求意见的过程中，一些委员认为，公证作为司法证明活动，要求公证机构和公证员必须公证、诚信，处于"中立人"的地位，必须保证由诚实守信、具有较高法律专业素质的人员来担任公证员。所以应当抬高门槛，除了对公证员的基本任职条件做出规定以外，还应要求公证机构建立一套严格的选拔考核制度，使优秀人才进入公证队伍，从根本上保证公证的质量，取得社会和群众的高度信任。但也有一些委员认为，从目前的情况来看，公证行业没有吸引力，公证员的准入门槛设得太高不符合我国的国情，与我国公证事业发展的现状反差太大。

集中起来，主要有三种不同意见：第一种意见认为应当把公证员定性为国家公务员，这种观点认为公证法是公法，公证员行使的是国家证明权，依法履行公职，应当按照国家公务员的标准进行管理和规范。第二种意见认为公证员接受国家法律的授权，站在中立的立场上独立行使司法证明权，但由于公证机构的特殊性，应当且正在逐步转变为自收自支、自我发展的国有事业单位，故公证员的身份不同于公务员，应定性为执行国家授权的国家公职人员。第三种意见认为公证员应为具有双重身份的法律职业者，一方面接受国家法律的授权，依法行使公证权，保护国家利益不受侵害。另一方面，公证员应当是独立的自由职业者，站在中立的立场上通

过自己的法律执业行为保证社会利益和自然人利益得到实现。这种观点认为我国是拉丁公证联盟的成员国,公证制度应与大陆法系国家一致;公证之所以为公法,是基于公证的职能、公证员的执业准入以及公证文书的效力等在法律上的确定;公证员行使的公证证明权是社会公权而非国家公权。

针对各方面提出的不同意见,全国人大法律委员会反复研究认为,目前我国的公证制度正处在变革当中,根据国务院批准的司法部《关于深化公证工作改革的方案》,公证体制的改革随着市场经济的发展不断深入,多种形式的公证机构组织形式正在探索之中,公证员的概念界定应与公证制度的发展进程相一致。因此,新《公证法》第16条表述为"公证员是符合本法规定的条件,并在公证机构从事公证业务的执业人员"。

依照本条规定,公证员概念是,必须是符合《公证法》规定的条件并在公证机构从事公证业务的执业人员方可称其为公证员。这就从法律上确定了公证员的职业化,公证员以行使公证证明权为专门职业,并具备独特的职业意识、职业技能、职业道德和职业地位。即公证员是法律工作者,是公证机构的核心成员,是独立办理公证事项的执业人员。其职责是受理、承办具体的公证事项,草拟、出具公证文书,并在公证书上署名。这是公证员的法律地位。

三、我国公证员的构成要件

《公证法》充分吸收了社会各界的意见,并综合世界各国公证法对公证人的定位,严格准入条件,确定公证员以执行公证职责为专门的职业,确立了公证员必须符合特定的准入条件,因此依照《公证法》第16条之规定,概括起来,公证员的构成要件包含如下三点:

第一,必须符合法定条件。应严格准入,建立科学、合理的公证员任用制度。这里指的是符合《公证法》第18条、第19条、第20条、第23条有关公证员任职的积极条件、消极条件以及公证员的禁止性规定(下文介绍)。

第二,在公证机构从事公证业务。该规定强调了只有在公证机构从事公证业务的人员才具有公证员资格,而那些虽然在公证机构工作,但从事非公证业务的人员,如行政、后勤人员不是公证员。

公证员必须以公证为职业。一方面,公证员是在公证机构执业的法律工作者,必须严格按照宪法、法律的规定,依照真实合法的原则和法定的程序,办理公证事项,履行公证员的职责。另一方面,公证员应当以事实为依据,以法律为准绳,独立、公正地行使职责。公证员在履行职责时,对发现的违法、违规或违反社会公德的行为,应当按照法律规定的权限,积极采取措施予以制止、纠正。

第三,公证员是执业人员。执业人员区别于从业人员,是指必须取得《公证法》所规定的任职资格即具有执业执照的人员。公证员是公证机构独立办理公证事务

第十七章 公证员

的执业人员,是每一公证机构的基本构成人员。他们具有专业技能,具有职业要求的必备条件。他们承办所有公证业务,按照要求各司其职。公证员在公证书上署名。

第二节 公证员具备条件和限制条件

在世界民法法系国家,作为一个公证人,不仅意味着与其社会责任的重要性相适应的法律知识的深渊、渊博,同时也意味着他的专业技能和经验的深厚,公证人对于其国内法的熟知是一种不言而喻、理所当然的事情,而随着国际经济关系的日渐紧密,公证人既应对域外法、国际法,也必须成为其专业知识、专业技能的必不可少的组成部分,而决不能成为仅仅是在房地产文件上签章的,让客户花费很多金钱又耗费很多时间的官僚,只有具备了很高的个人素质的人,才有可能胜任公证人的职业。① 因此,很多国家对于公证员的任职条件都作了较为严格的规定。

在大陆法系国家,公证人一般享有较高的社会地位,同时法律也为担任公证人规定了严格的任职条件。例如德国公证人法甚至规定,公证人必须具备法官法规定的法官任职资格。各国关于公证人的任职条件主要体现为:必须是本国公民,达到一定的年龄,品行良好,受过系统的法学知识教育,通过特定的资格考试,一定期限的公证实习经历。

我国对于公证员的任职条件在《公证法》颁布实施之前一直沿用的 1982 年颁布的《公证暂行条例》等相关规定。根据《公证暂行条例》、《公证员职务试行条例》和司法部《关于加强律师、公证人员管理工作若干问题的通知》规定,担任公证员必须具备的基本条件。自 1992 年起,每两年司法部举行一次全国公证员资格考试,考试合格者取得公证员资格。符合特定条件者,经省、自治、区、直辖市司法行政部门专门考核合格,也可以取得公证员资格。显然,由于《公证暂行条例》对公证人的要求较低,已无法适应市场对公证的需求。故 2005 年 8 月颁布的《公证法》抬高了公证员的准入门槛,对公证员的任职条件作了严格、系统的规定。根据《公证法》第 18 条、第 19 条和第 20 条分别规定了公证员任职的积极条件和消极条件。第 23 条规定有关公证员任职的禁止性条件。依照《公证法》这些有关规定,概括起来,公证员的具备条件包含如下三个类型:

一、一般公证员具备的积极条件

根据我国法制发展的要求,参考多数大陆法国家的公证立法惯例,公证法规

---

① 叶青、黄群主编:《中国公证制度研究》,上海社会科学院出版社 2004 年版,第 78 页。

定,在我国担任一般公证员必须同时具备下列任职的积极条件:

(一)国籍条件:具有中华人民共和国国籍

国籍是自然人被确定属于某一国家的国民或公民的法律上的资格或身份。一个人一旦取得某一国家的国籍后,就享有该国宪法和法律所规定的权利,同时承担该国宪法和法律规定的义务。公证员必须是依据国籍法,享有中国国籍的人,不能是外国人或无国籍人。由于我国不承认双重国籍或多重国籍,公证员也不得在拥有中国国籍的同时取得他国国籍。公证员在任职期间不得退出中国国籍。

(二)年龄条件:年龄二十五周岁以上六十五周岁以下

由于经验丰富的公证员在从事公证工作更有优势,因此,与公务员相比,公证员的年龄上限被适当延长,我国公务员的年龄应当在二十五周岁以上六十五周岁以下;这是公证员任职年龄的限制。年满二十五周岁,这是担任公证员所必须达到的最低年龄条件。客观地讲,如同法官、检察官和律师等其他法律职业一样,公证员的职业特点要求公证员应当具有较为丰富的法律知识、社会阅历、人生经验,以及处理各种复杂问题的能力。如果公证员过于年轻,胜任公证工作可能有困难。

(三)品德或政治条件:公道正派,遵纪守法,品行良好

公证是对当事人不法利益的否定和对合法权益的保护,公证员在公证的过程中扮演着极为重要的角色,因此公证员必须公道正派,遵纪守法,品行良好;这是对公证员道德品行的要求。公证执业行为是经国家授权的行为,公证员是代表国家对法律事务进行证明的,由公证员所出具的公证文书与法院裁判书一样,具有不容置疑的法律效力,这些都决定了公证员职业的公务性和权威性。只有具备良好的道德与品行才能承担如此重大的责任,才能依法履行职责,维护当事人各方的利益和公共利益。同时公证人作为法律服务的提供者,只有具备良好的道德与品行才能取得当事人和全社会的认可。公道就是公正、公平、公开从而得到公认,正派就是无私、无畏、无偏袒从而能够出以公心;遵纪守法就是遵守国家宪法、法律、法规和执业纪律;品行良好是指公证员应当具有良好的品德和言行,自觉维护社会公德、遵守职业道德、举止文明等。

(四)业务条件:担任公证员业务条件包括两个方面,一是通过国家司法考试;二是在公证机构实习两年以上或者具有三年以上其他法律职业经历并在公证机构实习一年以上,经考核合格

自2001年11月司法部取消了全国公证员统一考试,公证员的选用从通过国家司法考试的人员中录取,公证法将其规定为公证员的任职条件,这是对公证行业的准入在制度上的重大变革,为今后提高队伍素质提供了制度保障。除要求通过

第十七章 公证员

国家司法考试外,公证员还必须要有一些法律实务经验或者公职任职经历,《公证法》对公证员法律经历的要求也作出了更严格的规定。

1. 通过国家司法考试。为提高公证员队伍的法律素质,自《国家司法考试实施办法(试行)》颁布后,司法部已经停止举办每两年一次的全国公证员资格考试,公证员只能从通过国家司法考试的人员中录用。《公证法》实施后,只有通过国家司法考试,并取得由司法部颁发的《法律职业资格证书》,才有资格担任公证员。任职公证员必须通过国家司法考试的规定,不仅为公证员的业务素质提供了基本保障,而且从制度上,将公证员纳入了中国的法律职业共同体,为公证员的职业化发展奠定了重要基础。

2. 在公证机构实习二年以上或者具有三年以上其他法律职业经历并在公证机构实习一年以上,经考核合格

这是对于公证员实习期的规定。公证员职业具有极强的实务性和操作性,除了扎实的法学知识功底外,娴熟的业务技能和丰富的经验是一名合格公证员必备的条件。公证法规定担任公证员必须有在公证机构的实习经历,其目的是为了保证公证员在任职前掌握从事公证职业所必备的法律技巧,也避免一些缺乏实际经验的公证员给当事人的合法权益造成损害。

需要特别指出的是,虽然公证法没有规定担任公证员的学历要求,但是根据《国家司法考试实施办法(试行)》和其他相关规定,除少数地区外,参加国家司法考试必须具有本科以上学历,所以公证员的实际学历要求为本科以上。

二、特别人员担任公证员具备的积极条件

为了吸收具有较高法学素质和丰富法律工作经验的高层次法律人才进入公证行业,《公证法》第19条对通过考核方式取得公证员资格做了特殊的规定。依照《公证法》第19条之规定,"从事法学教学、研究工作,具有高级职称的人员,或者具有本科以上学历,从事审判、检察、法制工作、法律服务满十年的公务员、律师,已经离开原工作岗位,经考核合格的,也可以担任公证员"。依之规定,特别人员担任公证员的具备条件:(1)特别人员是:①从事法学教学、研究工作,具有高级职称的人员;②具有本科以上学历,从事审判、检察、法制工作、法律服务满10年、已经离开原工作岗位的公务员、律师;(2)经考核合格的,不要通过国家司法考试。这是公证员任职的积极条件。

三、担任公证员的限制条件

《公证法》第18条、第19条规定有关公证员任职的积极条件;第20条、第23条规定不得担任公证员的消极条件以及有关公证员任职的禁止性行为条件,这些

是担任公证员的限制条件。

（一）不得担任公证员的消极条件

公证员作为特殊的法律职业人员，因此也有特殊的任职条件，法律除了规定公证员的积极任职条件外，对哪些人是禁止其从事公证员职务的也作了详细的规定。《公证法》第20条规定不得担任公证员的消极条件是：

1. 无民事行为能力或者限制民事行为能力的；我们知道，由于公证行业的特殊性需要较高知识水平和较高法律素养的公证人员，因此无民事行为能力人和限制行为能力人是不可能任职的。

2. 因故意犯罪或者职务过失犯罪受过刑事处罚的；故意犯罪和职务过失犯罪都侵犯了他人的合法权益，甚至对他人造成了损失，影响了社会秩序和国家的安宁，因此不能满足公证员的基本要求。

3. 被开除公职的；公证员被开除公职意味着此人的人品出现问题，不符合担任公证员所必须的要求，不能担任公证员。

4. 被吊销执业证书的；公证员必须有公证员执业证书，否则不得执行公证事务。公证员被吊销执业证书无论其原因为何，都表明在知识水平、职业道德或者业务素质方面存在着缺陷或者问题，是不能担任公证员的。

（二）公证员任职的禁止性行为条件

《公证法》第23条规定公证员不得有下列行为：（1）同时在两个以上公证机构执业；（2）从事有报酬的其他职业；（3）为本人及近亲属办理公证或者办理与本人及近亲属有利害关系的公证；（4）私自出具公证书；（5）为不真实、不合法的事项出具公证书；（6）侵占、挪用公证费或者侵占、盗窃公证专用物品；（7）毁损、篡改公证文书或者公证档案；（8）泄露在执业活动中知悉的国家秘密、商业秘密或者个人隐私；（9）法律、法规、国务院司法行政部门规定禁止的其他行为。

第三节 公证员的任免、权利和义务

作为特殊的法律执业人员，公证员的素质是公证质量最基本的保障，它关系到国家证明全能否有效发挥，关系到公证行为的公信力，因此，公证员的任选有特殊的职业要求并有一套严格的程序，同时享有一定权利和承担一定义务。

第十七章 公证员

一、公证员职务的任命

(一) 公证员的任命程序

《公证法》第21条规定,"担任公证员,应当由符合公证员条件的人员提出申请,经公证机构推荐,由所在地的司法行政部门报省、自治区、直辖市人民政府司法行政部门审核同意后,报请国务院司法行政部门任命,并由省、自治区、直辖市人民政府司法行政部门颁发公证员执业证书"。据此,公证员的任命程序是:(1)提出申请;(2)机构推荐;(3)报请审核;(4)行政任命;(5)颁发证书。

另外,我国公证员实行公证员注册管理制度。公证员注册管理制度是司法行政机关对公证员活动进行管理和监督的一项重要举措。

至于需要公证员的数量,《公证法》第17条规定,公证员的数量根据公证业务需要确定。省、自治区、直辖市人民政府司法行政部门应当根据公证机构的设置情况和公证业务的需要核定公证员配备方案,报国务院司法行政部门备案。

二、公证员职务的免除

世界各国的法律中对于公证员免职的规定较少,发达国家中大致只有日本和意大利法有相关规定。日本法律规定在下列情况下法务大臣可以免去公证员的职务:(1)公证人提出辞呈,公证人有权随时辞去公证人职务;(2)在公证员任期间不交纳身份保证金或其补充数额时;(3)公证人年满70岁时;(4)公证人因身体或精神衰弱不能行使其职务时。意大利对于公证人职务的免除,依据免职事由可分为正常免职和非正常免职两种。正常免职的情况有:(1)公证人达到退休年龄;(2)公证人提出辞呈;(3)公证人的身体状况使其不能胜任公证人职务。非正常免职的情况有:(1)公证人接受、从事或取得与公证职务不相容的任务,欠缺保证金而未在规定的期限内补交;(2)公证人无正当理由,未在其住所地露面达2个月以上。

在《公证法》未颁布之前,我国《公证暂行条例》未对公证员的免职条件加以规定,《公证法》第一次对公证员的免职作出了规定。即第24条规定,"公证员有下列情形之一的,由所在地的司法行政部门报省、自治区、直辖市人民政府司法行政部门提请国务院司法行政部门予以免职:1.丧失中华人民共和国国籍的;2.年满六十五周岁或者因健康原因不能继续履行职务的;3.自愿辞去公证员职务的;4.被吊销公证员执业证书的。"据此,公证员的免除内容是:

(一) 符合四个公证员职务的免除条件之一

(1)丧失中华人民共和国国籍的;(2)年满六十五周岁或者因健康原因不能继

续履行职务的;(3)自愿辞去公证员职务的;(4)被吊销公证员执业证书的。

（二）公证员职务的免除程序

如同公证员的产生一样,公证员的职务免除也有严格的程序要求,根据"谁任命谁免职"的原则,具体程序如下:第一,先由所在地的司法行政部门报省一级人民政府司法行政部门提出;第二,由省一级人民政府司法行政部门提请国务院司法行政部门;第三,由国务院司法行政部门予以免职。

三、公证员享有的权利

为充分发挥公证法律预防、监督和调节职能,各国均用立法手段,建立了相应的公证员和公证机构权利和法律保障体系,归纳为以下几个方面:

1.公证员和公证机构具有比较高的法律地位。

由立法机关直接制定公证法,确立公证组织、职能、基本程序和活动原则等,公证机构具有与法院等司法机关相同的法律地位,保证公证的公正、准确,防止行政干预和公证人违法乱纪行为。如危地马拉在《公证法规》第110条规定:"本法所包含的公证人的权利及义务……禁止以行政上的通告或政府的决议来创设、废止或变更这些权利义务。"

2.对公证人的职业保障。

在公证法中规定,公证人(员)不得兼职。如:《日本公证人法》第5条规定:"公证人不得兼任其他公务、经营商业或作为商业公司和以营利为目的的社团法人的代表或雇用人"。法国、比利时都禁止公证人本人或通过中间人经商,担任各种工商企业主管人;拉美各国一般也禁止公证人兼任任何公私职务、商人、诉讼代理人、律师等。我国也规定公证员和律师不得互相兼职,公证员不得经商办企业和兼任其他职务。但英美法系中对公证人兼职的限制较少,公证人可兼任律师、有限公司的股东、管理人员等。

3.对公证员和公证机构职权的保障。

主要是用法律明文规定公证机构统一行使公证权,是国内唯一可从事公证活动,出具公证书的机关。如:《西班牙公证人职业法》规定,公证人是王国整个领域中从事此种工作的唯一公务员;《阿根廷公证人法》第10条:"只有公证事务所的公证人才能执行公证业务"。这种禁止性规定,可以有效地制止假冒公证人及盗用公证之名的行为,维护公证声誉和活动秩序。

我国《公证法》第22条规定,"公证员应当遵纪守法,恪守职业道德,依法履行公证职责,保守执业秘密"。"公证员有权获得劳动报酬,享受保险和福利待遇;有权提出辞职、申诉或者控告;非因法定事由和非经法定程序,不被免职或者处罚。"根据本条第2款规定,公证员享有的主要权利有:

(一)有权获得劳动报酬,享受保险和福利待遇

劳动权和获得报酬权是宪法规定的公民的基本权利。公证员作为国家的劳动者,同样有权获得劳动报酬。这里的"报酬"既包括公证员的薪金收入,也包括合法的其他收入。公证员的劳动是公证机构运行、公证行为实施、公证目的实现的必要条件,因此公证员应当享有与其地位和作用相适应的经济权利,同时获得劳动报酬、享受保险和福利待遇也是调动公证员积极性的一种激励措施。

(二)有权提出辞职、申诉或者控告

除法律特别限制的人员和情况,公民具有择业的自由。辞职,是公证员的自由,是其一项应有的基本权利。辞职应当是自愿的,应当由本人提出申请,任何人不得强迫或者以其他非法手段迫使公证员辞职。公证员辞职后,依照法律规定的程序免除其职务。

申诉权和控告权是公证员对于自身权利受到侵害或者对处理不服时的一种救济权利。公证员对于国家机关及其工作人员侵犯本人权利的,有权提出控告。对于本人的处分或者处理不服的,有权向原处分、处理机关申请复议,并有权向原处分、处理机关的上级机关申诉。公证员提出申诉和控告,应当实事求是,不得捏造事实、诬告陷害。

(三)非因法定事由和非经法定程序,不被免职或处罚

这是为保障公证员能够依法独立执业、排除其他组织和个人的非法干预而规定的。公证的性质和宗旨决定了公证员只服从于法律,其只有违反了法律才应受到制裁,任何组织和个人不得在法律规定的事由和程序之外,凭自身意志对公证员进行处罚。所谓"法定事由"和"法定程序"是指法律明确规定在哪些情况下公证员才被免职、处罚;同时由于公证员是经过严格的遴选程序最终由司法部任命的,所以公证员的免职、处罚也必须经过法定程序由法定机关做出。这里规定法定被免职的情形主要是指《公证法》第24条规定的12种情形。该法并未规定详细的免职和处罚程序,目前这方面的规定主要有《公证员注册管理办法》、《公证员惩戒规则(试行)》等。

需要说明的是,所谓"法定事由"和"法定程序"的"法"并非仅限于法律和行政法规,国务院司法行政部门作为行政主管机关,中国公证协会作为行业自律组织,在不违背本法规定的前提下制定的部门规章和行业规范,也属于公证员应当遵循之"法",国务院司法行政部门和中国公证协会可依之给予违反者行政处罚或行业惩戒。

四、公证员承担的义务

根据《公证法》第22条第1款规定,公证员享有的主要义务:

(一)遵纪守法

遵纪包括遵守党纪、政纪和公证执业纪律。司法行政部门、其他国家机关、公证协会和公证机构为保障公证执业行为的正当性,也会制定各种纪律,作为公证行业的一员,公证员应当予以遵守。

守法包括遵守宪法和法律、遵守党的政策。宪法是国家的根本法,具有最高的法律效力,是一切法律的制定依据,是我们进行社会主义现代化建设的根本保障;法律是根据宪法制定的,由国家强制力保障实施的行为规范。遵守宪法和法律,是各国家机关、各社会组织和每个公民的义务。作为法律职业人的公证员,应当树立宪法至上的思想,忠诚于宪法和法律,维护宪法和法律的权威,自觉在宪法和法律的范围内活动,成为守法的模范。严格遵守宪法和法律是公证员履行职责的首要义务。由于我国法律还不健全,党的政策在法律缺位的情况下就成为指导社会行为的准则,所以公证员还必须遵守党的政策。

(二)恪守职业道德

在现代社会,道德包括社会公德和职业道德等方面。社会公德是要求一般人共同遵守的公共道德准则,如讲究礼貌、讲究卫生等;职业道德的提出和建立是社会化大生产分工细化、民众权利扩张和伦理学发展的结果,是指某一特定领域的从业人员应当普遍遵守的行业道德准则。职业道德和社会公德之间、不同行业之间的职业道德并非泾渭分明,彼此多有交叉,但总有各自特别之处。公证员不仅应当模范地遵守社会公德,还要恪守作为法律工作者的最起码的职业道德。中国公证员协会于2002年制定了《公证员职业道德基本准则》,包括忠于事实忠于法律、爱岗敬业规范服务、加强修养提高素质、清正廉洁同业互助四个方面的内容,这是公证职业道德的核心内容,是所有公证员的道德指引。

(三)依法履行公证职责

1.公证员应当按照权限履行职责。该权限应当是法律明文规定的权限。公证员只能在法律规定的范围内行使职权,不得超越法律的规定活动,否则就属于滥用职权。公证证明的对象很多,而且随着社会的发展,新的公证事项会不断出现,所以该权限不能理解为"法律没有明文规定可予以公证的就不能公证",而是指不能行使应当由其他机关或组织行使的职权,如纠纷裁判权、专业鉴定权等。

2.公证员应当依照规定的程序履行职责。程序正义是实体正义的保障,公开、

第十七章 公证员

公证的程序能够使得实体的权利、义务得到公平的体现,有利于更好地维护公众的合法权益,所以公证员应当按照规定的程序办理公证。

3.公证员应当正确适用实体法。实体法是以确认权利义务关系和法律责任为主要内容的法律,是判断公证对象是否合法的依据。公证员在办理公证过程中,必须正确适用公证事项所涉及的实体法,以保障该事项主体适格、当事人意思表示真实、标的物确定(或可能)、不违反社会公益,真正做到预防纠纷。

4.公证员应当认真履行职责。一是公证员应当亲自履行职责,不得委托他人履行;二是应当坚守工作岗位,不得擅离职守;三是应当努力提高工作效率和工作质量,反对官老爷作风。

(四)保守执业秘密

《保守国家秘密法》第3条规定:"一切国家机关、武装力量、政党、社会团体、企业事业单位和公民都有保守国家秘密的义务。"《公证法》第23条第8款也有规定"保守秘密的义务"。公证员在工作中可能会遇到涉及国家秘密的案件,严格保守国家秘密是一名公证员必须具备的素质,对于涉及国家秘密的案件,应当严格按照法律规定的程序办理。其他公证事项,涉及当事人的商业秘密和个人隐私的,公证员也不得随意散播。如遗嘱公证,应作为密卷进行保存,再如招标投标公证,评标过程应严格保密,公证员对此必须守口如瓶。另外,公证员还应当保守公证工作秘密,对于办证过程中形成的内部意见、内部材料和不应当透露的其他与公证工作有关的信息,一律不得泄露。

如引例中要依法作出公证,维护公证的效力和权威,就必须在明晰具体事件法律问题的基础上发挥公证的作用。本案涉及公司成立过程中发起人资格转让的效力问题,特别是公证员的作用等许多法律问题。公证员李某某和陈某某查明的决议,即2001年间,上海工业投资(集团)有限公司(以下简称"工投")、上海中国国际旅行社股份有限公司(以下简称"国旅")以及大连实德集团有限公司等十家单位达成协议:由十家单位共同投资人民币12亿元,成立"人寿公司"。中国保险监督管理委员会于2001年12月20日在[2001]139号文件中作出同意设立该公司的批复。在设立过程中,由于某些原因,"国旅"于2001年10月31日和"诚远"达成转让发起人资格的协议,"工投"也于2001年12月22日和"新世纪"达成发起人资格转让协议。在获悉人寿公司筹备组决定于2002年1月6日召开发起人会议之后,"国旅"和"工投"分别于2002年1月4日、2002年1月6日通知人寿公司筹备组,因参股资格已转让,该二公司不再参加设立公司的有关会议。2002年1月6日,由其余8家公司组成的生命人寿筹备组经召开发起人会议,作出调整人寿公司股权结构的决议,即国旅和工投可以退出,其发起人名额不再替补,在此次发起人会议决议上签字的8家公司不得退出也不得转让,直至公司完成公司注册登记等决议。会议期间,"诚远"和"新世纪"执发起人资格转让书要求参加发起人会议,但遭到拒绝。两个公证员在对事实做出法律分析之后,他们代表公证机构在法律基础上作出正确判断,认为"诚远"和"新世纪"不具备发起人资格,由8家公司参加并召开的发起人会议符合法律规定,并依法出具了公证书。

 司法考试真题链接

1. 关于司法制度与法律职业的表述,下列哪些选项是正确的?(2009年司法考试真题)

   A. 关于从事法律职业的条件:①曾因犯罪受过刑事处罚者不能担任公证员;②年龄二十三周岁者可以担任检察官。①正确、②不正确

   B. 关于律师承办业务:①律师承办业务,应告知委托人可能出现的法律风险;②律师承办业务,可根据情况决定是否向委托人通报委托事项办理进展情况。①正确、②不正确

   C. 关于检察制度的发展和特征:①资本主义国家的检察机关多隶属于行政机关的司法行政部门;②我国实行的是检察长负责和检察委员会集体领导相结合的检察院负责制。①正确、②不正确

   D. 关于我国的法官制度:①法官之间有夫妻关系、直系血亲关系、三代以内旁系血亲以及近姻亲关系的,不得同时担任同一法院的院长、副院长和审判员、助理审判员;②法官的考核内容包括审判工作实绩、思想品德、审判业务和法学理论水平、工作态度和审判作风,重点考核工作态度和审判作风。①正确、②不正确

2. 关于法律职业的有关表述,下列哪些选项可以成立?(2008年司法考试真题)

   A. 两名法学院的学生讨论从事法律职业的条件。左同学认为:曾因犯罪受过刑事处罚者不能担任检察官。孔同学认为:年龄二十三周岁以上六十五周岁以下者可以担任公证员。左同学的说法正确而孔同学的说法不正确

   B. 甲市中级法院审判委员会讨论曾某强奸案。田法官认为:市中级法院李院长因病不能参加会议,委托不是常务副院长的孙副院长主持会议,委托无效。林检察官认为:市检察院王检察长在审判委员会讨论此案时可以列席,但不能发表意见,也不能参加表决。田法官的说法正确而林检察官的说法不正确

   C. 乙县法院孙法官在审理某承揽合同纠纷案件时,遗漏主要证据、重要情节导致裁判错误,造成了严重后果,受到警告处分。乙县检察院检察官张某在办理案件中非法拘禁当事人,受到记过处分。对这二人违反工作

纪律行为的处罚正确

D. 丙律师事务所是一家有60名执业律师的合伙所,为扩展业务决定到某沿海城市设立分支结构,并委派专人办理有关审核事宜。法律援助对象鄂某要求丙律师事务所的法律援助服务人员尊重和保护自己的隐私权。这两个行为均符合法律的规定。

第十八章　公证机构

【引　例】

2006年6月21日，李运力老人去世后，他的6个子女在这一天一起来到了某公证处，请求办理继承公证。公证员在了解了有关情况后，认为符合受理的要求，就让他们填写了申请表，查看了他们的身份证，并且开始给他们做谈话笔录。在他们姐弟6人中，有4个人当时就表示要放弃继承权，公证员就都让他们在放弃继承权声明书上签字，有两人表示要继承遗产。在做完这些工作后，公证员还要到有关的部门去核实。但是，第二天，也就是6月22日，6姐弟中的老四和老五，很早就来到了公证处找到了昨天办理公证的公证员说，他们两个不放弃继承权了，要求公证处不要给他们办理公证了。至此，公证员就让他们两个分别写了一份声明书，内容是，昨天的放弃继承权声明书作废，我们不放弃继承权，要继承父亲的遗产。然后，公证处就电话通知了其他当事人，说因为你们当中有人不放弃继承权，你们之间现在达不成协议，我们不能给你们办理继承公证。就这样，也没有写报告，主任也没有审批，也没有订卷，材料就在公证员手里放着，一直到了2009年12月，公证处突然接到法院的一份协助调查的函，让公证处将办理公证的有关情况告知法院。官司结束后，4姐妹告上法院，要求公证处赔偿。

第一节　公证机构的性质和特征

在世界范围内，公证法规定的公证机构有机构本位和公证人本位两种立法模式；实际上这是公证机构承担公证责任的立法模式。机构本位是指公证书的公信力由公证机构予以保障，公证人在公证机构执业，公证机构承担第一责任。公证人本位是指公证书的公证力由公证人予以保障，公证人独立执业，公证人承担第一责任。

我国公证法采取了机构本位的立法模式。在《公证法》第6条规定和释义中，对机构本位的立法模式进行了肯定和阐述。机构本位的立法模式是符合我国现阶段公证实际的。公证机构本位和公证人本位从本质上来说向社会提供的都是一种公信力,在现阶段,公证机构经过长期的发展,在社会中已经积累了较大的公信力,继续由公证机构来向社会提供证明服务,是符合整个社会的一般法律预期的。机构本位的制度设计并不排除公证人本位的理念,在机构本位下完全可以借鉴、容纳公证人本位的优点。如主办公证员制度,就是借鉴了公证人本位的理念,在一定条件下充分肯定和发挥了公证员的个性和才能。

一、公证机构的定义和性质

1.公证机构的定义。根据《公证法》第6条规定,"公证机构是依法设立,不以营利为目的,依法独立行使公证职能、承担民事责任的证明机构。"该规定明确给出了公证机构的定义。

2.根据公证机构的定义,看出公证机构的性质是证明机构。"证明"是一种非常普遍的现象。证明就是"据实以明真伪","用可靠的材料来表明或者断定人或事物的真实性"。证明的形式是多种多样的。例如,公证、合同鉴证、认证、律师见证等。公证证明区别于合同鉴证、认证、律师见证等其他证明形式之处在于,公证证明是特定的主体通过特定的程序对特定的事项进行证明并产生特定效力的证明活动。公证机构区别于其他证明机构在于公证机构行使的是专属的公证证明权。合同鉴证、认证、律师见证等其他证明形式不具有这种性质。

二、公证机构的特征

根据《公证法》第6条规定,公证机构具有以下几个特征:

(一)公证机构的法定性

《公证法》第6条规定公证机构的法定性包含三个意思:一是"公证机构是依法设立"。"依法设立"是指公证机构必须依据公证法规定的条件和程序设立。未依本法设立的机构,不得行使公证证明权,办理公证。二是公证机构"依法独立行使公证职能、承担民事责任的证明机构",其含义是公证机构的职能是法律赋予的专门证明职能。三是根据公证法的规定,公证机构的业务法定,效力法定。基于此,公证机构的法律责任和地位是有别于一般"中介"机构的。

(二)非营利性

公证机构的基本特性之一是非营利性,它指公证机构的设立是以非营利为目的的,具有公益性。在大陆法系国家,公证行使司法证明权,这意味着公证人担负着很重的社会责任,公证人要通过司法证明手段,预先解决当事人在民事交往中可能产生的争端,维护自然人、法人或者其他组织的合法权益。由此可以看出,公证行为关注的公共利益主要是在司法证明领域内的特殊公共利益,带有很强的非营利性和公益性。换而言之,公证机构的设立旨在承担部分社会职能,预防纠纷,减少诉讼,因而具有公益性。如果一项公益性事业以营利为目的,则势必与其履行的社会职能相背离。

但公证的非营利性与公证机构按照规定的标准收取公证费是不矛盾的。因为公证人通过自己的劳动,来满足当事人的需求,必然消耗一定的精力和成本,收取公证书费主要在于补充相应的付出。此外,公证受益人不是社会全体成员,国家不应承担公证人提供服务所需求的费用。非营利性要求公证机构不能唯利是图,单纯地追求经济效益,而要以社会正义为己任。公证的非营利性表明公证机构不是企业,不是国家机关,也非一般的中介服务机构。

(三) 独立性

独立性是公证机构的另一个基本特性,它指公证机构独立地行使公证证明权、独立承担责任。公证的独立性是公证法律服务活动的本质需要。公证法律服务活动,建立在公证与当事人之间双方信任的基础上,当事人请求公证最本质的目的,旨在通过公证人所掌握的法律知识、技能和能力,使双方合意的契约、文书合法化,从而取得证明效力。因此,公证的特性就是其必须以不偏的第三方的身份进行工作,其必须对公证的一切行为负责。公证人不是政府官员,所以公证人在工作时不会受到任何政府机构的影响,他在做出公证决策时,没有任何上级单位或个人给他发出指示或是施加任何影响,法律和法规是公证人的唯一行动法则。

独立性具体表现在:第一,行使职权的独立性,即公证机关依照法律独立行使自己的职权,不受行政机关、社会团体和个人的非法干涉;第二,承担责任的独立性,即公证机构以自己的财产对外承担责任。

保障公证机构的独立性,要解决好以下几个问题:第一,要正确处理公证机构和公证管理机关的关系。公证机构是独立承担民事责任的证明机构,公证管理机关与公证机构不是领导与被领导的关系,而是监督、指导与被监督、被指导的关系,公证管理机关要依照法律对公证机构进行监督、指导。对于属于公证机构职权范围内的事情,公证管理机关不能越俎代庖。第二,要正确处理公证机构与其他司法机关的关系。公证机构和其他司法机关是既相互独立又相互配合的关系。它们各自独立地行使国家授予的权力,互不干涉。第三,要正确处理公证机构与公证申请人的关系。公证机构与一些经常申请公证的当事人形成比较稳定的合作关系,这种情况是比较正常的,但公证机构并不能因此而丧失了自己的独立性,迁就于公证申请人,公证机构应当与这些当事人保持适度的距离。第四,要正确处理公证机构和行业协会的关系。公证协会与公证机构的关系是监督与被监督的关系。公证协会在对公证机构进行执业监督的过程中,也应当保证公证机构的独立性。

第十八章 公证机构

（四）中立性

公证机构除了该条明确规定的非营利性和独立性以外，还具有如下一些特性：中立性。公证是公证的代名词，公证人职业虽然与其他法律职业一样都是以公证、正义作为价值理念，但在追求同样的价值理念中，所扮演的角色不同。律师站在被代理人的一方寻求法律的公证，而检察官则是作为国家公诉人去寻求法律的公证。公证的中立性要求公证人站在第三者的位置，站在国家法律和社会公共立场上，不偏不倚，以寻求正义的价值。

（五）服务性

公证属于法律服务性的工作，其行为活动依据是服务对象的申请，工作结果是使当事人正确行使其权利、履行义务，是较为专业的法律服务，因而，公证机构具有服务性。公证机构的服务性要求公证人要具有较强的专业知识，向社会提供专业服务。

在这些公证机构的特征中，非营利性和独立性是公证机构的两个基本特性，是公证机构赖以向社会提供公信力的基础。公证机构如果不具有非营利性和独立性，其出具的公证书的公信力就会受到社会的普遍合理怀疑，受到普遍合理怀疑的公证书，就不再具备良好的品性。因此，在公证实务中，必须要保证公证机构的非营利性和独立性。

三、公证机构的制度

根据《公证法》有关规定，公证机构应该建立的主要具体制度有：

1. 公证机构应当建立业务、财务、资产等管理制度，即内部管理制度；其根据《公证法》第14条规定："公证机构应当建立业务、财务、资产等管理制度……"
2. 对公证员的执业过错责任追究制度，即对内责任追究制度；其根据《公证法》第14条规定："……对公证员的执业行为进行监督，建立执业过错责任追究制度。"
3. 执业责任保险制度；其根据《公证法》第15条规定："公证机构应当参加公证执业责任保险。"
4. 禁止行为制度。根据《公证法》第13条规定："公证机构不得有下列行为：1.为不真实、不合法的事项出具公证书；2.毁损、篡改公证文书或者公证档案；3.以诋毁其他公证机构、公证员或者支付回扣、佣金等不正当手段争揽公证业务；4.泄露在执业活动中知悉的国家秘密、商业秘密或者个人隐私；5.违反规定的收费标准收取公证费；6.法律、法规、国务院司法行政部门规定禁止的其他行为。"
5. 收费制度。根据《公证法》第46条规定："公证费的收费标准由国务院财政部门、价格主管部门会同国务院司法行政部门制定。"

6.承担法律责任制度,即对外承担法律责任制度;其根据《公证法》第6条规定:公证机构对外承担民事责任制度;根据《公证法》第41条、第42条、第43条规定,公证机构还可能承担民事、行政、刑事责任。对此,另章介绍。

如引例中由于公证处没有给当事人办理公证手续,姐弟6人为了继承父亲的房产就上法院打官司,在打官司的过程中,有人提出,有4个人已经放弃了继承权,他们4人不能在继承遗产了。法院在审理的过程中,要求公证处出具证明材料。公证处只能如实出具了有关的证明材料。法院在审理认定姐弟中4人在公证处放弃继承权是有效的,故此,将李老汉的遗产判归他的两个儿子所有。姐妹4人不同意,又上诉到中级人民法院,中院驳回上诉,维持原判。法院的官司打完了,姐妹4人认为公证处没有按照有关规定为他们办理终止公证,使她们的财产受到了损失,要求公证处赔偿。本例中公证处在这件公证事项中存在的问题是:(1)第二天当事人反悔,要求撤销放弃继承权,这时候公证员就没有权利同意他们反悔了,虽然这时还没有出具公证书,但是,当事人已经在公证员面前发表了放弃继承权的声明了,要反悔,只能按照继承法的司法解释第50条规定(遗产处理前或在诉讼进行中,继承人对放弃继承翻悔的,由人民法院根据其提出的具体理由,决定是否承认。遗产处理后,继承人对放弃继承翻悔的,不予承认)处理,所以,当时公证员应当向当事人解释清楚,而不应该让当事人再写一份不放弃的声明书。作为当事人,自己认为因为后来又写了一份不放弃的声明书,所以,原来那一份就没有作用了。故此,他们后来就把矛头指向了公证处。(2)公证处和部分公证员没有按照《公证程序规则》第51条的规定去办理终止公证的手续。公证员不写报告,也不让主任审批,自己把有关材料扣下,即不订卷也不入档,只是口头告诉当事人一声,就算完事了。当出现问题时,再补救就晚了。因为终止公证往往隐藏纠纷隐患,很容易把矛盾引到公证处身上。本案就是教训。

第二节 公证机构的设置

根据《公证法》第7条规定,"公证机构按照统筹规划、合理布局的原则,可以在县、不设区的市、设区的市、直辖市或者市辖区设立;在设区的市、直辖市可以设立一个或者若干个公证机构。公证机构不按行政区划层层设立"。据此,新《公证法》对公证机构的设置进行了改革。

1982年国务院颁布的《公证暂行条例》第5条对公证机构的设置进行了规定:"直辖市、县(自治县,下同)、市设立公证处。经省、自治区、直辖市司法行政机关批准,市辖区也可设立公证处。"根据这一规定,各地分别设立了直辖市公证处、市公证处、区公证处和县公证处。《公证暂行条例》实施后,为适应改革开放和经济发展的需要,司法部规定省、自治区可设立公证处;经司法厅批准,报司法部备案,可以设立自治州公证处;自1993年起,司法部对公证处进行改革,允许在同一区域内设

第十八章 公证机构

立若干个公证处,可以按经济区设立公证处。这样我国建立起了四级公证处体制,即国家(长安)公证处、省级公证处、市级公证处、县(市辖区)公证处。这种体制在一定程度上促进了公证处之间的竞争,推动了公证的发展。然而,随着市场经济和公证的深入发展,这种体制也暴露了它的一些弊端。针对上述四级公证处体制的弊端,新《公证法》对公证机构的设置做了下面一些调整。

一、公证机构设置的调整

新《公证法》对公证机构的设置调整的内容:

第一,明确了公证机构设置的原则,即统筹规划,合理布局。第 7 条规定"统筹规划",旨在说明公证不是市场行为。统筹规划、合理布局是指要从本地的实际情况出发,以可持续发展的眼光,本着方便当事人的原则,科学、合理地确定公证机构的设置。各地要根据地区经济发展程度、人口数量、交通状况和对公证业务的实际需要确定公证机构的设置,统筹规划意味着公证机构的设立要实行总量控制,不能随意设置。综合上述因素,在经济相对发达的地区,要争取设立两个或两个以上的公证机构,形成一个规范、有序、适度竞争的公证执业环境;在经济相对不发达的地区,可以只设立一个公证机构;在不具备设立条件的地区,可不再设立公证机构。公证机构不再按行政区划层层设立。

第二,明确了在国家、省一级、地区、盟、州不再设立公证机构,但允许继续在直辖市设立公证机构。这克服了在四级公证处体制下,公证处在法律上是平等的,事实上却不平等,这在很大程度上导致了无序的竞争。

第三,明确了公证机构可以在县、不设区的市、设区的市、直辖市或者市辖区设立。新《公证法》明确规定公证机构在同一层级设立,也就是说要整体设立在一个平台上,在一个设区的市、直辖市可以设立一个或若干个公证机构,如果城区范围的市辖区设立了,市就不再设立;各公证处主体地位平等。

第四,明确规定公证机构不按行政区划层层设立。新《公证法》关于公证机构设置的规定,将使公证处实现法律上和事实上平等,平等主体的适当公平竞争有利于提高公证效率和公证服务质量,进而提高公证质量和公证公信力。

第五,明确了公证机构设置的数量。在设区的市、直辖市可以设立一个或者若干个公证机构。其立法旨意在于鼓励适当、有序、规范的竞争。

二、公证机构设置调整的好处

新《公证法》对公证机构设置的规定是符合市场经济需要和公证发展要求的。它的好处是:

第一,减少了当事人的搜寻成本。经济学认为,当事人在进行交易的时候,要具备关于该交易的充分信息(例如,消费者必须知道有哪些商品,它们以什么价格出售以及在哪里出售),搜寻这些信息是有成本的。在市场竞争中,价格分散性和质量差异性越大,当事人的搜寻成本越高。同样道理,当事人在进行公证的时候,也要具备关于该公证的充分信息(例如,当事人须知道有哪些机构,这些公证机构有哪些权利,以及它们设置在哪里,它们的服务如何等),要搜寻这些信息同样是有成本的。四级公证处体制使公证机构具有高度的分散性,而公证机构的高度分散性则加剧了当事人的搜寻成本。根据本条规定公证机构设置在一级层次上,减少了公证机构的分散性,从而减少了当事人的搜寻成本,有利于提高公证效率,更好地服务于社会。

第二,有利于公证管理机构对公证机关进行管理。在四级公证处体制下,公证管理机关的管理面临诸多问题。现行公证机构不按行政区划层层设立,总体上设置在一个平台上,有利于管理机构进行归口统一管理,进而提高了管理的效率和公平性。

第三,有利于为区域经济服务。公证行业的重要任务是为经济服务,而经济是以一个个区域市场表现出来的。行政区域并不必然代表着一个经济区域。

第四,有利于解决一些历史的、区划的、自然的问题。公证机构设置在市一级上,如上所言,可以减少当事人的成本,便于行政机关进行管理,避免不正当的竞争,便于为区域经济服务。然而,考虑到历史、区划和自然等特殊情况,对此不能搞"一刀切",要从实际出发,具体问题具体分析。对特殊情况,通过在市辖区设立公证机构,可以合理地解决上述问题。

另外,这也是与第6条公证机构承担民事责任相对应的,层层设置公证机构是以承担行政责任相对应的。

第三节 公证机构的设立条件和程序

一、公证机构的设立的条件

公证机构作为证明机构,具有区别与其成员利益的团体利益,其独立承担民事责任需要一定的条件。根据《公证法》第8条规定,"设立公证机构,应当具备下列条件:1.有自己的名称;2.有固定的场所;3.有两名以上公证员;4.有开展公证业务所必需的资金"。公证机构的设立必须具备四个方面的条件:

(一)公证机构应当有自己的名称

名称是公证机构区别于其他单位或者公证机构的显著标志。"公证"是专有名词,只能由公证机构专门使用,其他任何单位都不能使用。公证机构成立后,对自

第十八章　公证机构

己的名称享有权利,其他任何单位和个人不得侵犯。

(二)公证机构应当有固定的场所

固定场所是指在一定时期内具有相对稳定性的办公场所,包括自有的场所和租用的场所。拥有固定的办公场所,是公证机构能独立承担民事责任的基础和前提,是公证机构独立享有民事权利和承担民事义务的物质基础。拥有固定的场所可以方便当事人办理公证事项,可以向当事人提供更加优质的服务。如果一个公证机构没有固定的办公场所,则不能给社会大众提供一个稳定的预期,其公信力就会打折扣。

(三)公证机构应当有两名以上公证员

公证是一种专业性很强的法律服务,必须由具备了比较深厚的法学基础、比较丰富的法律实践经验、良好的道德水准的公证员担任。公证员是公证机构的主体,公证机构必须拥有一定数量的公证员,才能对外开展业务。拥有两名公证员是设立一个公证机构的最低标准,低于两名公证员,公证机构不得设立。

(四)公证机构应当有开展公证业务所必需的资金

公证机构有必要的资金是公证机构独立承担民事责任的基础和前提。有一定数量的资金有利于保障必要的办公设备,如购买独立办公房、公证书专用纸保管用房、电脑、办公用车等。公证机构独立承担民事责任,是它拥有独立财产的必然反映和结果。一个有着较好的资信的公证机构,能够更加容易获得社会的认可,其公信力得到提高。不具备开展公证业务所必需资金的公证机构不得设立。开展公证业务所必需的资金,可以参照2000年9月5日司法部发的《关于贯彻〈深化公证工作改革的方案〉的若干意见》规定的标准该意见规定:各公证处应按《方案》要求尽快建立法人财产制度。公证处的法人资产应在30万元以上。根据该规定,公证机构在设立时,其开展业务所必需的资金不得少于30万元。

二、公证机构设立的程序

(一)公证机构设立的原则

公证机构的设立是指依照法定程序,公证机构成立并获得办理公证事项的资格。公证机构设立必须要按照该条规定的程序进行,任何非经本程序设立的公证机构都是非法的。根据《公证法》第9条规定,"设立公证机构,由所在地的司法行政部门报省、自治区、直辖市人民政府司法行政部门按照规定程序批准后,颁发公证机构执业证书。"在我国设立公证机构除应当符合公证法规定的条件外,还要经过省、自治区、直辖市人民政府司法行政部门的批准,颁发公证机构执业证书。因此,我国公证机构的设立原则采取的是许可设立主义。

(二)公证机构审批程序

公证机构设立的审批权依法属于省、自治区、直辖市人民政府司法行政部门,其他任何机关无权批准公证机构的设立。所在地的司法行政部门具体是指县司法局、不设区的市司法局、设区的市司法局、市辖区司法局等,在直辖市设立的,由直辖市人民政府司法行政部门自行依规定程序批准设立。省、自治区、直辖市人民政府司法行政部门在审批时,应当依法审查如下一些内容:第一,该公证机构的设立是否符合统筹规划、合理布局的原则。第二,该公证机构的设立是否符合公证机构设立的规则,即《公证法》第7条的规定。第三,该公证机构是否已经具备《公证法》第8条规定的条件。第四,报送的主体是否正确。即是否由所在地的司法行政部门报送。省、自治区、直辖市人民政府司法行政部门依法审查后,对完全符合上述要求的公证机构,予以批准设立,颁发公证机构执业证书。不符合上述条件的,不予批准。

三、公证机构负责人的产生

(一)公证机构负责人任职条件

根据《公证法》第10条规定:"公证机构的负责人应当在有3年以上执业经历的公证员中推选产生,由所在地的司法行政部门核准,报省、自治区、直辖市人民政府司法行政部门备案。"公证机构的负责人是指在公证机构担任领导并担负责任的人,包括公证机构的主任、副主任。公证机构是向社会提供专业法律服务的证明机构,为了保障服务的质量,必须保证公证执业活动的主体即公证员具有与从事这项工作相适应的综合素质。因此,《公证法》在有关条款中对公证员规定了较高的任职条件。而作为公证机构的负责人,他们不仅要管理机构内部的行政方面事务,更应当熟悉公证业务工作,以便于全面加强对各项工作的指导、管理和监督。

为此,必须对公证机构负责人的任职条件进行必要的限制,《公证法》规定,公证机构的负责人必须具有公证员资格。公证机构的负责人只有具有公证员资格,才能执行公证员职务,也才能保证他们掌握与担任这一职务相适应的业务知识。同时,为了确保这些人员具备必要的公证工作经验,《公证法》还规定他们应当有3年以上的执业经历。也就是说,这些人员除了具有公证员资格外,还应当在公证机构执业达到3年以上。应该说,《公证法》的这一规定是有针对性的。目前,一些地方的司法行政部门出于种种考虑,将一些不具有公证员资格的人员安排到公证机构担任负责人,从而影响了公证机构业务工作的正常开展。这一做法必须在《公证法》施行后得到纠正。

(二)公证机构负责人产生方式和程序

《公证法》对公证机构负责人的产生方式、程序与本法施行前相比,有相当大的区别。本法施行前,公证机构负责人的产生方法主要有两种,即任命制和聘任制。这两种方式的共同特点是:公证机构的负责人都是直接由同级司法行政机关决定的。考虑到公证机构与国家机关的性质不同,为了保证公证机构独立行使公证职能,体现机构内部的民主管理,《公证法》采取两结合的方式和程序确定公证机构的负责人:首先,由公证机构的组成人员(即包括公证员在内的所有在编人员)按照《公证法》等法律、法规规定的条件和程序以及国务院司法行政部门的有关规定,通过内部酝酿、投票等程序和方式从本公证机构内部推选出本机构的负责人人选。其次,在推选出负责人后,报请公证机构所在地的司法行政部门核准。所在地司法行政部门经审核,认为公证机构的推选符合条件和程序的,应当予以批准,反之则不予批准。所在地司法行政部门核准后,应当将核准的情况报所属的省、自治区、直辖市人民政府司法行政部门备案,以备查考。

第十九章 公证机构的证明业务

【引 例】

2008年10月,某某市一个体经营承包户与某公司拟订立矿石购销合同,双方都有诚意,对合同的基本条款达成了一致意见,但因合同标的很大(近200万元),在签字时,双方当事人为"见货付款"和"见款发货"发生了分歧。鉴于此,双方当事人向某某公证处进行咨询。公证处对此给予了高度重视,在认真了解双方争执的焦点后,细致地解答了双方提出的问题,并进一步向双方当事人宣讲了"提存公证"在经济交往中所起的重要作用。双方当事人当即向该处提出申请。

第一节 公证机构的证明业务的分类概述

第一种分类法:从中国《公证法》第2条对公证的定义,公证证明的对象是民事法律行为、有法律意义的事实和文书。依此,可以将公证机构的证明业务分为民事法律行为、有法律意义的事实和文书公证三类。

第二种分类法:由于理解不同,有人分为民事法律行为、有法律意义的事实、有法律意义的文书公证、保全证据和法定公证五类[1]:

一是对民事法律行为的公证。这里所说的法律行为是指自然人、法人或者其他组织设立、变更、终止法律上的权利义务关系的行为,如继承、赠与、委托、签订合同等。

民事法律行为的公证,应当符合下列条件:(1)当事人具有从事该行为的资格和相应的民事行为能力;(2)当事人的意思表示真实;(3)该行为的内容和形式合法,不违背社会公德;(4)《公证法》规定的其他条件。不同的民事法律行为公证的办证规则有特殊要求的,从其规定。

---

[1] 吴凤友主编:《公证法释义》,中国法制出版社2005年版,第38～53页。

第十九章 公证机构的证明业务

二是对有法律意义事实的公证。具有法律意义的事实包括法律事件和其他在法律上有一定意义的事实。法律事件是指不以人的意志为转移并能引起一定法律后果的自然发生或存在的事实,如出生、死亡、空难、自然灾害、意外事件等。其他在法律上有一定影响的事实,是指虽然不直接引起权利义务关系的设立、变更、终止,但对当事人的生活、生产、学习等活动具有特定法律意义的事实,如民族、国籍、法人的资信情况、亲属关系、婚姻状况、学历、职称、经历、身份、健康状况等。

有法律意义的事实或者文书的公证,应当符合下列条件:(1)该事实或者文书与当事人有利害关系;(2)事实或者文书真实无误;(3)事实或者文书的内容和形式合法,不违背社会公德;(4)《公证法》规定的其他条件。不同的有法律意义的事实或者文书公证的办证规则有特殊要求的,从其规定。

三是对具有法律意义文书的公证。具有法律意义的文书是指一切在法律上有特定意义或作用的各种文件、证书、文书资料的总称。公证机构证明的具有法律意义的文书则是指书面法律行为以外的其他具有法律意义的文书,如法人营业证书、公司章程、商业活动记录、董事会决议、商标注册证书、专利证书、申请知识产权注册的有关法律文件等。具体而言,对这些文书,公证的范围包括:证明文书的内容属实,证明文书上的签名、印鉴属实,证明文书的签署地点和日期,证明文书的副本、影印本与原本相符,证明译文与原文相符等。

有法律意义的文书的公证,应当符合上列有法律意义事实的公证条件

四是保全证据。其区别前三类公证。保全证据公证,是指公证机构根据当事人的申请,对与申请人权益相关的、日后可能灭失或以后难以取得的证据,依法进行事先收存和固定,以保持证据的真实性和证明力的活动。公证机构保全证据,可以有效地防止证据灭失,为人民法院和行政机关及时解决纠纷和诉讼提供可靠的证据。

公证法将"保全证据"规定为公机构的公证事项。而在原公证暂行条例中,将保全证据规定为公证机构的业务。这是因为保全证据在实践中经常发生,一直是公证机构的一项业务,应予肯定,故本法将"保全证据"规定为公证事项。

五是法定公证。法定公证事项仅限于法律、行政法规的规定的公证事项,以下具体阐述。

第三种分类法:根据法定原则以及自愿与法定相结合的公证原则,本书将公证机构证明业务分为四类:一是法规、法律规定必须公证的事项,即法定公证(见《公证法》第11条第2款规定);二是可以办理的"公证事项",即《公证法》第11条第1款规定;三是可以办理"相关事务",即《公证法》第12条规定;四是涉外公证和涉港澳台公证,即《公证法》第45条等规定。现重点分述如下。

由于公证机构证明的业务办证程序类型众多,无法一一列举,本章只能简要介绍。

第二节 法律法规规定应当公证事项

《公证法》第11条第2款,"法律、行政法规规定应当公证的事项,有关自然人、法人或者其他组织应当向公证机构申请办理公证。"其确立了法定公证事项,体现出国家通过公证对特殊领域采用法律手段进行适当干预的特点,而且随着社会经济的发展,法定公证的内容将会不断扩充、发展和变化。但是,我们应该认识到,立法中确立法定必须公证事项要依赖于相关实体法的制定和修改,确切地说,主要是寄望于民商事实体法中写入,这主要是公证与登记的关系问题。如果登记是实质的,就没有必要在登记之前加公证程序;如果登记是形式的,那么在登记之前就需要公证。这与公证的公信力有很大的关联。毫无疑问,这将是一个长期渐进的过程。我国大陆目前尚没有一部施行全国的法律规定非经公证不发生法律效力的事项;相对之下,台湾地区的"公证法"、"民法"等涉及私权领域的法律都明确规定了大量的公证事项。

立法规定了法定公证事项,这是重大的进步。然而,公证业务的生存和发展不应主要要依靠法定公证事项在立法中的确立,而应主要依靠公证的社会服务属性,依靠公证员的法律专业知识和专业技术为保障当事人的民事权利和合法目标依法实现提供服务,让社会公众从自身需要出发,真正认可公证的价值,主动要求公证服务。

一、法定公证事项仅限于法律、行政法规的规定

法律中明确规定必须公证的事项。这是各国为充分发挥公证的预防监督职能,确保公证业务的正常开展而采取的另一保障措施。如:《日本商法典》第167条规定:赠与、抵押契约、共有财产的分割、夫妻契约(指对婚后财产权利的约定)及受赠人的委托书等必须公证。这些规定,对保证公证职能的实现,加强对民事法律行为的监督控制具有积极意义。

从立法角度讲,效力低于法律、行政法规的规范性文件,即使规定了必须公证的事项,根据本法,也不属于必须公证事项,即不属于法定公证事项。

目前,规定了法定公证内容的法律、行政法规主要有:《合同法》、《担保法》、《继承法》、《招标投标法》、《收养法》、《城市房屋拆迁管理条例》等。

二、法定公证的范围

并不是当事人所有的法律事实和行为都必须公证,必须公证的法律事项是有

条件、有范围的。具体地讲：

1. 重大的法律事实和行为必须公证。重大的法律事实和行为有以下表现：一是法律行为所涉及的标的额大；二是法律行为可能引起的法律后果大，如国有固定资产入股，评估行为等。

2. 复杂的法律行为必须公证。法律行为的复杂性集中表现为：一是行为主体的复杂；二是行为内容的复杂，权利义务关系难以界定；三是客体的复杂，如整体企业产权转让、兼并，涉及企业产权的流动能力、资产评估、报批和登记造册等内容；四是程序复杂，如有些法律行为必须采取招标、拍卖等程序进行。

3. 易于引起纠纷的法律行为本身已含有可能发生纠纷的种种隐患，应当公证。其表现为：一是法律关系期限长，如有的土地使用权有偿出让的期限一般都在 50 年以上，荒山、荒坡的开发和种植林木、果树获得收益的期限长，发生纠纷的概率就大；二是法律关系客体流转层次多，如土地使用权可以转达让、抵押等；三是法律关系内容严格，如某土地是工业用地、商业用地、公共设施用地，就要受严格的限制。

不论是重大的、复杂的，还是易于引起法律纠纷的法律行为，都直接关系到国家利益，关系到国家宏观经济管理以及市场经济秩序的建立与完善。这些法律行为一旦违法或发生纠纷，不仅会给当事人造成重大损失，而且会破坏或影响国家的经济利益和经济秩序。所以，国家才通过法律规定这些行为必须公证，把这引起行为的法律把关和监督重任交给公证机构。

必须明确的是，重大而复杂的法律行为，并不是经公证后就变得不重大或不复杂了。公证的职能不在于改变公证事项的性质和重大复杂的程度，而且通过公证机构的介入，帮助当事人明了一些法律问题，解决一些疑难，尽可能保证这些行为合法化。同时，法定公证还必须出自当事人的自愿。

第三节 可以办理的"公证事项"

《公证法》第 11 条第 1 款规定，"根据公民、法人、其他组织申请，公证机构办理下列公证事务：(1)合同；(2)继承；(3)委托、声明、赠与、遗嘱；(4)财产分割；(5)招标投标、拍卖；(6)婚姻状况、亲属关系、收养关系；(7)出生、生存、死亡、身份、经历、学历、学位、职务、职称、有无违法犯罪记录；(8)公司章程；(9)保全证据；(10)文书上签名、印鉴、日期，文书的副本、影印本与原本相符；(11)自然人、法人、其他组织自愿申请办理的其他事项。"第 2 款规定，"法律、行政法规规定应当公证的事项，有关自然人、法人或者其他组织应当向公证机构申请办理公证。"这些是可以办理的"公证事项"。

以上公证事项，总体而言，可以作两种分类：一是自愿公证与法定公证。本条第 1 款以列举的方式规定了自愿公证的事项；本条第 2 款规定了法定公证事项；二是关于自愿公证事项，本条第 1 款第 1 项到第 5 项规定的是法律行为；第 6 项到第

8项规定的是法律事实;第9项规定的是保全证据;第10项规定的是有法律意义的文书;第11项是对自愿公证事项的概括性规定,属于兜底条款。

如果以第一种分类的方式,具体阐释各公证事项是:一是法律行为公证的主要事项,主要包括:合同、继承、委托、声明、赠与、遗嘱、财产分割、招标投标、拍卖。二是有法律意义的事实公证的重要事项,主要包括:婚姻状况、亲属关系、收养关系;出生、生存、死亡、身份、经历、学历、学位、职务、职称、有无犯罪记录等。三是有法律意义的文书公证重要事项,主要有:文书章程、文书上的签名册名、印鉴、日期、文书上的副本、影印本与原本相符。

本书以第二种分类的方式,具体阐释各公证事项概述是:

一、合同

合同是一种民事法律行为,而且是民事法律行为的一种重要形式。《合同法》规定,合同是平等主体的自然人、法人、其他组织之间设立、变更、终止民事权利义务关系的协议。合同当事人依法向公证机构申请办理合同公证,可以有效地防止因签订合同的当事人不符合法律规定的资格,或者因合同条款不完善甚至内容违法等导致合同的法律效力受到影响,保障交易安全。实践中,把民事合同公证分为一般民事合同公证和经济合同公证。

二、继承

继承是继承人依法承受被继承人遗产的民事法律行为。《继承法》规定,继承从被继承人死亡时开始,遗产是自然人死亡时遗留的财产。继承有法定继承和遗嘱继承两种形式。为了保证继承行为依法进行,预防继承和遗产分割纠纷,保护自然人的合法权益,继承人可以在继承遗产时向公证机构申请办理公证。而且继承公证依照特别程序。参见"公证特别程序"一节。

三、委托、声明、赠与、遗嘱

这些行为均属于单方民事法律行为,行为大都涉及行为人处分民事权利等内容。行为人办理公证,可以增强行为的证据效力和公信力,更容易取信于他人,从而顺利达到实施这些行为的目的。

四、财产分割

财产分割协议公证,是指公证机构依法证明当事人之间签订分割共同财产协议的真实性、合法性的活动。这是一种双方法律行为。所谓财产分割,是指两个或两个以上的民事主体对其共有的财产进行分割的法律行为。财产分割是财产共有人分配共有财产的行为,比较常见的财产分割有:分割共同共有的家庭财产、夫妻财产、共同继承或受益的遗产,以及分割按份共有的合伙财产、联营财产、合资的财产等等。各方民事权利主体对其共同财产的分割问题经过协商,达成了一致的意见,这就是财产分割协议。财产分割的形式一般为共有人达成的分割协议,协议当事人可以向公证机构申请办理财产分割公证。办理财产分割公证,利于维护各方共有人的合法权益。

五、招标投标、拍卖

招标投标、拍卖公证属于现场监督类公证。办理招标投标、拍卖公证等各类现场监督公证,对于保证《中华人民共和国招标投标法》、《中华人民共和国拍卖法》等法律法规的贯彻实施将起到重要作用。而且招标投标、拍卖公证依照特别程序。参见"公证特别程序"一节。

六、婚姻状况、亲属关系、收养关系

当事人办理婚姻状况、亲属关系、收养关系公证,一般是为了证明某种特定的人身关系(尤其是家庭成员之间的人身关系),对于维护和保障人身权利,促进家庭的和睦和社会的稳定具有重要意义。

七、出生、生存、死亡、身份、经历、学历、学位、职务、职称、有无违法犯罪记录

这些属于有法律意义的事实或文书。当事人办理上述有法律意义的事实和文书公证,通常是为了发往境外使用。在对外交往中,一国公民在向他国申请办理签证等事务时,经常被要求提供相关公证书,国家与国家之间一般都相互承认对方国家公证机构出具的公证书的效力。

八、公司章程

公司章程是公司设立的主要条件和重要文件之一,是确定股东之间权利、义务关系的基本法律文书。一般认为,公司章程是关于公司组织和行为的基本规范。正因为如此,许多国家在相关法律中都明确规定公司章程应当经公证人公证。办理公司章程公证,有利于确保章程的真实性、合法性,有利于依法加强对公设立行为的规范和管理。

九、保全证据

保全证据是指公证机构对于日后可能灭失或者难以取得的证据，依法事先加以提取、收存、固定、描述，以保持该证据的真实性和证明力的措施。根据公证保全的证据的不同形式，保全证据公证通常可以分为：对证人证言及当事人陈述的保全公证；对书证、物证、视听资料和计算机软件的保全公证；对行为过程的保全公证等。《民事诉讼法》规定，经过法定程序公证证明的法律行为、法律事实和文书，人民法院应当作为认定事实的根据。但有相反证据足以推翻公证证明的除外。这是公证的证据效力在法律上的具体体现。对于公证机构出具的保全证据公证书，人民法院和仲裁机构应当直接作为证据证明案件的事实，但有相反证据足以推翻公证书的除外。在全国人大常委会讨论《公证法草案》时，委员们对保全证据可否作为公证事项是有争议的。有委员认为，在《公证法》第 11 条列举的公证事项中，有些已经包括了对相关文书的保全，而且公证保全证据与司法机关的证据保全容易发生冲突。但大多数委员认为，公证实践已经表明，这项公证在保护申请人的合法权益方面发挥了重要的作用。因此，《公证法》保留了保全证据公证事项的规定。当然，司法行政部门和公证机构应当对办理保全证据公证加强规范，特别是要处理好公证保全证据和诉讼保全证据的关系，保证公证质量。

保全证据程序，参见"公证特别程序"一节。

十、文书上的签名、印鉴、日期，文书的副本、影印本与原本相符

文书上的签名、印鉴、日期是文书生效的必要条件和重要内容，是文书制作单位和个人对文书内容负责的书面意思表示和凭据。文书签名、印鉴、日期公证是公证机构根据当事人的申请，依法对具有法律意义的文书上的签字人的签字及日期和文书制作单位所加盖的印鉴及日期的真实性、合法性予以证明的活动。上述文书主要包括：学位证书、学历证书、技术等级证书、驾驶证、声明书、夫妻关系证明书等。文书的副本与原本相符，是指在同时存在文书原本和副本的情况下，经公证机构证明，确认文书的副本与原本相符，使得副本与原本具有同等法律效力。文书的影印本与原本相符，是指公证机构通过证明，确认文书的影印本（即复印件）与原本相符，以便于为文书的使用人采证。

十一、自然人、法人或者其他组织自愿申请办理的其他公证事项

第 11 款是一个兜底条款，是对前 10 款未能穷尽列举的公证机构可以办理公证的事项的概括性规定。所谓兜底条款，即自然人、法人或者其他组织自愿申请办

第十九章　公证机构的证明业务

理的其他公证事项。何谓其他公证事项，只要不是法律或者行政法规禁止公证机构办理，但又属于法律行为、有法律意义的事实和文书范围的事项，公证机构均可办理。如招标投标公证、拍卖公证等均是《公证暂行条例》颁行后，公证实践中涌现的新的公证业务。随着社会主义市场经济的不断发展和完善，其他公证事项将进一步拓宽。

比如，民事法律行为中的票据背书公证、寄养行为公证、认领亲子公证等，有法律意义的事实中的国籍公证、健康状况公证、不可抗力事件公证、海损公证等，有法律意义的文书中的文书的节本、译本与原本相符公证，以及专利注册证书公证、商标注册证书公证、股东会或董事会决议公证，等等。对于这些公证申请事项，自然人、法人或者其他组织自愿申请办理公证的，只要符合真实合法原则，公证机构都可以办理。在人大常委会讨论《公证法草案》时，有委员建议，应在本条中增加规定"赋予债权文书具有强制执行效力"公证事项。关于赋予债权文书强制执行效力，《公证暂行条例》是将其作为一项公证业务加以规定的。考虑到《公证法》第37条已经对公证债权文书强制执行效力做了具体规定，而且这种债权文书一般表现为第11条第1款第(1)项下的合同等，所以本条未将"赋予债权文书具有强制执行效力"另列为公证事项。

第四节　可以办理的"法律事务"

《公证法》第12条规定，"根据自然人、法人、其他组织申请，公证机构可以办理下列法律事务：(1)法律、法规规定由证机构登记的事务；(2)提存；(3)保管遗嘱、遗产或者其他与公证事项有关的财产、物品、文书；(4)代书与公证事项有关的法律事务文书；(5)提供公证法律咨询。"

本条是关于公证机构办理相关法律事务的规定。在理解本条含义时，首先应该与本法第11条相比较。第11条规定的是公证机构办理公证事项的规定，而本条规定的是公证机构可以办理的相关事务，立法所使用的措辞不同，一个是"公证事项"，一个则是"相关事务"。对于公证机构可以办理的相关事务，本法具体规定了五项：

一、法律、行政法规规定由公证机构登记的事务

对于这样的事务，仅限于法律和行政法规的规定。根据我国法律的规定，很多法律事实或行为的登记都由相关行政机关办理。但是，也有一些公证机构办理。例如，我国担保法规定某些抵押登记由公证机构办理。

二、提存

　　提存是指债务已到清偿期限,因债权人或法定原因,致使债务人无法履行给付债之标的的义务时,债务人将标的物提交给法定的提存机构(即公证机构),并由提存机构转交给债权人的行为。它是清偿债务的重要方式。提存的标的物仅限于物品、货品或有价证券。随着市场的逐步发展,目前的提存已经突破了上述传统的提存概念。在当事人之间达成的交易中,如果规定了须具备一定的条件,债务人才给付标的物时,当事人可以约定,预先将给标的物的全部或一部分提存到公证机构,待条件具备时,再由公证机构将给付标的物交付债权人。根据《合同法》的规定,有下列情形之一,难以履行债务的,债务人可以将标的物提存:(1)债权人无正当理由拒绝受领;(2)债权人下落不明;(3)债权人死亡未确定继承人或者丧失民事行为能力未确定监护;(4)法律规定的其他情形。标的物不适于提存或者提存费用过高的,债务人依法可以拍卖或者变卖或者变卖标的物,提存所得的价款。提存公证依照特别程序。

　　20世纪50年代,公证机构即办理过提存公证业务,但随着公证制度的停滞,提存公证业务也停止了;公证制度恢复后,司法部于1987年5月30日发布了《关于部分城市公证机关试办提存业务的通知》,首先在北京、上海、沈阳、开封四城市进行提存试点,效果良好;1990年1月22日,司法部发布《关于普遍开展提存公证业务的通知》,全面恢复办理提存公证业务,决定在全国普遍开展提存公证业务;1995年6月2日,司法部第38号令颁发布了《提存公证规则》,对提存公证的范围、条件、程序等作了规定。根据法律规定,公证机构是我国法定提存机关。公证机构在办理提存公证业务时,应当重点审查以下内容:(1)提存人的身份;(2)提存之债是否真实、合法;(3)提存标的物与提存之债的标的是否一致;(4)债务人是否无法直接履行债务。此点主要依据上述《合同法》的相关规定。

　　公证机构办理提存公证应以通知书或公告方式通知债权人在确定的期限内领取提存标的物。债权人领取时,应提供身份证明和有关债权的证明,并承担因提存所支出的费用。对不易保存的或债权人到期限偏偏不领取的提存物品,公证机构可以拍卖并保存价款。提存人可以凭人民法院的裁决书或提存之债已清偿的其他证明领回提存物;提存人领回提存物的,视为没有提存。其他情况下,提存人不得领回提存物。

　　引例中当事人之所以对采取哪种方式履行合同存有重重顾虑,都怕影响己方的经济利益,是因为在实践中确实曾发生过付了款收不到货和发了货收不到款而诉争不止的"前车之鉴"的教训,双方为此而互不相让,造成久商未决、久约未定的局面,在一定程度上对该购销业务产生了不利影响。某某公证处严格按照司法部《提存公证规则》的规定,认真为当事人办理了公证,并指导双方在协议中明确约定：由购货方将货款事先交存到公证处在银行的提存账户，然后由公证处书面通知供货方将货物运至指定的地点；由购货方组织人员验收合格，购、供货双方无争议后，由购货方书面通知公证处将款项给付供货方，并由供货方开具收据。若双方在履约过程中发生纷争，则货款冻结于公证处，由双方当事人向人民法院起诉，公证处依据人民法院的生效判决执行货款的归宿。这样双方当事人通过办理提存协议公证，从根本上解决了分歧的焦点，使得购销合同顺利履行。

三、保管遗嘱、遗产或者其他与公证事项有关的财产、物品、文书

公证机构根据当事人的申请，对其所立的遗嘱，所留的遗产，或者是其他与申请办理公证事项有关的财产、物品、文书（如产权证书、合同书、结婚证书、毕业证书等）可以代为保管，以防止因其遗失或泄密而引起纠纷，从而维护当事人的合法权益。当事人提出代为保管的要求后，公证机构对其要求保管的理由予以审查，认为确有保管必要的，就应从维护当事人权益的角度出发，为当事人保管，同时要出具保管凭证。

四、代写与公证事务有关的法律事务文书

这主要规定的是公证机构的技术性事务，是指公证员代当事人起草申请公证的文书的活动。

公证活动中，常常需要当事人自己首先填写或起草某项文件。但有些当事人由于文化水平或法律知识欠缺，自己无法起草；有些当事人虽有写作能力并且也有一定的法律知识，但是，对于怎样按照文书的格式，把文书的内容写得全面、完整、条款具备，却难以做到。公证员代当事人起草申请公证的文书必须符合以下条件：(1)必须完全符合当事人的意愿；(2)起草的文书从内容到格式都应符合有关法律的规定；(3)代书的文字要求语言简明、表述清楚准确，字迹工整。公证员代书完成以后，应当交给当事人审阅，最后由当事人认可签名或盖章。公证员代当事人起草申请公证文书的工作，体现了为人民服务的宗旨，既便利了当事人，又利于公证工作的开展，同时还缩短了公证机构工作人员人与群众的距离，维护了公证的形象和信誉。

五、提供公证法律咨询

公证机构作为专门设立的法律证明机构，同时也是向社会提供法律服务的机构，在其开展的公证活动中，本身就起到了宣传法律、普及法律的功能。本条又专门规定了提供公证法律咨询是公证机构的相关事务，更进一步加强了公证机构的

这一功能。

第五节 涉外公证和涉港澳台公证

一、涉外公证的概述

我国人口众多,有悠久的历史和灿烂的文化,与世界各国保持着良好的经济、文化关系,在海外有几百万华侨和上千万外国籍华人。随着党的对外开放政策和侨务政策的落实,对外经济、贸易关系和涉外民事交往大增多,涉外公证的需求大幅度增加。目前我国已与100多个国家和地区建立了经济贸易和文化关系。我国公证事业发展虽然几经曲折,公证制度一度被取消,但涉外公证业务一直没有停办过。为适应对外交往的需要,要求办理的涉外公证越来越多,公证的种类和数量也不断增加。因此,办好涉外公证是公证机关的一项重要任务。十一届三中全会以来,涉外公证业务得到迅速发展,除继续办好涉外民事公证外,为适应对外开放的需要,涉外经济公证也有较大的发展,开办了一大批新的涉外公证机构。例如1991年,全国办理涉外公证的公证处已增加到817个,全年共办理涉外公证93.9万件,公证书发往150多个国家和地区,在国际上赢得了良好的声誉。通过办理涉外公证,公证机关每年为国家调回大量非贸易外汇,支援了社会主义经济建设。

《公证法》第45条规定,"中华人民共和国驻外使(领)馆可以依照本法的规定或者中华人民共和国缔结或者参加的国际条约的规定,办理公证。"《公证证据规则》第33条又规定"公证书需要在国外使用,使用国要求先认证的,应当经中华人民共和国外交部或者外交部授权的机构和有关国家驻中华人民共和国使(领)馆认证。"这里主要是涉外公证。涉外公证是国际交往中不可缺少的工具和法律武器,对促进对外开放政策的落实,引进外资,发展对外民事、经济交往,保护国家利益和公民、法人的合法权益具有重要意义。

(一)涉外公证的特点

涉外公证,是指公证机关办理的含有涉外因素的公证事项。即公证当事人、证明对象或公证书使用地诸因素中至少含有一个以上涉外因素的公证事项,主要是指公证书将发往域外使用的公证事项。涉外公证有以下的特点:

1. 当事人多数是外国人、华侨、港澳台同胞,或是准备出国的公民;
2. 要由司法部批准的办理涉外公证业务的公证处和经考试合格的涉外公证员负责办理;
3. 涉外公证书要根据使用国和当事人的要求,附相应的外文译文,并办理外交认证手续;

第十九章 公证机构的证明业务

4. 公证书通常要发往域外使用,并在域外发生法律效力;

5. 在适用法律上,既要符合我国法律,又不能违反使用国法律;否则,将影响公证书效力的实现,当事人的合法权益也就难以得到承认和保护。

由此可见,涉外公证涉及面广、办证难度高、要求严,各级公证机关只有严格、认真地办理涉外公证,才能满足社会的需要。

（二）涉外公证的种类

根据公证文书的用途,涉外公证可分为涉外经济公证和涉外民事公证两大类。又根据《公证法》的规定和国际惯例,以前我国公证机关主要办理以下涉外公证业务：

1. 公证涉外经济合同、各种协议和契约;

2. 公证涉外收养、继承、遗嘱、委托、赠与、财产分割、财产转让、担保等法律行为;

3. 公证涉外或发生域外使用的公司章程、股权证书、授权证书、资信证明、专利证明、商标注册证书、营业证书、董事会决议等经济法律文书;

4. 证明婚姻状况、亲属关系、身份、法人资格、出生、死亡、生存、学历、经历、未受刑事处分、意外事件等有法律意义的事实;

5. 为对外诉讼、索赔、设立机构、申请权利注册和法律保护提供所需的公证证明;

6. 办理涉外证据保全、遗产清点、提存等公证业务;

7. 证明文书上的签名、印章属实,文件的不同文本的内容相符,文书的签署地点和日期等;

8. 根据国际惯例当事人的申请办理其他涉外公证业务,等等。

二、涉港澳台公证不同于涉外公证

涉港澳台公证,是指公证机构依法办理具有涉港澳台因素的证明事宜,证明其真实性与合法性的活动。涉港澳台公证既不同于涉外公证,又不同于国内公证。香港、澳门虽然已回归祖国,但是由于实行一国两制,作为特别行政区,涉港澳台公证与国内公证相比仍然有特别之处。涉台公证也有其特别之处。涉港、澳、台公证与涉外公证的不同之处是：

1. 不需认证。台湾是我国领土,因此发往台湾使用的公证书不需办理认证。发往香港使用的公证文书,在1997年7月1日以前,办理遗产继承、财产转让、出售股票和房产以及向英当局交涉劳工赔偿案件所需的各种公证书,均需办理我国外交部领事司认证和英国驻华使馆认证。其他为在香港定居申报户口、子女入学、一般谋职所需的公证书,继承存在我香港银行内的遗款和向非官方机构(如工会、民间组织）领取殡葬费或交涉有关事项所需的公证书，则不必办理认证。1997年7月1日以后，中国政府恢复对香港行使主权，不再需要认证。

内地发往澳门使用的公证书，在1994年以前，是要求办理认证的。1994年以后国务院港澳办、司法部、民政部联合发布的《关于内地与澳门相互承认民事登记文件及公证文书的复函》中规定：内地公证文书发往澳门使用无须办理认证。

2.不需附译文。香港、澳门已经回归祖国，台湾是我国不可分割的一部分，因此，《公证程序规则》第43条中规定：发往香港、澳门、台湾地区使用的公证书应当使用全国通用的文字，不需要附任何译文。但是，对发往香港、澳门的公证书，有时也可以根据当事人的要求附英文译文或葡萄牙译文。而发往国外使用的一般都需要附译文，而且部分国家还要求另出具译文与原文一致的公证文书。

3.公证文书使用地不同。涉港澳台公证文书发往我国领域内的港澳台地区使用，涉外的公证文书是发往我国领域外的他国使用，它们使用的地域有本质上的区别。

三、涉外公证程序的特别规定

涉外公证因其申请人或公证书使用地域与变通公证不同，因而有特别规定。根据我国《公证法》和司法部发布的一些关于涉外公证程序事项的规定，以及根据国际惯例、国际条约、双边条约，涉外公证程序采用特别规定。

办理涉港澳台公证的，一般适用涉外公证的有关规定，涉港澳公证由司法部批准的有权办理涉外公证业务的公证处和公证员办理。一般采用委托公证人制度。所谓委托公证人制度，是指对送回内地使用的发生在香港、澳门特别行政区的法律行为、有法律意义的事件及文书的公证申请，必须由我国司法部考核后在香港、澳门律师中委托的公证人予以办理并出具证书，非我国司法部委托的公证人以外的其他机构或其他人员出具的证明文书，送回内地使用的，内地不予承认的制度。

有关办理涉外公证和涉港澳台公证程序内容，参见"公证程序"一章。

 司法考试真题链接

1.根据我国《公证法》规定，对下列哪一事项公证机关可予办理公证？（2008年司法考试真题）

　　A.马某拿着一份合同复印件到公证机关要求公证，经公证人员审查发现该合同有多处涂改痕迹

　　B.女青年李某29岁，至今未婚，到公证机关办理处女公证

　　C.张某与王某大学毕业工作多年，各自都有些积蓄，为避免婚后因财产问

第十九章 公证机构的证明业务

题发生纠纷,双方决定到公证机关办理婚前财产公证

D. 杨父因正在读初中的儿子整天沉迷于网络游戏,多次劝说无效,遂决定与儿子解除父子关系,到公证机关申请公证

2. 关于司法职业,下列哪一选项是错误的?(2008年四川司法考试真题)

A. 公证机构不得以诋毁其他公证机构、公证员或者支付回扣、佣金等不正当手段争揽公证业务

B. 担任最高人民法院法官应当从事法律工作满三年

C. 犯罪嫌疑人被侦查机关第一次讯问或者采取强制措施之日起,受委托的律师凭律师执业证书、律师事务所证明和委托书或者法律援助公函,有权会见犯罪嫌疑人并了解有关案件情况。律师会见犯罪嫌疑人时,侦查机关可以监听

D. 检察官不得兼任人民代表大会常务委员会的组成人员,不得兼任行政机关、审判机关以及企业、事业单位的职务,不得兼任律师

第二十章 公证效力及其异议处理

【引 例】

2006年8月8日，建行某某市分行某某办事处与借款人李某某签订了借款合同，约定借款人从该办事处办理住房公积金委托贷款四万元，期限至2010年2月8日，借款人李某某自愿以其房产设定抵押。但时至2010年2月8日，借款人李某某分文未还。为此，该办事处向公证处提出申请，要求出具《执行证书》。

严格地说，公证效力与公证书效力是两个相互联系的不同的概念范畴，是同一事物不同层次之间的规定性的反映。公证效力是指作为一项制度，它的运行所能达到的效能。而公证书效力则是指公证文书所具有的法律上的确定的效果，是公证效力的具体体现。显然，这是由抽象到具体，呈梯次结构的概念体系。本书不作严格区分。这里，一般说公证效力就是公证书效力。

第一节 公证效力的学理概述

纵观公证制度的发展过程，实质上是公证效力不断强化的过程。在公证制度中，每一项具体制度无不围绕着公证效力的取得、监督及实现。公证效力并非在静态中形成与实现，这是因为，公证活动是一种动态的程序行为，对公证活动效果的评价必然包括对程序本身合理性、程序活动正当性、程序结果公正性及程序保障权威性的评估。

一、对公证效力的认识

公证是公证的首要价值。人们将公证视为公证制度应该具有的内在品质，公证人也宣称公证证明具有毋庸置疑的公信力。但是，公信力这和抽象的价值并不能保证公证的具体实现，只有当公证活动按法定程序形成了法律效力，公信力才会存在，公证才能实现。总之，公证的效力与程序公证密不可分。

第二十章 公证效力及其异议处理

程序公证观念经历了从自然公证观到正当程序观的演变过程。在诉讼程序领域,学者们对程序公证原则已经做了广泛的探讨,便对其在公证领域的运用研究仍相当欠缺。实际上,公证作为一程度性鲜明的司法制度,与诉讼程序之间有着很大程度的契合性。正当、理性的程序导引出的应当是理性的结果,而理性的结果也应当获得理性的认可和肯定,不允许随意撤销或变更,这也是公证领域程序公证的基本内涵。对公证效力的评价应该根据三个要素:一是当事人的认同。当事人对正当程序抱有期望,在这种期望下进行的公证活动能够获得当事人的认同。二是法律上的确认。根据正当程序运作的结果,法律确认其具有正当性。三是社会认可。由于公证人在遵守程序方面获得了公众的信赖,公证效力就有了权威性。因此,正是正当程序使公证获得正当性,并据此形成了公证效力。①

目前,对公证的效力问题,法学界尚无统一认识。关于公证书的效力,目前主要有四种学说。一是证据效力说。该说认为一切公证行为都产生证据上的效力。在此基础上,公证书的效力又具体表现在三个方面:证据效力、法律行为成立要件效力和强制效力。在肯定证据效力的普遍意义的同时,该说又把其列为公证书的个别效力,从而失去了层次之分,在效力体系上自相矛盾。二是基本效力说。作为目前学术界的通说,该说认为公证文书个有三个最基本的效力,并无层次之分。证据效力把一般效力混同于个别效力,该说却是将个别效力混同于一般效力。本质上说,二者犯了同样的逻辑错误。三是多重效力说。该说把保障力、证明力、拘束力、法定力等纳入公证的效力范围,具有启发性,但是其公证效力体系的构建是乱的,在概念界定和效力分类方面也不够严谨。四是程序效力说。该说深入探究公证书的证据力、民事实体法上的效力、执行力,避免了在公证应具有何种效力方面发生争论,并始终坚持从程序的视角研究公证的效力,在研究方法上值得借鉴。

然而,上述学说存在着一个共同缺陷,即以个别公证事项的效力代替公证文书的效力,以法解释学的方法构筑本应由立法解决的公证效力体系。前者不再赘述,后者则集中体现在:(1)对公证书的效力的解释超越了法律规定的范围,如民诉法规定"对公证机关赋予强制执行效力的债权文书"具有强制执行效力,其文义已相当清楚,不可能扩大解释为"所有公证文书"均具有强制效力。(2)现行法律如《民事诉讼法》和《公证暂行条例》中,并没有可供解释的法律规范,如所谓法律行为成立要件效力,只在某些部门规章中有一些必须办理公证的内容,如招投标、彩票发行等,得不可将其解释与法律规定有同等效力。我们认为,在现在法律规范框架内通过扩张解释方法构筑公证文书的效力体系是行不通的,唯一的办法就是进行和必要的立法。

---

① 张文章主编:《公证制度新论》,厦门大学出版社 2005 年版,第 125 页。

二、《公证法》的公证效力

立法所确立的效力结构,对于确保公证在社会生活中发挥应有作用至关重要。对公证效力结构的探析,就是为将来的公证立法服务,我们认为,在理论上宜将公证的效力分为两个不同的层次。第一个层次的法律效力是指一般公证普遍具有的效力,主要有证据力、确定力和监督力等;第二个层次的法律效力是指某些公证具有的法律效力,主要是法律行为成立或生效要件效力、强制执行、提存力等。①

由于公证效力在学理上的复杂,本书以《公证法》讨论公证效力。所谓公证效力,指公证证明在法律上所起的作用和约束力。公证所以产生效力,是公证人员正确适用法律的结果,当事人申请公证的直接目的,就是获取公证的法律效力。因此,公证效力关系到保护人民群众的合法权益及其法制观念的提高,进而预防纠纷,减少诉讼。

公证证明的内容,通过制作公证书表现出来。因此,公证效力通称为公证书的效力。法律规定公证书的特殊效力。法律规定公证书的特殊是指:(1)公证书由高于一般书证的证明力;(2)公证书的强制执行效力;(3)公证书的确认效力。即某些行为、文书、事实、权利经公证确认后,才具有法律上的效力。如:《法国民法典》第931条:"一切生前赠与行为,应以通常契约的方式在公证人面前做成,否则赠与契约无效"。我国也在《公证法》和《民事诉讼法》中规定了公证书的强制执行效力。公证书是公证机构依据当事人的申请,依法对公证事项确认其合法性、真实性后作出的证明文件。依照司法部《关于中华人民共和国各公证机构出具的公证书效力的证明》,我国的公证书即公证机构出具的公证书,在法律上具有三种效力:作为证据的效力,使法律行为生效的效力,赋予强制执行的效力。即《公证法》叙述的公证效力。在三种效力中,以证据的效力为根本,其他两种效力由证据效力延伸而来。

第二节 公证证据效力

根据《公证证据规则》第36条规定,"经公证的民事法律行为、有法律意义的事实和文书,应当作为认定事实的根据,但有相反证据足以推翻该项公证的除外。"这里公证的证据效力,指公证证明的内容具有特殊的证明力,可以直接作为认定事实的依据,在诉讼中具有不同于一般证据的证明力。而且同样适用于仲裁和其他活动中。

---

① 张文章主编:《公证制度新论》,厦门大学出版社2005年版,第127页。

一、对公证证据效力的理解

大陆法系国家的学者普遍认为,公证书是一种证据,或完善的证据;我国学者也予以认可,主要是基于这样的考虑:具有证据效力的公证书是公证机构依法作出的证明,它本身就证明了公证事项是真实、合法的。公证书的使用人,即在诉讼中向法院举证的当事人无需证明公证书的签名是否真实,也不必证明公证书来源是否可靠。因此,公证书本身就具有无可分辨的证明力。

公证的证据效力主要是通过民事诉讼法来体现;在民事诉讼中公证书作为证据来使用的机会较多,世界各国都是如此;我国在民事诉讼中广泛使用公证书。《民事诉讼法》第67条明确规定了公证的证据效力,即"经过法定程序公证证明的法律行为、法律事实和文书,人民法院应当作为认定事实的根据。但有相反的证据足以推翻公证证明的除外。"这一规定有两个方面的含义:

第一,当事人发生纠纷提起诉讼后,人民法院审理案件时,对已经经过公证的法律行为、有法律意义的事实和文书,审判员认为没有疑义的,应当作为人民法院认定事实的根据,确认其法律上的证明效力。

第二,当人民法院根据对案情的调查,对公证的内容有疑义,有相反证据足以推翻公证证明时,就不应确认其效力。

可见,对于公证书而言,不能因其具有极强的法律效力就不加怀疑地把它作为证据,还应考虑到因种种因素而导致公证书不真实、不合法的情况,因此,不能认为公证书具有无可辩驳的证明力而对所有公证文书一律直接采证。为保护公证当事人的合法权益和各类活动的公正性,应允许对错误的公证证明否定其证据效力。但必须明确的是,对于这种足以推翻公证证明的"相反证据"的举证责任在于他方当事人,只有在人民法院审查了相反证据,确认其有充足理由,才能推翻公证书。如果没有"相反证据"或者虽有相反证据,但证据不够充分,不能"足以推翻"公证证明时,公证文书仍然具有诉讼证据的效力,人民法院应首先确认其效力。与公证证明效力的广泛适用范围相对应,以上对错误公证证明效力的否定及其条件也不仅适用于民事诉讼中,而且同样适用于仲裁和其他活动中。同时,由于公证的使法律行为生效的效力和强制执行效力均由公证的证据效力延伸而来,这两种效力也同样适用。如《民事诉讼法》第218条第2款规定:"公证债权文书确有错误,人民法院裁定不予执行,并将裁定书送达双方当事人和公证机关。"

如引例中公证机关作为国家证明机关,赋予债权文书强制执行效力是公证机关的基本职能之一。在当前信用程度存在危机的情况下,对于各金融单位来说,赋予借款合同强制执行效力公证不失为保证金融交易安全的一个好方法。某某市公证处公证员认真核对了借款人的逾期事实后,根据《民事诉讼法》第218条和《公证法》第37条的相关规定,及时出具了《执行证书》。在向法院提交《执行证书》前,某

某公证处公证员随同银行信贷员一起来到借款人处,向其送达逾期通知,同时向借款人讲明了违约行为的利害关系,在面临被依法强制执行的法律威慑面前,借款人醒悟,答应及时还清本息。银行也暂停向法院申请强制执行。一起逾期贷款纠纷就这样被消除在萌芽状态。

二、公证证据效力的作用

1. 公证证据效力具有广泛的效力。除了体现在我国民事诉讼活动中,还体现在涉外民事诉讼中。按照国际惯例、国际条约或双边协议,国际涉及民事关系中所需的证明文件,大多需要国家公证机构公证,才能取得使用国的承认。我国公民到域外探亲、定居、学习、从事贸易活动等,都需要我国公证机构出具的公证文书,以证明当事人的身份和有关情况。因为公证书是公证机构依照法律法和律规定的程序所出具的公证文书,已经确认了其真实性和合法性,不容置疑地在法律上具有作为证据的效力。所以,它可以使外国接受者减少繁琐的法律审查,直接根据接受国法律决定取舍或适用冲突规范。这是公证证明的效力在空间上延伸。

2. 公证书是人民法院可以直接使用的证据。证据是一种能够证明案件真实情况的客观事实,即查明案件真实情况的依据.证据具有客观性、关联性、真实性,必须与待证的法律事实有内在联系。公证书是根据当事人的申请,有公证机构依照公证程序规则出具的司法证明,这种证明对有关案件来说,既是直接证据,又是间接证据;即反映了案件的客观事实,又说明了案件的真实情况,而且经过公证机构按照法定程序证明了它的真实性和合法性。因此,已经被有效公证书证明的事实,当事人无须举证,人民法院应当直接作为认定事实的根据。

3. 公证书的效力高于其他证书的效力。《民事诉讼法》第67条明确规定:"经过法定程序公证证明的法律行为、法律事实和文书,人民法院应当作为认定事实的根据。但有相反的证据足以推翻公证证明的除外。"而同时,《民事诉讼法》第65条第2款则规定:"人民法院对有关单位和个人提出的证明文件,应当辨别真伪,审查确定其效力。"对比二者规定,公证证明在民事诉讼中原则上无需审查即应被采证,具有证据效力,而一般证明文书必须经过审查才能确定其有无证据效力和能否被采纳。从法理上分析,其原因在于:公证证明是由公证机构依严格程序证明有关对象的真实性、合法性,从而具有权威性于可靠性。因此,公证书不是一般的证明文书,而是一种特殊的书证。对于同一事项,其他证明与公证书不一致的,依公证书为准。

第三节 强制执行效力

一、对强制执行效力的理解

公证具有强制执行效力,是指赋予了具有强制执行效力的债权文书经公证证明后,如果债务人到期不能清偿债务时,债权人有权持此文书向有管辖权的人民法院申请强制执行。依据我国《公证法》第37条的规定:"对经公证的以给付为内容并载明债务人愿意接受强制执行承诺的债权文书,债务人不履行或者履行不适当的,债权人可以依法向有管辖权的人民法院申请执行。""前款规定的债权文书确有错误的,人民法院裁定不予执行,并将裁定书送达双方当事人和公证机构。"这是我国法律赋予公证机构的一项特殊职能,是法律强制性在公证活动中的体现。

公证机构作出的赋予债权文书具有强制执行效力的公证证明,同审判机关作出的给付判决是相同的,都具有强制执行的法律效力。为了在实践中落实这一制度,我国《民事诉讼法》第218条规定:"对公证机关依法赋予强制执行效力的债权文书,一方当事人不履行的,对方当事人可以向有管辖权的人民法院申请执行,受申请的人民法院应当执行。"这就表明,债权人有权根据公证机构的证明,直接申请人民法院强制执行追索债务,而不需要在向人民法院起诉。这就为赋予具有强制执行效力的债权文书的效力得以实现提供了法律上的保障。

由于公证的使法律行为生效的效力和强制执行效力均由公证的证据效力延伸而来,这两种效力也同样适用"但有相反证据足以推翻该项公证的除外"和《公证法》第37条"前款规定的债权文书确有错误的,人民法院裁定不予执行,并将裁定书送达双方当事人和公证机构"的规定。因此,《民事诉讼法》第218条第2款规定:"公证债权文书确有错误,人民法院裁定不予执行,并将裁定书送达双方当事人和公证机关。"

二、强制执行效力的条件

应该明确,并不是任何经过公证的文书,也不是一切债权文书都具有强制执行的效力。公证机构所赋予具有强制执行效力的债权文书是一种特定的公证文书,它只限于法律规定的范围。根据《公证证据规则》第39条规定,法律赋予债权文书具有强制执行效力的公证应具备下列4个条件:

1. 债权文书的内容以给付一定的货币、物品或有价证券为内容。

这里把债权文书限定在一定范围内,主要是考虑到涉及货币、物品或有价证券为内容的债权债务关系是比较明确的,对这种较明确的、简单的债权债务关系加以证明,是公证机关能够做到的。因此,赋予强制执行效力的债权文书的范围还是应该限定在一定范围内。

2.债权债务关系明确,债权人和债务人对债权文书有关给付内容无疑义。

经过公证证明后,债权文书的真实性、合法性得到了法律的认同,就是说,债权文书经公证后,债权债务关系明确,债权人和债务人对债权文书有关给付内容无疑义;才能在法律上被认为是符合法律规定的不存在任何虚假的文书。

3.债权文书中载明债务人不履行或者不适当履行义务时应受强制执行的承诺。

在民事、经济交往中,公众就发生纠纷时应如何进行司法救济有权选择。如果双方不愿在纠纷后向法院诉讼,那么就可以在纠纷未发生之时向公证机构明确作出这样的意愿:一方不履行义务,另一方可向人民法院直接申请执行。这说明,公证双方当事人对公证内容均无争执。在双方同意并向公证机构明确表示愿意赋予公证书强制执行效力时,公证机构才能为其作出具有强制执行效力的公证。

4.《公证法》规定的其他条件。例如,除了上述三个条件外,结合前述《公证法》第 37 条的规定,还应有一个前提条件,债权文书必须经过公证证明,经过公证证明后,债权文书的真实性、合法性得到了法律的认同,就是说,债权文书经公证后,即该债权文书应当是事实清楚、没有疑义的,才能在法律上被认为是符合法律规定的、不存在任何虚假的文书。这符合公证以非争议事项为其对象的一般性要求。

公证机构紧紧依法行使法律赋予的证明债权文书有强制执行效力的特殊职能,其本身不能采取强制执行措施。强制执行措施只能由有管辖权的人民法院采取。人民法院对公证机构依法赋予债权文书以强制执行效力的公证书,应当像它自己作出的确定的民事判决和裁定一样,具有同等的强制执行效力,按照《民事诉讼法》有关执行措施,切实予以执行。人民法院只有发现公证文书确有错误的,才不予执行,并通知原公证机构。因为一旦公证债权文书确有错误,就会使强制执行效力无法实现。所谓的确有错误,一般是指债权文书不符合赋予强制执行效力的范围和条件。至于公证文书形式上的瑕疵,经通知原公证机构作了纠正后,人民法院则仍应接受执行。

第四节 公证作为法律行为成立要件的效力

法律行为成立要件的效力,是指公证是该项法律行为成立的必要条件之一。也就是说,该项法律行为,根据法律法规规定或双方约定,必须经过公证证明才能成立并发生应有的法律效力,如果没有履行公证程序,该项行为就不能成立,也就不发生应有的法律效力;归根到底,公证是法律行为生效的特殊书面形式。

第二十章 公证效力及其异议处理

赋予公证使法律行为生效的效力,便于国家通过公证审查真实性、合法性,从而规范各种行为,特别是民事行为。因此,公证法律行为生效的效力是规范法律行为,保护公民、法人和其他组织的合法权益特别是合法的民商事、经济权益的重要手段。这是因为:第一,公证书是公证机构的公证人员制作的;公证员是国家授权办理公证事务的法律专业人员;公证书必须以公证员的名义出具才是有效的。第二,办理公证必须以事实为依据、以法律为准绳的原则,严格审查公证对象的真实性和合法性;第三,公证书是依据法律程序制作的。第四,公证书在法定的管辖范围和时间、空间范围内生效。

法律行为非经公证不发生法律效力的情况,基本上有以下三种:

一、法定公证效力

广义法定公证效力,即根据法律、行政法规、地方性法规、规定、条例、通知等的规定,某些法律行为,必须经过公证,非经公证不发生法律效力。

根据《公证证据规则》第38条规定,"法律、行政法规规定未经公证的事项不具有法律效力的,依照其规定。"这是狭义法定公证效力。这部分法律行为以公证为生效要件,主要散见于各类法律制度中。我国自公证制度恢复以来,在一些法律、法规及行政规章中规定某些涉及重大利益、国计民生的法律行为都需经过公证。《公证法》第11条第2款确立了法定公证事项,体现出国家通过公证对特殊领域采用法律手段进行适当干预的特点,而且随着社会经济的发展,法定公证的内容将会不断扩充、发展和变化。如《民事诉讼法》第242条规定,《收养法》第20条规定,广东省人大常委会颁布的《深圳经济特区商品房产管理条例》中规定等。

二、约定公证效力

约定公证效力,即根据当事人的约定,非经公证不发生法律效力。

对大多数法律行为,法律未规定其必须具备公证形式,但如果当事人对其约定必须经公证才能生效,则公证即成为该项法律行为的要件,如未按双方约定办理公证则不能发生法律效力。当然,不难看出,约定公证只能发生于双方或多方法律行为的情形,单方法律行为不存在约定公证的问题。实践中最常见的是双方当事人在合同最后条款明确约定"本合同经公证后发生法律效力。"这也是民商往来中当事人意思自治原则的体现,双方当事人未经法律、法规和规章的强制,但他们意识到公证会给契约之履行带来保障。在这种极大的信任下,当事人自由选择了公证,便于保证法律行为的真实、合法和避免以后发生纠纷。

三、涉外公证效力

涉外公证,是指公证机关办理的含有涉外因素的公证事项。即公证当事人、证明对象或公证书使用地诸因素中至少含有一个以上涉外因素的公证事项,主要是指公证书将发往域外使用的公证事项。《公证法》第45条规定,"中华人民共和国驻外使(领)馆可以依照本法的规定或者中华人民共和国缔结或者参加的国际条约的规定,办理公证。"《公证证据规则》第33条又规定"公证书需要在国外使用,使用国要求先认证的,应当经中华人民共和国外交部或者外交部授权的机构和有关国家驻中华人民共和国使(领)馆认证。"这是涉外公证,即国际惯例、国际条约和双边约定,法律行为非经公证不能发生法律效力。

这里涉外公证效力指的是,在国外使用的某些文书,须经公证机构公证后,才能在域外发生效力。公证就是该项文书在域外发生效力的法律要件之一。按照有关国际惯例、国际条约和双边协定,公民、法人要在域外实施法律行为或要使在国内实施的法律行为在域外得到承认,一般必须提供履行了公证程序的有关证明或法律文书,且该有关证明和法律文书的公证还必须经使用国外事机关的认证方能在使用国发生法律效力。在这种情况下,公证直接关系到有关公民、法人能否在域外实现其权益。例如出国使用的学历证明、亲属关系证明等,必须经过公证。当然,如果两国间订有免于公证的协议,在协议范围内的有关证明或法律文书即无须公证,当然也不产生公证的问题。

第五节 公证效力的异议处理

根据《公证证据规则》第39条规定,"当事人、公证事项的利害关系人认为公证书有错误的,可以向出具该公证书的公证机构提出复查。公证书的内容违法或者与事实不符的,公证机构应当撤销该公证书并予以公告,该公证书自始无效;公证书有其他错误的,公证机构应当予以更正。"本条是关于公证书的复查的规定,体现了公证效力的异议处理办法之一。

一、公证效力异议的复查

(一)新公证书复查与旧公证的申诉和复议制度的比较

公证书的复查,是公证机构根据当事人和利害关系人的申请,对其出具的公证书的真实性、合法性以及公证的内容是否完备、表述是否恰当等内容进行检查的制度。公证书的复查制度,有利于对公证机构的行为进行监督,及时纠正公证工作中的失误和违法行为,提高其公证的质量,同时,也是维护当事人及利害关系人的合法权益的重要方式。

原《公证暂行条例》和《公证程序规则》规定了公证的申诉和复议。原有的公证的申诉和复议制度,是根据行政复议的原理设计的法律制度,其建立的基础是公证机构是国家机关,公证行为被作为行政行为看待。而《公证法》规定,公证机构是依法设立,不以营利为目的,依法独立行使公证职能,承担民事责任的证明机构。公证机构的行为虽然以国家信用为支撑,但并非行使公权力的行政行为,公证机构和当事人之间的关系也不是行政法律关系。因此,对于当事人对公证书提出异议等情形的处理,不宜采用行政复议的原理进行制度设计。

取代原有的申诉和复议制度,新《公证法》规定了公证书复查制度。新复查制度和原有的申诉和复议制度有重要的区别:首先,制度设计的原理不同。后者是依据行政复议原理设计,前者则建立在公证机构与当事人之间服务与被服务的关系的基础上。其次,处理机构不同。公证申诉复议的处理机关为公证机构的本级司法行政机关或者该司法行政机关的上一级司法行政机关,而复查的机构为出具公证书的公证机构,亦即为当事人办理公证的公证机构。再次,适用的范围不同。公证复议适用于公证机构、司法行政部门作出的不予受理决定、拒绝公证决定、撤销公证决定;当事人对公证机构的其他公证行为有异议,应该向司法行政部门提出申诉,按公证申诉处理。公证复查适用于当事人或者利害关系人认为公证书有错误的情况。

(二)公证复查的内容

1.复查的主体

提出复查的主体,包括当事人和公证事项的利害关系人。当事人是公证机构的相对人,当事人申请公证的目的就是通过公证预防将来的纠纷,维护其合法权益。公证书正确、完善与否与当事人具有密切的关系,因此,当事人认为公证书有错误的,当然有权利提出复查。

公证事项的利害关系人,是指当事人以外的、与公证事项有法律上的利害关系,公证的事项对其民事权利义务或者其他法益产生影响或者可能会产生影响的人。判断提出复查的人是否与公证事项存在利害关系,可以看公证的事项是否对其产生直接的法律上的影响,或者会间接导致提出人权利义务的得丧失变更。允许利害关系人提出复查,既是保护利害关系人合法权益的需要,又有利公证机构提高公证质量,避免因为公证书的错误造成不公正。如果提出人对公证事项无任何法律上的权利或利益,无权提出复查。

接受并对公证书进行复查的主体是出具该公证书的公证机构。

2.复查的理由与内容

根据规定,当事人、利害关系人提出复查的理由是"认为公证书有错误"。"公证书有错误"应当包含两个方面的内容：一是公证书证明的内容与实际情况不符或违反法律、法规的强制性规定。例如，公证的事项现实中并不存在；公证的事项被不恰当地夸大、缩小或遗漏；申请公证的文书印鉴、盖章系当事人造、变造的；申请公证的法律行为是在当事人受胁迫或者受欺诈或者危难被乘的情况下作出的；公证机构赋予强制执行效力的债权文书不是以给付为内容；公证书的制作不规范，表述不恰当等。二是提出公证书有错误的当事人或者利害关系人对公证的事项或者认为错误的事项不存在争议，如果当事人或利害关系人基于公证书内容的争议而要求公证机构复查，公证机构应告知直接提起民事诉讼。

公证机构根据当事人或者利害关系人的申请进行复查，复查的内容不限于当事人或者利害关系人提出的内容。公证机构应当就公证书所载明的各项内容以及公证书的形式等进行复查，对于发现的错误，均应当改正。

3. 复查的处理

根据本条的规定，公证机构对于当事人或利害关系人提出的复查申请，可以作出如下的处理：

（1）维持原公证书。公证机构经过审查，认为公证书依据的事实清楚，证据充分，办证程序合法，应维持原公证书，并告知提出复查的当事人或利害关系人。

（2）撤销公证书。公证书内容与事实上不符或者违反法律、社会公共利益的，应当撤销公证书。公证机构撤销的公证书自始无效。如果在公证机构撤销之前，该公证书已经在诉讼中使用，并且法院据此作出了生效的判决，在公证书撤销以后，当事人可以通过审判监督程序主张自己的合法权益。公证机构撤销公证书的，应当予以公告，被撤销的公证书应当收回，对已经发往域外使用的公证书的撤销或更正，按司法部的有关规定备案。

（3）更正公证书的内容。根据本条的规定，公证书有除内容违法或者与事实不符以外的其他错误，公证机构应当予以更正。比如，公证书内容正确，只是表述不当的，公证机构应当更正，并将更正以后的公证书重新发给当事人。①

二、公证效力的争议处理

根据《公证法》第 40 条"当事人、公证事项的利害关系人对公证书的内容有争议的，可以就该争议向人民法院提起民事诉讼"的规定和《公证程序规则》第 68 条、第 69 条的规定，这些涉及是关于当事人、利害关系人对公证效力即公证书内容的争议的处理。

---

① 吴凤友主编：《公证法释义》，中国法制出版社 2005 年版，第 140 页。

（一）诉权行使

根据《公证法》和《公证程序规则》的有关规定当事人、利害关系人对于有争议的事项诉诸法院以谋求纠纷的解决，是当事人、利害关系人应有的诉权，不论该项争议是经过公证机构的公证，当事人、利害关系人都可以提起诉讼。因而，法条的旨意不在于赋予当事人、利害关系人提起诉讼的权利，而在于公证和诉讼之间的职能划分。

民事诉讼是人民法院行使审判权的活动，其审理的对象是主体之间已经存在的争议或者发生纠纷的民事法律关系。当事人将民事法律关系的争议和纠纷，提交给人民法院加以解决，人民法院通过调查、审理、裁判、调解等法律程序，对有争议的法律关系作出裁决，确认民事权利义务关系，并运用国家强制力保障其实现。

（二）争议对象

争议对象是当事人、公证事项的利害关系人有争议的公证书的内容，主要是指公证书公证的实体内容，既包括事实问题，又包括法律问题。比如公证的事项在现实中是否存在；公证的事项是否被不恰恰当地夸大、缩小或遗漏；申请公证的文书印鉴、盖章是否系当事人伪造、变造；申请公证的法律行为是否是在当事人受胁迫、受欺诈或者危难被乘的情况下作出的；公证机构赋予强制执行效力的债权文书是否以给付为内容等。如果当事人、利害关系人争议的内容为公证书的内容违法或者公证的内容与事实不符，则当事人可以就该事项提出复查，请求公证机构撤销公证书，也可以直接提起诉讼或采取其他救济措施。

（二）争议原因

就法条的规定而言，当事人、公证事项的利害关系人对公证书的内容有争议，由于公证书对该项内容不具有最终确认的效力，而且不能要求公证解决争议。这是争议原因。因此，发生争议时，当事人可以提起民事诉讼。在当事人采取诉讼、仲裁、调解等解决方式时，如果公证书没有被撤销的话，仍然具有证据效力，法院、仲裁机构和人民调解委员会应当将其作为认定事实的依据，除非对方当事人提出充分的证据足以推翻公证书。

（三）解决途径

公证活动是对法律行为、有法律意义的事实和文书的真实性、合法性予以证明的活动，其证明对象是正常情况下的非争议事项。公证机构通过证明去确认法律行为的发生和成立、有法律意义的事实和文书的真实合法，其目的是为了预防纠纷，减少诉讼。公证活动本身不解决当事人之间的权利义务争议。通过公证证明，公证机构只是对既存的法律行为、有法律意义的事实和文书赋予法律上证明力，不能替当事人设立权利义务,也不因公证证明而引起发事法律关系的变更和消灭。一旦某一法律行为或有法律意义的事实和文书在当事人之间存在争议,就只能通过诉讼、仲裁、协商等途径解决,而不能进行公证。当然,除提起民事诉讼以外,当事人还可以申请仲裁,请求人民调解委员会解决,或者自行协商,达成协议以重新确定双方之间的权利义务关系。

(四)处理结果

在当事人之间存在争议通过诉讼、仲裁、协商等途径解决时,结果可能有以下几种:

1.公证书被撤销。对方当事人提出充分的证据足以推翻公证书,公证书被撤销。如果公证书没有被撤销的话,仍然具有证据效力,法院、仲裁机构和人民调解委员会应当将其作为认定事实的依据。

2.公证机构及其公证员因过错给当事人、公证事项的利害关系人造成损失的,由公证机构承担相应的赔偿责任。赔偿数额协商不成的,可以由人民法院判决。

第二十一章 公证程序

【引 例】

原告沈正平、曹桂花系夫妻,生育有4个子女。被告沈君系原告的四女,在外地工作。两原告年事已高,需要人照料其生活起居等事宜。2005年11月,被告沈君夫妻2人回家乡居住期间,向两原告承诺对两原告今后的生活、医疗及生养死葬承担一切责任。两原告在被告的多次劝说之下,于2005年12月19日将自己坐落于县城的房屋和一亩耕地赠与被告,并向某某公证处进行了公证。2006年12月15日,原告沈正平生病住院病危,被告沈君在接到通知后回家探望原告。后因原告沈正平的医疗费问题,被告与原告及其他兄弟姊妹之间多次发生争执,在原告沈正平还未出院的情况下,被告沈君不辞而别。为此,两原告在精神上受到了极大的刺激。由于被告未履行自己所作出的承诺,两原告认为将房屋和一亩耕地赠与被告沈君是重大失误。为此,原告向某某公证处申请依法撤销所公证的房产赠与合同,被告沈君立即返还原告所赠的房屋产权和一亩耕地。

第一节 公证程序概述

一、新、旧《公证程序规则》之比较

随着2006年3月1日《公证法》的实施,《公证程序规则》(以下简称《规则》)进行了全面修改,并于2006年7月1日起开始施行。新《规则》与2002年颁布的《公证程序规则》相比,其变化较大,主要体现在以下几个方面:

(一)规范了公证执业主体的称谓

依据《公证法》,公证机构和公证员是公证执业活动的主体,享有相应的法定权利,承担相应的法定义务。原《公证程序规则》大量使用了"公证人员"的称谓,意即公证员与各类辅助人员的统称。这一称谓,既不符合《公证法》的规范用语,也难以

界定在办证过程中公证员与辅助工作人员各自的职能、权限以及责任。因此,修订后的《规则》不再使用"公证人员"的称谓,而是明确公证机构及公证员是公证执业主体,明确规定了公证机构及承办公证员在办证过程中的权利、义务以及应遵守的办证规则,同时要求在办理公证过程中须公证员亲自办理的事务,不得指派公证机构的其他工作人员办理。办证过程中不具实体程序意义的事务性、手续性、文秘性的事务,可由公证机构及承办公证员根据需要安排、指导公证机构的其他工作人员办理。

(二)设立了公证执业区域制度和明确了法定公证事项的受理

《规则》依据《公证法》的相关规定,设立了公证执业区域制度。该制度取代了原《规则》的公证管辖制度。根据规定,所谓公证执业区域制度,是指由省、自治区、直辖市司法行政机关,根据《公证法》第25条和《公证机构执业管理办法》第10条的规定以及当地公证机构设置方案,划定的公证机构受理公证业务的地域范围。公证机构只能在核定的地域范围内受理公证业务,以避免公证机构跨地域受理公证业务,进而产生不正当竞争问题。

所谓法定公证事项,是指法律、行政法规规定应当公证的事项,未经公证的不发生相应的法律效力。《规则》规定,公证机构对于符合受理条件的法定公证事项负有必须受理的法定义务。

(三)明确划分了在公证活动中当事人与公证机构之间对公证事项真实性各自应承担的责任,依法充实、细化了审查、核实的内容

《规则》规定,在公证活动中,当事人就需要证明的公证事项应提供真实、合法、充分的证明材料,并就公证机构提出的疑问进行必要的说明或补充;对涉及专业问题需要鉴定、检验检测、翻译的,委托公证机构向相关专业机构提出鉴定、检验检测、翻译申请;对于申请公证的文书内容不完备、表达不准确的,应当在公证机构指导下补正、修改。如果当事人拒绝履行相应义务或者虚构、隐瞒事实,或者提供虚假证明材料,或者提供的证明材料不充分又无法补充的,将不予办理公证。公证机构依法审查相关事项,对于需要核实或者有疑义的,应当进行核实、收集证据或者委托异地公证机构代为核实。

(四)设立了不予办理公证制度和规定了公证特别程序

所谓不予办理公证,是指根据《公证法》的相关规定设立的公证程序的终结制度之一,是对拒绝公证制度的完善和丰富。《规则》第48条列举了不予办理公证的九种情形。同时,《规则》还对不予办理公证的决定程序、处理方式作了具体的规定。此外,《规则》还对终止公证制度适用的情形及程序作了补充和细化,从而使公证程序的终结制度更趋完善。

此外,鉴于公证事项种类繁多,办证适用的法律及规则也不尽相同,而《公证法》只规定了办理公证的一般程序。因此,《规则》规定了公证特别程序制度,是对公证法的进一步细化、充实。根据公证业务实际需要以及对已有部分办证规则的提炼,目前《规则》设定了办理现场监督类公证、遗嘱公证和保全证据公证等的公证特别程序要求。

(五)重新设定了公证争议处理制度

《规则》规定的公证争议处理制度是对原《规则》申诉与复议制度的替代。该制度设定了公证机构复查、行业协会处理投诉、人民法院民事诉讼三种争议解决途径。与原《规则》相比,司法行政机关不再介入公证争议的处理,改由公证协会处理争议投诉和调解赔偿纠纷。《规则》还要求公证机构履行告知义务,引导当事人、公证事项的利害关系人对公证书涉及他们之间实体权利义务的内容有争议的,应当寻求司法救济途径解决,改变以前通过向公证机构和司法行政机关申诉寻求救济的做法。

(六)规定了公证机构和公证员违法违规的查处制度

《规则》第72条明确规定:"公证机构及其公证员在办理公证过程中,有违反《公证法》第41条、第42条以及本规则规定行为的,由司法行政机关依法给予相应的处罚;有违反公证行业规范行为的,由公证协会给予相应的行业处分"。可见,监督、查处公证机构和公证员违法违规行为不仅是司法行政机关的职责,而且也成为行业自律的重要手段。同时,公证当事人、公证事项的利害关系人发现公证机构和公证员在办理过程中有违法违规行为的,也有权向司法行政机关或公证协会投诉。

总之,新的《规则》进一步丰富和完善了公证程序制度,对于规范公证机构及公证员的执业活动,引导自然人、法人及其他组织恰当地运用公证手段,保护合法权益,保障民商事交易安全,都具有积极的作用。

二、公证程序的基本规则

根据《公证法》和《公证程序规则》的相关规定,公证程序是指公证机构和公证当事人依照法律、法规实施公证行为,办理公证事项时必须遵守的步骤和规则。公证程序是公证法的核心内容。严格遵守公证程序,不仅有利于公证机构公证活动的规范化、统一化,确保公证质量和公证效力,而且有利于保障公证当事人的合法权益。

公证程序基本规则是《公证法》规定的基本原则的具体化,公证程序应遵循的基本规则的主要有:

(一)真实规则

真实规则是公证活动应当遵循的核心内容和第一道程序规则。它要求公证机构和公证人员在办理公证事项时要查明公证事项是否真实。所谓"真实",即公证文书所证明的法律行为、有法律意义的文书、事实及其各项内容都是客观存在的或者曾经发生过的事实,而不是虚假的、伪造的事实。真实就是符合客观实际、反映事物的本来面目。真实是公证书的灵魂,失真的公证书无法发挥其应有的作用,反而造成混乱。《规则》第6条第1款明确规定,公证机构和公证员办理公证,不得有《公证法》第13条、第23条禁止的行为,即为不真实、不合法的事项出具公证书。

(二)合法规则

合法规则是指公证机构办理公证事项的内容、形式和程序都必须符合国家法律的规定。公证的属性是依法证明,办理公证的目的是为了使某种行为、文件和事实符合法律的规定,将其纳入法律的轨道。只有按照法律的规定办理公证文书,才能具有法律效力,否则就是非法和无效的。

(三)直接规则

直接规则是指公证机构办理公证事务,必须由公证员亲自接待当事人,亲自听取当事人和其他有关人员的口头陈述,亲自审查公证事项的内容以及其他有关的全部材料,最后作出是否给予证明的决定。直接规则本是诉讼的基本原则,意在强调参与裁判诉讼事件的法官直接参与当事人之间的言语辩论,耳闻目睹双方陈述的各种诉讼资料,以便通过这种亲自体验,形成正确的结论。公证员对公证活动适用直接规则也就是公证员进行调查研究的过程,公证员直接听取当事人的陈述,审查被证明对象的全貌,接触并掌握有关证明材料,才能作出符合客观事实的证明,这也是确保公证的真实性、合法性的重要环节。

第二节 公证管辖

一、公证管辖概述

公证管辖是指各公证机构之间受理公证事项的职责划分与权限分工。公证管辖有很强的实务意义。实践中,当事人在需要办理公证事项时,首先要面临的就是向哪一个公证机构提出公证申请的问题,公证管辖方面的规定就是针对这个问题而设立的。同时,为了避免各公证机构之间因管辖权不明对某项公证事项相互争夺和推诿,也有必要对公证管辖进行规定。

根据《公证法》第 25 条的规定,"自然人、法人或者其他组织申请办理公证,可以向住所地、经常居住地、行为地或者事实发生地的公证机构提出。""申请办理涉及不动产的公证,应当向不动产所在地的公证机构提出;申请办理涉及不动产的委托、声明、赠与、遗嘱的公证,可以适用前款规定。"其规定了公证管辖制度。

根据《公证法》的规定,由于各公证机构之间无上下隶属关系,相互地位平等,公证管辖不存在上下级之间在受理公证事项上的纵向分工,即不存在级别管辖,这是公证管辖不同于诉讼管辖的重要之处。由此决定地域管辖,即各平等的设置于不同地域的公证机构之间在受理公证事项上的横向分工,就成为公证管辖的主要形式。国外对公证的管辖,基本上也采用地域管辖。如日本《公证人法》规定,公证人执行职务的区域为其所属的法务局或地方法务局的管辖区域。墨西哥《公证人法》规定,公证人不得在其管辖区域以外执行职务。意大利《公证法》明确规定,初审法院的管辖区即为公证辖区,等等。

二、公证管辖的主要内容

根据《公证法》第 25 条的规定,公证的地域管辖主要包括五个方面的内容:

(一)公证事项由当事人住所地公证机构管辖

所谓住所地,是指自然人的户籍所在地,法人或者其他组织的主要办事机构所在地。依据地域管辖原则,申请人户籍地、主要办事机构所在地在哪里,哪里的公证机构对当事人提出的公证申请就有权管辖。

(二)公证事项由经常居住地公证机构管辖

根据《最高人民法院关于贯彻执行〈民法通则〉若干问题的意见(试行)》的规定,公民离开住所地最后连续居住一年以上的地方,为经常居住地。但住院治病的除外。一般来说,公民的住所地与经常居住地是一致的,公民的经常居住地与住所地不一致的,经常居住地视为住所地。《公证法》既规定住所地同时又规定经常居住地为地域管辖的受理标准,主要是考虑到实践中有很多人的住所地与经常居住地不一致。如内地公民应聘到沿海开放城市工作,但不迁移户口。还有些人根本没有户口或暂时无户口,如现役军人,超生子女,某些出国人员以及已经毕业但尚未落户的大学毕业生,等等。对于上述人员如公证机构让他们回到原户口所在地申办公证既不方便,也不可行,而公证机构也难以进行调查核实。因此,根据这一规定,当事人的住所地(即户籍所在地)与其经常居住地不一致时,由经常居住地的公证机构管辖是恰当的。

(三)由法律行为发生地的公证机构管辖

即公证事项为法律行为时,法律行为发生地的公证机构有管辖权。法律行为可分为单方的(如遗嘱)、双方的(如合同)、共同的(如设立社团);有偿的(如买卖)和无偿的(如赠与)等。需要证明的法律行为很多,如合同(契约)、委托、遗嘱、财产赠与、房屋买卖、收养关系、财产继承。公证实践中这种行为管辖地一般有三种情况:一是属于单方发生的,如遗嘱、声明等行为,就由该行为发生地的公证机构来管辖;二是属于双方发生的,如收养、解除收养等法律行为,该项公证事项即由收养人或被收养人所在地的公证机构管辖;三是法律行为的发生地涉及两个有管辖权公证机构的管辖,在这种情况下,当事人双方协商一致,向任意一个有管辖权的公证机构提出公证申请,该项法律行为就属于该公证机构管辖。

(四)由法律事实发生地的公证机构管辖

根据《公证法》的规定,当事人根据需要可以向其住所地,经常居住地,法律行为地或事实发生地的公证机构申办公证事项。在管辖受理上,上述四种管辖地是并行的关系,也就是说,一个当事人可以根据自己的实际情况,任意选择一个管辖地公证机构提出申请,公证申请人只要向符合上述四种管辖地中的任何一个公证机构提出申请,公证机构均不得予以拒绝或者推诿。《公证法》在管辖的规定上采取这种并行受理原则主要是考虑当事人申办公证事项的种类有很多,既有国内事项,也有涉外事项,既有经济事项,也有民事事项,如果简单地规定某种公证事项只能向某一管辖地的公证机构管辖,势必大大限制自然人申办公证事项的权利,也不便公证机构办理公证事项。如一自然人住所地在南昌(户籍地),在上海某大学毕业(事实行为地),聘用在深圳某公司工作(经常居住地),该当事人要申办学历公证就可以选择向南昌、上海或深圳的公证机构提出申请。又如一在陕西西安注册的公司在北京与另一公司订立合同,这家公司既可以向西安(法人住所地)的公证机构提出申请,也可以向北京(行为地)的公证机构提出申请。

(五)凡申请办理涉及不动产的公证事项,由不动产所在地的公证机构管辖

《公证法》在本条款中规定申请办理涉及不动产的委托、声明、赠与、遗嘱的公证,也可以适用前款的规定。这条的含义是:如当事人申办的委托、声明、赠与、遗嘱公证中,即使有涉及不动产的内容,该委托、声明、赠与、遗嘱公证除由不动产所在地的公证机构管辖外,也可以由住所地、经常居住地、行为地或者事实发生地公证机构管辖。《公证法》之所以如此规定,主要是从方便当事人角度考虑。如一老人离开原住所地去一亲戚家做客,因突发重病卧床不起,这时老人提出需办理一个房屋财产的遗嘱公证,如仅因该遗嘱内容涉及不动产而该房屋又在原老人住所地

而拒绝受理,这既违反了公证管辖的便民原则,也不合情理。因此,根据本条的规定,该老人既可以向原房屋所在地的公证机构(不动产所在地)申请办理该房产遗嘱公证,也可以向现居住的亲戚所在地的公证机构(法律行为发生地)申请办理该房产遗嘱公证。

第三节 公证的普通程序

公证的普通程序,即公证的一般程序,是指公证机构和公证当事人在办理一般公证事务时,按照法律、法规规定所适用的公证程序。公证的一般程序主要包括公证申请与受理、审查和出具公证书三个阶段,以及办理公证的其他程序规则,例如公证期限、终止公证、拒绝公证等内容。

一、申请和受理

(一)申请

1.申请的提出

根据《公证法》第 27 条的规定,公证申请只能由公证当事人提出,公证机构应当根据公证当事人的申请办理公证。

所谓申请公证,是指自然人、法人或其他组织向公证机构提出办理公证要求的行为。向公证机构提出办理公证请求的人,就是申请人。根据《公证程序规则》的规定,自然人、法人或其他组织要成为公证当事人,必须具备三个条件:(1)以自己的名义向公证机构提出公证申请,不以自己名义申请公证的,就不是公证申请人;(2)与公证事项有法律上的利害关系,即申请公证的事项对申请人的身份关系或财产关系产生重大影响;(3)在公证活动中能够享有权利和承担义务,即能够独立享有法律赋予的权利、承担因公证而发生的义务和责任。

申请公证由当事人、当事人的法定代表人或者主要负责人提出,也可以由当事人、当事人的法定代理人、当事人的法定代表人或者主要负责人委托他人代理办理公证。但是根据《公证法》以及《公证程序规则》的规定,遗嘱、遗赠扶养协议、赠与、认领亲子、收养、解除收养、委托、声明、生存等公证事项应当由当事人、当事人的法定代表人或主要负责人亲自申请办理,不能委托他人代理。如果这些人亲自申办确有困难,如签订遗赠扶养协议人因为体弱多病,不能亲自到公证机构办理公证,经申请,公证员可到当事人住所地办理公证事务。

2.申请的方式

申请人在向公证机关提出公证申请时,应按规定填写公证申请表。根据《公证程序规则》第 17 条规定,公证申请表应包括许多内容;当公证事项是双方或多方法律行为时,各方当事人应分别填写公证申请表。申请人应当在申请表上签名或盖章。如果申请人填写申请表确有困难的,可由公证人员代为填写。

3. 申请公证应提交的材料

自然人、法人或其他组织在向公证机关申请公证时,除应填写公证申请表外,还应当向公证机构提供真实、合法、充分的证明材料,并如实说明申请公证事项的有关情况。至于提供哪些证明材料,不同的公证事项有不同的要求。根据《公证程序规则》第18条的规定,一般应当提供自然人的身份证明,法人的资格证明及其法定代表人的身份证明、申请公证的文书等五种材料。

(二)受理

公证受理,是指公证机构对自然人、法人或其他组织提交的公证申请表及相关证明材料进行审查,并决定开始办理公证的行为。受理标志着公证机构公证活动的开始。经公证机构受理后,当事人与公证机构之间就形成了公证法律关系,公证申请人开始成为公证当事人。

依据《公证法》和《公证程序规则》的规定,公证机构对提交的公证申请应予以审查,审查主要从两个方面进行:首先,审查申请人提交的申请书和材料是否充分,是否需要补充。其次,审查公证申请是否符合受理条件。经审查,对于符合上述条件的申请,公证机构应决定予以受理,并发给当事人受理通知书,申请人或其代理人应当在回执上签收。对于不符合受理条件的申请,公证机构作出不予受理决定,并通知申请人。

二、审查

公证审查,是指公证机构受理公证当事人申请后,对当事人申请办理的公证事项及提供的相关证明材料进行核实的活动。公证审查是公证程序的必经阶段,审查的结果直接关系到是否为当事人出具公证文书及出具文书的质量问题,因此公证机构应当按照法定程序进行公证审查核实工作。

(一)审查的内容

由于公证是以真实、合法为基本原则,因此公证审查的核心内容是围绕着公证事项是否真实、合法进行的。根据《公证法》第28条以及《公证程序规则》第24条的规定,公证机构主要审查下列内容:

(1) 当事人的人数、身份、申请办理该项公证的资格及相应的权利。

(2) 当事人的意思表示是否真实。即要审查公证的事项是否为当事人在意思表示自由的情况下作出的;当事人是否受到他人的威胁或者欺诈等。

(3) 审查当事人提供的文书内容是否完备,含义是否清晰,签名、印鉴是否齐全。这是针对公证对象为法律文书时的要求。

(4)审查当事人提供的证明材料是否真实、合法、充分。

(二)审查的程序

根据《公证法》第29条和《公证程序规则》的相关规定,公证机构享有核实权。即公证机构向当事人以外的单位或个人了解情况,审核当事人申请公证事项以及提交证明材料的真伪。公证核实是公证审查中的一项重要工作,是确保公证事项真实、合法的必要和有效的手段。

依照法律规定,公证机构应当进行核实的情形包括:(1)具体办证规则要求核实的,公证机构按照该办证规则进行核实。(2)当事人提供的证明材料真假难辨或者公证机构认为当事人提交的证明材料存在矛盾或者有疑义。核实权既可以由承办公证事项的公证机构行使,也可以委托异地公证机构代为进行。公证机构委托异地公证机构核实公证事项及其有关证明材料的,应当出具委托核实函,对需要核实的事项及内容提出明确的要求。受委托的公证机构收到委托函后,应当在一个月内完成核实。因故不能完成或者无法核实的,应当在上述期限内函告委托核实的公证机构。结束后,受委托的公证机构应及时以公函形式将结果及有关材料转交委托核实的公证机构。

公证机构行使核实权的方式包括:(1)询问当事人、公证事项的利害关系人、询问证人核实公证事项的有关情况以及证明材料。(2)向有关单位或者个人了解相关情况或者核实、收集相关书证、物证、视听资料等证明材料。(3)对于公证事项有关的现场、物品、人身等,公证机构可以进行现场勘查、检验,并制作笔录。(4)在公证活动中,遇有需要具有专业知识人员解决的问题,需要委托专业机构或者专业人员对申请公证的文书或者公证事项的证明材料进行鉴定、检验检测、翻译的,应当告知当事人由其委托办理,或者征得当事人的同意代为办理。

为防止和杜绝公证人员假公济私、滥用职权,公证人员核实公证事项和相关证明材料时,应当向有关单位或者个人出示工作证及其所在公证机构出具的函件。对于公证机构依法行使核实权的行为,有关单位或者个人应当予以协助,不得无理拒绝。

三、出证

出证,是指公证机构对当事人申请的公证事项,经审查核实后,认为符合办证条件的,依法制作并出具公证书的活动。出证是公证活动的结果之一,是公证程序的最终环节。

（一）出证的条件

出证的条件，即出具公证书的条件。它是指公证机构依法对法律行为、有法律意义的事实和文书的真实性、合法性进行证明并出具证明书的标准。根据《公证法》第 30 条规定，公证机构出具公证的条件是：申请公证的事项真实、合法；申请人提供的证明材料真实、合法、充分。由于公证事项不同，因此《公证程序规则》第 36 条、第 37 条、第 38 条、第 39 条又具体规定了各类公证事项的出证条件。

（二）出证的程序

公证机构受理当事人申请并经过审查后，对于不符合出证条件或者有违法的申请公证事项，有权行使拒证权，即不予办理公证。对于符合出证条件的，承办公证员应当按照公证事项的类别、内容、查明的事实及所依据的有关规定，按司法部规定或批准的格式草拟公证书。

根据《公证证据规则》第 40 条规定："符合《公证法》、本规则及有关办证规则规定条件的公证事项，由承办公证员拟制公证书，连同被证明的文书、当事人提供的证明材料及核实情况的材料、公证审查意见，报公证机构的负责人或其指定的公证员审批。但按规定不需要审批的公证事项除外。"公证书拟好后，除主办公证员承办的不需要审批的公证事项外，应将草拟的公证书，连同卷宗报公证机构主任、副主任或其指定的公证员审批。一般的公证事项由审批人独自批准；重大复杂的公证事项应提交公证机构处务会议讨论后审批。

审批公证事项及拟出具的公证书时，应当根据《公证证据规则》第 41 条规定，审核以下内容：1. 申请公证的事项及其文书是否真实、合法；2. 公证事项的证明材料是否真实、合法、充分；3. 办证程序是否符合《公证法》、本规则及有关办证规则的规定；4. 拟出具的公证书的内容、表述和格式是否符合相关规定。

（三）公证书

公证书，是指公证机构按照法定程序制作的，证明民事法律行为、有法律意义的事实和文书具有真实性、合法性的文书。根据《公证证据规则》第 42～47 条规定，公证书主要的要求有：

1. 公证书的形式要件

公证书的形式要件一般包括公证书的格式、落款以及文字等。

2. 公证书的基本内容

公证证明事项的具体内容，应完全体现在公证词里。公证书的内容一般包括公证书的编号、当事人及其代理人的基本情况、公证证词、承办公证员签名或盖章、公证处印章和钢印、出证日期、公证书的生效等内容。

一般而言，公证书自出具之日起生效。需要审批的公证事项，审批人的批准日

期为公证书的出具日期;不需要审批的公证事项,承办公证员的签发日期为公证书的出具日期;现场监督类公证需要现场宣读公证证词的,宣读日期为公证书的出具日期。

3.公证书的送达

公证书做成后,公证机构应留存原本和一份正本附卷,并根据当事人和有关单位、个人的需要制作若干份正本、副本发送。公证书的送达一般以当事人到公证机构领取为基本形式,公证书也可由代理人代领。公证机构将公证书发给当事人或其代理人核对,核对无误后,由当事人或其代理人在送达回执上签收。

四、公证期限、终止公证和拒绝公证

(一)公证期限

公证期限是指公证机构办理公证事项所要遵循的时间。根据《公证法》和《公证程序规则》的规定,公证期限可分为办证期限和其他公证期限两种。

1.办证期限,即公证机构从受理到出具公证书的时间。依据《公证法》第30条的规定,一般情况下,公证机构应当从受理公证申请之日起15个工作日内向当事人出具公证书。但是,对办证期限能否延长,什么情况下可以延长、延长的程度以及延长的程序等问题,《公证法》没有规定。依据《公证程序规则》规定,对于重大复杂的事项,当事人举证不足的事项或者需要委托调查的事项,经公证机构主任或副主任批准,可适当延长,但是应将延期的原因及时告知当事人。

2.其他办证期限。例如,根据《公证程序规则》的规定,根据公证词制作公证书的期限为7日;提存物的保管期限为5年;公证卷宗归档的期限为3个月等。

(二)终止公证

终止公证,是指在办理公证的过程中,由于出现法定理由致使公证机构不能继续办理,或继续办理已无意义时,而决定结束公证程序。终止公证,是一种非正常结束公证程序的方式。

依照《公证程序规则》第50条的规定,有因当事人的原因致使该公证事项在六个月内不能办结的、因申请公证的自然人死亡、法人或者其他组织终止等五种情况之一的,应当终止公证。

当出现终止公证的法定事由时,承办公证员应写出书面报告,报公证机构负责人批准。终止公证的决定应书面通知当事人或其代理人。对于当事人死亡的,公证机构可免除通知义务。终止公证的,公证机构还应当根据终止的原因及责任,酌情退还部分收取的公证费。

(三)拒绝公证

拒绝公证,即不予办理公证,是指在办证过程中,公证机构发现证明对象不真实、不合法,或有其他违反法律的事由,而拒绝办理公证的行为。拒绝公证是公证机构行使法律监督权、预防纠纷、制止违法行为,维护社会经济秩序稳定,保障国家、社会利益和当事人合法权益的一项重要举措。

1. 公证机构拒绝公证适用的情形

根据《公证法》第31条和《公证程序规则》第48条的规定,有当事人与申请公证的事项没有利害关系的、当事人之间对申请公证的事项有争议的等9种情形之一的,不予办理公证。

2. 拒绝公证的程序规则

当出现拒绝公证法定情形时,承办公证员应当写出书面报告,报公证机构负责人审批。不予办理公证的决定应当书面通知当事人或其代理人。不予办理公证的,公证机构应当根据不予办理的原因及责任,酌情退还部分或者全部收取的公证费。

第四节 公证的特别程序

公证特别程序,是公证法律制度为了解决公证中的特殊问题而设置的程序。公证特别程序是一种总括性概念,包含多种具体的特别程序。对于公证特别程序的范围,学者理解是不同的。我们认为,狭义的公证特别程序是指公证机构在办理招标投标、拍卖、开奖、遗嘱、提存这些特定公证事项时应适用的特殊公证程序。而广义的公证特别程序,是指公证机构处理公证事项中所有特殊问题适用的程序,即包括狭义的公证特别程序、公证书复查程序以及公证调解程序等。

公证特殊程序是相对于公证一般程序而言的,它仅适用于法律规定的特定公证事项。因此,公证特别程序是针对某些特定公证事务的特别需要所作的特别规定,与公证一般程序是特别法与一般法的关系,即公证机构处理特殊公证问题时,有特别规定的,适用特别规定;没有特别规定的,适用一般规定。根据《公证证据规则》第52条至第54条规定,适用特别规定。目前规定招标投标、拍卖、开奖公证、遗嘱公证、证据保全三个类型。提存公证、涉外公证没有规定,但是以前属于"适用特别规定",所以一并简单介绍。由于各种具体的公证特殊程序很长,本章主要以涉外公证程序为例介绍。

一、招标投标、拍卖、开奖公证

招标投标、拍卖、开奖公证属于现场监督类公证。其共同特点是:第一,承办公证人员应亲临现场,对活动的过程进行监督;第二,承办公证人员应当当场宣读公证词,公布公证结果;第三,承办公证人员是整个现场活动的监督者,有权对违法行为进行制止和纠正;第四,公证机构出具的公证书应当使用要素式公证书格式。具体内容太多,不作介绍。

二、遗嘱公证

遗嘱,是指公民生前按照法定方式处分个人财产或其他事务,并在其死亡后生效的法律行为。根据我国《继承法》的规定,遗嘱可以采用自书、代书、录音、口头、公证等五种形式设立。

遗嘱公证,是指公证机构根据当事人的申请,按照法定程序对遗嘱人设立遗嘱行为的真实性、合法性进行证明的活动。遗嘱公证,是公证机构对立遗嘱行为的法律监督。通过遗嘱公证,可以预防纠纷、保证实现遗嘱效力,保护当事人的合法权益。遗嘱公证的特别程序,具体内容太多,不作介绍。

三、证据保全公证

根据《公证证据规则》第54条规定,"公证机构派员外出办理保全证据公证的,由二人共同办理,承办公证员应当亲自外出办理"。"办理保全证据公证,承办公证员发现当事人是采用法律、法规禁止的方式取得证据的,应当不予办理公证。"

《公证法》将"保全证据"规定为公证机构的公证事项。而在原《公证暂行条例》中,将保全证据规定为公证机构的业务。这是因为保全证据在实践中经常发生,一直是公证机构的一项业务,应予肯定,故将"保全证据"规定为公证事项,并且适用特别规定。

由于目前还没有规定《保全证据公证规则》,可参照《房屋拆迁证据保全公证细则》(司法部1993年12月1日颁布)进行工作,这里不作详细介绍。

四、提存公证

提存,是指债务人将该标的物提交给法定的提存机构,由提存机构转交债权人的法律行为。在我国,提存包括两种:其一,以清偿债务为目的的提存,即由于债权人的原因或其他法定原因,债务人无法履行给付债之标的物的义务时,债务人将该标的物提交给法定的提存机构。从提存之日起,视为债务人履行了给付义务。其二,以担保为目的的提存,即抵押人将转让抵押物所得价款交给与抵押权人约定的第三人。从提交之日起,提存标的物及风险责任转归债权人,引起抵押权利义务关系消灭的法律后果。提存公证,是指公证机构根据债务人申请,依照法定条件和程序,对债务人或担保人为债权人的利益而交付的债之标的物或担保物或担保物的替代物进行寄托、保管,并在条件成就时交付债权人的活动。为履行清偿义务或担保义务而向公证机构申请提存的人为提存人,提存之债的债权人为提存受领人。

《公证证据规则》第 71 条规定,"公证机构根据《公证法》第 12 条规定受理的提存、登记、保管等事务,依照有关专门规定办理;没有专门规定的,参照本规则办理"。1995 年 6 月 2 日司法部公布了《提存公证规则》,提存公证的专门程序具体内容太多,不作介绍。

五、公证调解

(一)公证调解的概念

根据《公证证据规则》第 56 条规定,"经公证的事项在履行过程中发生争议的,出具公证书的公证机构可以应当事人的请求进行调解。经调解后当事人达成新的协议并申请公证的,公证机构可以办理公证;调解不成的,公证机构应当告知当事人就该争议依法向人民法院提起民事诉讼或者向仲裁机构申请仲裁。"公证调解,是指公证机构根据当事人的申请,就经过公证证明的事项在履行过程中发生的纠纷,对当事人双方进行劝说以及双方当事人据此相互谅解达成协议的活动。调解是解决民事矛盾的一种重要方式。从调解性质看,调解可以分为诉讼(内)调解和诉讼外调解。诉讼(内)调解,又称为法院调解,是指在人民法院审判人员的主持下,双方当事人经过自愿协商,达成协议,解决民事争议的活动。

法院调解与法院判决具有同等的效力。诉讼外调解,是指在法院以外的其他组织主持下,矛盾对立双方经过协商,达成协议,解决民事争议的活动。诉讼外调解和法院调解的效力是完全不同的。公证调解属于诉讼外调解。

公证机构作为一种中介机构、服务机构,它不仅享有对法律行为、有法律意义的事实和文书的真实性、合法性的证明权,而且还有权对公证后事项继续提供法律帮助。《公证程序规则》规定的公证调解制度正是为了全面落实公证机构的服务职能。公证调解作为公证机构解决民事纠纷的一种方式,无论在我国公证制度上,还是整个民事纠纷解决机制上都具有重要意义。

(二)公证调解的程序

1.公证调解应由当事人向出具公证书的公证机构提出申请。当事人申请,可以是双方当事人一起申请,也可以是一方当事人申请后,公证机构征得另一方同意。如果只有一方当事人申请调解,而另一方当事人不同意调解的,公证机构不能调解。

2.公证调解的案件范围是特定的,只能是经过公证的事项,并且是在履行过程中发生的民事纠纷。

3.公证调解后,当事人达成新的协议的,根据当事人申请,公证机构可以公证。公证调解不成的,公证机构应告知当事人向人民法院起诉或申请仲裁。

需要说明的是,公证调解达成协议的,公证机构不能制作调解书,因为公证调解不同于人民法院的调解,公证调解的结果不具有当然的强制执行效力。调解结果需要以法律形式确认的,公证机构可以告知当事人申请公证,由公证机构以公证书的形式加以确认。对于经过公证调解后达成的协议是属于以给付为内容,并载明债务人愿意接受强制执行承诺的债权文书,公证机构可以根据当事人的申请,出具有强制执行效力的公证书。

第五节 涉外公证和涉港澳台公证程序

一、涉外公证程序的概念

《公证证据规则》第33条规定:"公证书需要在国外使用,使用国要求先认证的,应当经中华人民共和国外交部或者外交部授权的机构和有关国家驻中华人民共和国使(领)馆认证。"这里主要是涉外公证及其程序。

涉外公证程序,是指公证机关办理的含有涉外因素的公证事项。即公证当事人、证明对象或公证书使用地诸因素中至少含有一个以上涉外因素的公证事项,主要的公证书将发往域外使用的公证程序。

二、涉港澳台公证特别规定

1.涉港、澳公证的程序及其注意事项

(1)当事人申请。申请内地公证处办理涉港、澳公证的申请方式有三种:一是当事人直接申请。二是港澳地区的居民直接来信与内地公证机构联系申办公证。三是港澳地区居民委托其内地亲友或中国银行的有关分支机构及香港南洋商业银行机构等代办国内公证。

(2)适用法律。办理港澳公证时,除适用我国法律外,还可考虑在不违背我国法律、法规原则的前提下,适用香港、澳门地区的法律。例如:按照中国的继承法,侄子侄女不享有继承权,但按香港法律侄子侄女享有继承权,为了维护申请人的民事权益,应当办理这类继承权公证,以便内地公民继承在香港的遗产。

(3)公证材料审查。办理涉港、澳公证时,对港、澳居民提供的授权委托书或有关证明材料,需要审查是否符合委托公证人制度。对来自香港的公证证明必须是由我国司法部在香港律师中委托的公证人所作,并经中国法律服务(香港)有限公司加章转递的方能采用。对来自澳门的有关材料的公证证明,过去必须是由澳门的有关机构出具。2006年2月以后,我国司法部在澳门的律师中也开始实施委托公证人制度,自此以后,由港澳特别行政区政府公证部门或内地认可的公证人出具公证书。

(4)办证程序。办理涉港澳公证的,一般适用涉外公证的有关规定,涉港澳公证由司法部批准的有权办理涉外公证业务的公证处和公证员办理。

2.涉台公证的程序及其注意事项

(1)涉台公证的程序

①申请。申请涉台公证,可由当事人直接申请或委托申请。对回大陆探亲、旅游的台胞申请公证的,可由申请人原籍或临时住所所在地抑或不动产所在地的公证处办理。居住在台湾的申请人直接写信或委托其亲友向大陆公证机构申请办理公证事项的,应向申请人原籍所在地或法律事实发生地,抑或不动产所在地公证处申请。中国公民申请涉台公证的,按照《公证法》和《公证程序规则》的规定申请。

②审查。台湾同胞向我国大陆公证机构申办公证事项,必须提供有效证件,即相应的证明材料。所提供的各种证明材料,经过台湾公证机关证明的,可以作为事实上的参考。

③涉台公证机构。为保证涉台公证文书的质量,根据司法部的决定,各省、自治区、直辖市司法厅(局)公证管理处根据本省、自治区、直辖市的具体情况,指定部分公证机构和部分公证员负责办理涉台公证,并要求对所办理的发往台湾使用的公证书,上报有关司法行政机关审核。台湾居民申办公证,可到我国驻其他国家使(领)馆办理,也可以出具委托书,通过国外亲友向我国驻外使(领)馆申请办理。

(2)涉台公证注意事项

鉴于历史的、政治的原因,有些公证涉及海峡两岸敏感的政治问题,根据司法部的要求,对涉台公证事务,原则上凡是属于为一般民事权益而申办公证事项的,可出具证书,对所证明的内容有反共情形或政治影响不好的,则不予出证或变通出证。

(3)《海峡两岸公证书使用查证协议》及《海峡两岸公证书使用查证协议实施办法》的使用

《海峡两岸公证书使用查证协议》是由大陆海峡两岸关系协会、中国公证员协会和台湾财团法人海峡交流基金会,为适应海峡两岸形势发展和民事、经济交流日益增多的需要,经共同商谈达成,于1993年4月29日新加坡正式签署,自签署之日起十日后生效实施的,关于大陆台湾两地公证书相互使用中的问题如何相互查证的协议。协议约定海峡两岸公证书在相互使用过程中,遇有下列情形之一的,协议双方应相互协助查证。①违反公证机构有关受理范围规定;②同一事项在不同公证机关公证;③公证书内容与户籍资料或其他档案资料记载不符;④公证书内容自相矛盾;⑤公证书文书、印鉴模糊不清,或有涂改、擦拭等可疑痕迹;⑥有其他不同证据资料。

《海峡两岸公证书使用查证协议实施办法》是关于两岸公证书相互使用过程中,遇有问题相互协助查证的具体程序事项规定,该办法与上述协议同时生效实施。上述协议的签署与实施对进一步推动大陆与台湾两地的民间往来和经济交流有积极的意义。

三、涉外公证程序的特别规定

涉外公证因其申请人或公证书使用地域与变通公证不同,因而有特别规定。根据我国《公证法》和司法部发布的一些关于涉外公证程序事项的规定,以及根据国际惯例、国际条约、双边条约,涉外公证程序特别规定如下:

（一）涉外公证机构及涉外公证员

1.涉外公证机构

有权办理涉外公证业务的机构有两种:

一是公证处。涉外公证是公证业务中的一个重要组成部分,根据公证行业规范的要求,涉外公证业务是要求具有涉外公证资格的公证处办理。

二是我国驻外大使馆、领事馆。通常公证职能由公证处统一行使,但在某些特殊情况下或特定地域,公证机构无法或不适宜出具公证,根据国际惯例、国际条约、双边协定以及法律规定,我国驻外大使馆、领事馆可以办理驻在国的我国公民申请的公证事务,由这些驻外使、领馆履行证明职能。《维也纳领事关系公约》中规定:"领事可以担任公证人、民事登记员及类似之职司……"我国《公证法》第45条规定:"中华人民共和国驻外使（领）馆可以依照本法的规定或者中华人民共和国参加的国际条约的规定,办理公证。"

2.涉外公证员

涉外公证员是指具备办理涉外公证事务资格的公证员。具有办理涉外公证事务资格的公证处应有一名以上的具备涉外公证业务资格的公证员才能办理涉外公证业务。作为涉外公证员应当具备公证员资格,通过全国涉外公证业务考试。此外,有资格办理涉外公证业务的公证员,还要求其填写涉外公证人员登记表,经省、自治区、直辖市的司法厅（局）批准后,报司法部公证司备案。涉外公证员的签名章一律由省、自治区、直辖市司法厅（局）一式两份统一上报司法部公证司备案。

(二)涉外公证的申请

根据《公证法》和《公证程序规则》的规定,不论是一般公证事项,还是涉外公证事项,都应当由当事人亲自向公证处申请或者委托代理人申请。委托代理人申办公证的,代理人必须向公证机构提交有代理权的证明文件,即授权委托书,但是下列公证事项不得委托他人代理:遗嘱公证、遗赠扶养协议公证、赠与公证、认领亲子公证、收养公证、解除收养公证、委托公证、声明公证、生存公证以及其他与当事人有密切关系的公证事项。因为这些公证事项与当事人有重大的利害关系,为避免申请人或当事人的利益遭受损害,为避免错证或假证,必须由当事人亲自申办,亲自表达其意愿。

涉外公证还要求:居住在国外的当事人委托代理人向国内公证机构申请公证的,应当出具委托书,委托书应当写明委托事项及委托权限;同时还要求所出具的委托书应当经过当公证人或我国驻外使(领)馆公证。如果当事人没有可委托的亲友,也可以委托我国驻该国使(领)馆代为申请。

(三)涉外公证程序的特别事项

1. 涉外公证权限

根据我国的公证法律规范的要求,根据国际惯例,我国公证机构所公证的对象只限于在国内发生的法律行为、法律事实以及在国内制作的法律文书。对发生在我国的法律行为、法律事实,当事人应当申请外国的公证机构或公证人予以公证。如果申请人的居住国允许,也可以申请我国驻该外国的领(使)馆公证,但这种情况只占少数。

2. 涉外公文书的法律适用

涉外公证文书与国内公证文书不同的是,其既可适用我国的法律规定,又可以在我国法律规定与公证文书使用国法律规定不一致的情况下,根据具体情况适用外国的不同法律规定。但前提条件是,外国的法律规定与我国的法律规定的基本原则及社会风俗不冲突,适用外国法律有利于保护我国公民的利益。例如,有部分国家和地区的继承法规定,被继承人没有配偶、子女、父母、兄弟姐妹时,其侄子侄女可以享有继承权,可继承其遗产,但是我国继承法中无此规定,在这种情况下,为了保护申请人的利益,使申请人可以按照外国法取得继承权以继承财产,公证处就应当予以公证。

3. 涉外公证文书的文字使用

根据《公证程序规则》第43条的规定,我国公证机构制作涉外公证文书,应当使用中文,根据需要和当事人的要求可以附外文译文。附何种外文译文,因使用国要求不同而且有所不同。例如发往美国、泰国、韩国使用的公证文书要求附英文译文,发往德国、奥地利使用的公证文书要求附德文译文,发往法国、比利时使用的公证文书要求付法文译文,发往西班牙、拉美各国(委内瑞拉、巴西除外)使用的公证文书要求附西班牙译文,发往瑞士使用的公证文书,要求附法文译文或德文译文,发往沙特阿拉伯使用的公证文书,要求附加阿拉伯语译文。仅有少数国家不要求附译文,例如日本。

发往外国使用的公证书的译文是否另需公证,也因各国家的要求不同而不同。有的国家要求对该国使用的我公证处出具的公证文书的译文应由我公证机构出具译文与原文相符的公证书,并要求该公证也附相应的译文,例如美国、奥地利。有的国家仅要求对在该国使用的我公证处出具的公证文书附译文,不必另附该译文与原文相符的公证书,例如,西班牙、德国、英国、韩国等。

公证员不能在公证书的译文上签名。

涉外公证文书一般应以中文制作,有的则不同。有些情况下,我国有关单位和公民应其他国家或地区的要求,需要在所提供的外文文字或表格上签字盖章并申办公证的,公证处应当在另外的文书纸上证明申请人的签字盖章属实。要求公证签字盖章属实的外文文书或表格有下列几种情况:(1)向域外申请专利时填写的对方提供的外文表格;(2)其他国家或地区银行提供的外文表格、票据或单据;(3)在域外参加诉讼、仲裁时填写的对方国家或地区的律师或有关机构制作的表格或委托书;(4)涉及寄养、监护权等民事法律关系时填写的对方国家地区提供的声明书、委托书等。

对涉外合同,如果双方协商同意以英文制作的,我公证机构也可直接予以公证,在无须或无法附中文文本的情况下,可不附中文译文。

4.对涉外公证文书的认证

(1)对涉外公证文书的认证

认证是指外交、领事机关在公证文书上证明公证机构的签名和印鉴属实,或证明前一认证的签名和印鉴属实的行为,可称为领事认证。与公证不同,认证仅是国家外交、领事机关证明公证机构在公证文书上的签名与印鉴属实,以便一国的公证文书在域外使用,即领事认证的目的在于使公证文书被使用国认可,产生域外效力。领事涉外认证并不审查文书的真实性与合法法。《公证法》第33条规定:公证书需要在国外使用,使用国要求先行认证,应当经中华人民共和国外交部或者外交部授权的机构和有关国家驻中华人民共和国使领馆认证。

按照国际惯例,涉外公证文书一般需要经过认证后才能使用,但以下几种情况例外:①国与国之间可依双边协议互免认证的除外。②公证书使用国不要求认证的除外。③有许多国家中要求部分公证书办理认证手续,其余不要求认证的除外。④有些国家只要求我国外交部领事司的认证,或者该国驻华大使馆的认证即可。不过这些国家仅需要我国外交部领事司的认证,不需要该国驻华大使馆的认证。

(2)我国行使认证权的机关

①外交部领事司。涉外公证书发往域外使用,一般应由我国外交部领事司认

证，证明公证文书上我国公证机构的印章属实。外国公证机构或公证人出具的公证文书在我国使用时，也需要先经其所在国认证机关的认证后，再由我国驻方国使领馆认证。

②外国驻华领事馆所在地区的省、直辖市、自治区人民政府外事办公室办理领事认证。1984年以前，我国发往域外使用的公证文书的认证权都由外交部领事司行使。随着我国人民对外交往的日益广泛发展，这类公证书认证的事务越来越多，为方便中外人员交流与交往，减轻外交部领事司的认证工作量，加公证文书认证程序，1985年以后凡发往外国驻华领事馆所属国使用的公证书，如需办理领事认证，公证处可按照规定的领区范围，将公证书寄往本省、直辖市、自治区人民政府外事办公室办理认证，无须再送外交部领事司办理领事认证。

（3）涉外公证文书认证的一般程序

首先由我国外交部领事司，或者外国驻华领事馆区范围内的省、直辖市、自治区人民政府外事办公室认证，证明我国公证机构的印章属实和公证员的签名属实。《公证程序规则》第42条规定："公证书需要办理领事认证的，应由承办公证处送有关部门认证，并代收认证费。"然后，再由公证文书使用国国家驻华大使馆认证，证明公证文书上我国外事部门认证印章属实。反之，外国公证机构公证人制作的，需在我国国内使用的公证文书，一般也需要经过该国外事机关和我国驻该国使、领馆认证。

对那些虽与我国有外交关系，但在我国未建使、领馆的国家，发往这些国家使用的公证文书，暂时只办理我国外交部领事司认证。

对那些未与我国建立外交关系，但需发往这些国家使用的公证文书，一般先经过我国外交部部领事司认证，然后再转请与我国与外交关系的第三国驻华使馆认证，再发往该国使用。

5.涉外公证文书使用的专用水印纸及专用印泥

专用水印纸是指国家专门生产的、有水印标记，供公证机构制作涉外公证文书使用的特种纸张。使用专用水印纸是为了防止不法分子伪造发往国外使用的公证文书，以免在国际上造成恶劣影响，损害我国和我国公证机构的声誉，干扰公证机构的正常秩序。自1992年4月1日起，凡发往国外使用的公证书的证词页一律改用专用水印纸。公证专用水印纸为16开白纸，水印标记由华表图案和"中华人民共和国公证专用"文字组成。

除专用水印纸外，公证机构出具的发往国外使用的公证文书的签章还必须使用公证专用印泥。公证专用印泥分两盒，一盒为红色，用于加盖公证处印鉴；一盒为蓝色，用于加盖公证员签名章。专用水印纸的生产和印泥的生产由国家统一管理。①

---

① 陈光中、李春霖主编：《公证与律师制度》，北京大学出版社2006年版，第189页。

第六节 公证书效力的复查程序

一、公证书效力复查程序的概念

公证书效力复查程序,是指当事人、公证事项的利害关系人认为公证书有错误,向公证机构提出申请,公证机构据此进行审查所适用的程序。

公证书效力复查程序是我国《公证法》和《公证程序规则》新确立的一项程序制度。该程序属于救济程序,即给予当事人、公证事项的利害关系人认为公证书有错误时,要求公证机构进一步审查的机会;该程序是一种公证监督程序,其意义在于通过公证当事人、公证事项利害关系人对公证机构的行为进行监督,保证公证机构能够对公证书中存在的错误及时加以纠正,从而使公证书真正发挥证明效能,维护当事人、公证事项的利害关系人的合法权益。

二、公证书效力复查程序的适用范围

根据《公证法》第39条的规定和《公证程序规则》第61条的规定,"当事人认为公证书有错误的,可以在收到公证书之日起一年内,向出具该公证书的公证机构提出复查。""公证事项的利害关系人认为公证书有错误的,可以自知道或者应当知道该项公证之日起一年内向出具该公证书的公证机构提出复查,但能证明自己不知道的除外。提出复查的期限自公证书出具之日起最长不得超过二十年。"

复查申请应当以书面形式提出,载明申请人认为公证书存在的错误及其理由,提出撤销或者更正公证书的具体要求,并提供相关证明材料。公证书复查程序适用于当事人、公证事项的利害关系人认为公证书有错误的情况。具体来说有下列两种:

(1)公证书的内容违法或者与事实不符,即公证书证明的内容违反法律、法规的强制性规定或者公证书证明的内容与事实不相符;

(2)公证书有其他错误,如文字错误、表述不准确等。

需要说明的是,公证书复查程序适用的前提是公证当事人、公证事项的利害关系人认为公证书有错误,而不是对公证书内容存在民事权利义务争议。如果公证当事人、公证事项的利害关系人对公证书的内容有争议而要求公证机构复查,公证机构应当告知其运用和解、调解以及民事诉讼方式加以解决。

三、公证书效力复查的程序

公证书复查在程序上有申请、审查、作出处理等内容。

1.公证书复查程序是由申请人申请开始的。申请人申请应当具备三个要件：(1)提出复查的主体只能是公证当事人或者公证事项利害关系人。其中,公证当事人是指与公证事项有法律上利害关系,以自己名义向公证机构提出公证申请,并在公证活动中享有公证权利承担公证义务的自然人、法人或者其他组织。公证事项的利害关系人是指公证申请人以外的与公证事项有利害关系的自然人、法人或者其他组织。(2)申请人必须提供证据证明公证书存在的错误及其理由,提出撤销或者更正公证书的具体要求,并提供相关证明材料。(3)必须以书面形式向出具该公证书的公证机构提出。

2.审查。公证机构接到申请人的复查申请后,应当指派原承办公证员之外的公证员对申请人提供的证据以及公证书是否存在错误事实进行审查,复查结论及处理意见,应当报公证机构的负责人审批。

3.处理。公证机构进行复查,应当对申请人提出的公证书的错误及其理由进行审查、核实,区别不同情况,按照以下规定予以处理：

(1)复查申请不符合法律规定条件的,即公证书的内容合法、正确、办理程序无误的,公证机构应当作出维持公证书的处理决定,告知申请人。

(2)公证书的内容合法、正确,仅证词表述或者格式不当的,公证机构应当收回公证书更正后重新发给当事人;不能收回的,另行制作补充性的公证书。在原公证书上更正的,更正处应加盖公证机构的校对章;对不宜在原公证书上更正的,公证机构应当重新制作公证书发给当事人。对已经发往域外使用的公证书的更正,应当按照司法部的规定备案。

(3)公证书的基本内容违法或者与事实不符的,公证机构应当作出撤销公证书的处理决定。被撤销的公证书应当收回,并予以公告,该公证书自始无效;不能收回的,应当公告撤销。公证机构撤销公证书的,应当报地方公证协会备案。对已经发往域外使用的公证书的撤销,应当按照司法部的规定备案。

引例中两原告与被告所签订的赠与合同是附义务的赠与合同;该赠与合同经过了公证,是合法有效的,不得进行任意撤销,某某公证处不能撤销所公证的房产赠与合同。但是赠与人要行使撤销权,须以符合法定事由的情形出现为条件,只要具备了法定的撤销事由,赠与人即可以撤销赠与合同。由于本案的赠与合同系附义务的赠与合同,被告对原告有扶养义务而没有履行。根据《合同法》第192条的规定,原告申请撤销对被告的赠与合同的事由符合法律规定的赠与合同撤销的法定事由。因此,某某公证处应当告知原告向法院依原告的申请予以撤销。对于原告请求某某公证处申请依法撤销所公证的赠与一亩耕地,符合《公证法》第39条和

《公证程序规则》第 61 条规定,其赠与一亩耕地是违法行为,公证处经过复查程序,应当作出撤销此部分的赠与合同的处理决定,并且予以公告。

(4)公证书的部分内容违法或者与事实不符的,可以出具补正公证书,撤销对违法或者与事实不符部分的证明内容;也可以收回公证书,对违法或者与事实不符的部分进行删除、更正后,重新发给当事人。被撤销的公证书应当收回,并予以公告,该公证书自始无效;不能收回的,应当公告撤销。公证机构撤销公证书的,应当报地方公证协会备案。对已经发往域外使用的公证书的撤销,应当按照司法部的规定备案。

(5)公证书的内容合法、正确,但在办理过程中有违反程序规定,缺乏必要手续的情形,应当补办缺漏的程序和手续;无法补办或者严重违反公证程序的,公证机构应当撤销公证书。被撤销的公证书应当收回,并予以公告,该公证书自始无效;不能收回的,应当公告撤销。公证机构撤销公证书的,应当报地方公证协会备案。对已经发往域外使用的公证书的撤销,应当按照司法部的规定备案。

第二十二章　公证员及公证机构管理体制、职业道德、执业纪律和法律责任

【引　例】

　　李某是 B 公司总经理,在与 C 公司洽谈一笔贸易业务时,C 公司要求其提供 B 公司流动资金不低于 100 万元且公司经营状况良好的证明,而此时 B 公司实际已没有流动资金,出现亏损。李某为做成这笔生意以便获得价值百万元的货物后再转手赚钱,遂找到其在 A 公证处任公证员的好朋友王某,王某在为李某出具公证书时,轻信了李某的介绍,未严格审查材料,就为其出具了法人资信公证,证明 B 公司流动资金不低于 100 万元,且公司经营状况良好。C 公司依据该公证书与 B 公司签订了买卖合同,发生了业务往来。但 B 公司收到货物并转卖变现后就被法院强制执行,还了拖欠已久的银行贷款,由于资不抵债,B 公司破产,导致 C 公司的货款无法收回。对于 C 公司的损失,A 公证处是否有赔偿责任?

第一节　公证员及公证机构管理体制

　　公证是独立的法律行业,公证员及公证机构是直接向社会提供法律服务的机构,有其特有的运行规律和管理需要。因此,对公证的管理不同于对行政机关的管理。公证管理体制分为公证行业自律和司法行政机关管理。此外,《公证法》的出台,司法行政机关应按照本法确立的框架和原则,积极稳妥推动改革进程,确保现有公证制度的顺利转型和过渡,进一步健全完善中国特色公证制度。

一、司法行政机关对公证工作的管理

　　《公证法》第 5 条规定,"司法行政部门依照本法规定对公证机构、公证员和公证协会进行监督、指导。"本法把司法行政部门对公证的管理明确界定为监督和指

导。较之原条例"公证机构受司法行政机关的领导"是重大的改变与进步。这种改变,要求各级司法行政机关转变管理理念和职能,公证管理工作的重心由管理公证机构的人、财、物向监管执业准入、执业秩序和公证质量等方面转移,切实赋予公证机构独立地位,确保公证机构依法享有的人、财、物自主权落到实处。

司法行政机关对公证工作的管理分四个层次,由司法部、省、自治区、直辖市司法厅(局),地、市、州、盟司法局(处),县(县级市、旗)、区司法局按职能分工负责实施。省级以上司法行政机关主要负责宏观性行政管理和公证业务管理,如设立公证机构,由所在地的司法行政部门报省、自治区、直辖市人民政府司法行政部门按照规定程序批准后,颁发公证机构执业证书。而地市级以下司法行政机关主要负责对公证工作的具体行政事务性管理。但是,无论是哪级司法行政部门对公证工作的管理,都是监督和指导性质的,与行政领导管理有根本不同。

具体而言,司法行政机关对公证工作的管理主要体现在组织建设、队伍建设、政策指导、执业监督处罚等方面。概括地说,可以分为行政事务管理和公证业务管理两个方面：

(一)公证行政事务管理

主要包括：(1)核准确定公证机构的设置,对于符合条件的公证机构,颁发公证机构执业证书；(2)以保障公证执业的平等性为目标,逐步改变公证机构按行政层级与司法行政机关对应设置的格局,按照统筹规划、合理布局的原则,依法对公证机构的业务辖区、外部管理体制等进行调整和规范,实现公证资源的优化配置；(3)继续以保障公证执业的独立性为目标,赋予公证机构独立的法律地位,探索建立符合公证机构属性要求的内部管理制度,规范内部运作,建立完善公证机构独立担责、自我约束、自我发展的良性机制；(4)核准公证机构负责人；(5)根据《公证法》关于公证员任职条件的规定,对公证员进行考核、任免和执业注册；(6)接受公证协会章程的备案；(7)加强公证宣传工作,改善公证执业环境；(8)对公证机构及其公证员有关违法行为进行处罚等。在《公证法》第6章法律责任中,明确规定了公证机构及其公证员相关违法行为及相应的法律责任。这也同时规范了司法行政机关对公证工作执业监督处罚职能的行使。

(二)公证业务监督和指导

主要包括：(1)规范和加强公证质量监管,制定公证质量标准,组织开展全国性公证服务秩序和公证质量大检查活动,完善公证责任赔偿制度,健全公证质量保证体系,探索建立公证质量监管的长效机制。(2)按照依法行政、依法管理、科学管理的要求,进一步明确司法行政机关报与公证协会的职能分工,完善"两结合"公证管理体制。(3)继续以保障公证执业的专业性为目标,要求"坚持信念、精通法律、维护正义、恪守诚信"。(4)继续支持以保障公证执业的非营利性为目标,建立科学、合理的公证业绩评价和考核体系以及收入分配制度,防止公证市场化倾向。(5)积极推进公证同业规则建设,司法行政机关、公证协会要积极引导设区的市市区范围内的各公证机构,通过建立主任联席会议制度、签订诚信自律规约等形式,加强自我管理,自我约束。(6)协调公证机构之间、公证机构与有关部门之间的关系。(7)规范公证书的制作形式。司法部对公证书必须具备的要素提出明确要求:保全证据、现场监督及合同协议类的公证不再使用全国统一的公证书格式,并提出要使公证书真正达到《民事诉讼法》要求的"作为认定案件事实的根据"的标准。(8)对公证协会进行归口监督和管理。(9)组织开展多种形式的人员信息资料交流活动,扩大我国公证业的对外交流与合作等。

二、公证协会及公证行业自律

《公证法》第 5 条规定,"全国设立中国公证协会,省、自治区、直辖市设立地方公证协会。中国公证协会和地方公证协会是社会团体法人。中国公证协会章程由会员代表大会制定,报国务院司法行政部门备案。""公证协会是公证业的自律性组织,依据章程开展活动,对公证机构、公证员的执业活动进行监督。"这是公证协会及公证行业自律的规定。

(一)公证协会的性质

公证协会,是依法成立的具有社会团体法人资格的公证行业自律性组织。全国设立中国公证协会。中国公证协会是全国性组织,省、自治区、直辖市的公证协会是地方性组织。

公证协会的设立,能够促进公证事业的健康发展,充分发挥公证职能作用,保护公证机构、公证员以及公证当事人的合法权益。《中国公证员协会章程》第 3 条规定:"本会的宗旨是团结、教育会员,高举邓小平理论伟大旗帜,坚持党的基本路线、方针、政策,执行国家法律、法规,指导、监督会员认真履行职责,维护会员的合法权益,繁荣发展我国的公证事业,为促进社会稳定和改革开放,推进依法治国的进程,保障社会主义市场经济迅速健康地发展而奋斗。"

(二)公证协会的章程

章程,是指政党、社会团体规定本组织内部事务的一种共同遵守的文件,内容一般包括本组织的性质、纲领、任务、组织原则、机构设置、成员的权利义务等。公证协会的章程是指公证协会规定内部事务的一种共同遵守的文件,其内容一般包括公证协会的性质、宗旨、任务、机构、会员的权利和义务等。1999 年 5 月 29 日,中国公证员协会通过并颁布了《中国公证员协会章程》。《中国公证员协会章程》对协会的性质、宗旨、职责、会员的权利义务、组织机构及各机构的职能、经费等问题进行了规定。

《公证法》第5条规定,中国公证协会章程由会员代表大会制定,报国务院司法行政部门备案。公证协会的章程决定了公证协会的建设,直接影响到公证行业的发展,影响到公证工作的一系列重大问题。因此,中国公证协会的章程应当由会员代表大会制定,体现公证员的共同心声,同时,应当报司法行政部门备案,以便司法行政部门了解公证协会章程的内容以及执行情况,及时予以监督和指导。

(三)公证协会的职责

根据《公证法》第5条规定,公证协会依据章程开展活动,对公证机构、公证员的执业活动进行监督。《中国公证员协会章程》第4条对中国公证员协会的职责作出了规定,主要包括:协助政府主管部门管理,指导全国的公证工作,指导各地公证员协会工作;维护会员的合法权益,支持会员依法履行职责;举办会员福利事业;对会员进行职业道德、执业纪律教育,协助司法行政机关查处会员的违法行为;负责会员的培训,组织会员开展学术研讨和工作经验交流;负责全国公证员统考考试大纲、试卷及相关辅助材料的编印;负责试卷的评判、考试成绩的登录及其他相关的具体工作;负责公证宣传工作,主办公证刊物;负责与国外和港澳台三地开展有关公证事宜的研讨、交流与合作活动;按照《两岸公证书使用查证协议》的规定,负责海峡两岸公证书的查证和公证书副本的寄送工作;负责公证专用水印纸的联系生产、调运;协助行政主管部门作好管理工作;对外提供公证法律咨询等服务;履行法律、法规规定的其他职责,完成司法部委托的事务。

从上面的规定可以看出,公证协会的职责主要包括以下几个方面:(1)维护公证员合法权益,支持公证员依法履行职责;(2)行业自律;(3)组织会员开展学术研讨和工作经验交流;(4)法律法规的其他职责。主要包括协助政府主管部门管理、指导全国的公证工作,指导各地公证员协会工作;举办会员福利事业;负责公证宣传工作,主办公证刊物;对外提供公证法律咨询服务等。此外,公证协会还可以管理公证事业发展基金、公证赔偿基金、公证人执业保证金和公证专用物品,办理全行业公证责任保险,维护行业及公证机构、公证人的合法权益。公证协会可以实施司法行政部门授权的公证管理职责。①

---

① 吴凤友主编:《公证法释义》,中国法制出版社2005年版,第18~24页。

第二节 公证员的职业道德

一、公证员的职业道德概念和意义

公证员的职业道德是在公证活动中,公证员从思想到工作所应当遵循的行为规范的基本准则。公证员恪守职业道德具有如下重要意义:(1)公证员职业道德的优劣是公证工作成败的关键;(2)高尚的道德情操是公证机构为社会提供优质法律服务和赢得公众信赖的根本保障;(3)树立良好的职业道德是保障公证工作实现正义、提高信誉和发展壮大的重要方略。

二、公证员职业道德内容

2002年,原中国公证员协会制定并发布《公证员职业道德基本准则》,将公证员的职业道德具体化,主要内容如下:

1. 忠于事实、忠于法律。公证行为是履行公证员对民事法律行为、有法律意义的事实和文书的真实性、合法性予以证明的行为。因此作为公证员必须忠于事实、忠于法律,依此为准则完成证明行为。

2. 爱岗敬业、规范服务。公证是一种严肃的、具有法律性和社会公益性的事务,作为公证员必须具备敬业精神,热爱本职工作,在工作中严格遵守规范,爱岗敬业,规范服务。

3. 加强修养、提高素质。公证所具有的社会公信力,公证员作为法律职业者的社会地位,公证事务的法律性,要求公证员应当具有高水平的道德修养、文化修养和职业修养,要求公证员具有比较高的政治素质、文化素质和专业素质。

4. 清正廉洁、同业互助。公证是一项严肃的法律行为,为了保障其真实性、合法性,要求公证员本身清正廉洁,不得经商和从事与公证员职务、身份不相符的活动;为了避免不良竞争,要求同业互助,不得从事不正当竞争等。

公证员职业道德基本准则不仅适用于我国的公证员,而且还适用于公证员助理和公证机构的其他从业人员。

第三节 公证员的执业纪律

一、公证员的执业纪律概念和意义

公证员的执业纪律,是指公证员在执业活动中必须严格遵守的行为准则。执业纪律是公证行业制度生存的保障。公证员的执业纪律具有如下重要意义:(1)加强公证员的纪律性,是提高公证业务水平的重要保障;(2)加强公证员的纪律性,是保障公证事业的健康发展的基础;(3)加强公证员的纪律性,是提高公证员在公众心目中的社会地位和声誉的手段。

二、公证员执业纪律的内容

根据《公证法》、《公证员执业管理办法》的规定,根据公证协会制度的《公证员惩戒规则(试行)》和《公证员清廉服务的若干规定》,公证员执业纪律的内容主要有:

1. 公证员不得在两个以上公证机构执业。为了防止公证员片面追求个人利益,为了防止管理监督混乱,不得在两个以上公证机构执业。

2. 公证员不得从事有报酬的其他职业。我国像多数大陆法系国家一样,公证员不得从事有报酬的其他职业,这是因为,如果公证员从事其他有报酬的职业,难免会与公证职业本身有冲突,难免会产生不正当竞争,难免会导致徇私枉法等情况的发生,难以保持其公证、中立的立场。

3. 公证员不得为本人及近亲属办证或者办理与本人及近亲属有利害关系的公证。公证员在执业中对与本人有关的公证,或者与其近亲属有利害关系的公证应当回避,以保障公证的中立性,保障公证文书的真实性和合法性。

4. 公证员不得私自出具公证书。我国公证实行机构本位主义,一般公证文书的出具是以某公证处某公证员的名义出具,要求必须经过公证员所在公证机构的审批。

5. 公证员得为不真实、不合法的事项出具公证书。忠于事实、忠于法律是公证员应当遵守的职业道德,公证真实性、合法性是公证的本质要求,因此公证员不得为不真实、不合法的事项出具公证书。

6. 公证员不得侵占、挪用公证费或者侵占、盗用公证专用物品。奉公守法是每个公民的义务,更是公证员应当承担的义务,公证处收取的公证费用是公证处所有的财产,公证员个人无权擅自动用,更不得侵占、挪用。公证处的公证专用物品是为公证工作而用,公证员个人不得侵占或盗用。

7. 公证员不得毁损、篡改公证档案。公证文书是严肃的法律性文书,公证档案是重要的文书,任何人不得毁损、篡改,公证员更不得利用职务便利毁损、篡改。

8. 公证员不得泄漏在执业活动中知悉的国家机密、商业秘密或者个人隐私。公证员由于其工作的特性,可能会知悉一些商业秘密或个人隐私,甚至国家秘密,为了维护公证当事人的合法利益或自然人的名誉,公证员不得泄漏在执业活动中知悉的国家秘密、商业秘密或者个人隐私。

9. 公证员办理涉外公证必须遵守《涉外人员守则》的有关规定。《涉外人员守则》要求涉外人员必须忠于祖国,在对外活动中遵守党的方针政策,坚持国际主义,坚持原则,严守国家秘密,谦虚谨慎,讲究文明礼貌,自觉遵守组织纪律,不得背着组织同外国机构和外国人私自交往,不得利用职权和工作关系营利牟利等。

10. 公证员不得为法律、法规、国务院司法行政部门规定禁止的其他行为。公证员除必须遵守上述执业纪律外,对法律、法规、国务院和各地行政部门规定禁止的其他行为也不得为之。

第四节　公证的法律责任

一、公证法律责任的概念、特征

(一)公证法律责任的概念

公证的法律责任,根据《公证法》的规定包括行政责任、刑事责任和民事责任,是指因公证机构或公证员违反公证法律、规范,违反职业道德,执业纪律等,根据过错程度,应当承担的被行政处分或处罚的责任,因公证的错误给当事人、公证事项的利害关系人造成损失应当向当事人赔偿经济损失的责任,或者因公证履行职责的过程中因违反刑法被依法追究的刑事责任。

(二)公证法律责任的特征

公证法律责任具有如下特征:
1. 公证法律责任包括因公证引起的行政责任、民事责任或刑事责任。
2. 公证法律责任是由公证机构或公证员承担的责任。根据规定公证行政责任是由公证机构或公证员承担的责任;公证民事责任是由公证机构对外承担的赔偿责任,公证机构承担赔偿责任后,可以再向有错误的公证员行使追偿权;公证刑事责任是由触犯刑法的公证员被国家司法机关追究的刑事责任。
3. 引起公证责任的原因是公证机构或公证员违反了法律、法规、司法行政部门的部门规章、职业道德、执业纪律等,按照规定的应当被处罚、处分,或者应当给予

第二十二章 公证员及公证机构管理体制、职业道德、执业纪律和法律责任

赔偿,或者应当被追偿刑事责任。

二、公证法律责任的承担原则

(一)民事法律责任由公证机构对外承担,公证员个人对内承担的原则

在我国,公证实行机构本位主义,因此公证处出错证时,首先由公证处对外承担责任。但是,这并不意味着公证员就不负责任,由于公证书是由公证员出具的,错证是由于公证员的违法行为所致,所以公证处对外承担赔偿责任后,有权向有故意或重大过失的公证员行使追偿权。

(二)公证机构或公证员承担行政责任的原则

公证机构是承担公证行政责任的主体,公证员也是承担公证行政责任的主体,与承担民事赔偿责任的主体不同。因公证机构和公证员都是政府司法行政部门监督管理的对象,公证行政责任是由于公证机构或公证员违反法律、法规、司法行政部门规范、职业道德、执业纪律等引起的行政管理者行使权利给予的处罚或处分,所以承担行政责任的主体既包括公证机构又包括公证员。

(三)公证机构承担民事赔偿责任采取过错责任原则

过错责任原则是指以行为人主观上有过错为承担民事责任的基本条件而承担民事责任,主观上的过错分故意和过失两种。公证员因故意或过失给当事人或利害关系人造成损失的,应承担赔偿责任,但是,在我国应当由该公证员所属公证机构承担赔偿责任。这种责任的性质当属侵权民事责任。

三、公证行政责任

公证机构或公证人受政府司法机构机关的监督管理是各国公证制度的共同之处。公证机构或公证员若有违反法律、法规等行为的,政府司法行政部门有权酌情经给予处罚或处分。《公证法》第41条、第42条规定了承担行政责任的情形和处分、处罚措施。《公证机构机构执业管理办法》和《公证员执业管理办法》规定了行政处罚的程序及其救济。

(一)承担行政责任的法定情形

公证机构或公证员有违反《公证法》第41条和第42条的,例如同时在两个以上公证机构执业的、为不真实、不合法的实行出具公证书的、从事有报酬的其他职

业的等11种的规定的,司法行政部门酌情给予处罚或处分:1.警告;2.罚款;3.责令停止执业;4.停业整顿;5.没收违法所得;6.吊销公证员执业证书。

(二)行使行政处罚权和处分权的权利人

根据《公证法》的规定,以上行政处罚权或处分权由各省、自治区、直辖市或者设区的市人民政府司法行政部门行使,其他机关部门无权行使。

(三)行政处罚、处分程序及其救济

《公证机构执业管理办法》、《公证员执业管理办法》规定:司法行政机关对公证机构、公证员的违法行为实施行政处罚或处分,应当根据有关法律、法规和司法行政机关行使处罚程序的规定进行。司法行政机关在对公证机构、公证员作出行政处罚之前,应当告知他们查明的违法行为、处罚理由、处罚依据,并告知他们依法享有的权利。公证机构、公证员有权陈述、申辩,有权申请听证。

上述办法还规定,公证机构、公证员对行政处罚不服的,可以依法申请行政复议或者提起行政诉讼。

四、公证民事责任

(一)公证民事责任概念及确立

公证的民事责任,是指因公证机构及其公证员故意或过失致使公证文书发生错误,给当事人、公证事项的利害关系人造成损失时,公证机构依据过错的程度,向当事人、公证事项的利害关系人承担的经济赔偿责任,也称为公证机构的民事赔偿责任。公证民事法律责任是由错证引发的责任,伪证与假证不引起公证的法律责任。因为错证通常是由于公证员工作过程中的疏忽大意等原因造成的,其过错在于公证员本身,或者公证员与当事人双方。而假证、伪证是由于公证员应当事人的不法要求出具的,当事人本身就具有过错、公证机构对其不承担责任。原《公证程序规则》中没有民事赔偿责任的规定,为了保障受损害的当事人、利害关系人能够得到赔偿,2001年1月1日起,公证赔偿基金开始建立,与此同时,公证责任保险制度也开始建立。《公证法》第43条明确规定了公证民事赔偿制度。

(二)公证民事责任的特征

1.公证的民事赔偿责任是由于公证机构或公证员的违法所造成的。公证处对外承担法律责任是因为出了错证,出错证的责任在于其所属公证员未严格按照各种法律规范审查当事人的身份、资格、行为能力、意思表示,未严格审查当事人提供的证明材料是否真实、充分等。

2. 公证民事赔偿责任是公证机构对当事人承担的责任。在我国公证事项采取机构本位主义,而非公证人本位主义,公证证明行为是以公证处的名义履行,并非以公证员个人的名义履行,因此公证民事赔偿责任由公证机构对外承担。但是这样并不意味着有责任的公证员就不承担责任,公证机构赔偿后,可以向有故意或者重大过失的公证员追偿。

3. 请求公证赔偿的主体是公证当事人和公证事项的利害关系人。公证当事人是指向公证处申请公证的自然人、法人或者其他组织。公证事项的利害关系人是指基于对公证处出具的公证文书的信赖与公证申请人进行民事行为,却因公证文书的错误导致利益损害的主体。

(三)公证民事责任的构成

第一,必须有公证机构或公证员的过错行为。出错证如果不是由于公证员的缘故,而是由于当事人的责任,公证机构就不应当对此承担责任。如果说出错证既有当事人的责任又有公证员的责任,责任应由双方分担。

第二,公证机构或公证员的过错属违法行为。公证员出错证,是由于其行为违反法律、法规或法律规范的规定,未按照有关规范行事。公证员有违法的行为才承担责任,如果公证员的行为属于法律未规定的,即根据法律其行为无过错的,则不承担法律责任。

第三,当事人或公证事项利害关系人有损害后果发生。公证机构承担法律责任,必须在当事人或公证事项利害关系人确有损害的前提下承担。如果仅有公证员的违法行为,却无损害后果的,则不承担此民事赔偿责任。

第四,公证机构或公证员的过错与当事人或公证事项的利害关系人的损害后果有必然联系。公证机构承担赔偿责任还应当具备这样的前提,即公证机构或公证员的过错是造成当事人或公证事项的利害关系损害后果的原因,这一原因与后果之间有直接的必然的联系。

如引例中 A 公证处负有赔偿责任。作为公证处派出的公证员王某未按照有关规范行事,存在着违法行为,在为李某出具公证书时,王某轻信了李某的介绍,未严格审查 B 公司实际已没有流动资金和出现亏损的材料,有过错行为,并造成公证事项利害关系人有损害后果发生,即导致 C 公司的货款无法收回。对于 C 公司的损失,显然公证员的过错与利害关系人损害后果有必然联系。因此,A 公证处必须承担赔偿责任。

(四)公证赔偿的司法救济

《公证法》确立了公证民事赔偿的制度,但是,是否应当给予赔偿,有时当事人或利害关系人与公证机构之间会产生争议,争议由谁来解决?公证当事人、利害关系人的权利如何救济?《公证法》明确规定可以以提起民事诉讼的方式获得救济,该法第43条第2款规定："当事人、公证事项的利害关系人与公证机构因赔偿发生争议的,可以向人民法院提起民事诉讼。"

(五)公证责任赔偿保障体制——公证赔偿基金、公证责任保险与公证员执业保险金

为了保障当事人或有关利害关系人因公证机构的过错所遭受的损失得到赔偿,建立公证赔偿基金制度、公证责任保险和要求公证人交纳执业保险金是许多国家都采取的方略。我国也建立了公证赔偿保障制度。

1. 公证赔偿基金

自2000年10月1日起,根据司法部《关于深化公证工作改革的方案》,我国公证领域开始引入过错民事赔偿责任制度,结束公证的国家赔偿历史。该《方案》提出:公证赔偿实行有限责任,以公证处的资产为限,赔偿范围为公证机构及其工作人员在履行公证职务中,因过错给当事人造成的直接经济损失。公证机构赔偿后,可责令有故意或重大过失的工作人员承担部分或全部赔偿责任。公证机构每年应当从业务收入中提取3%的份额作为赔偿基金,用于理赔。

2002年司法部发布了《公证赔偿基金管理试行办法》,该试行办法规定了公证赔偿基金的具体筹集方式、基金的使用和监督管理等。关于公证基金的使用,该办法规定公证赔偿基金用于支付公证责任保险合同的保险费,用于支付保险赔偿范围以外的公证责任理赔及赔偿费用。关于理赔费用,该《试行办法》确定为:法院诉讼费、律师费、公证责任赔偿委员会办案费及其他合理费用。

2. 公证责任保险

为了保障公证当事人或有关利害关系人因公证错误受到的损害得以赔偿,又建立了公证责任保险制度。2000年12月18日,中国公证员协会(现公证协会)与中国人民保险公司在北京正式签订了《公证责任保险合同》,投了公证责任保险。这种公证责任保险是强制性全行业统一保险,是由中国公证协会代表全体公证机构向保险公司投保的,以公证机构为被保险人的公证责任保险。即公证责任保险的投保人是中国公证协会,被保险人是我国的公证处。《公证法》规定公证机构应当按照规定参加公证执业责任保险。

3. 公证员执业保证金

2000年9月5日,司法部发布了《关于贯彻〈关于深化公证工作改革的方案〉的若干意见》提出了在我国工作领域将逐步建立公证员执业保证金制度。执业保证金主要用于偿付应当由公证员承担的民事赔偿费用和行政处罚罚款等。公证员应当按照规定交纳执业保证金,未交足的将被暂停执业。公证员交纳的执业保证金没有被使用的,或者使用有剩余的,等公证员离任后予以退还。

五、公证刑事责任

《公证法》第 42 条及《公证机构管理办法》第 43 条规定，公证员有规定的情形发生，构成犯罪应当依据我国《刑法》的规定追究其刑事责任。

六、公证投诉制度

（一）概念

公证制度是指公证行业制定的，公证当事人对公证处出具的错证、假证不服，依法向司法行政机关反映，提出得新处理的要求，公证机构应依法调查处理的制度。

公证投诉制度的建立对纠正和防止公证处或公证员因疏忽大意而出具错证，或因徇私舞弊、与当事人恶意串通故意出具错证有重要意义，有利于公证员自觉遵守职业道德和执业纪律，努力提高业务素质，严格遵守公证程序规则依法办证；有利于公证机构加强管理，严肃纪律，大力查处假证、错证，避免片面追求办证数量和收费数额而忽视公证质量和社会效益的错误倾向；有利于公证处和公证员自觉接受公众监督，守法敬业。

（二）公证投诉的主体和客体

公证投诉的主体，是指公证投诉的投诉人与被投诉人。根据《公证投诉处理办法（试行）》第 2 条的规定，投诉人是指那些因申办公证事务，对公证处和公证员有意见的当事人。被投诉人是指投诉人投诉的公证处与公证员。

公证投诉的客体，是指引起投诉人不满，致使投诉人向公证处或司法行政机关投诉的事由，即具体投诉事项。《公证投诉处理办法（试行）》第 5 条规定了公证投诉的具体事项。

（三）投诉的方式

《公证投诉处理办法（试行）》第 6 条规定：投诉人可以书信形式投诉，可以电话形式投诉，也可以来访当面投诉。当事人可以据实署名投诉，也可以匿名投诉。但是，该《办法》第 7 条也规定：投诉人必须如实反映情况，投诉内容应当尽可能具体、明确，并附上相应的证据材料。

（四）受理投诉机关对投诉的处理程序

受理投诉的机关在《公证投诉处理办法（试行）》中被称为"受诉机关"。受诉机关是指不法行为发生地的直接主管被投诉人的司法行政机关或者上一级司法行政机关、公证员协会。

《公证投诉处理办法（试行）》要求受诉机关接到投诉后，应当认真调查研究，在查明事实的基础上，根据国家法律、法规、规章和司法部的有关规定处理。①

司法考试真题链接

1. 关于法律从业人员的职业道德和职业责任，甲、乙、丙、丁四人的下列何种说法是正确的？（2006年司法考试真题）

  A. 甲说，新的《公证法》对私自出证、出假证、篡改公证书和泄露当事人商业秘密或隐私的，处罚很重，对公证处罚款可高到10万元，还可以没收违法所得，还可以吊销公证员执照，有的还可追究刑事责任

  B. 乙说，法官就应该深居简出，高薪高福利，终身任职，任凭自己内心确信去独立判案

  C. 丙说，依我的意见，律师做广告、乱许诺、高收费、搞风险代理、不敬业尽职、挖墙脚争案源的，都应开除出律师队伍，情节恶劣的要严打

  D. 丁说，对法律职业人员来说，总的要求就是忠实于事实，忠实于法律

2. 下列关于法律职业道德基本原则的表述，哪一项是不正确的？（2003年司法考试真题）

  A. 法律职业道德的基本原则是法律职业道德的基本尺度、基本纲领和基本要求

  B. 法律职业道德的基本原则可以直接作为确定法律职业人员具体职业责任的法律依据

  C. 由于法律职业道德基本原则是共同的，它们就构成法律职业人员共同遵循的基本要求

  D. 在不同的社会制度中，法律职业道德基本原则的要求有不同的内容

3. 下列哪些判断可以成立？（2008年四川司法考试真题）

  A. 公证员马某利用职务之便将公证费7000余元据为己有，被法院判决职务侵占罪成立，免予刑事处罚，并被司法行政部门处以罚款3000元和停止执业3个月。判断：对马某的处罚正确

  B. 对于某法院讨论郑某杀人案的审判委员会会议，任法官认为，审判委员会委员共有13人，虽实际只有8人到会，会议能够召开。判断：任法官的说法正确

---

① 陈光中、李春霖主编：《公证与律师制度》，北京大学出版社2006年版，第106页。

C. 王说：对曾因故意犯罪受过刑事处罚的申请人不予颁发律师执业证书。判断：这个说法正确

D. 某高级法院刑一庭的何庭长以其审理中的案件的具体情况为例，在家里对正在读法学本科的儿子讲解某一刑法原理。判断：这种行为符合法律的规定

4. 关于不同法律职业责任，下列哪些表述是正确的？（2010年司法考试真题）

A. 公证职业责任包括公证活动中违反有关公证法律、法规及职业道德规范的民事、行政、刑事责任和惩戒处分

B. 检察官职业责任包括执行职务中违纪行为的纪律责任、赔偿责任和执行职务中犯罪的刑事责任

C. 律师职业责任包括执业活动中违反有关律师法律、法规及执业纪律的民事、行政、刑事责任和纪律处分

D. 法官职业责任包括执行职务中违纪行为的纪律责任、执行职务中犯罪的刑事责任

5. 下列哪一法律职业人员的行为不违背相应职业纪律要求？（2009年司法考试真题）

A. 公证员黄某在派发的名片上印有"法学硕士、法学副教授"的头衔

B. 闻律师在办理无偿的法律援助案件后，收取受援人交通费

C. 金法官向自己审理案件中受尽屈辱的原告推荐社会知名律师为其代理诉讼

D. 曾律师发起举办了"金融危机下律师业的挑战"研讨会并邀请一些教授、法官、检察官、公证员朋友出席

图书在版编目(CIP)数据

律师与公证/关今华,林鸿主编. —3版. —厦门:厦门大学出版社,2012.9(2015.7重印)
高等学校法学精品教材系列/朱崇实总主编
ISBN 978-7-5615-2811-2

Ⅰ.①律… Ⅱ.①关… ②林… Ⅲ.①律师制度-中国-高等学校-教材②公证制度-中国-高等学校-教材 Ⅳ.①D926.5②D926.6

中国版本图书馆CIP数据核字(2012)第227074号

官方合作网络销售商:

厦门大学出版社出版发行

(地址:厦门市软件园二期望海路39号 邮编:361008)
总 编 办 电 话:0592-2182177 传真:0592-2181406
营销中心电话:0592-2184458 传真:0592-2181365
网址:http://www.xmupress.com
邮箱:xmup@xmupress.com
三明市华光印务有限公司印刷
2012年9月第3版 2015年7月第2次印刷
开本:787×1092 1/16 印张:30.25 插页:2
字数:609千字
定价:38.00元
本书如有印装质量问题请直接寄承印厂调换